D1941642

Marktorientiertes Umweltmanagement

VERLAG
C. E. POESCHEL

Heribert Meffert/Manfred Kirchgeorg

Marktorientiertes Umwelt-management

Grundlagen und Fallstudien

C. E. Poeschel Verlag Stuttgart

Verfasser:

Prof. Dr. Heribert Meffert
Direktor des Instituts für Marketing an der Universität Münster

Dr. Manfred Kirchgeorg
Wissenschaftlicher Assistent am Lehrstuhl von Prof. Meffert
unter Mitarbeit von
Dipl.-Kfm. Christoph Burmann
Wissenschaftlicher Mitarbeiter am Lehrstuhl von Prof. Meffert

BIBLIOTHEK
der Industrie- und Handelskammer
für München und Oberbayern
N71451358

Die Deutsche Bibliothek – CIP-Einheitsaufnahme

Meffert, Heribert:
Marktorientiertes Umweltmanagement:
Grundlagen und Fallstudien /
Heribert Meffert; Manfred Kirchgeorg
[Unter Mitarb. von Christoph Burmann].
– Stuttgart: Poeschel, 1992
ISBN 3-7910-0586-3
NE: Kirchgeorg, Manfred:

Gedruckt auf aus chlorfreigebleichtem Zellstoff hergestelltem, säurefreiem und alterungsbeständigem Papier. Alle für dieses Buch verwendeten Materialien sind problemlos recyclierbar.

Dieses Werk einschließlich aller seiner Teile ist urheberrechtlich geschützt. Jede Verwertung außerhalb der engen Grenzen des Urheberrechtsgesetzes ist ohne Zustimmung des Verlages unzulässig und strafbar. Das gilt insbesondere für Vervielfältigungen, Übersetzungen, Mikroverfilmungen und die Einspeicherung und Verarbeitung in elektronischen Systemen.

© 1992 J. B. Metzlersche Verlagsbuchhandlung
und Carl Ernst Poeschel Verlag GmbH in Stuttgart
Einbandgestaltung: Willi Löffelhardt
Satz: DaText GmbH, 7335 Salach
Druck: Kaisser-Druck GmbH, 7335 Salach
Printed in Germany

Vorwort

Die Ökologisierung der Wirtschaftswissenschaften schreitet derzeit mächtig voran. Allenthalben besteht Einigkeit darüber, daß der Umweltschutzgedanke in betriebswirtschaftliche Aussagensysteme einbezogen werden muß. Freilich werden bereits Zweifel bei der Frage laut, ob dies durch Ergänzung bzw. Modifikation der bestehenden Instrumente oder durch einen Paradigmawechsel erfolgen sollte. Eine reine »Öko-Ideologie« schafft häufig nicht die Synthese mit dem Bestehenden, sie propagiert einen radikalen Wechsel. Wir hoffen, daß – trotz der dringend zu lösenden Umweltprobleme – für einen sanfteren Übergang noch genügend Zeit verbleibt und Wege beschritten werden, auf denen eine Verknüpfung von Ökonomie und Ökologie gelingt. Voraussetzung hierfür ist, daß der Umdenkungsprozeß schnell eingeleitet und das Thema Umweltschutz von den Unternehmen nicht als »Wolf im Schafspelz« aufgegriffen wird. Nicht zu Unrecht warnen bereits Stimmen vor einem einseitigen »Erfolgsfaktoren-Denken« in der betriebswirtschaftlichen Umweltdiskussion, weil sich dies bei der wahren Lösung der ökologischen Probleme als Irrtum erweisen könnte. Jede betriebswirtschaftliche Betätigung belastet letztlich die Umwelt, und umweltverträglichere Lösungen sind in vielen Fällen mit einem Verzicht verbunden. Hierin liegt wohl auch die größte Herausforderung und Barriere des betrieblichen Umweltschutzes. Das Handeln der einzelnen Bürger und der Entscheidungsträger in den Unternehmungen erfolgt überwiegend unter Anreiz-/Beitragsaspekten. Obwohl die langfristige Erhaltung der Umwelt für nahezu jedermann einen wichtigen Wert darstellt und als erstrebenswertes Ziel angesehen wird, scheint sich dieser Anreiz im täglichen Handeln nur schwer als ausreichende Kraft für umweltorientiertes Handeln zu erweisen.

Vieles spricht dafür, daß mit Einbeziehung der Umwelt als »knappes Gut« Marktmechanismen solche Anreize bieten können. Wenn es gelingt, die Unternehmungen mit ihrer gesamten Innovationsleistung und den Markt mit den Wettbewerbskräften als Anreiz- und Sanktionsinstrument in den Dienst des Umweltschutzes zu stellen, lassen sich die anstehenden Probleme einer Lösung näherbringen. Unsere Forschungen bestätigen, daß gerade die marktorientierte Sicht im Umweltmanagement diesen Anreizaspekt bieten kann. Die zunehmende Orientierung der Konsumenten an umweltgerechteren Problemlösungen und der in Zukunft noch wachsende Problemdruck im Entsorgungs- und Abfallbereich wird zu einer Neuorientierung vieler Branchen führen. Auf den Märkten werden »echte« Umweltschutzinnovationen in zunehmendem Maße belohnt werden, insbesondere wenn sie neben ökologischen Anforderungen auch unter ökonomisch-rationalen Gesichtspunkten – mehr Umweltschutz zu gesamtwirtschaftlich geringeren Kosten – ein »Sustainable Development« sichern helfen.

Nach langer Abstinenz häufen sich in jüngster Zeit die Publikationen und Tagungsdokumentationen zum Thema Umweltschutzmanagement. Es fällt jedoch schwer, ein Werk zu finden, das dem Leser in einer gewissen Geschlossenheit Probleme und Konzepte des marktorientierten Umweltmanagement vermittelt und gleichzeitig nachvollziehbare Praxisfälle dokumentiert. Mit der vorliegenden Publikation wird ein erster Schritt zu einem

Grundlagenwerk mit umfassend dokumentierten Fallstudien getan. Wir sind uns dabei der Tatsache bewußt, daß aufgrund der Interdisziplinarität und der Komplexität des Problembereiches die vielfältigen Facetten des Umweltmanagement nicht vollständig erfaßt wurden. In einzelnen Teilbereichen ist deshalb auf Spezialliteratur zu verweisen.

Die Umweltschutzforschung blickt am Institut für Marketing der Universität Münster bereits auf eine gewisse Tradition zurück. Mitte der 70er Jahre wurden Untersuchungen zum umweltbewußten Konsumentenverhalten, Anfang der 80er Jahre zum ökologieorientierten Marketing und später umfangreichere Forschungsarbeiten zum Umweltmanagement, auch im Auftrag des Umweltbundesamtes, durchgeführt. Es lag deshalb nahe, die vielfältigen Pionierleistungen in Form von konzeptionellen Überlegungen, empirischen Untersuchungen, Fallanalysen und Workshops in Verbindung mit dem Stand der Literaturdiskussion in der vorliegenden Publikation niederzulegen. Nicht zuletzt veranlaßte uns die Einführung des Schwerpunktstudiums »Umweltökonomie und Umweltmanagement« an der Westfälischen Wilhelms-Universität in Münster im Jahre 1991 dazu, unseren Studenten vorlesungsbegleitend ein Lehrbuch über die Grundlagen des Umweltmanagement zur Verfügung zu stellen.

Das Buch gliedert sich in einen Grundlagen- und Fallstudienteil. Im Grundlagenteil wird zunächst die Stellung der Unternehmung im Spannungsfeld zwischen Ökologie und Ökonomie sowie der Stellenwert des Umweltmanagement in der betriebswirtschaftlichen Forschung herausgearbeitet. Dabei wird ein Bezugsrahmen für ein integriertes, fortschrittsfähiges Umweltmanagement entwickelt. Aufbauend auf Entscheidungs- und systemorientierten Grundansätzen werden die Informationsgrundlagen, die strategische Ausrichtung und das ökologieorientierte Marketing als operative Aufgabe des Umweltmanagement umfassend aufgezeigt. Im Mittelpunkt stehen dabei die strategischen Optionen und Maßnahmenkonzepte im horizontalen und vertikalen Wettbewerb. Überlegungen zu einer erfolgreichen Implementierung des Umweltschutzgedankens in der Unternehmung beschließen mit einem Ausblick auf die Zukunft des marktorientierten Umweltmanagement den Grundlagenteil.

Im Fallstudienteil werden 9 umfassende Case Histories zum Umweltmanagement im deutschsprachigen Raum dargestellt. Die Fallstudien sind größtenteils im Zusammenhang mit dem vom Umweltbundesamt geförderten Forschungsprojekt »Möglichkeiten der Verbesserung der betriebswirtschaftlichen Situation von Unternehmen durch umweltorientierte Absatzmaßnahmen« erhoben worden. Dabei wurden in unterschiedlichen Branchen und situativen Gegebenheiten die verwirklichten umweltpolitischen Strategien und Maßnahmenkonzepte im Hinblick auf ihre Erfolgswirkungen untersucht. Die Fallstudien wurden nach einem einheitlichen entscheidungsorientierten Raster aufgearbeitet. Ausgehend von der Situationsanalyse werden umweltorientierte Ziele und Strategien ebenso wie die Marketingmaßnahmen dargestellt und hinsichtlich der erzielten Erfolge beurteilt. Die Fallstudien reichen von komplexen unternehmensübergreifenden Fragestellungen des Umweltmanagement bis hin zu funktionsspezifischen Aspekten der ökologieorientierten Absatzpolitik.

Das Buch wendet sich an Studierende auf dem Gebiet der Umweltökonomie und des Umweltmagement. Darüber hinaus richtet es sich an verantwortliche Führungspersonen auf den verschiedenen Unternehmensebenen, die sich mit Problemen des Umweltschutzes auseinandersetzen. Grundlagen- und Fallstudienteil sind grundsätzlich so gestaltet, daß sie unabhängig voneinander gelesen werden können. Dem theoretisch weniger interessierten Leser empfiehlt sich der Einstieg in die Materie über den Fallstudienteil. Im theoretischen

Teil findet der Leser Hinweise auf die in den einschlägigen Fallstudien behandelten Problemfelder.

Das Fachgebiet entwickelt sich derzeit dynamisch fort. Sollten dem Leser der beteiligten Fachdisziplinen wichtige Ergänzungen oder Korrekturen in einzelnen Kapiteln als mitteilungswürdig erscheinen, so nehmen wir dankend alle Anregungen auf. Für den Dialog zwischen Autoren und Leser ist eine Postkarte beiliegend vorbereitet. Wir freuen uns auf den Feedback.

Die Erstellung des vorliegenden Buches wäre nicht ohne die Mitwirkung einer Vielzahl von Beteiligten möglich gewesen. Zunächst danken wir dem Umweltbundesamt für die Unterstützung bei der Durchführung umfangreicher empirischer Studien und der Erhebung der Fallstudien. Unser besonderer Dank gilt auch allen Unternehmen, deren Umweltschutzkonzepte wir im Rahmen der Fallstudien analysieren und dokumentieren konnten. Die offene Auskunftsbereitschaft der Gesprächspartner und die Unterstützung bei der Zusammenstellung der Daten haben wesentlich zum Gelingen der umfassenden Fallstudiendokumentation beigetragen. In diesem Zusammenhang gebührt Herrn Dr. Hanns Ostmeier unser besonderer Dank. Er hat als langjähriger Mitarbeiter des Instituts für Marketing von 1987 bis 1990 die Forschungen und Fallstudienerhebungen zum Umweltmanagement begleitet und mit dokumentiert.

Für die Unterstützung bei der Abfassung des Abschnitts zum umweltorientierten Konsumentenverhalten und die wertvollen Hilfen bei der Überarbeitung und Aktualisierung des Manuskriptes sei Frau Dipl.-Kffr. Kerstin Christiane Monhemius herzlich gedankt. Zu besonderem Dank verpflichtet sind wir schließlich Herrn Dipl.-Kfm. Christoph Burmann, der seit 1989 mit unermüdlichem Eifer die Fallstudienanalysen und -dokumentationen bis zur redaktionellen Reife betreut und im Grundlagenteil zur Erstellung des Kapitels V wesentlich beigetragen hat. Für die formale und inhaltliche Durchsicht des Manuskriptes und die wertvollen Anregungen sei Herrn Dipl.-Kfm. Ralf Birkelbach besonders gedankt. Nicht zuletzt konnte das vorliegende Werk durch das große Engagement von Frau Dipl.-Kffr. Dagmar Kronenberger bei der Erstellung der Abbildungen und die Unterstützung unserer Sekretärinnen, Frau Marga Bürger und Frau Eva-Maria Figge, bei den mühevollen Schreibarbeiten vollendet werden.

Schließlich möchten wir dem Verlag C. E. Poeschel, insbesondere Frau Marita Rollnik-Mollenhauer, für die engagierte verlegerische Betreuung und die schnelle Drucklegung des vorliegenden Werkes herzlich danken.

Münster, im Herbst 1991

Heribert Meffert
Manfred Kirchgeorg

Inhaltsverzeichnis

III. Informationsgrundlagen des Umweltmanagement

IV. Strategische Ausrichtung des Umweltmanagement

Teil B
Fallstudien zum ökologieorientierten Marketing

I. Konsumgüter

II. Gebrauchsgüter

III. Investitionsgüter

Teil A
Grundlagen des marktorientierten Umweltmanagement

I. Unternehmen im Spannungsfeld zwischen Ökologie und Ökonomie

1. Ökologische Herausforderungen an die Unternehmensführung

Wohl kaum ein anderes Thema beeinflußt seit geraumer Zeit die Entwicklung von Branchen und Unternehmen so nachhaltig wie der Umweltschutz. Vielfach schien durch die Implementierung strategischer Managementmethoden eine Immunisierung gegenüber den turbulenten Entwicklungen im Unternehmensumfeld gelungen. Die Dramatik, mit der sich heute ganze Branchen und einzelne Unternehmen mit der Umweltschutzproblematik konfrontiert sehen, macht jedoch offenkundig, daß eine offensive Auseinandersetzung mit den ökologischen Problemstellungen unserer Gesellschaft vielfach versäumt wurde. Die strategische Weitsicht in ökonomischen Fragestellungen war offenbar mit einer ökologischen Kurzsichtigkeit verbunden. Die ökologischen Herausforderungen scheinen nahezu in allen Branchen die Entwicklungsdynamik für das nächste Jahrzehnt zu bestimmen, beispielhaft seien nur folgende Problembereiche angesprochen:

Der Müllnotstand:
Obwohl Entsorgungsengpässe und der sog. Müllnotstand seit Anfang der 80er Jahre prophezeit wurden, schienen Hersteller und Handel gleichermaßen überrascht, als 1990 mit der Verabschiedung der Verpackungsverordnung in Deutschland eine umweltpolitische Initiative ergriffen wurde. Dabei wird die heutige Situation von Experten als dramatisch eingeschätzt: »Müllnotstand verharmlost die Situation. Tatsächlich sind wir dabei, uns mit den eigenen Ausscheidungsprodukten des Produzierens und Konsumierens umzubringen« (Kreiblich 1991, S. 133).

Der Verkehrsinfarkt:
Trotz der Berücksichtigung von Alternativ-Szenarien über neue Verkehrssysteme wird bis zum Ende dieses Jahrzehnts ein drohender Verkehrsinfarkt kaum auszuschließen sein. Allein die volkswirtschaftlichen Kosten durch Staus und nicht optimale Streckenwahl werden in der Europäischen Gemeinschaft auf jährlich 40 Mrd. DM – ohne Berücksichtigung der Umweltschäden des Verkehrs – beziffert (Frank, Münch, Seifert 1990, S. 52)). Die Automobilindustrie, das Transportgewerbe sowie das gesamte Verkehrswesen und die Städteplanung stehen vor der wohl größten Bewährungsprobe dieses Jahrhunderts bei der Bewältigung der Verkehrsprobleme.

Die Umwelthaftung:
Alle Branchen sehen sich einer hohen Entwicklungsdynamik umweltrechtlicher Regelungen gegenüber. Durch die Einführung der Gefährdungshaftung, Beweislastumkehr, vorgeschriebene Deckungsvorsorgen, Ausweitung der Störfallverordnungen und eine Verschärfung des Umweltstrafrechts sind neue betriebswirtschaftliche Risikodimensionen entstanden, deren Ignoranz die Unternehmensexistenz gefährden kann.

Die Bewältigung dieser neuen branchenbezogenen Herausforderungen eröffnet in ihrer Dynamik aber auch Chancen für diejenigen Unternehmen, denen es gelingt, durch innovative Lösungen im Umweltschutz die anstehenden Probleme zu bewältigen und gleichzeitig Möglichkeiten der Wettbewerbsprofilierung zu nutzen. Die Erschließung neuer Marktpotentiale in Umweltschutzmärkten oder das Angebot umweltverträglicher Produkte in den bestehenden Märkten wird zukünftig eine neue Erfolgsdimension darstellen. Dies belegen beispielhaft die folgenden Entwicklungen:

Umweltschutzmarkt:
Der Gesamtbedarf an Umweltschutztechnologien wird bis zum Jahre 2000 auf ca. 600 Mrd. DM in Deutschland – einschließlich der Investitionen in den neuen Bundesländern – beziffert.
Waschmittel-Markt:
Umweltgerechtere Waschmittel haben die traditionellen Angebote abgelöst und einen Markt entstehen lassen, auf dem ca. 1,7 Mrd. DM heute nahezu mit Waschmitteln der »neuen Generation« getätigt werden.
Automobil-Markt:
Für die Ausrüstung von Neufahrzeugen mit Katalysatoren wurde ein jährliches Marktvolumen von ca. 2,24 Mrd. DM ermittelt.
Verpackungs-Markt:
Neue innovative Verpackungskonzepte (wie z. B. Bio-Pack) vervielfachen ihre Umsätze innerhalb weniger Jahre.

Somit offenbart sich der Umweltschutz in seiner Janusköpfigkeit für die Unternehmensführung als strategische Chance und Risiko zugleich. Umweltschutz ist kein vorübergehendes Modethema, sondern erweist sich als Jahrhundertaufgabe unserer Gesellschaft. Davon zeugen die wachsenden Umweltschäden ebenso wie das gestiegene Umweltbewußtsein aller Beteiligten.

Im Rahmen einer gesamtwirtschaftlichen Betrachtung hat Wicke die **Umweltschäden**

Umweltschutz als Herausforderung

- Die Kommission der EG proklamiert 1987/88 zum "Europäischen Jahr des Umweltschutzes", nachdem allerdings erst 1986 die Umweltpolitik Bestandteil des EWG-Vertrages wurde
- Eine steigende Zahl von Umweltpreisen wird vergeben
- In Frankfurt eröffnet die erste "Ökobank"
- Die Bundesregierung, Industrieverbände oder die Internationale Handelskammer veröffentlichen "Leitlinien" zum Umweltschutz
- Umweltausstellungen entstehen
- Eine starke Bewegung in der nationalen Umweltpolitik findet statt (Technische Anleitung zur Reinhaltung der Luft, neues Abfallgesetz, Ergänzungen im Gewässerschutz)
- In New-Age-Seminaren werden sanfte Führungsmethoden, neue Managementphilosophien, postmoderne Unternehmenspolitik, eine neue Ethik, ökologisches und ganzheitliches Denken als Ausdruck eines allgemeinen gesellschaftlichen Wandels vorgestellt
- In Wien wird eine Nachrichtenagentur ("Phoenix") für Ökomeldungen gegründet
- 1989 wird in Hollywood eine Medienvereinigung für Umweltthemen gegründet (Environmental Media Association), um das Bewußsein der Bevölkerung für die Bedrohung der Umwelt zu schärfen. Es sollen jedes Jahr die besten Filme und Fernsehsendungen zu Umweltthemen mit einem Preis ("Environmental Media Award") ausgezeichnet werden. Als weiteres Büro vermittelt "Earth Communication Office" Stars an Umweltgruppen, damit diese leichter Spenden eintreiben können
- Am 22. April 1990 wurde zum 1970 erstmalig eingeführten "Tag der Erde" (Earth Day) in 136 Ländern mit 200 Millionen Teilnehmern gerechnet. Mit weltweiten Aktionen wurde versucht, dem Umweltschutz mehr Bedeutung zu geben. ABC strahlte eine mit vielen Stars angereicherte zweistündige Sondersendung aus
- Auf der Weltindustriekonferenz für Umweltschutz im April 1991 wird die "ICC-Business Charter for Sustainable Development" präsentiert und von den teilnehmenden Industrieunternehmen unterzeichnet
- Volkswagenkonzern ernennt 1991 erstes Vorstandsmitglied für Umweltschutz

Insert 1: Umweltschutz als Chance (i. A. Hopfenbeck 1990)

für das Jahr 1985 in der Bundesrepublik Deutschland mit über 103 Milliarden DM beziffert (Wicke 1986, S. 123). Rechnet man die Kosten für Unfälle, Gesundheit, Einschränkung der ökologischen Vielfalt sowie die in die Zukunft verlagerten Schäden hinzu, so ermittelte das Heidelberger Umwelt- und Prognoseinstitut für das Jahr 1989 eine Schadensbilanz von 475,5 Milliarden DM. Wie in der Abbildung 1 gegenübergestellt, wurden jedoch nur 35,7 Milliarden DM bzw. 1,7% des Bruttosozialprodukts im Jahr 1988 an einzelwirtschaftlichen Umweltschutzaufwendungen beim Verursacher getätigt (Umweltbericht 1990, S. 34). Selbst wenn in der Bundesrepublik Deutschland im letzten Jahrzehnt die Bemühungen für den Umweltschutz vereinzelt zu einer Verbesserung der Umweltqualität – z. B. bei der Gewässergüte – geführt haben, stellen sich die Herausforderungen zum Schutz der ökologischen Umwelt immer mehr als ein weltweites Problem mit globalen Wirkungen (z. B. Ozonloch) dar.

Betrachtet man beispielhaft die in dem Insert 2 dargestellte weltweite Entwicklung der Versicherungsschäden, so scheint sich eine bedrohliche Trendentwicklung abzuzeichnen. Aufgrund einer nachhaltigen Veränderung der Wechselwirkungen von Zivilisation und Natur und der damit verbundenen Auswirkungen auf das ökologische Gleichgewicht wird mit einer globalen Gefahr durch eine grundlegende Änderung der Risikosituation vor allem im Bereich der Naturrisiken gerechnet. Unternehmen werden dabei aufgrund ihrer vielfältigen Austauschbeziehungen mit der natürlichen Umwelt als Hauptverursacher dieser Umweltschäden angesehen und sind in besonderer Weise von umweltschutzbezogenen Forderungen betroffen.

Bislang wurde der natürlichen Umwelt in Wissenschaft und Unternehmenspraxis primär nur im Hinblick auf Standortfaktoren, Infrastruktur- und Klimabedingungen besondere

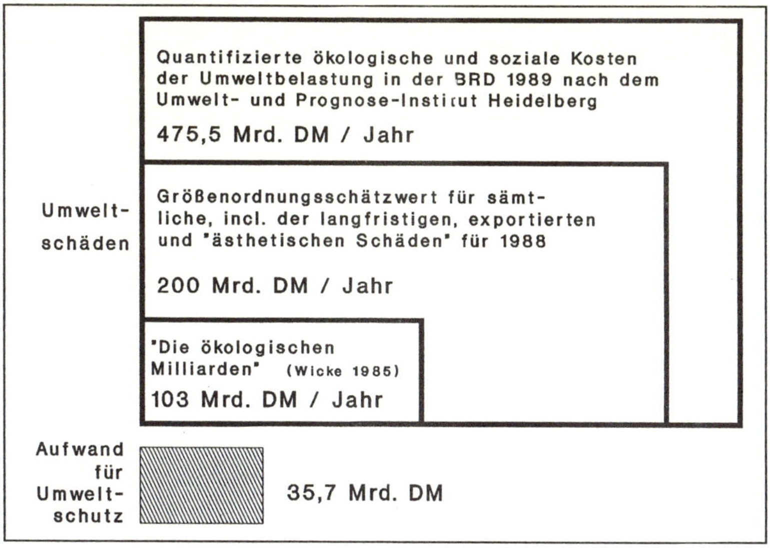

Abb. 1: Bilanz der jährlichen Umweltschäden im Vergleich zu den tatsächlichen Umweltschutzaufwendungen der Verursacher

(Quellen: Weizsäcker 1990, S. 147; Leipert 1989, S. 126; Heidelberger Umwelt- und Prognoseinstitut 1991; Umweltbericht 1990, S. 34)

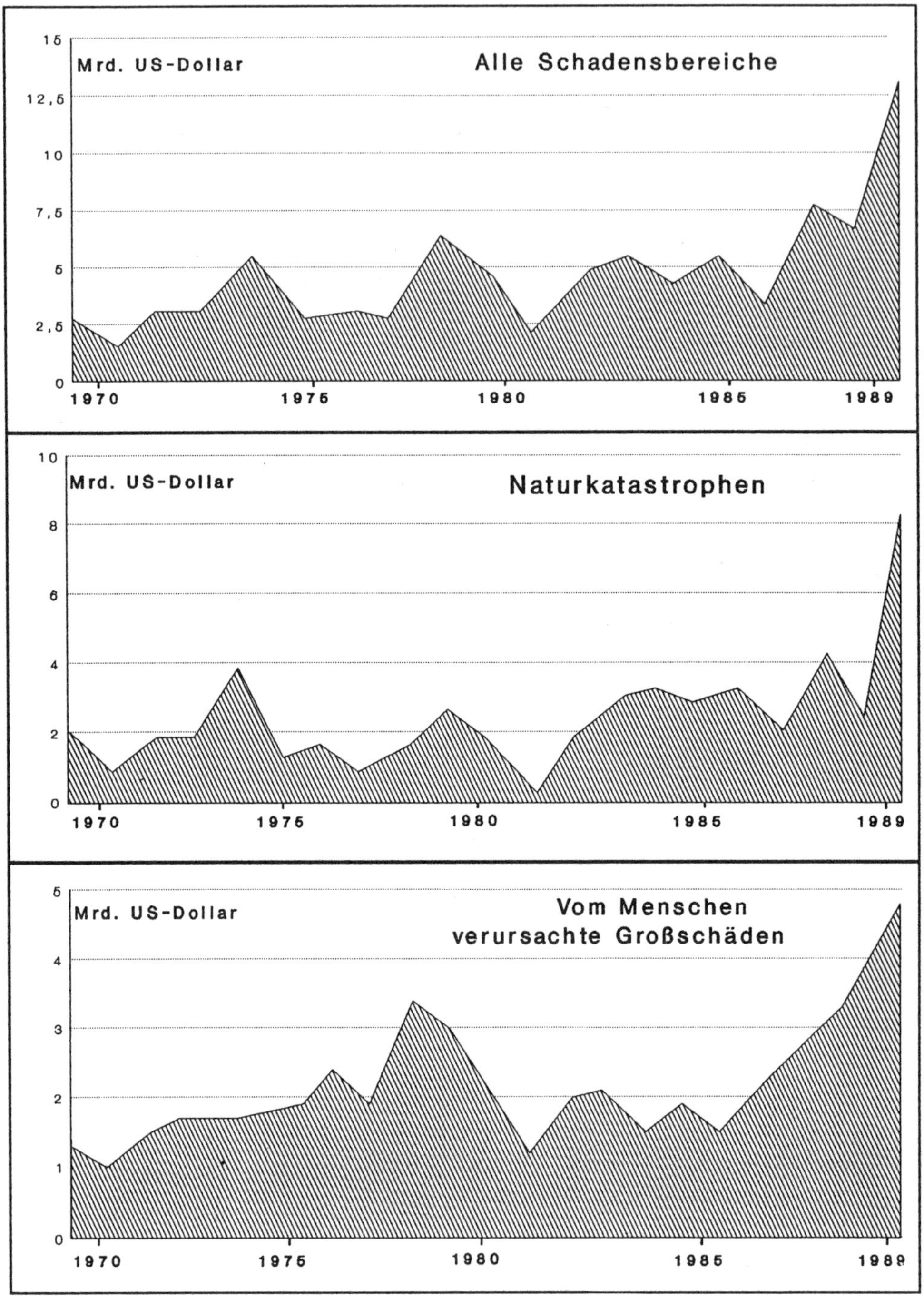

Insert 2: Weltweite Entwicklung von Versicherungsschäden
(Quelle: Wertpapier 1990, S. 1389)

Beachtung geschenkt (Seifert 1986, S. 15 ff.; Ruppen 1978, S. 139). Heute erlangt sie jedoch bei einer Vielzahl weiterer unternehmenspolitischer Entscheidungen einen herausragenden Stellenwert. Hiermit ist die notwendige Erkenntnis verbunden, daß die Verfolgung der ökonomischen Zielsetzungen nicht durch eine ökologische Kurzsichtigkeit (»Myopia«) begleitet werden darf (Hampicke 1987, S. 90 ff.), denn jede ökonomische Tätigkeit ist mit einer Inanspruchnahme ökologischer Ressourcen verbunden.

1.1 Hauptfunktionen der ökologischen Umwelt

Die Bestimmung des Stellenwertes der ökologischen Problemstellungen für die unternehmenspolitischen Entscheidungen verlangt eine verstärkt interdisziplinäre Sicht, in der Wechselwirkungen zwischen ökonomischen und ökologischen Systemen analysiert werden.

Als Teildisziplin der Biologie beschäftigt sich die **Ökologie** mit den Wechselbeziehungen und -wirkungen zwischen Leben und Natur. Der erste Definitionsansatz geht auf Ernst Haeckel im Jahre 1866 zurück. Ausgehend von dem griechischen Begriff »oikos«, gleichbedeutend mit Haus, Haushalt und »logos«, zu übersetzen als »Lehre«, beschrieb er Ökologie als die Lehre von den Anpassungen der Organismen an ihre Umweltbedingungen (vgl. Streit 1980, S. 1).

Betrachtet man den Begriff der ökologischen Umwelt, so finden sich in der Literatur Definitionen mit einer weiten und engen Fassung. Allgemein wird die **natürliche oder ökologische Umwelt** als das gesamte Wirkungsgefüge zwischen Natur und Lebewesen gekennzeichnet. Nach Wicke beschreibt der ökologische Umweltbegriff den **Zustand** der Umwelt für Tier, Mensch und Pflanze und die Bedingungen für ihr gemeinsames Zusammenleben (Wicke 1991, S. 6). Vernachlässigt wird in dieser Begriffsfassung allerdings – zumindest explizit – der Systemgedanke, der auf das Zusammenwirken einzelner Elemente der ökologischen Umwelt Bezug nimmt. Deutlich wird dieser Aspekt in einer Definition von Streit (Streit 1980, S. 1) herausgearbeitet. Demnach kann die ökologische Umwelt als ein **System** beschrieben werden, das die Umweltmedien Wasser, Luft und Boden, alle Lebewesen und ihre Lebensräume umfaßt und aus einer Vielzahl im Gleichgewicht befindlicher Ökosysteme besteht.

In Anlehnung an die umfassende systemorientierte Definition des Umweltbegriffs können als **Hauptfunktionen der ökologischen Umwelt** für den Menschen die Produktions- bzw. Versorgungsfunktion, die Träger- und Regelungsfunktion hervorgehoben werden (Sachverständigenrat 1987, S. 40f.). Durch die Versorgungsfunktion stellt die ökologische Umwelt natürliche Ressourcen wie Wasser, Boden, Luft und Energiereserven zur Befriedigung der Elementarbedürfnisse der Menschen sowie für Produktions- und Konsumprozesse zur Verfügung. Darüber hinaus übernimmt die ökologische Umwelt durch die Aufnahme von produzierten Erzeugnissen sowie Schad- und Abfallstoffen eine Trägerfunktion. Regelungsfunktionen dienen schließlich der Erhaltung des ökologischen Gleichgewichts und der Steuerung der Vorgänge des Naturhaushalts.

1.2 Ursachen der ökologischen Probleme

Die zentralen Ursachen für die Beeinträchtigung der Hauptfunktionen der ökologischen Umwelt lassen sich in drei Kategorien einteilen (vgl. Abbildung 2): entwicklungsbedingte, wirtschaftssystembedingte und sozio-ökonomische Ursachen (Wicke 1991, S. 27 ff.).

Entwicklungsbedingte Ursachen sind im rapiden Wachstum der Weltbevölkerung zu sehen. Die Weltbevölkerung wird von 4 Mrd. im Jahr 1975 auf 6,35 Mrd. im Jahr 2000 insbesondere in den Entwicklungsländern anwachsen und damit eine Zunahme von mehr als 50% bewirken (vgl. Wicke 1991, S. 31; Weizsäcker 1990, S. 112ff.). In absoluten Zahlen wird die Bevölkerung im Jahr 2000 schneller zunehmen als heute, nämlich um 100 Mill. Menschen jährlich. Der Anspruch aller Menschen auf das in westlichen Industrienationen geschaffene Wohlstandsmodell scheint dabei unerreichbar zu sein. Allein die ausreichende Nahrungsmittelversorung verlangt unter Zugrundelegung der heutigen technologischen Erkenntnisse eine erheblich intensivierte Bodenbearbeitung zu Lasten der natürlichen Umwelt.

Als **wirtschaftssystembezogene Ursachen** können in marktwirtschaftlich-demokratischen Systemen das Streben nach möglichst hohem Unternehmergewinn und Konsumentennutzen unter Vernachlässigung der umweltbezogenen negativen Folgen dieser Zielverfolgung genannt werden. In zentralverwaltungsgelenkten bzw. sozialistischen Systemen sind als Hauptprobleme gleichfalls das Streben nach möglichst hohen globalen (materiellen) Wachstumsraten der Wirtschaft und das Fehlen eines der Umwelt angemessen berücksichtigenden Preis- und/oder Lenkungssystems zu nennen. Zumindest in dem vereinten Deutschland zeigt ein ex post-Vergleich der Wirtschaftssysteme, daß in Zentralverwaltungs-Systemen der Umweltqualität weit weniger Beachtung geschenkt wurde als in marktwirtschaftlich orientierten Industrienationen (Wicke, de Maiziere 1990).

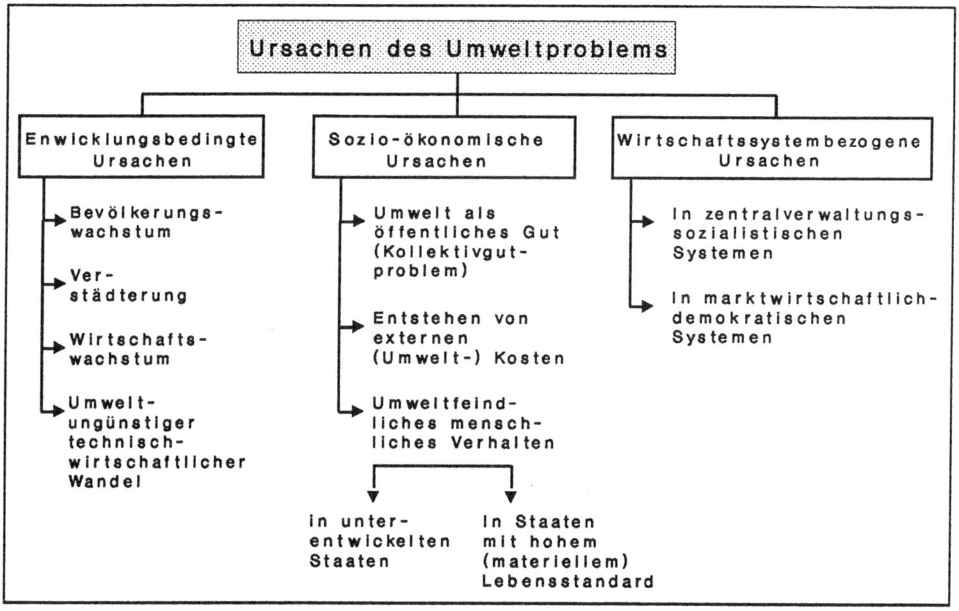

Abb. 2: Ursachen von Umweltproblemen (nach Wicke 1991, S. 28)

Die dritte Kategorie von Ursachen für die derzeitigen Umweltprobleme knüpft direkt an die **Folgen der Produktions- und Konsumprozesse** für die natürliche Umwelt an. Unternehmen, verstanden als offene, zielgerichtete sozio-technische Güter-Umsatz-Systeme beanspruchen im Rahmen ihres Leistungserstellungsprozesses die einzelnen Umweltfunktionen in unterschiedlichem Umfang. Der Umwelt werden natürliche Ressourcen (Stoffe und Energie) für die Erstellung von Produktions- und Konsumgütern entnommen. Neben dem Ressourcenverbrauch wird die Trägerfunktion der ökologischen Umwelt sowohl durch die Abgabe von Schadstoffen und Abfällen während des Produktionsprozesses als auch durch den Ge- und Verbrauch sowie die Vernichtung bzw. Entsorgung der Erzeugnisse beansprucht. Aus der Sicht der Unternehmen erfolgt die Inanspruchnahme der Funktionen des »freien Gutes« Umwelt unentgeltlich. Die mit den Umweltbeeinträchtigungen einhergehenden sozialen und ökologischen Kosten finden in der betrieblichen Kostenkalkulation bislang keine direkte Berücksichtigung.

Eine Beeinträchtigung aller Hauptfunktionen der ökologischen Umwelt ist durch die dargestellten Ursachen bereits heute festzustellen. Im einzelnen sind beispielhaft zu nennen:

- **Beeinträchtigung der Trägerfunktion**

Die Aufnahme von stofflichen und energetischen Rückständen aus Produktions- und Konsumprozessen durch die natürliche Umwelt ist bei Erhaltung des bestehenden ökologischen Gleichgewichts sehr begrenzt. So beträgt die Abfallmenge des produzierenden Gewerbes in der Bundesrepublik Deutschland über 200 Mio. t jährlich, ohne Berücksichtigung von Feststoffen, Abwärme und gasförmigen Stoffen, die in die Umweltmedien Wasser und Luft direkt eingeleitet wurden. Insgesamt wird das jährliche Aufkommen von Gewerbe- und Hausmüll in den Ländern der Europäischen Gemeinschaft auf über 2 Mrd. t beziffert. Fast 30 Mio. t Hausmüll fallen allein in der Bundesrepublik jährlich an. Doch es gibt nur noch 365 zentrale Hausmülldeponien, auf denen fast drei Viertel des gesamten Siedlungsabfalls untergebracht werden. Rund ein Viertel wird in großen Müllverbrennungsanlagen verfeuert. Angesichts des immer knapper werdenden Deponieraumes wird die Situation nicht zu Unrecht mit dem Begriff »Müllnotstand« beschrieben.
Darüber hinaus sind die Immissionen von klimawirksamen Spurengasen (Kohlendioxid, Methan) sowie der Abbau der Ozonschicht durch anthropogen erzeugte Stoffe wie Fluor-Chlor-Kohlenwasserstoffe aus Spray- und Industrieschäumen als die schwerwiegendsten Umweltprobleme der Zukunft anzusehen. Obwohl durch gesetzgeberische Maßnahmen (Bundes-Immissionsschutzgesetz, Großfeuerungsanlagen-Verordnung, TA-Luft u. a.) eine Verbesserung der Luftreinhaltung erwartet wird, sind die globalen Folgen und Langzeitschäden in ihren Auswirkungen kaum abzuschätzen.

- **Beeinträchtigung der Versorgungsfunktion**

Die ökologische Umwelt stellt natürliche Ressourcen nur in begrenztem Umfang zur Verfügung. Die exponentiell anwachsende Güterproduktion beansprucht mineralische Rohstoffe, Wasser und Energie in einem Ausmaß, welches nicht ihrem nur begrenzt verfügbaren und regenerierbaren Charakter entspricht. Berechnungen der Studie Global 2000 zufolge wurden die kumulative Weltproduktion an Eisen, Mangan und Nickel in den letzten 100 Jahren auf ein Viertel der verfügbaren Rohstoffreserven beziffert. Die Lebensdauer der Weltreserven von mineralischen Rohstoffen wie Silber, Zink, Schwefel, Blei und Wolfram wird nur noch auf weniger als 50 Jahre geschätzt. Obwohl durch kostenintensive Explorationstätigkeiten weiterhin neue Rohstoffvorräte entdeckt werden (vgl. z.B. Frank 1990, S. 2 ff.) ist es dennoch fraglich, ob diese Rohstoffreserven umweltverträglich und mit geeigneten Technologien ohne Übergangsprobleme erschlossen werden können. Angesichts des zu erwartenden Bevölkerungswachstums scheint die Verwirklichung neuer Wohlstandsmodelle, die mit den verfügbaren Ressourcen ein »Sustainable Development» bzw. eine dauerhafte Entwicklung erreichen, zu den dringlichsten Aufgaben des nächsten Jahrzehnts zu gehören (Weizsäcker 1990, S.67 ff.).

- **Beeinträchtigung der Regulierungsfunktion**

Die Überforderung der Versorgungs- und Trägerfunktionen der natürlichen Umwelt führt zwangsläufig auch zu einer Beeinträchtigung des ökologischen Gleichgewichts. Das Waldsterben, der bis zum

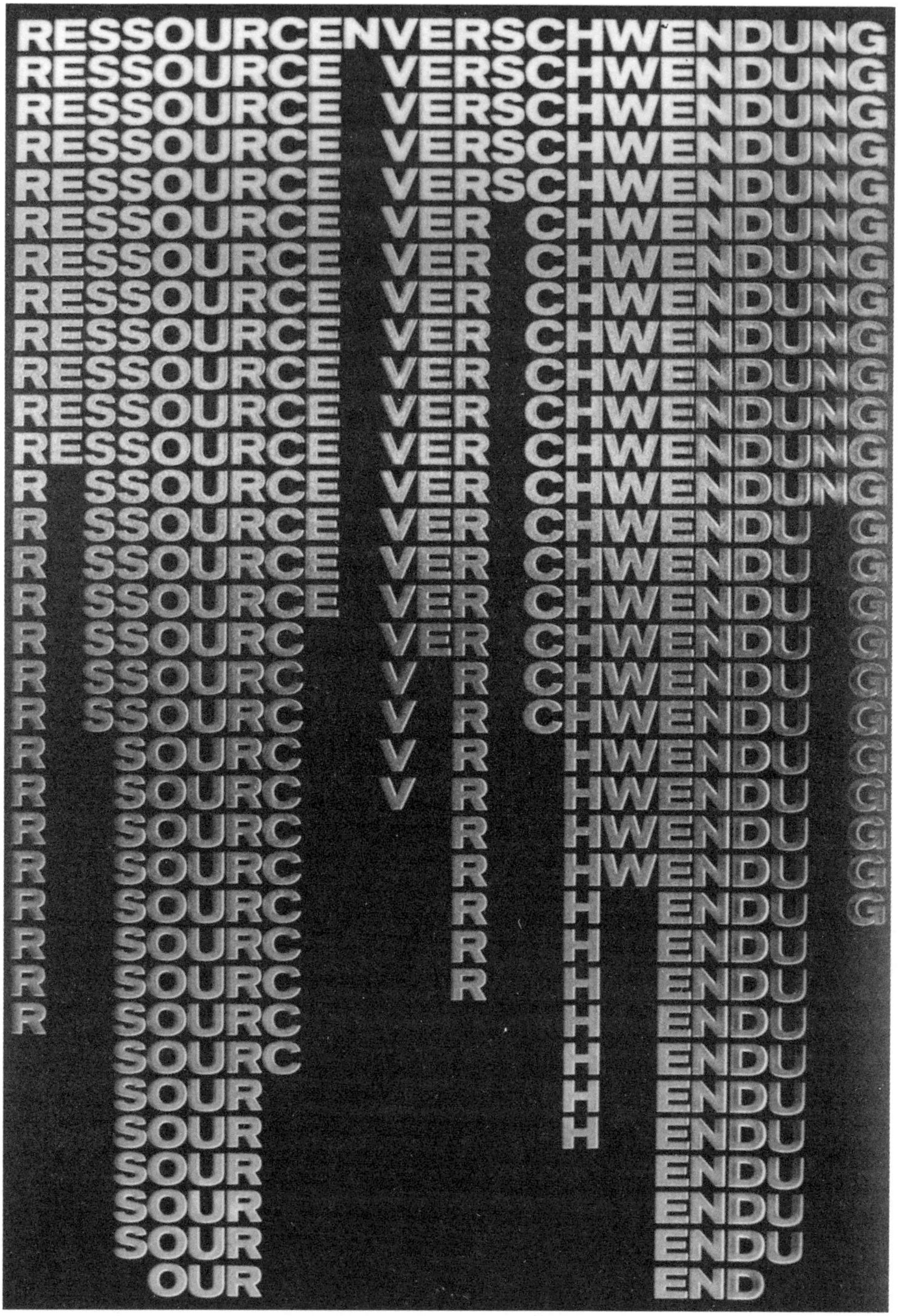

Insert 3: Grafik entworfen von Dipl.-Designer Dieter Löhrke, Münster, ausgezeichnet mit dem Agenda Award 1991

Jahre 2000 zu erwartende Rückgang der weltweit lebenden Tierarten um 15 bis 20 Prozent sowie die prognostizierten Klimaveränderungen infolge des sog. »Treibhauseffektes» sind ein Anzeichen dafür, daß die Regenerierungsfunktion der natürlichen Umwelt beeinträchtigt ist und weitreichende Veränderungen des globalen Ökosystems der Erde befürchtet werden müssen (Bick 1985, S. 37 f.; Frankenberg 1990, S. 259 ff.). Vor diesem Hintergrund erstaunt es um so mehr, daß sich trotz der Zunahme der globalen Umweltzerstörungen die auf der Weltklimakonferenz 1990 versammelten 130 Staaten nicht auf eine Verpflichtung einigen konnten, die Zunahme der schädlichen CO_2-Emissionen zu vermeiden (Kreiblich 1991, S. 134).

2. Unternehmensbezogene Problemfelder des Umweltschutzes

Fragt man nach dem Stellenwert der skizzierten Umweltprobleme für die Unternehmungen, so lassen sich in der aktuellen Situation drei zentrale Problemdimensionen als strategische Herausforderungen der Unternehmen hervorheben (vgl. Abbildung 3).

2.1 Die ökologische Problemdimension

Wie die Abbildung 3 zeigt, werden Unternehmen in zunehmendem Maße direkt durch Umweltprobleme (ökologische Problemdimension) betroffen (vgl. Kirchgeorg 1990, S.

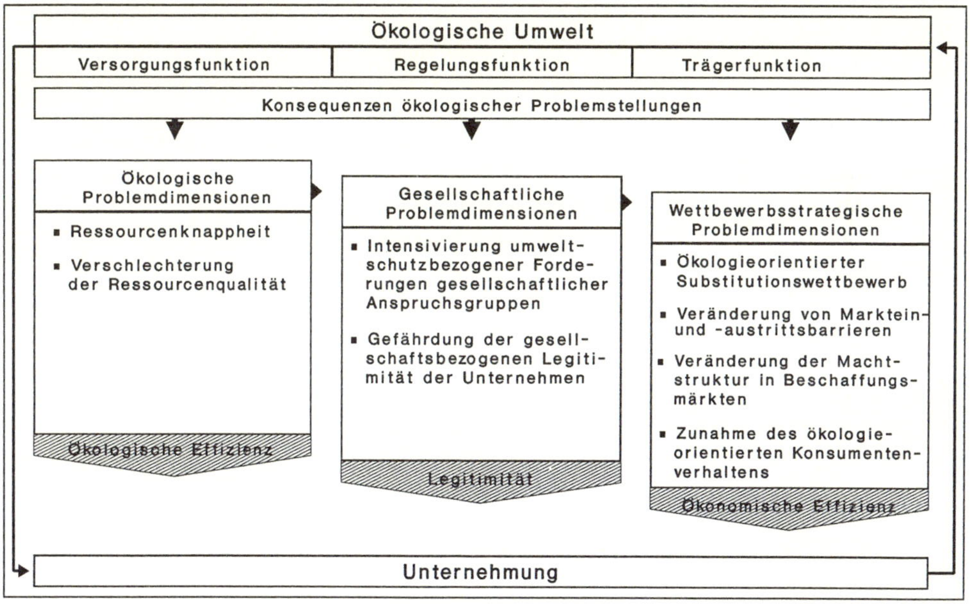

Abb. 3: Herausforderungen und Spannungsfelder des Umweltmanagement

6ff.). So ist nicht auszuschließen, daß mittel- bis langfristig die Verknappung von natürlichen Rohstoffen zu einer Neuorientierung ganzer Branchen oder sogar zu einer existenziellen Bedrohung der rohstofferzeugenden und -verarbeitenden Industrie führt. Selbst bei ausreichender Verfügbarkeit von natürlichen regenerierbaren Ressourcen bedingen Qualitätsminderungen, wie z. B. die zunehmende Belastung von Nahrungsmitteln durch gesundheitsgefährdende Schadstoffe (Blei, Cadmium, Nitrat u.a.m.) immer aufwendigere Methoden der Nahrungsmittelgewinnung und -kontrolle mit entsprechenden Auswirkungen auf die Kostensituation der betroffenen Unternehmen (Sachverständigenrat 1987, S. 344 f.). So haben sich beispielsweise die Kosten für die Trinkwasseraufbereitung von 1950 bis 1990 um etwa das 30-fache erhöht (Schulz 1988, S. 30 ff.). In Zukunft ist mit einem weiteren Anstieg dieser Kosten zu rechnen. Zur Sicherung eines »Sustainable Development« müssen Unternehmen deshalb in zunehmendem Maße auch ökologisch effizient handeln, d. h. eine Verringerung des Ressourcenverbrauchs anstreben.

2.2 Die gesellschaftliche Problemdimension

In zunehmendem Maße werden Unternehmen auch mit der gesellschaftlichen Dimension der ökologischen Problemstellungen konfrontiert. Als Mitverursacher der Umweltbeeinträchtigungen sehen sie sich einer ökologisch sensibilisierten Öffentlichkeit gegenüber. In dem Insert 4 sind die Entwicklungsstufen des Umweltbewußtseins in den letzten zwei Jahrzehnten dargestellt. Das zunehmende Umweltbewußtsein bis hin zu einer möglichen Umwelthysterie schlägt sich in einer verschärften Umweltgesetzgebung, umweltschutzbezogenen Forderungen von Bürgerinitiativen und Medien sowie nicht zuletzt in der Akzeptanz sog. »Grüner Parteien« nieder. Die Höherbewertung des Umweltschutzes gegenüber einem fortschreitenden Wirtschaftswachstum durch weite Teile der Gesellschaft und die zunehmende Technologiefeindlichkeit kennzeichnen eine wachsende Divergenz zwischen gesellschaftlichen Wertvorstellungen und unternehmensbezogenen Zielen (vgl. u.a. Fietkau 1985, Ulrich 1986, S. 809 f.)

Insbesondere das kommerzielle Marketing der Unternehmen mit seiner konsumsteigernden Ausrichtung sieht sich einer zunehmenden Kritik durch umweltbewußte Konsumenten gegenüber (Meffert et. al. 1985; Wiedmann 1984). Die frühzeitige Berücksichtigung der umweltschutzbezogenen Forderungen stellt somit langfristig eine notwendige Voraussetzung zur Sicherung der gesellschaftsbezogenen Legitimität und Erhaltung des Flexibilitätsspielraumes der Unternehmensführung dar. Vernachlässigte Maßnahmen im Umweltschutz werden langfristig durch staatliche Eingriffe »verordnet«. Diese staatlichen »Ökologie-Push-Maßnahmen« beschränken dann wiederum den Zeit- und Handlungsspielraum der Unternehmen für die Umsetzung innovativer und kostengünstiger Problemlösungen im Umweltschutz.

2.3 Die wettbewerbsstrategische Problemdimension

Sowohl die Umweltprobleme in ihrer originären Form als auch die in der Gesellschaft artikulierten Umweltschutzforderungen führen zu einer Veränderung des Wettbewerbsum-

Entwicklungs-Phasen des Umwelt-Bewußtseins in Deutschland			
Phase 1	Anfang 70er Jahre	Umwelt-Interesse	Neue wissenschaftliche Studien Diskussion über Lebensqualität
Phase 2	Ende 70er Jahre	Vom Umwelt-Interesse zum Umwelt-Bewußtsein	Deutliche Zeichen einer sich ändernden Umwelt Erste Umweltschutz-Auflagen durch den Gesetzgeber Wachsen einer speziellen Unterkultur
Phase 3	Anfang 80er Jahre	Vom Umwelt-Bewußtsein zu Umwelt-Aktionen	Grüne Partei im deutschen Parlament Öffentliche Kritik an Umwelt-Problemen Umwelt-Skandale
Phase 4	Ende 80er Jahre	Von Umwelt-Aktionen zum umweltfreundlichen Verbrauch	Steigende internationale Umwelt-Skandale Änderungen im Verbraucher-Verhalten Mehr umweltfreundliche Produkte
Phase 5	Anfang 90er Jahre	Umwelt-Hysterie ?	Dramatische Gesetzesauflagen Verschwinden traditioneller Produkte vom Markt

Insert 4: Entwicklungsstufen des Umweltbewußtseins
(Quelle: Michael 1990, S. 38)

feldes (Sprenger 1986; Lichtwer 1981, S. 213; Meffert 1991b). So sehen sich Unternehmen mit der wettbewerbsstrategischen Dimension ökologischer Problemstellungen konfrontiert. Beispielsweise kann eine weitere Verschärfung der Umweltschutzgesetze zu einer **Aufhebung von Wettbewerbsvorteilen** derjenigen Anbieter führen, die bisher Kostenvorteile aufgrund des Verzichts auf kostenintensive Umweltschutztechnologien realisieren konnten. Auch die Vernachlässigung der rechtzeitigen Entwicklung umweltgerechter Produktinnovationen führt angesichts der umweltpolitischen Maßnahmen zum Abbau bestehender Wettbewerbsvorteile. Umweltorientierte Pionierunternehmen können hingegen neue Erfolgspotentiale erschließen. Die Verknappung der natürlichen Ressourcen löst in zunehmendem Maße einen Substitutionswettbewerb aus. Bei fehlenden Substitutionsmöglichkeiten verändern sich die Verhandlungspositionen und Machtstrukturen zwischen Lieferanten und Abnehmern.

Ein umweltbewußteres Konsumentenverhalten und der wachsende Bedarf an Umweltschutztechnologien bieten demgegenüber in der Zukunft aber auch Ansatzpunkte, den Umweltschutz als **wettbewerbsstrategische Chance** zu begreifen. Ein von den Märkten her festzustellender nachfragebedingter »Ökologie-Pull-Effekt« signalisiert insgesamt eine Vielzahl neuer Profilierungsmöglichkeiten.

Allerdings sind auch nicht zu verkennende **Risiken einer ökologieorientierten Ausrichtung** der Unternehmensaktivitäten hervorzuheben. International unterschiedliche Umweltstandards führen zur Benachteiligung jener Wettbewerber, die in ihren Produktionsländern im Vergleich zu ausländischen Konkurrenten einer besonders restriktiven Umweltpolitik unterliegen. Die hiermit verbundenen höheren Investitionen und Betriebskosten für den Umweltschutz können im internationalen Wettbewerb vielfach nicht durch entsprechende Preisforderungen kompensiert werden. Dies gilt in besonderem Maße für Umweltschutzaktivitäten, die nicht direkt mit einem für den Konsumenten »sichtbaren« ökologischen Zusatznutzen der Produkte verbunden sind. Beispiele hierfür stellen Maßnahmen der Entsorgung von Produktionsrückständen oder der Altlastensanierung dar, die vielfach nicht in wettbewerbsbezogene Leistungsvorteile umgesetzt werden können. Vor dem Hintergrund des geplanten europäischen Binnenmarktes mit einer zu erwartenden Vereinheitlichung der Umweltgesetzgebung scheinen jedoch mittel- bis langfristig zumindest für den europäischen Raum Wettbewerbsnachteile durch unterschiedliche Umweltstandards abgebaut zu werden.

Weiterhin stellt die Einhaltung von bisher realisierten Qualitätsstandards bei der Entwicklung und Herstellung umweltgerechterer Produktvarianten besondere Herausforderungen an die Unternehmen. Können Qualitätsstandards von Umweltprodukten gegenüber den traditionellen Produkten (wie z. B. beim Recyclingpapier) nicht erreicht werden, sind insbesondere bei Konsumenten mit indifferenten Einstellungen zum Umweltschutz erhebliche Akzeptanzbarrieren zu überwinden. Beispiele im Waschmittel- und Papiermarkt zeigen, daß objektive oder lediglich subjektiv wahrgenommene Nutzenminderungen umweltgerechter Produkte, zumindest in einer Übergangsphase, eine Doppelstrategie erfordern, bei der traditionelle und umweltgerechtere Produktvarianten parallel im Programm angeboten werden. Ziele der Erhaltung der Wettbewerbsfähigkeit und mögliche kundenbezogene Akzeptanzbarrieren können somit einer umfassenden Ausrichtung der Unternehmensaktivitäten an ökologischen Erfordernissen entgegenstehen. Die aktive Auseinandersetzung der Unternehmen mit den Chancen und Risiken der aufgezeigten ökologischen Problemstellung stellt damit eine zentrale Herausforderung für die Unternehmensführung dar.

3. Gegenstand und Ansatzpunkte eines Umweltmanagement

Angesichts der aufgezeigten Konsequenzen der Umweltprobleme in ihrer ökologischen, gesellschaftlichen und wettbewerbsstrategischen Dimension, ist die Notwendigkeit der Berücksichtigung von Umweltschutzforderungen bei unternehmerischen Entscheidungen kaum mehr in Frage zu stellen. Trotz dieser Feststellung wird eine Zurückhaltung vieler Unternehmen bei der freiwilligen Ausrichtung des Unternehmensverhaltens an den ökologischen Erfordernissen beklagt. Die Begründung hierfür wird in vielfältigen **Konfliktfeldern zwischen ökologischen und ökonomischen Zielen** gesehen, die durch die Internalisierung der ökologischen Kosten, z. B. in Form von Investitionen und Betriebskosten für umweltgerechte Prozeßtechnologien, entstehen. Weiterhin werden fehlende staatliche Anreize zur innovativen Begegnung von Umweltschutzproblemen und nicht zuletzt ein mangelndes Wissen zur Lösung betrieblicher Umweltschutzprobleme als Gründe einer zögernden Umweltorientierung der Unternehmen angeführt (Meffert et al. 1986).

Die Ignoranz von Umweltproblemen und die Konfrontation mit verstärkten Umweltschutzforderungen als Ausdrucksform eines defensiven Unternehmensverhaltens in bezug auf den Umweltschutz sind zwar aus der kurzfristigen ökonomischen Rationalität begründbar, führen jedoch längerfristig in hohem Maße zur Gefährdung der gesellschaftlichen Legitimität der Unternehmen und zu einer Verengung des Handlungsspielraums durch verschärfte gesetzliche Umweltschutzbestimmungen.

3.1 Begriff des Umweltmanagement

Die Herausforderungen der Unternehmensführung liegen in einer offensiven, marktorientierten Auseinandersetzung mit den Umweltproblemen. In der betriebswirtschaftlichen Diskussion werden entsprechende Konzepte als **»offensives Umweltmanagement«**, **»ökologieorientierte Unternehmensführung«**, **»betriebswirtschaftliche Umweltpolitik«** oder **»Strategisches Ökologiemanagement«** gekennzeichnet (vgl. z.B. Wicke 1987; Senn 1986; Nüßgens 1974; Steger 1988; Stähler 1991). Die Literatur verbindet mit dem Begriff »ökologieorientierte Unternehmensführung« oder »Umweltmanagement« keinen einheitlichen Vorstellungsinhalt. Vielfach wird der Begriff nur durch die Beschreibung von Einzelmaßnahmen präzisiert. Im folgenden seien beispielhaft drei umfassendere Definitionsansätze hervorgehoben:

(1) »**Ökologisch orientierte und verpflichtete Unternehmenspolitik** ist der Inbegriff all jener Maximen (Unternehmensgrundsätze, Meta-Ziele, Verfahrensregeln etc.), die das (Gesamt-) Verhalten des Unternehmens gegenüber Interessenten und Betroffenen einschließlich der natürlichen Umwelt regeln. Als Verkörperung der Gesamtheit übergeordneter Rahmenentscheide (Normen), die die ökologisch relevanten Verhaltensfelder für die Unternehmung festlegen, markiert die Unternehmenspolitik – für Wissenschaft und Praxis – zugleich Weg und Ziel der betriebswirtschaftlichen Entwurfsarbeit zu angestrebten Verhaltensänderungen« (Seidel, Menn 1988, S. 79).

(2) »Die **ökologische Orientierung der Unternehmung** ist ein schillerndes und vielgestaltiges und von außen oft schwer einzuschätzendes Phänomen. Für eine konkrete Unternehmung gilt: Ihre potentielle ökologische Orientierung besteht in einer Menge unternehmensspezifischer, auf vorgegebene Sach- und Formalziele ausgerichteter Aktivitäten Öp, $Ö_1$...n (p=Philosophie, 1...n=Einzelmaßnahmen), für die gilt: Sie verursachen maximal ein als noch vertretbar angesehenes Maß an Beeinträchtigungen relevanter Öko-Systeme bzw. sie reduzieren ein als hoch angesehenes Maß an Beeinträchtigungen. Die davon faktisch realisierten Elemente bzw. Teilmengen Öp, $Ö_1$...n kennzeichnen die aktuelle tatsächliche ökologische Orientierung der Unternehmung« (Stitzel 1987, S. 385).

(3) Die **Führungsaufgabe Umweltschutz** im Unternehmen zielt darauf ab, Belastungen der unternehmensinternen und/oder unternehmensexternen Umwelt entweder gar nicht entstehen zu lassen oder sie zumindest zu beseitigen, zu vermindern usw., um Umweltschäden als mögliche Folge von Umweltschädigungen von vornherein oder zumindest nachträglich unmöglich zu machen (in Anlehnung an Nüßgens 1974).

Versucht man zur Konkretisierung dieser Betrachtung konstitutive **Merkmale einer ökologieorientierten Unternehmensführung** aus den bestehenden Definitionsansätzen herauszuarbeiten, lassen sich

- der mehrdimensionale Zielbezug (hinsichtlich einer ökologieorientierten, gesellschafts- und marktorientierten Ausrichtung des Umweltmanagement),

- der funktions- und unternehmensübergreifende Charakter
- und die proaktive Verhaltensausrichtung

als zentrale grundlegende Merkmale hervorheben. Im folgenden werden diese Merkmale einer tiefergehenden Betrachtung unterzogen.

3.2 Zielbezug des Umweltmanagement

Grundsätzlich bringt der Zielbezug des Umweltmanagement zum Ausdruck, daß es sich nicht in ad hoc ergriffenen Einzelmaßnahmen erschöpft, sondern aufbauend auf einer Analyse der unternehmensexternen und -internen Rahmenbedingungen ein systematisch geplantes, ökologisch intendiertes und kontrolliertes Umweltschutzverhalten impliziert. Hierbei erweist sich die Verknüpfung verschiedener Ziele und die Festlegung konkreter Normen zur Bestimmung des notwendigen Ausmaßes an »Ökologieorientierung« als ein besonderes Problem (Stitzel 1987, S. 375 ff.; Strebel 1980). Als zentrales **Verhaltensziel** ist die Vermeidung und Verminderung von Umweltbelastungen als **ökologieorientierte Zielsetzung** hervorzuheben. Allerdings kann diese Zielsetzung nicht aus einem strengen Ökologieverständnis abgeleitet werden, in dem die Forderung einer vollständigen Reduzierung von Umweltbeeinträchtigungen durch die Unternehmen erhoben wird, denn es kann übereinstimmend festgestellt werden, daß jede ökonomische Tätigkeit in Form von Produktion und Konsum mit negativen Auswirkungen für die ökologische Umwelt verbunden ist.

Das ökologieorientierte Unternehmensverhalten ist daher vor dem Hintergrund eines »zulässigen« Ausmaßes an Umweltbeeinträchtigungen bzw. der sog. »optimalen Umweltbelastung« zu spezifizieren (Frey 1985, S. 104; Müllendorff 1981, S. 3 ff.; Lange 1978, S. 22). Diese Forderung wäre dann erfüllt, wenn die verursachten Umweltbelastungen durch die natürliche Regenerationsfähigkeit ökologischer Systeme abgebaut werden könnten und das ökologische Gleichgewicht nicht gefährdet würde. Aufgrund des unzureichenden Wissens über die Wirkung ökonomischer Prozesse auf das ökologische Gleichgewicht (z. B. Schadstoffmengeneffekte) kann das optimale Ausmaß an Umweltbelastungen bisher nicht befriedigend quantifiziert werden. Anstelle »objektiver Verhaltensnormen« muß sich das Umweltmanagement bei der Festlegung von Umweltschutzzielen deshalb an einer **relativen Verbesserung der Umweltqualität** gegenüber der Ausgangssituation orientieren. Dabei kann auf eine Vielzahl unterschiedlicher Indikatoren zurückgegriffen werden. Hierbei bilden überwiegend die gesetzlich fixierten Umweltstandards aus pragmatischer Sicht und als Ausdruck gesellschaftlich relevanter Verhaltensnormen Ersatzkriterien für die Ausrichtung des Unternehmensverhaltens an den ökologischen Erfordernissen.

Wie schwierig eine ganzheitliche Beurteilung der Umwelteinwirkungen von Produkten ist, zeigt die Kontroverse um die Wegwerfwindel. Während in der öffentlichen Diskussion vielfach die traditionelle Wickelmethode als umweltgerechtere Variante hervorgehoben wird, verweisen die Hersteller der Wegwerfwindeln auf die zusätzlichen Umweltbelastungen, die bei der traditionellen Wickelmethode durch das verwendete Waschmittel und den Energieaufwand beim Waschen der Baumwolltücher entstehen. Das Umweltbundesamt hat angesichts dieser Kontroverse eine Produktlinienanalyse für Babywindelen durchführen lassen, in der ermittelt wurde, daß keine der beiden Windelarten bei Berücksichtigung sämtlicher Umweltaspekte eindeutige Vorteile aufweist (Saur 1990).

Die Berücksichtigung der **gesellschaftlichen Umweltschutzforderungen** als Orientierungsgröße des ökologieorientierten Unternehmensverhaltens wird in den Ansätzen der gesellschaftsorientierten Unternehmensführung als notwendige Voraussetzung zur Erhaltung der Unternehmenslegitimität und langfristigen Unternehmensexistenz angesehen (Achleitner, Ansoff 1983; Brenken 1988; Dyllick 1989, Utz 1978). Das an den Legitimitätsansprüchen ausgerichtete Umweltschutzverhalten der Unternehmen kann zum einen in der Befolgung der bestehenden Umweltschutzgesetze bestehen. Verschiedene Beispiele wie die Dünnsäureverklappung in der Nordsee, Entsorgung von Problemabfällen u.a.m. zeigen jedoch, daß die Erfüllung gesetzlicher Umweltschutzvorschriften in unserer pluralistisch geprägten Gesellschaft nicht vor der Kritik einer gegenüber Umweltproblemen sensibilisierten Öffentlichkeit schützt. Insofern sieht sich die Unternehmensführung in zunehmendem Maße zur Wahrnehmung ihrer sozialen Verantwortung veranlaßt, über das gesetzlich vorgeschriebene Maß an »Ökologisierung« weitergehende Umweltschutzansprüche verschiedener Anspruchsgruppen im Rahmen der Unternehmensentscheidungen freiwillig zu berücksichtigen.

Angesichts des verschärften Wettbewerbs ist das aus den Legitimitätszielen der Unternehmung abzuleitende Ausmaß des ökologieorientierten Unternehmensverhaltens allerdings kaum als eine altruistische Erfüllung gesellschaftlicher Ansprüche zu begreifen, sondern ist mit den **ökonomischen und wettbewerbsstrategischen Unternehmenszielen** zu verknüpfen (Picot 1977, S. 25 ff.; Meffert, Kirchgeorg, Ostmeier 1988; Buchholz 1986, S. 21 f.; Anninghöfer 1991, S. 159 ff.). Die notwendige Sicherung eines Mindestgewinns und die Erhaltung der Wettbewerbsfähigkeit bilden Restriktionen einer freiwilligen Integration ökologischer Kosten, sofern es Unternehmen nicht gelingt, den Umweltschutz als Instrument zur wettbewerbsbezogenen Profilierung und als Wertschöpfungskomponente einzusetzen. Beispiele belegen, daß ökologieorientierte Unternehmensaktivitäten auch zur Ausnutzung von Kostensenkungspotentialen beitragen und nicht zuletzt aufgrund des zunehmenden Stellenwertes des Umweltschutzes im Wettbewerb neue Chancen zum Ausbau der Markt- und Wettbewerbsposition gegeben sind. Insbesondere die Möglichkeit, Kosten für freiwillig durchgeführte Umweltschutzmaßnahmen zu kompensieren, hängt im wesentlichen davon ab, inwieweit Umweltschutzaktivitäten ein zusätzliches akquisitorisches Potential schaffen (Meffert, Ostmeier 1990). Im Rahmen des Umweltmanagement kommt somit der marktorientierten Ausrichtung der Umweltschutzmaßnahmen durch ein ökologieorientiertes Marketing-Konzept ein besonderer Stellenwert zu.

3.3 Funktionsübergreifender Charakter des Umweltmanagement

Neben der mehrdimensionalen Zielausrichtung ist als weiteres Merkmal der funktionsübergreifende Charakter des Umweltmanagement hervorzuheben. Umweltschutzprobleme beschränken sich nicht nur auf einzelne Unternehmensfunktionen, sondern ihre »potentielle Allgegenwärtigkeit« erfordert ökologisch orientierte **Anpassungsmaßnahmen in allen Unternehmensfunktionen** wie Beschaffung, Produktion und Absatz sowie in den Bereichen Forschung und Entwicklung, Lagerhaltung und Logistik, Finanzierung, Planung, Information, Organisation und Führung (vgl. z.B. Senn 1986; Strebel 1990, S. 4 ff.; Winter 1987). Das Umweltmanagement steht somit im Gegensatz zur betriebswirtschaftlichen Partialbetrachtung von Beschaffung, Produktion und Absatz.

Besondere Bedeutung zur Wahrnehmung wettbewerbsstrategischer Chancen im Umweltschutz kommt dabei jenen Unternehmensfunktionen zu, die eine sog. **Schnittstellenfunktion** zwischen Unternehmung, Markt und Gesellschaft ausüben. Neben der Ausrichtung der Unternehmensaktivitäten an Umweltschutzerfordernissen, die nicht auf die direkten Transaktionen zwischen Unternehmung und Marktteilnehmern gerichtet sind (z. B. Forschung und Entwicklung), erfordert die Wahrnehmung von Marktchancen im Umweltschutz die offensive Ausrichtung aller absatzmarktpolitischen Instrumente, um sich gegenüber Kunden und Wettbewerbern zu profilieren. Somit umfaßt der Begriff des Umweltmanagement sowohl Aktivitäten, die unmittelbar (z. B. Emissionsfilter, Substitution knapper Ressourcen) als auch mittelbar (z. B. Forschung und Entwicklung, Umweltberatung, ökologieorientierte Kommunikationspolitik) einen Beitrag zur Vermeidung und Verminderung von Umweltbelastungen leisten.

Mit dieser weiten Begriffsfassung des Umweltmanagement wird die Notwendigkeit unterstrichen, den **Umweltschutz als Führungsaufgabe und Querschnittsfunktion** im Unternehmen zu begreifen und aus einer konzeptionellen Gesamtsicht heraus umzusetzen. Erfolgreiche Problemlösungen im Umweltschutz erfordern ein interdisziplinäres Zusammenarbeiten aller Funktionsbereiche. Insellösungen werden damit langfrisitg nicht nur ökologisch sondern auch ökonomisch als wenig effizient angesehen.

3.4 Unternehmensübergreifender Charakter des Umweltmanagement

Neben dem funktionsübergreifenden Charakter des Umweltschutzmanagement wird in der Regel eine unternehmensübergreifende Integration zur Umsetzung ganzheitlicher Problemlösungen im vertikalen und horizontalen Wettbewerb sowie auf Branchen-, Unternehmens- und Produkt- bzw. Technologieebene erforderlich (vgl. Abb. 4).

Im **vertikalen Wettbewerb** sind unternehmensübergreifende Konzepte zur Vermeidung und Verminderung der Umweltbelastungen auf vorgelagerten (z. B. Rohstofflieferanten) und nachgelagerten Stufen (z. B. Absatzhelfer, Handel, Entsorgungsdienstleistungen) in zunehmendem Maße notwendig, um ineffiziente Insellösungen zu vermeiden. Insbesondere aus der Sicht eines marktorientierten Umweltmanagement werden kooperative Ansätze im vertikalen Marketing (z. B. zur Lösung der Verpackungsprobleme) erforderlich. Distributionssysteme werden hierbei durch einen Rückkanal zu Retrodistributionssystemen weiterentwickelt, die sich einer integrierten Problemlösung im Sinne geschlossener Kreisläufe annähern.

Im **horizontalen Wettbewerb** erfordert die Bewältigung branchenbezogener Problemstellungen im Umweltschutz in erhöhtem Maße kooperative Lösungen unter Erhaltung des Wettbewerbs. Strategische Allianzen z. B. im Bereich der Forschung und Entwickung für den Umweltschutz und der Durchsetzung von Recycling- und Entsorgungssystemen sind angesichts des zunehmenden Problemlösungsdrucks in einigen Branchen keine Seltenheit mehr. Beispielsweise stellen sich die Probleme des drohenden Verkehrsinfarkts nicht nur als individuelle Herausforderung eines einzelnen Unternehmens der Automobilbranche dar, vielmehr sind erfolgversprechende Lösungen nur in einer konzertierten Aktion aller am Verkehrssystem beteiligten Unternehmen zu erreichen (z. B. Verkehrsleitsysteme). Zudem werden auch von seiten des Gesetzgebers über das Instrument der Bran-

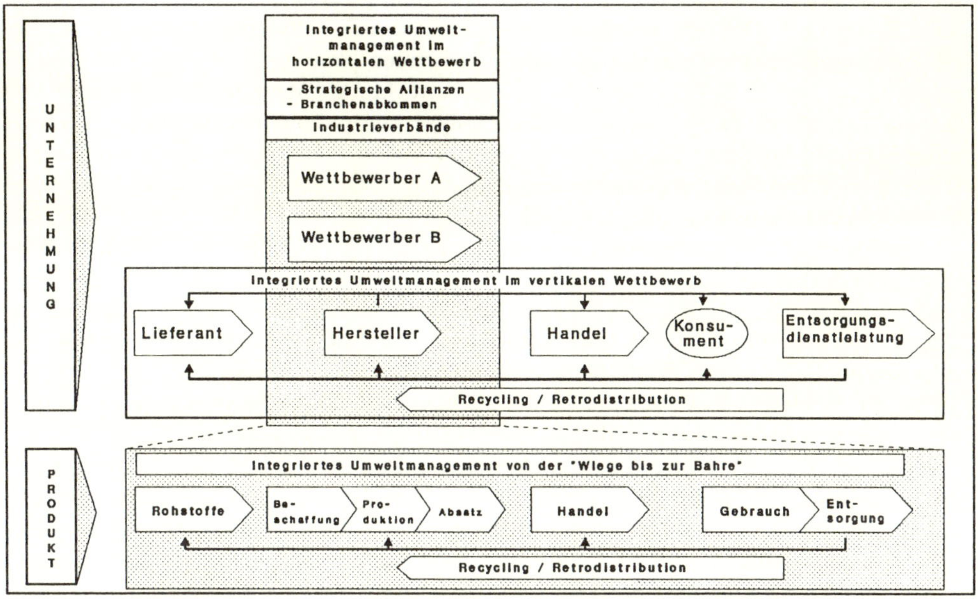

Abb. 4: Kooperative Ansätze des Umweltmanagement im vertikalen und horizontalen Wettbewerb

chenabkommen zunehmend kooperative Lösungen gefördert. Darüber hinaus sind auch unternehmensübergreifende Kooperationen zwischen staatlichen Institutionen (Umweltbehörden), Verbänden und gesellschaftlichen Institutionen (Verbraucherinstitute, Umweltschutzorganisationen u.a.m.) notwendig (Wagner 1991, S. 122 f.), um zu effizienten und gesellschaftlich akzeptierten Lösungen im Umweltschutz zu gelangen.

Integrierte Problemlösungen sind auch auf der **Produkt- und Technologieebene** im Rahmen eines Umweltmanagement sicherzustellen. Produktbezogene Umweltprobleme sind nach dem Grundsatz »von der Wiege bis zur Bahre« im gesamten Produktlebenszyklus zu identifizieren und zu lösen (vgl. z.B. Thomè 1981, Strebel 1988, Türck 1990a). Die Verantwortung der Unternehmen erstreckt sich somit nicht nur auf die Produktions- und Verkaufsphase sondern auch auf eine umweltgerechte Beschaffung, Verwendung und Entsorgung der Produkte. Allein schon aus diesem Integrationserfordernis heraus erscheinen unternehmensübergreifende Konzepte im vertikalen und horizontalen Wettbewerb unabdingbar.

3.5 Zeitbezug des Umweltmanagement

Beim Zeitbezug des Umweltschutzmanagement ist zwischen dem Planungshorizont und Planungsbeginn von Konzepten und Aktivitäten zu differenzieren. Das Umweltschutzmanagement stellt einen dauerhaften Prozeß dar und darf sich nicht in einem ad hoc-Management erschöpfen. Der **Planungshorizont** sollte sowohl auf die Bewältigung aktueller Probleme als auch auf die Entwicklung strategischer Erfolgspotentiale und Abwehr strategischer Risiken gerichtet sein. Grundsätzlich ist in diesem Zusammenhang zu beachten, daß die Planungszeiträume der strategischen Unternehmensplanung in der Regel auf 5 bis 15 Jahre beschränkt sind. Eine ökologische Zeitbetrachtung unterstellt hingegen sehr viel längere Zeiträume. Beispielsweise ist die Endlagerung radioaktiver Stoffe aus ökologischer Sicht ein Problem, das über tausende von Jahren Wirkungen auf die ökologische Umwelt zeigt. Der Planungshorizont aus ökonomisch-strategischer und ökologischer Sicht kennzeichnet somit etwas völlig Unterschiedliches (Stitzel, Wank 1990, S. 199). Die Entscheidungsträger sind bei der Antizipation ökologischer Risiken deshalb vielfach überfordert und müssen das Umweltmanagement unter dem Zeitaspekt auf ein handhabbares Maß zurückführen. Aufgrund der dynamischen Entwicklungen im Umweltschutz (neue wissenschaftliche Erkenntnisse über Grenzwerte, öffentliche Diskussion, Umweltkatastrophen etc.) erweist es sich hierbei als besondere Herausforderung, mit Hilfe von Frühwarnindikatoren und »Schwachen Signalen« potentiellen Umweltrisiken und -chancen zu begegnen, bevor konkrete Ansprüche an das Unternehmen herangetragen werden.

In diesem Zusammenhang wird im Rahmen eines offensiven Umweltschutzmanagement eine **proaktive Begegnung** potentieller Umweltprobleme gefordert. Hieraus erhebt sich der Anspruch an die Unternehmensführung, im Rahmen der strategischen Unternehmensplanung gesellschaftliche Umweltschutzansprüche im Entstehungprozeß zu antizipieren und die ökologischen Folgen der Unternehmensaktivitäten zu erfassen, um Problemlösungen zu entwickeln, bevor sie zum Gegenstand einer öffentlichen Umweltschutzdiskussion werden. Planungen, die sich lediglich an gesetzlichen Auflagen orientieren, beschränken meist den Handlungsspielraum und -zeitraum für innovative Problemlösungen. Für die einzelne Unternehmung können sich aus einem **reaktiven Umweltschutzverhalten** langfristig Folgen ergeben, die sich auf die Kosten- und/oder die Ertragssituation negativ auswirken. Zu berücksichtigen sind auch steigende Kosten der Risikoabsicherung. Die Zunahme der Umweltschutzgesetze und Verordnungen, eine verschärfte Umwelthaftung, der Ausbau der staatlichen Kontrollorgane sowie die verstärkten gesellschaftlichen Umweltschutzansprüche führen zu immer höheren Risiken eines Reagierens auf Umweltschäden.

3.6 Marktorientierung des Umweltmanagement

Aus den dargestellten Ansatzpunkten und Anforderungen an das Umweltmanagement läßt sich die folgende Definition für die folgenden Ausführungen ableiten:

Das Umweltmanagement berücksichtigt bei der Planung, Durchsetzung und Kontrolle der Unternehmensaktivitäten in allen Bereichen Umweltschutzziele zur Verminderung und Vermeidung der Umweltbelastungen und zur langfristigen Sicherung der Unternehmensziele.

Die funktionsübergreifende Ausrichtung stellt hierbei ein wichtiges Kriterium des Umweltmanagement dar, d. h. Umweltprobleme dürfen nicht durch isolierte Betrachtung eines Funktionsbereichs, wie z. B. nur der Produktion, gelöst werden. Ohne Einschränkung der funktionsübergreifenden Ausrichtung des Umweltmanagement sollen die folgenden Ausführungen des Buches unter den Blickwinkel der Marktorientierung des Umweltmanagement gestellt werden. Gegenüber einer reinen innenorientierten Umweltschutzstrategie wird erst durch die marktorientierte Ausrichtung des Umweltmanagement eine konsequente Wahrnehmung von Marktchancen und eine Bewältigung der wettbewerbsbezogenen Herausforderungen im Umweltschutz möglich. Konzentriert sich eine Unternehmung allein auf beschaffungs- und produktionsbezogene Problemstellungen des Umweltschutzes, so wird der Umweltschutz vielfach ausschließlich als »Kostenfaktor« und »Investitionsobjekt ohne Rendite« eingestuft. Eigene empirische Untersuchungen bestätigen hingegen, daß die Konflikte zwischen ökonomischen und ökologischen Zielen sich leichter überwinden lassen, wenn den marktbezogenen Risiko- und Erfolgspotentialen des Umweltschutzes eine besondere Beachtung geschenkt wird (Meffert, Kirchgeorg 1989; Meffert, Ostmeier 1989).

Im Rahmen der marktorientierten Ausrichtung des Umweltmanagement kommt dem Marketing als Konzept einer marktorientierten Unternehmensführung eine besondere Bedeutung zu (Meffert et al 1985, S. 12 ff.; Brandt, Hansen, Schoenheit, Werner 1988; Burghold 1988, S. 93 ff.; Diller 1990). Einerseits wird das kommerzielle und an einer reinen Verkaufsorientierung ausgerichtete Marketing als Hauptverursacher der konsumbedingten Umweltprobleme angesehen, andererseits können die Chancen eines Angebots umweltverträglicherer Problemlösungen vielfach nur durch marketingpolitische Maßnahmen erfolgversprechend realisiert werden. Nicht zuletzt aus der Kritik am kommerziell ausgerichteten Marketing lassen sich unterschiedliche Entwicklungsstufen der marktorientierten Führungskonzepte in der Vergangenheit kennzeichnen.

Die Phase der Verkaufsorientierung wurde durch die Marketingorientierung als Führungsfunktion abgelöst. In einer klassischen und ökonomisch ausgerichteten Form wurde das Marketing als Planung, Koordination und Kontrolle aller auf die aktuellen und potentiellen Märkte ausgerichteten Unternehmensaktivitäten zur dauerhaften Befriedigung der Kundenbedürfnisse verstanden. Dabei wurden dem Marketing nicht nur nachfragesteigernde Aufgaben zugesprochen, sondern in Konzepten des **Reduktions- und Kontra-Marketing** wurde darauf hingewiesen, daß die Nachfrage nach Gütern und Dienstleistungen, die als gesundheits- und wohlfahrtsgefährdend einzustufen sind, durch Beeinflussung der Transaktionen zu verrringern ist (Kotler 1984, S. 27). Allerdings wurden diese Konzepte weniger von Unternehmen als von anderen gesellschaftlichen Institutionen (z.B. Verbraucherverbände) im Rahmen des sog. **Social Marketing** angewandt. Neben der Kundenorientierung gewann angesichts des zunehmenden Verdrängungswettbewerbs die Wettbewerbsorientierung im Marketing zunehmend an Bedeutung.

Der grundlegende Werte- und Einstellungswandel großer Bevölkerungskreise beim Konsum sowie die vielfältigen Ansprüche verschiedener gesellschaftlicher Gruppen und nicht zuletzt die Konsumerismusbewegung haben dazu geführt, daß im Marketing neben der Kunden- und Wettbewerbsorientierung die Sozial- und Gesellschaftsorientierung an Bedeutung gewann (Wiedmann 1984; Raffée, Wiedmann 1985). Raffée bezeichnete 1979 ein Marketing, daß über ein einseitig orientiertes Absatzmarketing hinausgeht, als **Gleichgewichtsmarketing**. Es soll die unterschiedlichen Engpässe der eigenen Aufgabenumwelt der Unternehmung mit jenen der weiteren Umwelt zum Ausgleich bringen (Raffée 1979a). Neben der wichtigen Maxime der Kundenorientierung sieht Raffée in einem modernen Marketingverständnis »die Verbesserung und langfristige Sicherung der Lebensqualität in einem umfassenden Sinne« einbezogen, so daß auch Ansprüche der natürlichen und gesellschaftlichen Umwelt hinreichend Beachtung finden (Raffée 1979b, S. 3). Somit entwikkelte sich das Marketing über seine absatzgerichtete Funktion hinaus zu einem mehrdimensionalen Führungskonzept. Im weitesten Sinne wird es heute als ein Beziehungsmanagement von Marktpartnern und gesellschaftlichen Anspruchsgruppen interpretiert.

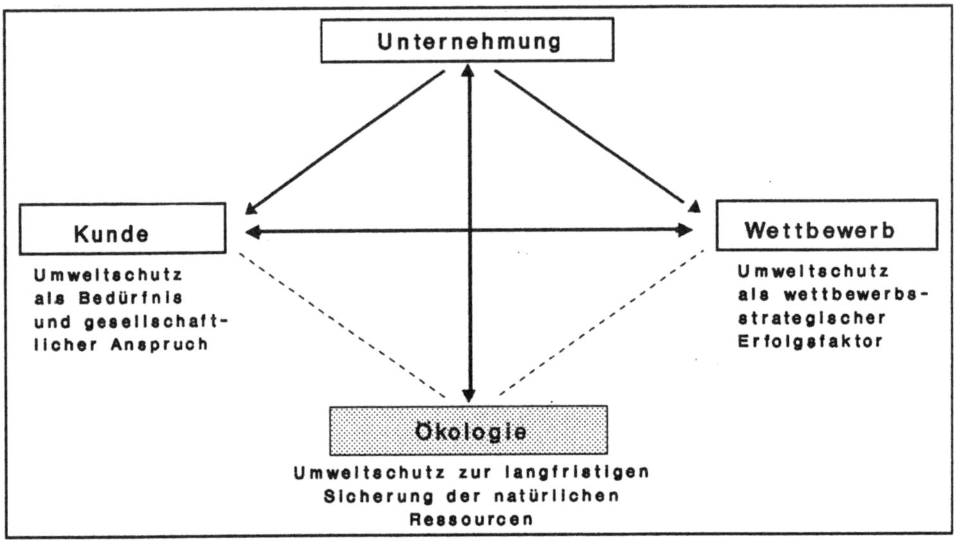

Abb. 5: Bezugspunkte eines marktorientierten Umweltmanagement

Die einzelnen Entwicklungsphasen zeigen, daß sich das Marketing zunehmend auch gesellschafts- und umweltschutzbezogenen Fragestellungen öffnete und somit eine Reihe von Voraussetzungen erfüllt, die in ein marktorientiertes Umweltmanagement zu überführen sind. Die Abbildung 5 zeigt, daß im Rahmen eines marktorientierten Umweltmanagement die Kunden- und Wettbewerbsorientierung um die Perspektive der Ökologieorientierung erweitert wird.

Fragen zu Kapitel I

1. Erläutern Sie den Begriff der ökologischen Umwelt und gehen Sie auf die Hauptfunktionen der ökologischen Umwelt ein.
2. Welche Ursachen führen zur Beeinträchtigung der Funktionen der ökologischen Umwelt?
3. Welche Beeinträchtigungen der Hauptfunktionen der ökologischen Umwelt werden durch Produktions- und Konsumprozesse hervorgerufen? Nennen Sie jeweils konkrete Beipiele.
4. Kennzeichnen Sie die ökologische, gesellschaftliche und wettbewerbsstrategische Dimension der Umweltprobleme aus Unternehmenssicht.
5. Erläutern Sie den mehrdimensionalen Zielbezug des Umweltmanagement. Inwieweit erweist es sich als besonders schwierig, das Ausmaß der Ökologieorientierung zu bestimmen?
6. Was ist unter einem funktions- und unternehmensübergreifenden Ansatz im Umweltmanagement zu verstehen? Nennen Sie für beide Formen Beispiele!
7. Grenzen Sie proaktives und reaktives Verhalten von Unternehmen zur Bewältigung von Umweltproblemen voneinander ab. Welche Vor- und Nachteile können mit einem proaktiven Verhalten verbunden sein?
8. Was ist unter einem integrierten Umweltmanagement zu verstehen. Inwieweit ist die marktorientierte Ausrichtung hierbei von besonderer Bedeutung?

II. Umweltschutz in der betriebswirtschaftlichen Forschung

1. Ansätze der Umweltökonomie als Ausgangspunkt

Die Umweltökonomie ist ein verhältnismäßig junger Zweig der Wirschaftswissenschaften. Im Umweltprogramm der Bundesregierung wird 1971 die Umweltökonomie als »die Wirtschaftswissenschaft, die in ihren Theorien, Analysen und Kostenrechnungen ökologische Parameter mit einbezieht« (Wicke 1991, S. 8 f.) verstanden. Damit sind volkswirtschaftliche und betriebswirtschaftliche Tatbestände gleichermaßen angesprochen. Die volkswirtschaftliche Ausrichtung wird hierbei in der Literatur als klassischer Zweig der Umweltökonomie verstanden.

Ziel der **volkswirtschaftlichen Umweltökonmie** ist es, Ansatzpunkte aufzuzeigen, wie die gesamtwirtschaftliche Wohlfahrt unter Berücksichtigung der Wohlfahrtskomponente »hohe Umweltqualität« zu maximieren ist. Dabei werden bekannte Instrumente der wohlfahrtstheoretischen und finanzwissenschaftlichen Forschungen auf die Problemstellung des Umweltschutzes anzuwenden versucht. Während bei der klassischen Volkswirtschaftlichen Gesamtrechnung hinsichtlich des Umweltbezuges ein geschlossenes Modell einer Volkswirtschaft unterstellt wird, versuchen wohlfahrtsökonomische Ansätze unter Einbeziehung der Theorie der externen Effekte und öffentlichen Güter den Umweltverbrauch explizit zu berücksichtigen.

Die **Wohlfahrtstheorie** hat sich bereits seit langem mit der Frage nach dem Wohlstandsoptimum einer Volkswirtschaft beschäftigt. Unter dem Begriff »Wohlstand« wird die Gesamtheit aller materiellen und immateriellen, der für das subjektive Wohlstandsempfinden bedeutsamen Bedürfniskategorien der Menschen verstanden (vgl. Wicke 1991, S. 548). Die Umweltqualität wird dabei überwiegend als Bestandteil der immateriellen Bedürfnisse aufgefaßt, die im Rahmen von Marktprozessen aufgrund ihres Charakters als öffentliches Gut keiner effizienten Verwendung zugeführt wird.

Öffentliche Güter sind dadurch ausgezeichnet, daß der gesamte Nutzen eines Gutes wie z. B. die Umweltqualität auf die Öffentlichkeit streut (Binswanger, Bonus, Timmermann 1981, S. 102 f.). Keine Individuen können vom Konsum dieser Güter ausgeschlossen werden, d. h. jeder kann das öffentliche Gut konsumieren, ob er die Kosten seiner Produktion mitträgt oder nicht (z. B. Verbesserung der Wasserqualität der Nordsee). Es ensteht das Problem des sog. »Free Riders«. Ein Markt für öffentliche Güter kann sich nicht bilden, da individuell kein Einkommen hiermit erzielt werden kann (Frey 1985, S. 48 ff.; Wicke 1991, S. 41 ff.).

Darüber hinaus führt die Umweltnutzung zu **externen Effekten**, die im Rahmen des Marktprozesses nicht berücksichtigt werden. Externe Effekte ergeben sich dadurch, daß bei bestimmten Gütern oder wirtschaftlichen Handlungen die Kosten (negative externe Effekte) oder Nutzen (positive externe Effekte) streuen, also nicht nur ihren Urheber allein treffen. Die einzelwirtschaftlichen und gesamtwirtschaftlichen Kosten und Nutzen weichen aufgrund externer Effekte voneinander ab (Binswanger, Bonus, Timmermann 1981, S. 96 ff.; Frey 1985, S. 42 ff.). So werden z.B die durch Emissionen (Abgase, Lärm) von Verkehrsmitteln verursachten Gesundheitsbeeinträchtigungen der Bevölkerung und die damit verbundenen Kosten der Gesundheitsvorsorge nicht dem Verursacher, d. h. dem Benutzer der Verkehrsmittel direkt zugerechnet, sondern von der Gesellschaft insgesamt getragen. Es entstehen somit negative externe Effekte bei der Nutzung von Umweltgütern. Beim Auftreten externer Effekte führt der Marktprozeß zu keiner optimalen Allokation der Umweltgüter, da der Marktpreis nur einen Teil der tatsächlich verursachten Kosten repräsentiert und im Fall der Umweltnutzung vielfach mit Null angesetzt wird (Weimann 1990).

Aus makroökonomischer Sicht werden unter Berücksichtigung dieser Sachverhalte Überlegungen zur **Wohlstandsoptimierung** abgeleitet. Sie lassen erkennen, daß die Erhöhung der Umweltqualität mit einer Verminderung der gesamtwirtschaftlichen Ziele (hoher Beschäftigungsgrad, Preisniveaustabilität, außenwirtschaftliches Gleichgewicht, stetiges Wachstum) einhergeht und umgekehrt ein teilweiser Verzicht auf gesamtwirtschaftliche Ziele zu einem »Mehr« an Wohlstand durch einen überproportionalen Gewinn an Umweltqualität führen kann. Allerdings erscheint der praktische Erkenntniswert der Modelle zur Wohlstandsoptimierung sehr gering, weil aufgrund der mangelnden Operationalisierung der Umweltqualitätsziele und wirtschaftspolitischen Ziele eine Optimierung unmöglich ist (Wicke 1990, S. 18).

Einen Erkenntnisgewinn erbringt die Wohlfahrtsökonomie aber insoweit, als sie den Zusammenhang zwischen dem Ziel »angemessenes und stetiges Wirtschaftswachstum«

Wirtschaftswachstum, Umweltschutz und Wohlfahrt

Wirtschaftswachstum $\hat{=}$ Zunahme des realen Sozialproduktes

Positive Effekte:

- Erhöhung des materiellen Lebensstandards der Menschen
- Sicherung und Steigerung des Arbeitsplatzangebotes
- Verbesserte Möglichkeiten zur gerechten Verteilung von Einnahmen und Vermögen
- Leichtere Erfüllbarkeit von wohlstandsbedeutenden Aufgaben des Staates

Negative Effekte aus Sicht der Wohlfahrtstheorie:

- Keine Erfassung der individuellen Wohlstandszunahme mit Hilfe des Wirtschaftswachstums
- Nichterfassung wichtiger Wohlstandskomponenten im Wirtschaftswachstum
- Konfliktäre Beziehung zwischen Wirtschaftswachstum und Wohlstandseffekt

Negative Effekte aus Sicht der Umweltökonomie:

- Umweltschutztätigkeiten werden z.T. nicht sozialprodukterhöhend erfaßt
- Externe Effekte im Sinn von Umweltschäden werden als negative Auswirkungen des Wirtschaftswachstums erfaßt
- Folgewirkungen von Umweltschäden im Sinne von Beseitigungskosten wirken wachstumssteigernd

Abb. 6: Positive und negative Folgen des Wirtschaftswachstums

und »Umweltqualität« thematisiert. Einerseits wird dabei das Wirtschaftswachstum als zentraler Verursacher der Umweltschäden angesehen. Andererseits wird ein hohes Wirtschaftswachtum für die Erreichung wichtiger Ziele innerhalb einer »sozialen Marktwirtschaft« (z. B. Arbeitsplatzsicherung) als Voraussetzung angesehen. Wie Abbildung 6 zeigt, hat das Wirtschaftswachstum, gemessen an der Zunahme des realen Sozialproduktes, wichtige wohlstandsbezogene Wirkungen. Demgegenüber zeigen sich jedoch bei der Verwirklichung dieser Zielsetzung auch negative Konsequenzen, die zur Minderung des Wohlstandsniveaus führen (vgl. hierzu u. a. Frey 1985, S. 60 ff.; Wicke 1991, S. 500 ff.; Linke, Spönemann 1986; S. 17 ff.;). Somit wird im Rahmen umweltökonomischer Überlegungen ein Übergang zu einer effizienteren Umwelt- und Wachstumspolitik in Form eines »qualitativen Wachstums« gefordert.

Als **qualitatives Wachstum** wird in Bezug auf die Wohlstandskomponente »Umweltqualität« jenes Wachstum bezeichnet, bei dem pro Kopf der Bevölkerung eine möglichst gleich verteilte und möglichst hohe Zunahme der materiellen Bedürfnisbefriedigung bei dauerhaft gleichbleibender oder sogar steigender Umweltqualität erreicht wird (Wicke 1991, S. 549). Somit wird eine verstärkte Orientierung des Wachstumsprozesses an sozialen und umweltbezogenen Indikatoren notwendig.

Eine Weiterführung des Ansatzes des **qualitativen Wachstums** als Leitbild einer »Sozialen Marktwirtschaft« wird in den letzten Jahren verstärkt im Konzept des **»Sustainable Development«** gesehen. Hierbei steht insbesondere die Sicherung der Dauerhaftigkeit der wirtschaftlichen und gesellschaftlichen Entwicklung im Vordergrund. »The definition of sustainable development is consistent economic groth that meets the needs of the present without compromising the ability of future generations to meet their own needs« (Brugger, Clèmencon 1991, S. 35). Anstelle des Wachstumbegriffs wird in diesem Ansatz die Entwicklung in einer »Circular Economy« als gesellschaftliches Ziel in den Vordergrund gestellt (Pearce, Tuner 1990, S. 40). Im Hinblick auf die Dauerhaftigkeit unterstellt der Ansatz idealtypisch einen unendlichen Zeithorizont, der eine Verantwortungsethik der Wirtschaftssubjekte erfordert, um dem Prinzip der intergenerativen Gerechtigkeit Rechnung zu tragen, d. h. der Sicherung der Lebensgrundlagen zukünftiger Generationen. Die zentralen Schwächen dieses Ansatzes werden in der noch nicht abgeschlossenen begrifflichen Konkretisierung, der fehlenden Operationalisierung und Ausklammerung des Problems der optimalen Allokation der Umweltgüter gesehen (Pearce, Barbier, Markandya 1990, S. 2). Trotz der Probleme dieses wirtschaftspolitischen Leitbildes wurde auf der Second World Industry Conference on Environmental Management 1991 dieser Ansatz als wünschenswertes unternehmensbezogenes Leitbild des Umweltmanagement aufgegriffen (vgl. hierzu Insert 5 und Kapitel IV.1).

Aufgrund der aufgezeigen Schwierigkeiten, einen praktikablen Ansatz des Wohlstandsoptimums aus Sicht der Umweltökonomie zu entwickeln, wird ein weiterer Beitrag der Forschungen in Ansätzen der gesamtwirtschaftlichen Kostenminimierung verschiedener umweltpolitischer Maßnahmen sowie deren Effizienzbewertung gesehen (vgl. z. B. Knüppel 1989, S. 74 ff.). Die umweltökonomischen Überlegungen münden dabei in ein Kostenminimierungsproblem, das in der Abbildung 7 dargestellt ist.

Mit steigenden Kosten für Umweltschutzmaßnahmen – so der Theorieansatz – nehmen die Kosten der Umweltbelastung (z. B. Gesundheitsschäden, Artenschwund, Beeinträchtigung der Qualität natürlicher Ressourcen usw.) ab. Beide Kostenarten ergeben in der Addition die von der Gesellschaft insgesamt aufgewendeten Umweltkosten, wobei diese ein **kostenmäßiges Umweltoptimum** aufweisen. Aus Sicht der Umweltpolitik ist das Um-

UMWELTSCHUTZ / Internationale Industriekonferenz in Rotterdam: Dialog auf breiter Basis

Marktwirtschaften lösen die ökologischen Probleme

Von HELMUT SIHLER

HANDELSBLATT, Montag, 8.4.1991

In den letzten Jahrzehnten wurde die Umweltschutzdebatte von Politikern und Umweltschützern dominiert, während man der Industrie die Rolle des Bösewichts zuwies. Bei dieser Rollenverteilung wurde allerdings übersehen, daß die Industrie es war, die weitreichende Erfolge auf den Gebieten des effizienten Energieeinsatzes, der Abfallvermeidung und des Umweltschutzmanagements in modernen Produktionsprozessen erzielt hat, die alle zum Ziel eine langfristig durchhaltbare Entwicklung („sustainable development") haben.

Man wird sich zunehmend bewußt, daß der Industrie eine entscheidende Rolle im Bereich des Umweltschutzes im Sinne des „sustainable developments" zukommt. Dies wurde wiederholt von Regierungsvertretern, Umweltschützern, Gewerkschaftern und natürlich auch von Industriellen auf der UN-Konferenz „Action for a Common Future" und auf dem parallel veranstalteten Industrie-Forum in Bergen im letzten Jahr betont.

Grundsätze für Abbau von Wettbewerbsverzerrungen

Die wichtigste Umweltkonferenz des Jahres 1991 wird die vom 10. bis 12. April in Rotterdam stattfindende 2. Weltindustriekonferenz für Umweltmanagement (Wicem II) sein. Die Konferenz wird von der Internationalen Handelskammer (ICC) in Zusammenarbeit mit dem Umweltprogramm der Vereinten Nationen (Unep) und der UN-Konferenz für Umwelt und Entwicklung (Unced) mit Unterstützung der UN-Wirtschaftskommission für Europa (ECE), der Europäischen Gemeinschaft und dem Europäischen Umweltbüro veranstaltet. Die Reihe der Organisatoren und Förderer läßt erkennen, wie groß der Wunsch nach einem konstruktiven Dialog und einer Zusammenarbeit zwischen Industrie, nationalen Regierungen und übernationalen Organisationen im Bereich des Umweltschutzes ist.

Ziel von Wicem II ist es, einen Überblick über die Fortschritte beim Umweltschutzmanagement zu geben, ein Forum für den Erfahrungsaustausch zur Verfügung zu stellen und von seiten der Wirtschaft einen Beitrag für die 1992 in Brasilien stattfindende UN-Konferenz über Umwelt und Enwicklung (Unced) zu liefern. Die wohl wichtigste Aufgabe von Wicem II wird die Präsentation der „ICC-Business Charter for Sustainable Development" sein. Die 16 Grundsätze der Charter wurden formuliert, um eine gemeinsame weltweite Basis für eine Verbesserung der Umweltsituation zu schaffen und Wettbewerbsverzerrungen zu verringern. Die Charter wurde von europäischen und nordamerikanischen Managern als eines von sieben auf der Konferenz in Bergen initiierten Projekten entwickelt und mit aller Sorgfalt von Umweltschutzfachleuten geprüft.

Die Charter soll auf internationaler Ebene Unternehmen dazu anregen, sich einer kontinuierlichen Verbesserung ihrer Umweltschutzaktivitäten zu verpflichten. Sie soll den unterschiedlichsten Branchen weltweit eine Orientierungshilfe für ihr Umweltmanagement zur Verfügung stellen und den Regierungen und der Öffentlichkeit gegenüber verdeutlichen, daß die Wirtschaft ihre Verantwortung gegenüber der Umwelt ernst nimmt. Die Charter soll ferner dazu beitragen, überzogene bürokratische Regelungen zu vermeiden und die Stimme der Wirtschaft in die öffentliche Debatte verstärkt einzubringen.

Die Charter hat bereits die Unterstützung vieler bedeutender Unternehmen und Wirtschaftsorganisationen gefunden. Es bleibt hervorzuheben, daß sie ebenso von zahlreichen internationalen Organisationen wie Unep, Gatt, WHO, Unesco, Ilo, FAO, ECE und OECD begrüßt wurde.

Informationsbasis muß verbessert werden

„Die Business Charter for Sustainable Development" hebt die Notwendigkeit eines offenen Dialogs zwischen Industrie und Gesellschaft hervor. Dies ist ebenso das Leitthema einer Konferenzsitzung von Wicem II. Dort werden Industrielle unter anderem über ihre Erfahrungen mit dem Umweltschutz-Auditing und der Umweltschutzberichterstattung in ihren Geschäftsberichten sprechen.

Prof. Dr. **Helmut Sihler:** „Freiwillige Umweltschutzmaßnahmen der Industrie haben einen sehr wichtigen Anteil an den ökologischen Fortschritten." Foto: Hellguth

Eine stetig steigende Anzahl von Firmen erstellt Umweltschutzberichte. Durch diese Berichte wollen sie den Informationsaustausch intensivieren und zur Verbesserung des firmeninternen Umweltschutzes beitragen.

Immer dann, wenn Umweltschutzthemen diskutiert werden, treten auch Fragen nach der Notwendigkeit gesetzlicher Regelungen auf. Für mich steht fest, daß der Weg zum „sustainable development" am besten im Rahmen der Marktwirtschaft erreicht werden kann. Dieses Wirtschaftssystem muß so weiterentwikkelt werden, daß die Dimension Umweltschutz in Zukunft deutlicher berücksichtigt wird. Wir alle erkennen an, daß ein Großteil des Fortschritts im Umweltschutz durch striktere Gesetze erreicht wurde. Doch haben freiwillige Umweltschutzmaßnahmen der Industrie einen sehr wichtigen Anteil an diesen Fortschritten.

Heute bricht sich die Erkenntnis Bahn, daß Wirtschaftswachstum eine Voraussetzung für mehr Umweltschutz und zur Bekämpfung der Armut in der Welt ist. In diesem Sinne ist „sustainable development" ein entscheidendes Grundprinzip, daß Wicem II auf diesem Wege ein bedeutender Meilenstein sein wird.

Prof. Dr. Helmut Sihler ist Vorsitzender der Geschäftsführung Henkel KGaA.

Insert 5: Pressemitteilung zur 2. Weltindustriekonferenz 1991
(Quelle: Handelsblatt vom 8. 4. 1991)

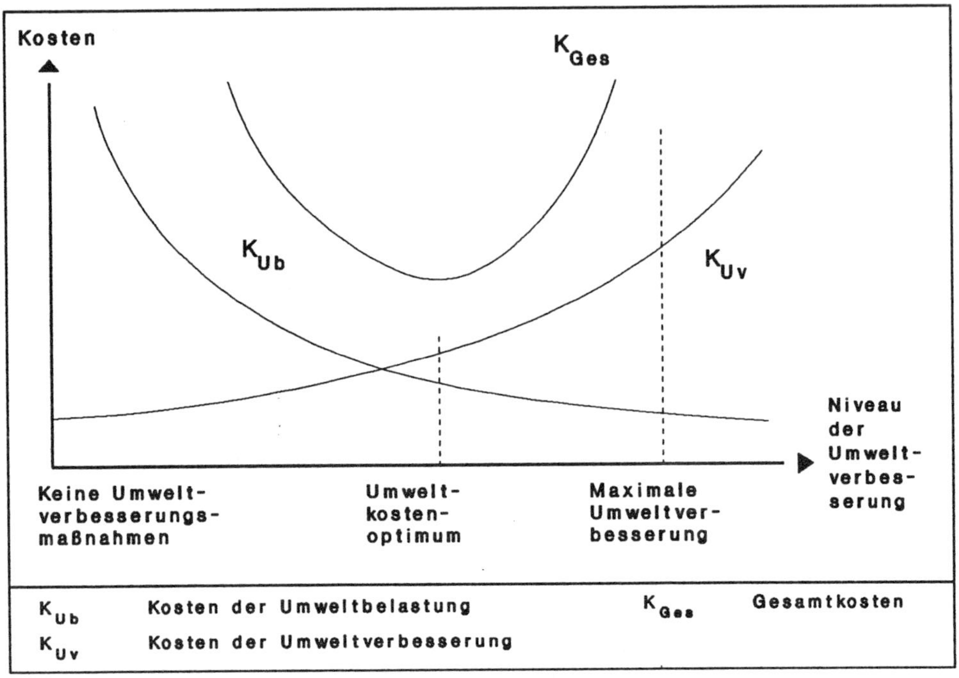

Abb. 7: Kostenminimierung umweltpolitischer Maßnahmen mit Hilfe umweltökonomischer Überlegungen
(Quelle: Wicke 1991)

weltoptimum anzustreben, wobei ein Überschreiten des Optimums nicht sinnvoll erscheint, weil die Kosten der Umweltschutzmaßnahmen den Nutzen der Umweltentlastung übersteigen.

Aufgrund der Probleme der Ermittlung der einzelnen Kostenbestandteile und der Höhe der ökologischen Schäden wird die Anwendung dieser Modellüberlegungen »in kleineren und begrenzten Umweltproblembereichen« (Wicke 1991, S. 21), wie z. B. der Trinkwasseraufbereitung oder Bodensanierung, vorgeschlagen. Allerdings ist die Aussagefähigkeit solcher Kalküle mit verschiedenen Schwierigkeiten behaftet, wie z. B. dem Problem der Messung des Nutzenentgangs durch verschiedene Umweltschäden sowie des Verbrauchs der natürlichen Ressourcen mit einem kollektiven Charakter und der Berücksichtigung der Präferenzen der zukünftigen Generation. Die Frage, was die Umweltqualität und die Natur für den Menschen tatsächlich wert ist, kann durch wohlfahrtsökonomische Überlegungen allein nicht beantwortet werden.

Generell ist mit dem hohen Abstraktionsgrad der wohlfahrtstheoretischen Ansätze das Problem der praktischen Umsetzung der Erkenntnisse verbunden. Die Umweltökonomie in ihrer volkswirtschaftlichen Ausrichtung klammert einzelwirtschaftliche Entscheidungsabläufe in den Unternehmen weitgehend aus und betrachtet sie als sog. »Black-Box«. Von daher stoßen der klassische Ansatz der Umweltökonomie und die in diesem Zusammenhang entwickelten umweltpolitischen Steuerungsinstrumente dort an Grenzen, wo es um Ursachenanalysen einer mangelnden Einbeziehung des Umweltschutzes in die Informations-, Organisations-, Entscheidungs- und Evalulierungsprozesse der Unternehmen geht (Steger o.J., S. 5 ff.). Hier müssen Überlegungen der betriebswirtschaftlichen Umweltökonomie ansetzen.

2. Betriebswirtschaftliche Ansätze der Umweltökonomie

Im Gegensatz zum klassischen Zweig der volkswirtschaftlichen Umweltökonomie finden sich erst Ende der 70er Jahre umfassendere betriebswirtschaftliche Ansätze, die den Fragenkreis des Umweltmanagement einer vertiefenden Betrachtung unterziehen (vgl. zur literaturkritischen Bestandsaufnahme auch Wagner 1990, S. 3 ff.).

Der Vielzahl der mittlerweile zu diesem Bereich in den letzten Jahren erschienenen Publikationen und Fachaufsätze weist stark abweichende Schwerpunktsetzungen auf. Sie spiegeln damit gleichzeitig noch eine gewisse Unsicherheit wider, wie die Betriebswirtschaftslehre die Auseinandersetzung mit diesem Problembereich generell führen soll (vgl. Stitzel, Wank 1990, S. 105 f.). In zahlreichen Beiträgen werden spezielle Aspekte, wie das Verhältnis von ökologischer Umwelt und Marketing (z. B. Ruppen 1978; Meffert, Bruhn, Schubert, Walter 1986; Raffée, Förster, Krupp 1988; Burghold 1988; Brandt, Hansen, Schoenheit, Werner 1988), die Bedeutung des Umweltschutzes für Organisation und Rechnungswesen (z. B. Müller-Wenk 1978; Freese, Kloock 1989) , die Einbeziehung von Umweltaspekten in die Produktions- und Investitionsplanung (z. B. Jahnke 1986; Rückle 1989; Steven 1990; Kistner, Steven 1991) thematisiert.

Abbildung 8 zeigt, daß die Mitte der 70er Jahre entwickelten, eher als **technokratisch** einzustufenden Ansätze den Umweltschutz überwiegend als Restriktion des unternehmerischen Handelns in einzelnen Funktionsbereichen – insbesondere der Produktion – thematisierten. Sie sind zu Beginn der 80er Jahre vermehrt durch integrative und funktionsübergreifende Ansätze des Umweltschutzes erweitert worden. Hierbei wurde der Umweltschutz nicht nur als Restriktion sondern auch als unternehmensbezogene Chance herausgestellt. In den Mittelpunkt des marktorientierten Umweltmanagement rücken schließlich strategische Ansätze, in denen insbesondere ein ökologieorientiertes Marketing die Chancenorientierung sicherstellen soll. Nicht zuletzt aus der Kritik einer fehlenden intrinsischen Motivation der Entscheidungsträger für den Umweltschutz, mit der damit verbundenen Gefahr eines opportunistischen Aufgreifens von Umweltschutzaspekten, wird in den **evolutorischen Ansätzen** der Umweltschutz als gesellschaftlicher und ethischer Anspruch besonders hervorgehoben.

Im folgenden werden zentrale betriebswirtschaftliche Forschungsrichtungen, die Aspekte des Umweltschutzes partiell oder in einer integrierten Sicht in ihren Ansätzen thematisieren, skizziert und hinsichtlich ihres Aussagewertes für ein marktorientiertes Umweltmanagement diskutiert.

Primäre Ausrichtung	Technokratische Ansätze: Adaptiv	Technokratische Ansätze: Teilproblem-bezogen	Technokratische Ansätze: systematisch/geschlossen	Soziokulturelle Ansätze	Strategische Ansätze	Evolutionäre Management-Ansätze
Problem-stellung	Insbesondere Auswirkungen staatlicher UWS-Maßnahmen in betrieblicher Sicht	Optimale Steuerung betrieblicher Prozesse im Gewässer-schutz	Integrative Verankerung der Umwelt-restriktionen unter Erfolgs-zielgesichts-punkten	Soziokulturelle Aspekte von Unternehmens-verfassungen und Unter-nehmensphi-losophien	Marktorien-tierung der UWS-Problematik	Koevolution mit der Umwelt respektive dem sozio-ökonomischen Feld
Autoren	Eichhorn (1972) v. Zwehl (1973) Schmidt (1974)	Ahrens (1974) Günther (1970) Kühner/Hahn (1970) Meier (1972) Hahn (1972) Abendt (1972) Orth (1974) Ruf (1975)	Isfort (1977) Ospelt (1977) Lange (1978)	Picot (1977) Dierkes (1974) Müller-Wenk (1978) Fleischmann/Paudtke (1977) Pfriem (1986) Fronek (1978) Ruppen (1979)	Steger (1988) Nüßgens (1974) Schreiner (1988) Pieroth/Wicke (1988) Winter (1987) Meffert et al. (1986) Strebel (1980) Meffert/Ost-meier (1990) Ostmeier (1990) Hopfenbeck (1990) Kirchgeorg (1990)	Ulrich (1985) Malik (1984) Sprüngli (1982) Dyllick (1982) Dyllick (1988)
				Seidel / Menn 1988		
Stellen-wert des Umwelt-schutzes (UWS)	Umweltschutz als kostenintensive und vom Staat vorgegebene Restriktion			UWS im Rahmen der sozialen Ver-antwortung der Unter-nehmen	UWS als Erfolgs-potential	Ökologie als impliziter Be-standteil der Umwelt bzw. des sozio-ökonomi-schen Feldes
Entwik-kelte Modelle/ Instru-mente	Anpassungs-instrumente an staatliche Maßnahmen	Mathematische Optimierungs-modelle	Systematische Modelle zur Anpassung an die Umwelt	- Ökologische Buchhaltung - Betriebliche Sozialbilanz - Gesellschafts-bezogene Rech-nungslegung	- Öko-Marketing - Ökologische Produkt-/ Markt-Strategien - Ökologisches Risk-management	- Modelle lebens- und evolutions-fähiger Systeme - Selbstorga-nisation komplexer Systeme

Abb. 8: Ausgewählte Ansätze zum betrieblichen Umweltschutz und Umweltschutzmanagement in der betriebswirtschaftlichen Forschung
(Quelle: Stähler 1991, eigene Ergänzungen)

2.1 Umwelt als Produktionsfaktor

Mit der im Kapitel I dargestellten Versorgungs- und Trägerfunktion wurde die Bedeutung der natürlichen Umwelt und ihrer Ressourcen für Produktions- und Konsumprozesse herausgestellt. Im Rahmen betriebswirtschaftlicher Überlegungen zum Umweltschutz stellt sich die Frage, inwieweit die natürliche Umwelt als Produktionsfaktor in klassischen Faktorsystemen überhaupt Berücksichtigung findet. Strebel versucht dieser Frage in seinem Grundlagenwerk mit Rückgriff auf die von Gutenberg beschriebenen Elementarfaktoren Arbeit, Betriebsmittel und Werkstoffe sowie dem dispositiven Faktor der Geschäftsleitung nachzugehen (Strebel 1980 S. 38 f.). Hierbei lassen sich folgende Schlußfolgerungen hervorheben:

- Im Gutenberg'schen System produktiver Faktoren und seinen Weiterentwicklungen wird die natürliche Umwelt nur in ihrer **Versorgungsfunktion** durch die Bereitstellung natürlicher Ressourcen als Inputfaktor für Produktionsprozesse berücksichtigt.
- Legt man das von Gutenberg verwandte konstitutive Definitionsmerkmal von Produktionsfaktoren – die Unverzichtbarkeit bei der Leistungserstellung – zugrunde, so ist die natürliche Umwelt auch als **produktiver Faktor** zu berücksichtigen. Produktions- und Konsumprozesse können nicht der Forderung nach »Null-Emissionen« entsprechen, so daß Leistungserstellungsprozesse jeglicher Art sowohl unerwünschte Kuppelprodukte als auch erwünschte Konsum- und Investitionsgüter bereitstellen, die ebenfalls die Trägerfunktion der Umwelt in Anspruch nehmen. Dementsprechend werden outputbezogene Wirkungen im System der Produktionsfaktoren vernachlässigt.
- Hinsichtlich der Verfügbarkeit der Umweltressourcen ist zwischen einer sog. **Raten- und Kumulativknappheit** zu unterscheiden. Regenerierbare Umweltressourcen weisen eine Ratenknappheit auf. Sofern der Produktionsfaktor Umwelt über das Maß der Regenerierbarkeit hinaus beansprucht wird, werden die Funktionen der natürlichen Umwelt beeinträchtigt. Kumulativknappheiten liegen demgegenüber dann vor, wenn Umweltressourcen beansprucht werden, die nicht oder nur in sehr langen Zeiträumen regeneriert werden.
- Die natürliche Umwelt ist ein **Kollektivgut oder öffentliches Gut**. Der gesamte Nutzen dieses Gutes streut über die Volkswirtschaft und keine Person kann von der Nutzung ausgeschlossen werden. Hieraus resultieren besondere Probleme bei der Erstellung des Wertgerüstes für den Verbrauch von Umweltressourcen.

Zur Lösung von Quantifizierungsproblemen bei der Erfassung des Mengengerüsts von Produktionsfaktoren werden in der klassischen Produktionstheorie Produktionsfunktionen zur Abbildung des quantitativen Zusammenhanges zwischen den zur Leistungserstellung einzusetzenden Produktionsfaktormengen und der Ausbringungsmenge herangezogen. Unter Einbeziehung des Umweltverbrauchs läßt sich folgender Funktionszusammenhang allgemein kennzeichnen:

$$M = f(r_1, r_2, \ldots, r_n)$$

Output	Inputfaktoren
Deponieraum emittierte Schadstoffe beim Produktgebrauch	– Boden, Wasser, Luft – emittierte Schadstoffe – Energie
↑ Umweltverbrauch	Umweltverbrauch ↑

Es wird deutlich, daß die Umweltnutzung bei Zugrundelegung der klassischen Produktionsfunktionen bei der erklärenden und zu erklärenden Größe im Sinne von In- und Outputfaktoren zu berücksichtigen ist. Prinzipiell beinhalten alle von Gutenberg thematisierten Produktionsfaktoren implizit natürliche Ressourcen. Selbst wenn die im Rahmen des Produktionsprozesses emittierten Schadstoffe als Umweltnutzung von den Inputfaktoren abhängig sind, ist die im Rahmen der Gebrauchs- und Verwendungsphase mit der Ausbringungsmenge M zusammenhängende Umweltnutzung in klassischen Produktionsfunktionen nur schwer direkt zu berücksichtigen.

Ansätze zur Berücksichtigung der Umweltnutzung im Rahmen der Produktionstheorie finden sich in der anglo-amerikanischen und in der deutschsprachigen Literatur zum Operations Research. Sie beziehen sich dabei überwiegend auf den Bereich des Gewässerschutzes und der Luftreinhaltung (vgl. die Diskussion bei Müllendorff 1981). Im Rahmen dieser **Ansätze zum Operations Research** wurden Modelle zur **Linearen Programmierung** unter Einbeziehung der Umweltnutzung entwickelt. Neben der zu maximierenden Zielfunktion (Gewinn, Deckungsbeitrag) und den üblichen Nebenbedingungen der Kapazitätsrestriktion, Absatzrestriktion und Nichtnegativitätsbedingungen werden folgende ökologieorientierte Restriktionen einbezogen (vgl. u. a. v. Zwehl 1973; Müllendorff 1981, S. 23 ff.; Kistner 1989; Steven 1990):

- **Ressourcenrestriktionen**, die sich an Verfügbarkeits- und/oder Wiedergewinnungskoeffizienten (z. B. Recyclingquoten) orientieren. Sie sind bei den Faktoreinsatzmengen r explizit zu erfassen oder lassen sich durch Vorgabe von Obergrenzen der Ausbringungsmenge M berücksichtigen.
- **Abfall- und Schadstoffrestriktionen** sind bei der Inanspruchnahme der Trägerfunktion der natürlichen Umwelt zu berücksichtigen. Sie sind als unerwünschte Kuppelprodukte als Vektor der Ausbringungsmengen einzubeziehen.
- Die verschiedenen, im Produktionsprozeß alternativ oder neu einzusetzenden Umweltschutztechnologien lassen sich durch **Prozeßkombinationen** mit den ursprünglichen Produktionstechnologien berücksichtigen.

Die Umweltnutzung wird somit nur als **mengenmäßige Restriktion** aufgefaßt, wobei die Höhe der Restriktionen überwiegend aus gesetzlich fixierten Grenzwerten abgeleitet wird. Damit unterstellen die Modelle implizit ein eher reaktives Umweltschutzverhalten.

Letztendlich zeigen sich die größten Defizite bei der Berücksichtigung des Produktionsfaktors Umwelt jedoch nicht in der Erfassung des Mengengerüsts, sondern bei dessen Bewertung. Als **Kollektivgut** ist die natürliche Umwelt für jedermann verfügbar und stellt kein knappes Gut dar, d. h. auf den Märkten ist der Knappheitspreis mit Null anzusetzen. Dem wird gelegentlich entgegengehalten, daß z. B. »Grund und Boden« z. T. zu sehr hohem Preis veräußert werden und damit entsprechende Knappheitsfolgen (z. B. für Grundstücke im Innenstadtbereich, Erdölfelder) zum Ausdruck kommen. Inwieweit diese Preise jedoch die Beanspruchung der natürlichen Umwelt im Sinne von »ökologischen« Knappheiten und Beanspruchungen der Hauptfunktionen signalisieren, ist fraglich. Tendenziell werden eher die einzelwirtschaftlich relevanten Gewinnungskosten der natürlichen Ressourcen für die Preisbildung als intertemporale Knappheitskalküle und Umweltbeanspruchungen herangezogen (Schreiner 1988, S. 19). Sofern die Qualität der bestehenden Produktionsfaktoren durch Umweltbelastungen beeinträchtigt wird, können die Qualitätsminderungen zur Verteuerung und somit zur indirekten Berücksichtigung der Umweltwirkungen führen. Allerdings entspricht diese Form der Berücksichtigung der Umweltprobleme nicht dem Erfordernis eines proaktiven Umweltmanagement. Anstelle der Vorsorge wird bei diesem Bewertungsansatz erst reagiert, wenn durch Qualitätsminderungen entsprechende Knappheitssignale auf den Märkten entstehen.

Weiterhin ist zu berücksichtigen, daß bei öffentlichen Gütern wie den Umweltressourcen Nutzen und Kosten »streuen«, also nicht nur ihren Urheber treffen. So fallen beispielsweise die durch die Wasser- und Luftbelastung entstehenden Schäden nicht direkt auf den Nutzer dieser Umweltressourcen zurück, sondern sind als negative externe Effekte von der heutigen und zukünftigen Gesellschaft zu tragen. Die tatsächlichen Kosten des Verbrauchs von Umweltgütern als Produktionsgüter werden somit in den bestehenden Marktpreisen z. B. für Wasser- oder Energieverbrauch nicht vollständig erfaßt. Nicht zuletzt zeigt sich ein weiteres Bewertungsproblem in der negativen Zeitpräferenz der Entscheidungsträger. Bei Investitionsalternativen werden Erträge und Aufwendungen auf den Entscheidungszeitpunkt abgezinst. Selbst wenn die negativen Umweltwirkungen in Form von Umweltkosten, die einmal von den zukünftigen Generationen zu tragen sind, bei Investitionsentscheidungen berücksichtigt würden, sind sie zum heutigen Zeitpunkt bei dieser Betrachtungsweise mit einem zu vernachlässigenden Betrag anzusetzen (Stitzel 1991, S. 113).

Die Bewertung des Umweltverbrauchs im Sinne von einzelwirtschaftlichen Schäden ist in der betriebswirtschaftlichen Diskussion seit langem bekannt. So bemerkt bereits Schmalenbach in seiner dynamischen Bilanz (Schmalenbach 1962, S. 95 f.):

»Wenn ein Betrieb z. B. in einen vorbeifließenden Fluß Beizwasser abläßt, das die Fische zum Absterben bringt, so muß der damit rechnen, daß er über kurz oder lang mit dem Landrat zu tun bekommt. Zwar sind die Angler, um überhaupt Angler werden zu können, mit außerordentlicher Geduld ausgestattet; aber wenn die wenigen Fische, die im Flusse sind, auch noch tot sind, hört die Geduld auf. Und dann kann sich der Betrieb auf allerlei Kosten gefaßt machen, die größer sind als der ganze Fischreichtum.

Natürlich kann man auf diese Weise solche Schäden nur nach dynamischen Grundsätzen behandeln, wenn man sie nicht der Höhe nach, so doch dem Grunde nach zu erwarten hatte. Aber so harmlos ist der Betrieb ja nicht, daß er glaubt, es ginge ohne Folgen ab, wenn er die zur Beize gehörende verdünnte Schwefelsäure in den Fluß laufen läßt. Losgelassene Schwefelsäure und Rückstellungen sind auch sonst gute Bekannte. Man frage die Zinkhütten, wenn sie schweflige Säure in die Luft ablassen. Dem Betrage nach besteht bei derartigen Gefahren, für die überdies in vielen Fällen keine Erfahrungen zu Hilfe kommen, keine Möglichkeit, die Rückstellungen genau zu schätzen, und auch eine Versicherungsgesellschaft würde bei einer solchen Schätzung in Verlegenheit kommen. Aber der Erfolgsrechnung ist auch mit einer ungenauen Zahl gedient. Man stelle sich im Zweifel vor, man könne den drohenden Schaden noch nachträglich versichern und habe sich zu überlegen, welche Höchstprämie man im Jahre anlegen würde, um das Beizwasser auch weiterhin in den Fluß leiten zu können.«

Bewertet man den Aussagewert der Ansätze zur Erfassung des Umweltverbrauchs als Produktionsfaktor, so ist festzustellen, daß er nicht gleichrangig zu den klassischen Produktionsfaktoren aufgrund der Probleme bei der Erfassung des Mengen- und Wertgerüsts integriert werden kann (Steven 1990, S. 14 f.). Obwohl produktionstheoretische Konzepte einzelne Umweltaspekte zum Teil gut abbilden, liegt überwiegend eine Partialbetrachtung einer betrieblichen Teilfunktion vor. Selbst wenn sich die Berücksichtigung input- und outputbezogener Umwelteinwirkungen einer produktbezogenen Lebenszyklusbetrachtung annähert, bleiben Implikationen für ein integriertes und funktionsübergreifendes Umweltmanagement unbeachtet. Dies führt dazu, daß der Umweltschutz weitgehend nur als Restriktion aufgefaßt wird und z. B. die marktbezogenen Chancen nicht berücksichtigt werden. Überdies ist die Ausrichtung der Optimierungsansätze an ökonomischen Zielgrößen (Gewinn, Deckungsbeiträge) zu eng gefaßt, um den Legitimitäts- und Imagezielen im Markt und in der Gesellschaft Rechnung zu tragen.

2.2 Umweltschutz als betriebswirtschaftliches Ziel

Generell kennzeichnen **Unternehmensziele** zukunftsbezogene Vorgaben oder Imperative, die durch die Unternehmensaktivitäten erreicht werden sollen. Sie bilden den Ausgangspunkt für die Ableitung von Unternehmensstrategien und konkreten Maßnahmen in den einzelnen Funktionsbereichen der Unternehmung.

Aus einer praktisch-normativen Sicht heraus versucht die Betriebswirtschaftslehre mit Hilfe der Zielforschung an den empirisch feststellbaren Zielen von Unternehmungen anzuknüpfen, um Gestaltungsempfehlungen unter dem Primat der »Wertfreiheit« ableiten zu können. Hierbei stehen Fragen nach den Inhalten und Beziehungen von Formal- und Sachzielen und ihrer Erklärungs- und Prognosefunktion für das Unternehmensverhalten im Mittelpunkt (vgl. zur betriebswirtschaftlichen Zielforschung z. B. Heinen 1966; Bidlingmaier 1973; Kupsch 1979).

Während in vielen betriebswirtschaftlichen Modellen von einer Dominanz des Gewinnziels ausgegangen wird, zählten Heinen und Bidlingmaier zu den ersten deutschen Autoren, die Mitte der sechziger Jahre auf der Grundlage empirischer Zielforschungen die These des Zielmonismus und der uneingeschränkten Gewinnmaximierung revidierten. So konnten in zahlreichen Praxisfällen Zielsysteme identifiziert werden, die neben dem Gewinnziel weitere ökonomische Zielkategorien wie Umsatz, Marktanteil und nicht-ökonomische Zielsetzungen wie Unabhängigkeit oder Soziale Verantwortung beinhalteten.

Verstärkte Berücksichtigung hat der Umweltschutz Anfang der 80er Jahre im Rahmen der betriebswirtschaftlichen Zielforschung gefunden. Insbesondere die in der Abbildung 9 dargestellten konfliktären Beziehungen zwischen ökologischen und ökonomischen Zielsetzungen prägten in einer ersten Phase die Diskussion, inwieweit der Umweltschutz überhaupt ein eigenständiges und »freiwillig« vom Unternehmen verfolgtes Unternehmensziel darstellen kann (vgl. z. B. Schmidt 1974; Sihler 1987). Die Berücksichtigung von gesetzlich vorgeschriebenen Umweltstandards war zumindest zur Abwehr möglicher renditebeeinträchtigender Sanktionen aus einem betriebswirtschaftlichen Kalkül heraus verständlich, sofern man die Nichtbeachtung von Standards und die daraus resultierenden »unredlichen Kosteneinsparungen« gegenüber den Sanktionen als zu risikoreich einstuft. Insbesondere im Hinblick auf die Gefährdung der internationalen Wettbewerbsfähigkeit wurde eine freiwillige Übererfüllung der Umweltstandards vielfach als problematisch eingestuft. Inwieweit diese Übererfüllung gesetzlicher Standards zusätzlich einen Beitrag zur Sicherung der ökonomischen Zielsetzungen einer Unternehmung leisten kann, wurde hingegen in einer Reihe jüngerer empirischer Zielforschungen untersucht . Wenngleich bei der **empirischen Erfassung von Zielsystemen** eine Reihe von Schwierigkeiten anzumerken sind, lassen sich doch durchaus interessante Erkenntnisse zur Beurteilung des Stellenwertes von Umweltschutzzielen aus dem derzeitigen Stand der Zielforschung ableiten.

Während in der frühen Phase der empirischen Zielforschung Umweltschutzzielen zunächst keine explizite Beachtung geschenkt wurde, ist in den 80er Jahre in einer Reihe von Studien der Stellenwert des Umweltschutzes im Zielsystem der Unternehmen untersucht worden (Töpfer 1985; Fritz et al. 1987; Raffée et al. 1988; Meffert, Kirchgeorg 1989). Hierbei wurden neben der Erfassung von bestimmten Zielkategorien Präferenz- und Interdependenzrelationen innerhalb von Zielsystemen ermittelt. Es wurde nachgewiesen, daß der langfristigen Gewinnerzielung und Erhaltung der Wettbewerbsfähigkeit die höchste Priorität im Zielsystem der Unternehmen beigemessen wird. Im Rahmen einer eigenen Untersuchung (Meffert, Kirchgeorg 1989) ist der Umweltschutz im Gesamtdurchschnitt der

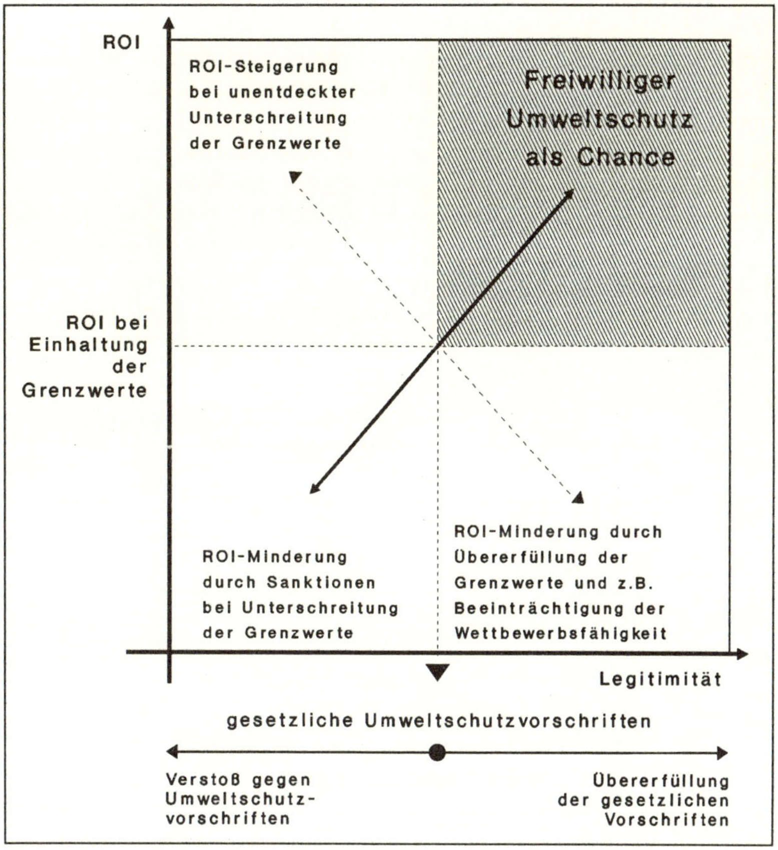

Abb. 9: Konflikt zwischen ökonomischen und ökologischen Zielsetzungen

vorgegebenen Zielprioritäten auf den achten Rang eingestuft worden, während branchenübergreifend die Sicherung der Wettbewerbsfähigkeit (Rang 1) und die langfristige Gewinnerzielung (Rang 2) deutlich als Oberziele zu identifizieren waren (vgl. Abbildung 10). Gegenüber den klassischen Marktzielen wie Umsatz, Marktanteil und kurzfristige Gewinnerzielung wird dem Umweltschutz eine höhere Priorität eingeräumt. Somit wird deutlich, daß dem Umweltschutz nicht die Bedeutung eines betriebswirtschaftlichen Oberziels zuzuordnen ist. Insofern ist Strebel zuzustimmen, der im Hinblick auf den Stellenwert des Umweltschutzes in betriebswirtschaftlichen Zielsystemen anmerkt, »daß kein Unternehmen betrieben wird, nur um Bedarf zu decken, um liquide, wirtschaftlich oder umweltfreundlich (Strebel 1980, S. 48) zu sein«.

In der Diskussion über mögliche **Interdependenzen zwischen ökologischen und ökonomischen Zielsetzungen** und Alternativen zur Integration von Umweltschutzzielen in das bestehende Zielsystem einer Unternehmung werden drei zentrale Integrationsformen vorgestellt:

- Der Umweltschutz wird in konfliktärer Beziehung zu den ökonomischen Unternehmenszielen und als eine von außen vorgegebene Restriktion des Gewinnziels angesehen.

- Es wird eine komplementäre Beziehung bzw. eine Mittel-Zweck-Beziehung zwischen Umweltschutzzielen und der Gewinnerzielung postuliert.
- Der Umweltschutz wird aufgrund der sozialen Verantwortung der Unternehmensführung als autonomes Ziel unabhängig von externen Umweltschutzforderungen unter freiwilliger Gewinnreduzierung in das Zielssytem als gleichrangiges Unternehmensziel neben anderen ökonomischen Zielsetzungen integriert.

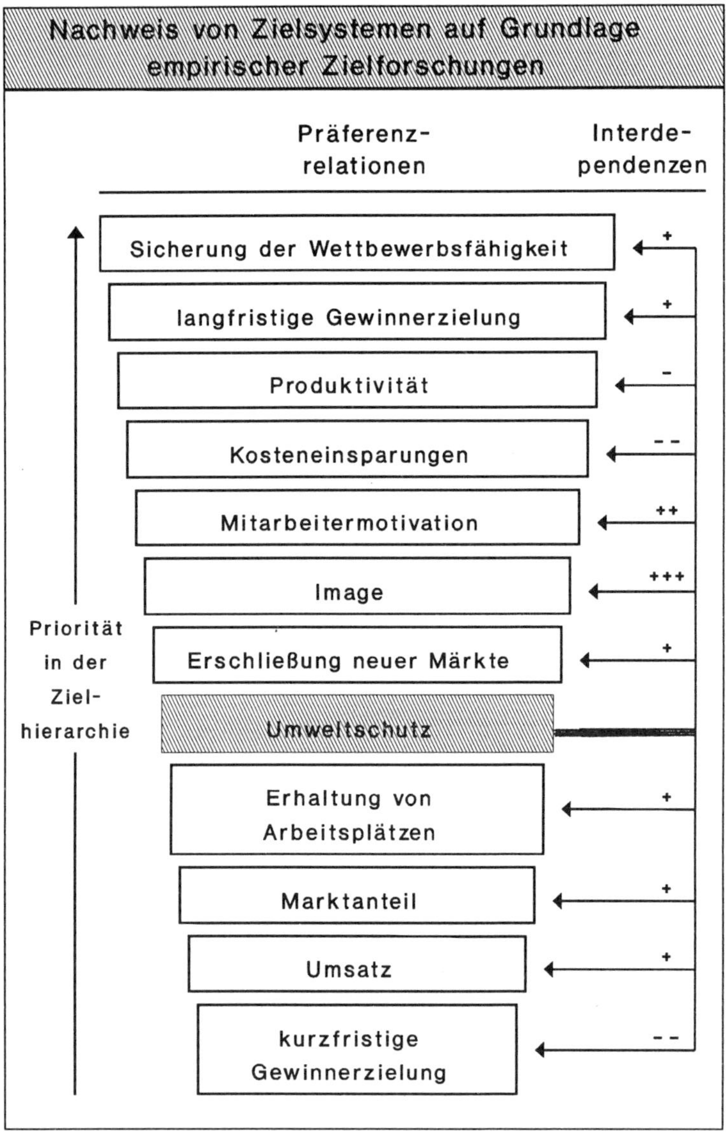

Abb. 10: Zielhierarchie auf Grundlage empirischer Zielforschungen

Soweit der Umweltschutz in **konfliktärer Beziehung** zu den ökonomischen Zielsetzungen steht, werden für die Unternehmung in diesem Fall lediglich die gesetzlichen Mindestanforderungen als Nebenbedingung und extern vorgegebene Restriktion der Gewinnerzielung angesehen. Ursachen für die Berücksichtigung dieser Restriktionen sind mögliche Sanktionen, die bei Unterschreitung der gesetzlich vorgeschriebenen Grenzwerte zu einer Beeinträchtigung der ökonomischen Zielsetzungen führen können. Terhart führt hierzu an, daß aus ökonomischer Sicht auch eine Nichtbeachtung dieser Restriktionen vorteilhaft sein kann, wenn die Sanktionen gegenüber den Umweltschutzaufwendungen wesentlich geringer und ungewiß sind (Terhart 1986, S. 101 ff.).

Wird der Umweltschutz als Chance wahrgenommen, um durch umweltgerechte Prozeß- und Produktinnovationen eine Kopplung zwischen Kosten- und Ertragszielen mit einer verbesserten Umweltqualität zu erreichen, so werden **komplementäre Zielbeziehungen** unterstellt. Auch in diesem Fall liegt keine autonome Berücksichtigung des Umweltschutzes vor. Die Integration des Umweltschutzziels erfolgt vielmehr aufgrund veränderter Kundenanforderungen oder Wettbewerbsbedingungen zur Wahrnehmung von potentiellen Chancen. Die empirischen Zielforschungen belegen, daß der Umweltschutz nicht als autonomes Formalziel der Unternehmung anzusehen ist, er steht vielmehr in einer Mittel-Zweck-Beziehung zu den ökonomischen Zielsetzungen. Die Abbildung 10 zeigt ein solches empirisch erhobenes Zielsystem.

Als Teilfazit bleibt festzuhalten, daß der Umweltschutz im Rahmen betriebswirtschaftlicher Zielsysteme zunehmend Berücksichtigung findet. Sie werden als Grundlage der integrierten Ausrichtung eines Umweltmanagement verstanden. Die geringe Anreizwirkung der klassischen ökonomischen Ziele zu umweltorientierten Unternehmensverhalten (vgl. hierzu Meffert, Kirchgeorg 1989) erfordert die explizite Formulierung von Umweltschutzzielen, auch wenn das Umweltschutzziel kein autonomes Ziel, sondern ein Sachziel zur Sicherung der ökonomischen Zielsetzungen darstellt. Losgelöst davon sind Ansätze einzuordnen, die aus einer sozialen Verantwortung oder ethischen Wertorientierung für eine Einbeziehung von Umweltschutzzielen plädieren.

2.3 Umweltschutz als ethischer Anspruch

Konstruktivistische Ansätze der betriebswirtschaftlichen Forschung fordern eine Unternehmensethik, um eine Berücksichtigung gesellschaftlicher und ökologischer Zielsetzungen in betriebswirtschaftlichen Entscheidungsprozessen sicherzustellen (vgl. zur Diskussion dieser Ansätze u. a. Steinmann 1978, Steinmann, Löhr 1990; Schauenberg 1991; Ulrich 1991). Das Argument der Wertfreiheit wird von den Vertretern dieser Ansätze aufgegeben, weil auf diese Weise die Entscheidung über konfligierende Ziele aus dem Gegenstandsbereich der Betriebswirtschaftslehre weitgehend eliminiert wird. Die Unternehmensethik soll ein Korrektiv zur ökonomischen Rationalität bilden, denn es wird hervorgehoben: »Das Ökologische kommt ohne Ethik nicht auf den Weg – auch nicht in die Unternehmung, ... es sei denn, man hofft auf die metaphysische Kraft eines Systemgeistes, der die betriebswirtschaftlichen »Sachzwänge« schon ökologisch richtig anordnen wird« (Thielemann 1990, S. 59).

Nicht zuletzt der zu beobachtende Aufbau einer eigenständigen Disziplin Wirtschaftsethik kennzeichnet ein generelles Interesse gegenüber den Fragestellungen nach dem »verantwortlichen Handeln« von Unternehmen. Ohne Anspruch auf eine vollständige Reflektion der vielfältigen ethischen Ansätze, kann jedoch generell gesagt werden, daß sich ethische Fragestellungen mit der **»Suche nach dem rechten Handeln«** beschäftigen, sofern dem Unternehmen ein Handlungsspielraum zur Verfügung steht. Neben der Suche nach geeigneten Imperativen eines ethischen Handelns erfolgt auch eine Auseinandersetzung mit der Frage, ob unternehmerisches Handeln nach ethischen Vorstellungen überhaupt erfolgen kann und darf. Hierbei wird vielfach das **»Moralische Dilemma«** oder der **Normenkonflikt** des einzelnen Entscheidungsträgers der Unternehmensführung angeführt (de Haas 1989, S. 316 ff.; Thielemann 1990, S. 66), der neben einer geforderten ökonomischen Rationalität auch ökologischen Ansprüchen gerecht werden soll. Zum einen wird eine ökonomisch erfolgreiche Unternehmensführung von vielen Anspruchgruppen innerhalb und außerhalb der Unternehmung gefordert, andererseits wird es nicht mehr als legitimes Handeln angesehen, wenn ökologische Ansprüche nicht hinreichend berücksichtigt werden. Ratschläge, in denen eine »Öko-Rationalität« empfohlen wird, scheinen einen kompromissfähigen »Königsweg« als Synthese eines ökonomisch rationalen und ökologischen Handelns vorzugeben (Dichtl 1991). Er entläßt jedoch den Entscheidungsträger nicht aus dem moralischen Dilemma, denn die Gewichtung der beiden Handlungsziele ist bei der Synthese nicht vorgegeben. Somit stellt sich die Frage nach dem »richtigen« verantwortlichen Handeln auch in dieser Situation.

In diesem Zusammenhang wird die Übernahme der sog. **»sozialen Verantwortung der Unternehmung«** hervorgehoben, um das mögliche Engagement für nicht ökonomische Ansprüche zu begründen. Beispielsweise wird in den Forderungen des Davoser Manifests wie auch verschiedener anderer Autoren zum Konzept der sozialen Unternehmensverantwortung die Aufgabe der Unternehmensführung vor allem in der Erfüllung der gesellschaftlichen Legitimitätsansprüche gesehen. Hierbei muß jedoch kritisch angemerkt werden, daß es sich nicht um eine ethische Erweiterung ökonomischer Entscheidungen handelt, sondern neben dem Kriterium der ökonomischen Effizienz »für ethische Notfälle« auch die soziale Effizienz Berücksichtigung findet (vgl. zum Konzept der sozialen Verantwortung und kritischen Würdigungen z. B. Dawson 1969, S. 29 ff.; Friedman 1971, S. 198 ff.; Steinmann 1973, S. 472 f.; Picot 1977, S. 25 ff.; Ulrich 1980, S. 12 ff.; Raffée 1987, S. 11 ff.). Grundsätzlich scheint sich durch die Berücksichtigung ökologischer Ansprüche, die in der Gesellschaft artikuliert werden, der Normenkonflikt des Entscheidungsträgers nicht zu lösen. Die »normativen Fragen..., die sich dem Management im Zuge einer bewußten Auseinandersetzung mit der Problematik stellen, werden nicht beantwortet, sondern wieder in seine einseitige Verantwortung gelegt« (de Haas 1989, S. 328). Wichtige Begründungen für die Einbeziehung des Umweltschutzes als autonomes Ziel im Unternehmenszielsystem werden in der **Gesinnungsethik** und **Verantwortungsethik** der Entscheidungsträger gesehen. Gegenüber den Motiven bzw. Gesinnungen (z. B. religiösen Motiven), also den Merkmalen des Handlungsinputs, stellt die Verantwortungsethik eine outputorientierte Ethik dar, die die Ergebnisse des Handelns in den Vordergrund stellt (Raffée 1987).

Wie umfassend die »Reichweite« der Verantwortung eines Entscheidungsträgers im Umweltmanagement definiert werden kann bzw. notwendigerweise zu definieren ist, wird in verschiedenen umweltethischen Ansätzen zum Ausdruck gebracht. Hierbei wird zwischen einer anthrophozentrischen, pathozentrischen, biozentrischen und holistischen Umweltethik unterschieden, wobei die holistische Umweltethik als umfassendstes Konzept alle anderen Formen beinhaltet. Während aus einer **anthrophozentrischen Sicht** der Wert der Umwelt aus ihrer Nutzenstiftung für den Menschen heraus definiert wird, fordert die

pathozentrische Umweltethik darüber hinaus die Verantwortung für den Schutz aller Lebewesen, die leidensfähig sind. Eine erweiterte Verantwortung auf den Schutz aller Lebewesen und Pflanzen wird im Rahmen einer **biozentrischen Umweltethik** gesehen. Hingegen verzichtet die **holistische Umweltethik** auf eine Wertdifferenzierung zwischen unterschiedlichen Naturelementen nach der Verhaltensnorm »Jeder nimmt auf alles Rücksicht« (vgl. hierzu die Ausführungen von Stitzel 1991). Letzteres zeigt, daß eine holistische Umweltethik das moralische Dilemma im praktischen Entscheidungsprozeß und Handeln nicht lösen kann, denn in Engpaß- und Konkurrenzsituationen ist eine Entscheidung unter Zugrundelegung einer Güterabwägung vorzunehmen. Nach Stitzels Auffassung verläuft die Grenze zwischen ethischem und nicht ethischem Verhalten im antrophozentrischen Bereich. Aus einer globaler ausgerichteten und die Interessen der zukünftigen Generationen berücksichtigenden Anthropozentrik läßt sich seiner Auffassung nach eine realisierbare Umweltethik ableiten.

Somit setzt **ökologisch verantwortliches Unternehmensverhalten** voraus, daß Unternehmen die Konsequenzen ihrer Aktiviäten für andere Gesellschaftsgrupppen oder zukünftige Generationen sowie die Natur bei ihren Entscheidungen antizipieren. Allerdings bewertet Ulrich eine solche »monologische Verantwortungübernahme« kritisch, weil dem Entscheidungsträger vielfach keine verläßlichen Informationen und Kenntnisse zur Verfügung stehen, welche Maßnahmen einen »pfleglichen Umgang« mit der Ökologie ermöglichen und für die zukünftigen Generationen unbedenklich zu ergreifen sind. Denn wie bereits verdeutlicht wurde, ist jede ökonomische Tätigkeit mit einer Beanspruchung der ökologischen Umwelt verbunden, und es exisitieren keine eindeutigen technologischen Normen für ein ökologiegerechtes Verhalten.

Als Ausweg aus diesem Dilemma fordert Ulrich deshalb eine **»kommunikative Ethik«** bzw. **»dialogische Verantwortung«**, weil es zur Lösung des moralischen Dilemmas der Entscheidungsträger eines Dialogs mit allen Beteiligten und Betroffenen bedarf, um eine aus gesellschaftlicher und ökonomischer Sicht vernünftige Präferenzordnung konfligierender Ansprüche zu ermitteln (Ulrich 1986). Die Normen des unternehmerischen Handelns hinsichtlich des Umweltschutzes sollen somit aus dem Dialog mit gesellschaftlichen und marktbezogenen Anspruchsgruppen abgeleitet werden (vgl. Abbildung 11). Die kommunikative Ethik wird von Ulrich lediglich als kritisches Regulativ verstanden, »d. h. sie kann ethische Rationalitäts- und Verbindlichkeitsansprüche nur unablässig kritisch hinterfragen, nie jedoch im konkreten Fall positiv begründen (Ulrich 1991, S. 203).

Grundsätzliche Einwände gegen das Konzept der »kommunikativen Ethik« sind in den nicht unmittelbar abzuleitenden Handlungsempfehlungen, den in der Praxis nicht gegebenen Voraussetzungen einer solidarischen und fairen Willensbildung, dem Aufwand sowie der Unmöglichkeit eines ständigen Dialogs mit allen Betroffenen (z. B. den zukünftigen Generationen) bei allen Unternehmensentscheidungen und der Ableitung einer Umweltethik aufgrund einer »moralischen Resonanz« begründet (de Haas 1989, S. 334; Luhmann 1990, S. 262 ff.). Von daher wird in der Synthese der monologischen Verantwortungsethik mit der kommunikativen Ethik ein geeigneter Lösungsansatz ökologisch verantwortlichen Handelns gesehen. Wie in der Abbildung 12 dargestellt, wird eine Verantwortungsethik dann notwendig, wenn kein Dialog mit den Anspruchsgruppen möglich ist. Dies trifft insbesondere im Hinblick auf die Verantwortung der Erhaltung der Lebensgrundlagen für die zukünftigen Generationen zu.

Zusammenfassend ist festzustellen, daß angesichts verschärfter Wettbewerbsbedingungen eine altruistische Erfüllung gesellschaftlicher Ansprüche in besonderem Maße zu einer

"Monologische" Verantwortung	"Dialogische" Verantwortung
▪ Utilitaristische Ethik: Sozialnutzenmaximierung	▪ Kommunikative Ethik: Wille zum rationalen Konsens
▪ Wurzel der Ethik: Ethos der Fürsorge	▪ Wurzel der Ethik: Ethos der Gegenseitigkeit zwischen mündigen Personen
▪ Elitäre Verantwortung	▪ Solidarische Verantwortung
▪ Strukturkonservativ, unkritisch bezüglich asymmetrischer Kommunikationssituation	▪ Kritisch bezüglich asymmetrischer Kommunikationssituation (emanzipatorisch)
▪ Entscheidung FÜR die Betroffenen (Output-Verantwortung)	▪ Entscheiden MIT den Betroffenen (Input-Verantwortung)
▪ Paternalistische Interessenberücksichtigung	▪ Dialogischer Interessenausgleich
▪ Abhängigkeit und Verantwortungslosigkeit der Betroffenen	▪ Mündigkeit und Verantwortungsfähigkeit der Betroffenen
▪ Technokratischer Horizont	▪ Demokratischer Horizont

Abb. 11: Gegenüberstellung der monologischen und dialogischen Verantwortung als ethische Grundkonzepte
(Quelle: Ulrich 1986, S. 321 f.)

möglichen Gefährdung der Wettbewerbsfähigkeit und ökonomischen Basis der Unternehmensexistenz führen kann. Deshalb wird in der Synthese einer kritisch-rationalen Verantwortungsethik und einer auf den Dialog ausgerichteten kommunikativen Ethik ein kompromißfähiger Weg zur Erweiterung der Unternehmensziele gesehen.

Stitzel und Wank merken hierzu an: »Die natürliche Umwelt, wenn sie intakt ist, schafft den Rahmen bzw. die Arena, innerhalb dessen die Unternehmung das erreichen soll und will, dessentwegen sie gegründet wurde: wirtschaftlich erfolgreich zu sein. Die ökologisch geführte Unternehmung ist demnach nicht weniger ökonomisch als die klassische Unternehmung ... sie muß sich vermehrt Zielkonkurrenzen stellen, sie muß versuchen, Ökonomie und Ökologie zu vereinbaren« (Stitzel, Wank 1990, S. 110). Gleichwohl ist nicht zu verkennen, daß umweltethisches Handeln die Entscheidungsträger vielfach überfordert (Stitzel 1991, S. 110 f.), weil es auch Verzicht fordert, eine Veränderung der Zeitpräferenz nötig macht und die Fähigkeit zum Umgang mit komplexen Ursache-Wirkungs-Zusammenhängen zwischen ökonomischen Handeln und daraus folgenden ökologischen Konsequenzen voraussetzt.

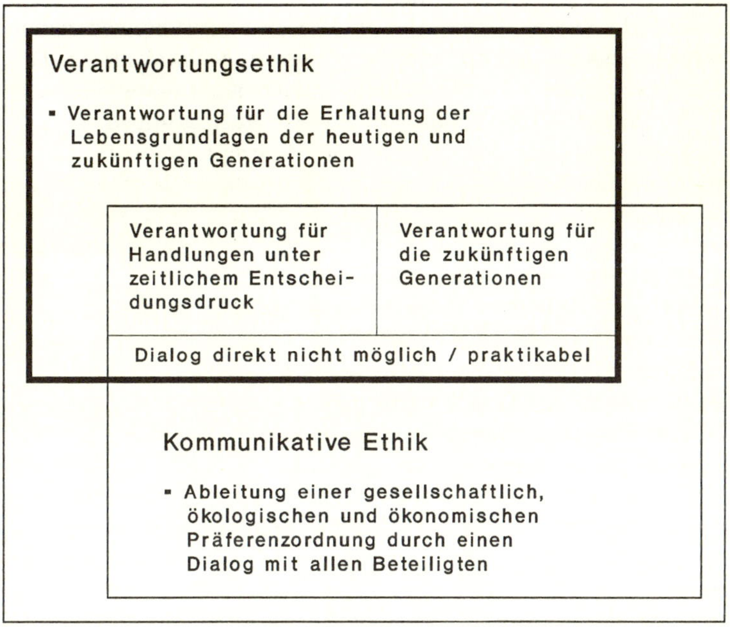

Abb. 12: Synthese einer kommunikativen Ethik und kritisch-rationalen Verantwortungsethik

2.4 Umweltschutz als gesellschaftlicher Anspruch

Im Rahmen der zuvor skizzierten Ansätze und insbesondere im Konzept der »kommunikativen Ethik« wurde bereits auf die Bedeutung veränderter gesellschaftlicher und marktbezogener Ansprüche hinsichtlich des Umweltschutzes als zentrale Einflußgröße hingewiesen. Sofern der Umweltschutz nicht aus ethischen Werten im Zielsystem verankert wird, durch umweltbewußtere Nachfrager Wettbewerbsprozesse ausgelöst werden oder ökologische Schäden Gegenstand der öffentlichen Diskussion sind, erfordern die mit einem erhöhten Umweltbewußtsein veränderten Ansprüche in der Gesellschaft unternehmerische Reaktionen. Ein umweltgerechteres Handeln der Entscheidungsträger wird in diesen Fällen somit aus einer extrinsischen Motivation abgeleitet und in eine Mittel-Zweckbeziehung zur Erreichung der ökonomischen Zielsetzungen gestellt.

Die Verhaltensrelevanz dieser gesellschaftlichen Ansprüche für die Unternehmen wird in Ansätzen zur **gesellschaftsbezogenen Unternehmenspolitik** thematisiert (vgl. u. a. Stitzel 1976; Ulrich 1978; Post 1978; Weitzig 1979; Jehle 1980; Miles 1987; Dyllick 1982 und 1989; Fässler 1989). Aufbauend auf dem verhaltenswissenschaftlichen Koalitionsmodell (Cyert, March 1963) wird z. B. im Stakeholder Konzept der Einfluß verschiedener Anspruchsgruppen auf den unternehmensbezogenen Entscheidungsprozeß untersucht. Stakeholder sind solche Gruppen, ohne deren Unterstützung eine Organisation nicht existieren könnte (Freeman 1983, S. 33). Verstärkte Umweltschutzforderungen von marktbezogenen (Kunden, Handel) und gesellschaftlichen Anspruchsgruppen (Bürgerinitiativen, Verbraucherverbände, Gewerkschaften, staatliche Instanzen) können demnach die vom Unternehmen ursprünglich angestrebten Zielsetzungen beeinträchtigen. Die Unternehmen werden somit veranlaßt, die verursachten externen Kosten bzw. Umweltbelastungen zu internalisieren, um mögliche Sanktionen der Anspruchsgruppen zu vermeiden. Aus Unternehmenssicht kann nach dem Stakeholder Konzept langfristig die Existenz und Marktposition nur gesichert werden, wenn die **Unternehmenslegitimität**, d. h. das Ausmaß der Übereinstimmung der Unternehmensaktivitäten mit den Werten des übergeordneten (gesellschaftlichen) Systems, erhalten bleibt (Miles, Snow 1978, S. 22). Somit können mit den gesellschaftlichen Anspruchsgruppen auch nichtmarktliche Kräfte auf das Umweltschutzverhalten einwirken, indem sie nicht umweltgerechte Aktivitäten zum Anlaß nehmen, die Reputation des Unternehmens zu beeinträchtigen und eine Imageschädigung herbeizuführen.

Letztlich ist der Einfluß von Anspruchsgruppen auf das Umweltschutzverhalten von Unternehmen auf **Informationsasymmetrien** zurückzuführen (vgl. auch Lenz 1991, S. 15 ff.). Die Öffentlichkeit besitzt hinsichtlich der vom Unternehmen verursachten Umweltbelastungen in der Regel wenig Kenntnisse und kann die Beschaffung und Produktion von Produkten nicht direkt kontrollieren. Es bestehen Informations- und Vertrauensdefizite, die durch den Aufbau einer entsprechenden Reputation der Unternehmung verringert werden können (vgl. Spremann 1988).

Für ein marktorientiertes Umweltmanagement erwächst aus den Erkenntnissen der Anspruchsgruppenkonzepte und der Informationsasymmetrie zwischen Unternehmung und Öffentlichkeit die Notwendigkeit, verstärkt gesellschaftliche Gruppen im Rahmen der Kommunikationspolitik zu berücksichtigen, da sie in zunehmendem Maße die Unternehmenslegitimität und damit die Markt- und Wettbewerbsstellung beeinflussen. Wenn auch aus diesem Ansatz keine konkreten Handlungsempfehlungen abzuleiten sind, so wird der Stellenwert eines Dialogs über die Marktpartner hinaus mit ökologischen Meinungsführern (Umweltschutzverbände, Verbraucherorganisationen u. a.) als besondere Erkenntnis für die Kommunikations- und Public Relations-Strategien im Umweltschutzmanagement begründet. Insofern ergänzt sich dieser Ansatz mit dem Konzept der diskursiven bzw. kommunikativen Ethik.

2.5 Umweltschutz als Wettbewerbsfaktor

In neueren Beiträgen zum ökologieorientierten Unternehmensverhalten wird der Einfluß der Umweltschutzkosten auf den Wettbewerb und die Wettbewerbsintensität erörtert. Mit Rückgriff auf empirische Untersuchungen zum Umweltschutzverhalten von Unternehmen läßt sich aufzeigen, daß Unternehmen in Abhängigkeit der Wettbewerbssitutation ihr Verhalten auch an ökologischen Erfordernissen ausrichten. In einer Befragung von 200 Unternehmen in der Bundesrepublik Deutschland konnte 1988 ein hoher Einfluß einer »ökologieorientierten Wettbewerbsintensität« in Form von ökologieorientierten Angeboten und Werbekampagnen der Konkurrenten auf die Entwicklung und Durchsetzung einer marktorientierten Umweltschutzstrategie von Unternehmen festgestellt werden (Kirchgeorg 1990, S. 200 ff.). Angesichts dieses Sachverhalts stellt sich die Frage, inwieweit dem Umweltschutz in der Wettbewerbstheorie generell eine Bedeutung zugemessen und in welcher Form er in den Wettbewerbsprozeß einbezogen wird.

Sprenger versucht, insbesondere die aus den umweltpolitischen Maßnahmen abzuleitenden **umweltschutzbezogenen Wettbewerbshandlungen** anhand empirischer Beispiele und sekundärstatistischer Analysen aufzuzeigen. Er kommt zu dem Schluß, daß umweltpolitische Instrumente Anpassungsreaktionen im Wettbewerbsverhalten (z. B. Branchenkooperationen) auslösen. Allerdings läßt die verfügbare Datenbasis keine allgemeingültigen Aussagen darüber zu, »ob und unter welchen Bedingungen auf welchen Märkten bestimmte umweltschutzbezogene Verhaltensanpassungen eintreten« (Sprenger 1986, S. 37 f.). Auch im Rahmen seiner Überlegungen sind es veränderte politisch-rechtliche Forderungen von seiten des Staates, die ursächlich eine verstärkte Berücksichtigung des Umweltschutzes im Wettbewerb bewirken. Somit muß auch hier auf das Anspruchsgruppenkonzept als Erklärungsfaktor zurückgegriffen werden. Allein der Wettbewerbsprozeß bewirkt die Berücksichtigung des Umweltschutzes nicht.

In einer konzeptionell angelegten Analyse versucht Stitzel, sich mit dem Einfluß des Umweltschutzverhaltens von Unternehmen auf deren **Wettbewerbsfähigkeit** auseinanderzusetzen, wobei keine Hinweise gegeben werden, inwieweit der Umweltschutz über den Wettbewerb allein Unternehmen zum umweltorientierten Verhalten veranlaßt (Stitzel 1987).

In den wettbewerbstheoretischen Ausführungen Porters werden die Determinanten der **Wettbewerbsintensität** auf die zentralen Schlüsselfaktoren verdichtet (Porter 1984):

- Gefahr des Markteintritts neuer Konkurrenten
- Bedrohung durch Ersatzprodukte
- Verhandlungsstärke der Lieferanten
- Verhandlungsstärke der Abnehmer
- Rivalität der Unternehmen innerhalb der Branche.

Das Umweltverhalten wird als Wettbewerbsdeterminante nicht explizit aufgeführt. Deshalb stellt sich die Frage, ob der Umweltschutz über die beschriebenen Determinanten Eingang in den Wettbewerbsprozeß findet. Grundsätzlich erscheint es möglich, daß der Umweltschutz über jede Wettbewerbsdeterminante auf den Branchenwettbewerb einwirken kann.

Die Gefahr des Markteintritts neuer Konkurrenten, die umweltgerechtere Problemlösungen oder Ersatzprodukte anbieten, ist bereits in vielen Branchen feststellbar, wobei der Eintritt der neuen Konkurrenten vielfach als Reaktion auf ein verändertes Nachfrageverhalten der Konsumenten zurückzuführen ist. Insbesondere ökologische Nischenanbieter (z. B. die Marke Frosch) haben zu verstärkten umweltorientierten Anpassungsmaßnahmen bei traditionellen Anbietern angeregt. Staatliche Einflüsse sowie das Lieferanten- und Abnehmerverhalten lassen wiederum Rückschlüsse zu, die auf dem Einfluß von Anspruchsgruppen im Hinblick auf die Berücksichtigung von Umweltschutzerfordernissen auf Anbieterseite beruhen.

Weitere wettbewerbstheoretische Erkenntnisfortschritte im Hinblick auf das Umweltschutzverhalten im Wettbewerb könnten vom sog. »prisoner's dilemma« erwartet werden. Im Zusammenhang mit dem Modell des **Gefangenendilemmas** werden spieltheoretische Ausführungen diskutiert. Entgegen den oben zitierten empirischen Untersuchungen geben sie Erklärungen für eine fehlende Berücksichtigung des Umweltschutzes im Unternehmen (vgl. de Haas 1989, S. 304 ff.). In der Abbildung 13 ist beispielhaft das Gefangenendilemma, dem sich zwei Wettbewerber ausgesetzt sehen, als Konsequenzen-Matrix dargestellt.

Vereinfachend wird bei diesem Modell von zwei Strategieoptionen der Wettbewerber ausgegangen. Darüber hinaus wird unterstellt, daß die Lösung der ökologischen Problemstellungen für beide Wettbewerber grundsätzlich als wünschenswerter Zustand gilt und zwischen den Wettbewerbern keine Kommunikations- und Kooperationsaktivitäten auftreten (vgl. de Haas 1989, S. 304). Aus ökonomisch rationaler Sicht scheint eine Ignoranz des Umweltschutzes einer offensiven Umweltschutzstrategie überlegen, sofern man annimmt, daß erhöhte Umweltschutzkosten eines Wettbewerbers zu Benachteiligungen gegenüber dem nicht umweltorientiert handelnden anderen Wettbewerber führen, noch bevor Konsumenten und Gesellschaft die Umweltschutzmaßnahmen honorieren. Somit stellt sich wahrscheinlich die Situation 22 ein, die jedoch weder den Zielvorstellungen der auf Existenz- und Legitimitätssicherung bedachten Unternehmensführung, noch der Gesellschaft genügt.

Selbst wenn die dem Modell zugrunde gelegten Prämissen in der Praxis nicht gegeben sind, so lassen sich in vielen Branchen passive Verhaltensmuster durch dieses Modell erklären. Allerdings führen mögliche Kosteneinsparungen durch Umweltschutzmaßnahmen und eine verstärkte Marktakzeptanz bei umweltgerechten Problemlösungen zunehmend zur Realisierung von Wettbewerbsvorteilen durch ein offensives Umweltmanagement, so daß der klassische Anwendungsfall des Gefangenendilemmas nicht mehr gegeben ist.

Unternehmung A Unternehmung B	STRATEGIE I auf ökologiebewußte Lösungen gerichtet	STRATEGIE II nicht auf ökologiebewußte Lösungen gerichtet
STRATEGIE I auf ökologie-bewußte Lösungen gerichtet	(11) A und B sorgen gemeinsam für die Bewältigung der Ökologie-problematik	(12) B erzielt gegenüber A Rentabilitätsvorteile. Bedrohung für A. Ökologie-Problem wird nur ansatzweise in Angriff genommen Existenz von A scheint langfristig nicht gesichert.
STRATEGIE II nicht auf ökologie-bewußte Lösungen gerichtet	(21) A erzielt gegenüber B Rentabilitätsvorteile und Wachstum. Bedrohung für B. Ökologie-Problematik wird nur ansatzweise in Angriff genommen. Existenz von B scheint langfristig nicht gesichert.	(22) A und B tun nichts zur Lösung der Ökologie-Probleme, wodurch die Existenz langfristig bedroht ist. Die Ökologie-problematik verschärft sich.

Abb. 13: Ökologieorientiertes Unternehmensverhalten als wettbewerbsbezogenes Problem – dargestellt anhand des Gefangenendilemmas (in Anlehnung an de Haas 1989, S. 304 ff.)

Mit Rückgriff auf das von Galbraith entwickelte **Konzept der Countervailing Power** versucht Raffée zu erklären, wie das Social Marketing als eine Verwirklichung des Gegenmachtprinzips gegenüber dem kommerziellen Marketing zu verstehen ist (Raffée 1984). Unter anderem faßt er unter den Begriff des Social Marketing neben den vielfältigen Konsumerismusbewegungen auch die Realisation eines ökologischen Marketing umweltpolitischer Institutionen. Insoweit finden sich in diesem Ansatz Begründungen, die jedoch letztlich auf gesellschaftliche Anspruchsgruppenkonzepte zurückzuführen sind. Konkrete Anhaltspunkte über die Einbeziehung des Umweltschutzes in den marktbezogenen Wettbewerb werden in diesem Ansatz nicht aufgegriffen.

Insgesamt ist festzustellen, daß – gemessen an empirischen Befunden – der Umweltschutz zunehmend zu einem zentralen Wettbewerbsfaktor wird. Die Erklärungen hierfür sind in einem veränderten Nachfragerverhalten, umweltpolitischen Maßnahmen und in dem Innovationsverhalten einzelner Unternehmen, d. h. dem klassischen Schumpeter'schen Unternehmer, zu suchen. Interessant erscheint für das Umweltmanagement – nicht zuletzt auch vor dem Hintergrund der empirischen Befunde –, daß der Umweltschutz ein wichtiges Element zur Erhaltung und zum Ausbau der Wettbewerbsposition darstellt. Die markt- und wettbewerbsorientierte Ausrichtung von Umweltschutzmaßnahmen muß somit eine besondere Berücksichtigung im Rahmen des Umweltschutzmanagement erfahren.

2.6 Systemtheoretischer Ansatz des Umweltschutzes

Anknüpfend an systemtheoretische Überlegungen der Betriebswirtschaftslehre werden Unternehmen als offene, zielgerichtete sozio-technische Güter-Umsatz-Systeme gekennzeichnet (Ulrich 1978; S. 13). Während Gutenberg den »Betrieb« durch das Autonomieprinzip (Unabhängigkeit von soziopolitischen Einflüssen), erwerbswirtschaftliche Prinzip (Renditestreben) und Alleinbestimmungsprinzip (Eigentümer-Alleinbestimmung) charakterisierte (Gutenberg 1968), bringt Offenheit einer Unternehmung die Umweltverbundenheit zum Ausdruck, die nicht nur auf Marktbeziehungen beschränkt bleibt.

Die »Umwelt« einer Unternehmung umfaßt in den systemtheoretischen Betrachtungen unterschiedliche Komponenten. In verschiedenen Ansätzen werden **Umweltmodelle** zur Strukturierung und Abgrenzung von Teilumwelten diskutiert (vgl. u. a. Jehle 1980; Schreyögg 1978). Hierbei wird die **natürliche bzw. ökologische Umwelt** als Subsystem der Makroumwelt oder der sog. globalen Umwelt zwar gleichgewichtig neben der politisch-rechtlichen, gesellschaftlichen, ökonomischen und technischen Umweltsphäre eingeordnet, aber im Hinblick auf die Implikationen für betriebswirtschaftlichen Entscheidungen im Vergleich zu den anderen Teilumwelten vernachlässigt.

Im Mittelpunkt standen zunächst jene **Teilumwelten**, die die Dynamik und Diskontinuitäten in der Unternehmensumwelt wie z. B. Technologieentwicklungen, gesellschaftlicher Wertewandel, rechtliche Handlungsrahmen, Konsumerismus usw. in den letzten Jahrzehnten begründeten. Direkt wurde die natürliche Umwelt z. B. als Determinante der Internationalisierung der Unternehmenstätigkeit im Hinblick auf geographische und klimatische Besonderheiten berücksichtigt. Damit laufen die systemtheoretischen Analysen in dieser Form Gefahr, die natürliche Umwelt lediglich als »Merkposten« zu behandeln und ökologieorientierte Implikationen für betriebswirtschaftliche Entscheidungen zu vernachlässigen (vgl. z.B. die Ausführungen von Jehle 1980; Schreyögg 1978).

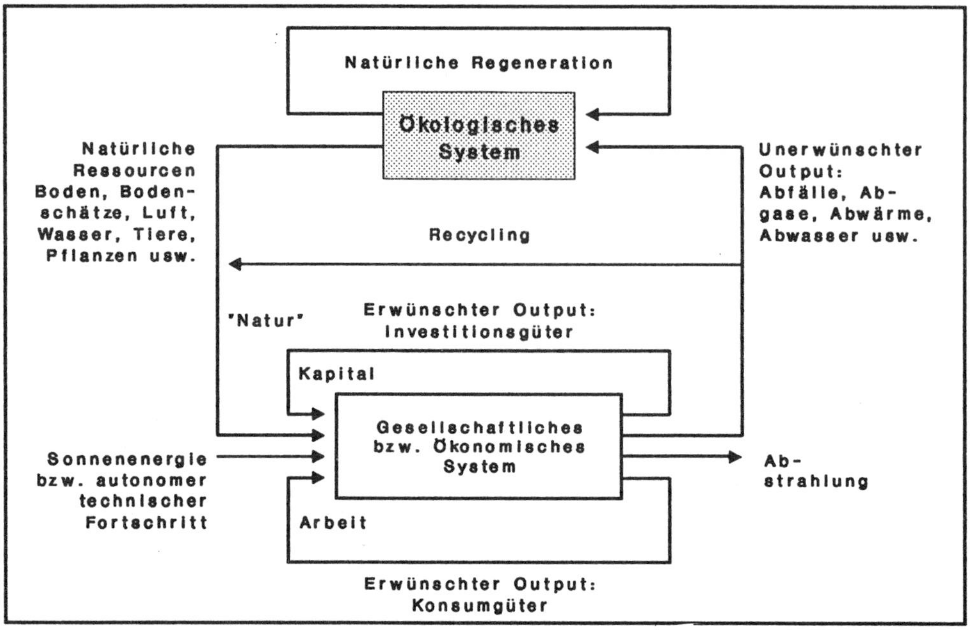

Abb. 14: Beziehungen zwischen ökologischen und ökonomischen Systemen
(Quelle: Frey 1972, S. 455)

Mit Zunahme der Umweltprobleme wurde in neueren systemtheoretischen Betrachtungen verstärktes Augenmerk auf die **Austauschbeziehungen** zwischen Unternehmung und der natürlichen Umwelt gelegt (vgl. Abbildung 14). So wird Anfang der 70er Jahre bei Ulrich (1974) oder Nüßgens (1974) der ökologischen Umwelt als Unternehmensumwelt besondere Bedeutung beigemessen. Analysiert wurden die direkten Austauschbeziehungen der Unternehmen mit der natürlichen Umwelt und die daraus für andere Subsysteme entstehenden externen Effekte, die wiederum die unternehmenbezogenen Ziele und die Zielerreichung der anderen Subsysteme beeinträchtigen. In der Abbildung 15 sind die von Nüßgens aufgezeigten **»vermaschten Ursache-Wirkungsketten«** von unternehmensbezogenen Umweltbelastungen dargestellt. (Nüßgens 1974, S. 121).

Weiterhin wurden in den systemtheoretischen Überlegungen die ökologischen Probleme der natürlichen Umwelt, die als Subumwelt keine Artikulationsfähigkeit besitzt, in ihrer gesellschaftlichen Problemdimension thematisiert und im Rahmen von Anspruchsgruppenkonzepten in ihren Implikationen für die Unternehmensführung untersucht (vgl. u. a. Wiesner 1983). Inwieweit der Umweltschutz als gesellschaftlicher Anspruch betriebswirtschaftliches Handeln beeinflußt, wurde bereits im Kapitel 2.4 einer gesonderten Betrachtung unterzogen. Versucht man den Stand der systemtheoretischen Auseinandersetzung unter einer verstärkten Berücksichtigung der natürlichen Umwelt differenzierter zu betrachten, so lassen sich zwei Argumentationsansätze erkennen. In einer Reihe von Beiträgen werden Strukturmerkmale und Gesetzmäßigkeiten ökologischer und ökonomischer Systeme herausgearbeitet und gegenübergestellt, um Widersprüche oder Komplementaritäten zwischen beiden Systemen zu analysieren.

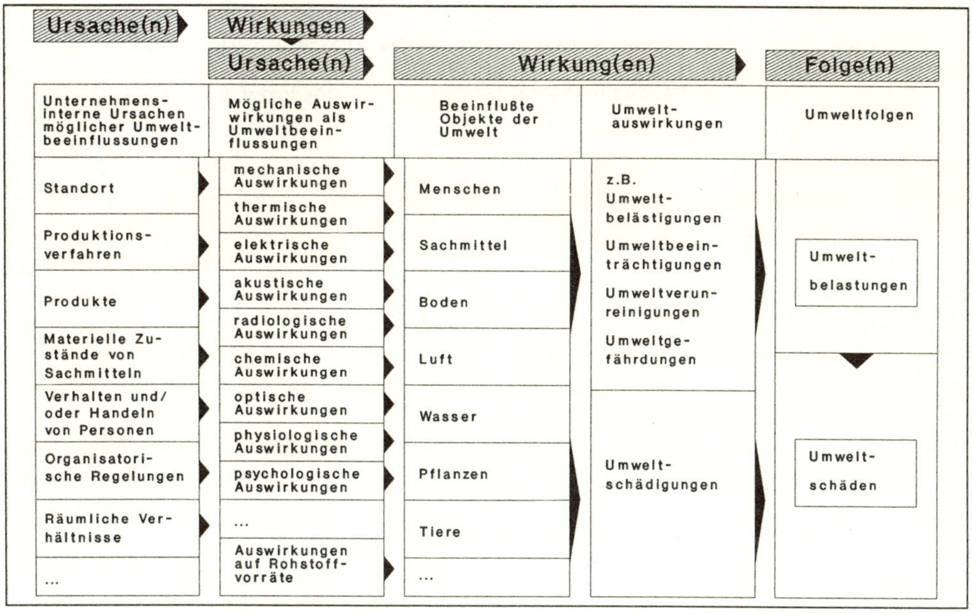

Abb. 15: Vermaschte Ursache-Wirkungsketten von produktions- und konsumbedingten Umwelteinwirkungen
(Quelle: Nüßgens 1974, S. 121)

Aufgrund gemeinsamer **Strukturmerkmale** wird dazu eine Vereinbarkeit der beiden Subsysteme von Ökologie und Ökonomie zu einer gemeinsamen **Meta-Theorie** angedacht. Allerdings werden gemeinsame Strukturmerkmale zum Teil sehr unterschiedlich gesehen (vgl. z. B. Steger o.J., S. 20 f. gegenüber den Darstellungen von Kießler 1990, S. 135 ff.). Die Überprüfung des Anwendungsbezuges und der Tragfähigkeit eines solchen Paradigmas für betriebswirtschaftliche Problemstellungen steht bisher noch aus.

Implikationen im Sinne einer Synthese beider Systeme - nicht nur aufgrund der gemeinsamen Strukturmerkmale - versuchen Vertreter der zweiten Forschungsrichtung anzustreben. Ökologische Systeme werden dabei als Referenzobjekt für eine neue Ausrichtung der Unternehmensführung betrachtet. Erkenntnisse und Gesetzmäßigkeiten der Ökosystemforschung werden auf die betriebswirtschaftlichen Fragestellungen projiziert. Ein hieraus entwickelter **biokybernetischer Systemansatz** soll neuartige Entscheidungshilfen für die strategische Unternehmensführung ermöglichen. Ansätze dieser Forschungsrichtung werden von der St. Galler-Schule seit Mitte der siebziger Jahre verfolgt (vgl. u. a. Ulrich 1984, Gomez, Probst 1987; Vester 1990). Vester leitet aus der Beobachtung ökophysikalischer, thermodynamischer und systemkybernetischer Vorgänge folgende Grundregeln ab, die die Überlebenschancen ökonomischer Systeme erhöhen können (Vester 1990, S. 166):

(1) Negative Rückkopplung muß über positive Rückkopplung dominieren.
(2) Die Systemfunktion muß unabhängig vom Wachstum sein.
(3) Das System muß funktions- und nicht produktorientiert arbeiten.
(4) Nutzung vorhandener Käfte nach dem Jiu-Jitsu-Prinzip statt Bekämpfung nach der Boxermethode.

(5) Mehrfachnutzung von Produkten, Funktionen und Organisationsstrukturen.
(6) Recycling: Nutzung von Kreislaufprozessen zur Abfall- und Abwärmeverwertung.
(7) Symbiose: Gegenseitige Nutzung von Verschiedenartigkeit durch Kopplung und Austausch.
(8) Biologisches Design von Produkten, Verfahren und Organisationen durch Feedbackplanung mit der Umwelt.

Die Berücksichtigung der einzelnen Umweltsphären wird jeweils aus der Zwecksetzung der betriebswirtschaftlichen Entscheidung oder der Zielsetzung des Forschers abgeleitet. Zusammenfassend läßt sich somit feststellen, daß in den systemtheoretischen Betrachtungen zum einen die natürliche Umwelt lange Jahre einen »Merkpostencharakter« zur Vervollständigung der Umweltmodelle einnahm. Andererseits hat sich insbesondere die Forschungsrichtung der St. Galler-Schule mit der Vereinbarkeit ökonomischer und ökologischer Systeme im Rahmen eines evolutorischen Management schon sehr früh auseinandergesetzt. Erkenntnisse zur praktischen Tragfähigkeit dieses Ansatzes liegen allerdings bisher nur in Einzelfällen vor.

So hat Vester erstmals in der Automobilbranche den Versuch unternommen, mit Hilfe des biokybernetischen Systemansatzes Evolutionsmöglichkeiten für diesen Industriezweig abzuleiten (Vester 1991; vgl. Insert 6). Dieser Ansatz scheint für das Umweltmanagement insbesondere durch eine ganzheitliche und vernetzte Denkweise wichtige Impulse zu geben und die Kreativität für die Suche nach alternativen Problemlösungen in biologischen Systemen zu schärfen. Allerdings bleibt die Frage noch offen, ob die Ansätze neben den kybernetischen Grundprinzipien speziell für die Vielfältigkeit der unternehmensbezogenen Umweltschutzprobleme einen hinreichenden und konkreten Handlungs- und Instrumentebezug auch unter markt- und wettbewerbsorientierten Aspekten liefern können.

2.7 Entscheidungsorientierter Ansatz des Umweltschutzes

Ausgehend vom Paradigma der »Bewertung von Alternativen« stellen entscheidungsorientierte Ansätze in der Betriebswirtschaftslehre Aussagen über rationale Wahlhandlungen des verantwortlichen Management in den Mittelpunkt (vgl. z. B. Heinen 1971; Kirsch 1972; Rühli 1978). Die Entscheidungsprobleme werden durch die Begriffe Ziele, Alternativen bzw. Aktionen, Umweltzustände und Konsequenzen bzw. Entscheidungsresultate beschrieben. Dabei wird der Begriff »Umweltzustand« nur formal als Ausdruck der nicht kontrollierten Variablen der verschiedenen Umweltsphären (z. B. Natur, Rechtsordnung, Gesellschaft, Wettbewerbsverhalten) interpretiert.

Entscheidungsorientierte Ansätze können den Problemen des Umweltschutzes im Bereich der **Ziel- oder Mittelentscheidungen** Rechnung tragen: Bei gegebenen ökonomischen Zielen wirken sich z. B. verschärfte Umweltgesetze, Forderungen gesellschaftlicher Gruppen, umweltbezogenes Konsumenten- bzw. Wettbewerbsverhalten über die veränderte Datenkonstellation auf den Zielerreichungsgrad der Unternehmung aus (z. B. geringere Rendite und/oder höheres Risiko). Dies erfordert entsprechende Anpassungen in den strategischen und operativen Planungen (z. B. Suche nach neuen Geschäftsfeldern, Risikovorkehrungen bei vorhandenen Geschäftsfeldern). Die Umweltschutzüberlegungen können darüber hinaus zu einer Anpassung bzw. Erweiterung des Zielsystems der Unternehmung führen. In diesem Fall werden die Zielpräferenzen der Unternehmung verändert und neue Bewertungsmaßstäbe für die Lösung möglicher Konflikte zwischen ökono-

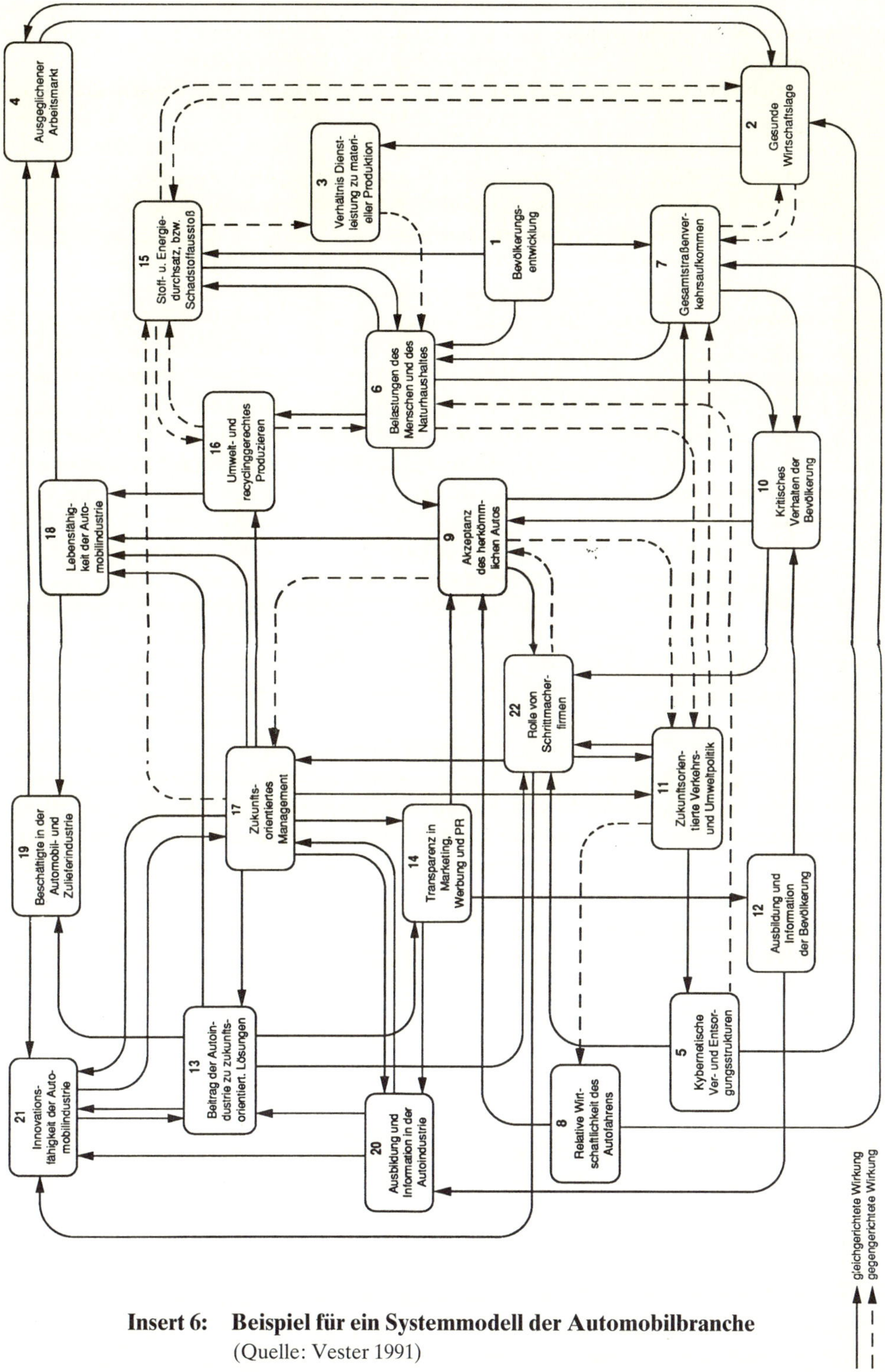

Insert 6: Beispiel für ein Systemmodell der Automobilbranche
(Quelle: Vester 1991)

mischen und ökologischen Zielen gesucht. Ökologische Probleme werden damit explizit zum Gegenstand von Zielentscheidungen erhoben (vgl. Kapitel 2.2).

Die Entscheidungsprobleme werden in vereinfachter Form durch **Entscheidungsmodelle** abgebildet. Je nach dem Informationsstand werden wohlstrukturierte bzw. geschlossene und schlecht-strukturierte bzw. offene Entscheidungsmodelle unterschieden (vgl. z. B. Adam 1980; Rühli 1978). Geschlossene Modelle setzen die Umweltsituation, Ziele, Alternativen und Entscheidungskonsequenzen als gegeben voraus. Gemäß den Regeln der Entscheidungslogik sind »optimale« Lösungen abzuleiten (z. B. gewinnmaximales Fertigungsprogramm unter Einhaltung gesetzlich zulässiger Schadstoffimmissionen; vgl. hierzu auch Kapitel 2.1). Offene Modelle beziehen die Entstehungsphase des Entscheidungsproblems in die Betrachtung ein. Es werden die Such-, Denk- und Lernprozesse zur Gewinnung und Verarbeitung von Informationen über die konstitutiven Entscheidungselemente untersucht. Voraussetzung rationaler Entscheidungen bildet somit ein systematisch durchlaufener Entscheidungsprozeß.

Die Notwendigkeit nach einem funktionsübergreifenden Ansatz im Umweltmanagement, der eine proaktive Verhaltensausrichtung gegenüber den ökologischen Problemstellungen ermöglicht, erfordert die Berücksichtigung des Umweltschutzes in allen Phasen des **Entscheidungsprozesses** der Unternehmung (vgl. u. a. Müllendorff 1981, Meffert 1986, Steger 1988). Die Abbildung 16 zeigt, in welchen Phasen bei der Planung, Durchsetzung und Kontrolle eine Auseinandersetzung mit dem Umweltschutz erfolgen kann.

Ausgangspunkt dieses Prozeßmodells bildet die Situationsanalyse, in der unternehmensexterne und -interne Rahmenbedingungen zu erfassen sind. Anknüpfend an systemtheoretische Betrachtungen sind die Beziehungen und Wechselwirkungen in der ökologischen, ökonomischen, gesellschaftlichen, technologischen und politisch-rechtlichen sowie marktbezogenen Umwelt zu analysieren und Schlüsselfaktoren zu identifizieren, die ökologische Chancen und Risiken für die Unternehmung darstellen. Demgegenüber sind die Stärken und Schwächen des internen Bedingungsrahmens zur Bestimmung der strategischen Ausgangsposition zu ermitteln. Darauf aufbauend erfolgt anschließend die ökologiegerechte Festlegung der Unternehmensphilosophie und -grundsätze sowie die Formulierung und Einbeziehung von ökologieorientierten Unternehmenszielen in das Zielsystem der Unternehmung. Daraus sind entsprechende Strategien zur Begegnung der ökologischen Herausforderungen abzuleiten. Die erfolgreiche Durchsetzung eines integrierten Umweltschutzmanagement erfordert schließlich den Einsatz entsprechender Umweltschutzmaßnahmen in allen Unternehmensfunktionen. Insbesondere zur Wahrnehmung der marktbezogenen Chancen ist hierbei die Gestaltung eines integrierten Ökomarketing erforderlich. Nicht zuletzt sind in der Durchsetzungsphase Maßnahmen für die Organisation und Kontrolle im Umweltschutzmanagement sicherzustellen.

Der entscheidungsorientierte Ansatz zeigt ein breites Spektrum von Möglichkeiten auf, wie der Umweltschutz systematisch in den Planungsprozeß der Unternehmung integriert werden kann. Der ökologieorientierte Entscheidungsprozeß kann als formaler Überbau für eine integrative Funktionalbetrachtung herangezogen werden. Dabei wird der Blick für Zielkonflikte und ökologische Konsequenzen im Bereich strategischer und operativer Planungen geschärft. Offen bleiben allerdings inhaltliche Probleme des Umweltschutzes (z. B. Umwelt als Produktions- und Wettbewerbsfaktor), Werturteils- und Anspruchsprobleme bei der Zielbildung sowie Rückkopplungsmechanismen in dynamischen Systemen.

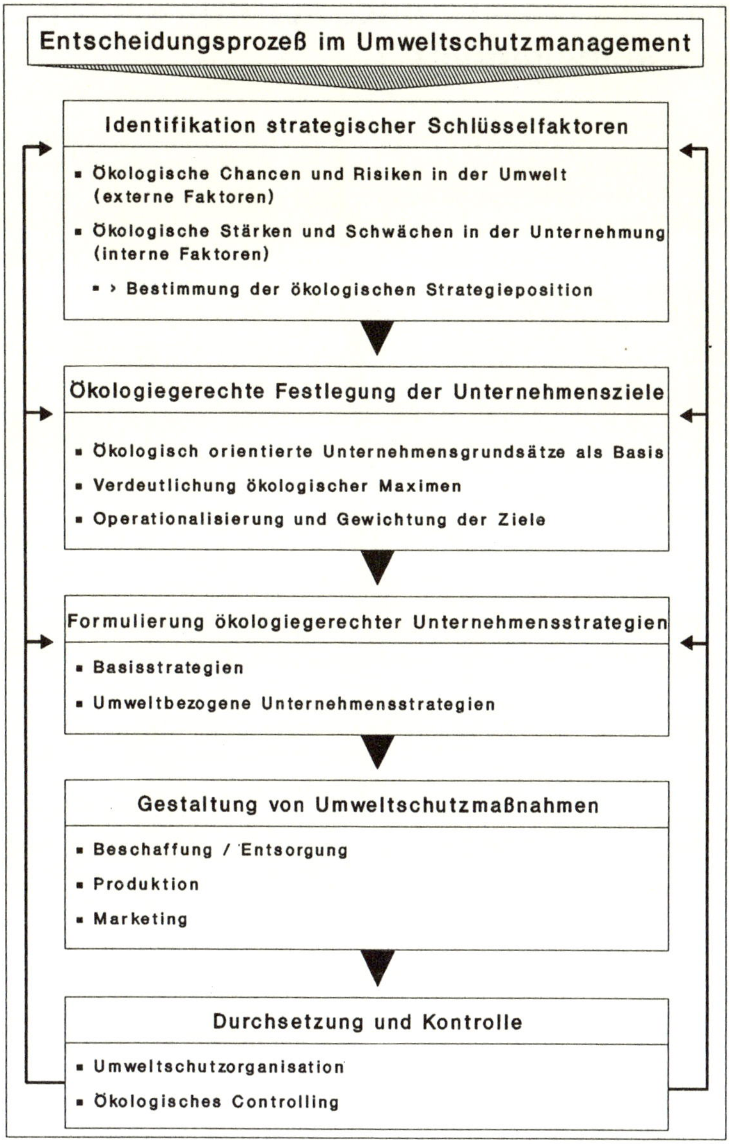

Abb. 16: Ansatzpunkte zur Berücksichtigung des Umweltschutzes im unternehmerischen Entscheidungsprozeß

3. Integrierter Ansatz eines marktorientierten Umweltmanagement

Die bisherigen Ausführungen zeigen, daß zur Einbeziehung der Umweltproblematik in betriebswirtschaftliche Aussagensysteme unterschiedliche Konzepte verfolgt werden. Dabei stellt sich die grundsätzliche Frage, welcher Bezugsrahmen bzw. welches Paradigma sich für die Konzeption einer integrierten ökologieorientierten Unternehmensführung als besonders tragfähig erweist. Die Beantwortung dieser Frage ist zum gegenwärtigen Stand der Forschung schwierig, zumal klassische entscheidungsorientierte Management-Konzepte angesichts der Komplexität und besonderen Dynamik ökologischer Herausforderungen sich vielfach als unzureichend erweisen (Bleicher 1991; Stähler 1991; Stitzel, Wank 1990). Deshalb sollen im folgenden zentrale Ansätze und forschungsstrategische Überlegungen zur integrierten ökologieorientierten Unternehmensführung skizziert und der wissenschaftliche Standort des hier verfolgten marktorientierten Umweltmanagement präzisiert werden.

3.1 Ansatzpunkte zur Integration des Umweltschutzes in betriebswirtschaftliche Aussagensysteme

Grundsätzlich können drei Wege bei der Einbeziehung der Ökologie in betriebswirtschaftliche Aussagensysteme verfolgt werden (vgl. Stitzel, Wank, S. 105 ff.): Zum einen besteht die Möglichkeit, bewährte Theoriekonzepte durch ökologische Aspekte zu ergänzen. Dieser als **»Minimum-Strategie«** verfolgte Weg versucht, Unternehmungen Verfahrensregeln bzw. Entscheidungshilfen an die Hand zu geben, um sicherzustellen, daß Aspekte des Umweltschutzes bei betrieblichen Entscheidungen als Risiken bzw. Chancen erkannt und in entsprechende Planungskonzepte einbezogen werden. In der Regel sind dabei funktionsspezifische Aspekte angesprochen (z. B. Profilierung durch Marketingkonzepte, umweltschutzorientierte Produktionsverfahren bzw. Recycling-Maßnahmen, Umweltschutzwirkungen von Standortentscheidungen).

Eine zweite Möglichkeit besteht darin, betriebswirtschaftliche Aussagensysteme durch ökologische Fragestellungen anzureichern bzw. zu modifizieren. In diesem Falle wird versucht, ökologische Rahmenbedingungen bei den konstitutiven, institutionellen und funktionalen Unternehmensentscheidungen als eines von mehreren relevanten Umweltsegmenten explizit zu berücksichtigen. Dabei rücken vielfach neue, strategische Überlegungen des Umweltschutzes in den Mittelpunkt. Als Beispiele seien kostensenkende bzw. ertragssteigernde Maßnahmen angeführt, die sich aus einer Wertkettenbetrachtung unter Einbeziehung von Interdependenzen zwischen den Unternehmensbereichen einerseits (z. B. Produktionsverfahren, Logistik und Recycling) sowie den Umweltsegmenten der Unternehmung andererseits ergeben (z. B. Technologie und Ökologie). Dieser **ergänzende bzw. modifizierende Ansatz** wird – wie die zuvor skizzierten Konzepte zeigten – offensichtlich von der Mehrheit betriebswirtschaftlicher Forscher verfolgt. Der Vorteil einer solchen Vorgehensweise besteht darin, daß vorhandene Paradigmen nicht verändert werden müssen, zugleich jedoch dem Integrationsgedanken eines ökologieorientierten Management Rechnung getragen werden kann (vgl. zum Integrationskonzept in der Betriebswirtschaftslehre Adam, Backhaus, Meffert, Wagner 1990).

Der dritte Weg zur Einbeziehung ökologischen Gedankenguts in die Unternehmensführung setzt an den **Werten bzw. Zielsystemen der Entscheidungsträger** innerhalb der Unternehmung und den Anspruchsgruppen außerhalb der Unternehmung an. Dabei wird, z. T. losgelöst von ökonomischer Rationalität, ein Höchstmaß an Ökologieorientierung bei der unternehmerischen Betätigung gefordert (analog zur Ablösung der kapitalorientierten durch die sog. arbeitsorientierte Betriebswirtschaftslehre; z. B. Kappler 1976) und eine ganzheitliche Sicht primär unter ökologieorientierten Maßstäben angestrebt. Diese Konzepte werden meist mit der Dringlichkeit der Situation unter Bezugnahme auf die soziale und ethische Verantwortung der Unternehmensführung begründet.

Stitzel und Wank heben zu Recht hervor, daß keiner dieser Ansätze die »Meta-Fragen« nach einer Integration und Ganzheitlichkeit im Sinne einer geschlossenen Konzeption einer ökologisch orientierten Unternehmensführung befriedigend beantworten kann. Gemeint ist damit eine Unternehmensführung, die als Ganzes in einer **ausgewogenen Synthese** das Prädikat »ökonomisch« **und** »ökologisch« beanspruchen kann. Ausgehend von den aufgezeigten Integrationsmöglichkeiten wird im folgenden versucht, die zentralen Dimensionen eines Bezugsrahmens zum integrierten Umweltmanagement herauszuarbeiten.

3.2 Bezugsrahmen für ein integriertes, fortschrittsfähiges Umweltmanagement

Es bedarf keiner Begründung, daß die scheinbar diametralen Positionen einer ökologieorientierten Unternehmensführung in einer »konzeptionellen Gesamtsicht« zusammengeführt werden müssen. Ansatzpunkte für einen tragfähigen Bezugsrahmen liefert einerseits das Konzept des strategischen Management von Kirsch und die Konzeption des integrierten Management der St. Galler Schule (Ulrich 1984; Dyllick 1988; Bleicher 1991). In beiden Ansätzen werden unter Einbeziehung einer **entscheidungs- und systemorientierten Betrachtungsweise** Bausteine einer theoretischen Konzeption für ein ökologieorientiertes Management entwickelt.

Die Konzeption des strategischen Management von Kirsch soll als Führungsphilosophie in der Organisationen einen höheren Entwicklungsstand vorantreiben. Sie wird von der Idee einer **fortschrittsfähigen Organisation** als evolutionäres System auf höchstem, gegenwärtig vorstellbarem Entwicklungsniveau gesehen. Der Grundgedanke der Evolution soll einerseits die Handlungs- und Lernfähigkeit der Organisation steigern und andererseits die Entfaltung der Rationalität der Führungskräfte ebenso fördern wie Innovationen bei der Entwicklung von Führungsstrukturen.

Abbildung 17 zeigt das Spektrum des strategischen Management von Kirsch mit den jeweiligen Aktivitäten (Exploration/Analyse sowie Planung/Steuerung), die Ergebnisse der Aktivitäten (Rahmen, strategische Programme) sowie Bereiche, in denen sich die strategischen Stoßrichtungen konkretisieren. Von besonderer Bedeutung im Rahmen der vorliegenden Betrachtung ist der »Produkt-/Marktbereich« und der »Standort«, verstanden als Positionsbestimmung im sozio-ökonomischen Umfeld. Marktorientiertes Umweltmanagement steht dabei im Spannungsfeld zwischen Produkt-Markt-Strategien, Ressourcen-

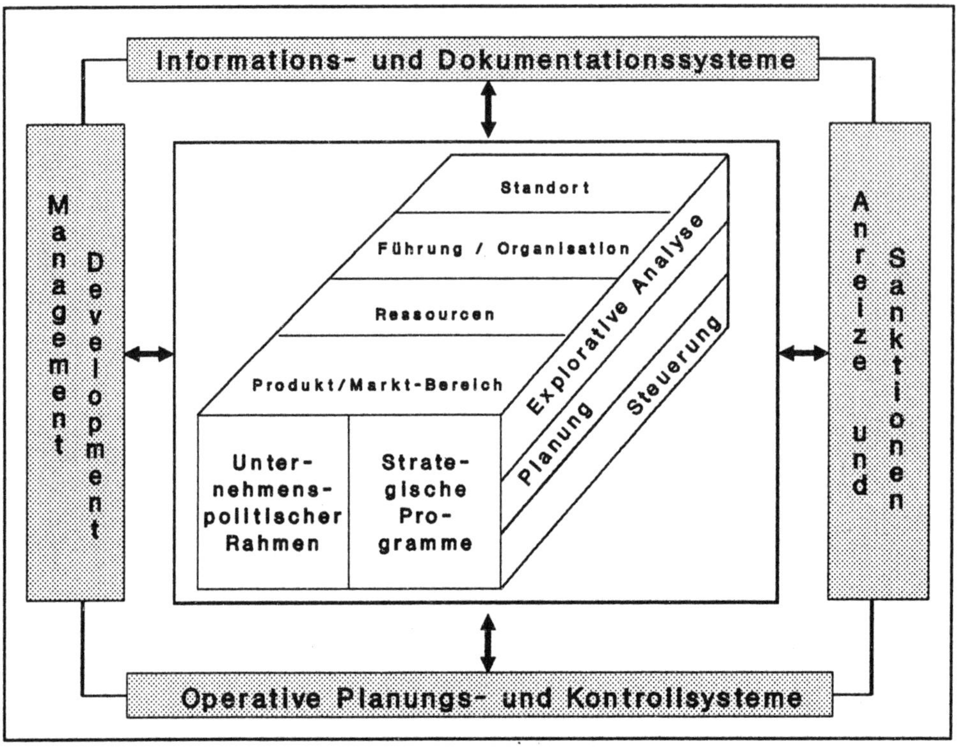

Abb. 17: Ansatz des Strategischen Management nach Kirsch
(in Anlehnung an: Kirsch, Maaßen 1989, S. 131)

Strategien, Führungssystemen und Organisationsstruktur sowie einer ökologischen Standortbestimmung. Stitzel und Wank (1990) sowie Stähler (1991) haben das Konzept aus der Sicht einer ökologieorientierten Unternehmensführung interpretiert und auf die besondere Bedeutung der Standortbestimmung für ein evolutionäres Management hingewiesen. Sie bildet den Ausgangspunkt für die Entwicklung ökologieorientierter Leitvorstellungen oder Leitbilder, welche die Evolution der Unternehmung über die Vorgabe langfristig geltender Zielvorstellungen steuern.

Strategisches Umweltmanagement beinhaltet in diesen Ansätzen eine besondere Ausdifferenzierung des strategischen Management in vertikaler und horizontaler Sicht (Stähler 1991, S. 62 ff.). In **vertikaler Differenzierung** umfaßt das System des Umweltmanagement eine Vielzahl gekoppelter Teilsysteme, die sich aus unterschiedlicher Perspektive mit der Ökologieproblematik befassen. Strategische Exploration und Analyse beziehen sich dabei ebenso wie Planung und Steuerung in allen Führungsbereichen (Marktbereich, Ressourcen, Führung und Organisation sowie Selbstverständnis bzw. Standort) auf die Entwicklung ökologischer Rahmenkonzepte und strategischer Öko-Programme. Die **horizontale Differenzierung** betrifft die Institutionalisierung eines Umweltmanagement in verschiedenen Organisationseinheiten (z. B. Umweltschutzabteilung bzw. Umweltschutzbeauftragte). Darüber hinaus ist mit horizontaler Differenzierung die Zuteilung von Aufgaben, die Festlegung verbindlicher Regelungen und der Einsatz funktionsübergreifender Koordinationskonzepte angesprochen.

Noch stärkere Akzente als Kirsch legt das St. Galler Management-Modell in seiner Weiterentwicklung des Ansatzes von Bleicher (1991, S. 51 ff.) auf den Integrationsgedanken. Abbildung 18 zeigt den Zusammenhang verschiedener Bausteine des Konzepts. Demnach kann einmal zwischen normativem, strategischem und operativem Management unterschieden werden. Die Ebene des **normativen Management** befaßt sich mit generellen Zielen der Unternehmung, mit Prinzipien, Normen und Spielregeln, die darauf ausgerichtet sind, die Lebens- und Entwicklungsfähigkeit der Unternehmung sicherzustellen. Die Entwicklungsfähigkeit umschließt dabei eine qualifizierte Veränderung in Richtung eines positiven, sinnvollen Wandels. Für den Ökologiebereich bedeutet dies die Konkretisierung unternehmerischer Visionen, die Gestaltung von Unternehmensverfassung und Kultur sowie im Rahmen der Legitimität die Nutzenstiftung für Bezugsgruppen.

Strategisches Management bedeutet demgegenüber den Aufbau, die Pflege und die Nutzung von Erfolgspotentialen, für die Ressourcen eingesetzt werden müssen. Im Mittel-

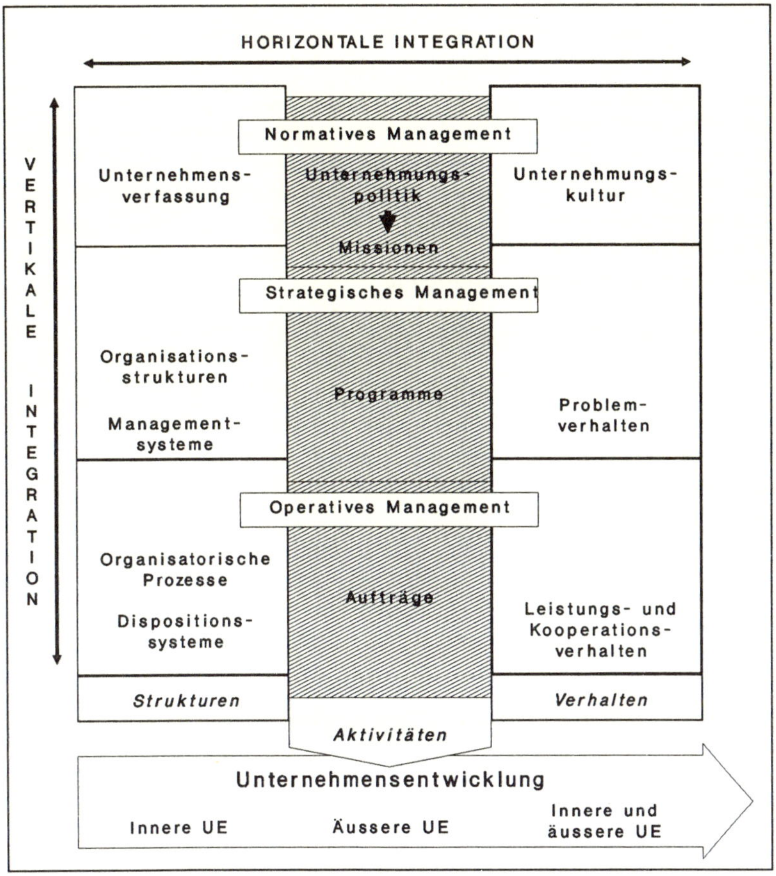

Abb. 18: Konzept des integrierten Management
(Quelle: Bleicher 1991, S. 56)

punkt strategischer Überlegungen stehen im integrierten Ansatz von Bleicher neben Programmen die grundsätzliche Auslegung von Strukturen und Systemen des Management sowie das Problemlösungsverfahren ihrer Träger.

Während normatives und strategisches Management im Ökologiebereich Gestaltungsfunktionen übernimmt, lenkt das **operative Management** die Unternehmensentwicklung. Leistungs-, finanz- und informationswirtschaftliche Prozesse sind unter ökonomischen, ökologischen und sozialen Aspekten in Maßnahmen umzusetzen. Aktivitäten, Strukturen und Verhalten wirken dabei auf die Unternehmensentwicklung ein. Strukturen manifestieren sich in der Unternehmensverfassung, den Organisationsstrukturen bzw. Managementsystemen und organisatorischen Prozessen sowie Dispositionssystemen. Die Unternehmenspolitik findet in Missionen, strategischen Programmen und operativen Aufträgen ihren Niederschlag. Beide Aspekte dienen wiederum der Beeinflussung des Verhaltens durch Unternehmenskultur, Problemlösungs-, Leistungs-, und Kooperationsverhalten.

Der Bezugsrahmen des St. Galler Management-Modells macht die Vielschichtigkeit und Mehrdimensionalität eines integrierten Umweltmanagement besonders deutlich. Neben planungstechnokratischen Integrationskonzepten, der Integration durch Strukturen und des Verhaltens wird dabei der integrierenden Kraft einer Management-Philosophie ein besonderer Stellenwert zugeordnet. Die Management-Philosophie besteht aus grundlegenden Annahmen über Werte und einem ihnen entsprechenden Verhalten einerseits und der Werterhellung und Wertentwicklung in der Organisation andererseits: »Ganzheitlichkeit ist ohne Sinnbezug undenkbar, denn das Wesen von Zusammenhängen im Wechselspiel von Teilen und Ganzem erschließt sich erst über die Konstruktion eines Sinnes« (Bleicher 1991, S. 70).

Folgt man der Grundkonzeption einer **fortschrittsfähigen und evolutionären Managementlehre**, so ergeben sich daraus die zentralen Merkmale bzw. Anforderungen für ein integriertes Umweltmanagement. Im einzelnen ist eine relative Verbesserung der Umweltverträglichkeit unternehmerischer Betätigung

(1) durch eine längerfristige, strategische Ausrichtung unter Markt- und Wettbewerbsaspekten,
(2) in einer prozeßorientierten und vernetzten ganzheitlichen Betrachtungsweise,
(3) in einer Synthese von instrumenteller und wertorientierter Betrachtungsweise,
(4) auf der Grundlage lernfähiger bzw. evolutionärer Konzepte,
(5) innovativ unter einer ökologischen und gesellschaftlichen Verantwortung bzw. Führungsphilosophie,
(6) unter Bezugnahme auf interdisziplinäre Erkenntnisse

sicherzustellen.

3.3 Entwicklungsstufen eines integrierten Umweltmanagement

Versucht man, die bestehenden Ansätze zum Umweltmanagement vor dem Hintergrund der aufgezeigten Anforderungen eines integrierten Bezugsrahmens einzuordnen, so lassen sich diese Ansätze stark vereinfacht nach den Merkmalen einer stärker wettbewerbs- bzw. marktorientierten vs. ökologie- bzw. gesellschaftsorientierten Betrachtung auf der einen Seite und einer instrumentell-analytischen bzw. wertorientiert-synthetischen Auffassung andererseits kennzeichnen. Abbildung 19 soll diesen Sachverhalt verdeutlichen.

Demnach befinden sich im Feld I Forschungsansätze, die die Sicherung des Überlebens der Unternehmung unter Wettbewerbs- und Marktgesichtspunkten mit einer mehr oder weniger ausgeprägten instrumentellen Betrachtungsweise verbinden. Hierzu zählen jene Ansätze, die die Umweltschutzproblematik unter dem Aspekt von Erfolgspotentialen der Unternehmung untersuchen. Ökologieorientierte Produkt-Markt-Stratgien stehen im Mittelpunkt der Betrachtung. Dabei interessiert insbesondere die Frage einer ökologieorientierten Chancen- und Risiken- bzw. Stärken- und Schwächenanalyse. Bewährte strategische und operative Instrumente werden dabei modifiziert und auf ökologische Fragestellungen hin ausgerichtet bzw. weiterentwickelt (z. B. Portfolio-Analysen, Lebenszyklus- und Erfahrungskurvenkonzepte, Wertketten-, Kosten-Nutzen-Analysen). Zur Umsetzung marktstrategischer Konzepte wird auf Instrumente des Öko-Marketing zurückgegriffen. Die Aussagensysteme sind dabei grundsätzlich von einer ökonomischen Rationalität geprägt, wobei die Antizipation bzw. Reaktion auf ökologische Anforderungen i. S. eines ökonomisch orientierten Zeithorizonts und einer rationalen Umweltnutzung im Vordergrund steht. Wegen der schwachen Verankerung ökologischen Verhaltens in den unternehmerischen Wertsystemen liefern derartige Aussagensysteme vergleichsweise geringe Beiträge für ein evolutionäres proaktives Umweltmanagement. Eine rein instrumentalistische Betrachtungsweise kann einem »opportunistischen« Verhalten durchaus Vorschub leisten (Dichtl 1991, S. 269).

Im Gegensatz hierzu gehen **wertorientierte Ansätze** von einem »philosophischen Überbau« aus. Es wird nicht mehr gefragt, ob sich umweltverträgliches Verhalten für Unternehmungen i. S. einer Öko-Rationalität »auszahlt«. Vielmehr erhalten ökologische Fragestellungen losgelöst von wettbewerbs- bzw. marktorientierten Erfordernissen eine eigenständige, von ökonomischen Nutzenkalkülen weitgehend unabhängige Zielbedeutung im Unternehmen. Ökologieorientiertes Handeln wird entweder als ethisches Wertmuster oder

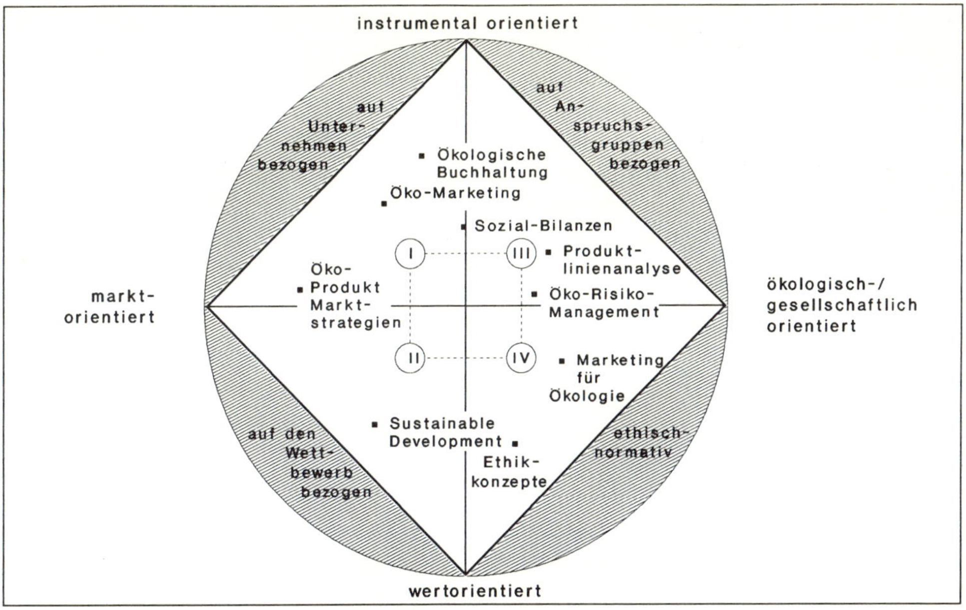

Abb. 19: Ansätze und Entwicklungsstufen des Öko-Management

aus der Erkenntnis des gewachsenen ökologischen Bewußtseins zu normativen Maßstäben im Management erhoben. Ökologische Leitbilder und Grundprinzipien sollen im ganzen Unternehmen als »shared values« zu einer integrierten und proaktiven Sichtweise des Umweltschutzes beitragen. Im Sinne des geplanten Wandels wird durch den Einsatz geeigneter Beeinflussungsinstrumente innerhalb und außerhalb der Unternehmung versucht, Einstellungs- und Verhaltensänderungen herbeizuführen (Feld IV). Hierzu zählen z. B. die Konzepte des Marketing für Ökologie (Raffée 1987; Wiedmann 1988). Als problematisch erweisen sich diese Ansätze nicht nur deshalb, weil ihnen die operationale Fundierung für die Umsetzung ökologischen Handelns fehlt, sondern »idealistische« bzw. »utopische« Vorstellungen an den Realitäten des Wettbewerbs in marktwirtschaftlichen Systemen häufig vorbeigehen. Damit ergeben sich dann aber auch zwangsläufig Risiken für die Überlebensfähigkeit der Unternehmung (z. B. Null-Wachstum bzw. Schrumpfung).

Konzepte des »sustainable development« versuchen, den marktwirtschaftlichen Bedingungen Rechnung zu tragen (Feld II). Sie beziehen Wertprämissen des Umweltschutzes in marktwirtschaftliche und unternehmerische Entwicklungsprozesse ein. Das Überleben der Unternehmung soll in einer »ökologisch-sozialen Marktwirtschaft« (Wicke/de Maiziere 1990) sichergestellt werden. Schließlich finden sich im Feld III solche Ansätze, die unter Einbeziehung verschiedener Anspruchsgruppen und besonderer Betonung ökologischer Ziele spezifische Instrumente einsetzen. Als Beispiel sei hier die sog. Produktlinien-Analyse genannt. Sie versucht, unter Einbeziehung verschiedener gesellschaftlicher Zielgruppen ökologieorientierte Problemfelder (z. B. Verkehrsbereich, Entsorgung) durch Bereitstellung von Instrumenten im Dialog zu »objektivieren« und neue Lösungen zur Verbesserung der Umweltsituation zu generieren.

Bei der Entwicklung einer evolutionären, integrierten Lehre der ökologieorientierten Unternehmensführung können verschiedene Wege beschritten werden. Der erste Ansatz führt von einer instrumentellen, marktorientierten Betrachtungsweise über ökologische Wertsysteme zu einer im normativen Management verankerten ökologieorientierten Unternehmensführung (Pfad I –> II –> IV). Der zweite Weg vollzieht sich von stark ethisch dominierten Konzepten über eine Verankerung dieser Werte in Führungsleitlinien bis hin zur Implementierung von Instrumenten (Pfad IV –> II –> I). Unter dem Aspekt einer Politik robuster kleiner Schritte erweist sich i. S. der Überlebenssicherung der Unternehmung aus Gründen der Risiko- und Akzeptanzsicherung der zweite Weg als erfolgsversprechender. Diese Vorstellung liegt auch den folgenden Ausführungen eines marktorientierten Umweltmanagement zugrunde. Die Ausführungen konzentrieren sich vor allem auf die Felder I und II. Es wird eine marktstrategische Perspektive unter dem Leitbild des sustainable development verfolgt und dabei dem Gesichtspunkt der ökonomischen und ökologischen Rationalität gleichermaßen Rechnung getragen.

Fragen zu Kapitel II

1. Erläutern Sie, warum der Umweltverbrauch auf Märkten keinen Knappheitspreis besitzt.
2. Welche Unterschiede bestehen zwischen einem quantitativen und qualitativen Wachstum einer Volkswirtschaft? Inwieweit ist das Konzept des sustainable development mit dem Konzept des qualitativen Wachstums vergleichbar?
3. Welche Erkenntnisse lassen sich aus systemtheoretischen Betrachtungen für die Beziehung zwischen Unternehmung und natürlicher Umwelt gewinnen, und inwieweit lassen sich hieraus Implikationen für das Umweltmanagement ableiten?
4. Vergleichen Sie die Umweltnutzung eines Unternehmens mit den klassischen Produktionsfaktoren. Welche Probleme bestehen bei der Ermittlung des Mengen- und Wertgerüsts der Umweltnutzung? Gehen Sie dabei insbesondere auf das Problem der externen Kosten ein.
5. In welcher Form kann die Umweltbelastung in Beschaffungs-, Produktions-, Gebrauchs- und Entsorgungsphase im Rahmen der Planung eines optimalen Produktionsprogramms mit Hilfe eines LP-Ansatzes berücksichtigt werden?
6. Inwieweit können Wettbewerbsprozesse Unternehmen zum umweltgerechten Verhalten veranlassen?
7. In welcher Form kann der Umweltschutz im Zielsystem einer Unternehmung berücksichtigt werden? Nennen Sie Beispiele für komplementäre, neutrale und konfliktäre Beziehungen zwischen Umweltschutzzielen und Umsatzzielen.
8. Warum wird vielfach eine Unternehmensethik zur Berücksichtigung des Umweltschutzes als erforderlich angesehen?
9. Welche kritischen Einwände lassen sich gegenüber dem Konzept der »Sozialen Verantwortung« einer Unternehmung äußern?
10. Erläutern Sie das Konzept der »kommunikativen Ethik«, und bewerten Sie dessen praktische Anwendungsmöglichkeit im Unternehmen.
11. Inwiefern können gesellschaftliche Anspruchsgruppen Einfluß auf das Unternehmensverhalten nehmen? Warum sind Unternehmen an der Sicherung der gesellschaftlichen Legitimität interessiert?
12. Inwieweit kann das Konzept der Informationsasymmetrie für die Reaktionen der Anspruchsgruppen auf umweltbelastendes Verhalten der Unternehmen herangezogen werden? Welche Maßnahmen können vom Unternehmen zur Verringerung der Informationsdefizite ergriffen werden?
13. Erörtern Sie, inwieweit sich bestehende umweltorientierte Ansätze der betriebswirtschaftlichen Forschung einer eher markt-, gesellschafts-(ökologie-, wert- oder instrumentell-orientierten Sicht zuordnen lassen. Diskutieren Sie mögliche Entwicklungsstufen eines fortschrittsfähigen und integrierten Umweltmanagement.

III. Informationsgrundlagen des Umweltmanagement

1. Aufgaben und Ziele der Umweltanalyse

Die Analyse der Umwelt- und Unternehmenssituation bildet den Ausgangspunkt eines integrierten Ansatzes des Umweltmanagement. Die Bereitstellung entscheidungsrelevanter Informationen dient der

- Sensibilisierung/Anregung,
- Problemanalyse,
- Alternativenbewertung,
- Kontrolle und Steuerung

im Rahmen des Umweltmanagement. Einleitend wurden bereits die zentralen ökologischen Probleme und deren Ursachen im Überblick gekennzeichnet. Einer differenzierten Analyse von umwelt- und marktbezogenen Einflußfaktoren kommt die Aufgabe zu, die Bereiche der Makroumwelt und das Verhalten der Marktteilnehmer unter umweltbezogenen Aspekten zu analysieren und Schlußfolgerungen für die eigenen Unternehmensentscheidungen abzuleiten. Die Bereitstellung von Informationsgrundlagen erfüllt damit eine Frühwarnfunktion zur proaktiven Ausrichtung einer Umweltschutzstrategie. Zur Strukturierung relevanter Informationen und Einflußfaktoren des Umweltmanagement werden in der Literatur unterschiedliche Ansätze und »Umweltmodelle« vorgestellt (vgl. u. a. Schreyögg 1978, S. 80 ff.; Jehle 1981, S. 82 ff.; Kubicek, Thom 1984). Für die folgenden Betrachtungen wird sowohl eine funktionale als auch eine institutionelle Untergliederung der Unternehmensumwelt vorgenommen.

Entsprechend der Tradition systemtheoretischer und situativer Forschungsansätze kann einer ersten Untergliederung der Unternehmensumwelt in eine globale Umwelt und unternehmensspezifische Interaktionsumwelt bzw. Aufgabenumwelt gefolgt werden (vgl. Raffée, Wiedmann 1987, S. 186 ff.). Wie die Abbildung 20 schematisiert zeigt, ist die **globale Umwelt** in die Sphären der ökologischen, politisch-rechtlichen, gesellschaftlichen, ökonomischen und technischen Umweltbedingungen zu differenzieren. Die ökologische Umwelt wird vielfach auch als natürliche Umwelt gekennzeichnet (vgl. z.B. Picot 1977, S. 15; Senn 1986, S. 49 f.). Entwicklungen in den einzelnen Umweltsphären können direkt Einfluß auf das Unternehmensverhalten ausüben und/oder über Interaktionsprozesse durch verschiedene Anspruchsgruppen dem Unternehmen vermittelt werden. So werden die bedrohlichen Veränderungen in der ökologischen Umweltsphäre insbesondere als soziales bzw. gesellschaftliches Problem über Umweltschutzforderungen verschiedener ökologischer Anspruchsgruppen wie staatliche Institutionen, Abnehmer, Bürgerinitiativen, Naturschutzverbänden etc. oder ein verändertes Nachfrageverhalten an die Unternehmen herangetragen. Bei der Umweltanalyse muß somit der im Rahmen von systemtheoretischen und biokybernetischen Betrachtungen hervorgehobenen Vernetztheit der einzelnen Umweltbereiche und Anspruchsgruppen eine besondere Beachtung geschenkt werden.

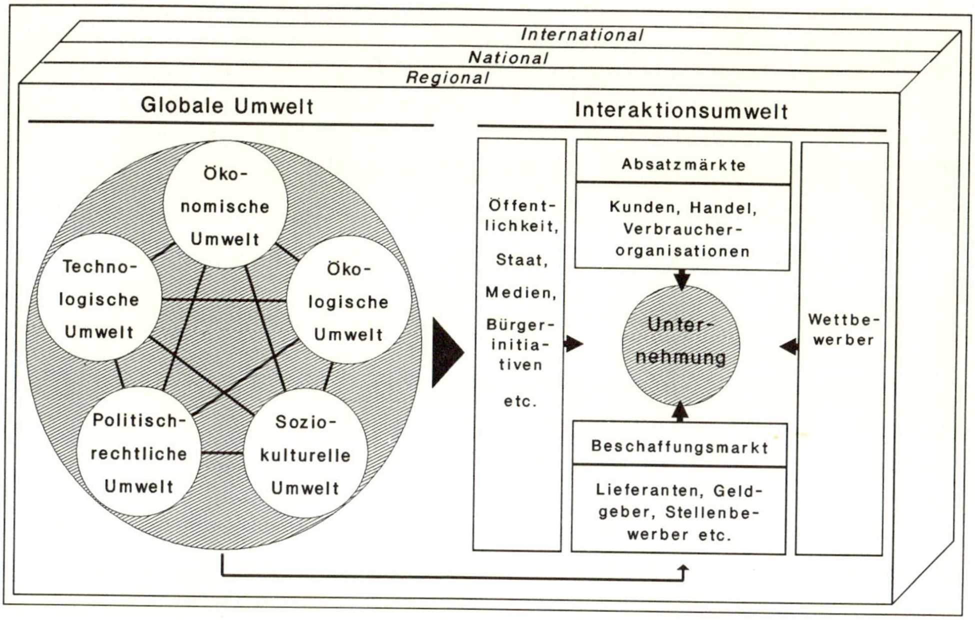

Abb. 20: Modell zur Systematisierung der Unternehmensumwelt

Somit ist die nach funktionalen Kriterien aufgeteilte Unternehmensumwelt durch eine **institutionenbezogene** Betrachtung zu ergänzen, in der gesellschaftliche, politisch-rechtliche und marktbezogene Austauschpartner und Anspruchsgruppen Berücksichtigung finden. Die Differenzierung der verschiedenen Institutionen bzw. Anspruchsgruppen in gesellschaftliche (Medien, Bürgerinitiativen, Naturschutzverbände etc.), politisch-rechtliche (Parteien, Behörden etc.) und marktbezogene (Kunden, Absatzmittler, Konkurrenten, Lieferanten) Gruppen erfolgt insbesondere unter Berücksichtigung der Art der artikulierten Umweltschutzforderungen und den verschiedenen Sanktionsmöglichkeiten der Anspruchsgruppen, auf die in den folgenden Betrachtungen Bezug genommen wird. Die Entwicklungen in den einzelnen Umweltsphären und Forderungen der Anspruchsgruppen sind nach regionalen bzw. standortbezogenen, nationalen oder internationalen Gesichtspunkten differenziert zu analysieren.

2. Relevante Dimensionen der Analyse der Makro-Umwelt

2.1 Natürliche Umwelt

In Kapitel I wurde bereits verdeutlicht, daß die Beeinträchtigung der Versorgungs-, Träger- und Regenerierungsfunktionen der natürlichen bzw. der ökologischen Umwelt zentrale Ursachen der ökologischen Probleme darstellen. Im Rahmen der Analyse der Einflußfaktoren der natürlichen Umwelt muß das Umweltmanagement Informationen über die allgemeine und vom Unternehmen verursachte Belastung der Umweltmedien Boden, Wasser, Luft sowie Informationen über die Verfügbarkeit natürlicher Ressourcen bereitstellen. Dabei sind insbesondere die möglichen Wirkungsbeziehungen zwischen den einzelnen Umweltmedien und Belastungssituationen zu berücksichtigen.

2.1.1 Erfassung der Belastungssituation einzelner Umweltmedien

Zur Erfassung der allgemeinen Belastungssituation kann auf die Informationen der Umweltstatistik zurückgegriffen werden. Sie befaßt sich mit der Darstellung der Emissionssituation ausgewählter Schadstoffe in der Bundesrepublik. Im einzelnen wird ermittelt (Keiter, Langer 1988; Langer, Pohl, Winzer 1989):

- welche Emittenten zu den jeweiligen Emissionen beitragen,
- welche Emissionsschwerpunkte für weitergehende Analysen besonders relevant und
- welche Datengrundlagen für gezielte Umweltschutzmaßnahmen bereitzustellen sind.

Nach dem Bundes-Immissionsschutzgesetz sind **Emissionen** »die von einer Anlage ausgehenden Luftverunreinigungen, Geräusche, Erschütterungen, Licht, Wärme, Strahlungen und ähnliche Erscheinungen« (BImSchG § 3, Abs.3). In einem erweiterten Sinne versteht der Sachverständigenrat für Umweltfragen unter Emissionen jede von Institutionen und Wirtschaftssubjekten (einschl. Haushalte) verursachte Abgabe von Schadstoffen, Geräuschen, Strahlungen usw., ohne daß hiermit unbedingt direkte Schädigungswirkungen verbunden sein müssen (Umweltgutachten 1987, S. 107 ff.). **Immissionen** kennzeichnen hingegen die Einwirkung der Emissionen auf Menschen, Objekte und die natürliche Umwelt. Der Zusammenhang zwischen Emissionen und Immissionen ist in Abbildung 21 dargestellt.

Als **Emittent** wird jede Institution bzw. jedes Wirtschaftssubjekt bezeichnet, bei der/dem es durch die typische Beteiligung am Wirtschaftsprozeß zu direkten Emissionen kommt.

Die **Luft** über der Bundesrepublik Deutschland enthält in Abweichung von ihrer »natürlichen« Zusammensetzung verschiedene Verunreinigungen, die gasförmig oder als Aero-

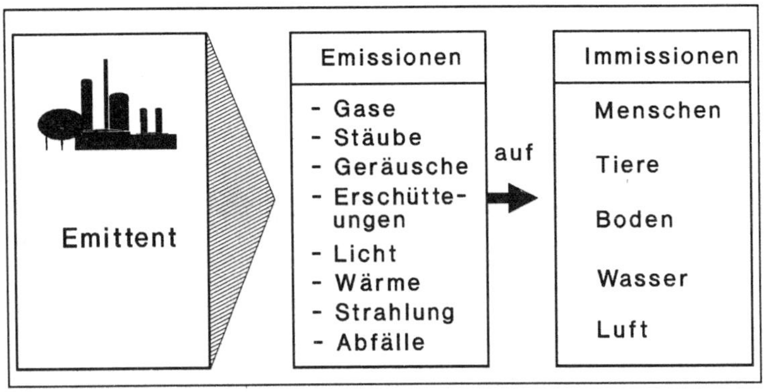

Abb. 21: Zusammenhang zwischen Emissionen und Immissionen

sole vorkommen und insgesamt als »Luftbelastung« bezeichnet werden. Sie entstammen Emissionen aus unterschiedlichen Quellen und wandeln sich in der Luft unter Einwirkung von Licht, Wärme, Luftfeuchtigkeit und chemischen Luftbestandteilen zu Immissionen um, die vielfältigen Transport-, Vermischungs- und weiteren Reaktionsprozessen unterliegen. Eine wichtige Rolle spielt dabei die Reaktion der luftverunreinigenden Stoffe mit den in der unteren Atmosphäre vorkommenden Wassertröpfchen verschiedener Größe, in denen sich die Stoffe lösen, verändern und – je nach den gegebenen Bedingungen – konzentrieren oder verdünnen, und dabei auch den Säuregrad des Wassers beeinflussen. Wegen dieser vielen komplizierten atmosphärischen Vorgänge kann kein gesetzmäßiger Zusammenhang zwischen Emissionen eines Unternehmens und Immissionen hergestellt werden.

Die mengenmäßig größten Emissionen ergeben sich für Kohlenmonoxid mit rund 9 Mio. Tonnen jährlich. Hauptemittent mit einem Anteil von knapp 70 % ist der Verkehr. Deutlich gesunken sind in den vergangenen Jahren die Schwefeldioxidemissionen, die derzeit mit weniger als 2,5 Mio. Tonnen angegeben werden. Hauptemittent mit über 60 % Anteil sind die Kraftwerke. Rund 2 Mio. Tonnen jährlich beträgt die Stickoxidemission, bei der wiederum der Verkehr mit weit über 50 % als Hauptemittent auftritt. Mit rund 1,6 Mio. Tonnen folgen die organischen Verbindungen (Kohlenwasserstoffe), zu denen als Hauptemittenten der Verkehr (rund 40 %) und die Haushalte und Kleinverbraucher (über 30 %) beitragen. Die Industrie ist hieran mit ca. 28 % beteiligt. Die rund 550.000 Tonnen Staubemissionen werden von der Industrie zu 60 % als Hauptemittent verursacht (vgl. im einzelnen hierzu Umweltgutachten 1987, S. 199 ff.; Schreiner 19988, S. 193 ff.; o.V. 1989, S. 1995 ff.) Die Entwicklung der Schadstoffemissionen in der Bundesrepublik Deutschland ist im Insert 7 dargestellt. Aufgrund der zunehmenden Maßnahmen zur Luftreinhaltung ist ein positiver Trend für die nächsten Jahre zu erwarten.

Informationsquellen zur Ermittlung der allgemeinen Belastungssituation bilden die Umweltstatistiken des Umweltbundesamtes sowie Informationssysteme wie Reinluftmeßnetze oder Smogfrühwarnsysteme (Umweltgutachten 1987, S. 74; Kreiner 1990, S. 63 ff.).

Das **Reinluftmeßnetz** umfaßt fünf bemannte Meßstellen und zehn nicht bemannte Probeentnahmestellen. Ziel der Überwachung ist die Feststellung grenzüberschreitender Schadstofftransporte, der großräumigen Luftbelastung und deren Trendentwicklung. Das Meßprogramm schließt als Indikatoren die wichtigsten Schadgase wie SO_2, Stickstoffoxide, Ozon, Staub und seine Inhaltsstoffe sowie die Zusammensetzung des Niederschlags ein.
Das **Smogfrühwarnsystem** wird als Frühwarninstrument zur Bevölkerungsinformation und zur Datenerhebung insbesondere für die Fundierung umweltpolitischer Entscheidungen eingesetzt. In Abbildung 22 ist beispielhaft das SMOG-Meßnetz von Nordrhein-Westfalen dargestellt. Mittels Datenfernübertragung werden die Immissionsmessungen des Bundes und der Länder an das Umweltbundesamt übertragen. Ausgehend von diesen Daten wird unter Zuhilfenahme von Daten des Deutschen Wetterdienstes die weitere Entwicklung (Höhe der Konzentration, Weg der verschmutzten Luftmassen etc.) prognostiziert und den Ländern für eventuell zu ergreifende Maßnahmen übermittelt.

Neben der Luftverunreinigung erweist sich die Erfassung möglicher Belastungen des Mediums **Boden** als ein zentrales weiteres Problem (vgl. hierzu im einzelnen Barkowski, Günther, Hinz, Röchert 1990; S. 15 ff.; Umweltgutachten 1987; S. 74 ff.) Im allgemeinen bezeichnet man als »Boden« die äußerste, meist lockere Schicht der Erdoberfläche einschließlich der darin befindlichen Rohstoffe und des darin vorkommenden Grundwassers. Neben dem Problem der Bodenbelastungen z. B. durch den sauren Regen und die Überdüngung ist insbesondere die Problematik der Altlasten bedeutsam.

Unter **Altlasten** werden im wesentlichen »Altablagerungen« (z. B. Deponien) im weitesten Sinne, sowie Anreicherungen mit Stoffen anthropologischer Herkunft, im Boden und Grundwasser auf oder um das Gelände stillgelegter oder noch existierender Industriebe-

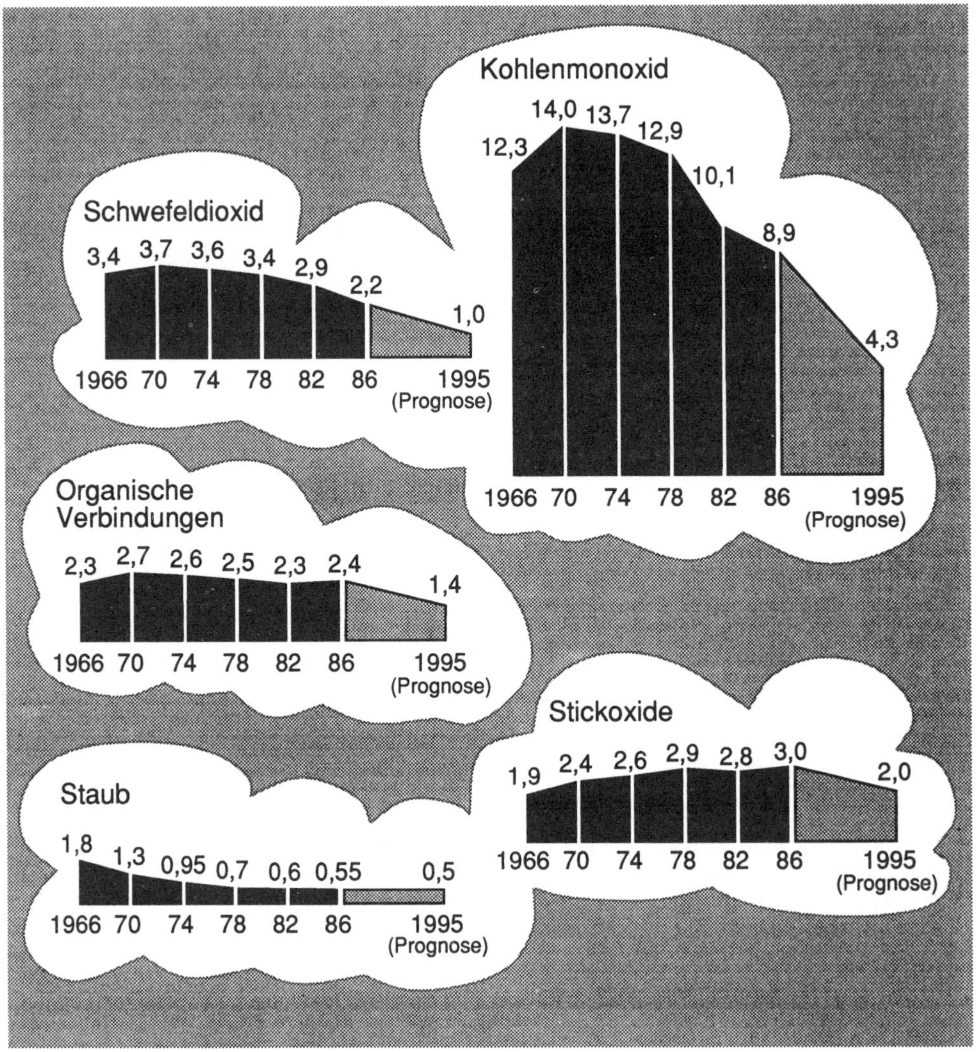

Insert 7: Emissionen in der Bundesrepublik Deutschland
(Quelle: Rohe 1990, S. 28)

triebe (»Altstandorte«) verstanden, deren Gefährlichkeit vermutet wird. Gemeinsam ist allen Altlasten, daß ein Gefahrenpotential zum Zeitpunkt der Entstehung in der Regel nicht erkannt wurde, weil die Gefahren entweder nicht eingeschätzt oder als nicht gravierend eingestuft wurden, wie dies nach dem aktuellen Stand der Technik mit verfeinerten Analysemöglichkeiten möglich erscheint.

Als altlastenverdächtig werden insbesondere folgende Bodenflächen angesehen:

- Verlassene und stillgelegte Ablagerungsplätze mit kommunalen und gewerblichen Abfällen (Altablagerungen),
- sog. wilde Ablagerungen,

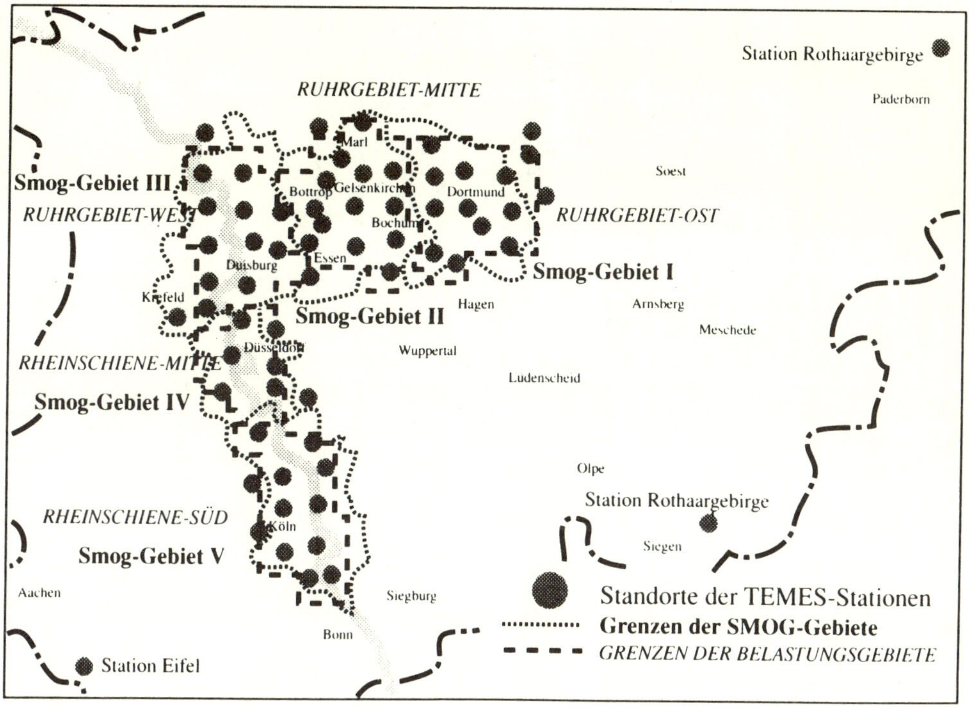

Abb. 22: Beispiel eines SMOG-Meßnetzes
(Quelle: Kreiner 1990, S. 71)

- Aufhaldungen und Verfüllungen mit umweltgefährdenden Produktionsrückständen, auch in Verbindung mit Bergematerial und Bauschutt,
- ehemalige Industriestandorte und ihre nähere Umgebung,
- Korrosion von Leitungssystemen,
- defekte Abwasserkanäle,
- abgelagerte Kampfstoffe und andere Kriegsfolgelasten,
- unsachgemäße Lagerung wassergefährdender Stoffe und
- andere Bodenkontaminationen.

Als andere Bodenkontaminationen werden vor allem genannt:

- Schadenfälle beim Transport wassergefährdender Stoffe,
- noch produzierende Anlagen, bei denen Altlasten schon sehr alt sein können und
- Bodenbelastungen, die einem menschlichen Handeln auf bestimmten Grundstücken nicht zugeordnet werden können (z. B. Depositionen persistenter Luftverunreinigungen oder Überschwemmungen mit belasteten Gewässern, aber auch Bombenblindgänger).

Die bisher ermittelten Altlasten sind nicht automatisch mit Umweltgefährdung gleichzusetzen. Nachdem im Jahre 1985 das Umweltbundesamt 35.000 Altlastenverdachtsflächen in der Bundesrepublik ermittelt hat, werden derzeit ca. 50.000 Verdachtsflächen von den Bundesländern erfaßt. Insert 8 zeigt die bisher ermittelten altlastenverdächtigen Bodenflächen.

Bei dem Medium **Wasser** entstehen Belastungen durch folgende Nutzungsarten, die im

Land	Gesamtzahl der Verdachtsflächen (Altablagerungen und Altstandorte)	Altablagerungen	Altstandorte	Erfassung weitgehend abgeschlossen	Kriegsfolgelasten (in Gesamtzahl enthalten)	Stand der Erhebung
Baden-Württemberg	6 500	6 500	keine Angaben	Nein 2)	keine Angaben	21. 9. 1988
Bayern	555	482	73	Nein 3)	keine Angaben	30. 9. 1988
Berlin	1 925	992	1 593	Nein	ca. 23 %	7. 10. 1988
Bremen	243	74	169	Nein	5–10 %	31. 12. 1988
Hamburg	1 840	1 550	290	Nein 1)	ca. 70	31. 12. 1988
Hessen	5 184	5 123	61	Nein 4)	2 5)	6. 9. 1988
Niedersachsen	6 200	6 200	keine Angaben	Nein 1)	67	31. 12. 1988
Nordrhein-Westfalen	12 448	8 639	3 809	Nein 1)	117 Kriegsschäden 7)	31. 12. 1988
Rheinland-Pfalz	7 528	7 528	keine Angaben	Nein 1)	30	1. 1. 1989
Saarland	3 596	1 728	1 888	Nein	1	31. 12. 1988
Schleswig-Holstein	2 358	2 358	keine Angaben	Nein 1)	6)	14. 9. 1988
Gesamt	48 377	40 514	7 863			

1) Altstandorte müssen noch erfaßt werden bzw. werden z. Z. erfaßt.
2) wird im Rahmen eines Pilotprojekts vorbereitet, insbesondere für Altstandorte.
3) landesweite Erhebung 1985 begonnen und bei knapp 50 % der Gebietskörperschaften durchgeführt.
4) bisher nur Gaswerkstandorte erfaßt.
5) 8 weitere Verdachtsflächen werden überprüft.
6) in 8 regionalen Schwerpunktbereichen des Landes und 7 küstennahen Seegebieten werden Kriegsfolgelasten vermutet.
7) nicht in Gesamtzahl enthalten.

Insert 8: Verdachtsflächen bei Altlasten

(Quelle: Barkowski, Günther, Hinz , Röchert 1990, S. 25)

Rahmen des Umweltmanagement einer genaueren Überprüfung zu unterziehen sind (vgl. Schreiner 1988, S. 158 ff.):

- industrielle und gewerbliche Prozeßwasserversorgung,
- Kühlwassernutzung,
- Heißwassernutzung,
- Nutzung zu Fischereizwecken,
- Nutzung zu Verkehrszwecken (Schiffahrt),
- Energiegewinnung,
- Bewässerung,
- Abwasserentsorgung
- sowie die im Rahmen des Produktgebrauchs anfallenden Belastungen des Abwassers bei privaten Haushalten.

Der industrielle Wasserverbrauch liegt bei etwa 13 Mrd. Kubikmetern pro Jahr und wird im Jahr 2000 auf etwa 16 Mrd. ansteigen. Insgesamt werden in der Bundesrepublik Deutschland (im Gebiet der alten Bundesländer) bisher jährlich ca. 45 Mrd. Kubikmeter Wasser verwendet (vgl. auch Umweltgutachten 1987, S. 262). Genutzt wird jedoch im gewerblichen Bereich etwa die dreifache Menge, so daß statistisch gesehen jeder Liter Wasser dreimal genutzt wird, bevor er zu Abwasser wird.

2.1.2 Erfassung der Ressourcenbeanspruchung

Neben der Erfassung der jeweiligen Belastungen einzelner Umweltmedien sind Informationen über die Erschließung und den Zeitraum der Verfügbarkeit natürlicher Produktionsfaktoren von zentralem Stellenwert zur Planung einer umweltorientierten Beschaffungspolitik. Nicht nur die Verfügbarkeit im allgemeinen, sondern auch die Güte der verfügbaren Ressourcen ist im Rahmen dieser Betrachtung zu berücksichtigen. Angesichts der sich langfristig abzeichnenden Engpässe bei natürlichen Ressourcen, der zunehmenden Beeinträchtigung der Ressourcen in ihrer Güte (z. B. Kontaminierung von Lebensmitteln) und nicht zuletzt die hohe Rohstoffabhängigkeit der Bundesrepublik Deutschland können für die rohstoffverarbeitende Industrie sowie die nachgelagerten Wirtschaftszweige zu einer existentiellen Bedrohung führen. Die Abbildung 23 zeigt die Verfügbarkeitszeiträume wichtiger Ressourcen der natürlichen Umwelt.

In Zukunft kommt der **Wirtschaftlichkeit des Ressourcenabbaus** eine besondere Bedeutung zu. Generell belegen Modellstudien über die Verfügbarkeit natürlicher Ressourcen, daß bei nicht-energetischen Ressourcen nichts auf eine echte ökologische Knappheit im Sinne einer Erschöpfung hindeutet. Neue technische Gewinnungsmethoden (z. B. mikrobielle Erzaufbereitung), die Erschließung neuer ozeanischer Vorkommen (z. B. Manganknollen), aufwendigere Explorationsmethoden (z. B. durch Satelliten) und neue Recyclingtechniken verschieben das Problem der Erschöpfung diesen Modellannahmen zufolge weit in die Zukunft.

Bei der Versorgungssicherung darf die einzelne Unternehmung jene Risiken nicht gering schätzen, da sich zum einen durch den hohen Kapitalbedarf dieser neuen Verfahren, aber auch durch kartellierte Strukturen auf den Rohstoffmärkten völlig neue Kostenstrukturen einstellen können. Solche »unechten« Verknappungen schlagen sich unmittelbar in den Rohstoffpreisen nieder und verursachen in Betrieben mit hohem Rohstoffkostenanteil eine spürbare Ergebnisverschlechterung. Mit zunehmender Verknappung und Verteue-

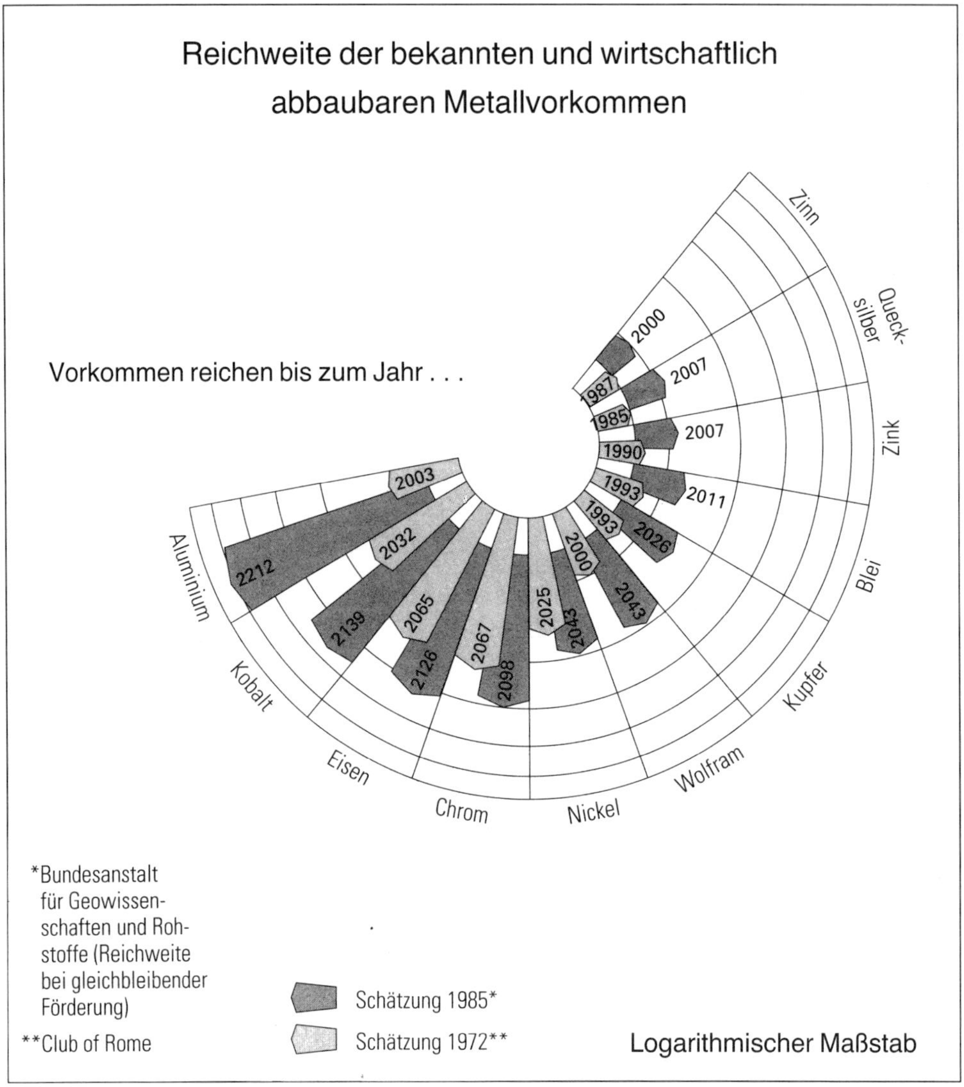

Abb. 23: Verfügbarkeitszeiträume natürlicher Ressourcen
(Quelle: Frank 1990, S. 4)

rung nicht regenerierbarer Rohstoffe gewinnen nachwachsende Rohstoffe und die Wiederverwendung bestehender Rohstoffe an Bedeutung (Frank 1990, S. 5).

Im Gegensatz zu den nicht-energetischen Energiequellen zeichnen sich bei den leicht verfügbaren energetischen Ressourcen bereits heute »echte« Verknappungen ab. Dies gilt insbesondere für solche Energiepotentiale mit geringer Entrophie, bei denen die Transformation in bedarfsgerechte Energieformen an technische und wirtschaftliche Grenzen stößt.

2.2 Technologische Umwelt

Informationen der technologischen Umwelt sind für das Umweltmanagement speziell im Bereich der Entwicklung sog. **Umweltschutztechnologien** von besonderem Interesse. Zum einen bietet die Analyse des Angebots von Umweltschutztechnologien den Ausgangspunkt zur Lösung unternehmensinterner Umweltschutzprobleme. Andererseits eröffnen sich für Unternehmen auch interessante Marktchancen auf Umweltschutzmärkten, weil innovative Problemlösungen im eigenen Betrieb als kommerzielle Umweltschutzleistungen eine Angebotslücke besetzen können.

2.2.1 Klassifikation von Umweltschutztechnologien

Umweltschutztechnologien kennzeichnen generell eine Menge vorhandenen bzw. noch zu entwickelnden Wissens zum Schutz der Umwelt. Die Wissenskomponenten konkretisieren sich im Angebot von Produkten oder Dienstleistungen, die zur Erfüllung von Umweltschutzzielen einen Beitrag leisten.

In der Literatur gibt es eine Vielzahl von Ansätzen zur Klassifikation von Umweltschutztechnologien (vgl. z.B. Antes 1989; Strebel 1990; S. 9; Steger 1988; S.108 ff). In einer ersten Differenzierung können die Umweltschutztechnologien nach den jeweiligen Umweltmedien Boden, Wasser, Luft untergliedert werden, auf die ihre Schutzfunktion gerichtet ist (vgl. Antes 1988).

Diese Abgrenzung nach Problembereichen des Umweltschutzes wird z. B. zur Strukturierung des Marktes für Umweltschutztechnik gewählt. Dabei scheint sich in der Praxis folgende Untergliederung von Umweltschutztechnologien durchzusetzen:

- Abfallwirtschaft (Altlastensanierung),
- Wasser/Abwasser,
- Luftreinhaltung,
- Lärmminderung,
- Energie,
- Meß-, Analyse- und Regeltechnik.

Explizit werden im Rahmen dieser Einteilung jedoch keine integrierten Umweltschutztechnologien berücksichtigt, da diese den Investitions- und Konsumgüterbereichen direkt zugerechnet werden. Von einer reinen Umweltschutztechnologie kann hier im e. S. nicht mehr gesprochen werden, weil der Umweltschutz längst zum Bestandteil komplexer Produkt- oder Prozeßtechnologien geworden ist.

Ausgehend von der jeweiligen Wirkung der Umweltschutztechnologien auf die zu erreichenden Umweltschutzziele lassen sich Technologien mit **direkten und indirekten Umweltschutzwirkungen** unterscheiden. Zu den letzteren zählen die in Abbildung 24 dargestellten Informationstechnologien für den Umweltschutz sowie Meß- und Regeltechniken. Ihr Einsatz führt nicht unmittelbar zu einer Reduktion der Umweltbelastungen, sondern bildet eine Voraussetzung für den Einsatz von Entsorgungs-, Recycling- und integrierten Umweltschutztechnologien.

Im Rahmen der technologischen Entwicklungen im Umweltschutzbereich ist zwischen folgenden **Basistechnologien** zu unterscheiden: **End-of-pipe Technologien** werden dem eigentlichen Produktions- oder Konsumtionsprozeß nachgeschaltet, ohne ihn technologisch zu verändern (Müllendorff 1981, S. 256). Im Sinne einer additiven Technologie werden vorhandene Prozeß- und Produkttechnologien um eine Technologie ergänzt, deren Zweck

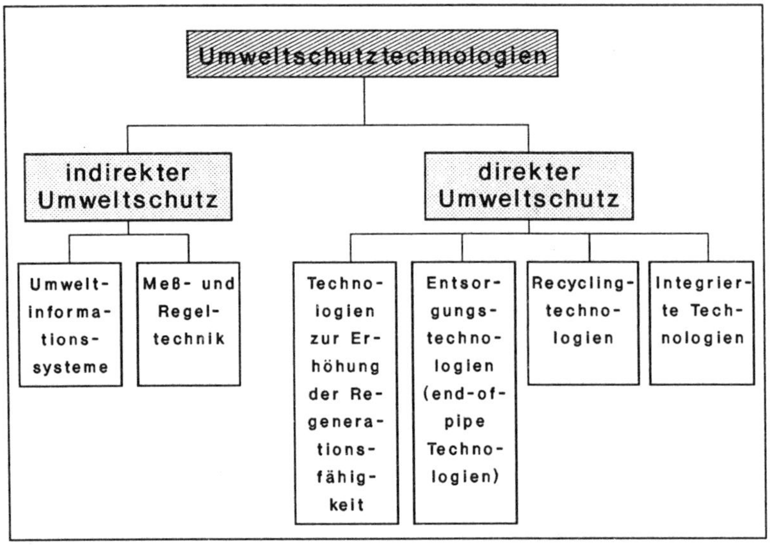

Abb. 24: Klassifikation von Umweltschutztechnologien

die nachträgliche Minderung bereits entstandener Umweltbelastungen ist. Als Beispiele seien Filtertechniken und Deponierungstechniken genannt.

Die **Recyclingtechnologien** nehmen auf dem Kontinuum der Umweltschutztechnologien zwischen den nachgeschalteten bzw. additiven Technologien und den integrierten Umweltschutztechnologien eine Mittelstellung ein (vgl. auch Kapitel V 5.1). Zielsetzung von Recyclingtechnologien ist die wiederholte Nutzung bislang nicht verwerteter Rückstände aus Produktions- und Konsumprozessen und ihre Rückführung in einem Produktionskreislauf gleicher oder anderer Verwendung (Schultheitheiss 1978, S. 51 ff.; Jahnke 1986). Beispiele für den Einsatz von Recyclingtechnologien sind:

- Glasrecycling,
- Altpapierrecycling,
- Kompostierung,
- Aufbereitung von Asphalt- und Straßenaufbruch,
- Gewinnung von Rohstoffen aus Müll-Klärschlamm,
- Kunststoffrecycling.

Vom Umweltmanagement sind Informationen für die Analyse der Voraussetzungen und Arten der technologischen Problemlösungen beim Einsatz des Recycling bereitzustellen. Für das Zustandekommen von Recycling-Prozessen ist die Verfügbarkeit bisher nicht verwertbarer Rückstände aus Produktions- und Konsumprozessen aus der Sicht der jeweiligen Unternehmung zu prüfen. In der Tendenz ist festzustellen, daß mit Zunahme der Rohstoffpreise und Weiterentwicklung von Recyclingtechnologien in der Vergangenheit als Abfälle definierte Rückstände zunehmend in die Kategorie der wirtschaftlich verwertbaren Rückstände einzuordnen sind. Recyclingtechnologien werden teilweise auch als additive oder integrierte Umweltschutztechnologien charakterisiert. Da sie nicht an der Quelle der Umweltbelastung ansetzen, sondern die Existenz von Abfällen voraussetzen, werden sie den nachgeschalteten Verfahren zugerechnet (vgl. Antes 1988, S. 67). Sofern Recycling jedoch ein integraler Bestandteil von Prozeßtechnologien ist, z. B. bei Verringerung von Emissionen durch geschlossene Kreislaufführung, werden sie als integrierte Umweltschutztechnologien eingestuft.

Zu den **integrierten Umweltschutztechnologien** zählen Problemlösungen, die Umweltbelastungen entweder gar nicht oder nur in erheblich geringerem Ausmaß gegenüber traditionellen Produktionstechnologien verursachen. Die Art der Technologie wird deshalb auch als umweltfreundliche oder Vermeidungstechnologie bzw. »clean technology« bezeichnet (vgl. Lange 1978, Antes 1988). Sie erübrigt die Nachschaltung von Filtern, Kläranlagen usw. Integrierte Umweltschutztechnologien setzen somit an der Quelle der Umweltbelastungen an und bedingen Verfahrensänderungen.

Neben den Umweltschutztechnologien, die direkt zur Verminderung und Vermeidung der Umweltbelastungen beitragen, sind i. w. S. Informationstechnologien für den Umweltschutz zu nennen. Im einzelnen zählen hierzu die Meß- und Regeltechnik sowie computergestützte Informationssysteme für umweltschutzbezogene Probleme. Die Aufgaben der Meß- und Regeltechnik werden gesehen in

- der Messung, Analyse und Überwachung von Immissionen und Emissionen in allen Trägermedien sowie
- in der Ablaufsteuerung zur Optimierung von Verfahren und Reaktionsvorgängen.

Durch die Verknüpfung der Meß- und Regeltechnik mit computergestützten Übertragungs- und Kommunikationstechnologien können umfassende Systeme der Prozeßsteuerung oder Umweltinformation aufgebaut werden. Beispielsweise lassen sich hier das Luftgütemeßnetz, Smogfrühwarnsysteme, das Informationssystem Bodenschutz oder die Umweltprobenbank als Informationstechnologien der sog. Umweltbeobachtung nennen.

Der besondere Stellenwert der Umweltinformationen für die Umweltpolitik, aber auch für das Umweltmanagement, wird vielfach an den besonderen Leistungen auf diesem Gebiet in Japan verdeutlicht. Es wird berichtet, daß in keinem anderen Land ein umfassenderes, aktuelleres und effektiver organisiertes Umweltberichterstattungssystem aufgebaut wurde (vgl. Langer, Pohl, Winzer 1989). In Kawasaki wird durch ein Umweltinformationssystem eine kontinuierliche Messung der Luftbelastung durch freiwillige Vereinbarungen mit 39 Betrieben ermöglicht und die übermittelten Emissionsdaten werden auf elektronischen Schautafeln der Öffentlichkeit zugänglich gemacht.

Die Chancen und Risiken der Entwicklungen der technologischen Umwelt können für das Umweltmanagement aus nachfrage- und angebotsorientierter Sicht analysiert werden.

2.2.2 Nachfrage- und angebotsorientierte Chancen und Risiken

Treten **Unternehmen als Nachfrager** auf dem Markt für Umweltschutztechnologien auf, so sind langfristig die größten Chancen im Bereich der integrierten Umweltschutztechnologien gegenüber den traditionellen »end-of-pipe« Technologien zu sehen.

Beim Einsatz von nachgeschalteten Technologien sind folgende **Risiken** zu berücksichtigen:

- »End-of-pipe«-Technologien beseitigen nicht die Ursachen der Umweltbelastungen und müssen bei Erhöhung der Umweltstandards erneut angepaßt werden (Steger 1989).
- Die ausschließlich für den Umweltschutz konzipierten additiven Technologien stellen unproduktiv gebundenes Kapital zur nachträglichen Verringerung der Umweltbelastungen dar, d. h. die Kapitalproduktivität wird gesenkt.

- Darüber hinaus liegen die Betriebskosten von additiven Technologien häufig höher als die von integrierten Umweltschutztechnologien.
- Additive Technologien verringern zudem nicht den Rohstoff- und Energieeinsatz von Produktionsprozessen.

Demgegenüber werden beim Einsatz von Recycling- und integrierten Umweltschutztechnologien folgende Chancen gesehen (Senn 1985):

- Recycling und integrierte Umweltschutztechnologien vermindern einzel- und gesamtwirtschaftlich den Rohstoff- und Energieeinsatz in Produktionsprozessen.
- Beide Technologien vermindern oder vermeiden Rückstände und Abfälle.
- Die Technologien bieten gegenüber additiven Technologien Ansatzpunkte für Wirtschaftlichkeitsvorteile durch Einsparungseffekte bei den Inputfaktoren, Verringerung von Reststoffen und ggf. effiziente Produktionsprozesse.

Die sich abzeichnende Entwicklungsdynamik von end-of-pipe Technologien hin zu sog. integrierten Umweltschutztechnologien bietet in zunehmendem Maße die Möglichkeit, daß prozeß- und produktbezogene Umweltprobleme langfristig kostengünstiger gelöst werden können. So zeigen Untersuchungen über die Vorteilhaftigkeit verschiedener Umweltschutztechnologien für integrierte Prozeßtechnologien sowohl bei den Investitions- als auch bei den Betriebskosten in der mittel- bis langfristigen Perspektive deutliche wirtschaftliche Vorteile (vgl. Abbildung 25).

Neben diesen Kostenvorteilen sind jedoch folgende Risiken bei der Entwicklung und Implementierung von integrierten Umweltschutztechnologien zu berücksichtigen (vgl. Müllendorff 1981, Steger 1989, S. 42 ff.).

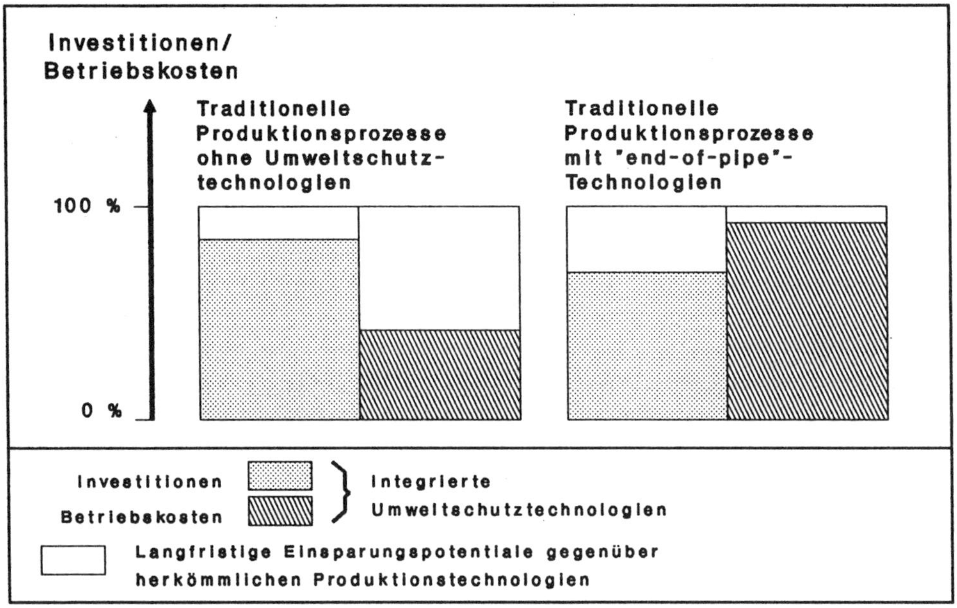

Abb. 25: Umweltschutztechnologien im Kostenvergleich
(Quelle: OECD 1984; S. 224 ff.)

- Integrierte Technologien erfordern i.d.R. einen besonders hohen Entwicklungs- und Zeitaufwand, da der gesamte Prozeß ggf. neu konzipiert werden muß.
- Im Gegensatz zu additiven Technologien führen Lern- und Umstellungskosten integrierter Technologien zu einer höheren zeitlichen und monetären Belastung.
- Integrierte Technologien sind nicht in allen Umweltbereichen positiver als Standardtechnologien, möglicherweise erfordern neue Prozesse höhere Energien u. a. m.
- Administrative Barrieren der Umweltbehörden erschweren die Genehmigung und Anwendung komplexer und innovativer integrierter Umweltschutztechnologien.

Aus **angebotsorientierter Sicht** bieten sich für Unternehmen im Umweltschutzmarkt aufgrund der steigenden Nachfrage nach Umweltschutzprodukten ggf. neue attraktive Marktchancen. Insgesamt wurde der Umsatz auf dem Umweltschutzmarkt 1990 mit 25 Mrd. DM beziffert. Bis Mitte des nächsten Jahrzehnts wird dieser Markt – nicht zuletzt aufgrund der Probleme in den neuen Bundesländern – von Experten als attraktiver Wachstumsmarkt eingestuft (vgl. Kapitel III 3.2).

2.3 Gesellschaftliche Umwelt

Mit der Zunahme des Umweltbewußtseins in der Bevölkerung erweitert sich auch das Spektrum der ökologischen Anspruchsgruppen im gesellschaftlichen Umfeld. Generell vollzieht sich mit dieser Zunahme ein Prozeß »einer stark pluralistisch ausgerichteten Institutionalisierung gesellschaftlicher Kontroll- und Kritikfunktionen« (Wiedmann 1989, S. 231 f.; vgl. auch die Ausführungen von Adler, Mackwitz 1990). Auf nationaler und internationaler Ebene lassen sich Entwicklungstendenzen hervorheben, die

- eine zunehmende Verknüpfung von Ansprüchen einer Anspruchsgruppe mit solchen anderer Gruppen,
- ein fortschrittskritisches Bewußtsein der Gruppen sowie
- eine stärkere Vernetzung und Zusammenarbeit von Umweltschutzorganisationen

erkennen lassen. Je nach Art der Umweltschutzforderungen müssen Unternehmen unter Umständen komplexe und weltweit handlungsfähige Anspruchsgruppennetze berücksichtigen, denen zur Durchsetzung ihrer Ansprüche folgende Strategien zur Verfügung stehen (vgl. Dyllick 1990, S. 53 ff.):

- Mobilisierung des öffentlichen Drucks,
- Mobilisierung des politischen Drucks,
- Mobilisierung der Marktkräfte (Konsumentenboykott),
- Aktivierung der Gesellschafter der Unternehmung,
- direkte Verhandlung mit den Unternehmen.

Diese Strategien der Anspruchsgruppen werden vielfach miteinander verknüpft und können bei Ignoranz das Unternehmen in eine Legitimitätskrise führen. Vor dem Hintergrund des Bedrohungspotentials durch gesellschaftliche Anspruchsgruppen kommt der Identifikation relevanter Gruppen und Erfassung der Entwicklungsdynamik der Ansprüche im Rahmen der Analyse der gesellschaftlichen Umwelt eine besondere Bedeutung zu.

2.3.1 Identifikation gesellschaftlicher Anspruchsgruppen

Durch die Identifikation ökologischer Anspruchsgruppen ist es dem Unternehmen möglich, frühzeitig schwache Signale in der Umweltschutzdiskussion zu erkennen und zu antizipieren.

Das Entstehen ökologischer Anspruchsgruppen kann mit einer Ursache-Wirkungs-Hypothese der Wahrnehmung von Umweltbelastungen veranschaulicht werden. Danach werden Immissionen anfänglich überhaupt nicht wahrgenommen oder sie verursachen zumindest keinen Nutzenentgang bei Dritten. Sobald jedoch ein Schwellenwert erreicht wird, der bei den Wahrnehmenden einen aktuellen oder potentiellen Nutzenentgang verursacht, werden mittel- oder unmittelbar gegenüber dem Unternehmen Ansprüche artikuliert. Sie manifestieren sich in Forderungen unterschiedlicher Anspruchsgruppen. Abbildung 26 gibt einen Überblick über die vielfältigen markt- und gesellschaftsbezogenen Anspruchsgruppen. Je nach deren Wahrnehmungsgrad und Artikulationsverhalten lassen sich diese Gruppen nach unterschiedlichen Gesichtspunkten klassifizieren (Brenken 1988). Die Untersuchung der Ausgangssituation und der Entwicklung der Anspruchsgrundlage für ökologische Anspruchsgruppen erfordert Informationen, die über den Umfang der traditionellen Marktforschung hinausgehen. Informationsquellen, die Aufschluß über ökologische Belastungssituationen und deren Auswirkungen auf (mögliche) Anspruchsgruppen geben können, sind in Abbildung 27 beispielhaft aufgeführt.

2.3.2 Lebenszyklusmodell gesellschaftlicher Anliegen

Welche Arten von Anspruchsgruppen zu welchem Zeitpunkt und mit welcher Intensität Anliegen im Hinblick auf den Umweltschutz gegenüber den Unternehmen artikulieren,

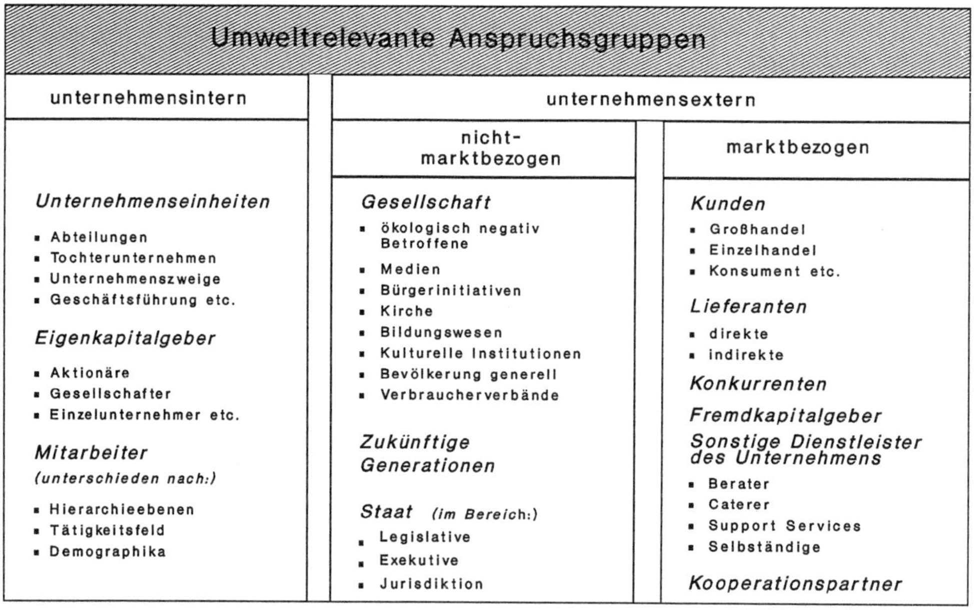

Abb. 26: Klassifikation ökologischer Anspruchsgruppen

		Informationsgrundlagen für Anspruchsgruppen		
		marktbezogen	unternehmensbezogen	gesellschaftsbezogen
Anspruchsgruppen		Lieferanten, Kunden, Konsumentenorganisationen, Branche, Industrieverbände, Gewerkschaften, ...	Management, Angestellte, Arbeiter, Betriebsräte ...	Exekutive (Umweltbundesamt) Judikative, Parteien, Umweltschutzinitiativen, Medien, ...
Informationsquelle	speziell	Veröffentlichte Leitlinien zum Umweltschutz, freiwillige Umweltschutz-Maßnahmen, Produkttests (Stiftung Warentest), repräsentative Markttests, Verkaufsmessen, Beobachtung der eigenen Verkaufsorganisation, F & E - Abteilungen	Unternehmensleitbild, Umweltschutzbeauftragte, Betriebsärzte, Betriebsvereinbarungen, Gesetze, Verordnungen, Durchführungsvorschriften zum Arbeitsschutz, Statistiken zum Absentismus, Krankheit, Invalidität ...	Beschwerden von Anliegern, Standort-/Regionalplanungen, Verordnungen, Durchführungsvorschriften, Gesetze, Gesetzesinitiativen, Hearings, Enquetekommissionen, Parteiprogramme, Datenbanken des Umweltbundesamtes und des Bundesjustizministers, Emissionskataster ...
	allg.	Analysen zum Wertewandel der Rechtsprechung, wissenschaftliche Entwicklungen, Ergebnisse aus Technologiefolgenabschätzungen und Umweltverträglichkeitsprüfungen, Symposien, ökologische Kataster, Veröffentlichungen ...		

Abb. 27: Informationsquellen zur Erfassung von Anspruchgruppen
(in Anlehnung an Brenken 1988)

kann auf der Grundlage eines **»Lebenszyklusmodells gesellschaftlicher Anliegen«** differenziert analysiert werden. In Anlehnung an den Grundgedanken des klassischen Markt- und Produktlebenszyklus knüpfen Lebenszyklusmodelle gesellschaftlicher Ansprüche an die Interaktionen einzelner Anspruchsgruppen an, die Entwicklungen in einzelnen Umweltebenen zum Gegenstand einer öffentlichen und politisch-rechtlichen Diskussion machen. Hierdurch kann der Handlungsspielraum für unternehmensbezogene Entscheidungen in unterschiedlicher Weise eingeschränkt werden.

Aus gesellschaftspolitischer Perspektive haben Luhmann mit dem Phasenmodell der »Karriere eines Themas« und Downs mit einem »Problem-Aufmerksamkeitszyklus« erste Modelle eines Lebenszykluskonzeptes öffentlicher Anliegen diskutiert (Luhmann 1979; Downs 1972). Aus managementorientierter Sicht wurden diese Ansätze zur Erfassung der Entwicklungsdynamik der Makro-Umwelt und Ableitung von Unternehmensstrategien zur Bewältigung gesellschaftlicher Anliegen übertragen und weiterentwickelt (vgl. Ackermann 1975, S. 31 ff.; Post 1978, S. 21 ff.; Achleitner 1985, S. 94; Dyllick 1989, S. 231 ff.).

Gegenstand der Konzepte bildet die Beschreibung der Diffusion von Ereignissen in einzelnen Umweltebenen als Gegenstand der öffentlichen Diskussion. Ereignisse oder Problemstellungen in der natürlichen, technologischen oder kulturellen Umwelt werden von einzelnen Personen identifiziert und in Expertenkreisen diskutiert. Durch das Aufgreifen dieser Problemstellungen durch gesellschaftliche Interessengruppen und eine sich anschließende medienpolitische Diskussion werden sie zu einem öffentlichen Anliegen, das je nach Zielsetzung Unternehmen, staatliche Institutionen u. a. zu Verhaltensänderungen veranlaßt bzw. durch gesetzliche Regelungen verbindliche Verhaltensvorschriften vorgegeben werden.

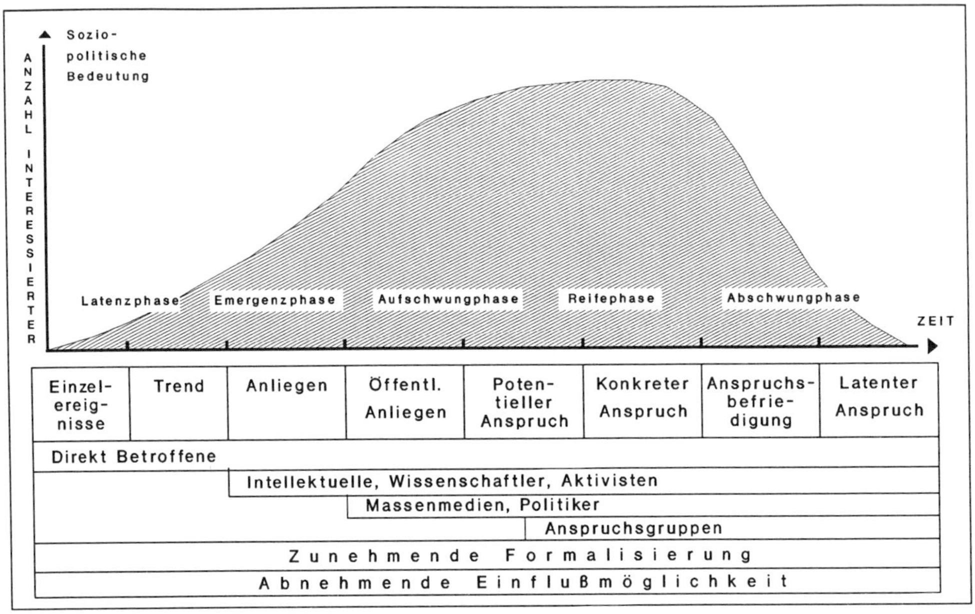

Abb. 28: Lebenszyklusmodell gesellschaftlicher Ansprüche

Es können nach Dyllick fünf Entwicklungsphasen des Lebenszyklus öffentlicher Anliegen unterschieden werden (vgl. Dyllick 1989, S. 241 ff.) (vgl. Abbildung 28):

1. Latenzphase
2. Emergenzphase
3. Aufschwungphase
4. Reifephase
5. Abschwungphase.

Werden Unternehmen von öffentlichen Anliegen betroffen, so ist es für die Ableitung geeigneter Reaktionsstrategien besonders wichtig, die jeweilige Phase zu bestimmen, in der sich die öffentliche Diskussion aktuell befindet. Mit zunehmender Konkretisierung der öffentlichen Anliegen nimmt der Verhaltensspielraum der Unternehmen ab.

In der **Latenzphase** werden bestimmte Umweltereignisse (z. B. Umweltschutzprobleme, Entwicklung neuer Technologien, Katastrophen etc.) von Einzelpersonen und Experten identifiziert und artikuliert (Phase der Problemerkennung).

Die **Emergenzphase** ist dadurch gekennzeichnet, daß sich die wissenschaftliche Auseinandersetzung mit der Problemstellung vertieft und Forschungsprogramme, Tagungen und Kongresse initiiert werden. Fachspezifische Medien berichten über diese Ereignisse, und gesellschaftliche Interessengruppen zeigen ein zunehmendes Interesse für das Anliegen. Erste gesellschaftliche Erwartungen an den Umgang mit dem Anliegen formen sich (Phase der Problemdefinition).

In der **Aufschwungphase** wird die wissenschaftliche Diskussion einer Problemstellung über eine zunehmende Berichterstattung in den Massenmedien in eine öffentliche Diskussion überführt, die von verschiedenen Interessengruppen und Politikern aufgegriffen wird und sich zu konkreten öffentlichen und politischen Ansprüchen – z. B. gegenüber einer Einschränkung der Dünnsäureverklappung von Unternehmen in den Weltmeeren – herausbildet (Phase der Zielbestimmung).

In der **Reifephase** sind politische Fraktionen gezwungen, sich mit dem öffentlichen Anliegen auseinanderzusetzen und gegebenenfalls unter Einbeziehung verschiedener Experten eine politisch-administrative Regelung zur Problemlösung vorzunehmen. In dieser Phase wenden sich Massenmedien von der Problemstellung ab und widmen sich neuen Themen. Vielfach wird von Akteuren der Umweltpolitik versucht, die öffentlichen Anliegen zu antizipieren und in parteipolitische Konzepte einzubinden (Scimemi 1988, S. 31 ff.) (Phase der Problemlösung).

Der Lebenszyklus des öffentlichen Anliegens tritt mit der Durchsetzung und Kontrolle der politisch-administrativen Regelungen in eine **Abschwungphase** und die öffentliche Aufmerksamkeit für die Problemstellung nimmt ab (Phase des Vollzugs).

Versucht man, in den einzelnen Phasen relevante Anspruchsgruppen näher zu kennzeichnen, so sind es in der Latenzphase Einzelereignisse (z. B. Verschmutzung von Grundwasser durch Abfalldeponien, Bau einer Müllverbrennungsanlage), von denen wiederum Einzelpersonen direkt betroffen sind oder sich aufgrund ihres Wissens (Experten, Wissenschaftler) mit diesem Problemkreis intensiver auseinandersetzen.

Als direkte oder potentielle Betroffene sind z. B. die Anwohner am Produktionsstandort eines Unternehmens hervorzuheben. Sie nehmen als direkt Betroffene durch produktionsbedingte Emissionen (z. B. Lärmbelästigung, Schadstoffemissionen) mit ihren unternehmensbezogenen Umweltschutzansprüchen Einfluß auf das Unternehmensverhalten. Aus standortbezogener Sicht sind auch die Mitarbeiter des Unternehmens u. U. eigenständige ökologische Anspruchsgruppen. Die Erhaltung der Mitarbeitermotivation und Vermeidung von hohen Fluktuationsraten erfordert die Berücksichtigung ihrer Umweltschutzansprüche.

Interessengruppen übernehmen z. B. in Form von Bürgerinitiativen, Naturschutzverbänden und sonstigen Umweltorganisationen häufig eine Initiativfunktion bei der Artikulation von unternehmensbezogenen Ansprüchen, die sich aus kritischen Veränderungen der einzelnen Umweltsphären ableiten lassen. Zur Zeit hat sich eine fast unüberschaubare Vielzahl privater Interessenverbände (vgl. zur Akzeptanz dieser Institutionen Insert 9) etabliert (z. B. Bundesverband Bürgerinitiativen Umweltschutz e.V. (BBU), Robin Wood, Greenpeace, WWF sowie zahlreiche Heimat-, Tier- und Naturschutzverbände). Nicht zu vernachlässigen sind im vorliegenden Zusammenhang der gesamte Bereich der »alternativen Wirtschaft« sowie spezielle Medien, die ihre Aufgabe in erster Linie in der Umweltaufklärung der Bürger sehen (z. B. das Öko-Test-Magazin). Beachtung verdienen auch verschiedene, sich auf ökologierelevante Probleme konzentrierende Forschungsinstitute, die entweder wiederum aus der Bürgerinitiativbewegung hervorgegangen (z. B. Öko-Institut, Freiburg) oder in den Wissenschaftssektor eingebunden sind (z. B. Internationales Institut für Umwelt und Gesellschaft am Wissenschaftszentrum Berlin) (vgl. Wiedmann 1988).

Im Hinblick auf konsumentenbezogene Umweltschutzforderungen nehmen Verbraucherorganisationen eine gewisse Initiativfunktion ein. Für das Umweltmanagement haben insbesondere die von Verbraucherorganisationen artikulierten Interessen und Ansprüche eine besondere Relevanz. Ausgehend von der Konsumerismusbewegung Ende der 50er Jahre, in der in den USA V. Packard und R. Nadler negative Erscheinungsformen des

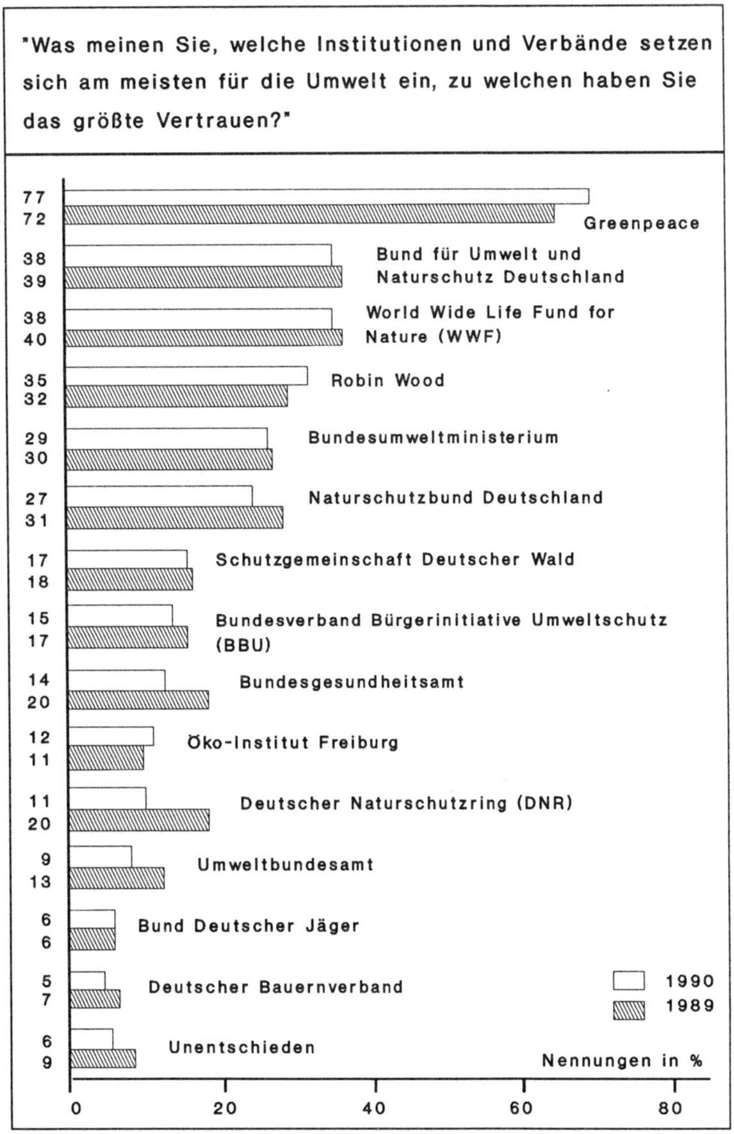

Insert 9: Wer tut was für die Umwelt
(Quelle: Natur 12/90)

kommerziellen Marketing kritisierten und verstärkte Verbraucherrechte forderten (Pakkard 1960; Nadler 1965; Meffert 1974), haben sich Verbraucherorganisationen etabliert, die eine Verstärkungs-, Ergänzungs- und Kontrollfunktion von individuellen Verbraucherinteressen übernehmen.

In der Aufschwungphase berichten Massenmedien über Umweltprobleme, Anliegen von Bürgerinitiativen usw. und tragen auf diese Weise zu einer Politisierung des Problems in der breiten Öffentlichkeit bei. Medien übernehmen in der Umweltdiskussion zunehmend eine Schlüsselrolle. Sie werden als »Kanalisator« öffentlicher Anliegen und Träger der öffentlichen Meinung angesehen. Aus Konsumentensicht als auch aus Unternehmenssicht wird ihnen durchaus eine eigenständige Lösungskompetenz in bezug auf umweltbezogene Fragestellungen zugesprochen. Medien werden aus gesellschaftspolitischer Sicht auch zu einem Instrument der »öffentlichen Macht« (Dyllick 1989, S. 76 ff.). Als Gründe hierfür wird der beträchtliche Informationsvorsprung der Journalisten gegenüber der Bevölkerung – verknüpft mit einem entsprechenden Expertenwissen – angeführt. In offizieller Weise wird ihre Rolle als ökologische Anspruchsgruppe in dem von der UNESCO entwickelten Umwelterziehungsprogramm für

- die Entwicklung des Umweltbewußtseins,
- den Erwerb von Kenntnissen, die zum Verständnis der Umweltprobleme beitragen,
- die Veränderungen der Einstellungen in Richtung auf umweltorientierte Wertvorstellungen
- und für die Aktivierung zum umweltbezogenen Engagement

explizit hervorgehoben (vgl. Thorbrietz 1986, S. 19 ff.; Krämer 1986, S. 114 f.). Der besondere Einfluß der Medienberichterstattung auf das Unternehmensverhalten läßt sich dadurch erklären, daß z. B. Berichte über bisher nicht gelöste Umweltprobleme von Unternehmen oder Umweltbelastungen eine breite Öffentlichkeit informieren und somit ein soziales Klima schaffen, in dem diese Verhaltensweisen durch eine Intensivierung von Umweltschutzansprüchen, Imagebeeinträchtigungen, Konsumboykotte u. a. sanktioniert werden. Angesichts der imageschädigenden Wirkungen kritischer Medienberichterstattungen sind insbesondere überzogene und sachlich nicht begründbare Berichte verstärkt als Ursache für Widerstandsreaktionen der Unternehmen anzusehen. Im Rahmen des dargestellten Lebenszykluskonzepts ist den Medien jedoch keine Initiativfunktion zuzuweisen, vielmehr reagieren sie auf Ereignisse und Problemstellungen von Teilöffentlichkeiten und verstärken die Aufmerksamkeit für Umweltthemen (Thorbrietz 1986, S. 23). Dabei ist nicht zu verkennen, daß Sensationsberichte häufig zur Emotionalisierung der öffentlichen Diskussion und zu einer Wahrnehmungsverzerrung beitragen (z. B. Fischskandal, Dioxan-Fall bei Shampoos). Generell hat sich dabei der Prozeß der Politisierung von Umweltschutzproblemen in den letzten Jahren aufgrund eines sich vollziehenden Wertewandels in der Gesellschaft beschleunigt.

Für die Abgrenzung der einzelnen Lebenszyklusphasen liegen keine eindeutigen Kriterien vor. Auch kann der Zeitraum von der Latenzphase bis zur Abschwungphase je nach den Problemstellungen sehr unterschiedlich sein. In einer Reihe von empirischen Untersuchungen wurde jedoch in der Tendenz das Lebenszykluskonzept bestätigt. Durch die zunehmende Vernetzung der Anspruchsgruppen, nicht zuletzt durch die vielfältigen Kommunikationsmedien, ist national und international eine immer schnellere Politisierung gesellschaftlicher Ansprüche festzustellen.

2.4 Politisch-rechtliche Umwelt

Neben den Ansprüchen der Gesellschaft nehmen die politisch-rechtlichen Entwicklungen auf das Umweltmanagement besonderen Einfluß. Staatliche Institutionen (Parteien, Behörden, Gesetzgebung) determinieren über politische Appelle bis hin zu umweltrechtlichen Bestimmungen zunehmend das Entscheidungsfeld der Unternehmen. Aufgrund der unzureichenden Berücksichtigung des Umweltschutzes auf den Märkten legt der Staat quasi als »Eigentümer« der Umweltressourcen die Nutzungsbedingungen mittels umweltpolitischer Maßnahmen fest. Im Mittelpunkt der Untersuchung der politisch-rechtlichen Umwelt steht die Erfassung und Wirkungsanalyse der umweltpolitischen und umweltrechtlichen Bedingungen und Entwicklungen auf das Entscheidungsfeld der Unternehmen.

2.4.1 Umweltpolitische Einflüsse auf das Umweltmanagement

Insbesondere seit Anfang der 70er Jahre wurde von seiten des Staates in der Bundesrepublik Deutschland durch eine Intensivierung des Einsatzes umweltpolitischer Instrumente das Entscheidungsfeld und damit das Verhalten der Unternehmen in zunehmendem Maße determiniert. Die Grundprinzipien umweltpolitscher Eingriffe (vgl. Töpfer 1991, S. 30 f.) bilden das

- **Vorsorgeprinzip**, d. h. neben der Sanierung von Schäden der Vergangenheit werden umweltpolitische Maßnahmen primär zur Vorsorge von Umweltschäden ergriffen.
- **Verursachungsprinzip**, d. h. durch umweltpolitische Maßnahmen sollen die Kosten der Umweltbelastung demjenigen angelastet werden, der für ihre Enstehung verantwortlich ist.
- **Kooperationsprinzip**, d. h. eine möglichst weitgehende Beteiligung aller gesellschaftlicher Gruppen und Marktpartner soll eine Durchsetzung umweltpolitischer Maßnahmen sicherstellen.

Im einzelnen zählen zu den **umweltpolitischen Instrumenten** folgende Maßnahmen (vgl. z.B. Sachverständigenrat 1987, S. 66 f; Jähnicke 1988, S. 13 ff.; Wicke 1991):

- **informelle Einflußnahme** von Parteien und Behörden auf die Wirtschaftssubjekte durch »Umweltschutzappelle« und die Bereitstellung von Umweltinformationen (moral suasion),
- **ordnungsrechtliche Instrumente** wie Gesetze und Verbote,
- **ökonomische Anreizinstrumente** wie Erhebung von Lenkungsabgaben auf Emissionen, Kompensationsregelungen und Umweltzertifikate
- und **sonstige Instrumente** wie Absprachen (z. B. Branchenabkommen) Steuervergünstigungen, Subventionen, Haftungsrecht, Vergabe von Umweltzeichen.

Die ordnungsrechtlichen Instrumente unterscheiden sich von den ökonomischen Anreizinstrumenten dadurch, daß sie den Unternehmen umweltschutzbezogene Verhaltensweisen zwingend vorschreiben, während letztere an die erwerbswirtschaftliche Orientierung der Unternehmen anknüpfen. Hierbei soll über ökonomische Anreize bzw. Abgabenerhebung eine Vermeidung und Verminderung von Umweltbelastungen erreicht werden.

Im Rahmen der Diskussion um marktwirtschaftliche Instrumente der Umweltpolitik wird den Umweltlizenzen bzw. Emissionszertifikaten besondere Bedeutung beigemessen, obwohl sie bisher in der Praxis kaum Anwendung finden (vgl. Binswanger, Bonus, Timmermann 1981, S. 143 ff.; Bonus 1988). Die Zertifikatlösung sieht vor, daß eine Umweltbehörde entsprechend einer Belastungsnorm an einer regionalen Umweltbörse eine begrenzte Anzahl zeitlich befristeter Emissionrechte zum Erwerb den potentiellen Emittenten anbietet. Die Umweltbelastung wird somit bis zur festgelegten Belastungsnorm privatisiert. Die einzelnen Unternehmen haben im Zeitablauf die Möglichkeit, neue Umweltlizenzen von anderen Lizenzinhabern zu erwerben, wenn die eigenen Umweltschutzmaßnahmen kostenaufwendiger sind als der Kauf der Lizenz. Sie können auch erworbene Emissionlizenzen wieder verkaufen, wenn sie kostengünstigere Vermeidungstechnologien entwickelt haben. Der sich jeweils ergebende Börsenpreis gibt dann den Knappheitspreis der Umweltnutzung an. Gegenüber der Abgabenlösung soll dieses Instrument sicherstellen, daß die festgelegte Belastungsnorm in einer Region eingehalten wird. Gegenüber den Erfahrungen des Einsatzes von Umweltlizenzen in den USA (vgl. Insert 10) ist in Deutschland dieses Instrument noch in der Diskussion, weil technisch-naturwissenschaftliche, administrativ-rechtliche und politische Probleme seiner Einführung noch entgegenstehen (Wicke 1991).

Aus rein ökonomischen Gesichtspunkten ist es sinnvoll, durch Umweltschutzmaßnahmen eine Reduzierung der durch Abgaben belegten Emissionen vorzunehmen, so lange die Vermeidungskosten geringer sind als die entsprechenden Abgaben. Im Gegensatz zu diesen nach dem Grundsatz des Verursacherprinzips ausgerichteten umweltpolitischen Instrumenten bieten Subventionen, Steuerentlastungen und Finanzierungshilfen für Umweltschutzmaßnahmen den Unternehmen zwar auch ökonomische Anreize, sie werden jedoch unabhängig vom Verursacherprinzip mehr nach dem Gemeinlastprinzip gewährt (Sachverständigenrat 1987, S. 68 f.).

Aus der Sicht des Umweltmanagement können die von staatlichen Institutionen wie z. B. dem Umweltbundesamt bereitgestellten **Umweltdatenbanken** sowie Umweltberatungen eine wichtige Informationsgrundlage bieten. Ebenso sind die Möglichkeiten der Vergabe eines **Umweltzeichens** für die Kennzeichnung umweltgerechter Produktvarianten zu prüfen.

Inwieweit ein Unternehmen von den umweltpolitischen Maßnahmen betroffen ist, läßt sich nur durch eine eingehende Analyse der einzelnen Umweltgesetze feststellen. Wie die Abbildung 29 verdeutlicht, determiniert ein umfassender Katalog von Umweltschutzge-

Luft/Lärm	Gewässer	Abfall	Produkte	Sonstiges
• Bundesimmissionsschutzgesetz (1974) • Durchführungsverordnung zum BimSchG (1974 ff.) • TA-Luft (1974) • TA-Lärm (1968) • Smog-VO der Länder (1974) • Verordnung über Großfeuerungsanlagen (1983) • Benzin-Blei-Gesetz (1971) • Fluglärmgesetz (1971) • Verkehrslärmgesetz (Entwurf) • Störfall-Verordnung (1980)	• Wasserhaushaltsgesetz (1957) • Verwaltungsvorschriften über Mindestanforderungen (1979-81) • Landeswassergesetze (ab 1970) • VO über Anlagen für wassergefährdende Stoffe (Entwurf) • Abwasserabgabengesetz (1976)	• Abfallbeseitigungsgesetz (1972) • Abfallnachweis VO (1974) • Abfallbeförderungs-VO (1974) • Abfalleinfuhr-VO (1974) • Altölgesetz (1968) • Tierkörperbeseitigungsgesetz (1975) Altöl-VO (1987) • Lösemittel-VO (1989) • Pfandverordnung (1988) • Verpackungsverordnung (1991) • Altpapier-VO (Entwurf)	• Düngemittelgesetz (1977) • Futtermittelgesetz (1975) • Pflanzenschutzgesetz (1968) • Waschmittelgesetz (1975) • DDT-Gesetz (1972) • Arzneimittelgesetz (1961) • Lebensmittel- und Bedarfsgegenständegesetz (1974) • Chemikaliengesetz (1982)	• Bundesnaturschutzgesetz (1976) • Bundeswaldgesetz (1975) • Gesetz über Umweltstatistiken (1974) • Atomgesetz (1959) • Strahlenschutz-VO (1976) • Raumordnungsgesetz (1965) • Bundesbaugesetz (1960) • Umweltkriminalitätsgesetz (1980) • Gentechnologiegesetz (Entwurf) • Tierschutzgesetz (1972)

Abb. 29: Ausgewählte umweltrelevante Gesetze im Überblick
(Quelle: Stahlmann 1988, S. 23 und eigene Aktualisierungen)

Markt für Schadstoff-Emissionen in Chicago

Handel an der Terminbörse von 1993 an / Ziel ist der Umweltschutz

bf. NEW YORK, 17. Juli. Die Terminbörse Chicago Board of Trade hat beschlossen, einen Markt für den Handel mit Emissionsrechten für Schwefeldioxyd einzurichten. Die Gewährung von Emissionsrechten und die Erlaubnis zum Handel mit diesen Rechten sind Elemente des 1990 verabschiedeten „Clean Air Act"; dieses Umweltgesetz zielt darauf, die Emission von Schadstoffen stark zu vermindern. So soll die Emission von Schwefeldioxyden durch Kraftwerke bis zum Jahre 2000 auf die Hälfte des derzeitigen Niveaus reduziert werden.

Nach dem „Clean Air Act" wird die staatliche Umweltschutzbehörde 1995 die Schwefeldioxyd-Emission der 110 größten Kraftwerke auf eine bestimmte Gesamtmenge begrenzen. Den einzelnen Kraftwerken werden dann Rechte zugeteilt, im Jahr bestimmte Mengen von Schwefeldioxyd auszustoßen. Im wesentlichen entspricht dies dem Status quo: Bislang ist es den Kraftwerken auch gestattet, innerhalb gewisser Grenzen die Umwelt zu verschmutzen. Die Menge genehmigter Schwefeldioxyd-Emissionen wird bis zum Jahre 2000 auf weniger als die Hälfte des Wertes von 1991 reduziert. Wie die einzelnen Kraftwerke dies erreichen, ist ihnen überlassen. Die Möglichkeit, die gewährten Emissionsrechte zu kaufen beziehungsweise zu verkaufen, soll den Umstellungsprozeß erleichtern, indem sie es den einzelnen Stromproduzenten überläßt, mit welcher Methode sie die Auflage erfüllen. So könnte zum Beispiel ein Kraftwerk beschließen, sofort neue Schadstoffilter zu installieren; diese Investition könnte es zum Teil durch den Verkauf von Emissionsrechten finanzieren, die wegen des verminderten Schadstoffausstoßes nicht mehr benötigt werden. Käufer könnte ein Kraftwerk sein, bei dem sich der Einbau von Filtern zwar nicht mehr lohnt, das vor seiner endgültigen Stillegung aber noch einige Jahre betrieben werden soll. Nach einem anderen Modell könnte ein Stromerzeuger seinen Kunden finanzielle Anreize zum Einsparen von Energie geben. Sollte der Stromverbrauch tatsächlich sinken, könnte das Unternehmen ein Kraftwerk schließen und dessen Emissionsrechte verkaufen. Mit den Erlösen könnten die den Kunden gewährten Prämien finanziert werden. Als großer Vorzug der neuen Handelbarkeit von Emissionsrechten gilt, daß sie für die heutigen Umweltverschmutzer den Anreiz schafft, aktiv nach neuen Möglichkeiten zu suchen, wie sich Emissionen verringern lassen. Beim üblichen System, bei dem der Staat bestimmte Grenzwerte vorgibt, ist es demgegenüber das Interesse der Schadstoff-Emittenten, die technische Entwicklung zu verzögern, so daß die Grenzwerte möglichst hoch angesetzt werden und keine teuren Investitionen anfallen. Die Börse in Chicago will mit dem Handel von Emissionsrechten 1993 beginnen. Nach den vorläufigen Vorstellungen würde jeder Kontrakt auf das Recht lauten, in einem bestimmten Jahr, zum Beispiel 1997, 25 Tonnen Schwefeldioxyd zu emittieren. Fachleute meinen, daß solch ein Kontrakt ungefähr 400 Dollar wert sein könnte. Der Preis des Kontraktes würde von Faktoren wie der allgemeinen Nachfrage nach Strom und den Fortschritten in der Filtertechnik beeinflußt. An dem Handel könnte prinzipiell jedermann teilnehmen – zum Beispiel auch Aktivisten, die durch Aufkaufen von Kontrakten den genehmigten Gesamtausstoß von Schadstoffen vermindern wollen. Andere könnten die Kontrakte als reine Spekulationsobjekte nutzen.

Die Initiative der größten amerikanischen Terminbörse, einen Markt für Emissionsrechte zu organisieren, wurde allgemein als richtungsweisend angesehen. Sie werde die Transparenz und Effizienz an dem entstehenden Markt für Emissionsrechte verbessern, heißt es. Möglicherweise entwickle sich dieser Markt zu einem Vorbild für die kosteneffiziente Kontrolle auch von anderen Schadstoffen. Von Seiten der Börsenaufsicht und der Regierung in Washington gab es zunächst noch keine Stellungnahme zu der Initiative des Chicago Board of Trade.

Insert 10: Markt für Schadstoff-Emissionen in den USA
(Quelle: FAZ vom 18. 7. 91, S. 11 u. 12)

setzen durch Emissionsnormen, Reduzierungsverpflichtungen, Vorschriften über den Stand der Technik, Produktnormen, Ansiedlungsverbote und die Ernennungspflicht von Umweltschutzbeauftragten bereits die Entscheidungen in allen Unternehmensfunktionen.

Die sich abzeichnende Verschärfung der umweltpolitischen Eingriffe sei beispielhaft an der verabschiedeten Verpackungsverordnung dargestellt, die Hersteller und Handel gleichermaßen zu Maßnahmen der Verpackungsreduzierung durch Rücknahmeverpflichtungen veranlassen soll. Im einzelnen sind folgende Verordnungspunkte verabschiedet:

- Rücknahme von Umverpackungen ab 1.4.1992
- Rücknahme von Verkaufsverpackungen ab 1.1.1993
- Rücknahme und Pfanderhebung für Getränkeverpackungen ab 1.1.1993
- Rücknahme- und Pfandpflichten für Verpackungen von Wasch- und Reinigungsmitteln sowie Dispersionfarben über 2 kg ab 1.1.1993
- Rücknahme von Transportverpackungen durch Industrie und Handel ab 1.12.1991.

Unternehmen mit internationaler Geschäftstätigkeit müssen internationale sowie die jeweiligen nationalen rechtlichen Rahmenbedingungen hinsichtlich des Umweltschutzes analysieren. Nationale Umweltschutzgesetze werden zunehmend auf internationaler Ebene durch Richtlinien und multinationale Abkommen wie z. B. über Meeres- und Gewässerschutz ergänzt (Wicke 1988). Angesichts der Vollendung des Europäischen Binnenmarktes 1992 ist durch die Einführung eines eigenständigen Kapitels »Umwelt« der Europäischen Gemeinschaft die Umweltpolitik als eine originäre Aufgabe zugewiesen worden, wodurch die Basis einer stärkeren Vereinheitlichung der europäischen Umweltpolitik geschaffen werden soll. Abbildung 30 zeigt den Stand der umweltpolitischen Regelungen der Europäischen Gemeinschaft, differenziert nach Umweltmedien und weiteren Anwendungsbereichen.

Instrumente / Anwendungsbereiche	Luft	Lärm	Wasser	Abfälle	Chemikalien	Naturschutz
Gewerbezulassung				▨		
Genehmigungsbed. für Anlagen	▨		▨	▨		
Zulassungsbed. für Produkte					▨	
Umweltverträglichkeitsprüfung	▨	▨	▨	▨	▨	▨
Emissionsstandards für Produkte	▨	▨	▨	▨	▨	
Produktionseinschränkungen	▨					
Handelseinschränkungen	▨			▨	▨	▨
Emissionsstandards für Anlagen	▨	▨	▨	▨		
Raumbezogene Aufgaben	▨		▨			▨
Komp.lösungen (Bubble-Konzept)	□					
Freiwillige Vereinbarungen				□	▨	
Produktabgaben				□		
Pfandsysteme				□		

□ Option für Mitgliedstaaten

Abb. 30: Umweltpolitische Instrumente in der Europäischen Gemeinschaft
(Quelle: Schneider, Sprenger 1990, S. 17)

2.4.2 Entwicklungen im Bereich der Umwelthaftung

Besonders hervorzuheben sind im Rahmen der Analyse der umweltpolitischen Einflußfaktoren auf das Umweltmanagement die Regelungen zur Umwelthaftung. Der Umwelthaftung wird neben einer Ausgleichs- und Wiederherstellungsfunktion eine Präventiv- und Anreizfunktion zugesprochen (Töpfer 1991, S. 37; Rehbinder 1989, S. 5). Durch die Haftung für entstehende Schäden aus umweltbelastenden Verhaltensweisen sollen Unternehmen zu Vorsorgemaßnahmen veranlaßt werden, um entsprechenden finanziellen Sanktionen im Schadensfall zu entgehen. Im Hinblick auf die Informationsgrundlagen sind hierbei zwei zentrale Gesichtspunkte zu berücksichtigen: Zum einen muß die Unternehmensführung über eine Bestandsaufnahme der relevanten Regelungen zur Umwelthaftung die entsprechenden Konsequenzen für das Umweltmanagement ableiten (vgl. hierzu Sietz, Sondermann 1990). Zum anderen erfordert eine mögliche Beweisführung in haftungsrechtlichen Auseinandersetzungen eine umfassende Dokumentation aller umweltbezogenen Vorgänge im Unternehmen.

Die Umwelthaftung basiert auf dem Verursachungs- und Kausalitätsprinzip. Diese Prinzipien bilden ein entscheidendes Kriterium für die Zurechnung von Schäden zu bestimmten individuellen Ersatzpflichten. Ab dem 1.1.1991 ist ein neues Umwelthaftungsrecht in Kraft getreten, aus dem folgende Regelungen besonders zu berücksichtigen sind (vgl. zur Reform des Umwelthaftungsrechts Feess-Dörr, Prätorius, Steger 1990, S. 151 ff. sowie die Beiträge bei Nicklisch 1988, S.143 ff.):

Ausweitung der Gefährdungshaftung auf alle Umweltmedien

Die im § 22 des Wasserhaushaltsgesetzes seit 1960 verankerte Gefährdungshaftung ist im neuen Umwelthaftungsrecht auf die Bereiche Boden und Luft ausgeweitet worden. Während die Verschuldenshaftung an einem vorsätzlichen oder fahrlässigen Verstoß verkehrsüblicher Sorgfaltspflichten anknüpft, ist im Rahmen der Gefährdungshaftung nicht mehr erforderlich, daß den Schädiger ein nachzuweisendes Verschulden trifft, sondern es genügt, daß jemand objektiv durch die Schaffung eines gefährlichen Zustandes geschädigt wurde. Die Gefährdungshaftung versucht somit, der »sozialen Verantwortung für eigene Wagnisse«, z. B. durch das Betreiben von Produktionsanlagen oder Herstellung von Produkten, gerecht zu werden.

Haftung bei Normalbetrieb

Sowohl die durch Störfälle als auch die von einem Normalbetrieb ausgehenden Emissionen von bestimmten Anlagen werden haftungsmäßig gleichbehandelt. Entsprechend den Regelungen im Wasserhaushaltsgesetz wird ein Kausalitätsnachweis widerlegbar vermutet, wenn der Betrieb einer Anlage grundsätzlich geeignet war – auch im Normalbetrieb –, einen Schaden zu verursachen. Diese Kausalitätsvermutung findet keine Anwendung, wenn die Anlage bestimmungsgemäß betrieben wurde, d. h. keine Störung vorlag, alle verwaltungsrechtlichen Zulassungen, Auflagen, Anordnungen und Rechtsvorschriften beachtet und Überwachungen und Kontrollen der Anlagen durchgeführt wurden. Sofern Schäden durch Synergiewirkungen entstehen, d. h. Emissionen verschiedener Unternehmen führen erst in ihrer Kombination zu Umweltschäden (z. B. Gewässerverschmutzung), erfolgt eine gesamtschuldnerische Haftung. Obwohl die Handlung des Einzelnen nicht den Schaden herbeigeführt hat, haften die Emittenten als Gesamtschuldner.

Beweislasterleichterung
Für einen Geschädigten ist vielfach der ursächliche Nachweis von Emissionsschäden aufgrund fehlender Informationen über das Emissionsverhalten und die Art der verwendeten Anlagen und Stoffe schwierig. Deshalb sieht das Umwelthaftungsgesetz eine Beweislasterleichterung vor. Gegenüber den Unternehmen besteht ein Auskunftsanspruch z. B. über die Art der verwendeten Anlage, Konzentration und den Zeitraum der eingesetzten und emittierten Stoffe u. a. m. Somit entsteht für Unternehmen die Notwendigkeit zur Messung, Dokumentation und Bewertung der freigesetzten Schadstoffe, um das Nichtverschulden nachzuweisen.

Deckungsvorsorge
Inhaber von Anlagen, von denen ein besonders hohes Risiko ausgeht, müssen zur Sicherung der Erfüllung eventueller Ansprüche eine Deckungsvorsorge, insbesondere in Form einer Haftpflichtversicherung, treffen. Eine Haftungshöchstgrenze von 160 Mio. DM wurde sowohl für Körper- als auch für Sachschäden eingeführt.

Eine Analyse der Auswirkungen der veränderten Umwelthaftung auf das Umweltmanagement zeigt, daß hieraus erhöhte Anforderungen an die Dokumentation von unternehmensbezogenen Umweltschutzinformationen und eine neue Ausrichtung des Risikomanagement zu erfolgen hat (vgl. z.B. Assmann 1990; Gasser 1990).

3. Markt- und marktteilnehmerbezogene Informationsgrundlagen

Im Rahmen des Umweltmanagement hat die Analyse der **Aufgabenumwelt** vor allem die Erfassung marktbezogener Chancen und Risiken der Umweltprobleme zum Ziel. Im Mittelpunkt steht hierbei die Frage, inwieweit sich die Unternehmen einem ökologieorientierten Verhalten der einzelnen Marktteilnehmer (Konsumenten, Handel, Wettbewerber, Lieferanten) auf **bestehenden Märkten** gegenübersehen und inwieweit sich auf **neuen Märkten**, wie z. B. dem Umweltschutzmarkt, Zukunftschancen eröffnen.

An Umweltbelastungen, die aus der Produktion und dem Konsum von Produkten und Dienstleistungen entstehen, sind sowohl die Hersteller, Handelsunternehmen, Absatzhelfer (z. B. Spediteure) als auch die Konsumenten unmittelbar beteiligt. Während die herstellerbezogenen Aktionsparameter vor allem im Produktionsprozeß und der Produktgestaltung liegen, stellen die Handelsunternehmen dem Konsumenten ein Güterangebot zur Auswahl, das sich – mehr oder weniger deutlich – an den Umweltbelangen orientiert. Der Konsument wiederum wirkt durch seine Kaufentscheidungen »für oder gegen« umweltgerechte Produkte und auch durch sein Verwendungs- und Entsorgungsverhalten auf die ökologische Umwelt ein. Die Erfassung relevanter Informationen auf den bestehenden Märkten richtet sich auf eine Analyse des Umweltverhaltens aller Marktteilnehmer. Dabei muß ein integriertes Umweltmanagement proaktiv alle Problembereiche im gesamten Lebenszyklus der jeweiligen Produkte berücksichtigen, auch wenn Ursachen im Handels- oder Konsumentenverhalten, d. h. außerhalb des direkten Aktions- bzw. Einflußbereiches des Herstellers, begründet liegen.

3.1 Formen und Bestimmungsfaktoren des ökologieorientierten Konsumentenverhaltens

3.1.1 Entwicklung und Verhaltensrelevanz des Umweltbewußtseins von Konsumenten

Über die Umweltbelastung als ein generelles Problem unserer Gesellschaft mit den entsprechenden Reaktionen gesellschaftlicher Anspruchsgruppen hinaus ist zunehmend die individuelle Wahrnehmung des Umweltproblems beim Konsumenten in den Vordergrund gerückt. Zahlreiche Autoren haben sich in ihren Untersuchungen mit dem Stellenwert der Umweltproblematik im Bewußtsein der Konsumenten auseinandergesetzt (Anderson, Cunningham 1972; Bruhn 1978, 1985; Kinnear, Taylor, Ahmed 1974; Maloney, Ward, Braucht 1975; Adlwarth, Wimmer 1985; Balderjahn 1985, 1986; Urban 1986; Gierl 1987; Raffée, Förster, Krupp 1988; Pichler 1989; Szallies, Wiswede 1990).

Ein Ergebnis dieser Untersuchungen ist die Erkenntnis, daß die Konsumenten zunehmend für die Umweltproblematik sensibilisiert sind. Die zeitliche Entwicklung des von der G&I 1990 im Rahmen von Befragungen erfaßten Umweltbewußtseins deutscher Haushalte in Insert 11 zeigt in der zweiten Hälfte der 80er Jahre eine deutliche Zunahme des Umweltbewußtseins von Konsumenten. Insbesondere der Anteil derjenigen Haushalte, die angeben, nicht nur umweltbewußt eingestellt zu sein, sondern auch nach Umweltgesichtspunkten einzukaufen (umweltaktive Haushalte), hat sich bei gut einem Drittel stabilisiert. Demgegenüber können insgesamt knapp zwei Drittel aller bundesdeutschen Haushalte als umweltbewußt klassifiziert werden. Europaweit zeigen sich ähnliche Enwicklungen, jedoch auf anderen absoluten Niveaus. Das Insert 12 zeigt, welche Ausprägungen das Umweltbewußtsein und umweltorientierte Kaufverhalten in den jeweiligen europäischen Ländern einnimmt. Dabei ist festzustellen, daß in allen Ländern das Umweltbewußtsein von den ermittelten (bekundeten) Verhaltensweisen abweicht.

Es stellt sich daher berechtigterweise die Frage, inwieweit eine bekundete ökologieorientierte Verhaltenstendenz sich tatsächlich im konkreten Kauf- und Verwendungsverhalten niederschlägt. Hierüber geben die Haushaltspaneluntersuchungen der G&I-Studien Aufschluß, in denen das tatsächliche Kaufverhalten gemessen und dem bekundeten Verhalten gegenübergestellt wird. In diesen und in anderen Studien zeigt sich, daß die Verhaltensabsichten sich nur zu einem gewissen Teil in einem umweltorientierten Kaufverhalten niederschlagen (Adlwarth, Wimmer 1986; Gierl 1987; Adelt, Müller, Zitzmann 1990).

Derartige **Divergenzen** werfen für das Umweltmanagement von Unternehmen in zweierlei Hinsicht Probleme auf: Einerseits erweist sich die Informationsgewinnung zur Bestimmung von Marktpotentialen für umweltgerechte Produkte als problematisch, da die Erhebungen zum Umweltbewußtsein aufgrund möglicher Divergenzen nur indirekte oder verzerrte Aussagen zulassen. Andererseits geht dem Umweltmanagement die Analyse der Ursachen und Erklärungsansätze von Divergenzen zwischen Umweltbewußtsein und ökologieorientiertem Kauf-, Verwendungs- und Entsorgungsverhalten voraus. Auf der Grundlage ermittelter Erklärungsbeiträge können Ansatzpunkte zur Überwindung nachfragebezogener Kaufverhaltensbarrieren beim Angebot umweltgerechter Problemlösungen hergeleitet werden.

Grundsätzlich ist bei den Ergebnissen der Vielzahl von Studien zum Umweltbewußtsein zu berücksichtigen, daß je nach Verwendungszusammenhang der Terminus **Umweltbe-**

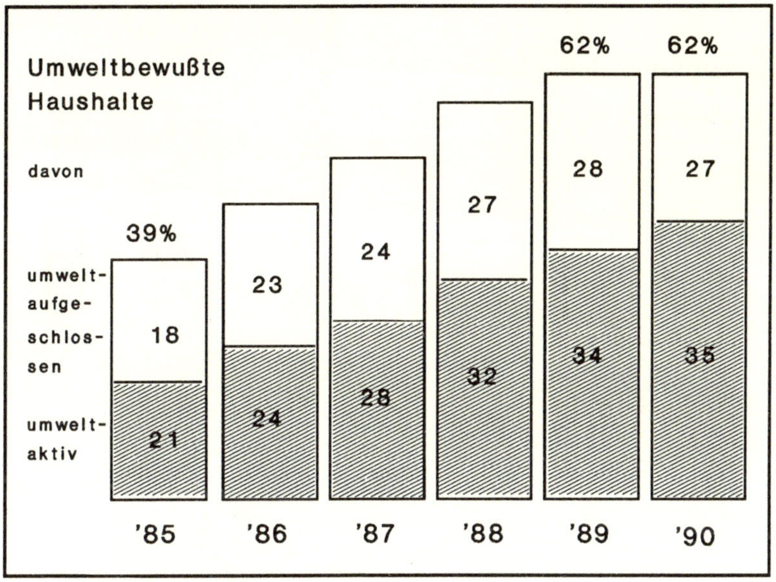

Insert 11: Entwicklung des Umweltbewußtseins in der Bundesrepublik Deutschland
(Quelle: G+I)

wußtsein vielfältige Interpretationen erfahren hat, ohne wissenschaftlich eindeutig bestimmt zu sein. Für das unterschiedliche Begriffsverständnis in den zahlreichen Untersuchungen lassen sich vor allem folgende **Gründe** anführen:

- Die Studien zum Umweltbewußtsein unterscheiden sich in Abhängigkeit vom Untersuchungsgegenstand und -ziel in Anzahl und Ausmaß berücksichtigter Bereiche der menschlichen Psyche (z. B. Einstellungen, Verhaltensweisen, Wissen).
- Je nach Anzahl und Ausmaß der berücksichtigten psychischen Bereiche werden in fast jeder Studie andere Operationalisierungsansätze und entsprechende definitorische Abklärungen des Umweltbewußtseins vorgenommen.

In bezug auf die berücksichtigten psychischen Bereiche lassen sich allgemein folgende **Dimensionen des Umweltbewußtseins** voneinander unterscheiden (in Anlehnung an Bruhn 1978):

- Die **kognitive Dimension**, die das mit dem Umweltbewußtsein verbundene subjektive Wissen von Konsumenten über die ökologischen Konsequenzen des Konsumverhaltens enthält.
- Die **affektive Dimension**, die die mit dem Umweltbewußtsein verbundenen gefühlsmäßigen Einstellungen und Meinungen gegenüber den mit ökologischen Aspekten zusammenhängenden Problemen und Streitfragen beinhaltet.
- Die **konative Dimension**, die die mit dem Umweltbewußtsein verbundene Verhaltensabsicht umfaßt, einen eigenen Beitrag zur Lösung der mit den ökologischen Aspekten von Produkten zusammenhängenden Probleme zu leisten.

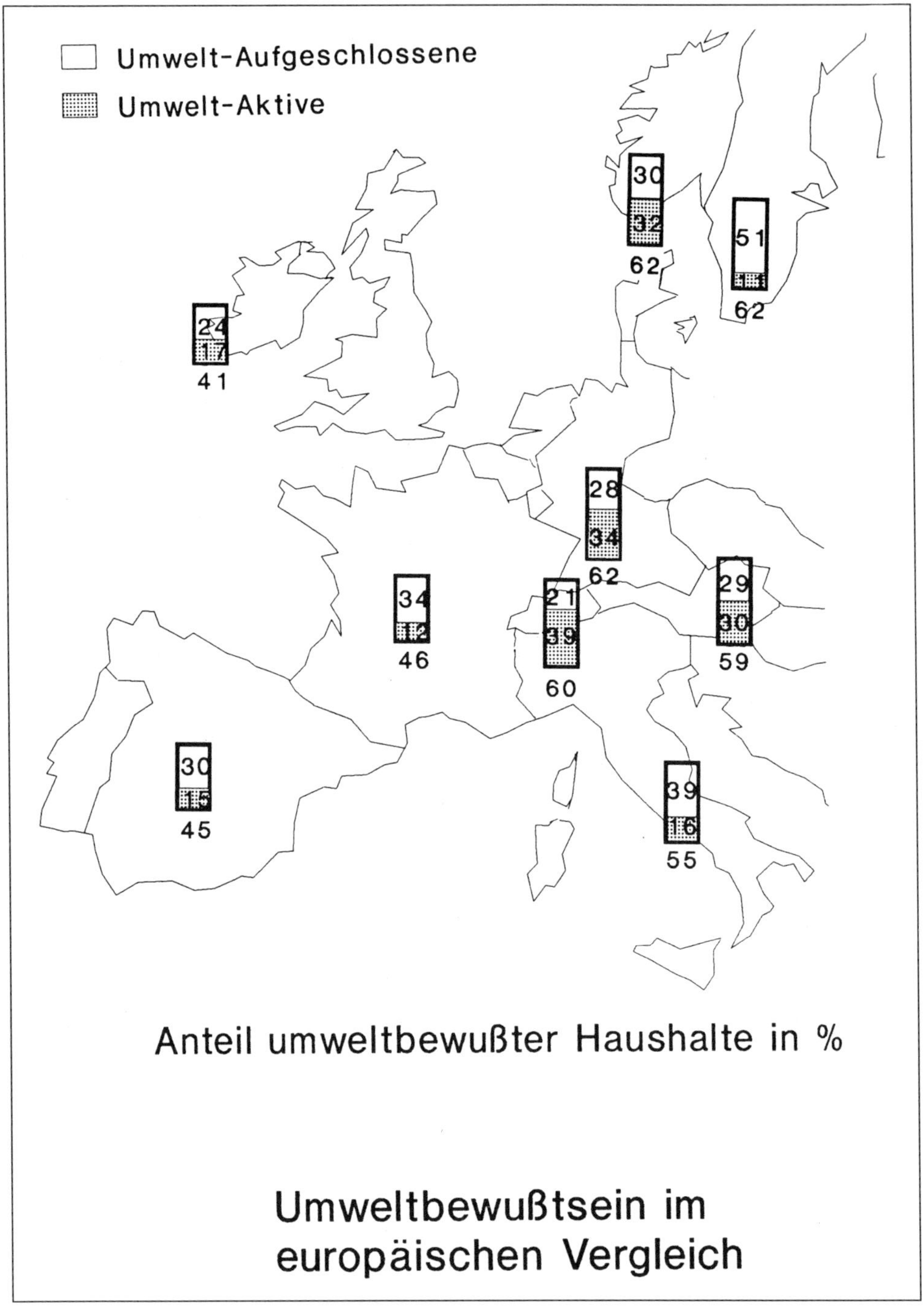

Insert 12: Ausprägung des Umweltbewußtseins in Europa 1988
(Quelle: G+I)

Diese Einteilung geht auf das weitgefaßte Begriffsverständnis von Einstellungen zurück, wonach mit den drei Dimensionen auch drei verschiedene Arten von Reaktionen einer Person auf einen Außenreiz gemeint sind: Das Einordnen von wahrgenommenen Objekten bzw. Reizen in das vorhandene Wissen, die empfundenen Gefühle und schließlich die Absicht zu handeln. **Umweltbewußtsein** ist demnach das Wissen und die Einsicht über ökologische Konsequenzen (z. B. Umweltbelastung, Müllberg, Gesundheitsgefährdung) des individuellen Konsumentenverhaltens (Kauf, Ver-, Gebrauch und Entsorgung von Produkten) sowie die Bereitschaft zu konsumrelevanten Verhaltensweisen, die auf eine Lösung der Umweltprobleme abzielen.

Bevor Erklärungsansätze für mögliche Divergenzen zwischen Umweltbewußtsein und ökologieorientiertem Kaufverhalten vorgestellt werden, sollen die konkreten Erscheinungsformen und Entwicklungstendenzen des umweltorientierten Konsums einer differenzierten Betrachtung unterzogen werden.

3.1.2 Analyse konsumentenbezogener Aktionsbereiche des Umweltschutzverhaltens

Die Verantwortung von Verbrauchern für umweltgerechten Konsum beginnt mit der eigentlichen **Kaufentscheidung**, ob die Wahl zugunsten einer umweltgerechten oder einer herkömmlichen bzw. umweltschädigenden Produktvariante getroffen oder sogar ein Konsumverzicht vorgenommen wird. Beispiele hierfür sind Produkte in Pumpsprühern oder treibgasgefüllten Spraydosen sowie ph-neutrale Waschmittel und Reinigungsmittel auf Essigbasis gegenüber phosphat- bzw. tensidhaltigen Wasch- und Reinigungsmitteln. Darüber hinaus hängt es allein vom Verbraucher ab, ob er aufgrund situativer Hemmnisse wie z. B. Zeitdruck oder Nicht-Verfügbarkeit eines umweltgerechten Produktes bereit und in der Lage ist, ein anderes Geschäft aufzusuchen oder aber z. B. aus »Bequemlichkeit« ein anderes, herkömmliches Produkt aus dem Regal greift.

Während der **Nutzungsphase** liegt es beim Konsumenten, mit welcher Intensität die Produkte genutzt werden, z. B. Dosierverhalten, Fahrverhalten. Auch »umweltgerechte« Konsumgüter (z. B. Haushaltsreiniger mit biologisch abbaubaren Substanzen, phosphatfreie Waschmittel), die übermäßig dosiert werden, verursachen auf Dauer einen weiteren Zuwachs des Müllberges. Ebenso hat das Fahrverhalten einen Einfluß auf die von Kraftfahrzeugen verursachten Emissionen (Abgase, Lärm). Während der **Phase der Produktentsorgung** ist einerseits die abfallbezogene Haushaltsführung (Abfalltrennung) ausschlaggebend für den Grad des vom Konsumenten gezeigten ökologiegerechten Konsumverhaltens. Andererseits entscheidet sein »Bringverhalten« getrennter Abfälle zu den vorgesehenen Recyclingsystemen (z. B. Altglas- und Altpapiercontainer) darüber, ob die Produktmaterialien dem Wiederverwertungsprozeß zugeführt werden können.

3.1.3 Erscheinungsformen ökologieorientierten Konsumentenverhaltens

Die Analyse des ökologieorientierten Konsumentenverhaltens soll im Rahmen der Informationsgrundlagen Anhaltspunkte über die potentielle oder tatsächliche Wirkung von ökologieorientierten Marketinginstrumenten unter Berücksichtigung situativer Einflüsse liefern. Insofern sind wissenschaftliche Aussagen über Konsumentenentscheidungen für ein zielgerichtetes Verhalten im Rahmen des Umweltmanagement, aber auch verschiedener anderer Institutionen bzw. Personen (Verbraucherverbände, Testinstitute, staatliche Instanzen) von besonderer Bedeutung.

Zur Kennzeichnung umweltorientierter Verhaltensweisen werden in zunehmendem Maße **Kaufentscheidungs- und Verhaltenstypologien** erstellt. Dabei werden unterschiedliche typenbildende und typenbeschreibende Variablen herangezogen.

Eine der ersten und meist zitierten Typologien ist die der G&I Forschungsgemeinschaft, die seit 1985 jährlich das Kaufverhalten von 5.000 Panel-Haushalten erhebt (Adlwarth, Wimmer 1985). Auf der Basis von insgesamt 30 umweltbezogenen Statements werden umweltorientierte und nicht-umweltorientierte Haushalte sowie Haushalte ohne eine differenzierte ökologieorientierte Einstellung ermittelt.
Die **Kaufentscheider der umweltorientierten Haushalte** (Hausfrauen bzw. haushaltsführende Personen) zeichnen sich durch eine überdurchschnittlich positive Grundeinstellung zur Umweltschonung aus (Adlwarth, Wimmer 1985). Sie sind durchaus opfer- und verzichtbereit im Haushalt für den Umweltschutz und achten besonders auf die Umweltverträglichkeit von Produkten. Demgegenüber zeigen die **nicht-umweltorientierten Haushalte** eine durchgängig desinteressierte bis negative Haltung zu Umweltschutz und Umweltengagement. Die in dem Insert 11 aufgezeigte Entwicklung umweltbewußter Haushalte quantifiziert darüber hinaus eine Kerngruppe jener **umweltorientierten Haushalte**, deren Aufgeschlossenheit gegenüber der Umweltproblematik auch zu tatsächlichen ökologieorientierten Kaufentscheidungen umweltgerechter Produkte führt und insofern als Gruppe der umweltaktiven Haushalte bezeichnet werden kann.
Eine andere Typologie der SINUS Forschungsgesellschaft für Umwelt, Technik und Arbeit ermittelte auf der Basis einer Statementbatterie, die Einstellungen und Verhaltensdispositionen zum Thema Umwelt beinhaltet, die im Insert 13 dargestellten Einstellungstypen (Schmidt 1988).
Weiterhin wurden Ansätze entwickelt, in denen die Euro-Style-Typologie (d. h. die europaweite Einstellungs- und Verhaltens-Zielgruppen-Segmentierung) mit Informationen zum Umweltverhalten verknüpft wird (Marty 1990). Somit können bestehende Zielgruppentypologien und darauf aufbauende Marketingkonzeptionen Veränderungen in bestehenden Zielgruppensegmenten im Hinblick auf den Umweltschutz analysieren, ohne auf eine neue Typologie überzuwechseln.

Die skizzierten ökologiebezogenen Konsumententypologien machen bereits deutlich, daß unterschiedliche demographische und psychographische Merkmale mit Konsumverhaltenstypen in Zusammenhang gebracht werden können. Eine **Systematisierung ökologieorientierter Konsumentscheidungen** zeigt die Abbildung 31. Die Hauptgliederungskriterien für diese Typologie sind dabei die individuelle Relevanz des Produktnutzens und das Angebot umweltverträglicher Produktvarianten.

Der **totale Konsumverzicht**, der sicherlich die radikalste Maßnahme zur Reduktion der durch den Konsum verursachten Umweltbelastungen darstellt, ist vor allem bei jenen Produktgruppen denkbar, deren Verwendung keinen relevanten Nutzen für den Konsumenten bringt und die darüber hinaus keine umweltverträglicheren Produktvarianten anbieten können. Dies galt beispielsweise lange Zeit für die Produktgruppe der Weichspüler. Während diese Form des ökologieorientierten Konsumverhaltens offensichtlich nur auf wenige Konsumenten- und Produktgruppen zutrifft, zeigen andere Forschungsergebnisse, daß umweltbewußte Haushalte durchaus zu einem **partiellen** Konsumverzicht bereit sind. Dieser äußert sich darin, daß bestimmte Produkte wesentlich bewußter und in möglicherweise geringeren Dosierungen eingesetzt werden (z. B. Wasch- und Reinigungsprodukte). Demgegenüber kommt ökologieorientiertes **selektives Konsumverhalten** darin zum Ausdruck, daß die Konsumenten gezielt nach umweltverträglichen Produktvarianten suchen und diese bevorzugt kaufen. Ein hinreichendes Angebot umweltverträglicher Produktvarianten liefert insofern die Möglichkeit, dem Phänomen des totalen oder partiellen Konsumverzichts bei den vom Konsumenten als umweltschädlich angesehenen Produkten vorzubeugen.

Typ 1: »Die engagiert Umweltbewußten«
(16 % der deutschen Bevölkerung ohne ehemalige DDR)
- großes Interesse an Umweltfragen
- hohe Bereitschaft zu umweltschonendem Verhalten
- große Sympathien für Umweltschutzorganisationen und für die Grünen
- Preispoblematik in Zusammenhang mit umweltfreundlichen Produkten von untergeordneter Bedeutung
- tiefgreifende Ängste und Befürchtungen über die Zukunft der Umwelt
- überwiegend Frauen; jüngere bis mittlere Altersgruppen; hohes Bildungsniveau

Typ 2: »Die umweltsensiblen Zukunftsoptimisten« (15 %)
- Umweltprobleme sind lösbar durch das Zusammenwirken von Politik, Wirtschaft und dem Einzelnen
- Umweltschutz und moderne Technik (z. B. Kernenergie) werden als komplementär betrachtet
- Offenheit gegenüber Öko-Produkten
- überwiegend Männer; mittlere Altersgruppen; hohes Bildungs- und Einkommensniveau

Typ 3: »Der verunsicherte Verbraucher« (13 %)
- starke Umweltängste, verbunden mit hohen Erwartungen an Politik und Staat
- Problematik, umweltfreundliche Produkte von solchen mit lediglichen Produktversprechen zu unterscheiden
- starkes Interesse an Herstellerinformationen und Produktkennzeichnungen im Hinblick auf Umweltfreundlichkeit der Produkte

Typ 4: »Die Verdrossenen« (15 %)
- Skepsis und Pessimismus in bezug auf Zukunft der Umwelt
- Verdrossenheit gegenüber Staat und Politik
- Komfort- und Geschmacksansprüche dominieren beim Produktkauf Umweltgesichtspunkte
- vor allem junge Leute mit »Null-Bock-Mentalität« bei gleichzeitiger Furcht vor Arbeitslosigkeit

Typ 5: »Die Überforderten« (15 %)
- Hilf- und Ratlosigkeit gegenüber dem Umweltthema
- nostalgische Flucht in die »heile Welt«
- Mißtrauen gegenüber Öko-Produkten
- vor allem Frauen und Personen älterer Jahrgänge; niedriges Einkommens- und Bildungsniveau

Typ 6: »Die Verteidiger der Wachstumsgesellschaft« (10 %)
- Anhänger bewährter wirtschaftlicher Ziele und Rezepte
- Optimismus im Hinblick auf Lösung der Umweltprobleme
- Distanz bzw. Aversion gegenüber ökologisch begründeter Konsumverzichtsphilosophie
- überwiegend Männer; mittlere bis ältere Altersgruppen; kleinere und mittlere Selbständige; Beamte im höheren Dienst; höheres Einkommensniveau

Typ 7: »Die Fatalisten« (16 %)
- Desinteresse an der Umweltproblematik
- Öko-Produkte spielen beim Kauf- und Konsumverhalten keine Rolle
- überwiegend niedriges Bildungs- und Einkommensniveau; vor allem sehr junge sowie ältere Personen

Insert 13: Käufertypologie der SINUS Forschungsgesellschaft

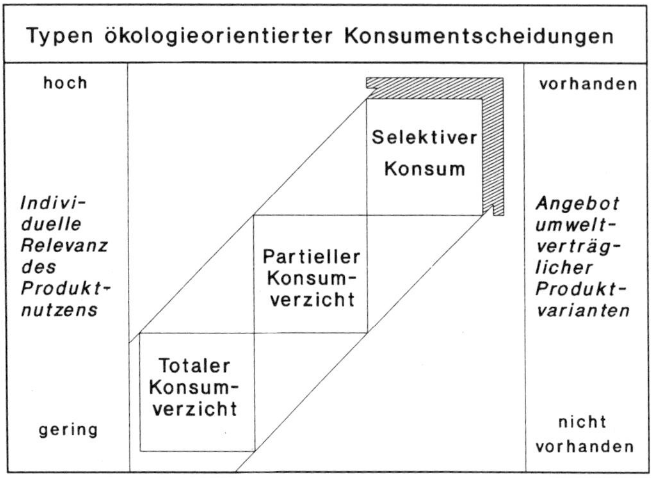

Abb. 31: Grundformen des ökologieorientierten Konsumentenverhaltens

Neben Konsumverzicht und selektivem Konsum bieten Aktivitäten des Verbrauchers **im Bereich der Abfallentsorgung** weitere Ansatzpunkte zu einem ökologieorientierten Konsumentenverhalten. Der durchschnittliche Inhalt der Mülltonne privater Haushalte besteht etwa zur Hälfte (volumensbezogen) aus Produktverpackungen aller Art. Durch die gezielte **Sortierung des Hausmülls** nach Papier, Glas, Aluminium etc. können diese Bestandteile einem energetischen Recycling im Zuge der Müllverbrennung oder auch der Kompostierung zugeführt werden. Bei der **Verpackungsentsorgung** eröffnet sich dem ökologieorientierten Konsumenten zunächst die Möglichkeit, »überflüssige« Verpackungen, bei denen die Verpackungsfunktionen, wie z. B. Schutz vor Verderben oder Zerbrechen, Bewahrung von Frische und Haltbarkeit etc., die für den Verbraucher von untergeordneter Bedeutung sind, bereits im Geschäft zurückzulassen. Weiterhin kann der Konsument Verpackungen zu den vorgesehenen Recyclingcentern bringen (Bringverhalten), wobei es entsprechender Recyclingsysteme und -technologien bedarf (z. B. Leergutrücknahmeautomaten auch für Aludosen, Container zur Abfalltrennung, Maßnahmen zur Abfallkomprimierung etc.).

3.1.4 Erklärungsansätze von Divergenzen zwischen Umweltbewußtsein und Kaufverhalten

Die erfolgreiche Ausrichtung umweltorientierter Problemlösungen auf die Bedürfnisse der Konsumenten erfordert eine differenziertere Auseinandersetzung mit den Divergenzen zwischen dem Umweltbewußtsein und umweltorientierten Kaufverhalten. Denn trotz des hohen Umweltbewußtseins existieren vielfältige Verhaltensbarrieren.

So besteht z. B. eine anhaltende Nachfrage nach lösungsmittelhaltigen Lacken und Klebstoffen, Getränken in Einwegverpackungen, bleihaltigem Superbenzin, chlorgebleichtem Papier oder auch Sprays mit Treibgas, die zwar kein FCKW enthalten, aber dennoch zum Treibhauseffekt beitragen. Weitere von einem stark ausgeprägten Umweltbewußtsein divergierende Konsumverhaltensweisen sind die noch in vielen Haushalten fehlende Abfalltrennung, die Überdosierung von Wasch- und Reinigungsmitteln (zusätzliche Gewässerbelastung, verstärkter Müllanfall) sowie die Ignoranz gegenüber der »Bringschuld« von Abfällen zu Containern und anderen Recyclingcentern, wodurch Materialien vermischt werden und sich einem nachfolgenden Recyclingprozeß entziehen.

Die Erklärung von Divergenzen zwischen Umweltbewußtsein und Konsumverhalten erweist sich insofern als schwierig, als nur Teilbereiche des Kaufentscheidungs- und Konsumprozesses unmittelbar beobachtet werden können. Deshalb ist auf vereinfachte Verhaltensmodelle der Konsumentenforschung zurückzugreifen (Stimulus-Organismus-Response-(S-O-R)Modelle).

Abbildung 32 zeigt die Modellstruktur eines solchen S-O-R-Konzeptes, das theoretische Konstrukte berücksichtigt, die ein Zustandekommen von Divergenzen zwischen Umweltbewußtsein und Kaufverhalten ansatzweise erklären können. Einerseits finden darin verhaltenstheoretische Erklärungsansätze Anwendung, die die **endogenen** personenbezogenen Determinanten von Divergenzen aufgreifen. Andererseits sind **exogene** Einflußfaktoren von Bedeutung, die die spezifischen Gegebenheiten der Kaufsituation, des Produktes und der für die zugrunde liegende Fragestellung relevanten Umwelt umfassen (Fietkau 1984; Adelt, Müller, Zitzmann 1990; Bänsch 1990; Monhemius 1990).

Kern des abgebildeten Modells ist das Divergenzkonstrukt. Es handelt sich dabei um eine gedachte Größe, die nicht direkt erfaßbar ist, sondern erst über Korrespondenzregeln an empirische Größen angebunden werden muß. Dieses Konstrukt wird einerseits determiniert durch die dem Konsumenten adhärenten **personalen Einflußfaktoren**. Andererseits wird das Konstrukt determiniert von den **exogenen Einflußfaktoren**, die von Produkt, Situation und der allgemeinen Umwelt ausgehen.
Im Hinblick auf **produktbezogene Determinanten** sind vor allem Art und Umfang ökologierelevanter Produktmerkmale sowie der Grad der Auseinandersetzung mit dem Produktbereich zu nennen. So

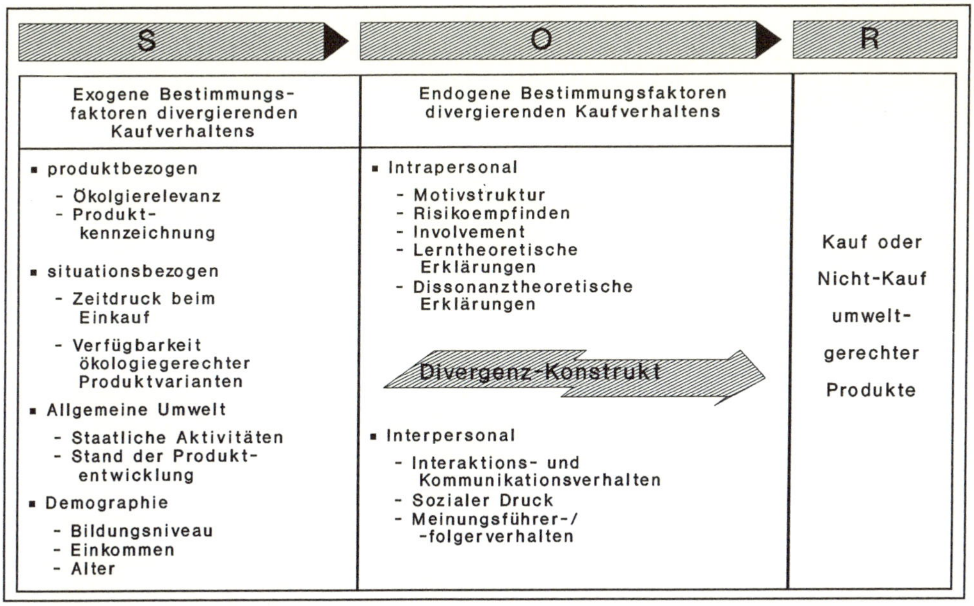

Abb. 32: Erklärungsmodell von Divergenzen zwischen Umweltbewußtsein und Kaufverhalten

kann das ökologierelevante Kaufverhalten gegenüber Produkten mit scheinbar geringem Umweltbezug (z. B. Kunststoff-/Frischhalteverpackungen bei Lebensmitteln) nicht so deutlich ausgeprägt sein wie gegenüber Produkten mit starkem und für den Konsumenten offensichtlichem Umweltbezug (z. B. Haushaltsreiniger, Autos, Lacke).
Bei den **situationalen Determinanten** stehen die Verfügbarkeit umweltgerechter Produkte sowie die Gegebenheiten am Point of Sale im Vordergrund. In bezug auf die Verfügbarkeit ist sowohl die einkaufsstättenbezogene Präsenz als auch das generelle Angebot umweltgerechter Produktvarianten zur Erklärung divergierenden Verhaltens von Bedeutung. Im Hinblick auf den Point of Sale ist es etwa vorstellbar, daß durch den fehlenden Hinweis auf ökologische Produkte und umweltgerechte Marken der Konsument bei seiner bisherigen Produkt- und Markenwahl bleibt. Auch die Einflußnahmen von Begleitpersonen beim Einkauf sowie die Dringlichkeit des Produktbedarfs können Hinweise zur Erklärung von Kaufverhaltensdivergenzen liefern.
Im Rahmen der **Determinanten der allgemeinen Umwelt** spielen die ökologierelevanten Aktivitäten sowohl des Staates als auch der Unternehmen eine Rolle. Neben der ökologiebezogenen rechtlichen Umwelt, die – von staatlicher Seite – die Zusammensetzung und Beschaffenheit von Produkten reglementiert, ist auf der Seite der Unternehmen der Stand der Technologie und Produktentwicklung bedeutsam für Angebot und Auswahl ökologierelevanter Produktvarianten.

Im Rahmen der endogenen personenbezogenen Einflußgrößen von Divergenzen finden vor allem **psychologische Erklärungsansätze** Anwendung. Dieser Gruppe von Modellen sind die in der Marketingtheorie vielfach verwendeten motiv-, risiko-, involvement-, lern- und dissonanztheoretischen Erklärungsansätze zuzurechnen (Gierl 1987; Meffert 1989; Kroeber-Riel 1990). Im Rahmen **motivtheoretischer Erklärungen** wird den grundlegenden »aktivierenden Prozessen« des Konsumenten Rechnung getragen. Unter Motivation ist der Beweggrund für ein bestimmtes Verhalten zu verstehen. Motive tragen zur Zielorientierung menschlichen Verhaltens bei.

Motivkonflikte können beim Konsumenten zu Kaufbarrieren umweltorientierter Produkte führen. So ist es beispielsweise denkbar, daß das Motiv, ein umweltverträgliches Produkt kaufen zu wollen (z. B. Automobil mit reduziert umweltbelastendem Antriebskonzept) im Konflikt zum stark ausgeprägten Prestigemotiv steht («Oldtimer« aus den 60er Jahren). Die Hierarchie der Bedürfnisse (Umweltschutz- vs. Prestigemotiv) entscheidet dann letztendlich darüber, welchem Produkt der Vorzug gegeben wird. Allerdings ist eine Abnahme von Motivkonflikten aufgrund sich verändernder Motivstrukturen zu beobachten. Der Grund hierfür kann darin gesehen werden, daß Umweltprodukte sich mehr und mehr zur Praktizierung eines demonstrativen Vernunftkonsums eignen.

Eine weitere Persönlichkeitsvariable, die abweichendes Entscheidungsverhalten von Konsumenten erklären kann, ist die **Risikoneigung** des Konsumenten. Jede Kaufentscheidung ist mit mehr oder weniger großen Risiken verbunden. Entscheidend ist dabei nicht das »objektive«, sondern das bei der Kaufentscheidung subjektiv wahrgenommene soziale und ökonomische Risiko (Cox 1967). Das **soziale Risiko** ist darin zu sehen, daß der Kauf eines »falschen« Produktes die Normen der sozialen Umwelt verletzt und die Meinung bestimmter Bezugsgruppen oder -personen negativ beeinflußt sowie zu Sanktionen führen kann. So kann ein Konsument, dessen Umweltbewußtsein nur schwach ausgeprägt ist, dennoch sog. Öko-Produkte kaufen, um entsprechende Akzeptanz in seinem deutlich umweltengagierten Bekanntenkreis (z. B. Mitglieder von Greenpeace, future) zu finden. Das **ökonomische Risiko** nimmt hingegen Bezug auf den Umstand, daß jeder Kauf eines bestimmten Produktes in der Regel bei einem begrenzten Konsumbudget mit dem Verzicht auf ein anderes verbunden ist. Ein weiteres Problem besteht darin, daß für eine umweltgerechte Produktvariante (z. B. Nahrungsmittel aus dem biologischen Landbau) gegenüber den traditionellen Produkten ein höherer Preis zu entrichten ist oder das Preis/Leistungsverhältnis zu gering eingeschätzt wird.

Eine Risikominderung kann durch Marken- oder Geschäftstreue angestrebt werden, da die Konsequenzen dieses Verhaltens bekannt und daher besser abschätzbar sind. Das Streben nach Risikominderung hat daneben einen starken Einfluß auf das **Informationsverhalten** der Konsumenten. So können beispielsweise vor dem Kauf eingeholte Informationen über die Umweltverträglichkeit und das Preis-/Leistungsverhältnis von Produkten durch neutrale Informationsquellen (z. B. Testinstitute, Verbraucherberatung, Öko-Zeitschriften) einen wesentlichen Beitrag zur Minderung des produktbezogenen Risikos liefern. Aber auch stark umweltbewußte Konsumenten können als Meinungsführer durch ihr Empfehlungsverhalten das wahrgenommene Risiko eines noch unentschlossenen Konsumenten beim Kauf von Umweltprodukten mindern.

Eine besondere Rolle spielt beim umweltbewußten Kaufverhalten die **Ich-Beteiligung** (Involvement, Ego-Involvement). Sie gibt das innere Engagement an, mit dem sich eine Person einem Sachverhalt oder einer Aufgabe widmet (Kroeber-Riel 1990, S. 377). Stark involvierte Konsumenten haben sich dabei als informationsbewußter und aktiver bei der Informationsverarbeitung herausgestellt. Liegt bei einem Konsumenten nur ein schwach ausgeprägtes oder gar kein inneres Engagement gegenüber einer Kaufentscheidungssituation vor (z. B. Güter des täglichen Bedarfs), so ist es denkbar, daß er divergierend von seinem sonst stark ausgeprägten Umweltbewußtsein herkömmliche oder umweltschädigende Produktalternativen den umweltverträglichen vorzieht. Darüber hinaus neigen gegenüber der Umweltproblematik schwach involvierte Konsumenten zu Gewohnheitsverhalten und zu vereinfachten Entscheidungen. Dies führt zu einer willkürlichen Produktwahl, die den Ökologiebezug außer Acht läßt. Gerade beim Involvement für den umweltgerechteren Konsum wird der öffentliche Gutscharakter der Umwelt als Barriere angesehen. Nach dem sog. »Gefangenen-Dilemma« äußern sich beim Konsumenten häufig Zweifel daran, ob das eigene, i.d.R. mit höheren Aufwendungen verbundene umweltbewußte Verhalten denn auch tatsächlich zu einer spürbaren Entlastung der Umwelt führt, da er nur seinen eigenen geringen Beitrag wahrnimmt..

Weitere Erklärungen für Gewohnheitskäufe als Ausdruck von Divergenzen zwischen Umweltbewußtsein und Konsumverhalten liefert die Lerntheorie. **Lernen** ist die systematische Änderung des Verhaltens aufgrund von Erfahrungen. Dabei lassen sich das sog. Kontiguitäts- und das Verstärkungsprinzip analog zur Erklärung von divergierendem Konsumverhalten heranziehen. Existiert eine positive Erfahrung durch das Ausprobieren herkömmlicher oder umweltschädigender Produkte (z. B. Haarstylingprodukte in treibgasbetriebenen Spraydosen), dann wird – gemäß der Basisthese der Lerntheorie – die Kaufreaktion verstärkt. Die Wahrscheinlichkeit, daß bei positiver Erfahrung das gleiche Produkt beim Eintritt der gleichen Stimuli wieder gekauft wird, erhöht sich. Demgegenüber kann die Präferenz für ein bestimmtes Produkt erlöschen, wenn es nicht mehr erhältlich oder durch andere Produktvarianten (z. B. Haarstylingprodukte in Pumpsprühern) ersetzt worden ist. In Abhängigkeit von der Wiederholung der Kaufentscheidungssituation sowie denselben oder geänderten Stimuli kann eine erlernte Kaufsituation zunächst zur Gewohnheit werden und durch die fehlende Verstärkung an Intensität verlieren bzw. schließlich ganz ausgelöscht werden.

Im Anschluß an bereits vollzogene Kaufentscheidungen können **kognitive Dissonanzen** auftreten. Sie sind Ausdruck eines durch Erfahrungen oder Informationen ausgelösten Ungleichgewichts, welches das Individuum zu beseitigen trachtet. Derartige Dissonanzen sind beispielsweise bei jenen umweltbewußten Konsumenten denkbar, die nach dem Kauf (z. B. Kleinwagen mit Euronormmotor oder ungeregeltem Katalysator) über den fragwürdigen Umweltbeitrag des Produktes (nur eingeschränkte Schadstoffreduzierung) informiert werden. Dem Käufer können dann entsprechende Zweifel kommen, ob er die richtige Entscheidung getroffen hat. Zur Beseitigung dieser Dissonanzen setzt ein spezifisches Suchverhalten ein. Der Käufer wird sich bemühen, Informationen zu finden, die seine Wahl nachträglich legitimieren und die Zurückweisung der anderen Alternativen rechtfertigen (z. B. geregelte 3-Wege-Katalysatoren bei Kleinwagen nur bedingt notwendig bzw. verfügbar). Hieraus ergeben sich für das Umweltmanagement interessante Aspekte für die Ausrichtung der Werbung, des Kundendienstes und des persönlichen Verkaufs unmittelbar nach dem Kauf. Vor allem eine glaubwürdige Werbung kann bei langlebigen Gebrauchsgütern die Aufgabe der Verminderung von Dissonanzen übernehmen und zu einer positiven Markeneinstellung nach dem Kauf beitragen.

3.2 Bestimmungsfaktoren der Nachfrage auf Umweltschutzmärkten

Gegenüber der Situation auf den traditionellen Konsumgütermärkten ist der Markt für Umweltschutztechnologien von anderen kaufbeeinflussenden Bestimmungfaktoren abhängig. Auf diesen Märkten handelt es sich überwiegend um institutionelle Kaufentscheidungen für investive Güter, d. h. Umweltschutztechnologien werden von Unternehmen und anderen, insbesondere staatlichen Institutionen nachgefragt und im weitesten Sinne als Produktionstechnologien eingesetzt.

Der Nachfrage nach Umweltschutztechnologien steht ein zunehmend breiteres und dif-

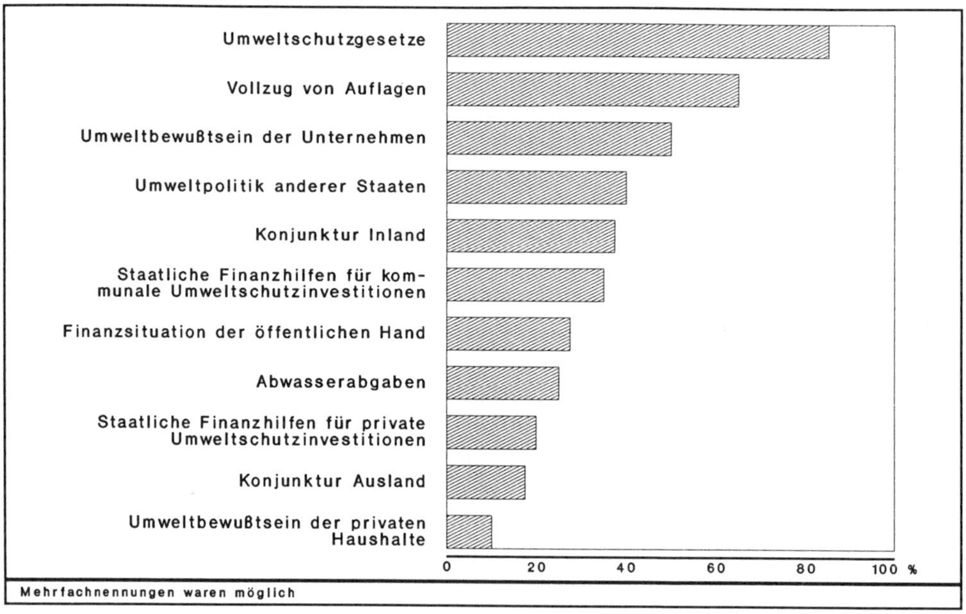

Insert 14: Bestimmungsfaktoren der Nachfrage auf Umweltschutzmärkten
(Quelle: IFO-Institut 1990)

ferenzierteres Angebot gegenüber. Allein in Deutschland hat sich die Anbieterzahl im letzten Jahrzehnt verfünffacht. Während Anfang der 80er Jahre knapp 1000 Anbieter auf diesem Markt zu verzeichnen waren, sind es 1991 fast 4500 Anbieter.

Für die Beurteilung der Entwicklung des Marktpotentials auf diesen Märkten ist die Kenntnis der wichtigsten Determinanten der Nachfrage und der Besonderheiten des Umweltschutzmarktes eine wichtige Voraussetzung. Auf der Grundlage empirischer Erhebungen über die Bestimmungsfaktoren der Nachfrage nach Umweltschutztechnologien sind die folgenden Gesichtspunkte besonders hervorzuheben:

- **Zwangsnachfrage:** Die Nachfrage wird weniger durch die Bedürfnisse von umweltbewußten Konsumenten (z. B. Bedürfnis nach Strom aus Kraftwerken mit Rauchgasreinigungsanlagen) oder betriebswirtschaftlich motivierten Investitionsentscheidungen von Unternehmen beeinflußt, sondern vor allem durch staatliche Umweltschutzanforderungen determiniert (Schreyer, Sprenger 1989, S. 55 f.). Der Umweltschutzmarkt ist weitestgehend als »state-guaranteed-market« zu kennzeichnen, auf dem der Staat direkt als öffentlicher Auftraggeber oder als Gesetzgeber eine privatwirtschaftliche Mindestnachfrage sicherstellt.
- **Diskontinuierliche Nachfrageentwicklung:** Sobald umweltpolitische Gesetze verabschiedet sind, werden Investitionsschübe ausgelöst, die sich längerfristig in Erweiterungs- und Ersatzinvestitionen niederschlagen. In zunehmendem Maße wird jedoch ein Teil der Nachfrage nach Umweltschutztechnologien bereits autonom getätigt, weil sich bei den Unternehmen ein proaktives Verhalten langsam durchsetzt.
- **Kollektive Kaufentscheidungsprozesse:** Die Entscheidung für einen bestimmten Lieferanten stellt einen multipersonalen Entscheidungsprozeß dar, an dem zahlreiche Personen mit unterschiedlichen Präferenzen und Informationsstand mitwirken.

Dem Insert 14 ist weiterhin zu entnehmen, daß neben dem wachsenden Umweltbewußtsein der Unternehmen auch die für den Export von Umweltschutztechnologien wichtigen umweltpolitischen Entwicklungen in anderen Staaten als wichtige Einflußgrößen zu beachten sind. In geringerem Umfang spielen Subventionen für den Umweltschutz oder ein

	Gesamtbedarf	
	von	bis
Gewässerschutz	162,0	216,0
Abfall/Altlasten	63,8	77,3
Luftreinhaltung	20,5	28,5
Lärmschutz	2,5	2,7
Umweltschutz gesamt	248,8	324,5
Nachrichtlich Verkehrsberuhigung	91,0	

Abb. 33: Nachfragepotential auf dem Umweltschutzmarkt bis zum Jahr 2000 in den alten Bundesländern
(Spreyer, Sprenger 1990)

aus dem Umweltbewußtsein der Haushalte von den Unternehmen wahrgenommener Druck zur Nachfrage nach Umweltschutztechnologien eine Rolle.

In der Abbildung 33 ist der Gesamtbedarf im Umweltbereich für die Bundesrepublik Deutschland – ohne die neuen Bundesländer – aufgeführt. Prioritäten sind im Gewässerbereich (Verbesserung der Reinigungsleistungen von Kläranlagen, Anpassung und Sanierung der Kanalnetze) und bei den Abfallverwertungstechnologien (Recyclingsysteme) zu sehen. Einen Überblick über Angebotstendenzen auf dem Umweltschutzmarkt sind auf dem nachstehenden Insert dargestellt.

3.3 Analyse des ökologieorientierten Handelsverhaltens

Im Rahmen des vertikalen Marketing ist das Verhalten des Handels bei mehrstufigen Absatzkanälen als Einflußfaktor für das Umweltmanagement und die erfolgreiche Ausrichtung ökologieorientierter Marketingkonzeptionen von besonderer Bedeutung. In diesem Zusammenhang wird auf die **gate-keeper Funktion** des Handels hingewiesen, der vielfach über die Macht verfügt, den Marktzugang für umweltgerechte Produktvarianten zu beeinflussen (Hansen 1988, S. 336). Im Rahmen der Informationsgrundlagen des Umweltmanagement sind daher handelsbezogene Daten erforderlich im Hinblick auf

- das Umweltbewußtsein des Handels und die daraus resultierende Grundhaltung gegenüber den Umweltschutzaktivitäten der Hersteller.
- Umweltschutzprobleme des Handels bei der Lagerung, dem Transport und dem Vertrieb der Produkte.
- Betroffenheit des Handels durch Umweltgesetze (z. B. Auswirkungen der Verpakkungsverordnung) oder ein verändertes Nachfrageverhalten der Kunden.
- die Kooperationsbereitschaft des Handels, bei der Gestaltung umweltgerechter Problemlösungen (z. B. Aufbau von Retrodistributionskanälen, Einrichtung von Recyclingcenter) mitzuwirken.
- die vorhandene ökologische Kompetenz des Handels (z. B. Sortimentsgestaltung, Beratungsqualität).
- die Bereitstellung ausreichender Listungszeiträume für neue umweltgerechtere Produktvarianten.

Für das Umweltmanagement kann eine **Segmentierung** der aktuellen und potentiellen Händler nach ökologierelevanten Kriterien hilfreich sein, um auf der Grundlage handelstypenspezifischer Informationen geeignete Handlungsoptionen im vertikalen Marketing abzuleiten. Ähnlich wie die zuvor gekennzeichneten Konsumententypologien werden von Hansen sechs konzeptionell abgeleitete Verhaltenstypen des ökologischen Marketing im Handel unterschieden. Abbildung 34 zeigt beispielhaft eine solche Typologie, die jedoch für die Ausrichtung des vertikalen Marketing eine sehr allgemeine Kennzeichnung darstellt und im Einzelfall zu konkretisieren ist (vgl. hierzu die Ausführungen im Kapitel V 4.).

Handlungstypen als "gate keeper"	Marketing		
	Marketing-Instrumentarium	Marktpositionierung	Ökologische Grundsätze/Ziele
Umweltignorant	Ökologisch unreflektiert	Ökologisch unreflektiert K eher Umweltpassive L eher Umweltpassive	Ökologisch unreflektiert
Umweltopponent	Individuelle Unterdrückungsstrategien, kollektive Verhinderungs- und Unterwanderungsstrategien	K umweltpassiv L umweltpassiv	Verhinderung ökonomischer Einbußen durch ökologische Entwicklungen, Risikovermeidung
Umweltparasit	Ausnutzung von ökologischen Markttendenzen durch irreführende und verwirrende Scheinaktivitäten	Ökologisch nicht ausgeprägt	Ökologievermarktung
Umweltdiplomat	Ausnutzung ökologischer Markttendenzen durch Ausweichstrategien bei ansonsten traditionellem Marketing	Ökologisch nicht ausgeprägt	Periphere Nutzung kompatibler Beziehungen zwischen ökologischen und ökonomischen Zielen
Umweltinnovator	Innovatorische konstruktive Umsetzung ökologischer Forderungen in die Gestaltung des Marketing-Instrumentariums	K Umweltaktive/Umweltaktivierbare neben Umweltpassiven Differenzierte Segmentierungsstrategie auf Absatz- und Beschaffungsseite	Ökologische Ziele als Nebenbedingungen ökonomischen Handelns. Betonung von Chancenpotentialen ökolog. Ziele
Umweltfreak	Prägung des Markthandelns durch ökologisch notwendig erkannte Maßnahmen	K Umweltaktive/Umweltaktivierbare L Lieferanten der Alternativszene Konzentrierte Segmentierungsstrategie	Grundsätze ökologischer Verantwortung als wesentliches Motiv unternehmerischer Tätigkeit

Legende: K = Konsumenten L = Lieferanten KK = Konkurrenten

Abb. 34: Typologie des ökologieorientierten Handelsverhaltens
(Quelle: Hansen 1988)

3.4 Analyse des ökologieorientierten Wettbewerbsverhaltens

Die Bedeutung des Umweltschutzes als wettbewerbsstrategisches Profilierungsinstrument wurde im Kapitel II bereits hervorgehoben. Demnach sind im Rahmen einer Analyse des Wettbewerbsumfeldes einer Unternehmung ökologierelevante Verhaltensweisen der Wettbewerber und damit verbundene Veränderungen der Spielregeln des Wettbewerbs zu identifizieren. Die konkrete Bedeutung der Ökologie als Wettbewerbsfaktor ist im Einzelfall nur branchenspezifisch zu beurteilen. Deshalb sollen hier die Einflußfaktoren auf die generellen Triebkräfte des Branchenwettbewerbs diskutiert werden. Sie sind in weiterführenden Analyseschritten für jede spezielle Branche zu spezifizieren. Im einzelnen sind Informationen über folgende Bereiche zu gewinnen (vgl. Abbildung 35):

- Gefahr des Markteintritts neuer Konkurrenten,
- Bedrohung durch Ersatzprodukte,
- Ausmaß der Betroffenheit von Wettbewerbern bei der Beschaffung, Produktion, dem Absatz und der Entsorgung der Produkte z. B. durch umweltgesetzliche Regelungen und einer verstärkten Nachfrage nach umweltorientierten Problemlösungen,
- Kooperationsbereitschaft der Wettbewerber zur gemeinsamen Lösung der sich stellenden ökologischen Herausforderungen in einer Branche,
- Ausmaß der Rivalität der Unternehmen innerhalb der Branche durch Forcierung des Angebots umweltgerechter Produkte sowie einer offensiven Kommunikationspolitik.

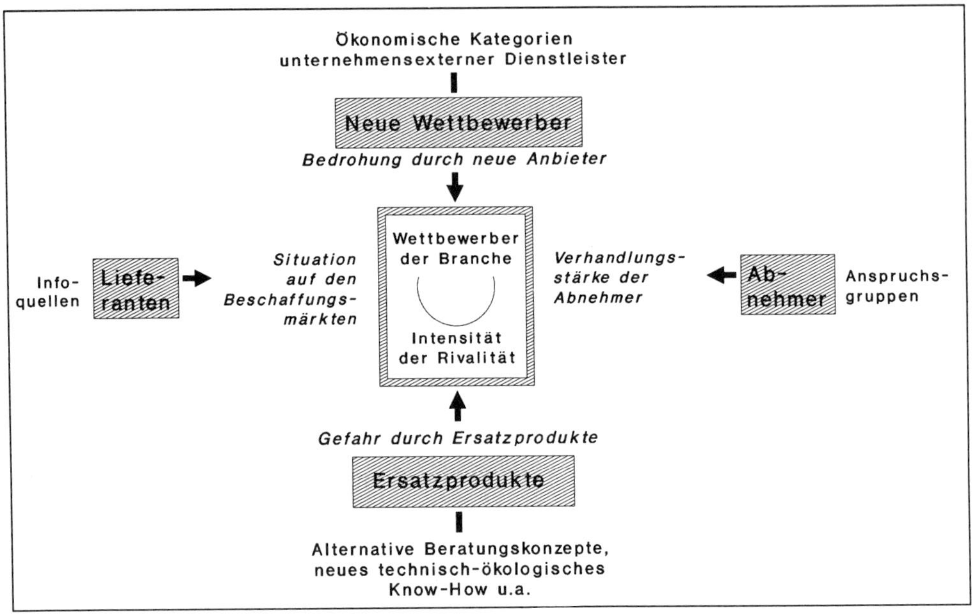

Abb. 35: Dimensionen einer ökologieorientierten Wettbewerbs-Analyse
(Quelle: Stähler 1991, S. 166)

Forderungen nach der ökologischen Verträglichkeit von Produkten sind angesichts des gestiegenen Umweltbewußtseins der Verbraucher heute in fast allen Erzeugnisbereichen zu einer Selbstverständlichkeit geworden. Diese als zusätzliche Nutzendimension empfundenen Produktmerkmale bieten **ökologieorientierten Newcomern** vielfach gute Chancen, auch in zuvor scheinbar unter etablierten Wettbewerbern aufgeteilten Märkten Fuß zu fassen. Ein gutes Beispiel hierfür ist der vielzitierte Erfolg des Reinigungsmittels »Frosch«, das sich in kurzer Zeit in einem bis dato festgefügten Markt erfolgreich etablieren konnte. Wirksame Eintrittsbarrieren, wie Zugang zu Vertriebskanälen oder Produktdifferenzierung, griffen nicht, da es die etablierten Wettbewerber versäumt hatten, die ökologischen Eigenschaften ihrer Produkte hinreichend zu verdeutlichen. Gleichzeitig war der Lebensmitteleinzelhandel dankbar, ein Produkt präsentieren zu können, das den gestiegenen ökologischen Anforderungen der Kundschaft und der Öffentlichkeit genügte.

Die Gefahr einer ökologiebedingten **Bedrohung durch Substitutionsprodukte** ist in der Vergangenheit besonders in Bereichen der Rohstoff- und Zuliefererindustrie zum Tragen gekommen. So bedeutete die Einführung des Phosphatersatzstoffes »SASIL« in der Waschmittelindustrie den nahezu vollständigen Verlust dieser Branche als Absatzmarkt für die Hersteller von Phosphaten. Einer ähnlichen Situation sehen sich die Lieferanten von Asbest gegenüber, die durch den zunehmenden Einsatz von Ersatzstoffen in zahlreichen Anwendungsbereichen (Baustoffe, Bremsbeläge etc.) vor erhebliche Probleme gestellt sind.

Insgesamt gilt, daß die Umweltschutzdiskussion in fast jeder Konsumgüterbranche die Möglichkeiten zum Markteintritt neuer Wettbewerber schafft bzw. Ansatzpunkte für das Auftreten von Substitutionsprodukten bietet. Die Wirkungen der Ökologieproblematik auf die Verhandlungsstärke von Lieferanten und Abnehmern sowie die Rivalität unter bestehenden Unternehmen der Branche können demgegenüber sowohl intensivierend als auch entspannend auf die Wettbewerbsintensität wirken.

Die **Verhandlungsstärke von Lieferanten**, denen es nicht gelingt, hinreichend umweltverträgliche Rohstoffe oder Vorprodukte anzubieten, ist sicherlich eher gering. Andererseits erfahren Lieferanten, die zentrale umweltverträgliche Produkte anbieten, eine deutliche Verbesserung ihrer Verhandlungsposition. Nicht selten scheitert die vollständige Umstellung des Produktprogramms von Herstellern auf umweltgerechte Varianten an der mangelnden Verfügbarkeit dazu notwendiger Zulieferteile oder -stoffe (z. B. Verfügbarkeit von Katalysatoren für Kleinwagen).

Ähnliches gilt für die **Verhandlungsstärke der Abnehmer**. Gegenüber Herstellern, die als einzige umweltgerechte Produkte anbieten, sinkt die Verhandlungsmacht des Handels. Beispiele dafür, daß selbst Nischenanbieter, die ansonsten im Handel kaum eine Chance hätten, bei Vorliegen einer ökologieorientierten Produktdifferenzierung in die Regale kommen, gibt es aus vielen Branchen. Im Bereich der Wasch- und Reinigungsmittel ist hier erneut die Marke Frosch anzuführen. Aber auch der etablierte Marktführer Persil konnte durch die Einführung seines Persil-Phosphatfrei vergleichsweise mühelos ein neues Produkt im Handel plazieren. Andererseits vergrößert der Handel den Druck auf nicht-umweltgerechte Produktvarianten. Beispiele für Auslistungen nicht-umweltgerechter Erzeugnisse gibt es im Getränkebereich (z. B. Dosenbier), bei Sprayprodukten (FCKW) oder auch bei Verpackungen (PVC).

Die Wirkung der Ökologie auf die **Rivalität existierender Unternehmen** in einer Branche ist ebenfalls differenziert zu beurteilen. In Branchen mit bislang vergleichsweise undifferenzierten Produkten kann die Möglichkeit zur Profilierung über Umweltargumente den Wettbewerbsdruck bei Standardprodukten mindern und die Preis- bzw. Kostenkonkurrenz entspannen. Dies wird immer dann der Fall sein, wenn sich der Markt in nebeneinander existierende Segmente für umweltgerechte und weniger umweltgerechte Produkte aufteilt, z. B. bei chlor- und sauerstoffgebleichten Papierprodukten (Filtertüten) oder phosphathaltigen bzw. -freien Wasch- und Reinigungsprodukten. Demgegenüber kann die Profilierung über Umweltschutzargumente als Angriffsstrategie die Wettbewerbsintensität einer Branche deutlich erhöhen, wenn seitens der Kunden und Absatzmittler eine derartige Segmentierung nicht akzeptiert wird bzw. lediglich eine Substitution und keine Marktausweitung stattfindet.

4. Planungsinstrumente des Umweltmanagement

Die zunehmende Komplexität und Dynamik ökologischer Problemstellungen erfordern eine Integration dieser Aspekte in die strategische Unternehmensplanung. Grundsätzlich lassen sich die bestehenden Instrumente der Unternehmensplanung an die Erfordernisse ökologieorientierter Entscheidungen anpassen. Darüber hinaus werden zunehmend spezifische umweltorientierte Informations- und Planungsinstrumente bis hin zu betrieblichen Umweltinformationssystemen entwickelt. Allerdings stellen diese Verfahren überwiegend erste konzeptionelle Ansätze dar, die sich aufgrund einer Vielzahl ungelöster Abgrenzungs-, Erfassungs- und Bewertungsprobleme in der praktischen Anwendung erst langsam durchsetzen (Schulz 1989, S. 55 ff.).

In einem umfassenden Überblick hat Freimann unter der Sammelbezeichnung »Instrumente einer sozialökologischen Folgenabschätzung« verschiedene umweltorientierte Informations- und Planungsinstrumente systematisiert und einer vergleichenden Analyse unterzogen (vgl. Freimann 1989). Die einzelnen Konzepte lassen sich nach unterschiedlichen Kriterien klassifizieren. So erfüllen sie im Planungs- und Entscheidungsprozeß unterschiedliche Funktionen im Rahmen der Anregungs-, Analyse-, Bewertungs- und Kontrollphase. Darüber hinaus lassen sie sich nach dem jeweiligen Objektbezug als primär produkt-, funktions- oder unternehmensbezogene Planungsinstrumente charakterisieren. Die Verfahren unterscheiden sich auch darin, ob ihnen eine integrierte Gesamtsicht zugrunde liegt oder ob sie einzelne Problemstellungen im Sinne einer Partialanalyse erfassen. Im Hinblick auf den Zielhorizont und die Zukunftgerichtetheit sind eher strategisch und operativ ausgerichtete Instrumente zu unterscheiden. Planungsinstrumente, die auf einer ex post-Betrachung aufbauen, sind besonders für Diagnose- und Kontrollzwecke sowie zur Berichterstattung umweltorientierter Wirkungen und Maßnahmen der Unternehmen geeignet. Zur Fundierung strategischer Entscheidungen kommt zukunftsgerichteten Planungsverfahren ein besonderer Stellenwert zu.

Die Abbildung 36 zeigt die einzelnen Analyseverfahren im Überblick, die im folgenden behandelt werden.

4.1 Planungsinstrumente des strategischen Umweltmanagement

4.1.1 Chancen/Risiken-Analyse

Key-Issues strategischer Entscheidungen im Rahmen eines Umweltmanagement können durch zwei Dimensionen definiert werden. Sie ergeben sich einerseits aus den möglichen Chancen und Risiken der **unternehmensexternen Einflußfaktoren** der ökologischen, technologischen, politisch-rechtlichen, gesellschaftlichen und marktbezogenen Umweltsphären. Auf der anderen Seite resultieren aus der Unternehmenscharakteristik Stärken und Schwächen, die die Fähigkeit zur Antwort auf ökologische Herausforderungen determinieren (unternehmensinterne Faktoren).

Strategische Risiken kennzeichnen mögliche Beeinträchtigungen der Unternehmensziele, während demgegenüber strategische Chancen zur Sicherung und Verbesserung der Unternehmensziele beitragen.

Die Abbildung 37 zeigt zusammenfassend, wie einerseits durch verstärkte Forderungen der Nachfrager und des Handels nach umweltgerechteren Problemlösungen ein Bedürfnispotential entstehen kann, aus dem ein chancenreicher Nachfragesog bzw. eine Ökologie-Pull-Wirkung resultiert. Gegenüber diesen nachfrageinduzierten Einflüssen sind jene Faktoren zu unterscheiden, die einen Internalisierungsdruck von Umweltschutzkosten oder einen Innovationszwang zur Implementierung umweltgerechter Produkt- und Prozeßtechnologien, d. h. eine Ökologie-Push-Wirkung auf das Unternehmen ausüben. Sofern eine frühzeitige Antizipation dieser Wirkungsfaktoren unterbleibt, führen vielfach umweltpolitische Eingriffe von seiten des Staates oder Pionierleistungen von Wettbewerbern zur Verengung des eigenen Handlungsspielraums und möglicherweise sogar zum Krisenmanagement (vgl. Abb. 38) einer Unternehmung.

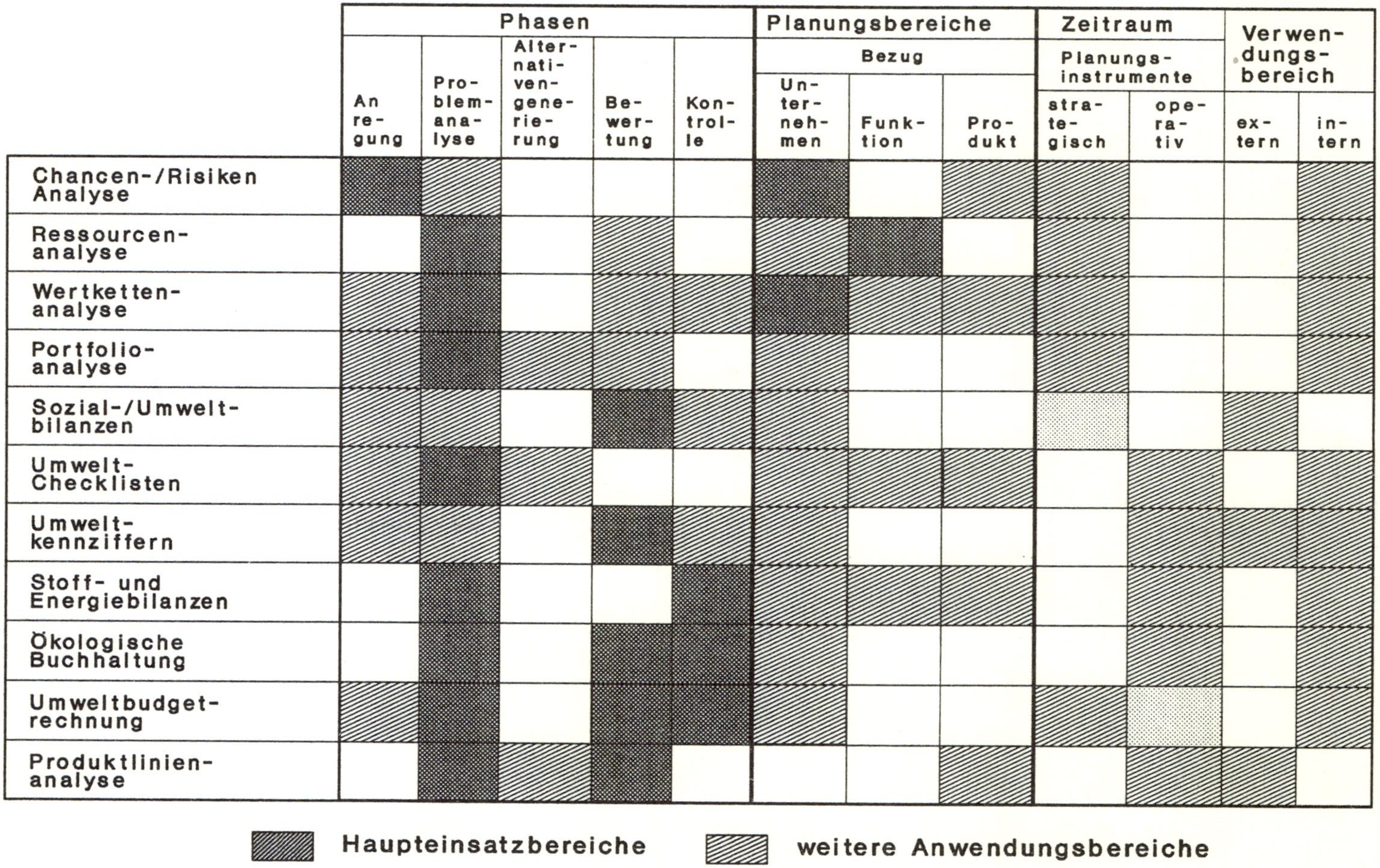

Abb. 36: Planungsmethoden des strategischen und operativen Umweltmanagement

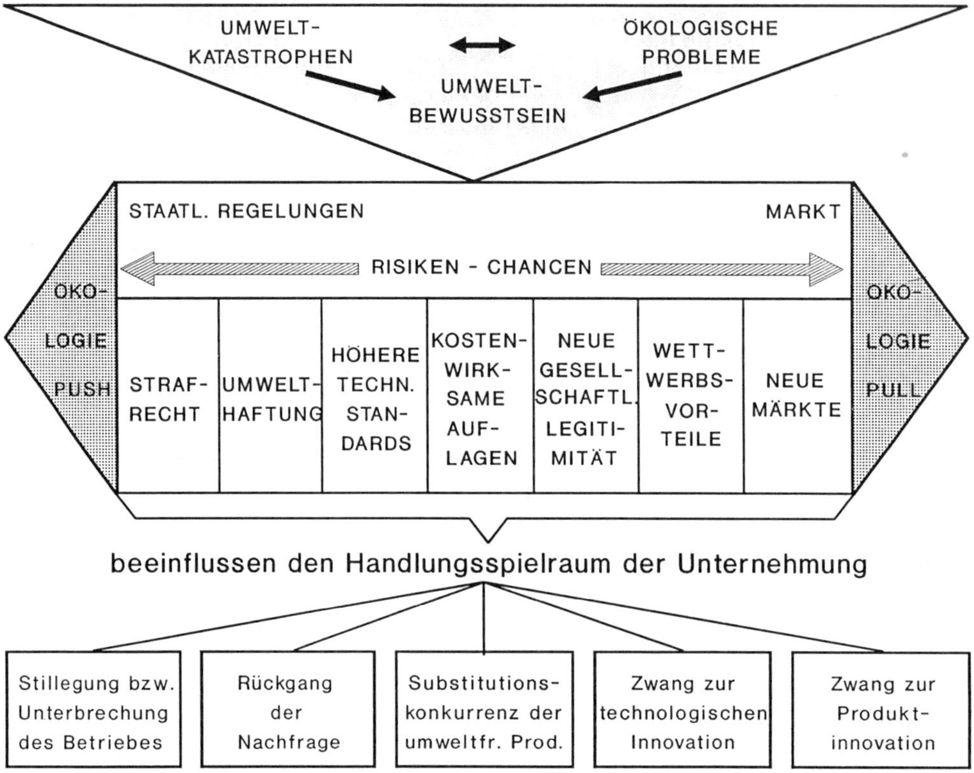

Abb. 37: Chancen und Risiken durch Ökologie-Pull und Ökologie-Push

4.1.2 Stärken/Schwächen-Analyse

Ausgehend von der Ermittlung externer Einflußgrößen sind im Rahmen einer Ressourcenanalyse Stärken und Schwächen zur Begegnung der ökologischen Herausforderungen zu ermitteln. In Abhängigkeit der spezifischen Unternehmenssituation lassen sich als interne Schlüsselfaktoren insbesondere

- die Aufgeschlossenheit und Flexibilität der Unternehmensleitung gegenüber ökologischen Problemen
- die Höhe der zur Verfügung stehenden finanziellen Mittel für umweltschutzbezogene Investitions- und Betriebskosten (Entwicklung umweltfreundlicher Produkte, Einrichtung von Recyclingcentern etc.)
- die Charakteristik und Nähe des Leistungsprogramms der Unternehmen zu Umweltschutzmärkten
- das technische Know-how der Unternehmung
- die Grundausrichtung der Unternehmens- und Marketingstrategie sowie
- die Exponiertheit oder Visibility der Unternehmung in der Öffentlichkeit

hervorheben. Letzterer Schlüsselfaktor stellt auf die Erkenntnis ab, daß sich Unternehmen durch die Ausrichtung ihrer Marketing- und Unternehmensstrategie selbst der Art

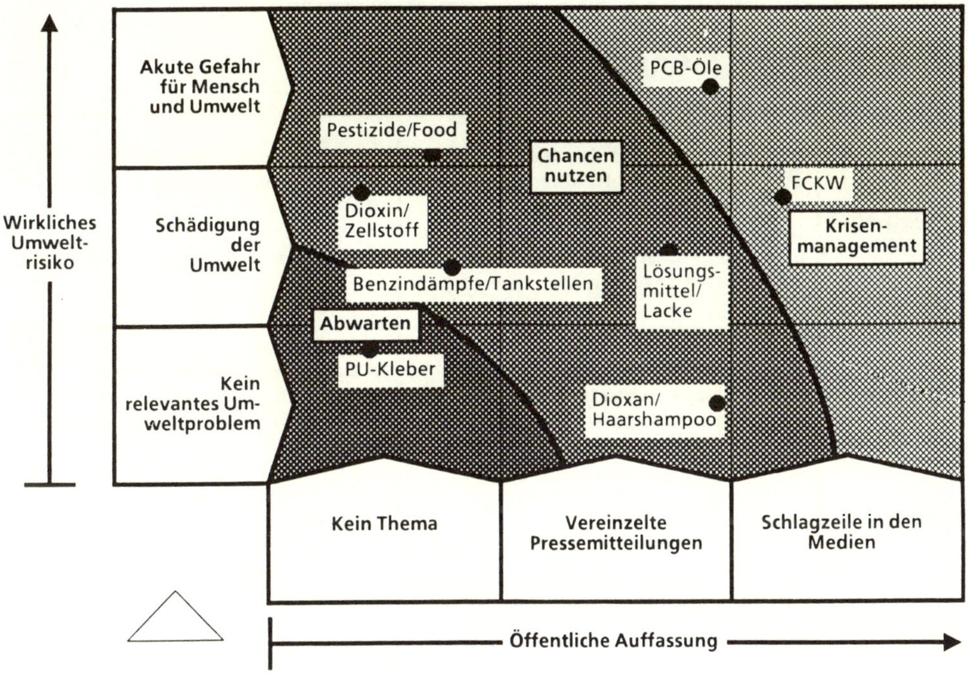

Abb. 38: Öffentliche Diskussion als Frühwarnindikator
(Quelle: Annighöfer 1990, S. 161)

und Stärke des Einflusses umweltbezogener Forderungen aussetzen und einen unterschiedlichen Exponiertheitsgrad erlangen.

Der **Exponiertheitsgrad** einer Unternehmung gegenüber ökologischen Problemstellungen gibt das Ausmaß der strategischen Bedeutung an, die gesellschaftliche Umweltschutzforderungen für die Unternehmung haben können. So werden die Konsequenzen einer ökologischen Betroffenheit bzw. potentiellen Umweltgefährdung eines Unternehmens davon abhängig sein, ob es sich z. B. um ein Gut des täglichen Bedarfs oder ein Luxusgut mit einem begrenzten Abnehmerkreis handelt und ob es unter einer Firmenmarke oder einer herstelleranonymen Einzelmarke geführt wird. Aber auch die Unternehmensgröße wird als ein zentraler Bestimmungsfaktor der öffentlichen Exponiertheit einer Unternehmung angesehen (vgl. Miles 1987, 2ff.; Achleitner 1985, S. 175 f.). Die aus der unternehmensinternen Ressourcenanalyse abgeleiteten Stärken und Schwächen sind den ermittelten Chancen und Risiken der Ökologieproblematik gegenüberzustellen, um strategische Entscheidungen im Rahmen eines Umweltmanagement abzuleiten. Die Abbildung 39 zeigt beispielhaft die Beziehung interner und externer Faktoren auf.

4.1.3 Ökologieorientierte Wertkettenanalyse

Unternehmen können langfristig Chancen im Umweltschutz nur dann nutzen, wenn sie systematisch in allen Unternehmensfunktionen ökologische Problembereiche identifizieren

Externe Faktoren / Interne Faktoren	Chancen	Risiken
Stärken	Unternehmen ist im Gegensatz zur Konkurrenz in der Lage, sein technisches Know-how auf den Markt für Umweltschutzgüter zu übertragen. Ausweitung des Tätigkeitsbereiches	Unternehmen begegnet der Einbeziehung ökologischer Kriterien in die Kaufentscheidung durch das Angebot umweltfreundlicher Produkte
Schwächen	Neue Umweltschutzgesetze bieten neue Absatzchancen. Fehlende Flexibilität des Managements verhindert rechtzeitigen Markteintritt	Neue wissenschaftliche Erkenntnisse über negative ökologische Wirkungen des Produktprogrammes können wegen fehlender finanzieller Mittel nicht berücksichtigt werden

Abb. 39: Beispielhafte Beziehung interner und externer Faktoren

und mögliche Umweltschutzmaßnahmen auf ihre Ansatzpunkte zur Verbesserung der Wertschöpfung bzw. Gewinnspanne hin analysieren. Dieser Gedanke liegt dem sog. **Wertkettenansatz** zugrunde (vgl. Porter 1984; Meffert 1989).

Es ist zu prüfen, inwieweit umweltorientierte Maßnahmen Kostensenkungen oder Kostenerhöhungen in Verbindung mit wettbewerbsbezogenen Differenzierungsmöglichkeiten implizieren, die positive Auswirkungen auf die Gewinnspanne beinhalten. Die einzelnen Unternehmensfunktionen lassen sich vereinfacht in die drei Grundfunktionen Beschaffung, Produktion und Absatz mit den jeweiligen Schnittstellen zum Beschaffungsmarkt, zum Handel und zum Endverbrauchermarkt aufteilen. Über Stoffbilanzen im Beschaffungsbereich, Prozeß- und Produktbilanzen im Produktions- und Marketingbereich können ökologische Problemfelder in den einzelnen Bereichen lokalisiert werden (vgl. Abbildung 40).

Ansätze für ökologieorientierte Maßnahmen lassen sich grundsätzlich für jeden der genannten Funktionsbereiche ableiten und entsprechend einer Kosten-Nutzen-Analyse bewerten. Sie sind hinsichtlich ihrer Wirkung auf die Bestimmungsfaktoren der Wertschöpfung bzw. Gewinnspanne (Absatzpreise, funktionsspezifische Kosten, staatliche Unterstützungen etc.) zu untersuchen.

Die Vorteile der Verwendung des Diagnoseinstrumentes der Wertkettenanalyse liegen zum einen in der Identifikation kostenreduzierender und ertragssteigernder umweltbezogener Maßnahmen. Vor allem aber kann das Analyseinstrument im Rahmen eines offensiven Umweltmanagement unter strategischen Gesichtspunkten zur Schaffung von Wettbewerbsvorteilen eingesetzt werden. Insbesondere wird die Analyse von Wirkungen durch die Verknüpfung von ökologieorientierten Aktivitäten zwischen einzelnen Funktionsbereichen ermöglicht.

Beschaffung	Produktion	Marketing	Logistik	Entsorgung	
-Lieferantenwechsel zur Beschaffung umweltfreundlicher Vorprodukte	-End of Pipe Umweltschutz Technologien	-Eliminierung umweltschädlicher Produkte -Einbeziehung ökologischer Argumente in die Werbung	-Umstellung von Logistikkonzepten (z.B. Just-in-time)	-Installation von Recycling-Kreisläufen	GEWINNSPANNE
-Nutzung von Umwelt- und Abfallbörsen	-Recyclingtechnologien	-kalkulatorischer Ausgleich zugunsten von Öko-Produkten	-Verlagerung des Transports von Straße auf Schiene		
-Forschung für umweltfreundliche Produkte und Prozesse	-Integrierte Umweltschutztechnologien	-Erschließung neuer Absatzkanäle für umweltgerechte Produkte		-thermische Verwertung von Abfällen	

Abb. 40: Wertkettenanalyse im Umweltschutz

Die Analyse von Verbundwirkungen ist insofern von besonderer Bedeutung, weil sie eine ganzheitliche Bewertung von Auswirkungen ökologieinduzierter Maßnahmen ermöglicht. Meistens werden in der betrieblichen Praxis die Entscheidungen über umweltrelevante Maßnahmen in vielen unterschiedlichen betrieblichen Funktionsbereichen unabhängig voneinander getroffen. Entsprechendes gilt für die Zurechnung relevanter Kosten- und Erlöswirkungen umweltorientierter Aktivitäten. Damit wird dem sachlichen Zusammenhang zwischen einzelnen umweltbezogenen Maßnahmen und deren Auswirkungen nicht hinreichend Rechnung getragen. Umweltinduzierte Aktivitäten zeigen demzufolge oftmals in einer engen funktionsbezogenen Betrachtung einen nur begrenzten Wettbewerbs- bzw. Umweltvorteil mit Gefahr der Verlagerung von Umweltbelastungen auf nicht in die Analyse einbezogene Funktionsbereiche auf. Erfolgreiche Differenzierungsstrategien im Umweltschutz erwachsen jedoch aus aufeinander abgestimmten Maßnahmen in allen Unternehmensfunktionen. Ein Beispiel soll diese Verbundwirkung verdeutlichen:

Der Hersteller eines Weichspülmittels gewinnt Erkenntnisse darüber, daß sich seine Endabnehmer über Probleme mit der Entsorgung der großvolumigen Verpackung (Kunststoffflasche bis 5 Liter Volumen) beklagen. Dieses Entsorgungsproblem regt einen kreativen Prozeß an, um eine Lösung für das Umweltschutzproblem der Verbraucher zu finden. Nachdem eine isolierte Lösung im Verpackungsbereich unmöglich erscheint, wird durch Diskussionen über die generelle Produktkonzeption die Alternative einer Konzentratherstellung hervorgebracht. Dieses Konzentrat kann in deutlich kleineren Gebinden verkauft werden als der herkömmliche Weichspüler. Das ökologieinduzierte Kundenproblem (Entsorgung) könnte somit gelöst werden.

Bei einer umfassenden Bewertung der Kosten und Erträge dieser umweltorientierten Maßnahme reicht jedoch eine isolierte Betrachtung des Produktions- und Verpackungsbereiches nicht aus. Durch die geschilderte Maßnahme ergeben sich Konsequenzen in folgenden betrieblichen Funktionsbereichen:

- Beschaffung/innerbetriebliche Logistik: Anforderungen an die qualitativen Eigenschaften der Verpackung (Stabilität einer stapelfähigen 5-Liter-Flasche) ermöglichen die Umstellung auf qualitativ weniger anspruchsvolle Kunststoffe, die nur noch in geringeren Mengen zu beschaffen sind. Es ergibt sich sogar die Möglichkeit, von geblasenen Kunststoffflaschen auf Folien (Beutel) aus Kunststoff oder kaschiertem Papier (Kosteneinsparung) überzugehen. Im Logistikbereich ergeben sich Vorteile bei den Transportkosten, da durch die Wirkstoffkonzentration eine Volumens- und Gewichtsreduktion erzielt wird (neue kostengünstigere Palettierungsschemata, geringere Lager- und Handlingkosten).
- Produktion: Ein Übergang von Flaschen auf Beutel ermöglicht die integrierte Abfüllung in einer Produktionslinie. Einzelne Flaschen müssen nicht mehr zugeführt und abgefüllt werden, sondern die Folie geht direkt in den Produktionsprozeß ein, die Tüte wird beim Abfüllen geschweißt (Einsparung eines Arbeitsganges, Verringerung von Zwischenlagern, vereinfachter Material- und Fertigproduktefluß).
- Marketing: Der Hersteller profiliert sich dem Konsumenten gegenüber als Löser seines ökologieinduzierten Problems (Reduktion des Hausmülls). Er schafft Ansatzpunkte zur Bildung von Präferenzen und ggf. Anreize zum Markenwechsel. Im vertikalen Marketing ermöglicht die Maßnahme die Realisierung von höheren Flächenproduktivitäten im Handel und erleichtert das Handling der Produkte. Dem Handel ist damit ein wichtiges Argument zur Förderung des Produktes gegeben.

Das Beispiel zeigt, wie sich ökologieinduzierte Maßnahmen des Marketing in anderen betrieblichen Funktionsbereichen auf die Kosten- und Erlössituation auswirken können. Zur Beurteilung des Gesamteffektes ist daher eine integrierte Betrachtung unumgänglich. Kostenreduzierende Konsequenzen in den Bereichen Beschaffung, Logistik und Produktion würden andernfalls nicht als Wirkung der umweltorientierten Maßnahme der Verpackungsreduktion erfaßt. Damit würde der positive Gesamteffekt dieser Maßnahmen in einer Umweltbilanz des Unternehmens systematisch unterschätzt.

4.1.4 Ökologieorientierte Portfolioanalyse

Aufbauend auf der Erfassung interner und externer Schlüsselfaktoren steht die Unternehmung vor der Aufgabe, ihre derzeitige ökologische Strategieposition zu bestimmen. Auf der Ebene der bestehenden Produkte, Produktgruppen oder strategischen Geschäftseinheiten kann eine ökologieorientierte Portfoliobetrachtung in Abhängigkeit der Dimensionen

- relative Vorteile ökologieorientierter Verhaltensweisen (Gewinnverbesserung, Marktanteilserhöhung, Imageverbesserung in Relation zum Hauptwettbewerber) und
- der aus der Beschaffung, Produktion, Verwendung und Beseitigung des Produktes resultierenden Umweltgefährdung

zur Konkretisierung der Strategieposition und Ableitung **strategischer Stoßrichtungen** herangezogen werden. Unternehmen in ökologisch betroffenen Branchen müssen den umweltbezogenen Herausforderungen vielfach in einem wettbewerbsintensiven Konkurrenzumfeld begegnen. Somit sind die Vorteile ökologieorientierter Maßnahmen mit Bezug zum Hauptkonkurrenten zu bestimmen, um die Wettbewerbsposition langfristig abzusichern. Insofern wird hier der Versuch unternommen, die besondere Bedeutung der wettbewerbsstrategischen Ausrichtung des Umweltmanagement im Planungsansatz zu berücksichtigen.

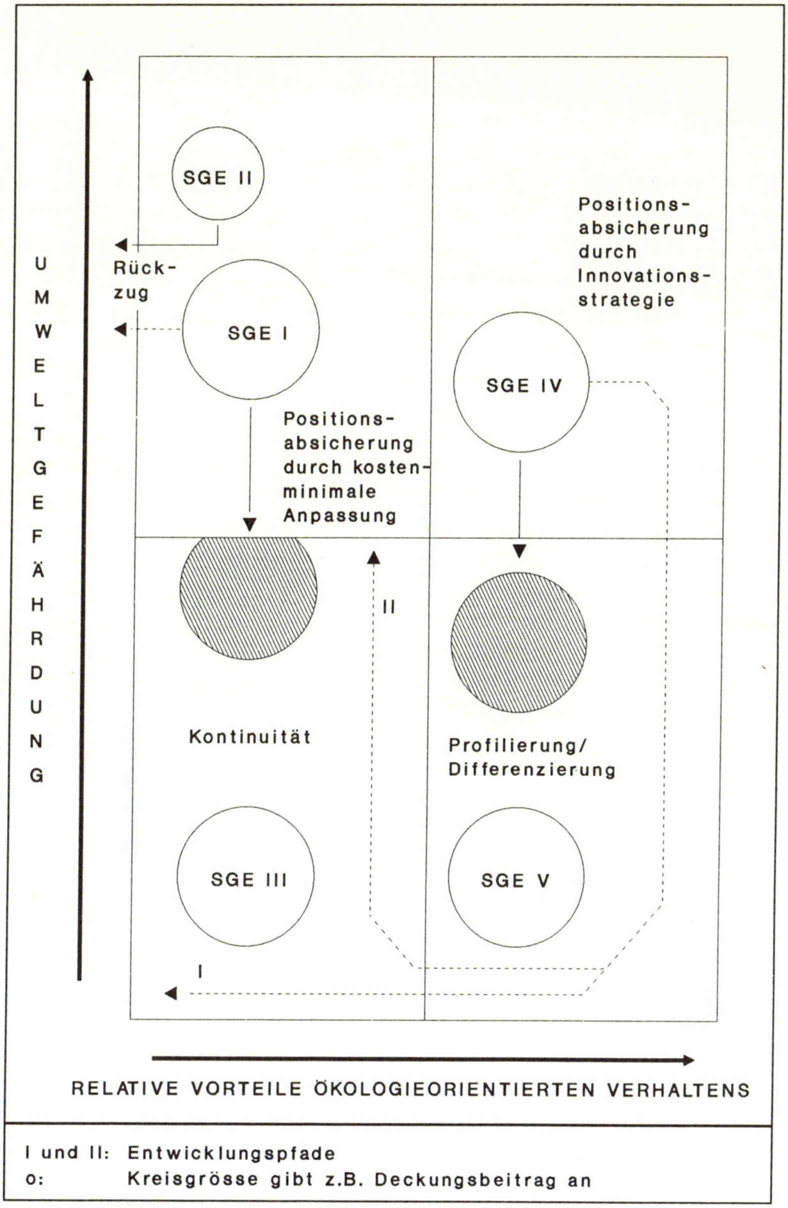

Abb. 41: Beispiel eines Öko-Portfolios

Die Operationalisierung der Dimension »Umweltgefährdung« wirft allerdings Probleme auf. Aufgrund des aktuellen Wissensstandes kann der Einfluß der jeweiligen Unternehmensaktivitäten auf die Umwelt in der Regel nur unvollständig erfaßt werden. Diese Größe kann z. B. als Index, ausgehend vom Stand der Technik unter Berücksichtigung der gesellschaftsbezogenen Umweltschutzansprüche, das Ausmaß aktueller und potentieller negativer Auswirkungen der strategischen Geschäftseinheiten auf das ökologische System wiedergeben. Der der Portfolioanalyse zugrunde liegende Gedanke eines Risikoausgleichs findet dabei nur eingeschränkte Berücksichtigung. Die Dimension »Umweltgefährdung« bringt den Chancenaspekt – und damit die Marktattraktivität – aus Umweltaktivitäten nicht zum Ausdruck. Für die Position in den einzelnen Quadranten lassen sich tendenziell die in Abbildung 41 dargestellten Normstrategien ableiten.

Sind die wettbewerbsbezogenen Vorteile aus einer Ökologieorientierung langfristig gering und der negative Einfluß der Geschäftsfelder (SGE III) auf die Umwelt eher gering einzuschätzen, so ist eine Fortführung der bisherigen Marketingpolitik unter eventueller Anpassung an gesetzliche Umweltschutzanforderungen möglich. Ist hingegen bei geringen relativen Vorteilen ein hoher Grad an Umweltgefährdung erkennbar, so ist die Position durch Minimierung der Kosten für die Berücksichtigung ökologischer Belange abzusichern (SGE I) oder im Falle deckungsbeitragsschwacher Geschäftsfelder ein Rückzug aus dem Marktsegment vorzunehmen (SGE II).

Für Geschäftsfelder, deren Umweltgefährdungspotential eher niedrig ist, die aber hohe Anreize für eine Integration ökologischer Komponenten bieten, empfiehlt sich die Erarbeitung von Lösungsmöglichkeiten bei ökologischen Problemstellungen zur wettbewerbsbezogenen Profilierung und Differenzierung (SGE V). Bei der Position der Erringung großer Vorteile aus der Ökologieorientierung bei einem gleichzeitig hohen Maß an Umweltgefährdung durch Beschaffung, Produktion und Absatz ist durch Intensivierung der Umweltschutzbemühungen ein situationsadäquates Ökologiemix zur Positionssicherung aufzubauen (SGE IV). Aufgrund der hohen Umweltgefährdung ist in diesen Bereichen die Berücksichtigung gesetzlicher Umweltschutzanforderungen in der Regel bereits zwangsläufig realisiert worden.

Die gekennzeichneten Enwicklungspfade verdeutlichen, daß die aus ökologieorientierten Verhaltensweisen resultierenden Vorteile aufgrund von Me-too-Strategien der Konkurrenz gerade in Märkten mit hoher Konkurrenzintensität (z. B. Waschmittelmarkt) nur für einen bestimmten Zeitraum aufrechtzuerhalten sind (Entwicklungspfad I). Andererseits bedarf es einer kontinuierlichen Bewertung des Umweltgefährdungspotentials einzelner Geschäftseinheiten. Mit der Weiterentwicklung des Stands der Technik und neuen Untersuchungen über umweltbelastende Stoffe müssen u.U. bereits abgesicherte Positionen wieder als relativ umweltgefährdend eingestuft werden (Entwicklungspfad II).

4.2 Planungsinstrumente des operativen Umweltmanagement

4.2.1 Umweltorientierte Checklisten

In der Praxis sind Checklisten zur operativen Umsetzung des Umweltmanagement weit verbreitet. Die Verwendung von Checklisten verfolgt den Zweck, möglichst umfassend alle Informationsbereiche für die Analyse umweltrelevanter Probleme zu erfassen und vielfach auch anhand von Maßnahmenkatalogen Gestaltungsempfehlungen abzuleiten (vgl. z. B. Winter 1987; Sietz, Sondermann 1990). Hinsichtlich des Objektbezuges und des Detaillierungsgrades lassen sich verschiedene **Arten von Checklisten** unterscheiden:

- funktionsbezogene Checklisten für umweltrelevante Informations- und Maßnahmenbereiche in Beschaffung, Produktion, Marketing, Personal, Organisation, Finanzierung u. a. m. (vgl. z. B. Winter 1986)
- produktbezogene Checklisten für die Produktions-, Verwendungs- und Entsorgungs- bzw. Vernichtungsphase
- nach unternehmensexternen und unternehmensinternen Informationsbereichen differenzierte Checklisten
- Grobchecklisten (Einstiegsanalysen) und Detail-Checklisten für eine vertiefende Analyse von spezifischen Problembereichen (z. B. Checklisten für die Ermittlung von Gefahrstoffen, Altlasten usw.).

Mit Hilfe des Einsatzes von Checklisten können branchenübergreifend Erfahrungen bei der Analyse umweltrelevanter Problembereiche genutzt werden. Hierbei wird je nach Detaillierungsgrad eine mehr oder weniger umfassende Problemerkennung gefördert. Darüber hinaus können Hinweise für Umweltschutzmaßnahmen die Planung erleichtern.

Allerdings sind Checklisten überwiegend auf eine qualitative Bestandsaufnahme ohne Bewertungs- und Entscheidungskriterien ausgerichtet. Besonders problematisch sind Checklisten hinsichtlich der Identifikationsmöglichkeiten unternehmensspezifischer Problemstellungen zu bewerten. Sind Checklisten unvollständig, so besteht die Gefahr, daß durch eine unreflektierte Anwendung der Kataloge zentrale Problembereiche im Unternehmen nicht erfaßt werden. Somit können Checklisten in der Regel nicht ohne Expertenwissen eingesetzt werden.

4.2.2 Umweltkennziffern und Umweltindikatoren

Insbesondere im Rahmen volkswirtschaftlicher Betrachtungen wurde aus der Kritik am Bruttosozialprodukt als Wohlfahrtsmaßstab ein mehrdimensionales Konzept in Form von Sozialindikatoren entwickelt. In enger Anlehung hieran können zur Analyse und Kennzeichnung der allgemeinen, branchenspezifischen und unternehmensspezifischen Umwelteinwirkungen sog. Umweltkennziffern herangezogen werden. Dabei können aus einem

- interregionalen bzw. internationalen
- intertemporalen
- und/oder Soll-Ist-Vergleich

Erkenntnisse über die Umweltqualität abgeleitet werden (Binswanger, Bonus, Timmermann 1981, S. 221 ff.). Umweltkennziffern erfüllen damit überwiegend eine Diagnose- und Kontrollfunktion.

Bei der Bildung eines sog. **Umweltqualitäts-Index** wird – vergleichbar dem Preisindex – eine Kennziffer aus verschiedenen Umweltindikatoren zusammengestellt. Im Gegensatz zur komplexen isolierten Betrachtung aller Einzelindikatoren soll ein Gesamtindikator zur Beurteilung der Umweltqualität herangezogen werden. Ein besonderes Problem stellt hierbei – wie bei den klassischen Nutzwertverfahren – die Auswahl, Gewichtung und Aggregation der Einzelindikatoren dar. Schulz verweist z. B. in diesem Zusammenhang auf bisher mißlungene Versuche, einen praktikablen Luftqualitätsindex zu entwickeln, weil in der Verrechnung einzelner Schadstoffe große Probleme bestehen (Schulz 1989). Zwar wird den Umweltindikatoren bei sorgfältiger Interpretation eine gewisse Orientierungsfunktion im Rahmen der Diagnose zugesprochen, jedoch ist ihre Aussagekraft für das Umweltmanagement als begrenzt einzustufen.

Aus volkswirtschaftlichen Strukturkoeffizienten wird für die unternehmensbezogene Analyse die Ermittlung sog. **Umweltproduktivitätsfaktoren** vorgeschlagen (Binswanger, Bonus, Timmermann 1981, S. 224; Schulz 1989, S. 69). Dabei wird die Umweltproduktivität wie folgt berechnet:

$$\text{Umweltproduktivität} = \frac{\text{Produktionsergebnis}}{\text{Umweltverbrauch}}$$

Als Umweltverbrauch sind im Rahmen dieser Kennziffer die mit Hilfe von Äquivalenzziffern ermittelten Rechnungseinheiten für alle im Rahmen von Beschaffung, Produktion, Absatz und Entsorgung von Produkten beanspruchten Ressourcen und entstandenen Emissionen anzusetzen. Der Kehrwert der Umweltproduktivität wird als **Umweltkoeffizient** oder Emissionskoeffizient bezeichnet:

$$\text{Umweltkoeffizient} = \frac{\text{Umweltverbrauch}}{\text{Produktionsergebnis}}$$

oder

$$\text{Emissionskoeffizient} = \frac{\text{Emissionseinheiten}}{\text{Deckungsbeitrag/Gewinn}}$$

Bewertet man das Produktionsergebnis in Form von Umsatz-, Deckungsbeitrags-, Cash-Flow- oder Gewinngrößen lassen sich im Rahmen von Kosten- und Investitionskalkülen Alternativen hinsichtlich ihrer Umweltbelastung anhand dieser Kennziffern vergleichen (vgl. z. B. Kudert 1990). Allerdings besteht auch bei diesen Kennziffern das Problem, den Umweltverbrauch aus der Aggregation von Einzelindikatoren zu ermitteln. Weiterhin können **Umweltelastizitäten** ermittelt werden, wenn relative Änderungen des Umweltverbrauchs zu relativen Veränderungen von ökonomischen Zielgrößen ins Verhältnis gesetzt werden. Umweltelastizitäten geben an, um wieviel Prozent z. B. der Ressourcenverbrauch oder die Emissionen ansteigen, wenn die Kenngröße um ein Prozent steigt. Allerdings führt die Unterstellung eines einfachen linearen Zusammenhangs zwischen Umweltverbrauch und ökonomischen Größen oft zu wenig realistischen Aussagen.

Angesichts der Schwierigkeiten der Bildung aussagekräftiger Umweltkennziffern wird auf die Möglichkeit hingewiesen, Umweltindikatoren mit den Maßeinheiten der einzelnen Schadstoffe in einem **Indikatorensystem** ungewichtet nebeneinander zu betrachten. Somit läßt sich unter Ausschluß der Gewichtungs- und Aggregationsproblematik ein zeitbezogener Vergleich einzelner Schlüsselfaktoren anstreben. Für die Auswahl von Schlüsselfaktoren werden folgende Kriterien vorgeschlagen (Schulz 1989, S. 69):

- Erfassung von Leitschadstoffen, die mit anderen Schadstoffen eines Gebietes gewöhnlich stark korrelieren (z. B. Schwefeldioxid).
- Erfassung von Umweltbelastungen, die nach dem Stand der Diskussion zum Problem geworden sind.
- Erfassung von Umweltbereichen, die für das Leben in Industriegesellschaften von besonderer Bedeutung sind.

Zusammenfassend ist festzustellen, daß Umweltkennziffern bislang aufgrund von Gewichtungs- und Aggregationsproblemen lediglich auf Basis von einzelnen Schadstoffen einen verstärkten Anwendungsbezug gefunden haben. Bei der Verwendung von Einzelindikatoren ist darauf zu achten, daß die Verlagerung von Umweltbelastungen zwischen einzelnen Umweltmedien nicht unerkannt bleibt. Umweltkennziffern liefern allerdings direkt keine Hinweise über ökologisch zulässige Höchstmengen. Hierzu sind spezifische Wirkungsanalysen der Umwelteinwirkungen vorzunehmen.

4.2.3 Stoff- und Energiebilanzen

Stoff- und Energiebilanzen stellen eine erweiterte physische Input-Output-Rechnung einer Unternehmung dar. Sie erheben nicht den Anspruch, die Umwelteinwirkungen in ökonomische Größen oder mit Äquivalenzziffern in eine Gesamtmaßzahl zu überführen. Stoff- und Energiebilanzen werden oft dem Begriff der Umweltbilanz subsumiert.

Auf der Grundlage einer inputbezogenen Betrachung der Stoff- und Energiearten, ihrer weiteren Verwendung im Rahmen der Produktion und der Outputfaktoren in Form von Produkten und Kuppelprodukten wird eine qualitative Bewertung der Umwelteinwirkungen vorgenommen. Bereits Mitte der 70er Jahre wurde das Konzept der Stoff- und Energiebilanz in ihren Grundzügen dargestellt, wobei die »direkte naturale Steuerung der Produktion« als Zielsetzung im Vordergrund stand (Immler 1975, S. 829). Dem Konzept liegt der Gedanke zugrunde, daß die in einen Produktions- und Konsumprozeß eingebrachten Stoffe und Energien grundsätzlich erhalten und lediglich in andere Formen und Zustände umgewandelt werden. Durch eine Gegenüberstellung (Bilanzierung) von Input- und Outputfaktoren (vgl. Abb. 42) können bisher unbewußt an die Umwelt abgegebene Stoff- und Energiemengen aufgedeckt werden (Hofmeister, Schultz 1986, S. 25). Bei der Erstellung von Stoff- und Energiebilanzen wird meist wie folgt vorgegangen:

(1) Im Rahmen einer unternehmensbezogenen Datenerfassung werden erwünschte und unerwünschte Umweltwirkungen durch eine verfahrenstechnische Analyse des Produktionsprozesses ermittelt.

Stoff- und Energiebilanz

Input	Output
I. Stoffe 1. Rohstoffe 2. Hilfsstoffe 3. Betriebsstoffe 4. Weitere Materialien II. Energien 1. Gasförmig 2. Flüssig 3. Fest	I. Produkte 1. Primärprodukte 2. Kuppelprodukte II. Stoffliche Emissionen 1. Abfall 2. Abwasser 3. Abluft III. Energetische Emissionen 1. Abwärme 2. Lärm
Σ	$\hat{=}$ Σ

Abb. 42: Grundmodell einer Stoff- und Energiebilanz

(2) Im zweiten Schritt wird eine umweltbezogene Datenerfassung vorgenommen, in der eine Einschätzung der Umweltwirkungen des Produktionsprozesses vorgenommen wird.
(3) Im dritten Schritt sind aufgrund der unternehmensbezogenen und umweltbezogenen Datenerfassung Gestaltungsempfehlungen für das Umweltmanagement abzuleiten.

Stoff-Energiebilanzen können sowohl auf der Unternehmensebene als auch auf der Prozeß- oder Produktebene ansetzen. Vielfach wird jedoch die Unternehmung als Analyseobjekt in den Vordergrund gestellt. Obwohl bei der Stoff- und Energiebilanz auf eine Bewertung und Aggregation der Umwelteinwirkungen verzichtet wird, zeigen Projektstudien erhebliche Schwierigkeiten bei der Datenbeschaffung und ökologischen Wirkungseinschätzung verschiedener Input- und Outputfaktoren (vgl. Schulz 1989, S.71 ff; Freimann 1990, S. 185). Darüber hinaus lassen sich Umwelteinwirkungen häufig nicht ohne Prämissen festlegen, beispielhaft sei hier nur auf die Annahmen über Recyclingquoten, Distributionsentfernungen für Warentransporte und Methoden der Abfallverwertung (Deponierung, thermische Verwertung) bei der Einweg-/Mehrwegdiskussion hingewiesen. In Insert 15 ist eine Stoff- und Energiebilanz für Einweg- und Mehrweggetränkeverpackungen dargestellt. Es zeigt sich deutlich, daß je nach unterstellter Prämisse über Umlaufzahlen und Transportentfernungen die Mehrwegverpackungen unterschiedlich zu bewerten sind.

In diesem Zusammenhang stellt sich auch die Frage nach der Informationsökonomie bei der Anwendung des Konzeptes. So wird der Informationsaufwand und das verfügbare Expertenwissen insbesondere für Klein- und Mittelbetriebe als kaum tragbar angesehen.

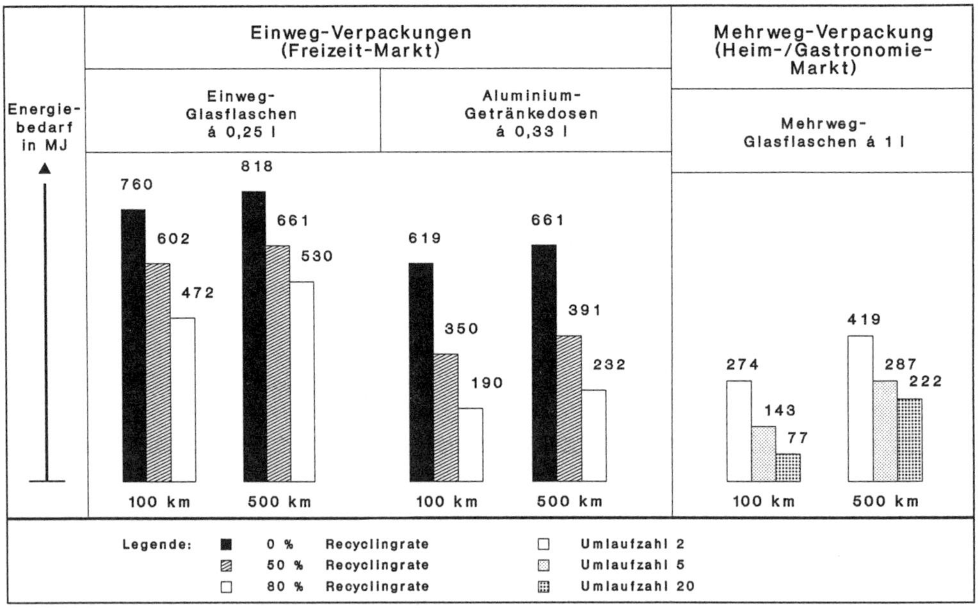

Insert 15: Stoff- und Energiebilanz bei Einweg- und Mehrwegverpackungen
(Quelle: Jucker 1990)

Abschreibung	Energie	Anfallende Mengen	Betriebskosten	Kosten gesamt	Entsorgungskosten Ersparnis	Erlöse aus Recycling	Erlöse gesamt	Differenz
KUNSTSTOFF-RECYCLING (VERSCHLÜSSE, KISTEN, UMREIFUNGSBÄNDER, FOLIEN)								
Abschreibung	*Energie (136.700 kWh)*	*Anfallende Mengen*	*Betriebs-kosten*	***Kosten gesamt***	*Entsorgungs-kosten Ersparnis*	*Erlöse aus Recycling*	***Erlöse gesamt***	***Differenz***
317.500 S	155.800 S	3.750 m³ = 536 t	94.800 S	**568.100 S**	975.000 S	3,196.300 S	**4,171.300 S**	**+3,603.200 S**
PAPIER-RECYCLING (ETIKETTEN, KARTON, BÜRO-ABFALL)								
Abschreibung	*Energie (60. 450 kWh)*	*Anfallende Mengen*	*Betriebs-kosten*	***Kosten gesamt***	*Entsorgungs-kosten Ersparnis*	*Erlöse aus Recycling*	***Erlöse gesamt***	***Differenz***
	68.900 S	237 t Etiketten 55,3 t Karton	14.100 S	**83.000 S**	1,540.500 S 5.800 S	99.300 S	**1,645.600 S**	**+1,562.600 S**
KLÄRANLAGE								
Abschreibung	*Energie (217.200 kWh)*	*Anfallende Mengen*	*Betriebs-kosten*	***Kosten gesamt***	*Entsorgungs-kosten Ersparnis*	*Erlöse aus Recycling*	***Erlöse gesamt***	***Differenz***
240.000 S	247.600 S	[illegible]34 m³ = 534 t	796.300 S	**1,283.900 S**	1,009.300 S 100.000 S		**1,109.300 S**	**−174.600 S**
GLASBRUCH								
Abschreibung	*Energie*	*Anfallende Mengen*	*Betriebs-kosten*	***Kosten gesamt***	*Entsorgungs-kosten Ersparnis*	*Erlöse aus Recycling*	***Erlöse gesamt***	***Differenz***
		726 m³ = 381,7 t			188.800 S		**188.800 S**	**+ 188.800 S**
GESAMTERGEBNIS								
Abschreibung	*Energie (414.350 kWh)*	*Anfallende Mengen*	*Betriebs-kosten*	***Kosten gesamt***	*Entsorgungs-kosten Ersparnis*	*Erlöse aus Recycling*	***Erlöse gesamt***	***Differenz***
557.500 S	472.300 S	1.744 t	905.200 S	**1,935.000 S**	3,819.400 S	3,295.600 S	**7,115.000 S**	**+5,180.000 S**

Insert 16: Auszug aus einer Umweltbilanzierung
(Quelle: Adler, Mackwitz 1990, S. 313)

4.2.4 Sozial- und Umweltbilanzen

Bei der Erstellung von Sozial- bzw. Umweltbilanzen wird in Ergänzung zur finanzwirtschaftlichen Bilanzierung eine Erfassung und Bewertung der externen Kosten und des externen Nutzens der Unternehmenstätigkeit vorgenommen. Aus der Sicht des gesamten Unternehmens wird versucht, die »ökonomische Tätigkeit nach ökologischen Gesichtspunkten« zu bewerten und zu bilanzieren. **Die klassische Sozialbilanz**, an der die Umweltbilanzierung in dem hier verstandenen Sinne angelehnt ist, besteht aus:

- einer **Sozialrechnung**, in der soziale Auswirkungen der betrieblichen Prozesse der Beziehungsfelder Unternehmung-Mitarbeiter, Unternehmung-Kapitalgeber und Unternehmung-Staat/Öffentlichkeit/Umwelt aufgrund von Zahlen der Gewinn- und Verlustrechnung aufgeführt sind,
- einer **Wertschöpfungsrechnung**, in der über die Höhe, Entstehung und Verteilung des Unternehmensbeitrages zur volkswirtschaftlichen Wertschöpfung Aufschluß gegeben wird. Sie ist in eine Entstehungs- und Verwendungsrechung gegliedert,
- einem **Sozialbericht**, in dem überwiegend in verbaler Form Erläuterungen und Einschätzungen der sozialen Unternehmensaktivitäten und den damit verbundenen Auswirkungen gegeben werden.

Sozialbilanzen dienen in erster Linie der Information außenstehender Interessenten bzw. Anspruchsgruppen. Insofern stellen sie eher ein Instrument der Öffentlichkeitsarbeit dar. Ihr Informationsgehalt für interne Entscheidungszwecke ist allerdings begrenzt. Freimann (1990) führt folgende Kritikpunkte an der Sozialbilanzierung an/auf:

- In enger Anlehnung an Daten der Finanzbuchhaltung werden verschiedene monetäre Positionen in oft undurchschaubarer Weise in der Sozial- und Wertschöpfungsrechnung umdefiniert.
- Fehlende Normierung, Beliebigkeit der bilanzierten Sachverhalte und vorgenommenen Bewertungen.
- Keine hinreichenden Informationen über Relevanz, Eignung und Auswirkungen der finanzierten Maßnahmen.

Damit wird deutlich, daß die klassische Sozialbilanz als gesellschaftsbezogenes Rechenschaftsinstrument für das Umweltmanagement kaum als Diagnose- und Planungsinstrument eingesetzt werden kann. Zwar wird hierin ein Versuch gesehen, eine umfassende Gesamtbetrachtung der Auswirkungen der Unternehmenstätigkeit vorzunehmen, jedoch sind die damit verbunden Bewertungprobleme, z. B. ökologischer Wirkungen, nicht durch Rückgriff auf Daten der Gewinn- und Verlustrechnung zu bewältigen. Nicht zuletzt hieraus resultieren Akzeptanzprobleme von Sozial- und Umweltbilanzen bei einer Vielzahl von gesellschaftlichen Anspruchgruppen. Im Insert 16 ist ein Auszug aus einer Umweltbilanzierung dargestellt, in der eine monetäre Bewertung der Umweltschutzmaßnahmen vorgenommen wurde, wobei die Probleme der monetären Bewertung möglicher Umweltbelastungen nicht gelöst worden sind.

4.2.5 Ökologische Buchhaltung

In Anlehnung an das System der betriebs- bzw. finanzwirtschaftlichen Buchhaltung wird im Ansatz der »Ökologischen Buchhaltung« versucht, mit ökologischen Rechnungseinhei-

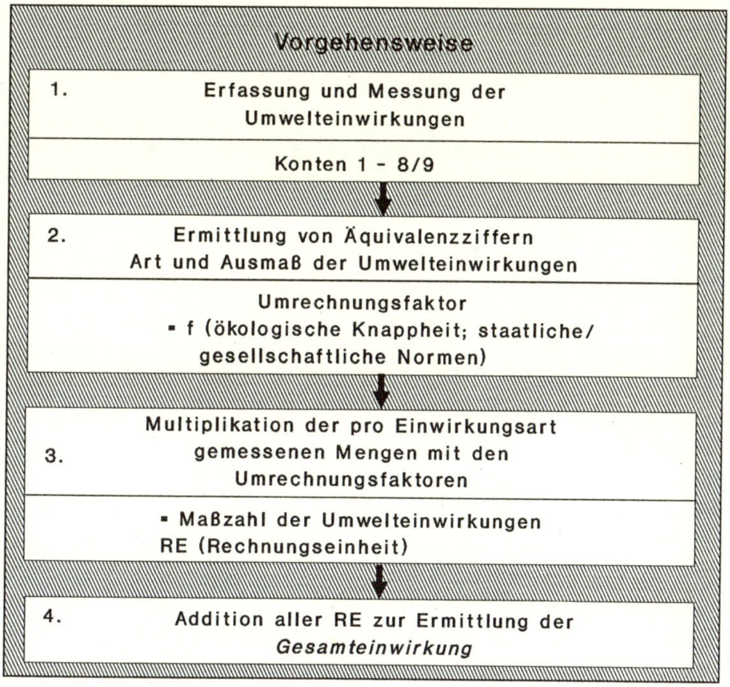

Abb. 43: Vorgehensweise im Rahmen der ökologischen Buchhaltung

ten alle Umwelteinwirkungen eines Unternehmens auf Konten zu erfassen (Müller-Wenk 1978). Aufgrund der Schwierigkeiten, eine monetäre Bewertung der Umwelteinwirkungen vorzunehmen, wird im Rahmen dieses Ansatzes versucht, im »Beziehungsfeld Unternehmen – physische Umwelt« ein geschlossenes nichtmonetäres Buchhaltungssystem aufzustellen (Freimann 1989, S. 83 f.).

Die Abbildung 43 zeigt die Vorgehensweise im Rahmen eines solchen Ansatzes. Zunächst werden alle Umweltbelastungen und Ressourcenverbräuche getrennt in physikalischen Maßeinheiten (z. B. Gewicht, Volumen, Energie) erfaßt. Die jeweiligen Einheitsmengen werden dann mit einem Äquivalenzkoeffizienten gewichtet, der einen Bewertungsmaßstab für die Umweltgefährdung bzw. »Ökologische Knappheit« der Einheitsmengen darstellt. Durch Multiplikation von Einwirkungsmenge und spezifischen Äquivalenzkoeffizienten werden ökologische »Rechnungseinheiten« ermittelt, die aufgrund ihrer einheitlichen Dimension addier- und subtrahierbar sind. Auf diese Weise erhält man schließlich eine Maßzahl der Gesamteinwirkungen des Unternehmens auf die natürliche Umwelt innerhalb der betrachteten Periode.

Im **Kontenrahmen** sollen differenziert nach unternehmensinternen Bereichen sowie Auswirkungen auf vor- und nachgelagerte Produktionsstufen und den Ge-, Verbrauch und die Entsorgung der Produkte Umwelteinwirkungen in der folgenden Form erfaßt werden:

(a) Belastungen im eigenen Unternehmen:
- Materialverbrauch
- feste Abfälle
- Energieverbrauch

- gas- und staubförmige Abfälle
- Abwasser
- Abwärme
- Denaturalisierung von Boden

(b) Belastungen der durch das Unternehmen erzeugten und für Konsumenten bestimmten Fertigungsprodukte (bei durchschnittlicher Verwendung und Beseitigung):
- Energieverbrauch
- feste Abfälle
- gas- und staubförmige Abfälle
- Abwasser
- Abwärme

(c) Entlastungen des Unternehmens durch Material-Weiterlieferungen.

Ein Hauptproblem der Ökologischen Buchhaltung wird in der Festlegung der Äquivalenzkoeffizienten gesehen. Durch ihn werden die in verschiedensten Einheiten ausgedrückten Umweltauswirkungen erst meßbar gemacht. Ein großer Äquivalenzkoeffizient bedeutet eine ausgeprägte ökologische Knappheit, während ein Äquivalenzkoeffizient von Null den Grenzfall der Nichtknappheit kennzeichnet. Anerkannte Kriterien zur Festlegung der Äquivalenzziffern liegen jedoch nicht vor.

Das Konzept der ökologischen Buchhaltung erhebt den Anspruch eines systematischen Analyse-, Bewertungs- und Kontrollinstrumentes. Ähnlich wie bei den bereits vorgestellten Verfahren sind jedoch folgende ungelöste Probleme hervorzuheben:

- Komplexität der Datenerhebung
- Bestimmung der Äquivalenzziffern bei dynamischer Umweltentwicklung
- Berücksichtigung von Summationsschäden und Synergiewirkungen zwischen einzelnen Umwelteinwirkungen, differenziert nach Quantität und Toxizität der Umwelteinwirkungen
- Einbeziehung der von Produktion und Konsum ausgehenden Belastungen auf die natürliche Umwelt (z. B. Verminderung der Artenvielfalt und globale Umweltschäden)
- Verlagerung externer Effekte (Überwälzung auf andere Wirtschaftsstufen) ist nicht ausgeschlossen.

Aufgrund der bestehenden Anwendungsprobleme zeigen sich bei Projektstudien erhebliche Schwierigkeiten, das Konzept umzusetzen. Deshalb ist das Verfahren der ökologischen Buchhaltung in der Praxis bislang noch wenig verbreitet.

4.2.6 Umwelt-Budget-Rechnung

Aufbau und Funktionsweise der Umwelt-Budget-Rechnung basieren auf der von Plinke vor allem für Investitionsgüter entwickelten »Pool-Rechnung« (Wagner,Janzen 1991). Den Kern dieses Ansatzes bilden sogenannte »Kosten-Pools«, die jeweils für spezifische Projekte zwischen die Kostenstellen- und Kostenträgerrechnung gestellt werden. Dieses Grundkonzept kann nun in zwei Stufen erweitert werden. Zunächst werden neben Projekteinzel- und Projektgemeinkosten auch Erlös- oder »Nutzen-Pools« gebildet. In einer zweiten Stufe sind diese Kosten- und Nutzenpools durch umweltrelevante Kosten und Erlöspositionen zu ergänzen.

Ziel der Umwelt-Budget-Rechnung ist die Information der Unternehmensführung über alle umweltrelevanten Wirkungen unternehmerischer Handlungen. Letztlich sollen die vom Unternehmen ausgehenden Umweltbelastungen transparenter und somit steuerbar gemacht werden. Das Zusammenwirken von Umwelt-Budget-Rechnung und konventioneller Erfolgsrechnung und den Aufbau der Umwelt-Budget-Rechnung ist in den Abbildungen 44 und 45 wiedergegeben.

Der Aufbau der Umwelt-Budget-Rechnung setzt eine differenzierte Grundrechnung der Kosten- und Erlösarten im Sinne der Einzelkosten- und Deckungsbeitragsrechnung Riebels voraus (Riebel, 1990). Diese Grundrechnung soll durch alle umweltrelevanten Kosten- und Nutzenwirkungen ergänzt werden. In diesem Zusammenhang werden zunächst auf Basis der konventionellen Erfolgsrechnung alle Kosten- und Erlöspositionen erfaßt, welche durch die Realisierung bzw. Unterlassung von Umweltschutzmaßnahmen entstanden sind.

Im zweiten Schritt wird versucht, »externe Kosten und Nutzen«, d.h. die vom Unternehmen ausgehenden Umweltbe- und entlastungen für Boden, Luft und Wasser quantitativ zu erfassen. Umweltbelastungen sollen dabei anhand kalkulatorischer Kosten der Emissionsverminderung bzw. Schadenssanierung erfaßt werden. Führen Unternehmen auf freiwilliger Basis Umweltschutzmaßnahmen durch, sollen die daraus ableitbaren Forderungen gegenüber der Allgemeinheit als »Umweltnutzen« erfaßt werden. In diesem Zusammenhang sollen auch diejenigen Umweltbelastungen bzw. Emissionen als Umweltkosten integriert werden, bei denen mit einer bestimmten Wahrscheinlichkeit erst langfristig mit Zwangsabgaben oder kostenintensiven Umweltschutzauflagen zu rechnen ist. Insoweit entspricht die Umwelt-Budget-Rechnung sowohl dem Prinzip der unternehmerischen Vorsicht als auch dem Grundgedanken der strategischen Planung.

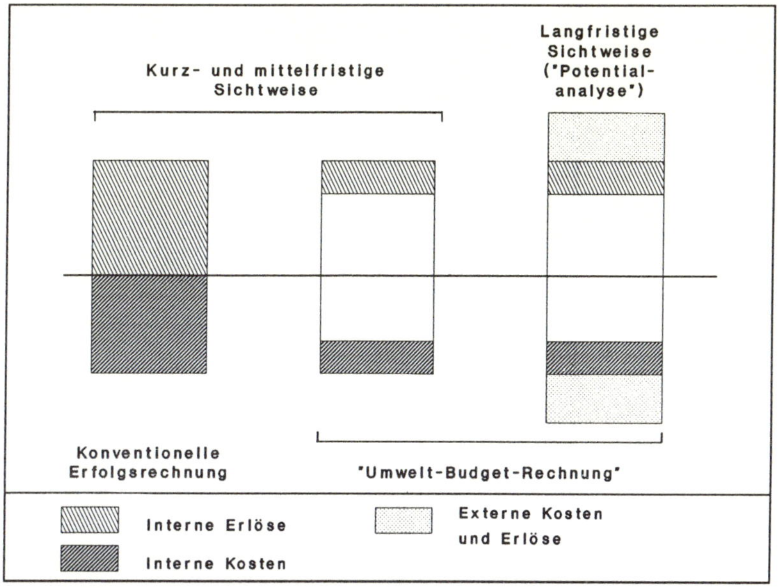

Abb. 44: Aufbau der Umwelt-Budget-Rechnung und Schnittstellen zur konventionellen Erfolgsrechnung
(Quelle: Wagner, Janzen 1991)

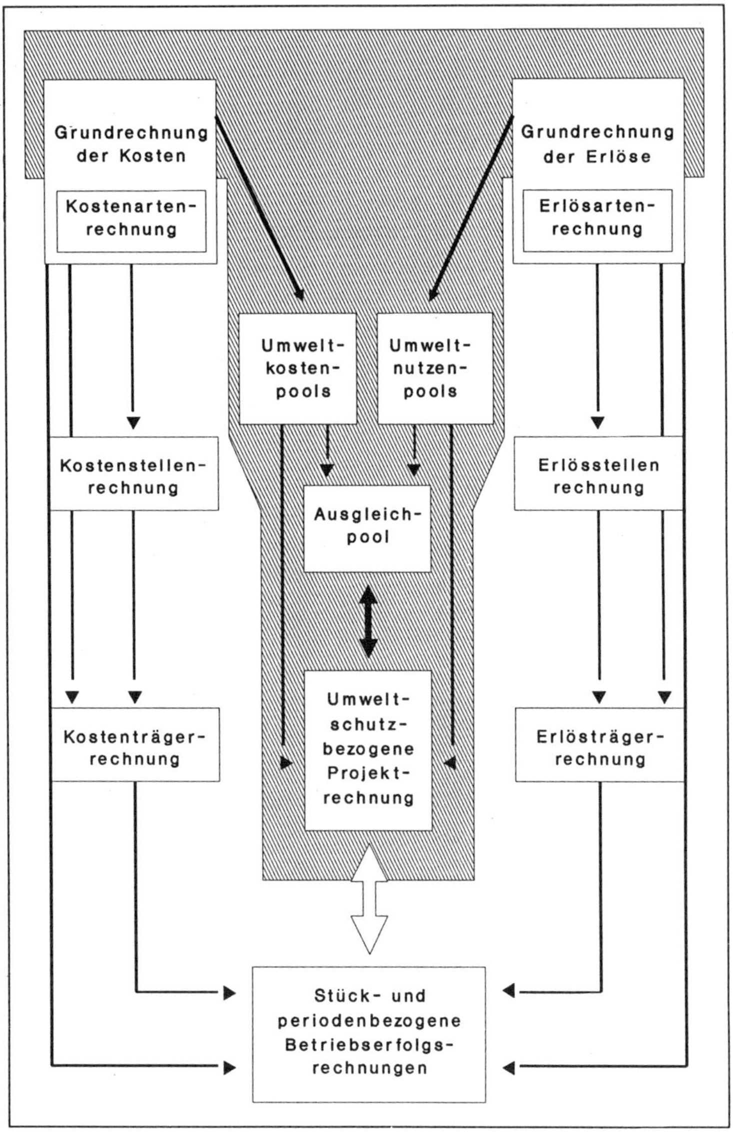

Abb. 45: Aufbau der Umwelt-Budget-Rechnung
(Quelle: Wagner, Janzen 1991)

Die Zurechnungsobjekte der Umwelt-Budget-Rechnung stellen die Umweltkosten- und Umweltnutzenpools dar, welche der jeweiligen Zielsetzung entsprechend projekt- oder funktionsorientiert gebildet werden können. Auf diese Weise können für umweltschutzbezogenen Aufgabenstellungen einerseits alle ökonomisch relevanten Einzel- und Gemeinkosten zugerechnet werden. Darüber hinaus können die aufgabenspezifisch zurechenbaren Umweltkosten und Umweltnutzen im Sinne eines umweltschutzbezogenen Erfolgs erfaßt und dem ökonomischen Erfolg gegenübergestellt werden. Die nicht direkt zurechenbaren Umweltkosten und Umweltnutzen werden abschließend den sogenannten Ausgleichspools zugewiesen.

Der ökonomische und der umweltschutzbezogene Erfolg eines Projektes bzw. einer spezifischen Funktion soll dann in die langfristige Produktprogramm- und Produktionsprozeßplanung einfließen, um dadurch ein differenziertes Bild des aktuellen und zukünftigen ökologieorientierten Entscheidungsbedarfs des Unternehmens zu ermöglichen. Problematisch ist bei diesem Planungsinstrument primär die Bewertung der »externen Effekte« als Resultat unternehmerischer Entscheidungen. In diesem Zusammenhang erscheint insbesondere die Abschätzung und Quantifizierung der für die Allgemeinheit entstehenden Nutzeneffekte ökologieorientierter Aktivitäten von Unternehmen praktisch kaum durchführbar. Darüber hinaus besteht auch bei der Umwelt-Budget-Rechnung das Problem der Aggregation und damit der quantitativ-vergleichenden Bewertung völlig unterschiedlicher ökologischer Schadensarten. Die Möglichkeiten zu einer verursachungsgerechten Internalisierung »externer Effekte« sind auch im Rahmen der Umwelt-Budget-Rechnung als eher gering einzustufen.

4.2.7 Produktbezogene Analysemethoden

Während die zuvor dargestellten Verfahren überwiegend auf die unternehmensbezogene Erfassung und Analyse von Umwelteinwirkungen abstellen, werden eine Reihe von produktbezogenen Planungsverfahren im Rahmen des Umweltschutzmanagement diskutiert. Gemeinsam ist allen Ansätzen, daß sie versuchen, die Umwelteinwirkungen über den gesamten Produktlebenszyklus zu erfassen.

Zielsetzung ist somit eine ganzheitliche produktbezogene Analyse nach dem Grundsatz »craddle to grave«. Die einzelnen Verfahren unterscheiden sich hinsichtlich des Detaillierungsgrades der Lebenszyklusphasen und der Art und Anzahl der einbezogenen Kriterien, nach denen die Umwelteinwirkungen systematisiert und erfaßt werden. Je nach Schwerpunktsetzungen hinsichtlich der Auswahl von Beurteilungskriterien stehen verschiedene Teilziele z. B. einer erweiterten sozialen bzw. gesellschaftlichen oder ausschließlich ökologischen Produktbeurteilung im Vorderund. Die Abbilung 46 zeigt im Überblick einige zentrale produktbezogene Analyseansätze, deren Methodik im folgenden gekennzeichnet wird.

Mitte der 70er Jahre hat Utz unter dem Begriff des **Marketing-Assessment** aufbauend auf einem Sozialindikatorsystem ein Punktbewertungsmodell zur Erfassung der »externen Produkteffekte« entwickelt. Er erstellt jeweils für Konsumenten und die Gesellschaft ein Indikatormodell, bei dem fünf Lebenszyklusphasen unterschieden werden. Hinsichtlich der Beurteilungskriterien werden objektive und subjektive Indikatoren unterschieden. Neben objektiv zu ermittelnden Tatbeständen (Emissionen, Rohstoffanteile etc.) werden als subjektive Kriterien die Zufriedenheit der Konsumenten und der Gesellschaft mit der Umweltsituation in die Bewertung einbezogen. Mit Hilfe des Punktbewertungsmodells sind über Kriteriengewichte und Einzelpunktwerte Produktalternativen über einen Gesamtpunktwert zu vergleichen. Dieses Instrument wird sowohl für bestehende Produkte als auch für die Bewertung neuer Produktalternativen empfohlen (Utz 1978, S. 278). Zwar versucht das Verfahren, gesellschafts- und konsumentenbezogene externe Produkteffekte zu ermitteln, allerdings wurden für den Bereich der ökologischen Umwelteinwirkungen

Ansätze für produktbezogene Planungsinstrumente im Umweltmanagement			
	Marketing Assessment Utz 1978	Produktfolgenabschätzung Müller-Witt 1985	Produktlinienanalyse Öko-Institut Freiburg 1987
Lebens-zyklus-phasen	1. Produktentwicklung 2. Produktionsphase 3. Phase der Markt-beeinflussung 4. Ge- bzw. Verbrauchsphase 5. Entsorgungsphase	1. Materialbeschaffung 2. Produktionsphase 3. Transport/Verteilung 4. An-, Verwendung, Gebrauch 5. Verbrauch & Entsorgung	1. Rohstofferschließung/ -verarbeitung 2. Transport 3. Vorleistungproduktion 4. Transport 5. Produktion 6. Handel/Vertrieb 7. Ge- und Verbrauch 8. Transport 9. Beseitigung
Indikatoren-struktur	A. OBJEKTIVE INDIKATOREN ▪ Konsument 1. Preiswürdigkeit 2. Produkteigenschaften 3. Umweltaspekte ▪ Gesellschaft 1. Gesundheit 2. Lebensstandard 3. Ökologie der Umwelt B. SUBJEKTIVE INDIKATOREN ▪ Konsument ▪ Zufriedenheit ▪ Gesellschaft ▪ Lebensqualität	A. RESSOURCENINTENSITÄT UND -QUALITÄT B. ÖKOLOGISCHE BELASTUNG C. SOZIALE VERTRÄGLICHKEIT	A. DIMENSION NATUR 1. Rohstoffe 2. Umweltmedien 3. Mitwelt B. DIMENSION GESELLSCHAFT 1. Arbeitsqualität 2. Indiv. Freiheiten 3. Gesellschaftl. Aspekte C. DIMENSION WIRTSCHAFT 1. Allokationsaspekte 2. Verteilungswirkungen
Bewertungs-methode	- Qualitative Bewertung - Punktbewertungs-verfahren ▪ › Gesamtpunktwert	- Qualitative Bewertung - Punktbewertungs-verfahren ▪ › Gesamtpunktwert	- Keine Bewertungsregeln - Symbolik zur Kennzeich-nung von Problembereichen
Zielsetzung	- Internes Analyseinstrument	- Generierung ökologie-orientierter Produkt-alternativen, insbesondere Belegschaft	- Dialoginstrument für alle Beteiligten

Abb. 46: Produktionsbezogene Analyseverfahren im Vergleich

keine detaillierteren Kriterien angegeben. Mit Hilfe der einbezogenen Produktlebensphasen ist keine ganzheitliche Betrachtung sichergestellt, weil zumindest explizit die Rohstoffgewinnung, Beschaffungs- und Logistikprozesse nicht aufgeführt sind. Darüber hinaus ist auf die üblichen, an Punktbewertungsverfahren vorgebrachten Kritikpunkte zu verweisen (vgl. hierzu auch die Diskussion von Türck 1990a, S. 124 ff.).

Stärker auf ökologieorientierte Bewertungskriterien ist die Methode der sog. **Produktfolgenabschätzung** ausgerichtet (Müller-Witt 1985, S. 282 ff.). Es werden auch hier fünf Produktlebenszyklusphasen unterschieden, jedoch wird gegenüber dem zuvor dargestellten Ansatz die Umwelteinwirkung von Beschaffungs- und Transportprozessen explizit berücksichtigt. Zur Beurteilung der Auswirkungen von Produkten in den einzelnen Phasen werden Kriterien zur Ressourcenintensität/-qualität, Belastung von Umweltmedien und Lebewesen sowie zur sozialen Verträglichkeit einbezogen. Über eine Bewertung der einzelnen Matrixfelder mit den Punktwerten -5 bis +5, sollen negative, positive und neutrale Wirkungen erfaßt und über Kriteriengewichte (1-3) ein Gesamtpunktwert ermittelt werden. Wenn auch bei diesem Verfahren eine stärkere Ausrichtung auf ökologische Umwelteinwirkungen erfolgt und der Lebenszyklus ganzheitlicher gefaßt wird, so sind auch hier erhebliche Operationalisierungsprobleme bei der Bewertung der einzelnen Matrixfelder zu bewältigen.

Aufgrund der Bewertungsproblematik bei den genannten Verfahren und aus einer Kritik der zu engen ökologieorientierten Sicht der Produktfolgenabschätzung wurde von dem Freiburger Öko-Institut die sog. **Produktlinienanalyse** vorgestellt (Öko-Insititut 1987). Hierbei wird versucht, die verschiedenen Auswirkungen verbal und in ihrer Vieldimensionalität darzustellen. Als Produktlinie werden im Rahmen dieses Ansatzes jene Produktalternativen verstanden, die geeignet sind, ein Bedürfnis (z. B. Waschen, Reisen) zu befriedigen. Somit setzt der erste Analyseschritt des Verfahrens (vgl. Abb. 47) im Gegensatz zu den zuvor dargestellten Ansätzen auf der Bedürfnisebene an. Es werden die sozialen, ökologischen und wirtschaftlichen Folgen eines Produktes und möglicher Varianten zur Befriedigung eines Bedürfnisses aufgedeckt. Aufgrund einer umfassenden Aufteilung der Produktlebensphasen und eines umfangreichen hierarchisch aufgebauten Kriterienkatalogs bietet die sog. Produktlinienmatrix ein sehr differenziertes Beurteilungsraster (vgl. Abb. 46). Anhand dieses Rasters werden relevante Problemfelder der betrachteten Alternativen mit einer Symbolik gekennzeichnet, die einer näheren und methodisch nicht weiter präzisierten Betrachtung unterzogen werden sollen. Eine Bewertung, im Sinne von Teilpunktwerten und Gewichtungen, ist nicht vorgesehen. Die Autoren vermerken hierzu: »Dieser Aspekt ist so zentral und unterliegt dem gesellschaftlichen Konflikt über Alternativen, daß es unmöglich ist, Bewertungsregeln unabhängig der betroffenen Menschen sowie Gruppen« festzulegen (Baumgartner, Rubik, Teichert 1989, S. 18). Die Produktlinienanalyse ist bisher nur beispielhaft in einzelnen Bereichen (Raumwärme, Bauen u. Wohnen, Tourismus) durchgeführt worden (Öko-Institut 1987). Es zeigen sich bei der Anwendung jedoch erhebliche Anpassungsprobleme bei der Produktlinienmatrix auf den Einzelfall, Auswahlprobleme bei den Produktalternativen sowie Informations- und Zurechnungsprobleme von Umwelteinwirkungen.

Aus der Sicht des Umweltmanagement schärfen die aufgezeigten produktbezogenen Planungsverfahren den Blick für die lebenszyklusbezogene Sicht der Umwelteinwirkungen. Sie bilden eine wichtige Strukturierungs- und Anregungsfunktion für produktbezogene Analysen im Umweltmanagement. Die grundlegenden Problemstellungen der Auswahl eines vollständigen Bewertungskataloges, die Quantifizierung von Umwelteinwir-

Abb. 47: Vorgehensweise der Produktlinienanalyse

kung sowie die Festlegung von Entscheidungsregeln können diese Verfahren für den Einzelfall jedoch nicht lösen. Die Konzepte zeigen indes den Stellenwert der Beteiligung von betroffenen Konsumenten und gesellschaftlichen Gruppen in solchen Beurteilungsprozessen auf.

Fragen zu Kapitel III

1. Wofür dient die Bereitstellung von unternehmensexternen und -internen Informationen im Rahmen des Umweltmanagement?
2. Im Umweltmanagement wird eine »ganzheitliche« Sicht der Umweltprobleme gefordert. Demgegenüber werden bei der Umweltanalyse verschiedene Sphären der Unternehmensumwelt unterschieden. Warum wird eine Differenzierung in einzelne Umweltsphären vorgenommen und inwieweit ist eine »ganzheitliche Sicht« und die Vernetztheit der Umweltsphären zu berücksichtigen?
3. Erörtern Sie die Begriffe Emission, Immission und Emittent und geben sie jeweils ein Beispiel für die Umweltmedien Boden, Wasser und Luft.
4. Lassen sich zwischen Emissionen und Immissionen Gesetzmäßigkeiten ableiten und welche Implikationen ergeben sich aus einer ein- oder mehrdeutigen Beziehung zwischen beiden Größen für das Umweltmanagement? Verdeutlichen Sie Ihre Ausführungen am Beispiel der Waldschäden.
6. Welche Bereiche eines Unternehmens sind hinsichtlich potentieller Altlastenflächen besonders zu analysieren?
7. Erläutern Sie die wichtigsten Arten von Umweltschutztechnologien und diskutieren Sie angebots- und nachfrageorientierte Chancen und Risiken der Umweltschutztechnologien für das Umweltmanagement!
8. Welche Anspruchsgruppen sind im Rahmen des Umweltmanagement besonders zu berücksichtigen und wie erhält ein Unternehmen frühzeitig Informationen über potentielle Ansprüche im Bereich des Umweltschutzes?
9. Was versteht man unter einem »Lebenszyklusmodell gesellschaftlicher Anliegen«? Erläutern Sie die einzelnen Lebenszyklusphasen und würdigen Sie das Konzept hinsichtlich seiner praktischen Relevanz. Gehen Sie dabei insbesondere auf die Eignung des Lebenszykluskonzeptes als Frühwarn- und Prognoseinstrument ein!
10. Welche Rolle kommt den Medien im Rahmen des Lebenzyklusses öffentlicher Anliegen zu?
11. Welche Grundprinzipien liegen der Umweltpolitik in der Bundesrepublik Deutschland zugrunde? Erläutern Sie die Umsetzung der Prinzipien anhand ausgewählter umweltpolitischer Instrumente.
12. Welchen generellen Einfluß haben ordnungsrechtliche und marktwirtschaftliche Instrumente der Umweltpolitik auf das Umweltmanagement?
13. Inwieweit entspricht die Umwelthaftung dem Vorsorgeprinzip der Umweltpolitik und welche Anreize gehen von der Umwelthaftung aus, verstärkte Umweltschutzaktivitäten im Unternehmen zu verfolgen?
14. Diskutieren Sie die Implikationen der Umwelthaftung für das Umweltmanagement.
15. Wie wird das Umweltbewußtsein von Konsumenten definiert und operationalisiert?

16. Warum stellt sich für die Unternehmen bei der Einführung umweltgerechter Poduktvarianten vielfach das Problem der Divergenz zwischen Umweltbewußtsein und Kaufverhalten? Welche Methoden der Marktforschung sind zur Erfasssung des Divergenzproblems einzusetzen?
17. Diskutieren Sie unterschiedliche Erklärungsansätze für das Divergenzproblem!
18. Wodurch unterscheidet sich die Nachfrage nach Konsumgütern gegenüber der Nachfrage nach Umweltschutzgütern?
19. Welche Informationsgrundlagen sind über den Handel für ein integriertes Umweltschutzkonzept im vertikalen Marketing bereitzustellen?
20. Durch welche Einflüsse kann die Wettbewerbsintensität angesicht der Umweltprobleme beeinflußt werden?
21. Erläutern Sie den Wertkettenansatz als funktionsübergreifendes Analyseinstrument im Umweltmanagement. Inwieweit bietet dieses Instrument Informationen über wettbewerbsstrategische Differenzierungs- und Profilierungsmöglichkeiten im Umweltschutz?
22. Wodurch unterscheidet sich das »Ökologie-Portfolio« vom klassischen Portfolio-Konzept in der strategischen Unternehmensplanung?
23. Nennen Sie Ansatzpunkte zur Operationalisierung der Dimension »Umweltgefährdung« und »relative Wettbewerbsvorteile« zur Erstellung eines Ökologie-Portfolios!
24. Kennzeichnen Sie unterschiedliche Umweltkennziffern. Warum sind Umweltproduktivitäten und Umweltkoeffizienten in ihrer isolierten Anwendung nur bedingt als Kontroll- und Steuerungsinstrument zu verwenden?
25. Diskutieren Sie Probleme der Erstellung einer Stoff- und Energiebilanz!
26. Warum stellt sich die Bewertung des »Umweltverbrauchs« als ein zentrales Problem ökologieorientierter Rechnungssysteme?
27. Vergleichen Sie den Aufbau und Aussagewert der ökologischen Buchhaltung und der Umwelt-Budget-Rechnung miteinander.
28. Kennzeichnen Sie zentrale produktbezogene Analyseinstrumente im Umweltschutzmanagement. Inwieweit wird dem Grundsatz »von der Wiege bis zu Bahre« bei den einzelnen Ansätzen Rechnung getragen?
29. Warum ist bei der Produktlinienanalyse eine Bewertung der Umwelteinwirkungen verschiedener Produkte nicht vorgesehen?

IV. Strategische Ausrichtung des Umweltmanagement

1. Umweltschutz als Unternehmensziel

Entsprechend des im Rahmen der Situationsanalyse ermittelten Handlungsbedarfs zur Begegnung der ökologischen Chancen und Risiken haben Unternehmensführung und Marketing die Aufgabe, unter Berücksichtigung eventueller Disharmonien traditionelle, an Strategie und Struktur orientierte Führungsgrundsätze durch ein ökologisches Normensystem und konkrete umweltorientierte Zielsetzungen zu erweitern. Grundsätzlich kann der Umweltschutz in unterschiedlichen Intensitätsstufen bei den Unternehmensgrundsätzen und dem Zielsystem einer Unternehmung Berücksichtigung finden. Folgende Prioritätenschritte sind beim Wandel von einer defensiven zu einer offensiven Grundhaltung einer Unternehmung gegenüber dem Umweltschutz hervorzuheben (Bleicher 1991, S. 107 f.):

- Ökologische Ziele werden allenfalls implizit festgelegt, so daß eine Überprüfung der Zielerreichung gar nicht möglich ist.
- Ökologische Ziele ergeben sich aus gesetzlichen Normen.
- Ökologische Anforderungen werden lediglich als Kostenfaktor verstanden.
- Ökologische Ziele werden explizit festgelegt und ihre Verwirklichung wird kontrolliert.
- Ökologische Ziele ergeben sich aus der gesellschaftlichen Verantwortung der Unternehmung.
- Die Erfüllung ökologischer Ziele wird als Bestandteil des Leistungsprofils und damit als Chance der Unternehmung begriffen.

Im Rahmen eines integrierten Umweltmanagement wird durch die explizite Formulierung und Durchsetzung von Umweltschutzgrundsätzen der Umweltschutz langfristig als »unausgesprochenes Gesetz« und »shared value« zum integralen Bestandteil der Unternehmenskultur.

1.1 Einbeziehung des Umweltschutzes in die Unternehmensgrundsätze

Die **Unternehmensphilosophie** beinhaltet die allgemeinen Zielvorstellungen und Werte der Unternehmung und bildet damit die Basis für die Bestimmung konkreter Zielsysteme (Meffert 1986, S. 30). Durch die in der Philosophie zum Ausdruck kommenden generellen Unternehmensgrundsätze wird das Verhältnis der Unternehmung zu ihrer Umwelt geprägt (Gabele, Kretschmer 1986, S. 144 ff.). Unternehmensgrundsätze erfüllen einen Leitbildcharakter für die Ausrichtung der Unternehmenskultur und des gesamten Unternehmensverhaltens sowie der strategischen Planungsprozesse. In einer umfassenden Bestandsaufnahme über Studien zur Erfassung von Unternehmensgrundsätzen und einer eigenständigen empirischen Analyse haben Gabele und Kretschmer die in der Abbildung 48 dargestellten zwei Basisdimensionen von Unternehmensgrundsätzen ermittelt. In den Unternehmensgrundsätzen fanden sich Aussagen zur Stellung einer Unternehmung gegenüber verschiedenen Anspruchsgruppen bzw. Adressaten (vgl. auch Annighöfer 1991, S. 152 f.) und zum Tätigkeitsbereich sowie der verfolgten Zwecksetzung.

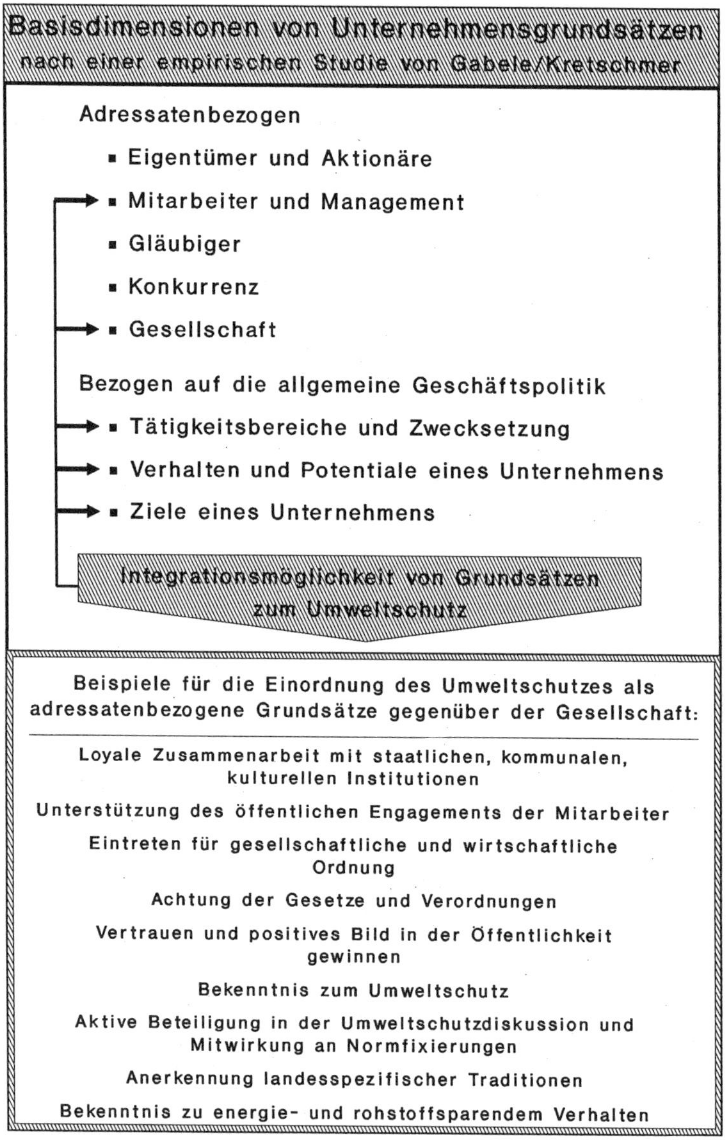

Abb. 48: Integration des Umweltschutzes in Basisdimensionen der Unternehmensgrundsätze

Unternehmensgrundsätze in bezug auf den Umweltschutz wurden nach den Ergebnissen der Studie überwiegend adressatenbezogen gegenüber der Gesellschaft formuliert. Hierin wird deutlich, daß insbesondere das zunehmende Umweltbewußtsein in der Gesellschaft mit den daraus resultierenden Umweltschutzansprüchen durch eine gesellschaftsorientierte Aussage zum Umweltschutz in den Unternehmensgrundsätzen Berücksichtigung fand.

Mit Zunahme der Umweltschutzproblematik in den 80er Jahren haben bereits einige Unternehmen die Unternehmensgrundsätze erweitert und in alle Basiskategorien Aussagen zum Umweltschutz mit einbezogen. Vielfach wird auch ein eigenständiger Katalog von Grundsätzen zum Umweltschutz angefügt. Als Leitfaden für die Gestaltung von Umweltschutzgrundsätzen ist im folgenden ein Katalog von Grundsätzen aufgeführt, der in Zusammenarbeit von Wissenschaft und Praxis unter Leitung des Bundesdeutschen Arbeitskreises für umweltbewußtes Management (B.A.U.M.) 1989 als ein richtungsweisender Grundsatzkatalog zum integrierten Umweltmanagement erarbeitet wurde:

(1) Wir ordnen den Umweltschutz den vorrangigen Unternehmenszielen zu und nehmen ihn in die Grundsätze zur Führung des Unternehmens auf. Ihn zu verwirklichen ist ein kontinuierlicher Prozeß.

(2) Wir sehen den Umweltschutz als wichtige Führungsaufgabe und stellen sicher, daß er in allen betrieblichen Funktionen und auf allen Ebenen in konkrete Ziele und Verhaltensregeln umgesetzt wird.

(3) Wir betrachten den Umweltschutz als Teil der Linienverantwortung. Die Fachkompetenz wird durch Einsetzung von Umweltschutzbeauftragten oder Umweltausschüssen so organisiert, daß eine umfassende Information und Einbeziehung in alle Entscheidungen sichergestellt ist.

(4) Wir integrieren den Umweltschutz als eigenständiges Kriterium in das Planungs-, Steuerungs- und Kontrollsystem, nach Möglichkeit in quantifizierter Form.

(5) Wir geben uns periodisch detaillierte Rechenschaft über den Stand des Umweltschutzes im Unternehmen, um Schwachstellen zu erkennen, die notwendigen Maßnahmen zu veranlassen und erreichte Fortschritte zu dokumentieren.

(6) Wir informieren unsere Mitarbeiter ausführlich über Umweltaspekte, motivieren sie zu umweltbewußtem Verhalten, auch im privaten Bereich, und legen in unseren Bildungsmaßnahmen einen besonderen Schwerpunkt auf den Umweltschutz.

(7) Wir nutzen die Forschung und Entwicklung verstärkt zur ständigen Verbesserung der Umweltverträglichkeit unserer Produkte und Verfahren. Wir setzen dabei Rohstoffe, Energie, Wasser und sonstige Güter so sparsam wie möglich ein und berücksichtigen die gesamte Lebenszeit der Produkte einschließlich ihrer Entsorgung.

(8) Wir beziehen alle Marktpartner in unsere Bemühungen um verbesserten Umweltschutz ein. Wir erarbeiten mit unseren Lieferanten spezielle Umweltstandards, informieren und beraten den Handel und klären unsere Verbraucher über den umweltschonenden Umgang mit unseren Produkten und deren Entsorgung auf.

(9) Wir sind zum offenen Dialog mit allen gesellschaftlichen Gruppen bereit, stellen den Medien umweltrelevante Informationen zur Verfügung und arbeiten mit Behörden, Verbänden und anderen Institutionen im Umweltschutz zusammen.

(10) Wir verstehen die gesetzlichen Bestimmungen als Mindestanforderungen und streben im gesamten Unternehmen ein höheres Maß an Umweltschutz an.

Diese Grundsätze haben Eingang gefunden in einen internationalen Umweltkodex des International Chamber of Commerce. In dem Insert 17 ist die »ICC Business Carter for

International Chamber of Commerce

Foreword

There is widespread recognition today that environmental protection must be among the highest priorities of every business.

In its milestone 1987 report, "Our Common Future", the World Commission on Environment and Development (Brundtland Commission), emphasized the importance of environmental protection in the pursuit of sustainable development.

To help business around the world improve its environmental performance, the International Chamber of Commerce established a task force of business representatives to create this Business Charter for Sustainable Development. It comprises sixteen principles for environmental management which, for business, is a vitally important aspect of sustainable development.

This Charter will assist enterprises in fulfilling their commitment to environmental stewardship in a comprehensive fashion. It was formally launched in April 1991 at the Second World Industry Conference on Environmental Management.

Introduction

Sustainable development involves meeting the needs of the present without compromising the ability of future generations to meet their own needs.

Economic growth provides the conditions in which protection of the environment can best be achieved, and environmental protection, in balance with other human goals, is necessary to achieve growth that is sustainable.
In turn, versatile, dynamic, responsive and profitable businesses are required as the driving force for sustainable economic development and for providing managerial, technical and financial resources to contribute to the resolution of environmental challenges. Market economies, characterised by entrepreneurial initiatives, are essential to achieving this.

Business thus shares the view that there should be a common goal, not a conflict, between economic development and environmental protection, both now and for future generations.

Making market forces work in this way to protect and improve the quality of the environment - with the help of performance-based standards and judicious use of economic instruments in a harmonious regulatory framework - is one of the greatest challenges that the world faces in the next decade.

The 1987 report of the World Commission on Environment and Development, "Our Common Future", expresses the same challenge and calls on the cooperation of business in tackling it. To this end, business leaders have launched actions in their individual enterprises as well as through sectoral and cross-sectoral associations.

In order that more businesses join this effort and that their environmental performance continues to improve, the International Chamber of Commerce hereby calls upon enterprises and their associations to use the following Principles as a basis for pursuing such improvement and to express publicly their support for them.

Individual programmes developed to implement these Principles will reflect the wide diversity among enterprises in size and function.

The objective is that the widest range of enterprises commit themselves to improving their environmental performance in accordance with these Principles, to having in place management practices to effect such improvement, to measuring their progress, and to reporting this progress as appropriate internally and externally.

Principles

1. Corporate priority
To recognise environmental management as among the highest corporate priorities and as a key determinant to sustainable development; to establish policies, programmes and practices for conducting operations in an environmentally sound manner.

2. Integrated management
To integrate these policies, programmes and practices fully into each business as an essential element of management in all its functions.

3. Process of improvement
To continue to improve corporate policies, programmes and environmental performance, taking into account technical developments, scientific understanding, consumer needs and community expectations, with legal regulations as a starting point; and to apply the same environmental criteria internationally.

4. Employee education
To educate, train and motivate employees to conduct their activities in an environmentally responsible manner.

5. Prior assessment
To assess environmental impacts before starting a new activity or project and before decommissioning a facility or leaving a site.

6. Products and services
To develop and provide products or services that have no undue environmental impact and are safe in their intended use, that are efficient in their consumption of energy and natural resources, and that can be recycled, reused, or disposed of safely.

7. Customer advice
To advise, and where relevant educate, customers, distributors and the public in the safe use, transportation, storage and disposal of products provided; and to apply similar considerations to the provision of services.

8. Facilities and operations
To develop, design and operate facilities and conduct activities taking into consideration the efficient use of energy and materials, the sustainable use of renewable resources, the minimisation of adverse environmental impact and waste generation, and the safe and responsible disposal of residual wastes.

9. Research
To conduct or support research on the environmental impacts of raw materials, products, processes, emissions and wastes associated with the enterprise and on the means of minimizing such adverse impacts.

10. Precautionary approach
To modify the manufacture, marketing or use of products or services or the conduct of activities, consistent with scientific and technical understanding, to prevent serious or irreversible environmental degradation.

11. Contractors and suppliers
To promote the adoption of these principles by contractors acting on behalf of the enterprise, encouraging and, where appropriate, requiring improvements in their practices to make them consistent with those of the enterprise; and to encourage the wider adoption of these principles by suppliers.

12. Emergency preparedness
To develop and maintain, where significant hazards exist, emergency preparedness plans in conjunction with the emergency services, relevant authorities and the local community, recognizing potential transboundary impacts.

13. Transfer of technology
To contribute to the transfer of environmentally sound technology and management methods throughout the industrial and public sectors.

14. Contributing to the common effort
To contribute to the development of public policy and to business, governmental and intergovernmental programmes and educational initiatives that will enhance environmental awareness and protection.

15. Openness to concerns
To foster openness and dialogue with employees and the public, anticipating and responding to their concerns about the potential hazards and impacts of operations, products, wastes or services, including those of transboundary or global significance.

16. Compliance and reporting
To measure environmental performance; to conduct regular environmental audits and assessments of compliance with company requirements, legal requirements and these principles; and periodically to provide appropriate information to the Board of Directors, shareholders, employees, the authorities and the public.

Insert 17: Internationaler Umweltkodex der zweiten World Industry Conference on Environmental Management 1991

Sustainable Development« vollständig wiedergegeben. Sie wurde auf der zweiten World Industry Conference on Environmental Management 1991 in Rotterdam den Industrieunternehmen weltweit vorgestellt und es wurde zur Unterzeichnung aufgerufen.

Diese generellen Grundsätze bilden vielfach eine geeignete Ausgangsbasis zur Erstellung von umweltorientierten Unternehmensgrundsätzen, die auf die spezifische Unternehmenssituation hin anzupassen und ggf. zu ergänzen sind. Damit die Grundsätze ihren Leitbildcharakter erfüllen, müssen sie verschiedenen **Anforderungen** entsprechen (Gabele 1981, S. 251). Unternehmensgrundsätze sollten:

- die eigenen Grenzen des unternehmerischen Handelns aufzeigen und explizite Prioritäten setzen,
- die Werthaltungen und Interessen verschiedener Gruppen auf einen »gemeinsamen Nenner« bringen und einen Orientierungsrahmen für einen Interessenausgleich bilden,
- intern und extern über Absichten des Unternehmens informieren und damit die strategische Orientierung des Unternehmens verbessern,
- bewußt eine reale Utopie propagieren, um die gegenwärtige Situation zu verbessern und zukünftigen Chancen und Risiken erfolgreich begegnen zu können,
- eine spezifische Unternehmensstruktur und -kultur verwirklichen und diese weiter entwickeln helfen und
- in einem intensiven Prozeß erarbeitet, verständlich gemacht, weitergegeben und überprüft werden.

Bei der Erweiterung bestehender Unternehmensgrundsätze um umweltorientierte Aspekte und der Neuerstellung umweltorientierter Grundsätze können unterschiedliche Vorgehensweisen gewählt werden. Eine intensive Auseinandersetzung mit den Grundsätzen in Arbeitsgruppen, Seminaren oder Workshops hilft hierbei eine breite Akzeptanz und Durchsetzung sicherzustellen (Gabele, Kretschmer 1986). In dem Insert 18 sind beispielhaft entsprechende Unternehmensgrundsätze der Henkel KGaA dargestellt.

Die so formulierten Unternehmensgrundsätze enthalten ökologisch orientierte Verhaltensanweisungen, die als Bewertungskriterien für die konkreten Unternehmensentscheidungen dienen können. Die umweltorientierten Unternehmensgrundsätze sollten sich langfristig in der Unternehmensidentität und -kultur manifestieren, d. h. in dem Verhalten, der Kommunikation und dem Erscheinungsbild des gesamten Unternehmens zum Ausdruck kommen. Nach der Festlegung der Unternehmensgrundsätze gilt es, die ökologischen Maximen in konkreten Unternehmenszielen deutlich zu machen.

1.2 Integration von Umweltschutzzielen in das Zielsystem

Die Integration von Umweltschutzzielen in das Zielsystem der Unternehmung stellt die notwendige Voraussetzung dafür dar, die Unternehmensaktivitäten aus einer konzeptionellen Gesamtsicht heraus den veränderten Rahmenbedingungen anzupassen. Aus entscheidungsorientierter Sicht begründet sich diese Forderung in den Funktionen der Unternehmensziele im Rahmen des unternehmerischen Planungs- und Entscheidungsprozesses (vgl. hierzu auch Kapitel II.2.). Die **Unternehmensziele** bilden einen zentralen Bestandteil der Unternehmenskonzeption. Als Konkretisierungen der Unternehmensphilosophie definieren sie die »wünschenswerten Zustände«, die durch die Formulierung zielentspre-

Henkel

Vorwort

Die weltweiten Aktivitäten der Henkel KGaA in den Unternehmensbereichen

Chemieprodukte
Hygiene/Technische Reinigung
Klebstoffe/Chemisch-technische Markenprodukte
Kosmetik/Körperpflege
Waschmittel/Reinigungsmittel

haben eins gemeinsam: Sie entstehen aus der Verbindung von Forschung, Produktentwicklung, Anwendungstechnik, Produktion und Marketing. Mit den Mitteln der Chemie liefert Henkel innovative Problemlösungen für zahlreiche Lebensbereiche.
Henkel ist ein „Spezialist für angewandte Chemie". Umwelt- und Verbraucherschutz sind für Henkel traditionelle Arbeitsbedingungen. Das zunehmende Bewußtsein der Öffentlichkeit für Umwelt- und Verbraucherschutz führt zur Forderung nach mehr Transparenz.
Mit seinen Grundsätzen zum Umwelt- und Verbraucherschutz steht Henkel zu seiner Verantwortung.

Ziele

Henkel hat sich zum Ziel gesetzt

- Verbraucherwünsche zu erfüllen,
- bei Produktion, Produkten und Systemen Umweltverträglichkeit anzustreben und zu verwirklichen,
- Sicherheit für Kunden und Verwender, Mitarbeiter und Nachbarn zu gewährleisten.

Im einzelnen bekennt sich Henkel zu folgenden Prinzipien:

Gesellschaftliche Verantwortung

Henkel stellt sich als führendes Unternehmen und Spezialist für angewandte Chemie seiner gesellschaftlichen Verantwortung.
Henkel leistet mit seinen Produkten und Systemen einen Beitrag zur Verbesserung der Lebensqualität.

Sicherheit

Die Sicherheit für Anwender und Verbraucher wird nach dem Stand der Technik gewährleistet.
Sicherheit hat im Konfliktfall Vorrang vor der Produktleistung. Henkel stellt nur Produkte und Systeme her und setzt nur Produktionsverfahren ein, bei denen gewährleistet ist, daß Mitarbeiter und Nachbarn gesundheitlichen Gefahren nicht ausgesetzt sind. Henkel entwickelt, produziert und vertreibt nur Produkte und Systeme, bei deren bestimmungsgemäßer Verwendung niemand gesundheitlich beeinträchtigt wird.

Qualität	Ökologische Verantwortung	Bereitschaft zur Kooperation	Bereitschaft zur Information
Henkel entwickelt, produziert und vertreibt Qualitätsprodukte und Systeme, die Kundenbedürfnisse erfüllen und Kundenprobleme optimal lösen.	Henkel entwickelt, produziert und vertreibt Produkte und Systeme, deren Umweltverträglichkeit nach anerkannten wissenschaftlichen Kriterien gewährleistet ist. Die Umweltverträglichkeit von Produktion und Produkten wird stetig weiter verbessert.	Henkel praktiziert eine interdisziplinäre Kooperation zwischen Forschung, Produktentwicklung, Toxikologie, Mikrobiologie, Ökologie, Produktion und Marketing, um für jedes einzelne Produkt das gesamte Potential fachbezogener Spezialkenntnisse verfügbar zu machen. Henkel bringt dieses fachliche Wissen in externe wissenschaftliche, technische und politische Gremien ein.	Henkel bekennt sich zu seiner Aufklärungspflicht gegenüber der Öffentlichkeit. Henkel ist bereit, Verbraucher und Öffentlichkeit über Qualität, Sicherheit und Umweltverträglichkeit seiner Produktion und seiner Produkte zu informieren.

Insert 18: Beispiel für umweltschutzbezogene Unternehmensgrundsätze

chender Unternehmensstrategien und deren Umsetzung in konkrete Maßnahmen von der Unternehmensführung angestrebt werden.

1.2.1 Funktionen von Umweltschutzzielen

Die fixierten Zielsetzungen erfüllen eine wichtige **Koordinationsfunktion**, indem sich alle Unternehmensaktivitäten an den Oberzielen der Unternehmung ausrichten und somit ein aufeinander abgestimmtes Verhalten sichergestellt wird. Ohne die zielorientierte Gestaltung von Umweltschutzmaßnahmen besteht die Gefahr, daß der Umweltschutz in einzelnen Funktionsbereichen lediglich im Sinne eines »Muddling Through« in reaktiver Weise und als ineffiziente Insellösung Berücksichtigung findet. Dies gilt um so mehr, als sich Umweltschutzprobleme nicht auf einzelne Unternehmensfunktionsbereiche beschränken, sondern ihre potentielle Allgegenwärtigkeit ein funktionsübergreifendes Gesamtkonzept der ökologieorientierten Unternehmensführung erfordert.

Neben der Koordinationsfunktion erfüllen Unternehmensziele eine **Steuerungsfunktion** im Entscheidungsprozeß. Alle Entscheidungen werden auf die Erreichung des »erwünschten Zustandes« ausgerichtet, wobei diejenigen Handlungsalternativen ausgewählt werden, die den höchsten Zielbeitrag leisten. Durch die Integration von Umweltschutzzielen werden somit neben den traditionellen ökonomischen Zielgrößen ökologische Effizienzanforderungen als Bewertungskriterien bei Unternehmensentscheidungen zusätzlich Berücksichtigung finden.

Weiterhin ist die **Kontrollfunktion** von Unternehmenszielen hervorzuheben. Anhand der vorgegebenen Zielformulierung können der Beitrag einzelner Unternehmensaktivitäten zur Zielverwirklichung bewertet und notwendige »Kurskorrekturen« auf der strategischen oder operativen Ebene der Unternehmenskonzeption vorgenommen werden. Insbesondere aufgrund der hohen Sanktionspotentiale im Falle der Überschreitung gesetzlich fixierter und gesellschaftlich tolerierter Emissionsgrenzwerte ist die Kontrollfunktion der Umweltschutzziele als wichtiges Frühwarninstrument zur Vermeidung von rechtlichen und gesellschaftlichen Legitimitätsproblemen anzusehen.

Darüber hinaus erfüllt die Integration von Umweltschutzzielen und ihre Umsetzung eine **»sach-rationale und eine sozio-emotionale« Funktion** (Steger 1991, S. 126 f.) Einerseits geht es darum, die Umweltschutzziele gegenüber den »Stakeholdern«, Mitarbeitern, Marktpartnern und gesellschaftlichen Anspruchgruppen zu kommunizieren und die Legitimität der Unternehmensaktivitäten im Hinblick auf den Umweltschutz zu sichern. Andererseits soll das Bekenntnis der Führungskräfte zu diesen Zielen eine Vorbild- und Identifikationsfunktion für ein »ökologiebewußteres Planungsklima« erzeugen.

1.2.2 Operationalisierung von Umweltschutzzielen

Damit Umweltschutzziele diese Funktionen in der Unternehmung erfüllen können, sind sie nach Inhalt, Ausmaß und Zeitbezug zu spezifizieren. Nicht zuletzt die mangelnde Operationalität wird vielfach als Grund einer unzureichenden Auseinandersetzung mit Umweltschutzzielen im Unternehmen angeführt (Terhart 1986, S. 403; Kudert 1990, S. 570 ff.). Deshalb werden im folgenden Ansatzpunkte zur Operationalisierung von Umweltschutzzielen aufgezeigt.

Bei der **Festlegung der Zielinhalte** sind zunächst unterschiedliche **Zielobjekte** des Umweltschutzes zu berücksichtigen, die im weiteren über die inhaltliche Konkretisierung der Umweltschutzziele Aufschluß geben (vgl. Müllendorff 1981, S. 205 ff.). Wie die Abbildung 49 zeigt, können Umweltschutzziele für die einzelnen Unternehmensfunktionen definiert werden. Neben funktionsbezogenen Zielen lassen sich auch Produkte, Produktgruppen oder Geschäftseinheiten als Bezugspunkte für die Formulierung von Umweltschutzzielen wählen. Hierbei werden funktionsübergreifend Umweltschutzziele definiert, die alle bei einem Produkt relevanten Lebenszyklusphasen von der Rohstoffbeschaffung, Pro-

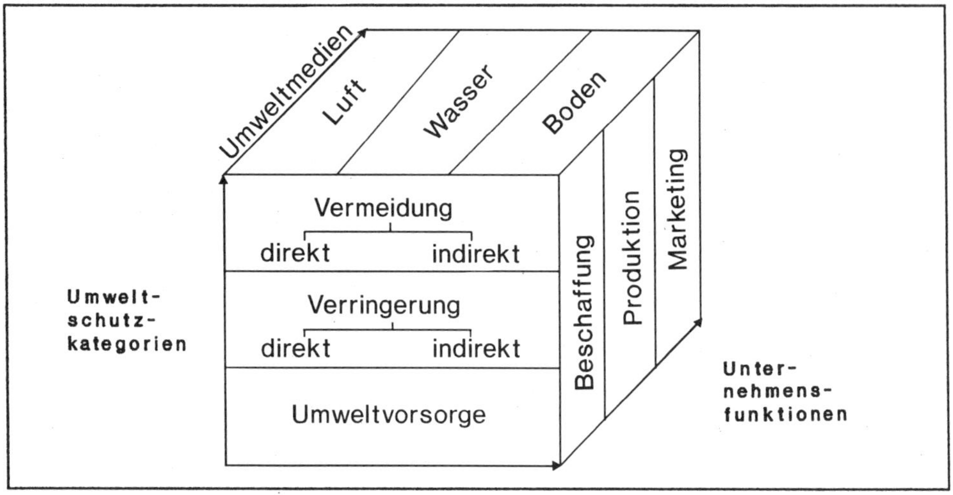

Abb. 49: Ansätze zur Operationsalisierung von Umweltschutzzielen

duktion, dem Absatz bis hin zum Gebrauch und zur Entsorgung berücksichtigen sollten. Je nach Verantwortungsbereichen und der Art der Aufbauorganisation in einem Unternehmen sind **funktions- und produktbezogene Umweltschutzziele** aufeinander abzustimmen. Als unternehmensexterne Zielobjekte sind die einzelnen Umweltmedien Boden, Wasser, Luft bei der Formulierung von Umweltschutzzielen heranzuziehen. Vielfach nehmen gesetzliche Grenzwerte im Bereich des Umweltschutzes auf die einzelnen Umweltmedien bezug, darüber hinaus hat die Verschärfung der Umweltgesetzgebung jedoch zunehmend zur produktbezogenen (z. B. Produktverbote, Recyclingquoten) und funktionsbezogenen (z. B. über die Spezifikation eines Anlagenverzeichnisses) Ausrichtung der einzelnen Vorschriften geführt.

Strebel differenziert in **input-** und **outputorientierte Umweltschutzziele** (vgl. Strebel 1980, S. 94 ff). Zielobjekte stellen bei der inputorientierten Betrachtung die natürlichen Ressourcen in Form von umweltschädlichen Stoffen und der Energieverbrauch dar. Sofern inputorientierte Zielsetzungen wie Vermeidung, Verringerung oder Substitution umweltgefährdender Inputfaktoren nicht zu realisieren sind, kommt den outputorientierten Zielsetzungen eine verstärkte Bedeutung zu. Hierunter fast Strebel die unerwünschten Kuppelprodukte in Form von Abfällen im Rahmen des Produktions- und Konsumprozesses. Subziele stellen hierbei die Abfallvermeidung, Abfallverminderung, Abfallumwandlung, Abfallnutzung und die Abfalldiffusion (z. B. »Politik der hohen Schornsteine«) dar.

Bei der Festlegung der **Zielinhalte** können zunächst als umweltschutzbezogene Oberziele die Kategorien Vermeiden, Vermindern und Umweltvorsorge unterschieden werden. Diese Oberziele lassen sich unter dem jeweiligen Objektbezug (Umweltmedien, Unternehmensfunktionen, Produkte) weiter konkretisieren. Hierbei sind, ausgehend von der angestrebten Zielwirkung auf die Umweltmedien, direkte und indirekte Umweltschutzziele zu unterscheiden. Direkt können z. B. über

- die Verringerung des Ressourceneinsatzes,
- die Verringerung von Ausschußquoten oder
- die Verminderung des Energieverbrauchs und umweltbelastender Emissionen

Beiträge zur Verbesserung der Umweltqualität erbracht werden.

Bei der Planung eines integrierten Umweltmanagement sind jene Zielformulierungen nicht zu vernachlässigen, die indirekt zur Verbesserung der Umweltqualität einen Beitrag leisten. Hierzu zählen z. B. die im Marketingbereich definierten Subziele:

- Erhöhung des Bekanntheitsgrades umweltgerechterer Produktalternativen,
- Information der Konsumenten über umweltgerechte Entsorgung der Produkte,
- Erhöhung des Distributionsgrades von Umweltschutz-Produkten oder
- Erhöhung des Zeitaufwandes für Umweltberatung im Kundendienst.

Auch für die weiteren Unternehmensfunktionen wie Personal, Organisation oder Finanzierung sind indirekte Umweltschutzziele abzuleiten und zu formulieren.

Bei der Konkretisierung von Umweltschutzzielen nach einzelnen Umweltmedien und Unternehmensfunktionen ist zu beachten, daß eine isolierte Zielplanung in den einzelnen Bereichen eine Verlagerung von externen Effekten beinhalten kann. Somit ist im Rahmen einer integrierten Zielplanung sicherzustellen, daß aus der Gesamtheit aller Unternehmensaktivitäten oder produktbezogenen Maßnahmen eine Entlastung der Umwelt resultiert. Weiterhin wird deutlich, daß für den Umweltschutz im Unternehmen als Querschnittaufgabe ein vielfältiger Objektbezug entsteht. Dies erfordert die Bildung einer umfassenden Zielhierarchie für den Umweltschutz, in der Ober- und Unterziele aufeinander abzustimmen sind.

Die **Festlegung des Zeitbezuges** bildet den zeitlichen Geltungsbereich und den Zeitpunkt der geplanten Zielerfüllung ab. Entschließt sich ein Unternehmen, den Umweltschutz proaktiv anzugehen, so ist diese Grundhaltung bei der Festlegung des Zeitbezuges der Umweltschutzziele zu berücksichtigen. Der Zielerreichungszeitraum ist so zu planen, daß die entsprechenden Zielsetzungen vor der Durchsetzung umweltpolitischer Vorschriften und des öffentlichen Drucks erreicht werden. Gerade deshalb sind für die Operationalisierung von Umweltschutzzielen die im Rahmen der Situationsanalyse ermittelten gesellschaftlichen, technologischen und politisch-rechtlichen Schlüsselfaktoren auch in ihrer Entwicklungsdynamik zu beachten. Implizit kann der Zeitbezug auch über die Formulierung von relativen Zielgrößen (wie z. B. Energieverbrauch/Stunde) berücksichtigt werden (Müllendorff 1981, S. 202), allerdings handelt es sich hierbei lediglich um eine Bezugsgröße und nicht um einen Zielerreichungszeitraum.

Die Bestimmung des **Zielausmaßes** verlangt die Festlegung eines Maßstabes, auf dem die Zielerreichung quantifiziert werden kann. Für Emissionen und Abfälle können unterschiedliche Maßstäbe herangezogen werden, die sich an den jeweiligen Quantitäten der Emissionsarten orientieren. Hierbei bieten sich verschiedene **Emissionskoeffizienten** an (vgl. Müllendorff 1981, S.202 ff.):

- Stromgrößen (Emissionseinheiten/Zeiteinheit),
- Konzentrationsgrößen (Emissionseinheiten/Fläche o. Volumen)
- Verhältnisgrößen (Emissionseinheiten/Vor-/Endprodukt).

Beispiele für Massenströme sind bei der Festlegung von Energieverbräuchen zu finden. Massenkonzentrationen können z. B. für die Emissionen, die in die Luft, das Wasser und den Boden abgegeben werden, in Form von Höchstmengen das Zielausmaß bilden. Weiterhin können Massenverhältnisse, d. h. z. B. Emissionen oder Abfall pro Endprodukt oder Vorprodukt für produktbezogene Umweltbelastungen, geeignete Zielvorgaben darstellen.

Bei der Ableitung von zulässigen Emissionskoeffizienten ist die Schadstoffmenge (Quantität) und die Toxizität (Qualität bzw. Schädlichkeitsgrad) einzubeziehen. Als besondere Schwierigkeit erweist sich hierbei, jene Wirkungen zu ermitteln, die durch den Verbund und eine zeitliche Summation verschiedener Emissionsarten entstehen. Ein proaktives Umweltschutzverhalten verlangt die eingehende Auseinandersetzung mit der Festlegung von Emissionsgrenzwerten, weil hierbei die Unternehmen sich nicht an gesetzlich vorgeschriebenen Grenzwerten orientieren können oder wollen.

Wird der Umweltschutz hingegen als **Restriktion** in Form der gesetzlichen Grenzwerte gesehen, dann erübrigen sich die Quantifizierungsprobleme bei der Festlegung des Zielausmaßes, weil die vorgeschriebenen Grenzwerte übernommen werden können. Folgende Bedenken sind jedoch bei der alleinigen Orientierung an diesen Grenzwerten einzuwenden (Strebel 1980):

- alle unternehmensspezifischen Schadstoffe müssen (noch) nicht als Grenzwerte festgeschrieben sein,
- gesetzlich vorgegebene Grenzwerte müssen nicht die von der Gesellschaft und kritischen Anspruchsgruppen akzeptierten Normen darstellen,
- Synergieeffekte zwischen verschiedenen Schadstoffen bleiben unberücksichtigt und
- Umweltwirkungen jenseits der Toxizität werden nicht berücksichtigt.

Nachdem eine Operationalisierung der Umweltschutzziele vorgenommen wurde, sind diese in das Zielsystem der Unternehmung einzubeziehen. Hierbei können konfliktäre, komplementäre oder neutrale Beziehungen zu den ökonomischen Zielsetzungen auftreten.

Wie die Berücksichtigung von Umweltschutzzielen je nach der Form der Integration im Rahmen von Entscheidungprozessen erfolgt, hat Kudert (1990) anhand eines einfachen Alternativen -Vergleichs, der in der folgenden Übersicht aufgeführt ist, dargestellt.

Annahme: Priorität des Umweltschutzes und Streben nach Gewinnsatisfizierung bei Sicherung eines Mindestgewinns von 500 GE.

Alternative	Gewinn	Auswahl Stufe I	Emission	Auswahl Stufe II
1	600	600	260	
2	450			
3	500	500	240	Optimum
4	400			
5	550	550	300	

Annahme: Umweltschutz wird als exogene Restriktion (gesetzlicher Grenzwert E = 250) gesehen und Gewinnmaximierung wird angestrebt.

Alternative	Emission	Auswahl Stufe I	Gewinn	Auswahl Stufe II
1	260			
2	250	250	450	
3	240	240	500	Optimum
4	200	200	400	
5	300			

Annahme: Gleichgewichtige Berücksichtigung der ökologischen und ökonomischen Zielsetzung. Um ein optimales Verhältnis zwischen Emission (E) und Gewinn (G) zu erhalten, ist für die Alternativen der Gewinn pro Schadstoffeinheit zu ermitteln.

Alternative	Gewinn	Emission	G/E	Auswahl
1	600	260	2,3	
2	450	250	1,8	
3	500	240	2,1	Optimum
4	400	200	2	
5	550	300	1,8	

Damit die Umweltschutzziele im Rahmen der Entscheidungsprozesse in der jeweiligen Form Berücksichtigung finden und ihre Funktionen erfüllen können, sind sie für jeden Funktionsbereich schriftlich zu fixieren und zu dokumentieren. Die Dynamik der Umweltdiskussion und Festlegung von neuen Standards erfordert neben der Kontrolle der Zielerreichung auch eine ständige Überprüfung der fixierten Zielinhalte und Zielausmaße.

2. Strategische Optionen im Umweltschutz

Je nachdem, ob und in welcher Form Umweltschutzziele bei der Zielplanung einbezogen werden, stellen sich dem Unternehmen verschiedene strategische Optionen zur Erreichung der angestrebten Zielsetzungen. **Strategien** sind langfristige, bedingte Verhaltenspläne zur Entwicklung und Sicherung unternehmerischer Erfolgspotentiale.

Die **Unternehmensstrategie** zur Bewältigung der umweltschutzbezogenen Herausforderungen bildet ein zentrales Bindeglied zwischen den Zielen und den operativen Maßnahmen. Sie beinhaltet strukturierende Maßnahmenbündel (»Kanalisierungen«), innerhalb derer sich die Festlegung konkreter Umweltschutzmaßnahmen als operativer Planungsprozeß in den einzelnen Unternehmensfunktionen vollzieht. Im folgenden werden ausgehend von der Kennzeichnung verschiedener Basisstrategien insbesondere die markt- und wettbewerbsorientierte sowie risikoorientierte Ausrichtung der Unternehmensstrategie im Umweltschutz aufgezeigt. Zum einen müssen die vom Unternehmen verfolgten Basisstrategien ihre Ausrichtung auf die spezifische Markt- und Wettbewerbssituation erfahren und in die Wettbewerbsstrategie des Unternehmens überführt werden, um die marktbezogenen Chancen des Umweltschutzes konsequent zu nutzen. Andererseits stellen sich dem Unternehmen eine Vielzahl von umweltbezogenen Risiken, die eine spezielle Auseinandersetzung mit der Risikobewältigung erfordern. In der Abbildung 50 sind im Überblick die Schwerpunkte der strategischen Grundsatzentscheidungen dargestellt.

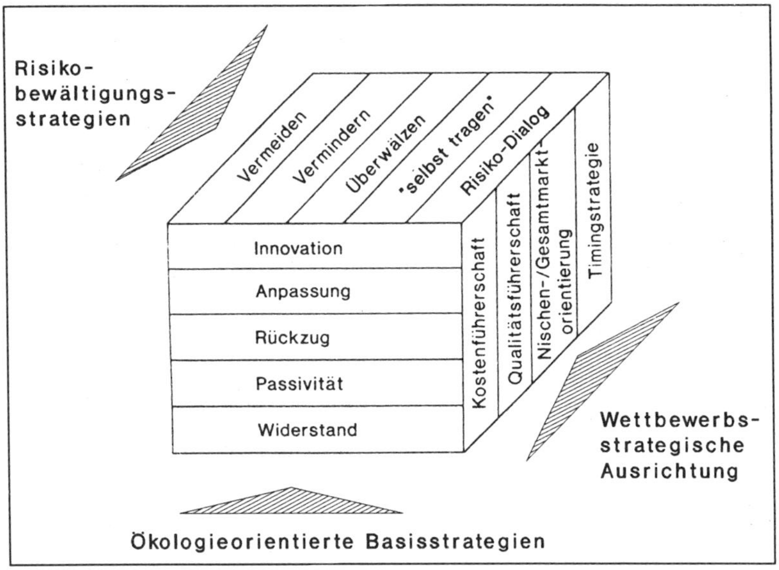

Abb. 50: Strategische Grundsatzentscheidungen im Umweltmanagement

2.1 Basisstrategien im Umweltschutz

Zur Begegnung der Umweltprobleme in ihrer ökologischen, gesellschaftlichen und wettbewerbsstrategischen Relevanz werden in der Literatur vielfältige Basisstrategien diskutiert, die sich überwiegend aus den Grundüberlegungen der Systematisierungen von gesellschaftsorientierten Unternehmensstrategien ableiten lassen. Die Abbildung 51 zeigt im Überblick die in der Literatur diskutierten gesellschafts- und umweltschutzbezogenen Strategien. Die einzelnen Ansätze sind trotz identischer Strategiebegriffe nur zum Teil vergleichbar, weil die Autoren von einer unterschiedlichen Anzahl und Art von Klassifikationskriterien ausgehen.

2.1.1 Abgrenzung umweltorientierter Basisstrategien

Vor diesem Hintergrund ist es angebracht, zunächst verschiedene **Klassifikationsmerkmale** bzw. strategische Grunddimensionen aus den aufgezeigten Strategieansätzen herauszuarbeiten. Daraus sind in einem weiteren Schritt zentrale Basisstrategien im Umweltschutz abzuleiten. Hierbei lassen sich insbesondere die Merkmale

Konzeptionell abgeleitete Strategietypologien		Explizit auf das Umweltschutzverhalten bezogen
Feldmann 1971	Ignoranz/Widerstand/Anpassung/ Anerkennung öffentlicher Anliegen	
Krüger 1974	Aktives Verhalten (Beeinflussung/ Anpassung/Rückzug) Passives Verhalten (Indifferenz/ Ignoranz/Isolation)	
Kubicek et al. 1976	Beeinflussung - Anpassung 1976	
Stitzel * 1977	Antizipation - Anpassung - Widerstand	▨
Ruppen 1978	Offensive - defensive Umweltschutzstrategie	▨
Post 1978	Adaptive - proaktive - interaktive Reaktion	
Miles/Snow * 1978	Defender - Prospektor - Analyser - Researcher	
Miles * 1982	Wettbewerbsstrategien - politische Strategien	
Zeithaml et al. 1984	Independent Strategies - Cooperative Strategies - Strategic Manoeuvering	
Meffert 1985	Ignoranz - Adaption - Innovation - Soziale Verantwortlichkeit	▨
Senn 1986	Beeinflussung - Organisationsgestaltung - Informationsnutzung	▨
Wicke 1987	Offensive/defensive Umweltschutzstrategien	▨
Kirchgeorg * 1990	Innovation - Anpassung - Rückzug - Passivität - Widerstand	▨
Empirisch abgeleitete Strategietypologien		
Meffert et al. 1986	Unbetroffene - Aktive - Reaktive - Selektive	▨
Frank et al. 1988	Unbetroffene - Optimistische - Selektive - Idealisten - Aktive	▨
* = auch auf empirischer Basis untersucht		

Abb. 51: Strategietypologien im Überblick

- der ökologieorientierten Anpassungsintensität,
- der Verhaltensbezugsebene der Umweltstrategien,
- des Zeitpunktes der Strategieentwicklung und Maßnahmenrealisierung,
- der Art der Strategieentwicklung und
- der Form der Durchsetzung der Strategie

hervorheben (vgl. u. a. Holzmüller, Schulz 1988, S. 26 f.; Stitzel 1976, S. 105 ff.; Krüger 1974, S. 63 ff.).

In bezug auf die **Anpassungsintensität** des Unternehmensverhaltens an ökologische Erfordernisse kann grundsätzlich eine Differenzierung in **aktives** und **passives** Verhalten vorgenommen werden. Nach Krüger ist ein passives Umweltschutzverhalten dadurch gekennzeichnet, daß Unternehmen keine Umweltschutzstrategie im Sinne eines langfristigen Verhaltensplans entwickeln und auch keine Umweltschutzaktivitäten auf der operativen Verhaltensebene realisieren (Krüger 1974, S. 63 ff.). Passives Umweltschutzverhalten kann in bezug auf die Integration ökologischer Erfordernisse auch mit Gegenreaktionen gegenüber verstärkten Umweltschutzforderungen verbunden sein.

Im Hinblick auf eine als aktiv zu kennzeichnende ökologieorientierte Anpassungsintensität werden Umweltschutzerfordernisse grundsätzlich in der Unternehmensstrategie berücksichtigt und Umweltschutzmaßnahmen auf operativer Ebene realisiert. In bezug auf das **Aktivitätsniveau** ist zu unterscheiden, ob sich Unternehmen an die gesetzlich vorgeschriebenen Umweltschutzstandards oder Umweltschutzforderungen verschiedener Anspruchsgruppen anpassen, d. h. ein adaptives Umweltschutzverhalten zeigen oder darüber hinaus einen eigenständigen Beitrag zur Lösung von Umweltproblemen leisten. Letzteres kann auch als innovatives Umweltschutzverhalten interpretiert werden, weil Unternehmen eigenständige Impulse zum Umweltschutz erbringen.

Eine weitere Unterscheidung ergibt sich aus der **Verhaltensbezugsebene** bzw. dem **Strategieobjekt.** So kann eine aktive (adaptive oder innovative) Begegnung der Umweltschutzerfordernisse sich lediglich auf den unternehmensinternen Bereich beschränken und/oder Wirkungen in bezug auf die Marktteilnehmer (Kunden, Handel, Konkurrenten, Lieferanten) sowie die gesellschaftlichen Anspruchsgruppen zeigen.

Während eine primär innengerichtete Umweltschutzstrategie zwar zur Vermeidung und Verminderung von Umweltbelastungen z. B. durch die umweltgerechte Gestaltung von Produktionstechnologien, Recycling von Produktionsrückständen, Ernennung von Umweltschutzbeauftragten beitragen kann, muß diese Strategieoption aufgrund der gesellschaftlichen und wettbewerbsstrategischen Relevanz des Umweltschutzes als nicht ausreichend angesehen werden. Notwendige ökologieorientierte Anpassungserfordernisse gegenüber den Wettbewerbern erfordern ebenso wie die Erlangung neuer Wettbewerbsvorteile und Erschließung von Ertragschancen durch umweltgerechte Produktvarianten eine marktgerichtete Umweltschutzstrategie. Auch die Dokumentation der innengerichteten Umweltschutzaktivitäten gegenüber der Öffentlichkeit dient zur Absicherung der Legitimität des Unternehmensverhaltens in bezug auf den Umweltschutz.

Eine weitere wichtige Unterscheidung der Basisstrategien ist nach dem **Zeitbezug** vorzunehmen, wobei zwischen reaktiven und proaktiven Umweltschutzstrategien unterschieden werden kann. Diese Unterscheidung ist für den strategischen Handlungsspielraum der Unternehmen zur Lösung potentieller Umweltschutzprobleme und die Art der operativen Umsetzungsmöglichkeiten der Umweltschutzstrategie besonders relevant.

Ein **reaktives** ökologieorientiertes Unternehmensverhalten ist dadurch gekennzeichnet, daß Umweltschutzerfordernisse erst aufgrund einer aktuellen Betroffenheitssituation der Unternehmung durch erlassene Umweltschutzgesetze sowie markt- oder gesellschaftsbezogenen Umweltschutzforderungen, d. h. aus bestimmten Sachzwängen heraus im Unternehmen berücksichtigt werden.

Proaktives Verhalten zeichnet sich hingegen dadurch aus, daß Unternehmen bereits auf erste »schwache Signale« (Ansoff 1976, S. 129) im Vorfeld konkreter Umweltschutzforderungen ökologische Erfordernisse in ihren Strategiekonzepten antizipieren. Hinsichtlich der Extension des Handlungsspielraumes sehen sich Unternehmen, die eine proaktive

Umweltschutzstrategie verfolgen, in der Lage, die anstehenden unternehmensbezogenen Umweltprobleme unter Ausnutzung eines **Zeitvorteils** gegenüber reagierenden Unternehmen zu lösen. Die Zeitvorteile können in Image- und Ertragsvorteile umgesetzt werden, wenn es dem Unternehmen gelingt, sich z. B. durch die proaktive Entwicklung und Implementierung von innovativen Produkt- und Prozeßtechnologien in der Öffentlichkeit und im Markt als umweltbewußtes Unternehmen zu profilieren. Demgegenüber wird in der Literatur hervorgehoben, daß aufgrund eines hohen Handlungszwangs und zu erwartenden Sanktionspotentialen (z. B. gesetzliche Strafen) bei Nichterfüllung von gesetzlich fixierten Umweltstandards »Reagierer« sowohl im Hinblick auf eine möglichst effiziente Verminderung und Vermeidung von Umweltbelastungen als auch in bezug auf die Investitionen und die Kosten für Umweltschutzanlagen langfristig vielfach nur suboptimale Alternativen realisieren können. Allerdings ist die proaktive Ausrichtung des Unternehmensverhaltens an ökologischen Erfordernissen gegenüber einer reaktiven Anpassung auch mit nicht zu unterschätzenden Risiken verbunden. Sie können sich z. B. in höheren Forschungs- und Entwicklungs- sowie Explorationskosten, der Überwindung von Qualitätsproblemen in der Anlaufphase neuer Umweltschutztechnologien oder in langwierigen staatlichen Genehmigungsverfahren beim Einsatz neuer Umwelttechnologien niederschlagen (Steger 1988, S. 68 ff.).

Nach den zuvor dargestellten Verhaltensbezugsebenen von Umweltschutzstrategien lassen sich unterschiedliche Referenzzeitpunkte heranziehen, um im Rahmen einer ex post-Betrachtung reaktive und proaktive Verhaltensweisen der Unternehmen zu identifizieren. Zum einen kann der Zeitpunkt der Erlassung von Umweltschutzgesetzen, durch die die Unternehmung betroffen ist, als Referenzgröße im Vergleich mit dem Zeitpunkt der Strategieentwicklung und der Realisierung von Umweltschutzmaßnahmen zur Unterscheidung proaktiver oder reaktiver Verhaltensweisen herangezogen werden. In bezug auf die marktbezogene Umweltschutzstrategie erlangt das proaktive oder reaktive Verhalten gegenüber umweltschutzbezogenen Konkurrenzaktivitäten z. B. in Form von Angeboten innovativer umweltgerechter Produktvarianten eine bedeutende Rolle zur Realisierung von Wettbewerbsvorteilen bzw. Vermeidung von Wettbewerbsnachteilen. Dieser Sachverhalt wird auch unter dem Aspekt des Pionier- und Folgerverhaltens diskutiert (vgl. Kapitel 2.2.2.3).

Eine weitere Differenzierung des zeitbezogenen Unternehmensverhaltens ist in Abhängigkeit unterschiedlicher Phasen im unternehmerischen Entscheidungsprozeß vorzunehmen. Die Unterteilung in Planung und Implementierung von Umweltschutzstrategien und -maßnahmen kennzeichnet z. B. Möglichkeiten der proaktiven Strategieentwicklung (z. B. sog. Schubladenpläne), die erst im Falle der Fixierung konkreter gesetzlicher Umweltschutzbestimmungen realisiert werden.

Nach der **Art der Strategieentwicklung** ist zu unterscheiden, ob die verfolgte Umweltschutzstrategie im Sinne eines integrierten Gesamtkonzeptes auf alle Unternehmensfunktionen und -bereiche ausgerichtet ist oder nur partielle Aspekte des Umweltschutzes z. B. im Produktionsbereich berücksichtigt. Die funktionsübergreifende Entwicklung einer Umweltschutzstrategie entspricht den bereits gekennzeichneten Anforderungen eines integrierten Umweltmanagement. Im Hinblick auf die **Durchsetzung von Strategien** geben die Merkmale individuell und kooperativ darüber Auskunft, ob innerhalb einer Branche Unternehmen zur Lösung ihrer Umweltschutzprobleme mit anderen Unternehmen kooperieren bzw. eine Verhaltensabstimmung in Form von Branchenabkommen vornehmen oder eher ihre Umweltschutzstrategie individuell durchsetzen.

Bei umweltpolitischen **Kooperationslösungen** treffen Umweltbehörden mit einer bestimmten Branche oder deren Mitgliedern rechtlich verbindliche oder unverbindliche Absprachen. Sie werden als **Branchenabkommen** bezeichnet (Wicke 1987). Darüber hinaus können auch **Verbandslösungen** angestrebt werden. Es handelt sich hierbei um branchenübergreifende Absprachen im Sinne von Branchenabkommen oder um umweltbezogene Zweckverbände (z.B. Zweckverband Autorecycling). Beispiele für Branchenabkommen stellen die Selbstverpflichtungsabkommen

- zur Reduzierung von Asbestanteilen in Faserzementprodukten,
- zur Reduzierung von FCKW
- oder zur Beibehaltung und Stärkung der Mehrwegflaschenverwendung dar.

Für die beteiligten Unternehmen kann der Abschluß eines Branchenabkommens oder einer branchenübergreifenden Verbandslösung dann interessant sein, wenn bei Nichtbeitritt zum Abkommen andere restriktivere umweltpolitische Maßnahmen höhere Kosten verursachen. Allerdings wird aufgrund der Gefahr wettbewerbshemmender bzw. -beeinträchtigender Absprachen der Handlungsspielraum für derartige Kooperationslösungen in Deutschland als eingeschränkt angesehen.

Die Ausprägungen einer konkreten Umweltstrategie ergeben sich durch Kombinationen der in Abbildung 52 dargestellten Strategiemerkmale.

Klassifikationsmerkmale umweltorientierter Unternehmensstrategien	Ausprägungsformen
Verhaltensbezugsebene	Intern (Unternehmung) ⟺ Extern (Markt/Gesellschaft)
Anpassungsintensität an Umweltschutzerfordernisse	Passiv ⟺ Aktiv (Adaptiv / Innovativ)
Zeitpunkt der Strategieentwicklung/Maßnahmenrealisierung	Reaktiv ⟺ Proaktiv
Art der Strategieentwicklung	Isoliert ⟺ Integriert
Durchsetzung von Strategien	Individuell ⟺ Kooperativ

Abb. 52: Strategische Dimensionen umweltorientierter Basisstrategien

2.1.2 Kennzeichnung umweltorientierter Basisstrategien

Versucht man, anhand einer integrierten Betrachtung der aufgezeigten Strategiemerkmale ein möglichst breites Spektrum an **Basisstrategien** der Unternehmen zur Begegnung der Chancen und Risiken des Umweltschutzes abzuleiten, können in Anlehnung an Stitzel zunächst die Basisstrategien Widerstand, Anpassung und Antizipation bzw. Innovation herangezogen werden (Stitzel 1976, S. 105 ff.). Allerdings erscheint es sinnvoll, die von Stitzel unter der Widerstandsstrategie implizierten Optionen Rückzug und Passivität explizit als umweltorientierte Basisstrategien zu berücksichtigen, weil mit ihnen unterschiedliche Wirkungen im Hinblick auf die Erreichung ökologischer, gesellschaftlicher und wettbewerbsstrategischer Ziele der von Umweltproblemen betroffenen Unternehmen verbunden sein können. Vergleicht man die Basisstrategien in bezug auf ihre Verhaltensmerkmale und tendenziellen Zielwirkungen, lassen sich die in der Abbildung 53 aufgeführten idealtypischen Charakterisierungen vornehmen, die in den folgenden Ausführungen beschrieben werden.

Strategie-Merkmale	Basisstrategien				
	Widerstand	Passivität	Rückzug	Anpassung	Innovation
Verhaltensbezugsebene	Markt/Gesellschaft (extern)	-	Unternehmung (Markt)	Unternehmung (Markt)	Unternehmung/Markt/Gesellschaft
Ökologieorientierte Anpassungsintensität	Passiv	Passiv	Adaptiv	Adaptiv	Innovativ
Zeitpunkt der Strategieentwicklung/Maßnahmenrealisierung	i.d.R. Reaktiv	-	i.d.R. Reaktiv	Reaktiv	Proaktiv
Art der Strategieentwicklung	Isoliert	-	Isoliert	Isoliert	Integriert
Durchsetzung von Strategien	i.d.R Kooperativ	-	Individuell	Individuell/Kooperativ	Individuell
Strategiewirkung	↓	↓	↓	↓	↓
Ökologische Ziele	--	--	(+)	+	++
Gesellschaftliche Legitimität	--	-	+/-	+	++
Wettbewerbsstrategische Ziele	-(+)	-(+)	+(--)	-(+)	++(-)

Abb. 53: Kennzeichnung von umweltbezogenen Basisstrategien

2.1.2.1 Widerstandsstrategien

Widerstandsstrategien sind im Hinblick auf die ökologieorientierte Anpassungsintensität als passiv einzustufen, während sie gegenüber gesellschafts- und marktbezogenen Umweltschutzforderungen eine Konfrontation zur Erhaltung des status quo anstreben. In der Regel sind Widerstandsstrategien als Reaktion auf bereits artikulierte Umweltschutzforderungen z. B. von Bürgerinitiativen anzusehen. Allerdings können sie gegenüber einer verschärften Umweltschutzgesetzgebung dann als erfolgversprechender angesehen werden, wenn sie im Vorfeld der Verabschiedung konkreter Umweltgesetze eingeleitet werden, um deren rechtsverbindliche Fixierung zu verhindern bzw. ein geringeres Maß der geforderten Umweltschutzstandards zu erreichen. Sie werden als »politische Strategien« zur Abwehr gesellschaftlicher Umweltschutzansprüche vielfach im Kollektiv mit anderen betroffenen Unternehmen bzw. stellvertretend durch Unternehmensverbände durchgesetzt (vgl. Holzmüller, Schuh 1988, S. 27 ff.; Zeithaml 1984, S. 74 f.).

Grundsätzlich wirken Widerstandsstrategien der Erreichung ökologischer Zielsetzungen im Sinne der Vermeidung und Verminderung von Umweltbelastungen entgegen und können langfristig die gesellschaftliche Legitimität der Unternehmen gefährden und zur Eskalation von Anspruchsgruppenkonflikten führen. Während kurzfristig u. U. aufgrund der Vermeidung einer Internalisierung ökologischer Kosten die Wettbewerbsfähigkeit insbesondere gegenüber ausländischen Anbietern, die sich geringeren Umweltschutzanforderungen gegenübersehen, erhalten werden kann, führt die Vernachlässigung marktbezogener Chancen des Umweltschutzes langfristig zur nachhaltigen Beeinträchtigung der Wettbewerbsposition ökologisch betroffener Unternehmen. Dies ist insbesondere dann der Fall, wenn Widerstandsstrategien nicht von allen Unternehmen einer Branche verfolgt werden, sondern einzelne Unternehmen sich bestehenden Umweltschutzforderungen anpassen oder sie bereits frühzeitig antizipieren.

2.1.2.2 Passivität und Rückzugsstrategien

Im Gegensatz zur Widerstandsstrategie ist die **Passivität** durch ein »Nicht-Verhalten« und die Ignoranz von Umweltproblemen gekennzeichnet. Im Hinblick auf die Zielwirkungen wird die Passivität im Gegensatz zur aktiven Widerstandsstrategie die Legitimitätsziele der Unternehmung u. U. nicht in so hohem Maße beeinträchtigen, weil Unternehmen sich nach außen nicht explizit gegen eine Integration ökologischer Forderungen aussprechen.

Bei der **Rückzugsstrategie** werden, ähnlich wie im Falle einer Anpassungsstrategie, externe Umweltschutzansprüche als Datum angesehen. Die Unternehmen sehen jedoch im Rahmen dieser Strategieoption keine adäquate Anpassungsmöglichkeit zur Lösung der anstehenden Umweltprobleme, vielmehr versucht man, sich verstärkten Umweltschutzansprüchen zu entziehen. Im Hinblick auf die Verhaltensbezugsebene kann sich der Rückzug als betriebsbezogene Strategie z. B. auf die Verlagerung einzelner umweltbelastender Unternehmensfunktionen, wie z. B. die Produktion oder Entsorgung, ins Ausland beziehen, um sich dem Geltungsbereich einer restriktiven Umweltgesetzgebung zu entziehen. Hierbei wird allerdings keine Vermeidung von Umweltbelastungen, sondern lediglich ihre regionale Verlagerung vorgenommen, was durchaus bei den bestehenden Anspruchsgruppen im Inland zur Sicherung der Legitimität beitragen kann (Brenken, 1988, S. 273 ff.). Eine zunehmende internationale und weltweite Vernetzung von ökologischen Anspruchsgruppen wie z. B. Greenpeace kann jedoch weiterhin eine Gefährdung der Legitimität des Unternehmens bewirken. Darüber hinaus können wettbewerbsbezogene Kostennachteile insbesondere im internationalen Wettbewerb durch die Vermeidung von gesetzlich induzierten Umweltschutzinvestitionen verhindert werden.

Andererseits kann eine **marktbezogene Rückzugsstrategie** aus ökologisch betroffenen Geschäftsfeldern eine vollständige Vermeidung der mit der Produktion oder mit dem Produktgebrauch verbundenen Umweltbelastungen bewirken. Dies ist jedoch mit den wettbewerbsstrategischen Zielsetzungen in konfliktärer Beziehung zu sehen, weil damit die Möglichkeiten zur innovativen Begegnung der marktbezogenen Chancen des Umweltschutzes den Wettbewerbern überlassen wird. Situationen, in denen Unternehmen in einem Geschäftsfeld lediglich eine schwache Wettbewerbsposition einnehmen und der Marktlebenszyklus sich in der Reife- oder Schrumpfungsphase befindet, lassen eine Rückzugsstrategie aus ökologisch betroffenen Geschäftsfeldern gegenüber einer langfristigen Fortführung u. U. jedoch ökonomisch sinnvoller erscheinen.

2.1.2.3 Anpassungs- und Antizipationsstrategien

Im Rahmen einer ökologieorientierten **Anpassungsstrategie** werden in Reaktion auf gesetzliche Vorschriften Umweltschutzerfordernisse berücksichtigt. Dennoch werden lediglich die Umweltschutzanforderungen adaptiert, ohne den Chancen des Umweltschutzes innovativ zu begegnen. Die aus den externen Sachzwängen resultierenden Anpassungen werden jeweils reaktiv und isoliert für spezielle aktuelle Umweltprobleme in einzelnen Unternehmensbereichen entwickelt. Die Anpassungsstrategie kann sowohl eine individuelle Unternehmensstrategie sein sowie auch eine von einer ganzen Branche verfolgte Basisstrategie darstellen.

Demgegenüber impliziert die **Antizipations-** und **Innovationsstrategie,** daß Unternehmen unabhängig von gesellschaftlichen oder marktbezogenen Umweltschutzforderungen ökologische Problemfelder lokalisieren und ihnen mit einer integrierten, auf alle Unternehmensbereiche ausgerichteten Strategie innovativ begegnen. Die Antizipationsstrategie ist in besonderem Maße geeignet, ökologieorientierte Wettbewerbsvorteile zu erreichen, da die Unternehmen in ihren spezifischen Stärken den Umweltproblemen innovativ begegnen.

Die in der Literatur vorgenommene Unterscheidung von defensiven und offensiven Umweltschutzstrategien (vgl. z.B. Wicke 1987) stellt eine verdichtete Betrachtung der in Abbildung 53 gekennzeichneten Basisstrategien dar. Die offensive Umweltschutzstrategie ist hierbei weitgehend deckungsgleich mit der oben charakterisierten Innovations- und Antizipationsstrategie. Hingegen werden die Widerstands-, Passivitäts-, Rückzugs- und Anpassungsstrategien als Ausdrucksformen einer defensiven Grundhaltung zur Begegnung der ökologischen Herausforderungen gekennzeichnet.

2.2 Wettbewerbsstrategien im Umweltschutz

2.2.1 Abgrenzung wettbewerbsstrategischer Optionen

Bei der Auswahl und Konkretisierung der gekennzeichneten Basisstrategien im Umweltschutz ist die jeweilige wettbewerbsstrategische Grundausrichtung eines Unternehmens auf den etablierten Märkten zu berücksichtigen. Im Mittelpunkt steht hierbei die Frage nach einem »strategischen Fit« zwischen der umwelt- und wettbewerbsorientierten Strategieausrichtung zur Erhaltung oder dem weiteren Ausbau der Wettbewerbsposition. Die generelle **Zielsetzung von Wettbewerbsstrategien** liegt in der Entwicklung und Kultivierung einer spezifischen Kompetenz, um gegenüber den Hauptwettbewerbern Wettbewerbsvorteile aufzubauen und abzusichern. Als **Klassifikationsansatz alternativer Arten** anzustrebender Wettbewerbsvorteile hat sich in der Literatur das Portersche System der sog. generischen Wettbewerbsstrategie durchgesetzt.

Wettbewerbsvorteile lassen sich nach diesem Konzept durch Strategien der Kostenführerschaft, der Qualitätsführerschaft oder Differenzierung sowie der Nischen- bzw. Teilmarktorientierung erzielen. Die Entscheidung für eine der Strategien muß darauf abgestellt werden, zumindest einen beim Kunden als wichtig eingeschätzten und tatsächlich wahrgenommenen »verteidigbaren« Wettbewerbsvorteil gegenüber den Konkurrenten zu erzielen. Die in diesem Zusammenhang festzulegenden konkurrenzstrategischen Optionen umfassen neben der Entscheidung über die Art des anzustrebenden Wettbewerbsvorteils auch die Ermittlung des unter Berücksichtigung der Markt- und Wettbewerbssituation für das Unternehmen günstigsten Timing ökologieorientierter Wettbewerbsstrategien.

2.2.2 Kennzeichnung relevanter Wettbewerbsstrategien

2.2.2.1 Qualitätsführerschaft

Aufbauend auf einer hohen Innovationsorientierung und Anpassungsfähigkeit zielt die **Qualitätsführerschaft** bzw. **Differenzierungsstrategie** darauf ab, durch die Schaffung von qualitativen Produktvorteilen den differenzierten Abnehmerbedürfnissen besser gerecht zu werden, d.h. durch Marktsegmentierung die Wettbewerbsstellung auszubauen. Dabei kann unterschieden werden, ob ein Unternehmen diesen Anspruch für alle existierenden und von ihm bearbeiteten Marktsegmente oder lediglich für bestimmte Nischen erfüllt.

Im Gegensatz zur kostenorientierten Strategie ist im Rahmen einer **Qualitätsführerschaft** eine höhere Kompatibilität zur innovativen und offensiven Begegnung der Chancen und Risiken des Umweltschutzes zu erwarten. Der Umweltschutz bietet als neue Qualitätskomponente eines Produktes eine erweiterte Differenzierungsbasis zur Erlangung qualitätsbezogener Wettbewerbsvorteile. Für den Erfolg dieser Strategie erscheint es wichtig, die umweltorientierten Differenzierungsvorteile dauerhaft und verteidigbar zu etablieren. Hierbei sind Differenzierungspotentiale in allen Stufen des Wertschöpfungssystems zu verankern. Je nachdem, um welches Produkt es sich handelt, können unterschiedliche Schwerpunktsetzungen angezeigt sein. In der Abbildung 54 sind beispielhaft die Kumulationskurven für Immissionen dreier hypothetischer Produkte über ihren gesamten Lebenszyklus aufgezeigt. Produkt A verursacht den weitaus größten Teil seiner negativen Einwirkungen auf die Umwelt in seiner Entsorgungsphase. Für Produkt B ergeben sich Umweltprobleme hauptsächlich in den Phasen der Rohstoffgewinnung und der Verwendung. Produkt C hingegen verursacht den weitaus größten Teil seiner Immissionen in der Herstellungsphase.

Maßnahmen zur ökologischen Differenzierung müssen im Fall von Produkt A eindeutig außerhalb der unmittelbaren Einflußsphäre des Unternehmens ansetzen. Hier bieten sich Konzepte an, die eine kontrollierte Rückführung und möglicherweise Wiederverwendung des bis zum Ende der Verwendungsphase relativ umweltverträglichen Produktes ermöglichen. Auch bei Produkt B treten Umweltschäden in Lebenszyklusstufen auf, die von der Unternehmung nicht direkt kontrolliert werden. Die Herstellerfirma von B, die, bezogen auf den Produktionsprozeß, eine ausgezeichnete Umweltbilanz vorzuweisen hat, muß ihre ökologieorientierte Wettbewerbsprofilierung durch Einflußnahme auf die Herstellung vor- bzw. nachgelagerter Lebenszyklusphasen des Produktes realisieren. Der Hersteller von C findet Ansatzpunkte zur ökologieorientierten Wettbewerbsprofilierung vornehmlich im eigenen Unternehmen. Die durch sein Produkt hervorgerufene Gesamtbelastung

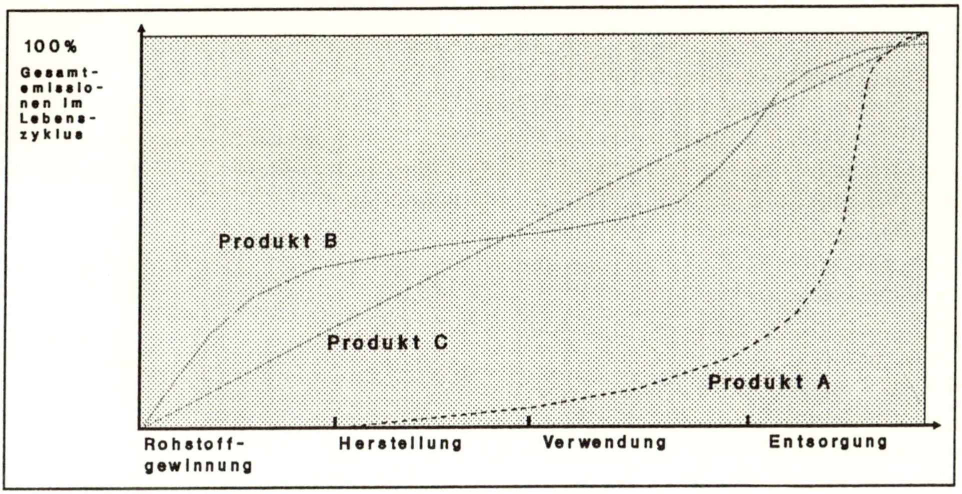

Abb. 54: Produktbezogene Differenzierungspotentiale im Umweltschutz

der Umwelt kann am wirkungsvollsten durch eine ökologiegerechtere Gestaltung des Herstellungsprozesses erzielt werden.

Allen Beispielen ist gemeinsam, daß sie unabhängig von den konkreten Ansatzpunkten zur Differenzierung ihren Vorteil glaubhaft machen und den diesen Vorteil honorierenden Kunden kommunizieren können.

Die der **Qualitätsführerschaft zugrunde liegenden Voraussetzungen** einer hohen Flexibilität zur Berücksichtigung von Marktveränderungen und hohen Innovationskapazitäten nehmen einen zentralen Stellenwert ein, um auf ein zunehmendes Kundeninteresse an umweltgerechten Produktvarianten auch in kleineren Teilsegmenten schnell zu reagieren. Die vom Kunden erwartete Umweltqualität von Produkten schließt zunehmend auch eine ökologische Prozeßqualität mit ein. Deshalb ist die Qualitätsführerschaft in bezug auf Umweltschutzmaßnahmen im Beschaffungs- und Produktionsbereich als Verhaltensdeterminante hervorzuheben. Sofern der hohe Qualitätsanspruch durch die Berücksichtigung von Umweltschutzerfordernissen nicht erfüllt werden kann, verlangt die qualitätsorientierte Wettbewerbsstrategie eine bewußte Entscheidung zum konsequenten Rückzug aus jenen Bereichen, in denen es innerhalb einer gegebenen Zeitspanne nicht möglich ist, die Position eines führenden Wettbewerbers zu erreichen.

Widerstandsstrategien gegenüber verstärkten Umweltschutzforderungen beinhalten für einen Qualitätsführer die Gefahr einer nachhaltigen Beeinträchtigung seines Images in der Öffentlichkeit, es sei denn, daß Widerstand gegenüber unberechtigten Forderungen zur Verteidigung des Qualitätsimages notwendig erscheint.

Inwieweit eine **Konzentrationsstrategie** im Umweltschutz zu verfolgen ist, hängt von der jeweiligen Umweltorientierung der Zielgruppensegmente ab. Achleitner hebt hervor, daß Unternehmen mit einer Nischenorientierung sich besonders intensiv mit den »Fragen des Einflußgrades einzelner (ökologischer) Anspruchsgruppen« auseinandersetzen müssen, »da sich die Unternehmung durch eine derartige Strategie der Beschränkung zwar einerseits des Einflusses gewisser Anspruchsgruppen entziehen kann, andererseits aber der Einfluß strategischer Anspruchsgruppen innerhalb der gewählten Marktnische stark an Bedeutung zunimmt« (Achleitner 1985, S. 165).

In diesem Zusammenhang ist die Nischenstrategie auch als Strategie zur Verringerung der Exponiertheit in der Öffentlichkeit zu verstehen, wodurch Unternehmen u. U. einem geringen Internalisierungszwang von Umweltschutzerfordernissen ausgesetzt sind. Andererseits ist anzunehmen, daß defensive Umweltschutzstrategien aufgrund der hohen Abhängigkeit von Abnehmergruppen für Nischenanbieter eine Gefährdung der Wettbewerbsposition beinhalten, weil ein Ausweichen auf andere Marktsegmente kurzfristig nicht möglich erscheint.

2.2.2.2 Kostenführerschaft

Bei der **Kosten- oder Preisführerschaft** wird mit Hilfe von qualifizierten Mitarbeitern, produktivitätssteigernden Verfahrensinnovationen sowie Standardisierung versucht, die Stückkosten unter das Niveau der wichtigsten Wettbewerber zu senken und durch eine Politik relativ niedriger Preise Wettbewerbsvorteile zu realisieren. Der Erfolg von Kostenführerstrategien ist dabei davon abhängig, ob es den Unternehmen gelingt, vergleichsweise große Marktanteile gegenüber der Konkurrenz zu erringen, um damit Degressions- und Erfahrungskurveneffekte nutzen zu können. Hieraus ergibt sich die Notwendigkeit, eine möglichst große Zahl von Nachfragern mit einem relativ schmalen und flachen Sortiment zu bedienen, das aus der Sicht des Kunden im wesentlichen die Standardnutzenerwartungen erfüllt. Daher wird diese Strategie nur dann zum Ziel führen, wenn bei den Kunden Preisargumente gegenüber besonderen Nutzenerwartungen als Kaufkriterien dominieren. Grundsätzlich ist von einer strategischen Stimmigkeit einer ökologieorientierten Profilierung im Wettbewerb und einer **Kosten- und Preisführerstrategie** dann auszugehen, wenn die Umweltverträglichkeit ökologieorientierter Neuprodukte einhergeht mit im Vergleich zu herkömmlichen Erzeugnissen niedrigeren Stückkosten. Hierfür lassen sich einige Ansatzpunkte aufzeigen.

Die **Kostenführerschaft** kann als ökonomische »Effizienzstrategie« auch eine ökologische Effizienz aufweisen, weil z. B. durch Ausnutzung von Erfahrungskurveneffekten Ausschußquoten verringert werden und daraus Rohstoff- und Energieeinsparungen resultieren können. Weiterhin gibt es Bereiche, in denen umweltschädliche teure Rohstoffe durch umweltverträgliche billigere Rohstoffe ersetzt werden bzw. die Einsatzmenge teurer Rohstoffe durch die Verwendung von recycliertem Material verringert werden kann.

Wenn bei den Zielgruppen der Kostenführer Qualitäts- und Nutzenerwartungen als zentrale Kauffaktoren hinter dem Preis zurücktreten, werden die vielfach bei umweltfreundlichen Recyclingprodukten auftretenden Minderungen der ästhetischen Eigenschaften bei einem entsprechenden Preisvorteil akzeptiert. Allerdings besteht weitgehend Einigkeit darüber, daß substantielle Kostenvorteile umweltgerechter Produktinnovationen nur in Ausnahmefällen zu erwarten sind. In aller Regel werden ökologieorientierte Innovationen mit Kostensteigerungen einhergehen, die im Widerspruch zu den Erfordernissen erfolgreicher Kostenführerstrategien stehen.

Die freiwillige Integration von ökologischen Kosten beeinträchtigt die Realisierung von Kostenvorteilen und gefährdet damit die Wettbewerbsposition, wenn die Konkurrenten lediglich die gesetzlich notwendigen Mindestforderungen erfüllen. Die Erzielung von Erfahrungskurveneffekten unter Ausnutzung möglichst langer Wiedergewinnungsperioden des eingesetzten Kapitals bildet eine Restriktion, den Produktionsprozeß auf innovative Prozeßtechnologien mit integriertem Umweltschutz umzustellen. Vielmehr kann die Ausnutzung bestehender Kostenvorteile durch die Beibehaltung herkömmlicher Verfahrenstechnologien und Verwendung sog. nachgeschalteter Umweltschutztechnologien für einen Kostenführer kurzfristig aus ökonomisch rationaler Sicht eine geeignete Reaktion auf verschärfte Umweltschutzgesetze darstellen. Weiterhin ist anzunehmen, daß der im Rahmen der Kostenführerschaft angestrebte prozeß- und produktbezogene Standardisierungsgrad und die hohe Marktanteilsorientierung eine flexible Reaktion auf sich abzeichnende Veränderungen des umweltschutzorientierten Kaufverhaltens beeinträchtigen, insbesondere wenn umweltbewußte Kundensegmente nur einen vergleichsweise geringen Anteil in der bestehenden Kundenzielgruppe ausmachen.

Zur Vermeidung der Internalisierung externer Kosten sind bei kostenorientierten Wettbewerbsstrategien insbesondere bei bereits verfügbaren internationalen Produktionsstandorten die Möglichkeiten gegeben, durch standortbezogene Rückzugsstrategien bzw. die Verlagerung von Produktionskapazitäten ins Ausland eine restriktive Umweltschutzgesetzgebung im Inland zu umgehen. Weiterhin ist anzunehmen, daß Widerstandsstrategien oder der vollständige Rückzug aus einem Geschäftsfeld dann verfolgt werden, wenn unter starkem öffentlichen Druck der Umweltschutz langfristig nicht unter Berücksichtigung von Kosten- und Produktivitätsanforderungen in das Unternehmen zu integrieren ist.

Im Zusammenhang mit der Verteidigung vorteilhafter Kostenpositionen in von Umweltproblemen betroffenen Märkten ist jedoch zu bedenken, daß die zunehmende Verschärfung von Umweltgesetzen und Auflagen zu einer Aufhebung bereits realisierter Kostenvorteile von Unternehmen führen kann, deren Kostenposition sich vor allem durch einen weitgehenden Verzicht von Umweltschutzvorkehrungen begründet. Für solche Unternehmen gilt es, eine Risikoabwägung vorzunehmen, die eventuell übergangsweise Kostennachteile durch proaktive Erfüllung von Umweltschutzforderungen den negativen Kostenwirkungen einer unter Zeit- und Normendruck vorgenommenen nachträglichen Anpassung an Umweltschutzstandards gegenüberstellt.

Fest steht, daß sich der Kostenhebel zur Erfüllung von Auflagen im Umweltschutz mit fortschreitender Zeit erheblich verschlechtert. Frühzeitige Anpassung vor der Konkurrenz kann Kostenvorteile bewahren.

2.2.2.3 Timingstrategien im Wettbewerb

Der im Rahmen der umweltorientierten Basisstrategien hervorgehobene Stellenwert der Zeitdimension soll im folgenden vor dem Hintergrund der wettbewerbsstrategischen Ausrichtung der Umweltschutzstrategien konkretisiert werden.

Die grundsätzlichen Entscheidungstatbestände einer Timingstrategie lassen sich auf die Frage reduzieren, ob eine ökologieorientierte Profilierung zeitlich vor oder nach den Hauptwettbewerbern betrieben werden soll. Stark vereinfacht kann im ersten Fall von einer sog. **Pionierstrategie,** im zweiten von einer **Folgerstrategie** gesprochen werden. Die Herausforderung für Timing-Entscheidungen besteht darin, unter Abwägung der unternehmensspezifischen Stärken im Vergleich zur Konkurrenz und den Anforderungen des Marktes das »strategisch optimale Fenster« der ökologieorientierten Profilierung zu finden. Obgleich die konkrete Bestimmung des »optimalen« Profilierungszeitpunktes exakt letztendlich nur in Abhängigkeit vom unternehmensindividuellen strategischen Kontext möglich ist, werden in der Literatur konzeptionelle Aussagen über die Vorteilhaftigkeit des Markteintritts als Pionier bzw. als Folger abgeleitet. Vor allem technologieintensive und rasch wachsende Märkte standen wegen der dort hohen Problemrelevanz des Timing im Mittelpunkt des Interesses. Der Einfluß des **Timing** auf den Erfolg **ökologieorientierter Profilierungsansätze** soll im folgenden vor dem Hintergrund spezieller Marktwiderstände für ökologieorientierte Produktinnovationen konkretisiert werden. Sie besitzen branchen-, technologie- und produktübergreifend für alle umweltorientierten Produktinnovationen gleichermaßen hohe Relevanz.

Dabei ist zwischen sog. primären und sekundären Marktwiderständen zu unterscheiden (Walters 1984). Mit **primären Marktwiderständen** sind die Widerstände der Abnehmer zur Akzeptanz und Übernahme neuer Produkte angesprochen. Für ökologieorientierte Produktinnovationen wird die Stärke des primären nachfragerbezogenen Marktwiderstands davon abhängig sein, in welchem Maße die Umweltverträglichkeit von Produkten als relevantes Kaufkriterium Bedeutung hat. Die Bedeutung der Umweltverträglichkeit als Kaufkriterium wird dabei grundsätzlich von der generellen öffentlichen Aufmerksamkeit für Umweltprobleme im Zusammenhang mit der Herstellung und Verwendung der betreffenden Produkte abhängen.

Entsprechend dem Lebenszykluskonzept öffentlicher Anliegen nimmt die Aufmerksamkeit für Umweltprobleme im Zusammenhang mit der Verwendung von Produkten im Zeitablauf zu, bis sich die ökologischen Forderungen schließlich in Form gesetzlicher Regelungen zu einer zwingend erforderlichen Produkteigenschaft entwickeln (z. B. Katalysatorpflicht, Verbot von bleihaltigem Benzin, FCKW-Verbot u. ä.). Der Kaufwiderstand gegenüber ökologieorientierten Produkten nimmt mit zunehmendem Bewußtsein über Umwelteigenschaften in der betreffenden Produktkategorie ab, bis er im Extremfall – nach Verbot aller nicht umweltfreundlichen Alternativen – gegen Null tendiert. Da die Überwindung von primären Marktwiderständen erhebliche Aufwendungen seitens früh in den Markt eintretender Unternehmen erfordert, erscheint eine Folgerstrategie vorteilhafter als ein im Vergleich zur Konkurenz früher Markteintritt. Allerdings vermitteln Kaufwiderstände nur ein unvollständiges Bild der für eine Timing-Entscheidung relevanten Marktwiderstände. Die Vorteilhaftigkeit einer frühen oder späten Markteinführung von ökologieorientierten Produktinnovationen wird in erheblichem Umfang auch von konkurrenzbezogenen, sog. **sekundären Marktwiderständen** bestimmt, die sich in Markteintritts- und Mobilitätsbarrieren einteilen lassen.

Markteintrittsbarrieren umfassen die Summe aller Faktoren, die es den Unternehmen erschweren oder gänzlich unmöglich machen, sich erfolgreich in einem Markt zu etablieren. Sie charakterisieren dabei die Nachteile, die neu eintretende Unternehmen im Vergleich zu etablierten Anbietern hinzunehmen haben und resultieren aus dem Wettbewerbsverhalten und dem Verhalten der übrigen Marktteilnehmer. Die Bereitschaft des Handels zur Aufnahme ökologieorientierter Innovationen gehört zu den Markteintrittsbarrieren, die sich im Zeitablauf für Folgerunternehmen verschärfen.

Mobilitätsbarrieren bezeichnen all diejenigen Faktoren, die es einem Unternehmen nach erfolgtem Markteintritt erschweren, sich ebenfalls als kompetenter und verantwortlicher Anbieter von ökologieorientierten Produkten zu profilieren. Nicht selten sind solche Firmen gezwungen, als »ewiger Zweiter« langfristig Goodwill-Nachteile hinnehmen zu müssen, die ihren Niederschlag insbesondere in der fehlenden Preisbereitschaft der Nachfrager und mangelnden Kooperationsfreude des Handels finden.

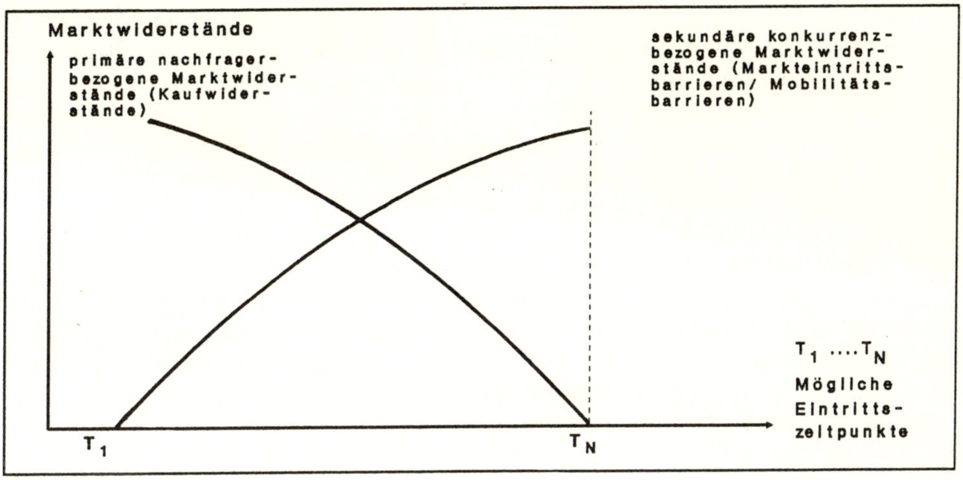

Abb. 55: Dynamik von Markteintrittsbarrieren für umweltorientierte Produktvarianten

Da Markteintritts- und Mobilitätsbarrieren im Zeitablauf zunehmen, Kaufwiderstände jedoch sinken (vgl. Abbildung 55), ergibt sich für die Timing-Entscheidung des Markteintritts mit ökologiegerechten Produktinnovationen ein »strategisches Dilemma«: Je später ein Unternehmen umweltgerechte Produktinnovationen am Markt einführt, desto weniger Kaufwiderstände wird es zu überwinden haben. Nutzen jedoch Wettbewerber die Möglichkeit zu einem frühen Markteintritt, dann sieht sich das Unternehmen mit zunehmender Reaktionszeit wachsenden Markteintritts- und Mobilitätsbarrieren gegenüber.

2.3 Risikostrategien im Umweltschutz

Die Basisstrategien im Umweltschutz sind neben ihrer wettbewerbsstrategischen auch in ihrer risikostrategischen Ausrichtung zu konkretisieren. Im Rahmen einer spezifischen Risikoanalyse sind die aus den ökologischen Problemstellungen resultierenden gesellschaftsbezogenen, technologiebezogenen und politisch-rechtlichen Verlustgefahren zu berücksichtigen, denn sie bestimmen gleichermaßen die Erfolgsposition eines Unternehmens.

Die Auswirkungen der ökologischen Problemstellungen erschweren in ihrer gesamten Vernetztheit die Risikobestimmung im Rahmen des Umweltmanagement. Deshalb wird vielfach ein eigenständiges **Risiko-Management** zur Identifikation komplexer Störprozesse und der Planung von Risikostrategien gefordert (vgl. z. B. Haller 1991). Wichtig erscheint dabei eine integrierte Betrachung der risikostrategischen Ausrichtung der Umweltschutzstrategie. Je nach Wahl der Basisstrategie und der jeweiligen Wettbewerbsstrategie entstehen Risiken in höherem oder geringerem Ausmaß, für die jeweils geeignete Formen der Risikoabsicherung zu analysieren sind. So führt beispielsweise eine Passivität gegenüber den Umweltproblemen vielfach zu höheren und anderen Risikoarten als eine ökologieorientierte Innovationsstrategie. Zielsetzung der Auswahl einer geeigneten Risikostrategie ist die Sicherung der angestrebten Unternehmensziele bzw. eine Bewältigung der mit ihrer Erreichung verbundenen Risiken (Haller 1991, S. 173). Ausgangspunkt der risikostrategischen Auseinandersetzung bildet die Identifikation und Bewertung der für ein Unternehmen relevanten Umweltrisiken.

2.3.1 Identifikation von Risiken

Die Identifikation von unternehmensbezogenen Risiken erfordert zunächst eine Präzisierung des Risikobegriffs. Sowohl innerhalb der wissenschaftlichen Diskussionen als auch in der öffentlichen Auseinandersetzung existieren vielfältige Interpretationen des Risikobegriffs. Im weitesten Sinne wird von **Risiko** im Unternehmenskontext bei einer Gefahr einer negativen Zielabweichung bzw. der Nichterreichung der angestrebten Unternehmensziele gesprochen. Demgegenüber wird der klassische Risikobegriff in der Entscheidungstheorie durch die zwei Faktoren

- Ausmaß der Zielbeeinträchtigung bzw. Schadenshöhe
- Höhe der Eintrittswahrscheinlichkeit des Schadens

bestimmt, die miteinander zu einem Erwartungswert multipliziert werden. Diese Form des Risikobegriffs liegt auch der Versicherungsmathematik zugrunde und wird auch als **sicherheitstechnischer Risikobegriff** charakterisiert. Das Risiko wird dabei um so höher angesehen, je größer die Differenz der negativen Abweichung von der geplanten Zielsetzung und je höher die Wahrscheinlichkeit des Schadeneintritts ist.

Neben dieser quantitativen Risikobestimmung wurde in sozialwissenschaftlichen Forschungen nachgewiesen, daß die Risiken in der öffentlichen Diskussion nicht hinreichend durch die Dimensionen »Schadenausmaß und Eintrittswahrscheinlichkeit« gekennzeichnet werden können (vgl. u.a. Hennen 1990, S. 233; Renn 1984, S. 69 ff.). Vielmehr sind z.B. im Zusammenhang mit der öffentlichen Diskussion ökologischer Auswirkungen neuer Technologien (z.B. Müllverbrennung) eine Vielzahl von **qualitativen Faktoren der Risikobestimmung und -wahrnehmung** zu berücksichtigen. Sie beziehen sich vor allem auf Akzeptanz- und Legitimitätsrisiken des unternehmerischen Handelns. Das Auseinanderfallen des sicherheitstheoretischen Risikobegriffs mit den in der Gesellschaft wahrgenommenen Risiken führt dabei oft zu erheblichen Konflikten. Die ökologischen Risiken der durch die Unternehmensaktivitäten verursachten Umweltbeeinträchtigungen lassen sich nicht durch »objektiv« ermittelbare Wahrscheinlichkeiten und Schadenausmaße bestimmen. Dies zwingt das Umweltmanagement zu einer verstärkten Auseinandersetzung mit entsprechenden subjektiv wahrgenommenen Risiken verschiedener Marktteilnehmer und gesellschaftlicher Anspruchsgruppen.

Folgende sog. qualitative Risikofaktoren wurden in empirischen Untersuchungen ermittelt (vgl. Renn 1984, S. 124; Peters 1990, S. 93):

- Bereitschaft zur freiwilligen Risikoübernahme
- Wahrnehmbarkeit von Gefahren
- wissenschaftlich-technische Ausgereiftheit der Risikoquelle
- Langzeitwirkung des Schadens
- Grad der persönlichen Kontrollmöglichkeiten

- Grad der gesellschaftlich-institutionellen Kontrollfähigkeiten
- Bekanntheitsgrad der Risiken
- Gewöhnungsgrad an Risiken
- Verfügbarkeit über »nutzengleiche« Alternativen
- Verteilung und persönliche Erfahrbarkeit des Nutzens
- Möglichkeit katastrophaler Folgen.

Besondere Probleme werfen jene Risikofaktoren auf, die mit geringer Wahrscheinlichkeit zu sehr großen Schäden führen (Katastrophenfälle). Durch die Einführung von Gewichtungsfaktoren wird dazu in einigen Ansätzen versucht, bei der Möglichkeit des Eintritts eines Schadens mit katastrophalen Folgen die klassische Formel zur Ermittlung des Risikos dergestalt zu modifizieren, daß katastrophale Schäden mit einem höheren Gewicht bei der Risikoermittlung berücksichtigt werden als kleine Schäden (Peters 1990, S. 93). Solche qualitativen Gewichtungen und die Identifikation z.B. gesellschaftlich nicht akzeptierter Risiken können durch das in Abbildung 56 dargestellte Raster abgeleitet werden (vgl. Cremer 1989). Dabei werden die Eintrittswahrscheinlichkeit und der mögliche Schadenumfang explizit einander gegenübergestellt. Hieraus sind dann unter Berücksichtigung der jeweiligen Risikoneigung der Entscheidungsträger Toleranzgrenzen festzulegen, bei deren Überschreiten bestimmte Formen von Risikobewältigungsstrategien in Erwägung zu ziehen sind.

Die Liste der qualitativen Risikofaktoren verdeutlicht, daß in nicht unerheblichem Umfang die Kommunikation über Risiken unterschiedliche Wirkungen auf die Risikowahrnehmung haben kann. Einerseits kann die Bekanntheit von Risiken erst die Diskussion hierüber auslösen, andererseits führt ein gewisser Gewöhnungsgrad an Risiken, die Kenntnis der Kontrollmöglichkeiten und Verfahren der Gefahrenabwehr zur Minderung eines zunächst übermäßig hoch eingeschätzten Risikos.

Die systematische Bewältigung von Risiken im Rahmen des Umweltmanagement setzt deren Erfassung nach ihren spezifischen **Risikomerkmalen und Risikoursachen** in ihrer Vernetztheit voraus. Haller nennt hierzu vier generelle Merkmale des Unternehmensrisikos, aus denen auch ursachenbezogenen Hinweise gewonnen werden können (Haller 1991, S. 171):

- »Risiken treten nur in Systemen auf, in denen bestimmte Erwartungen realisiert werden sollen. Diese Erwartungen werden zum einen durch bewußt gesetzte Ziele, zum anderen durch unbewußte Randbedingungen erfüllt.
- Risiken lassen sich nur in definierten Systemen, etwa in einer Gesamtunternehmung oder bestimmten Unternehmensbereichen erfassen.
- Risiken entstehen aus der Dynamik der Unternehmung und der dabei auftretenden Störungen, die oftmals mit ganzen Ketten von Störursachen und -wirkungen verbunden sind.
- Risiken manifestieren sich auf allen Gestaltungsebenen des Management, in der technologischen ebenso wie in der sozialen, ökonomischen und ökologischen Sphäre.«

Diese Merkmale verdeutlichen, daß sich das Umweltmanagement vielfältigen Risiken gegenübersieht, deren Ursachen und Wirkungen wiederum miteinander verknüpft sind. Dabei können die gleichen Unternehmensaktivitäten in zwei verschiedenen Unternehmen zu unterschiedlichen Risiken führen, wenn das Niveau der fixierten Unternehmensziele unterschiedlich definiert ist, und somit die Erwartungen differieren.

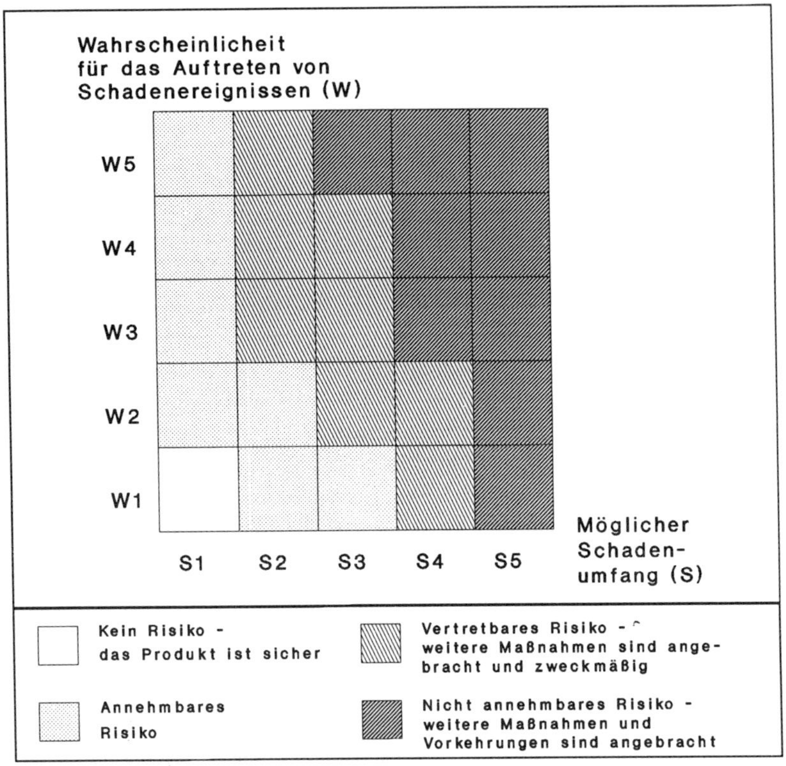

Abb. 56: Schema zur quantitativen und qualitativen Risikobewertung
(Quelle: Cremer 1989)

Bei der Identifikation von Risiken sind verschiedene **Risikoarten** zu unterscheiden. Je nach Risikoart lassen sich bereits erste Ansatzpunkte für geeignete Strategien der Risikobewältigung aufzeigen. Herkömmlicherweise werden nach der Beeinflußbarkeit **interne und externe Risiken** hervorgehoben. Dabei können sich jedoch interne Störfälle – wie z. B. der Brand beim Chemiekonzern Sandoz – schnell zu externen Risiken mit einer Verschärfung gesellschaftlicher Ansprüche ausweiten. In der Abbildung 57 sind im Überblick Risikoursachen der unternehmensexternen Umwelt und der internen Bereiche sowie deren potentielle Wirkung auf die Unternehmensziele dargestellt.

Je nachdem, welche **Zielerreichung** durch die Risiken beeinträchtigt wird, lassen sich Risiken bei der Erreichung der ökonomischen (Rentabilität, Gewinn oder Umsatz) und nicht-ökonomischen Ziele (z. B. Legitimität, Unternehmens- und Produktimage) formal unterscheiden. Beide Bereiche sind jedoch in hohem Maße vernetzt. So kann z. B. ein Umweltskandal durch umweltgefährdende Substanzen in einem Produkt zunächst zu einer Imageverschlechterung und ggf. zu einer Legitimitätskrise der Unternehmung führen. Eine dadurch ausgelöste Kaufzurückhaltung (z. B. Boykott) beeinträchtigt dann wiederum die ökonomischen Zielsetzungen. Produkthaftungsansprüche können weitere Zielbeeinträchtigungen zur Folge haben. Beispielhaft sind solche Krisenfälle von Unternehmen in dem Insert 19 zusammgestellt.

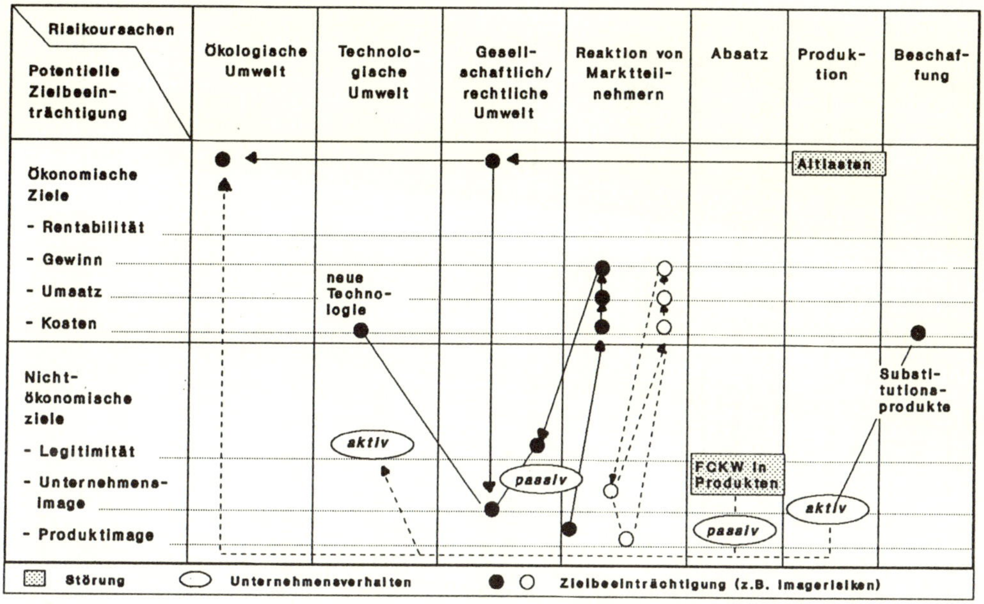

Abb. 57: Risikoarten differenziert nach ihren Ursachen und Zielwirkungen

Weiterhin lassen sich Risiken nach ihrem **Zeitbezug** unterscheiden, wobei hieraus bestimmte Implikationen für die Risikobewältigungsstrategien abzuleiten sind. Konkret handelt es sich beim Zeitbezug der Risiken um den Eintritt der Risikoursachen, wobei zwischen folgenden Fällen zu unterscheiden ist:

- Risiken, die durch **Ereignisse der Vergangenheit** verursacht wurden und die heute oder in Zukunft zu Umweltbeeinträchtigungen führen können. Die Risiken aus der Altlastenproblematik oder sog. »Kleckerschäden« sind dieser Risikokategorie zuzuordnen.
- Risiken, die in **gegenwärtigen Ereignissen** begründet liegen und die heute bzw. in Zukunft zu Umweltschäden führen können. Hierzu rechnen z.B. potentielle Störfälle in der Produktion oder beim Gefahrguttransport.
- Risiken, die sich aus den **zukünftigen Unternehmensaktivitäten** und Änderungen der Rahmenbedingungen ergeben. Als Beispiele seien hier die Planung von Teststrecken der Automobilhersteller und eine sich verschärfende Umweltgesetzgebung genannt.

Strittig ist die Frage, inwieweit bei Ereignissen, die bereits in der Vergangenheit liegen, noch von einem Risiko gesprochen werden kann. Eine Eintrittswahrscheinlichkeit des Schadensereignisses liegt im versicherungstechnischen Sinne eigentlich nicht mehr vor. In diesem Fall ist eher die Entdeckungswahrscheinlichkeit von Altlasten und umweltproblematischen Ablagerungen im Zusammenhang mit dem Schadensausmaß anzusetzen.

Nach der Betroffenheit lassen sich **globale Risiken** bzw. Systemrisiken und **individuelle Risiken** unterscheiden. Drohende Klimaveränderungen aufgrund des Treibhauseffektes, die Folgen der Verschmutzung der Weltmeere aber auch die Bedrohungen durch den vielzitierten Verkehrskollaps können zu Schäden führen, die nicht mehr im kollektiven Risiko-

Art der betroffenen Anspruchsgruppen	Beispiele für "erlebte Risiken"		
	Konsumgüter	Investitionsgüter	Nutzung von Grund und Boden
Kunden/ Mitarbeiter/ Standortanwohner	▪ Seefische ▪ Zahnpasta ▪ Pharmazeutika	▪ Asbestverarbeitung ▪ PCB-Hydrauliköle ▪ Chem. Fabriken (Seveso)	▪ Versuchsstrecke von Automobilherstellern ▪ Startbahn West ▪ Kontaminierte Industrieflächen (Altlastenproblem)
Alle Gruppen der Gesellschaft	▪ Asbestzement ▪ Spraydosen ▪ Einwegverpackungen ▪ Automobil (Abgas)	▪ Kernkraftwerke ▪ Kohlekraftwerke ▪ Chem. Industrie ▪ Bleiverarbeitende Betriebe	
Ökonomische Auswirkungen der erlebten Risiken	Fischindustrie: 22% Rückgang im 1. Jahr Nomifensin: Verkauf gestoppt (-500 Mio. Umsatz) Contergan: Verkauf gestoppt, Schadenersatz 300 Mio. DM bis heute Asbestzement: Verlust in Höhe des Grundkapitals ca. 100 Mio. DM 33% Entlassungen Spritzasbest: Umsatzrückgang 90 -95% Branchenführer (USA): Konkurs	Sandoz (Schweizerhalle) 30 - 50 Mio. sfr. Kohlekraftwerke: 100% Zusatzinvestitionen 22 Mrd. DM Stahlwerke: 30% Zusatzinvestitionen	

Insert 19: Katastrophen und Krisenfälle

ausgleich z. B. durch Versicherungen bewältigt werden, wie dies bei individuellen Risiken (z. B. Brand einer Produktionshalle) der Fall ist. In der Abbildung 58 ist beispielhaft ein Schema möglicher globaler Risiken durch Klimaveränderungen infolge des Treibhauseffektes dargestellt. Haller weist in diesem Zusammenhang auf zwei gegensetzliche Wirkungstendenzen hin: Zum einen führen verbesserte Sicherheitstechniken zur Abnahme der Störanfälligkeit von Anlagen im industriellen Bereich. »Zuverlässige Systeme, gepaart mit integrierten Sicherungskomponenten tragen zu einer weiteren Produktivitätssteigerung bei« (Haller 1991, S. 182). Zum anderen führt jedoch die Vernetzung der Systeme und der Ausbau von Großtechnologien zu einer erhöhten Verletzbarkeit der gesamten Systeme. Den economies of scale stehen nach Auffassung von Haller somit diseconomies of risk gegenüber.

Weiterhin nehmen Klassifikationssysteme von Risiken auf verschiedene **Unsicherheitsarten** bezug, d. h. es stellt sich die Frage, aus welchem Grund Unsicherheit über das Eintreten eines Schadens besteht. Demnach können Risiken nach fünf grundlegenden Arten von Unsicherheit differenziert werden (vgl. Peters 1990, S. 77 ff.):

- stochastische Ereignisse
- möglicherweise falsches Wissen
- fehlendes oder unvollständiges Wissen
- fragwürdige Vertrauenswürdigkeit und Zuverlässigkeit von Handhabern der Risikoquellen
- diffuse Unsicherheit.

Bei den ökologischen Risiken und ihren Rückwirkungen auf die Gesellschaft und die Unternehmen liegen in der Regel keine durch Erfahrung gewonnenen Erkenntnisse, wie z. B. Schadensstatistiken in der Versicherungsmathematik) vor. Dies gilt insbesondere für den Fall von neuen Großtechnologien wie z. B. Kernkraft- und Gentechnologien. In diesen Fällen wird deshalb durch **prohabilistische Risikoanalysen** versucht, Wahrscheinlichkeiten für störfallauslösende Ereignisse zu ermitteln. Durch Konstruktion von Störfallketten oder sog. Fehlerbäumen wird aus der Versagenswahrscheinlichkeit von einzelnen Systemkomponenten, z. B. eines Sicherheitsventils in einem Kernkraftwerk, auf die Wahrscheinlichkeit bestimmter Störfallverläufe geschlossen (Peters 1990, S. 87). Unter Einbeziehung relevanter Rahmenbedingungen (Wahrscheinlichkeit bestimmter meterologischer Zustände, Bevölkerungsdichte u. a.) und Wirkungsbeziehungen werden dann Wahrscheinlichkeiten für das Auftreten von Schäden komplexer Anlagen abgeleitet. Allerdings läßt sich zur prohabilistischen Risikoanalyse einschränkend anführen, daß viele subjektive Wahrscheinlichkeitsschätzungen hilfweise zugrunde gelegt werden müssen, bestimmte Störfallverläufe nicht oder nur bedingt erfaßt werden können und die Einbeziehung des Faktors »menschliches Versagen« nur ansatzweise gelöst ist. Insbesondere die Systemkomponente »Mensch« läßt sich aufgrund ihrer Variabilität nur schwer durch Zuverlässigkeitsparameter erfassen.

Die Vernetzung einzelner Risikoursachen macht eine systematische Evaluation von **Störketten** erforderlich. Im Rahmen einer Gesamtbetrachtung (vgl. Abbildung 59) werden hierbei alle möglichen Komponenten, die von einer Störung betroffen werden, retrograd bis zu den Risikoursachen und in umgekehrter Richtung bis zur Störung von unternehmensexternen Bereichen erfaßt und in ihren Wechselwirkungen analysiert. Dabei können kritische Pfade identifiziert werden, die im Rahmen eines Risikomanagement besondere Berücksichtigung erfordern.

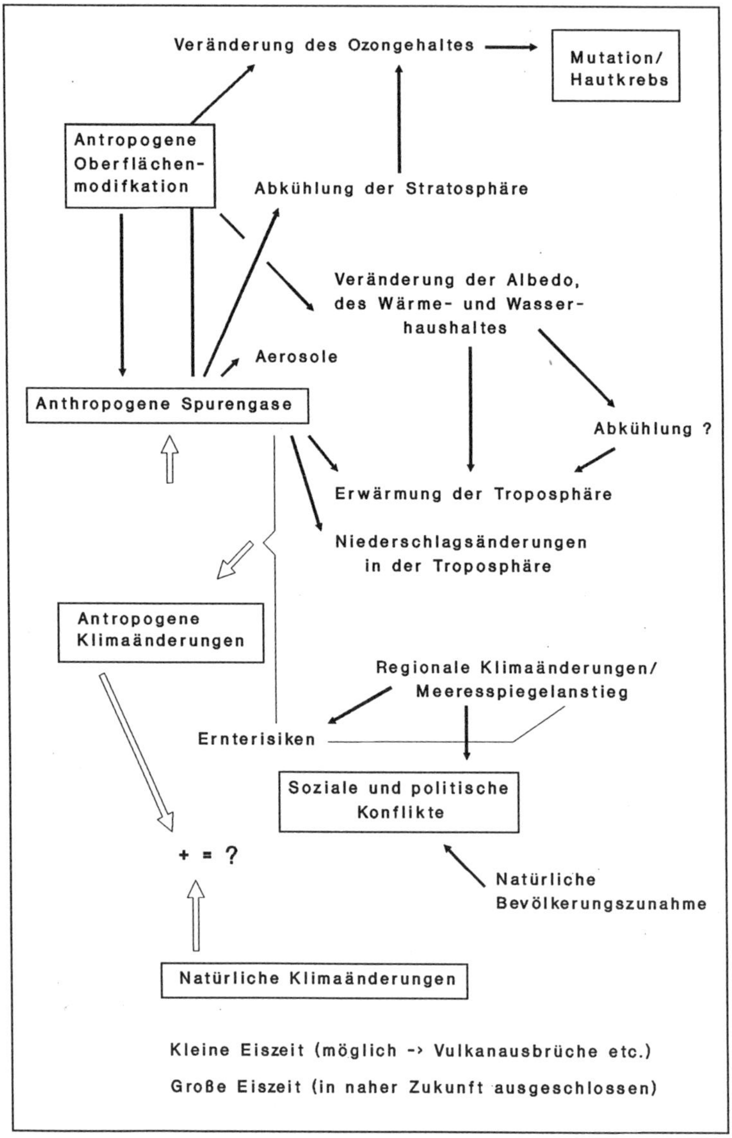

Abb. 58: Schema zur Wirkung von Klimarisiken
(Quelle: Frankenberg 1990, S. 301)

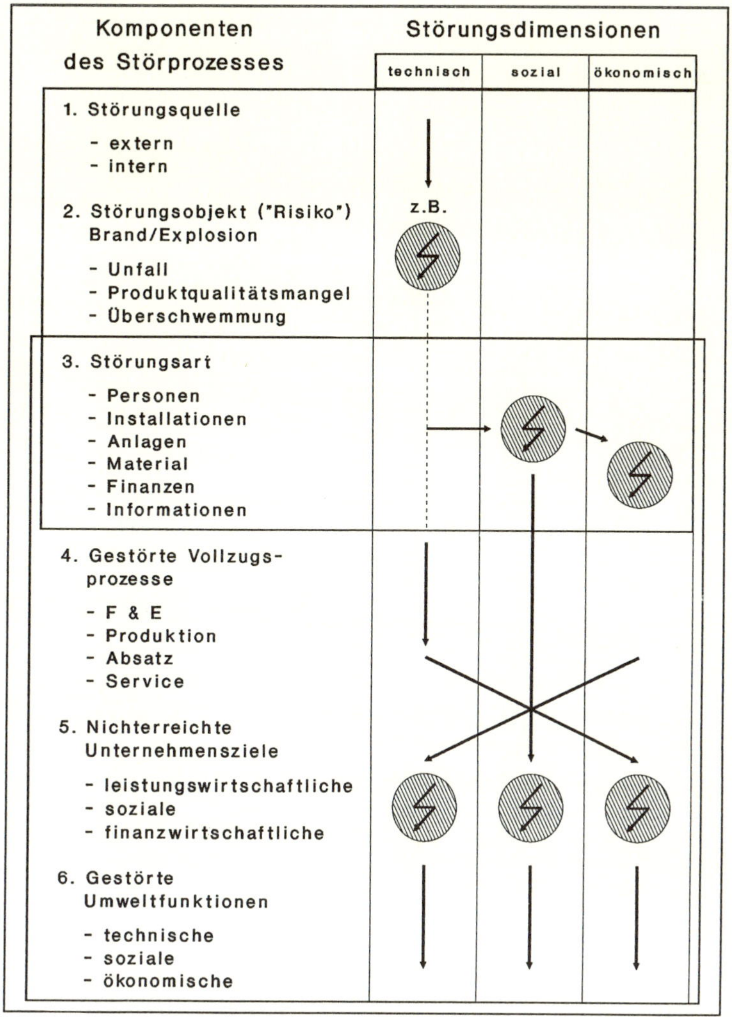

Abb. 59: Beurteilung der Risikolage durch Störkettenanalysen
(Quelle: Haller 1990, S. 177)

2.3.2 Kennzeichnung von Risikostrategien

Im Rahmen des Umwelt- und Risikomanagement stehen unterschiedliche Optionen der Risikobewältigung zur Auswahl. Grundsätzlich ist durch die geeignete Auswahl von Risikostrategien ein für das Unternehmen optimales Sicherheitsniveau zu realisieren. Vereinfacht lassen sich in der Abbildung 60 die Erwartungwerte von Schäden bei unterschiedlichen Sicherheitniveaus sowie die Kosten, die mit der Risikoreduktion für das Unternehmen verbunden sind, als gegenläufige Kurven gegenüberstellen. Aus diesem Modell läßt sich dann ein Optimum ableiten, in dem ein Unternehmen ein von den Gesamtkosten her optimales Sicherheitsniveau realisieren kann. Eine Verringerung des Sicherheitsniveaus

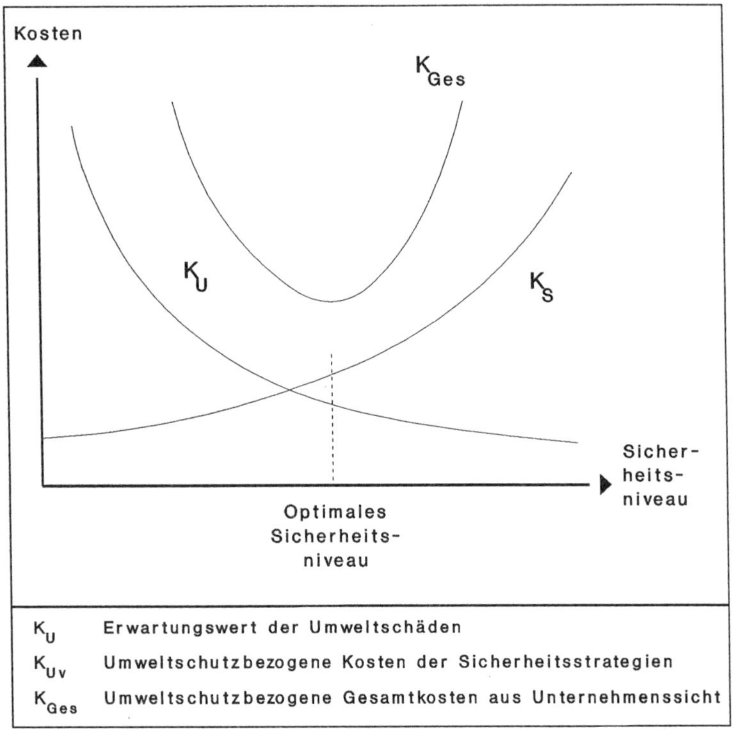

Abb. 60: Modell zur Ableitung des optimalen Sicherheitsniveaus

würde zwar zu Einsparungen bei den Sicherungskosten führen, diese werden jedoch durch höhere Erwartungswerte der Schäden überkompensiert, so daß ein Verlassen des optimalen Sicherheitsniveaus aus Sicht dieser modelltheoretischen Betrachtungen nicht sinnvoll erscheint.

Selbst wenn dieses Grundmodell zur Risikobewältigung aufgrund des hohen Abstraktionsgrades einen konkreten Bezug zur Ableitung von Risikoreduktionsstrategien vermissen läßt, so wird jedoch deutlich hervorgehoben, daß eine Risikoreduktion z.T. mit erheblichen Investitionen und Kosten verbunden sein kann, und es deshalb einer systematischen Analyse bedarf. Grundsätzlich lassen sich die strategischen Optionen im Risikomanagement in **ursachen- und wirkungsorientierte Strategien** differenzieren. Bei ersteren werden die Entstehungsursachen und damit die Wahrscheinlichkeit der Zielbeeinträchtigung beeinflußt, während bei der zweiten Alternative lediglich eine Verringerung der Zielbeeinträchtigung angestrebt wird. Im einzelnen können die folgenden fünf grundlegenden Optionen unterschieden werden, wobei die

- Risikovermeidung,
- Risikoverminderung,
- Risikoüberwälzung,
- Selbsttragung des Risikos und der
- Risiko-Dialog

vielfach nicht isoliert, sondern kombiniert eingesetzt werden.

2.3.2.1 Risikovermeidung

Verzichtet ein Unternehmen auf die Verwirklichung bestimmter Zielsetzungen und den daraus folgenden Aktivitäten, können die hiermit verbundenen Risiken vollkommen vermieden werden. Die Risikovermeidung ist damit den ursachenorientierten Risikostrategien zuzurechnen, da in diesem Fall die eigentliche Ursache eines Risikos beseitigt wird. Die Vermeidung ökologischer Risiken kann durch Rückzugsstrategien erfolgen (z.B. durch den Verzicht des Angebotes umweltgefährdender Verfahren und Stoffe). Auch der Einsatz integrierter Umweltschutztechnologien kann z.B. in Form von geschlossenen Kreisläufen zur vollständigen Vermeidung umweltgefährdender Emissionen beitragen. Allerdings wird in einem ganzheitlichen Sinne eine vollständige ökologische Risikovermeidung kaum möglich sein, da Produktions- und Konsumprozesse immer in irgendeiner Form die Umwelt beanspruchen und mit ökologischen Risiken verbunden sind.

Freilich kann eine Unternehmung nur jene Risiken vermeiden, die in ihrem eigenen Einflußbereich liegen. Globale Risiken, die z.B. durch einen Treibhauseffekt und Klimaveränderungen hervorgerufen werden, lassen sich durch individuelle Maßnahmen risikopolitisch nicht vermeiden. Sie erfordern globale Vermeidungsstrategien (z.B. Branchen- und internationale Abkommen).

2.3.2.2 Risikominderung

Strategien der Risikominderung können ursachen- und wirkungsorientiert ausgerichtet sein. Zum einen geht es um die Schadenverhütung und Verringerung der Eintrittswahrscheinlichkeit eines Schadens. Zum anderen wird eine Herabsetzung der Folgen eines möglichen Schadens angestrebt.

Bei der ursachenorientierten Strategie wird eine Schadenverhütung bei technischen Risiken im Umweltschutzbereich z.B. durch Erhöhung betriebsinterner Standards, Substitution von umweltgefährdenden Einsatzstoffen, Ausrichtung der Qualitätssicherungssysteme auf ökologische Kriterien sowie durch Kommunikations-, Aufklärungs- und Schulungsmaßnahmen bei Mitarbeitern und Produktverwendern angestrebt. Neben den an technischen Einrichtungen orientierten Maßnahmen ist dem Fehlverhalten der Menschen im Umgang mit der Technik ebenfalls besondere Bedeutung beizumessen. Verfügt ein Chemie-Unternehmen z.B. über eine biologische Kläranlage, so kann etwa eine von einem Mitarbeiter aus Unachtsamkeit direkt eingebrachte Leckage in die normale Kanalisation dazu führen, daß die gesamte Kläranlage »umkippt« und Abwässer ungeklärt das Unternehmen verlassen. Vergleichsweise geringes menschliches Fehlverhalten ist dann mit erheblichen Umweltschäden verbunden.

Sofern die Strategie der Risikoverminderung an der Komponente des Schadensausmaßes ansetzt, werden Maßnahmen getroffen, welche die Folgen eines möglichen Schadens begrenzen. Hier können bei umweltgefährdenden Technologien einerseits konstruktionsbedingte Schadensbegrenzungsmaßnahmen vorgenommen werden wie z.B. durch sog. Fail Safe-Prinzipien, Redundanzen (mehrfache Kontrollinstrumente, Abdichtungen usw.) und Diversifizität von Sicherheitsmaßnahmen oder räumliche Trennung von Anlagen. Produktbezogen können beim Auftreten von umweltgefährdenden Stoffen in bereits angebotenen Produkten Rückrufaktionen, Umwelttelefon-Services, präventive Kundendienstpolitik u.a.m. zur Reduzierung von marktbezogenen Risiken beitragen.

Hinsichtlich der Vernetzung von Störungen kann auch durch eine Entflechtung von Störereignissen eine Risikoverminderung angestrebt werden. In diesem Zusammenhang wird beispielsweise auf die »entkoppelnde« Wirkung von gesetzlich fixierten Grenzwerten hingewiesen. Diese Umweltstandards werden als Trennlinie zwischen den ökologischen und gesellschaftlichen Risiken und den individuellen Unternehmensrisiken angesehen. Abbildung 61 soll diesen Sachverhalt verdeutlichen (Wagner 1991, S. 138 ff.).

Geht man davon aus, daß ein Unternehmen fünf alternative Technologien einsetzen kann, wovon A und B die gesetzlich fixierten Grenzwerte nicht erreichen, so führt ihr Einsatz zu gesellschaftlichen Risiken (Legitimitätsverlust, sofern die Gesellschaft hiervon erfährt), ökologischen Risiken (die hohen Emissionen gefährden die ökologische Umwelt) und nicht zuletzt zu ökonomischen Risiken (Strafen, Image- und Marktanteilsverluste). Bei Einhaltung oder Unterschreitung der Grenzwerte im Falle C, D oder E wird rechtlich legitim gehandelt. Formal sehen sich Unternehmen beim Einsatz dieser Verfahren keinen rechtlichen oder gesellschaftlichen Sanktionen ausgesetzt. Dabei gilt es jedoch zu beachten, daß die Einhaltung von Grenzwerten die Unternehmen heute kaum mehr vor restriktiveren gesellschaftlichen Ansprüchen schützt. Damit bleiben Legitimitätsrisiken für die Unternehmung weiterhin bestehen. Am Beispiel der Kernkraftdiskussion wurde deutlich, daß sich betroffene Unternehmen nicht durch Hinweis auf gesetzliche Grenzwerte und Regelungen der öffentlichen Diskussion entziehen können. Auch das Prinzip der Gefährdungshaftung führt zu einer von Grenzwerten unabhängigen Verantwortung des Unternehmens, für verursachte Umweltschädigungen zu haften. Von daher sind gesetzliche Grenzwerte nicht uneingeschränkt zur Entkopplung von Störketten im gesellschaftlichen und ökonomischen Bereich geeignet.

2.3.2.3 Risikoüberwälzung

Bei der Strategie der Risikoüberwälzung werden nicht die Risikoursachen beseitigt, sondern lediglich die Schadensfolgen auf andere übertragen. Z. B. könnten Risiken aus der Lagerung umweltgefährdender Chemikalien auf den Lieferanten übertragen werden, indem die Lagerung bis zum Weiterverarbeitungsprozeß beim Lieferanten erfolgt. Ähnlich wirken vertragliche Vereinbarungen über den Gefahrenübergang beim Transport. Bei dem Ausmaß der Risikoüberwälzung spielt insbesondere die Verhandlungsmacht der Marktpartner eine bedeutende Rolle.

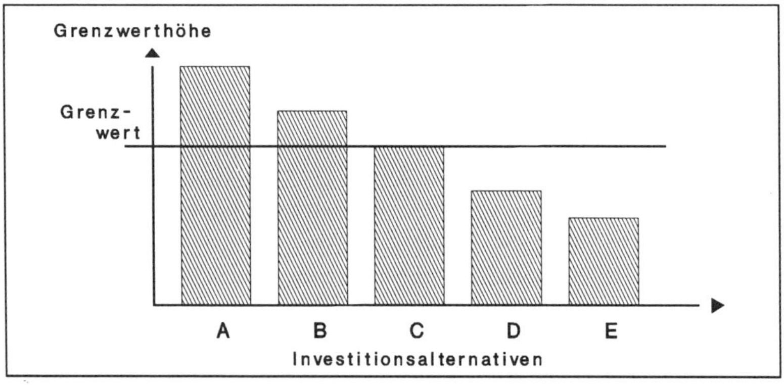

Abb. 61: Grenzwerte zur Entkopplung von ökologischen und ökonomischen Risiken (nach Wagner 1991, S. 139)

Überwiegend werden Versicherungen zur Risikoüberwälzung herangezogen. Die **Versicherung** ist ein Verfahren, bei dem die Versicherungsnachfrager eine Prämie dafür entrichten, daß im Falle eines Schadens der Versicherer eine bestimmte Leistung (in Geld oder auch Sachleistungen) erbringt. Die Risikoüberwälzung durch die Versicherung beseitigt damit nicht die Risikoursachen. Sie transformiert individuelle diskontinuierlich auftretende Risiken in regelmäßig anfallende Kostenbeiträge und trägt nicht zur Vermeidung bzw. Verminderung ökologischer Risiken bei. Deshalb kommt diesem Instrument bei defensiven Umweltschutzstrategien besondere Bedeutung zu. Bei offensiven Umweltschutzkonzepten ergänzt sie flankierend die übrigen risikopolitischen Optionen.

Wie bei der Übernahme (»Indeckungsnahme«) eines jeden Risikos müssen auch bei Umweltrisiken bestimmte versicherungstechnische Voraussetzungen erfüllt sein. Hierzu gehören folgende Gesichtspunkte:

- Die Schadenrealisierung aus dem versicherten Risiko ist zufällig.
- Die Schadenerwartungswerte können geschätzt werden.
- Die versicherten Risiken und die daraus fließenden Schäden sind eindeutig.
- die Einordung der Risiken in ein Risikokollektiv wird nicht durch Großschadenspotentiale beeinflußt.

Grundsätzlich stellt sich bei Berücksichtigung dieser Anforderungen die Frage, inwieweit Umweltrisiken diesen Kriterien entsprechen und damit eine Versicherbarkeit ermöglichen. Die zuvor dargestellten globalen Risiken, die z.B. durch mögliche Klimaveränderungen entstehen, können kaum noch in einem Risikokollektiv eingeordnet und aufgrund der katastrophalen und ungewissen Schäden nach dem Prinzip des Risikoausgleichs bewältigt werden.

Kontrovers wird auch die uneingeschränkte Versicherbarkeit von Haftungsansprüchen aus der Umwelthaftung (vgl. hierzu auch die Ausführungen in Kapitel III) diskutiert. Westermann merkt hierzu an:

»Die Industrie – und mit ihr die Versicherungswirtschaft – befürchtet, besonders bei weiteren Lockerungen der Haftungsvoraussetzungen, wie sie das Umwelthaftungsgesetz in der Tat bezweckt, und die in der Kausalitätsvermutung gipfeln, vor allem auch bei erweiterten Möglichkeiten nachträglicher Sicherheitsauflagen bei genehmigten Betrieben ständig zunehmend belastet zu werden, ... Daß die Erhöhung der Risiken mehr oder weniger problemlos über die Prämien auf die Preise umgelegt werden kann, ist nicht so sicher, wenn sich einmal die Gefahr realisiert, daß die Prämien ins Ungemessene, im Wettbewerb nicht mehr Weiterzugebende wachen. Allein der Aufwand an Dokumentation und Forschung im Hinblick auf die im Schadensfall nötige Widerlegung der Kausalitätsvermutung könnte erheblich sein« (Westermann 1991, S. 232). Der von dem Umwelthaftungsgesetz ausgehende Druck auf die Versicherungen, mit höheren Prämienforderungen oder der Versagung des Versicherungsschutzes für umweltproblematische Prozesse zu reagieren, ist vom Gesetzgeber gewollt, um Unternehmen zu Innovationen im Bereich umweltgerechterer Problemlösungen zu veranlassen (Vieregge 1990, S. 240).

Es wird deutlich, daß die Zufälligkeit des Schadeneintritts und die Schadenhöhe bei andauernden Emissionen aus einem gesetzlich zulässigen Normalbetrieb nur noch eingeschränkt oder gar nicht zu kalkulieren sind. Denn die Umwelthaftung beschränkt sich nicht nur auf einzelne und auf einer statistischen Verteilung beruhende Störfälle, sondern auch auf die durch einen störungsfreien Normalbetrieb verursachten Langzeitschäden an Personen und Sachen, die z.B. im Fall der Asbestbranche zu einem Zeitpunkt reguliert werden müssen (Westermann 1991, S. 232).

Somit wird zukünftig eine stärkere Kooperation zwischen der Industrie und den Versicherungen notwendig sein, um partnerschaftlich nach neuen Wegen der Risikobewältigung zu suchen (Gasser 1990; Hopfenbeck 1990, S. 442 ff.; Everts 1987, S.35 f.). Hierbei ist eine Intensivierung des Risikodialogs zwischen beiden Parteien zu erwarten. Versicherungsgesellschaften werden dazu veranlaßt werden, eine erweiterte Risikoermittlung bei den Versicherungsnehmern durchzuführen, um die wesentlichen Störfälle und Störketten zu identifizieren und gemeinsame Lösungsvorschläge mit dem Versicherungsnehmer zur Risikoreduktion und einer verläßlicheren Abschätzung der verbleibenden Risiken zu erarbeiten. Von daher werden bestimmte Formen der Risikovermeidung in Zukunft verstärkt als Voraussetzung für die Versicherbarkeit von Umweltrisiken anzusehen sein.

2.3.2.4 Selbsttragen des Risikos

Neben der Überwälzung von Risiken können Unternehmen freiwillig oder unfreiwillig Risiken selbst tragen. Diese Strategieoption ist nicht nur für alle nicht versicherbaren Schadenfälle »unfreiwillig« vorzusehen, sondern sie kann auch aus ökonomischen Gründen empfehlenswert sein. Sofern das von der Versicherung angebotene Sicherheitsniveau insbesondere bei der Kumulation vieler »kleiner« Schäden mit höheren Kosten verbunden ist als der zu erwartende Schadensaufwand, ist eine sog. Selbstbeteiligung vorteilhafter.

Sofern das Risiko z. B. der Sanierung eventuell noch zu entdeckender Altlastenflächen selbst getragen werden soll, kann zwischen einer aktiven und einer passiven Strategie unterschieden werden. Im Rahmen einer **aktiven Sicherungsstrategie** werden eigene finanzielle Reserven z. B. in Form von Rückstellungen aufgebaut, um zu einem späteren Zeitpunkt Haftungsansprüche zu befriedigen. Demgegenüber erfolgt bei einer **passiven Strategie** keine Bildung finanzieller Reserven, vielmehr müssen Schäden bewußt unvorbereitet vom Unternehmen selber getragen werden.

2.3.2.5 Risiko-Dialog

Einleitend wurde auf die qualitativen Risikofaktoren hingewiesen, die die Risikowahrnehmung in der Gesellschaft beeinflussen und zu Divergenzen zwischen dem sicherheitstechnischen und subjektiv wahrgenommenen Risiko führen. Somit kann die Kommunikation über Risiken und Risikoursachen neuer Technologien oder innovativer Problemlösungen im Umweltschutz zur Objektivierung der Risikodiskussion in der Öffentlichkeit und Verringerung von Legitimitäts- und Akzeptanzrisiken unternehmensbezogener Maßnahmen einen Beitrag leisten.

Aufgrund der fehlenden objektiven Erkenntnisse darüber, welcher Grad an Umweltbelastung noch als risikolos für die ökologischen Systeme betrachtet werden kann, entsteht ein Bewertungsproblem im Rahmen des Risikomanagement. Nicht zuletzt aufgrund des Wertepluralismus in unserer Gesellschaft wird deshalb im Rahmen eines Risiko-Dialogs versucht, aus Unternehmenssicht auf Risiken hinzuweisen und mit allen betroffenen Gruppen auf breitem Konsens beruhende »partnerschaftliche Risikoentscheidungen« abzuleiten. Darüber hinaus kann der Risiko-Dialog auch unter dem Ziel eines »public learning« gesehen werden, um für Störfälle den einzelnen Betroffenen entsprechende Verhaltensregeln zu vermitteln (Uth 1990, S. 192 f.). In den USA, aber auch in der Bundesrepublik Deutschland, ist z. B. durch gesetzlich vorgeschriebene Auskunftspflichten, öffentliche Anhörungen und Bürgerbeteiligungen bei Umweltverträglichkeitsprüfungen ein Dialog zwischen Industrie, Gesetzgeber und Gesellschaft explizit vorgegesehen.

Die Abbildung 62 macht deutlich, daß bei grundlegenden Risikoproblemen in den Bereichen der Gentechnologie, Kernenergie, Chemie und Klimagefahren in der Öffentlichkeit sich je nach Betroffenheitsgrad unterschiedliche gesellschaftliche Gruppen und Meinungsführer an der Risikodiskussion mit mehr oder weniger großem Konfliktpotential für die jeweiligen Unternehmen beteiligen (vgl. hierzu auch die Ausführungen zum Lebenszykluskonzept öffentlicher Anliegen in Kapitel III). Vielfach reichen die Kompetenzen der Abteilungen Public Relations und Öffentlichkeitsarbeit zur Durchführung eines solchen Dialogs nicht mehr aus.

Aus einer Vielzahl von Untersuchungen zur Risiko-Kommunikation läßt sich erkennen, daß zur Vorbereitung eines Dialogs eine systematische Erfassung von Risikoursachen und

Akteur	Beteiligung im Technikfeld			
	Gen-techn.	Kern-energ.	Chemie	Klima
Risiko-Verursacher				
Anlagen-Betreiber (m.Emiss.)	▨	▨ xx	▨ x	▨ x
Hersteller gefährd. Produkte	▨	□ x	▨ xx	▨ x
Forschungseinrichtungen	▨ x	□ x		
Transporteure		□	▨	
Nutzer/Anwender			▨	▨
Risiko-Exponierte				
Anwohner		▨ xx	▨ x	
Beschäftigte in Betrieben	□		▨	
Verbraucher/Benutzer	□		▨	
Öffentlichkeit				
Bevölkerung allgemein	▨	□ xx	▨ x	□
Bürgerinitiativen, alternative Bewegungen	x	xx	xx	
Interessenverbände	□	□ x	□ x	
Politische Parteien	□ x	□ xx	□	□ x
Regulative Instanzen				
Legislative	▨ x	▨ x	▨	▨ x
Genehmigungsbehörden	▨	▨ xx	▨ x	
Überwachungsämter		▨ x	▨ x	
Internationale Behörden		▨ x	▨ x	▨ x
Gerichte		▨ x	□	
Wissenschaft				
Unis/Forschungsinstitute	▨ xx	▨ x	□	▨ xx
Gutachten/Sachverständige		x	x	
Wiss.-Techn. Gremien	□ x	□	□	□ x
Ärzte, Psychologen	□ x	□ x	□ x	
Medien				
Presse/Funk/Fernsehen	▨ x	▨ xx	▨ x	▨ xx
Buchautoren/Verlage	x	xx	x	

▨ bzw. □ Grad der substantiellen und/oder formalen Betroffenheit
x bzw. xx Ausmaß der Beteiligung an der Risiko-Kommunikation

Abb. 62: Bedeutung verschiedener Anspruchsgruppen im Rahmen der Risiko-Kommunikation in unterschiedlichen Technikbereichen
(Quelle: Rohrmann 1990, S. 337)

Risikoausmaß, die Generierung alternativer Formen der Risikobewältigung und die Auswahl objektivierter Bewertungsansätze (z.B. Vergleich verschiedener Technologie- und Produktalternativen anhand objektivierter Umweltbilanzen) eine wichtige Voraussetzung darstellen.

3. Empirische Analyse ökologieorientierter Basis- und Wettbewerbsstrategien

3.1 Design der empirischen Analyse

Mit Unterstützung des Umweltbundesamtes und des Landes Nordrhein-Westfalen wurden am Institut für Marketing der Universität Münster von 1987 bis Anfang 1990 Forschungsprojekte zum Umweltschutzverhalten von Unternehmen in ökologisch betroffenen Branchen mit der Zielsetzung durchgeführt:

- **Anpassungsreaktionen** von Unternehmen auf der strategischen und instrumentellen Verhaltensebene unter besonderer Berücksichtigung ökologieorientierter Marketingmaßnahmen zu erfassen und zu typologisieren, um Verhaltensdefizite einer ökologieorientierten Unternehmensführung zu identifizieren.
- **Zentrale Bestimmungsfaktoren** offensiver und defensiver Umweltschutzstrategien auf der Grundlage eines theoriegestützten Bezugsrahmens zu analysieren, um Ansatzpunkte zur Überwindung von Anpassungsbarrieren aufzuzeigen und einen »geplanten ökologieorientierten Wandel« im Unternehmen gezielt zu fördern.
- **Erfolgswirkungen** des Einsatzes ökologieorientierter Marketingmaßnahmen nach verschiedenen Erfolgskriterien zu untersuchen, um vor dem Hintergrund des vielzitierten Konflikts zwischen Ökologie und Ökonomie Erfolgsfaktoren eines ökologieorientierten Marketing zu identifizieren.

Die Auswertungsarbeiten über empirische Untersuchungen bei 197 Unternehmen aus den in der Abbildung 63 aufgeführten acht Branchen der Konsum- und Investitionsgüterindustrie und vertiefende Fallstudienanalysen bei ausgewählten Unternehmen wurden 1990 abgeschlossen. Zentrale Forschungsergebnisse werden in den folgenden Kapiteln vorgestellt.

Chemische Industrie	35	17,8%
Mineralölindustrie	19	9,6%
Kunststoff-, Gummi- und Asbestverarb.	19	9,6%
Gewinnung und Verarbeitung von Steinen und Erden, Feinkeramik, Glasgewerbe	22	11,2%
Nahrungs- und Genußmittelindustrie	31	15,8%
Metallverarbeitung und Fahrzeugbau	19	9,6%
Holz-, Papier- und Druckgewerbe	32	16,2%
Elektrotechnik und Feinmechanik	20	10,2%
	197	100,0%

Abb. 63: Branchenverteilung der Stichprobe

Im Mittelpunkt der Untersuchungen stand eine Befragung von Mitgliedern der Unternehmensführung, die als zentrale Entscheidungsträger die Umweltschutzaktivitäten und -strategien des Unternehmens aus einer konzeptionellen Gesamtsicht heraus maßgeblich beeinflussen und somit auch beurteilen konnten. Aufgrund der begrenzten Fallzahlen in einzelnen Branchen lassen sich die Untersuchungsergebnisse nicht uneingeschränkt als repräsentativ interpretieren. Aufbauend auf der empirischen Befragung sind bei 9 aus dem Befragungssample ausgewählten Unternehmen explorative Fallstudienerhebungen durchgeführt worden, um aufbauend auf den empirischen Befragungsergebnissen konkrete Einzelfälle von ökologieorientierten Marketingstrategien in ihren Gestaltungsformen und Erfolgswirkungen zu analysieren. Die Ergebnisse der Fallanalysen sind im Kapitel B ausführlich dokumentiert.

3.2 Ökologieorientierte Basisstrategien

Die Analyse der strategischen und instrumentellen Ausrichtung des ökologieorientierten Unternehmensverhaltens ließ erkennen, daß in Abhängigkeit des Stellenwertes des Umweltschutzziels im einzelnen Unternehmen unterschiedliche Umweltschutzstrategien verfolgt werden. Es konnten die in Abbildung 64 dargestellten Unternehmenstypen mit ihren jeweiligen Maßnahmenschwerpunkten ermittelt werden:

- Selektiv-Ökologieorientierte 19,8%
- Passive 30,0%
- Innengerichtete Aktive 27,4%
- Ökologieorientierte Innovatoren 22,9%

Die »**Selektiv-Ökologieorientierten**« verfolgen sowohl Widerstands- und Rückzugsstrategien als auch eine ausgeprägte innen- und außengerichtete Umweltschutzstrategie. Sie leisten in hohem Maße Widerstand gegen Umweltschutzforderungen und sich konkretisierende gesetzliche Umweltschutzregelungen. Bei der instrumentellen Ausrichtung dieses Verhaltenstyps zeigt sich auf der Organisationsebene ein hohes umweltgerichtetes Aktivitätsniveau, wobei überdurchschnittlich häufig die Verantwortung für umweltschutzbezogene Fragestellungen durch Mitglieder der Geschäftsführung direkt wahrgenommen wird. Weiterhin sind besonders intensive Forschungsaktivitäten für die Entwicklung von umweltgerechteren Produktions- und Produkttechnologien für diese Unternehmen kennzeichnend, was den Schluß zuläßt, daß umweltschutzbezogene Problemstellungen bei diesen Unternehmen bisher noch nicht hinreichend gelöst werden konnten. Die umfassende Ausrichtung ökologieorientierter Marketing-Maßnahmen belegt den Stellenwert der marktorientierten Umweltschutzstrategie für diese Unternehmen. Unternehmen der Chemieindustrie (15,4%), Mineralölindustrie (17,9%), der Kunststoff-, Gummi- und Asbestindustrie (15,4%) sowie das Holz- und Papier- und Druckgewerbe (20,5%) sind gegenüber Unternehmen anderer Branchen eher häufiger diesem Verhaltenscluster zugehörig, obwohl ein deutlicher Branchenschwerpunkt nicht besteht.

Immerhin 30% der befragten Unternehmen sind als »**passive**« einzustufen. Die umweltbezogenen Strategiedimensionen sind bei ihnen sehr gering ausgeprägt und lassen eine passive Grundhaltung gegenüber den ökologischen Problemstellungen erkennen. Insbesondere die Anpassung an Umweltgesetze sowie die Vornahme vorbeugender Umwelt-

	Grundhaltungs-typen / Merkmale	Selektive 19,8 %	Passive 30,0 %	Innen-gerichtete Aktive 27,4 %	Innova-toren 22,9 %
STRATEGIE	Marktbezogene Umwelt-schutzstrategie	+	-	-	+
	Innengerichtete Umwelt-schutzstrategie	+	-	+	+
	Widerstandsstrategie	+	-	-	-
	Rückzugsstrategie	+	-	-	-
UMWELTSCHUTZMASSNAHMEN	Angebot von umwelt-gerechten Produkten	+	-	-	++
	Diversifikation in Umweltschutzmärkte	O	- -	- -	++
	Umweltberatung	+	- -	-	+
	Ökologieorientierte Kommunikation	++	-	-	+
	Ökologieorientierte Distribution	+	- -	- -	-
	Ökolgieorientierte F&E: Prozess	+	-	+	O
	Ökolgieorientierte F&E: Produkt	+	-	-	+
	Umweltschutz-organisation	+	-	O	O
	Erfolg	+	-	-	++
	Betroffenheit (Markt)	+	-	-	+
SITUATION	Betroffenheit (Gesellschaft)	+	-	+	-
	Ökologieorientierter Wettbewerb	++	-	- -	+
	Stellenwert des Umweltschutzzieles	hoch	gering	mittel	hoch
	Durchsetzungs-barrieren	sehr hoch	mittel	gering	gering

Abb. 64: Typologie von unternehmensbezogenen Grundhaltungen im Umweltschutz

schutzinvestitionen nehmen einen geringen Stellenwert im Strategiekonzept dieser Unternehmen ein, wohingegen die Unternehmen eher die Konkretisierung von Umweltschutzgesetzen abwarten.

Bei den als »**Innengerichtete Aktive**« gekennzeichneten Unternehmen liegt der Schwerpunkt der strategischen Verhaltensausrichtung auf der Verfolgung einer innengerichteten Umweltschutzstrategie. Rückzugs- und Widerstandsstrategien sind für diese Unternehmen nicht relevant. Somit dominieren bei der Realisierung von Umweltschutzmaßnahmen produktionsbezogene Aktivitäten, wobei die Unternehmen durch Betriebsbesichtigungen, Umweltberichterstattungen und die Erstellung von Sozial- und Umweltbilanzen ihre innengerichteten Umweltschutzaktivitäten nach außen hin dokumentieren. Ein überdurchschnittlicher Anteil an Produkteliminierungen dürfte bei diesen Unternehmen primär auf produktionsbezogene Umweltschutzprobleme zurückzuführen sein. Bezogen auf die Branchenzugehörigkeit sind Unternehmen der Chemieindustrie (24,1%) nach der Nahrungs- und Genußmittelindustrie (20,4%) in besonderer Weise diesem Verhaltenstyp zuzurechnen.

Als **»Ökologieorientierte Innovatoren«** sind Unternehmen des vierten Verhaltensclusters zu kennzeichnen. Sie verfolgen sowohl eine innen- als auch eine außengerichtete Umweltschutzstrategie und messen Rückzugs- und Widerstandsstrategien einen geringen Stellenwert bei. Gerade im Hinblick auf diese Strategiedimension unterscheiden sie sich gegenüber den als »Selektiv« gekennzeichneten Verhaltenstypen. Sie orientieren sich darüber hinaus in geringem Umfang an den umweltschutzbezogenen Aktivitäten der Konkurrenz. Die instrumentelle Ausrichtung dieses Verhaltenstyps zeigt neben überdurchschnittlichen innengerichteten Umweltschutzaktivitäten, daß die Unternehmen sich insbesondere durch neue umweltgerechte Produkte in bestehenden Geschäftsfeldern profilieren und verstärkt Produkte in Umweltschutzmärkten anbieten. Durch eine ökologieorientierte Kommunikationspolitik versuchen die »Innovatoren«, ihre Kompetenz als umweltorientierte Anbieter herauszustellen.

Im Rahmen der Kennzeichnung des Spektrums von Basisstrategien wurden proaktive und reaktive Verhaltensmuster thematisiert, die in der empirischen Untersuchung explizit auf der Grundlage eines Zeitkonzeptes operationalisiert wurden. Die durchschnittlichen Betroffenheitszeitpunkte durch intensive Forderungen ökologischer Anspruchsgruppen wie insbesondere dem Staat, der Abnehmer, der Medien und Firmenanlieger sowie die Zeitpunkte, zu denen die Hauptkonkurrenten der untersuchten Unternehmen erstmalig umweltgerechte Produktvarianten im Markt angeboten haben, sind in der Abbildung 65 den Maßnahmenrealisierungszeitpunkten gegenübergestellt.

Wählt man zunächst den Betroffenheitszeitpunkt durch die Umweltgesetzgebung als Referenzzeitpunkt, so realisierten die **ökologieorientierten Selektiven** bereits im Vorfeld konkreter gesetzlicher Umweltschutzforderungen primär innengerichtete Umweltschutzmaßnahmen. Das Instrument der umweltorientierten Forschung und Entwicklung weist einen stark proaktiven Charakter auf, wobei die bereits Anfang der 70er Jahre eingeleitete umweltpolitische Diskussion über erste gesetzliche Regelungen hier eine gewisse Frühwarnfunktion für verstärkte Forschungsbemühungen übernommen haben kann.

Interessanterweise wird die gegenüber gesetzlichen Umweltschutzforderungen primär proaktive Orientierung der Umweltschutzmaßnahmen bei den marketingbezogenen Maßnahmen nicht durchgesetzt. Die Einführung von umweltgerechten Produkten und die Berücksichtigung ökologischer Argumente in der Kommunikationspolitik erfolgt eher parallel bzw. in Interaktion mit den produktpolitischen Umweltschutzmaßnahmen der Hauptkonkurrenten. Mitunter führen weitgehend einheitliche Technologiestandards dazu, daß die Unternehmen auch im Hinblick auf umweltschutzbezogene Forschungen und Entwicklungen nur schwer Zeitvorteile erringen können und Innovationen im Gleichlauf mit Konkurrenten verfolgt werden.

Andererseits stellt sich die Frage, ob die freiwillige Verhaltensausrichtung der ökologieorientierten Selektiven an Umweltschutzerfordernissen mit einer Verschlechterung der

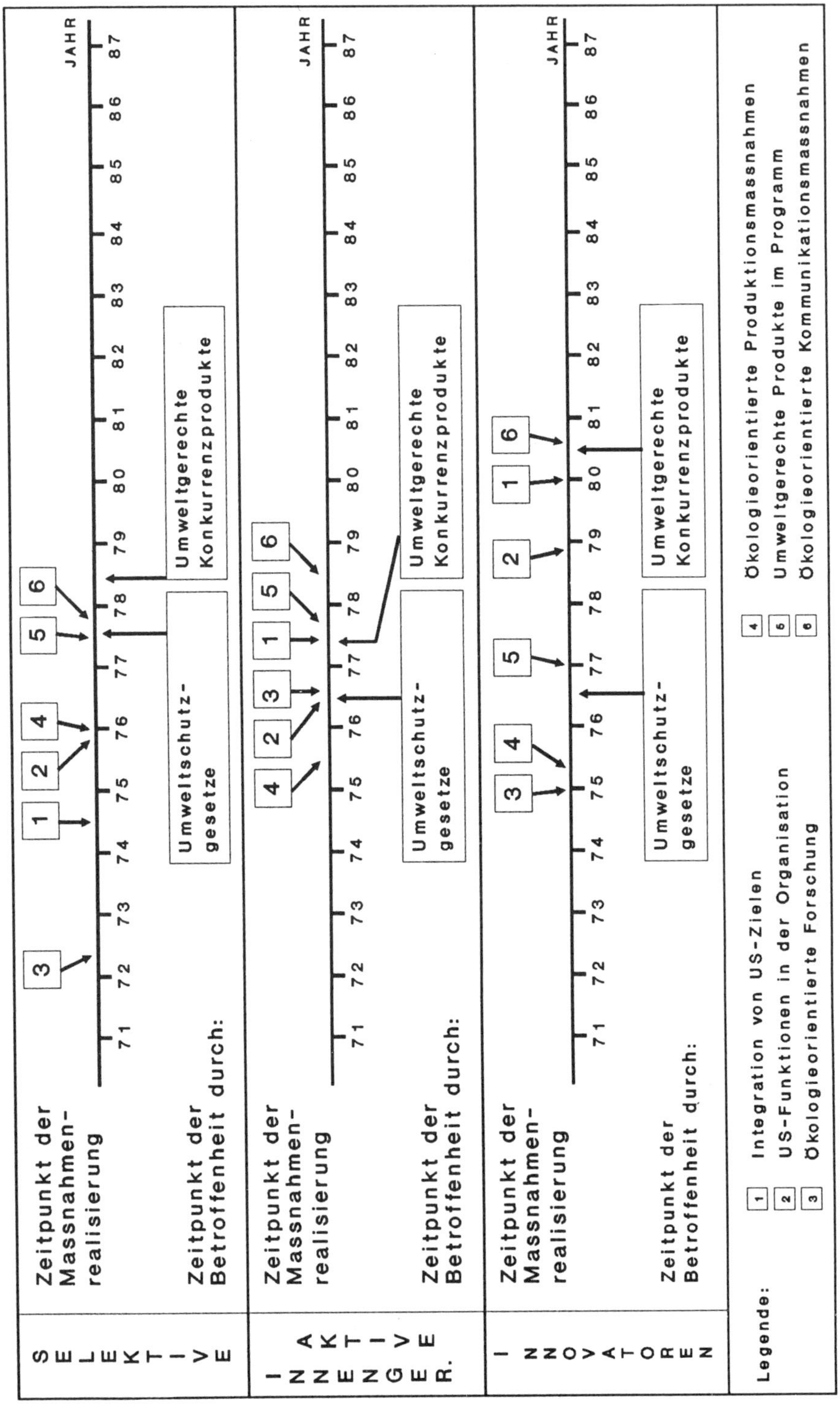

Abb. 65: Timing der Grundhaltungstypen

Kostensituation gegenüber den Wettbewerbern verbunden wird, so daß erste Konkurrenzreaktionen zum Anlaß genommen werden, das eigene Programm auch entsprechend umzustellen. Dieses Reaktionsverhalten entspricht in der Typologie strategischer Grundhaltungen von Miles und Snow den sog. »Analysierern«. Hier versucht die Unternehmensleitung, durch intensive Analyse des Konkurrenzumfeldes Verhaltensweisen bzw. neue Produktideen der Konkurrenten zu übernehmen und erfolgversprechend umzusetzen (Miles, Snow 1978).

Interessante Aufschlüsse über das Timing von Umweltschutzmaßnahmen lassen sich aus dem Verhaltensmuster der **ökologieorientierten Innovatoren** ableiten. Es bestätigt sich die innovativ geprägte Grundhaltung und auf die Erzielung marktbezogener Pionierleistungen ausgerichtete Umweltschutzstrategie im Marketing.

In der Durchschnittsbetrachtung haben die Innovatoren gegenüber ihren Hauptkonkurrenten bereits dreieinhalb Jahre früher erste Erfahrungen mit der Einführung umweltgerechter Produktvarianten sammeln können. Allerdings wurde der umweltbezogene Zusatznutzen der Produkte bis zur Intensivierung der ökologieorientierten Konkurrenzaktivitäten nicht in besonderer Weise werblich herausgestellt. Wie bereits angedeutet, bildete das verstärkte Konkurrenzangebot an umweltgerechten Produktvarianten den Anlaß, die eigenen Umweltschutzleistungen zur marktbezogenen Profilierung herauszustellen. Die Intensivierung des ökologieorientierten Wettbewerbs hat auch zu einer stärkeren Sensibilisierung der Konsumenten geführt, die verstärkt die Belieferung mit umweltgerechten Produkten fordern. Diese relativ spät einsetzende Konsumentenreaktion unterstreicht, daß die ersten produktbezogenen Umweltschutzmaßnahmen eher durch gesetzgeberische Maßnahmen initiierte »technologie-push« (»political-push«) als nachfrageinduzierte (»market-pull«) Innovationen darstellten.

Im innengerichteten Bereich ist unter Bezugnahme auf den Betroffenheitszeitpunkt durch die Umweltgesetzgebung der proaktive Einsatz von umweltorientierten Forschungs- und Entwicklungsaktivitäten und produktionsbezogenen Maßnahmen hervorzuheben.

Die **innengerichteten Aktiven** weisen in hohem Maße ein proaktives Verhalten gegenüber gesetzlichen Umweltschutzforderungen auf. Hingegen nehmen sie eine deutliche Folgerposition bei der Ausrichtung eines umweltgerechten Produktprogramms gegenüber den Hauptkonkurrenten ein. Es zeigt sich, daß die produktbezogenen Anpassungsmaßnahmen primär im Zusammenhang mit der Lösung produktionsbezogener Umweltprobleme zu sehen sind, wobei wettbewerbsstrategische Profilierungsmöglichkeiten weitgehend vernachlässigt werden.

Aus der Verhaltensanalyse lassen sich zusammenfassend insbesondere drei zentrale Erkenntnisse ableiten:

- Eine integrierte Berücksichtigung des Umweltschutzes in allen Unternehmensfunktionen stellt eine wichtige Erfolgsvoraussetzung eines offensiven Umweltmanagement dar.
- Innengerichtete Umweltschutzstrategien sind durch marktgerichtete Umweltschutzstrategien bzw. ein Öko-Marketing zu ergänzen, um den Umweltschutz als Marktchance zu nutzen und damit Kosten für freiwillig durchgeführte Umweltschutzmaßnahmen durch ein zusätzliches Ertragspotential zu kompensieren.
- Eine frühzeitige (proaktive) Auseinandersetzung mit Umweltschutzproblemen fördert die Entwicklung innovativer Problemlösungen und schafft Zeit- und Erfolgsvorteile im Wettbewerb.

Im folgenden werden die Einflußfaktoren und Erfolgswirkungen der identifizierten Umweltschutzstrategien differenzierter analysiert.

3.3 Betroffenheitssituation der Unternehmen

Wie im Kapitel III herausgearbeitet wurde, sehen sich Unternehmen einer gegenüber Umweltproblemen sensibilisierten Öffentlichkeit gegenüber. Die Betroffenheit der Unternehmen durch Umweltschutzforderungen verschiedener ökologischer Anspruchsgruppen kann damit als zentrale Determinante und Auslösefaktor des ökologieorientierten Unternehmensverhaltens herausgestellt werden.

Zur unternehmensgrößenspezifischen Analye der Betroffenheitssituation wurde zunächst eine **Betroffenheitspositionierung** durchgeführt. Hierzu wurde zum einen ein gesellschaftsbezogener Betroffenheitsindex gebildet, in den die zwei wichtigsten Betroffenheitsvariablen, die Betroffenheit durch Umweltschutzgesetzgebung und Medien, einbezogen sind, während die Variablen Kunden- und Handelsforderungen zur Indexbildung für die Kennzeichnung der marktbezogenen Betroffenheit herangezogen wurden. Die Abbildung 66 zeigt die **Betroffenheitspositionierung** der Unternehmen, wobei die Kreisgröße den jeweiligen Umsatzanteil kennzeichnet, den die von ökologischen Problemstellungen betroffenen Geschäftsbereiche auf sich vereinen.

Bei allen Unternehmen ist die Betroffenheit durch Umweltschutzforderungen der relevanten Marktteilnehmer geringer ausgeprägt als die Betroffenheit der hier betrachteten gesellschaftsbezogenen Anspruchsgruppen. Allerdings besteht zwischen beiden Betrof-

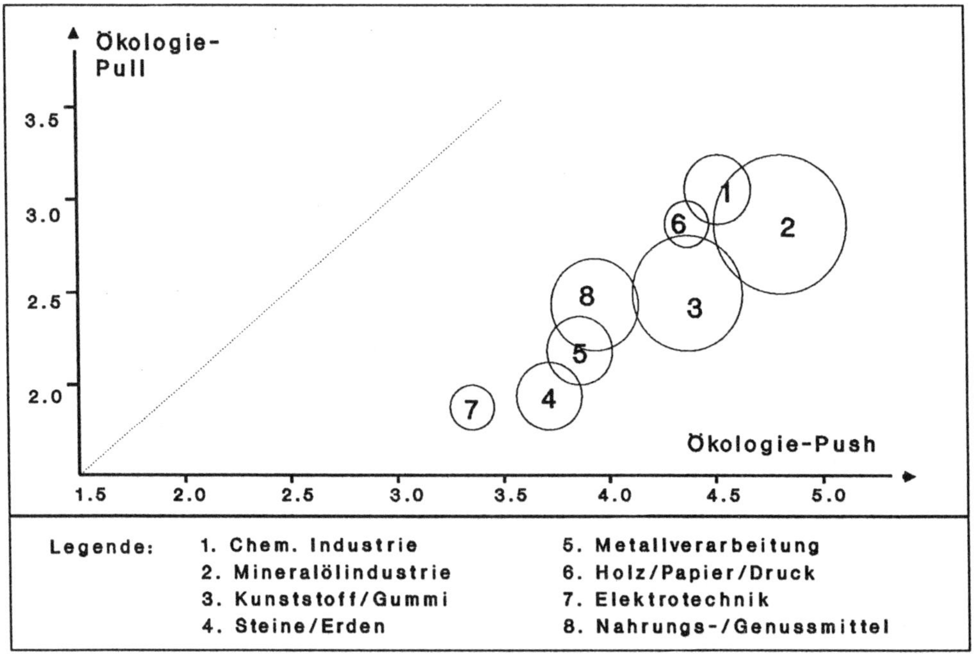

Abb. 66: Branchenbezogene Betroffenheitspositionierung

fenheitsdimensionen ein positiver Zusammenhang. So sind Unternehmen bzw. Branchen, die sich verstärkten gesellschaftsbezogenen Umweltschutzforderungen gegenübersehen, auch einer höheren marktbezogenen Betroffenheit ausgesetzt. Entsprechend dem in der Literatur diskutierten Lebenszykluskonzept (vgl. Achleitner 1985, S. 94 f.) gesellschaftsbezogener Ansprüche zeigt sich, daß die umweltpolitische Diskussion in der Öffentlichkeit die Verschärfung der Umweltgesetze und die kritische Medienberichterstattung über Umweltkatastrophen und -probleme zu einer umweltbezogenen Sensibilisierung der Marktteilnehmer führt. Hierdurch entsteht eine »market pull«-Wirkung, die die Hersteller zunehmend zum Angebot und zur Herstellung umweltfreundlicher Produkte veranlaßt.

Es zeigt sich weiterhin, daß sowohl Großunternehmen als auch kleinere Unternehmen gegenüber den Unternehmen der mittleren Größenklassen in höherem Maße von Umweltschutzforderungen betroffen sind. Ebenfalls ist ein höherer Anteil des Gesamtumsatzes bei diesen Unternehmen betroffen.

Während die relativ hohe Betroffenheit der Großunternehmen durch die Annahme einer höheren Exponiertheit gegenüber den Unternehmen der mittleren Größenklassen gestützt werden kann, erscheint der vergleichsweise hohe Betroffenheitsgrad der kleinen Unternehmen dem zu widersprechen. U. U. sehen sich kleinere Unternehmen deshalb einer hohen Betroffenheit ausgesetzt, weil sie z. B. aufgrund begrenzter finanzieller Ressourcen den an sie gestellten Umweltschutzforderungen nur zögernd entsprechen können und somit die Forderungsintensität zu verstärkten Umweltschutzmaßnahmen hier besonders ausgeprägt ist. Demgegenüber ist zu vermuten, daß Unternehmen der mittleren Größenkategorien im Vergleich zu den Großunternehmen einen geringeren Exponiertheitsgrad aufweisen und aufgrund der besseren Ressourcensituation gegenüber Kleinunternehmen den Umweltschutzanforderungen schneller entsprechen können, woraus insgesamt ein geringerer Betroffenheitsgrad resultiert.

Inwieweit die ökologieorientierte Gesamtausrichtung des Unternehmensverhaltens durch die Betroffenheitssituation beeinflußt wird, zeigt die Ausprägung der Betroffenheitssituation differenziert nach den vier Grundhaltungstypen in Abbildung 67. Die ermittelten Betroffenheitsindices geben als aggregierte Durchschnittsgrößen an, wie stark die Betroffenheitsintensität durch Forderungen ökologischer Anspruchsgruppen und in den Unternehmensbereichen insgesamt ausgeprägt ist. Signifikante Mittelwertabweichungen bei den Ausprägungen der Einflußfaktorenvariablen der einzelnen ökologischen Grundhaltungstypen können als Hinweis dafür gewertet werden, daß sie einen Einfluß auf die Ausrichtung der ökologischen Grundhaltungen eines Unternehmens ausüben.

Zunächst zeichnet sich eine deutlich geringere Betroffenheit der **ökologieorientierten Passiven** gegenüber den anderen Unternehmen in bezug auf Umweltschutzforderungen durch ökologische Anspruchsgruppen ab, was insgesamt in dem relativ geringen Betroffenheitsindex (BTA = 2,36) zum Ausdruck kommt. Auch die wahrgenommene ökologische Betroffenheit in bezug auf die betrachteten Unternehmensfunktionen weist insgesamt gesehen bei diesen Unternehmen die geringste Intensität (BTU = 2,46) auf, obwohl die Passiven bei der Entsorgung gegenüber den Innovatoren signifikant stärker von Umweltproblemen betroffen sind und gegenüber den innengerichteten Aktiven auch im Absatzbereich eine höhere Betroffenheitsintensität aufweisen. Letzteres bildet eine Erklärung für die im Rahmen der Produktpolitik notwendigen Anpassungsmaßnahmen dieser Unternehmen. Aufgrund des gegenüber den anderen Unternehmen deutlich geringeren Internalisierungszwangs von Umweltschutzforderungen durch ökologische Anspruchsgruppen, scheint bei den Passiven kein Anlaß dazu zu bestehen, neben der

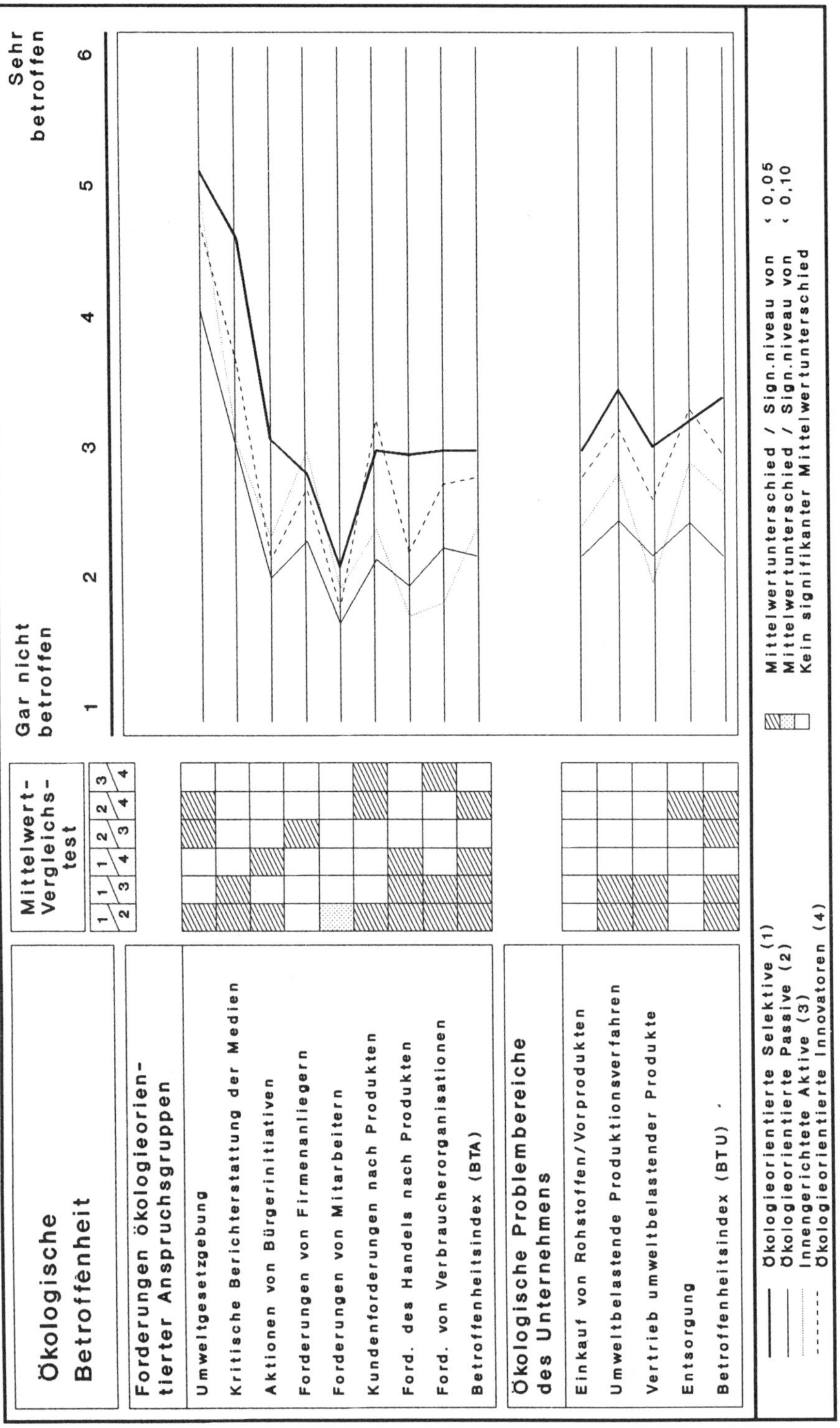

Abb. 67: Betroffenheitssituation der einzelnen Grundhaltungstypen

Erfüllung notwendiger Umweltschutzerfordernisse eine ausgeprägte innen- und marktgerichtete Umweltschutzstrategie oder Rückzugs- und Widerstandsstrategien zu verfolgen.

Die **ökologieorientierten Selektiven** sind hingegen am stärksten von Umweltschutzforderungen betroffen, und auch in einzelnen Unternehmensfunktionen ist eine relativ hohe ökologische Problemintensität festzustellen. Von Interesse ist insbesondere die Frage, wodurch sich die als ökologieorientierte Innovatoren gekennzeichneten Unternehmen gegenüber den »Selektiven«, die auch defensive Umweltschutzstrategien verfolgen, im Hinblick auf die Betroffenheitssituation unterscheiden. Signifikante Abweichungen in der ökologischen Betroffenheit einzelner Unternehmensbereiche lassen sich bei den beiden Grundhaltungstypen nicht feststellen, lediglich in der Tendenz weisen die Innovatoren eine etwas geringere Problemintensität auf. Deutliche Unterschiede zeigen sich jedoch in der Betroffenheitsintensität durch unternehmensexterne Anspruchsgruppen. Innovatoren sehen sich in signifikant geringerem Ausmaß von Umweltschutzforderungen durch die Bürgerinitiativen und den Handel betroffen und tendenziell auch einer geringeren Medienkritik ausgesetzt. Die **Innovatoren** sind gegenüber den Selektiven einem weitaus geringeren Internalisierungsdruck durch Umweltschutzforderungen sog. »Gruppen der Kritik und des Widerspruchs« ausgesetzt, wodurch sie sich kaum veranlaßt sehen müssen, Widerstandsaktivitäten zu ergreifen.

Die **innengerichteten Aktiven** sehen sich gegenüber allen anderen Unternehmen geringen Umweltproblemen im Absatzbereich gegenüber, während sie in den übrigen Unternehmensfunktionen eine mit den Innovatoren vergleichbare Problemintensität aufweisen. In bezug auf die Anspruchsgruppen sind diese Unternehmen im Vergleich zu den Innovatoren und Selektiven in geringerem Ausmaß von umweltschutzbezogenen Kundenforderungen betroffen, wodurch zwar keine aktuelle Notwendigkeit besteht, eine marktorientierte Umweltschutzstrategie zu verfolgen, aber auch die marktbezogenen Chancen des Umweltschutzes nicht in offensiver Weise genutzt werden.

Durch weiterführende kausalanalytische Analysen wurden die dargestellten Ergebnisse bestätigt (vgl. hierzu im einzelnen Kirchgeorg 1990, S. 188 ff.). Insgesamt belegt die Betroffenheitsanalyse, daß Unterschiede in den ökologischen Grundhaltungen zum großen Teil durch unterschiedliche Betroffenheitssituationen zu begründen sind. Allerdings zeigt sich hierbei ein ambivalentes Bild. Zum einen fördert eine hohe ökologische Betroffenheit ökologieorientierte Verhaltensweisen, andererseits dominieren insbesondere gegenüber besonders kritischen Teilöffentlichkeiten wie z.B. den Bürgerinitiativen Verhaltensweisen, die durch eine selektive Anpassung unter Verfolgung von Widerstandsstrategien geprägt sind.

3.4 Markt- und Wettbewerbssituation

Im folgenden steht die Analyse ausgewählter Einflußfaktoren der Markt- und Wettbewerbsituation als Determinanten des ökologieorientierten Unternehmensverhaltens im Vordergrund. Die in der Gesellschaft artikulierten Umweltschutzforderungen bedingen eine Veränderung des Wettbewerbsumfeldes. Dementsprechend müssen sich Unternehmen mit dem **Umweltschutz als wettbewerbsstrategisches Problem** auseinandersetzen (vgl. Kapitel I).

Bei 26,3 % der befragten Unternehmen bieten alle Hauptwettbewerber umweltgerechte Produkte an, während ein gleich großer Prozentsatz sich keinem ökologieorientierten Konkurrenzangebot gegenübersieht. Während der Umfang, in dem die Hauptkonkurrenten die Umweltfreundlichkeit ihrer Produkte als Werbeargument herausstellen, insgesamt im Profil der Abbildung als unterdurchschnittlich einzustufen ist, zeigt eine differenzierte Analyse der Verteilung der einzelnen Skalenwerte, daß sich über 24,1 % der Unternehmen einer intensiveren ökologieorientierten Konkurrenzwerbung gegenübersehen.

In der Abbildung 68 sind Ausprägungen der Situationsvariablen, differenziert nach den einzelnen Grundhaltungstypen, dargestellt. Nimmt man die als **Passive** charakterisierten Unternehmen zunächst als Referenzgruppe, so ist die spezifische Marktsituation der Passiven gegenüber den innengerichteten Aktiven lediglich durch eine signifikant geringere Intensität des Qualitätswettbewerbs gekennzeichnet. Hierdurch wird der zentrale Stellenwert des Qualitätswettbewerbs für die primär innengerichtete Ökologieorientierung der Unternehmen hervorgehoben und bestätigt den im Rahmen kausalanalytischer Untersuchungen nachgewiesenen Zusammenhang zwischen der Intensität des Qualitätswettbewerbs und der Verfolgung einer innengerichteten Umweltschutzstrategie.

Die **Innovatoren** unterscheiden sich hingegen gegenüber den passiven Verhaltenstypen durch eine deutlich ausgeprägtere umweltschutzbezogene Wettbewerbskomponente. Ein besonderer Anreiz zur innovativen Wahrnehmung der umweltschutzbezogenen Chancen scheint bei ihnen gegenüber den innengerichteten Aktiven auch durch eine signifikant höhere umweltorientierte Zahlungsbereitschaft der Kunden gegeben zu sein. Interessante Aufschlüsse im Hinblick auf die Verhaltensrelevanz der marktbezogenen Einflußfaktoren zeigt ein weiterer Vergleich der Marktsituation der Innovatoren und der ökologieorientierten Selektiven. Letztere sehen sich deutlich höheren Marktbarrieren gegenüber, was in nicht unerheblichem Maße die selektive Ausrichtung des ökologieorientierten Unternehmensverhaltens zu erklären vermag. Die Unterschiede in den ökologischen Grundhaltungen der Unternehmen lassen sich somit maßgeblich durch die ökologieorientierte Wettbewerbsintensität sowie die Höhe der marktbezogenen Durchsetzungsbarrieren ökologieorientierter Maßnahmen erklären.

Zusammenfassend ist auf Grundlage der empirischen Analyse festzustellen, daß die Wettbewerbsposition von Unternehmen verstärkt unter Berücksichtigung von ökologieorientierten Beurteilungskriterien (Know how zur Entwicklung von Umweltschutzprodukten, Umfang des Angebots von umweltgerechten Produktvarianten etc.) zu bestimmen ist und darauf aufbauend der Umweltschutz als Erfolgsfaktor in die bestehende Wettbewerbsstrategie zu integrieren ist.

3.5 Stellenwert von Umweltschutzzielen im Zielsystem

Die Einbeziehung von Umweltschutzzielen in das Zielsystem der Unternehmen bildet den Ausgangspunkt des Umweltmanagement. In welchem Umfang die Umweltschutzziele im Entscheidungsprozeß der Unternehmen Berücksichtigung finden, wird durch ihren Stellenwert, den ihnen die Unternehmensführung gegenüber anderen Unternehmenszielen einräumt, bestimmt.

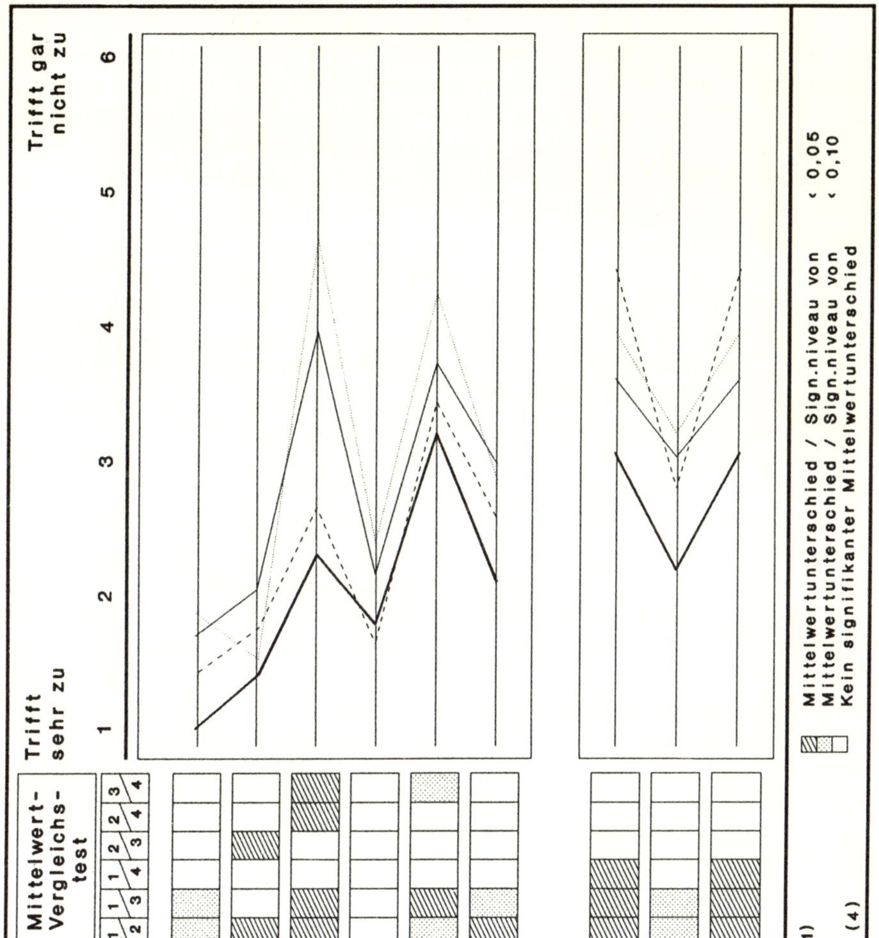

Abb. 68: Marktsituation der einzelnen Grundhaltungstypen

Welcher Stellenwert den Umweltschutzzielen im Unternehmen beigemessen wird, wurde anhand der Wichtigkeitseinstufung von Unternehmenszielen durch die Geschäftsführung analysiert. Hierbei wird das Umweltschutzziel auf den achten Rang eingestuft, während die Sicherung der Wettbewerbsfähigkeit (Rang 1) und die langfristige Gewinnerzielung (Rang 2) deutlich als Oberziele zu kennzeichnen sind. Dem Umweltschutzziel wird gegenüber den klassischen Marktzielen wie Umsatz, Marktanteil und kurzfristiger Gewinnerzielung bereits ein deutlicher Vorrang eingeräumt. Allerdings zeigen sich im Branchenvergleich signifikante Unterschiede in der Wichtigkeitseinschätzung des Umweltschutzziels. So nimmt das Umweltschutzziel in der Mineralölindustrie (Rang 3) und in der Chemischen Industrie (Rang 5) einen vergleichsweise hohen Rang ein, während Unternehmen der Nahrungs- und Genußmittelindustrie sowie der elektrotechnischen Industrie nicht zuletzt aufgrund eines geringeren ökologischen Betroffenheitsgrades dem Umweltschutzziel eine niedrige Priorität einräumen.

Inwieweit die einzelnen Unternehmenstypen explizit Umweltschutzziele in ihre Zielsysteme einbezogen haben, zeigt die Abbildung 69. Die als »Passive« gekennzeichneten Unternehmen haben in deutlich geringerem Umfang Umweltschutzziele im Zielsystem verankert als die Unternehmen der anderen Verhaltenscluster, die eine höhere ökologieorientierte Verhaltensausprägung aufweisen.

Im weiteren wurde zur Analyse der Zielsysteme der Verhaltenstypen anhand der typenspezifischen Ausprägungen der Zielgewichte und Zielbeziehungen zwischen dem Umweltschutzziel und anderen Unternehmenszielen die in den Abbildungen 70a bis 70d dargestellten Zielsysteme ermittelt.

Die als **ökologieorientierte Selektive** gekennzeichneten Unternehmen messen dem Umweltschutzziel den höchsten Stellenwert bei. Es werden komplementäre Beziehungen zwischen den Hauptzielen der Unternehmen, d. h. der Sicherung der Wettbewerbsfähigkeit und Erhaltung des langfristigen Gewinns und dem Umweltschutzziel von der Unternehmensführung gesehen (vgl. Abbildung 70a). Darüber hinaus zeigen sich auch positive Auswirkungen auf das Unternehmensimage, die Mitarbeitermotivation und Expansionsziele dieser Unternehmen. In Verbindung mit den Ergebnissen der Betroffenheitsanalyse

Ökologie-orientierte Selektive	Passive	Innengerichtete Aktive	Ökolgie-orientierte Innovatoren
Umweltschutzziele im Zielsystem einbezogen:			
▪ Schriftliche, fixierte Umweltschutzziele			
69,2 %	35,6 %	68,5 %	66,7 %
▪ Keine schriftlich fixierten Umweltschutzziele			
23,1 %	30,5 %	29,6 %	28,9 %
Einbeziehung geplant:			
7,1 %	18,6 %	1,9 %	4,4 %
Nicht geplant:			
-	15,3 %	-	-

Abb. 69: Berücksichtigung von Umweltschutzzielen, differenziert nach Grundhaltungstypen

erscheint es plausibel, daß die »ökologieorientierten Selektiven« durch die Verfolgung von Umweltschutzzielen eine Verbesserung des beeinträchtigten Unternehmensimages anstreben. Die jedoch nur schwach ausgeprägte positive Beziehung zum Wettbewerbsziel läßt weiterhin erklären, daß deutliche Wettbewerbsvorteile durch Berücksichtigung der ökologischen Erfordernisse nicht gesehen werden, was zu einem primär selektiven Anpassungsverhalten führt.

Die Abbildung 70d zeigt das Zielsystem der »**ökologieorientierten Innovatoren**«, die sich gegenüber den »Selektiven« in ihrer strategischen Verhaltensausrichtung insbesondere durch eine geringere Ausprägung von Widerstands- und Rückzugsstrategien unterscheiden. Sie messen dem Umweltschutzziel gegenüber den »Selektiven« einen etwas geringeren Stellenwert bei. Die Sicherung der Wettbewerbsfähigkeit wird jedoch in deutlich stärkerem Ausmaß durch die Verfolgung von Umweltschutzzielen gefördert. Weiterhin werden besondere Vorteile durch die Berücksichtigung der ökologischen Erfordernisse in bezug auf die langfristige Gewinnerzielung, die Mitarbeitermotivation, Image- und Marktanteilsziele sowie für die Erschließung neuer Märkte gesehen. Interessant erweist es sich, daß die Mitarbeitermotivation in beiden bisher betrachteten Zielsystemen einen bedeutenden Stellenwert einnimmt, wodurch die Wichtigkeit des Management der »human resources« in den Unternehmen deutlich hervorgehoben wird.

Zielkonflikte bestehen bei den Innovatoren zwischen dem Umweltschutzziel und den Kosten- sowie Produktivitätszielen. Im Vergleich zu den selektiv ökologieorientierten Unternehmen nehmen bei den Innovatoren Umsatz- und Marktanteilsziele einen deutlich geringeren Stellenwert ein. Im Zusammenhang mit den Ergebnissen der Analyse der marktbezogenen Einflußfaktoren erscheint es schlüssig, daß sich die ökologieorientierten Selektiven angesichts der hohen Wettbewerbsintensität und ausgeschöpfter Wachstumspotentiale in ihren Märkten verstärkt an Marktanteils- und Umsatzzielen orientieren. Aufgrund des zuvor ermittelten Zusammenhangs zwischen den Marktzielen und den Strategiedimensionen Rückzug und Widerstand läßt sich somit die selektive Ausrichtung des ökologieorientieren Unternehmensverhaltens im Gegensatz zu der offensiven Vorgehensweise der Innovatoren erklären. Aber auch die stark komplementäre Beziehung zwischen Umweltschutzzielen und der Sicherung der Wettbewerbsfähigkeit zeigt, daß die Innovatoren gegenüber den Selektiven den Umweltschutz in höherem Maße als Wettbewerbsfaktor sehen. Somit besitzen Rückzugs- und Widerstandsstrategien zur Sicherung der Wettbewerbsposition bei diesen Unternehmen eine geringe Relevanz.

Die **innengerichteten Aktiven** messen dem Umweltschutzziel in ihrem Zielsystem keinen signifikant geringeren Stellenwert als die Innovatoren bei (vgl. Abb. 70c). Unternehmen dieses Verhaltenstyps sehen die Verfolgung von Umweltschutzzielen auch in bezug auf die Sicherung ihrer Wettbewerbsfähigkeit als fördernd an. Allerdings sind im Gegensatz zu den zuvor analysierten Zielsystemen negative Auswirkungen auf die langfristige Gewinnerzielung hervorzuheben. Aufgrund der fehlenden langfristigen Gewinnperspektive im Hinblick auf die Verfolgung von Umweltschutzerfordernissen ist anzunehmen, daß bei diesen Unternehmen die marktorientierte Ausrichtung des ökologieorientierten Unternehmensverhaltens unterbleibt und nur notwendige innengerichtete Umweltschutzaktivitäten realisiert werden. Andererseits ist auch davon auszugehen, daß die Unternehmensführung deshalb konfliktäre Beziehungen zwischen der langfristigen Gewinnerzielung und dem Umweltschutz verstärkt wahrnimmt, weil die marktbezogenen Chancen des Umweltschutzes – u. U. aufgrund fehlender Informationen – bisher noch nicht erschlossen wurden. Die Internalisierung der ökologischen Kosten im innengerichteten Bereich wirkt

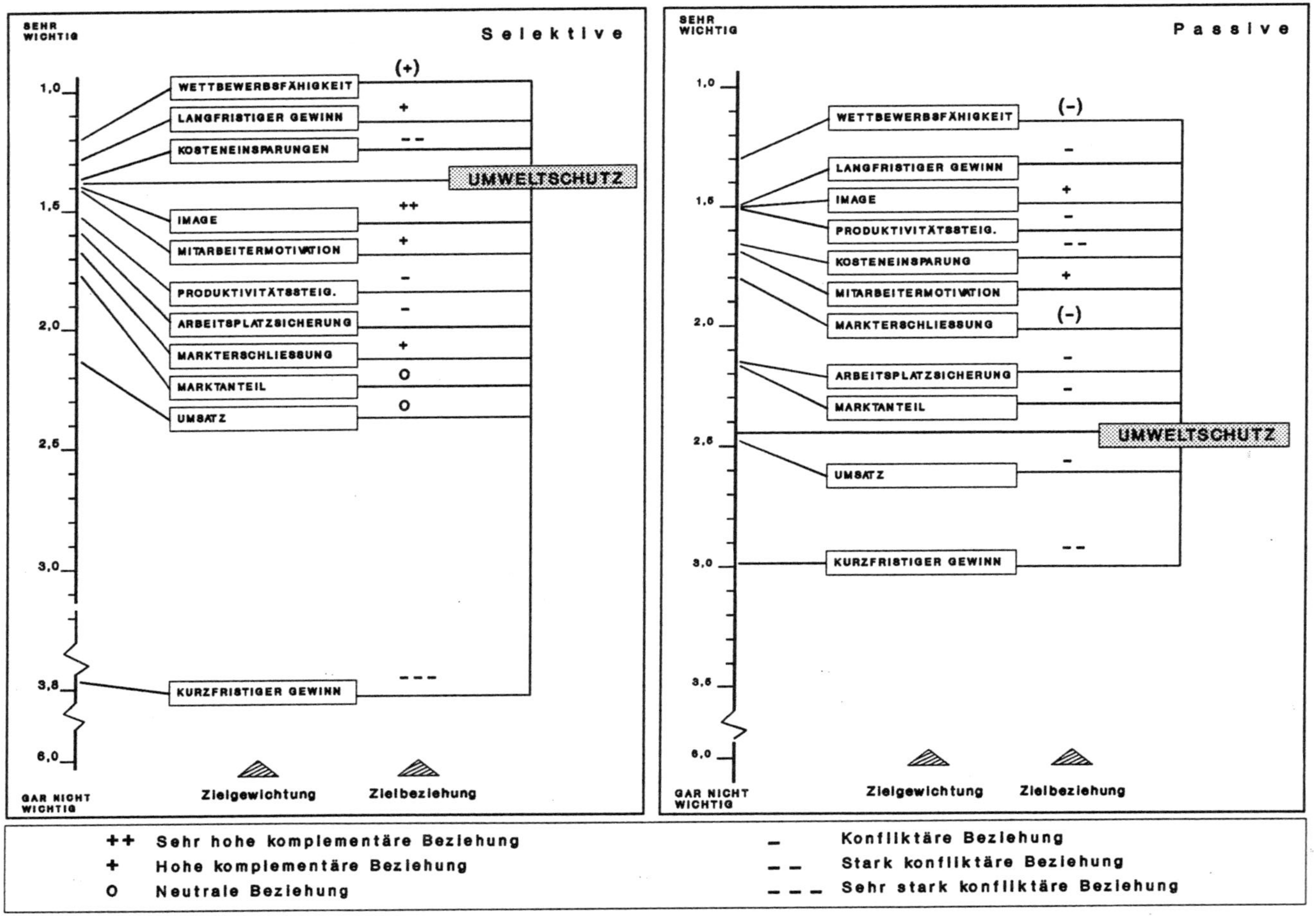

Abb. 70a–b: Vergleich der grundhaltungsspezifischen Unternehmenszielsysteme

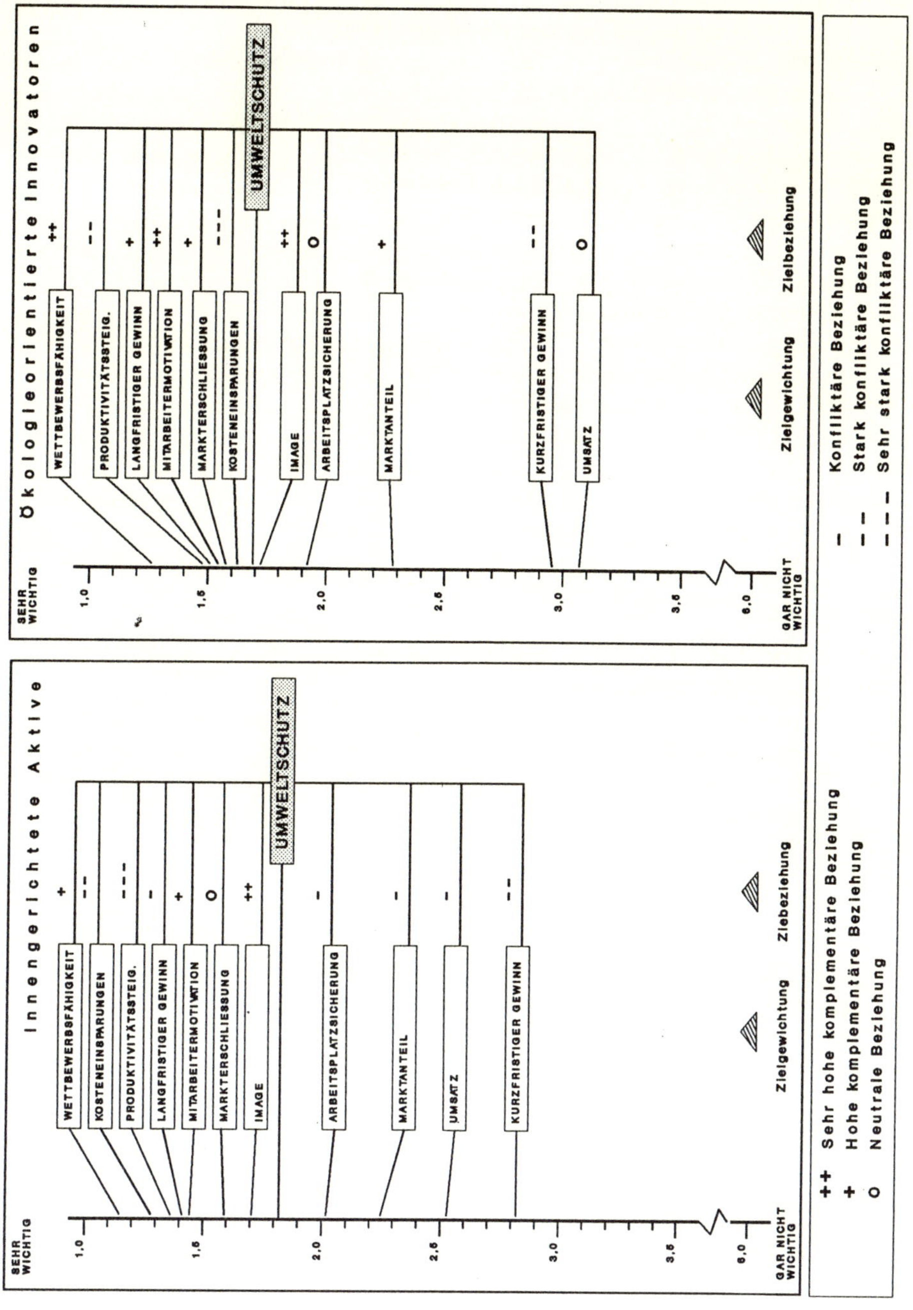

Abb. 70c–d: Vergleich der grundhaltungsspezifischen Unternehmenszielsysteme

sich somit aufgrund der fehlenden Erfolgsbeiträge marktgerichteter Umweltschutzaktivitäten negativ auf die langfristige Gewinnrealisierung aus.

Betrachtet man abschließend das Zielsystem der **ökologieorientierten Passiven**, so nimmt bei ihnen das Umweltschutzziel im Vergleich zu allen anderen Unternehmen den geringsten Stellenwert ein, was auch durch den ermittelten Präferenzwert zum Ausdruck gebracht wird (vgl. Abbildung 70b). Weiterhin sehen diese Unternehmen in höherem Maße konfliktäre Beziehungen zwischen dem Umweltschutzziel und den weiteren Unternehmenszielen. Insbesondere wird durch die Berücksichtigung von Umweltschutzerfordernissen eine Beeinträchtigung der Wettbewerbsfähigkeit und des langfristigen Gewinns gesehen, was im Zusammenhang mit dem geringen Bedeutungsgewicht des Umweltschutzziels die passive Verhaltensausrichtung dieser Unternehmen zu erklären vermag.

Die Betrachtung der den ökologischen Grundhaltungen der Unternehmen zugrunde liegenden Zielsysteme verdeutlichte im Zusammenhang die unterschiedlichen typenspezifischen Zielgewichtungen und Zielbeziehungen. Unternehmen mit einem ausgeprägten ökologieorientierten Verhalten messen dem Umweltschutzziel einen hohen Stellenwert im Zielsystem bei und sehen in höherem Maße komplementäre Zielbeziehungen zwischen den ökologischen Zielen und den Oberzielen der Unternehmung, zu denen überwiegend die Wettbewerbs- und langfristigen Gewinnziele zu zählen sind.

3.6 Unternehmensbezogene Durchsetzungsbarrieren offensiver Umweltschutzstrategien

Der Stellenwert von möglichen unternehmensbezogenen Umweltschutzbarrieren ist in der Abbildung 71 in der Gesamtbeurteilung und in einer unternehmensgrößenspezifischen Differenzierung dargestellt.

Im Gesamtdurchschnitt sehen 69 % der befragten Unternehmen die produkt- und prozeßbezogenen Umweltschutzinvestitionen und Betriebskosten als ein eher großes Hindernis für die Umsetzung von Umweltschutzmaßnahmen an. Betrachtet man im Vergleich zur Wahrnehmung dieser Barrieren die mit den bisher von den Unternehmen realisierten Umweltschutzmaßnahmen verbundenen Kostenwirkungen, so haben in der vorliegenden Untersuchung bei 60,9 % der Unternehmen umweltschutzbezogene Anpassungserfordernisse zu dauerhaften Kostenerhöhungen geführt, während die Kostensituation bei 32 % nicht beeinflußt wurde und lediglich 5,1 % der befragten Unternehmen eine Reduzierung der Kosten vornehmen konnten.

Dieses Ergebnis unterstreicht, daß der Umweltschutz im Unternehmen in hohem Umfang als Kostenfaktor einzustufen ist, während die Möglichkeiten der Nutzung von Kostensenkungspotentialen nur in geringem Umfang wahrgenommen bzw. realisiert werden können. Die vorliegenden Untersuchungsergebnisse bestätigen den durch sekundärstatistische Daten ebenfalls nachgewiesenen Sachverhalt, daß die Höhe der umweltschutzbezogenen Betriebskosten bereits in gleicher Weise wie die Höhe der Umweltschutzinvestitionen notwendige Anpassungserfordernisse behindern.

In geringerem Umfang werden Informationsdefizite über die gesetzlichen Umweltschutzregelungen, die fehlende Verfügbarkeit von Umweltschutztechnologien und der Vollzugs- bzw. Zeitdruck als Barriere umweltschutzbezogenen Unternehmensverhaltens angesehen. Eine eher geringe Bedeutung kommt den internen Anpassungswiderständen

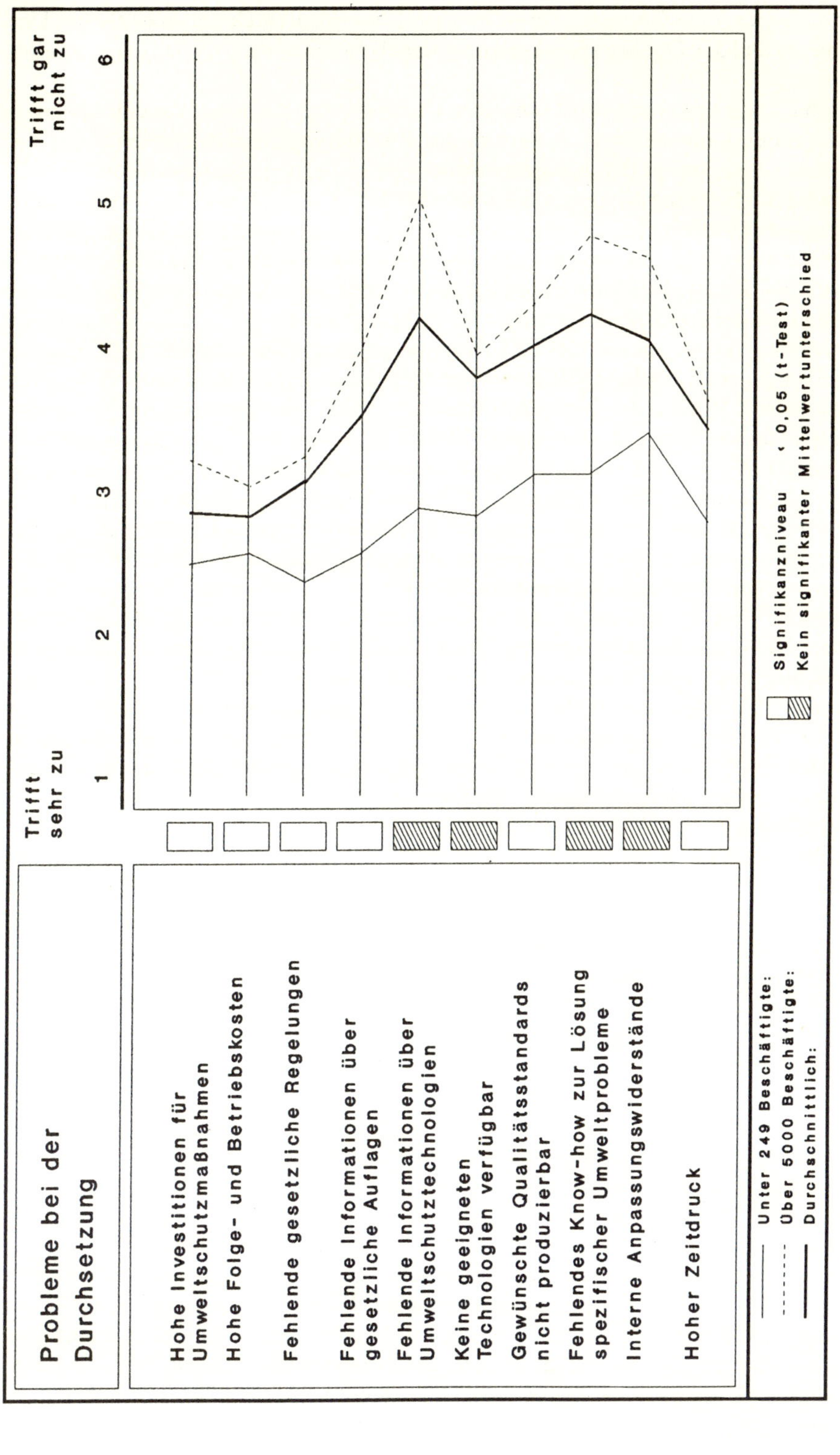

Abb. 71: Durchsetzungsbarrieren offensiver Umweltschutzstrategien

durch Mitarbeiter, dem fehlenden Know how zur Lösung unternehmensspezifischer Umweltprobleme und den Qualitätsproblemen bei der Herstellung von Umweltschutzprodukten zu.

Im Hinblick auf den Stellenwert einzelner Durchsetzungsbarrieren wurden sowohl in der vorliegenden Untersuchung als auch in der 1985 durchgeführten Untersuchung von Meffert et al. unverändert die umweltschutzbezogenen Kosten und Investitionen als die wichtigsten Durchsetzungsbarrieren ermittelt (Meffert u. a. 1985, S. 32 f.). Während im Rahmen der von Meffert et al. durchgeführten Studie keine signifikanten Abhängigkeiten der Durchsetzungsbarrieren von der Unternehmensgröße festgestellt werden konnten, so zeigen sich bei den vorliegenden Ergebnissen deutliche unternehmensgrößenspezifische Unterschiede in der Ausprägung der Durchsetzungsbarrieren.

Unternehmen mit weniger als 249 Beschäftigten sehen sich im Vergleich zu Großunternehmen mit mehr als 5.000 Beschäftigten wesentlich höheren Barrieren bei der Begegnung der Chancen und Risiken des Umweltschutzes gegenüber. Die Ausprägung von Investitions- und Kostenbarrieren ist allerdings nicht signifikant von der Unternehmensgröße abhängig. Lediglich in einer Tendenzaussage kann eine höhere Barrierenwahrnehmung bei kleineren Unternehmen unterstellt werden. Dieses Ergebnis erscheint insofern interessant, weil aufgrund einer gegenüber Großunternehmen geringeren Kapitalkraft der kleineren Unternehmen eine besondere Relevanz dieser Barrieren zu erwarten gewesen wäre. Pinter hat bei der Untersuchung umweltschutzbezogener Problemstellungen von Klein- und Mittelbetrieben festgestellt, daß den finanziellen Aufwendungen für Umweltschutzmaßnahmen selbst bei kleineren Unternehmen nicht die Bedeutung beigemessen wird, die sie in einschlägigen Publikationen einnehmen (Pinter 1984, S. 28). Weiterhin kann festgestellt werden, daß aufgrund eines höheren Externalisierungsgrades von Umweltschutzaufgaben der kleineren Unternehmen auf Anbieter von Umweltschutzleistungen anstelle hoher Investitionskosten für den Umweltschutz verstärkt Kosten für die Inanspruchnahme der externen Umweltschutzleistungen anfallen.

Die Abbildung 71 zeigt jedoch hohe signifikante Unterschiede bei den informationsbezogenen Durchsetzungsbarrieren. Informationsdefizite in bezug auf gesetzliche Umweltstandards und staatliche Förderprogramme sowie ein unzureichender Überblick über das Angebot von Umweltschutztechnologien stellen bei kleineren Unternehmen besondere Umweltschutzbarrieren dar. Damit bestätigen sich auch die von Pinter festgestellten Ergebnisse, daß der unvollständige Informationsstand und die unzureichende Markttransparenz auf den Umweltschutzmärkten kleinere Unternehmen vor erhebliche Probleme bei der Beschaffung geeigneter Umweltschutztechnologien stellt (Pinter 1984, S. 18 ff.). Inwieweit die wahrgenommenen Durchsetzungsbarrieren von Umweltschutzmaßnahmen eine Erklärung für defensive Basisstrategien der Unternehmen darstellen, wurde anhand des in Abbildung 72 dargestellten Kausalmodells untersucht.

Im Pfaddiagramm wurden die Interkorrelationen zwischen der Variable »Zeitbarrieren« und den anderen einbezogenen Durchsetzungsbarrieren explizit gekennzeichnet. Hierdurch wird ersichtlich, ob mit einem zunehmenden zeitlichen Handlungszwang, der insbesondere bei einem reaktiven Anpassungsverhalten in hohem Maße auftreten kann, stärkere Durchsetzungsprobleme wahrgenommen werden, als wenn Umweltschutzerfordernisse proaktiv und mit einem längeren zeitlichen Handlungsspielraum realisiert werden. Die positiven Korrelationen zwischen den wahrgenommenen Zeitbarrieren und den anderen Durchsetzungsbarrieren bestätigen, daß Unternehmen, die ihr Verhalten unter hohem Zeitdruck an Umweltschutzerfordernisse anpassen müssen, sich insbesondere vor

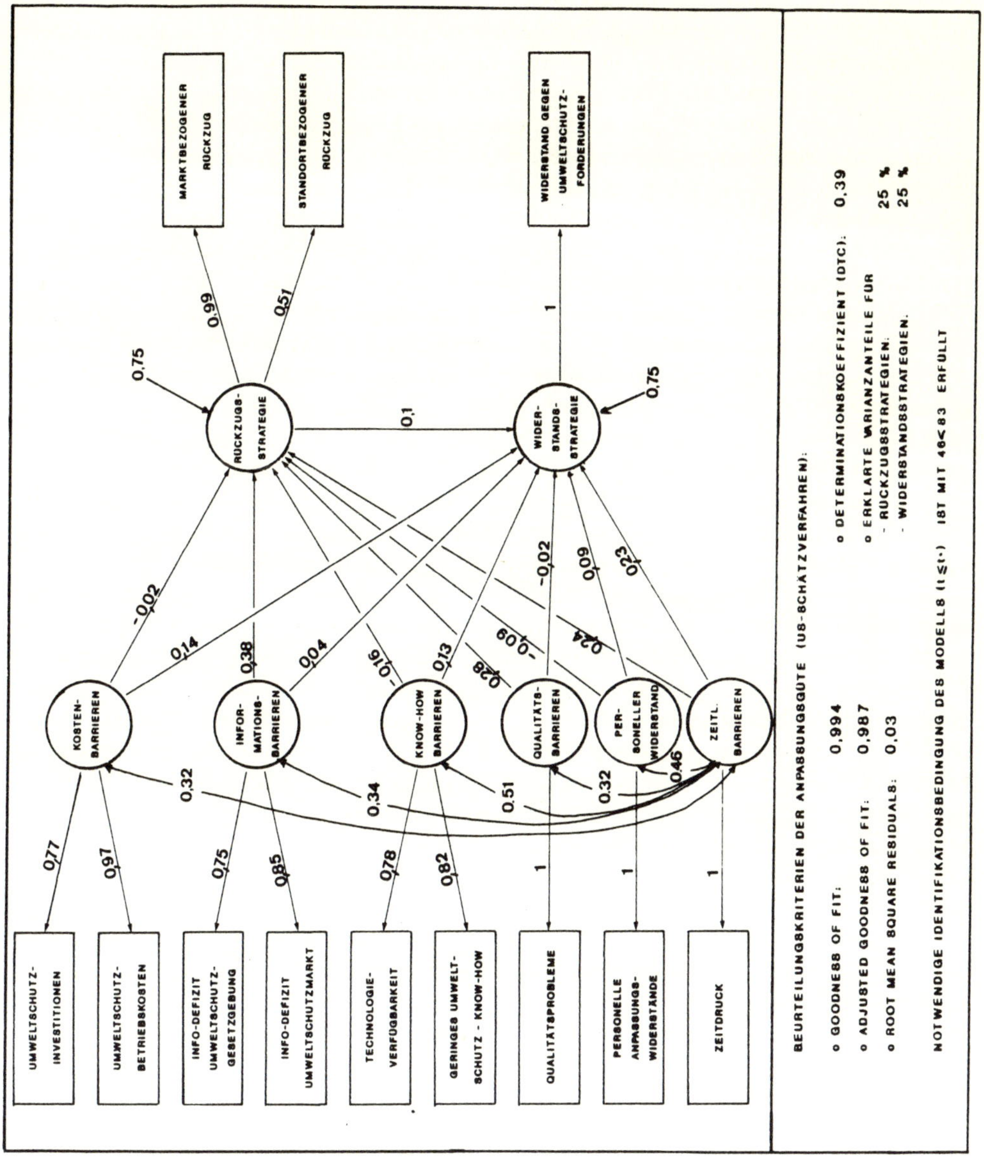

Abb. 72: Einfluß von Durchsetzungsbarrieren auf ein defensives Umweltschutzverhalten

Know how-Probleme gestellt sehen. Aber auch die Mitarbeiter scheinen sich überfordert zu sehen, kurzfristig entsprechende Problemlösungen zu entwickeln und im Unternehmen durchzusetzen. Sie stehen dem »geplanten umweltorientierten Wandel« der Unternehmung, sofern er unter Zeitdruck vollzogen wird, eher kritisch gegenüber.

Die Ergebnisse unterstreichen den Stellenwert des Zeitfaktors bei der Entwicklung und Durchsetzung von Umweltschutzstrategien im Unternehmen. Er ist u.a. als Schlüsselgröße für die Ausprägung von Umweltschutzbarrieren im Unternehmen anzusehen. Allerdings darf nicht übersehen werden, daß z.B. Know how-Barrieren die Durchsetzung von Umweltschutzmaßnahmen zeitlich verzögern können, und eine wechselseitige Beziehung zwischen den Sach- und Zeitzwängen des Umweltschutzverhaltens besteht.

Die im Strukturmodell gekennzeichneten Beziehungen geben darüber Aufschluß, ob die von der Unternehmensführung wahrgenommenen Durchsetzungsbarrieren von Umweltschutzmaßnahmen defensive Basisstrategien gegenüber einem zunehmenden Internalisierungszwang ökologischer Erfordernisse implizieren. Obwohl die Umweltschutzkosten in den vorangestellten Untersuchungen als die am stärksten ausgeprägten Umweltschutzbarrieren hervorgehoben wurden, deutet der schwache direkte Einfluß (0,14) auf die Strategiedimension Widerstand darauf hin, daß das Kostenargument des Umweltschutzes die Unternehmen anscheinend in geringerem Maße zu Widerstandsstrategien veranlaßt. Beachtlich erscheint der hohe positive Einfluß (0,38) der wahrgenommenen Informationsbarrieren auf die Ausprägung der in erster Linie marktbezogenen Rückzugsstrategie. Möglicherweise führt die Unsicherheit der Unternehmensführung in bezug auf die Informationen über die zukünftige Entwicklung der Umweltschutzgesetzgebung bereits zu Überlegungen, die Unternehmensaktivitäten in ökologisch betroffenen Geschäftsfeldern einzuschränken. Informationsdefizite können kaum als Ursache für ein Widerstandsverhalten der Unternehmen gewertet werden. Dieser Sachverhalt erscheint auch schlüssig, da bei wahrgenommenen Informationsdefiziten die Unternehmensführung sich kaum kompetent fühlen dürfte, sachlich begründet verstärkte Umweltschutzforderungen ökologischer Anspruchsgruppen zurückzuweisen.

Sofern Know how-Barrieren der Durchsetzung unternehmensbezogener Umweltschutzmaßnahmen entgegenstehen, scheinen sich Unternehmen eher mit dem Argument der »technischen Probleme« gegenüber den ökologischen Anspruchsgruppen zu rechtfertigen, als Rückzugsstrategien in Erwägung zu ziehen. Wenn allerdings durch prozeß- und produktbedingte Umweltschutzmaßnahmen eine Beeinträchtigung des Qualitätsstandards der Produkte befürchtet wird und unter hohem Zeitdruck keine geeigneten Problemlösungen zu entwickeln sind, werden verstärkt marktbezogene Rückzugsstrategien als Anpassungsformen ins Kalkül gezogen. Von allen untersuchten Barrieredimensionen übt der zeitliche Handlungszwang angesichts einer akuten Betroffenheitssituation durch Umweltschutzforderungen den stärksten Einfluß auf die Widerstandsreaktionen der Unternehmen aus.

Die Untersuchungsergebnisse unterstreichen den Stellenwert des Informationsmanagements im Rahmen einer ökologieorientierten Unternehmensführung deutlich. Neben dem Ausbau eines internen umweltorientierten Informationssystems ist insbesondere für Klein- und Mittelbetriebe die Notwendigkeit gegeben, externe Informations- und Beratungsangebote zur Lösung der unternehmensbezogenen Umweltprobleme in Anspruch zu nehmen. Die Ergebnisse zeigen weiterhin, daß eine proaktive Begegnung der Umweltschutzprobleme in besonderer Weise zur Senkung möglicher Durchsetzungsbarrieren ökologieorientierter Maßnahmen beiträgt. Ein frühzeitig eingeleiteter »geplanter ökologieorientierter Maßnahmen beiträgt. Ein frühzeitig eingeleiteter »geplanter ökologieorientierter Wandel« des Unternehmensverhaltens führt gegenüber dem Handeln unter Vollzugsdruck insbesondere zu einer höheren Mitarbeitermotivation und zur innovativen Lösung anstehender Umweltprobleme.

3.7 Erfolgsbeurteilung des umweltorientierten Unternehmensverhaltens

Die Operationalisierung des Erfolgs ökologieorientierter Unternehmensverhaltens muß ein breites Spektrum von Möglichkeiten zur Verbesserung der betriebswirtschaftlichen Situation von Unternehmen abdecken. Zu der durchgeführten empirischen Studie wurde ein 16 Elemente umfassender Vektor von Erfolgsgrößen zugrunde gelegt. Der Vektor deckt dabei auf 4 Ebenen die unmittelbar marktteilnehmerbezogenen Wirkungen auf zentrale Marketing- und Unternehmensziele, die Wirkung einzelner umweltgerecht gestalteter Instrumentebereiche sowie eine Einschätzung des Globalerfolgs ab. Die Erhebung des Erfolgsvektors beruhte auf der Grundlage von Expertenratings (vgl. im einzelnen hierzu Meffert, Ostmeier 1990). Die Ausprägungen verschiedener Erfolgskriterien der ökologischen Grundhaltungstypen sind einander in Abbildung 73a und 73b gegenübergestellt.

Die ökologieorientierten Innovatoren stufen den Erfolg ihrer umweltorientierten Absatzmaßnahmen sowohl auf der Ebene der Instrumentewirkung als auch auf der Ebene der Zielwirkung im Vergleich zu den anderen Gruppen durchgehend am höchsten ein. Mit Ausnahme der Wirkung der umweltorientierten Produktpolitik werten die innengerichteten Aktiven die Wirkungen der umweltorientierten Marketinginstrumente am schlechtesten. Dies resultiert aus der Tatsache, daß die Umweltgesetze vor allem für den Bereich der Produktpolitik relevant sind und die innengerichteten Aktiven hier einen Schwerpunkt ihrer Umweltschutzstrategien sehen. Die geringe Marktorientierung der Umweltschutzstrategien der innengerichteten Aktiven resultiert demnach folgerichtig in einem gering wahrgenommenen Wirkungsgrad der vermutlich auch nur halbherzig eingesetzten übrigen Instrumente des ökologieorientierten Marketing.

Auf den ersten Blick erstaunlich erscheint die Mittelposition der **Wirkungseinschätzung der umweltorientierten Marketinginstrumente** durch die ökologieorientierten Selektiven. Sie läßt sich jedoch dadurch plausibel erklären, daß diese Firmen aufgrund der Widerstandsstrategien auch solche stark umweltorientierten Maßnahmen ergreifen, die außerhalb des Marketing liegen. Es ist daher zu vermuten, daß diese Unternehmen die Wirkung ökologieorientierter Marketingmaßnahmen relativ in einer Wirkungsverbundbetrachtung beurteilen und daher Probleme mit der vollständigen Zurechnung des Erfolgs auf den Einsatz umweltgerichteter Absatzinstrumente haben.

Auf der **Zielwirkungsebene** ergibt sich ein differenzierteres Bild. Liegen »innengerichtete Aktive«, »Passive« und »ökologieorientierte Innovatoren« bei der Beurteilung der Umsatzwirkung ihrer umweltorientierten Absatzmaßnahmen sehr eng zusammen, so beurteilen die ökologieorientierten Selektiven die Gewinnwirkung eines ökologieorientierten Marketing deutlich am schlechtesten. Der Grund hierfür mag darin begründet sein, daß diese Unternehmen im Zuge von Rückzugsstrategien auch Geschäftsfelder aufgeben bzw. im Rahmen von Widerstandsstrategien rechtfertigende Werbe- und PR-Kampagnen

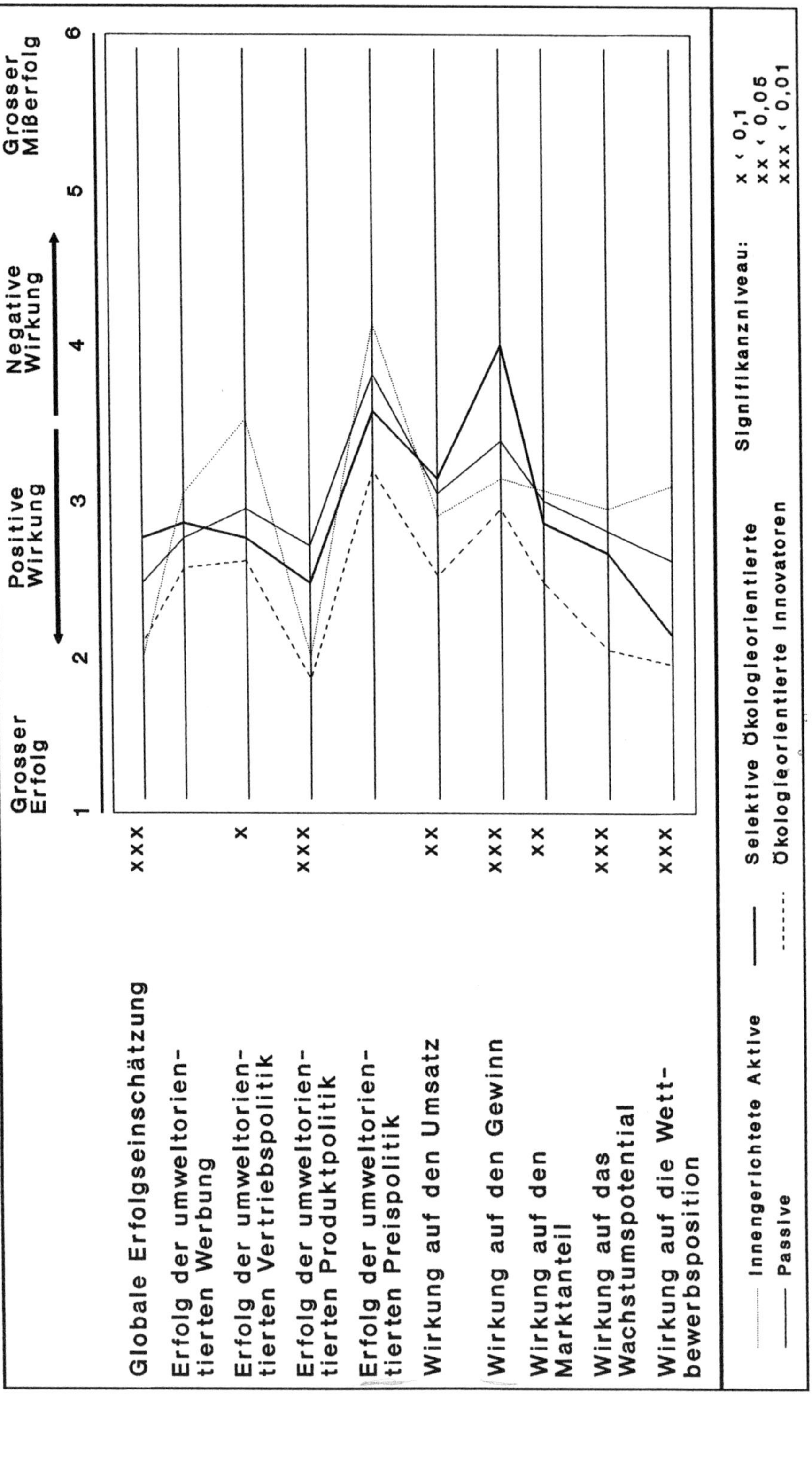

Abb. 73a: Erfolg marktgerichteter Umweltschutzmaßnahmen, differenziert nach Grundhaltungstypen

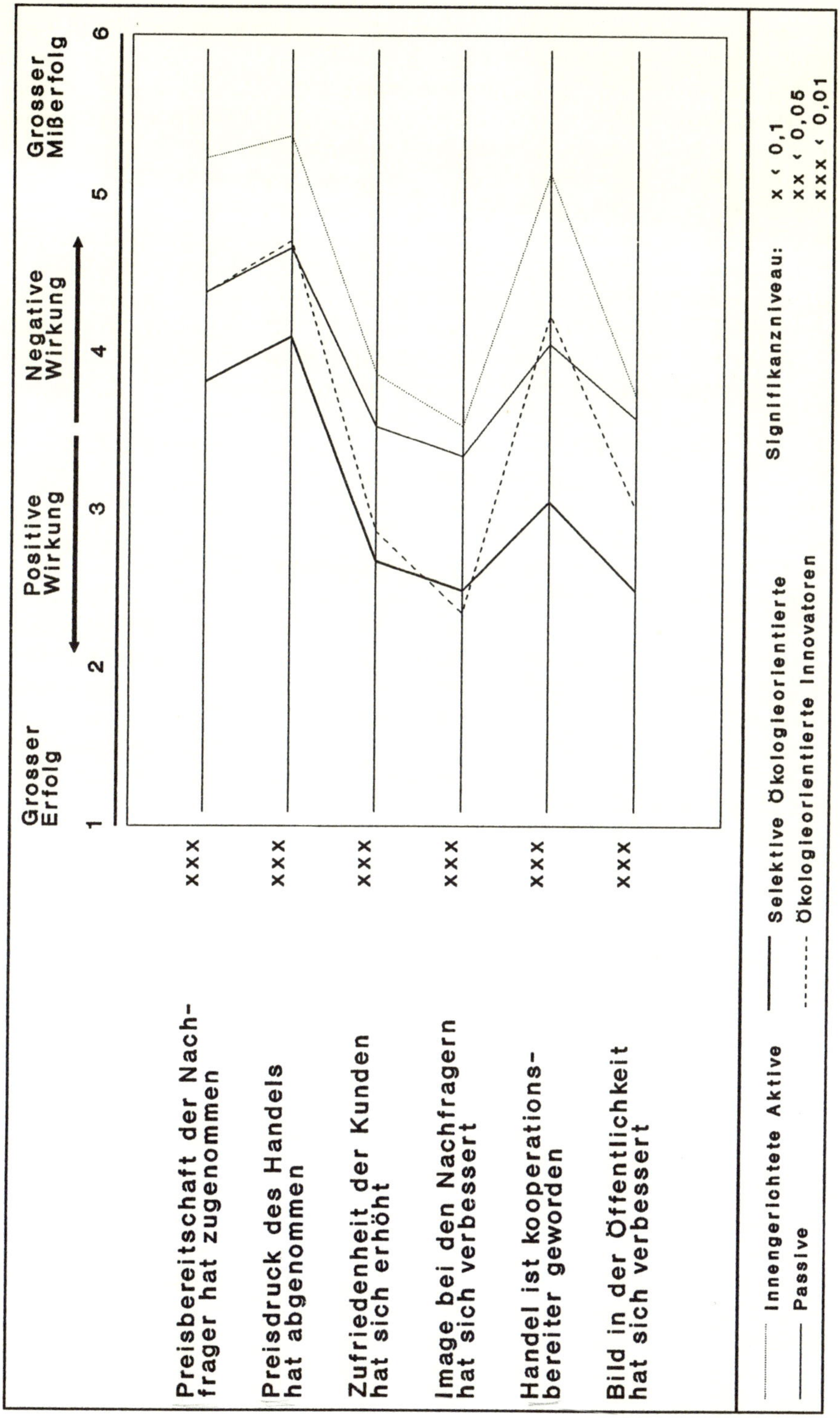

Abb. 73b: Erfolg marktgerichteter Umweltschutzmaßnahmen, differenziert nach Grundhaltungstypen

einsetzen. Diese stimulieren keine zusätzliche Nachfrage und ziehen zu allererst nur negative Gewinnwirkungen nach sich.

Die Wirkung umweltorientierter Absatzmaßnahmen auf Marktanteil und Wachstumspotential wird von den ökologieorientierten Selektiven in ungefähr der gleichen Weise positiv beurteilt wie von den innengerichteten Aktiven und den Passiven. Hier setzt sich lediglich das deutlich positivere Urteil der ökologieorientierten Innovatoren ab. Die Wirkung umweltorientierter Absatzmaßnahmen auf die Wettbewerbsposition wird demgegenüber von den ökologieorientierten Innovatoren und den ökologieorientierten Selektiven signifikant besser beurteilt als von den Innengerichteten Aktiven und den Passiven. Hier zeigt sich, daß sich das breite Strategiemix der ökologieorientierten Selektiven stärker in einer Konsolidierung der Wettbewerbsposition ausgewirkt hat als in einer Verbesserung der langfristigen Wachstumsaussichten. Möglicherweise kommt hierin erneut der Effekt der Rückzugsstrategien dieser Unternehmen zum Tragen, die zwar die Wettbewerbsposition des Unternehmens in den verbleibenden Märkten durch eine Konzentration von Ressourcen stärken, das Wachstumspotential und den Gesamtmarktanteil jedoch negativ beeinflussen. Es bleibt festzuhalten, daß die Zielwirkungen umweltorientierter Absatzmaßnahmen, abgesehen von einer erklärbaren Abweichung in den einzelnen umweltschutzbezogenen Gruppen, generell positiv beurteilt werden.

Auf der Ebene der **marktteilnehmerbezogenen Wirkungen** umweltorientierter Absatzmaßnahmen zeigt sich die mit Abstand beste Erfolgsbeurteilung bei den ökologieorientierten Selektiven. Hierdurch wird die oben geäußerte These gestützt, daß auch die Selektiven einen effizienten Einsatz der Instrumente des ökologieorientierten Marketing realisieren konnten, dieser jedoch im Rahmen der Wirkungseinschätzung der Instrumentewirkungen aufgrund von Schwierigkeiten der Wirkungszuordnung nicht zum Tragen kommt.

Die Distanz der Erfolgseinschätzung zwischen ökologieorientierten Selektiven und ökologieorientierten Innovatoren im Hinblick auf die Möglichkeit, die Preisbereitschaft bei Nachfragern und Handel sowie die generelle Kooperationsbereitschaft des Handels zu steigern, mag darauf zurückzuführen sein, daß diese Erfolgsgrößen stark vom Konkretisierungsgrad der relevanten Umweltgesetzgebung beeinflußt werden. Hier wirkt sich die Verfolgung der Strategie »Abwarten, bis gesetzliche Regelungen sich konkretisiert haben«, positiv auf den Erfolg umweltorientierter Absatzmaßnahmen der ökologieorientierten Selektiven aus.

In bezug auf die Wirkung umweltorientierter Absatzmaßnahmen auf die Zufriedenheit und das Image bei den Nachfragern urteilen die Unternehmen beider Strategiecluster gleichermaßen positiv. Zu einer negativen Einschätzung kommen demgegenüber Firmen, die den »Innengerichteten Aktiven« oder den Passiven zuzurechnen sind. Unternehmen dieser Cluster schätzen die Möglichkeiten, die vorgegebenen sechs marktteilnehmerbezogenen Wirkungen durch umweltorientierte Absatzmaßnahmen zu erzielen, durchweg eher negativ (Werte 3–5) ein.

Besonders hervorzuheben ist schließlich noch die Tatsache, daß ökologieorientierte-selektive ihr Bild in der Öffentlichkeit trotz der von ihnen auch verfolgten Widerstandsstrategien verbessern konnten. Ein sachlich begründeter Widerstand gegen zweifelhafte umweltschutzbezogene Forderungen scheint demnach dem öffentlichen Ansehen von Unternehmen nicht abträglich zu sein, sondern wird möglicherweise als Element einer verantwortungsbewußten Umweltstrategie von Unternehmen akzeptiert.

3.8 Zusammenfassung zentraler Untersuchungsergebnisse

(1) Basisstrategien im Umweltschutz

Branchenübergreifend wird das Anpassungsverhalten der Unternehmen durch vier strategische Grundhaltungen gekennzeichnet. Ermittelt werden konnten passive, selektive, primär innengerichtete und innovative Grundhaltungen zur Begegnung der Chancen und Risiken von Umweltschutzproblemen.

(2) Einflußfaktoren des ökologieorientierten Unternehmensverhaltens

- Neben staatlichen Umweltschutzforderungen sind es vielfach die kritischen Berichterstattungen in den Medien, durch die sich Unternehmen mit Umweltschutzansprüchen konfrontiert sehen. Branchenübergreifend kommen Forderungen von Handel und Konsumenten nach umweltgerechten Produkten bisher weniger zum Tragen.
- Eine intensive Auseinandersetzung mit einer ökologieorientierten Marketingstrategie erfolgt insbesondere als Reaktion auf Umweltschutzaktivitäten der Hauptwettbewerber. Eine ökologieorientierte Komponente der Wettbewerbsintensität ist somit zunehmend zur Bestimmung der Wettbewerbsposition zu berücksichtigen.
- Der Notwendigkeit, das Unternehmensverhalten an Umweltschutzzielen auszurichten, sind sich über 90% der befragten Unternehmen bewußt. Im Unternehmen schriftlich formulierte Umweltschutzziele sind dabei nicht nur als moralisches Postulat im Sinne einer Sozialverantwortlichkeit der Unternehmen zu sehen, vielmehr weisen sie eine hohe Relevanz zur integrierten Durchsetzung offensiver Umweltschutzstrategien auf.
- Die Verfolgung von Umweltschutzzielen führt zu Konflikten bei der Verfolgung kurzfristiger Gewinn- und Kostensenkungsziele, während deutliche positive Zielbeziehungen zu den Image-, Wettbewerbszielen und Zielen der Mitarbeitermotivation gesehen werden.

(3) Erfolgseinschätzung ökologieorientierter Marketingkonzepte

- Der Erfolg der umweltorientierten Absatzpolitik wird im Durchschnitt überwiegend positiv eingeschätzt.
- Eine starke Betroffenheit durch Forderungen der Nachfrager und des Handels begünstigt den Erfolg der umweltorientierten Absatzpolitik.
- Die Intensität der umweltbezogenen Aktivitäten der Hauptwettbewerber fördert den Erfolg der umweltorientierten Absatzpolitik.
- Größen- und branchenspezifische Erfolgsunterschiede sind nur bedingt signifikant. Lediglich Tendenzaussagen sind ableitbar. Unternehmen mit einem hohen Anteil gewerblicher Abnehmer sind erfolgreicher als solche mit hohem Privatkundenanteil.
- Die Verfolgung kooperations- und sozialorientierter Ziele fördert den Erfolg umweltorientierter Absatzkonzepte.
- Qualitätsstrategien und Service- sowie Nischenstrategien als strategische Grundorientierungen der Unternehmen fördern den Erfolg des umweltorientierten Marketing.
- Offensive marktorientierte Umweltschutzstrategien und ein integriert ausgerichtetes umweltorientiertes Marketinginstrumentarium sind erfolgreicher als Abwartestrategien und überwiegend an gesetzlichen Rahmenbedingungen orientierte Strategien.

(4) Anpassungsbarrieren im Umweltschutz

- Defensive Anpassungsreaktionen begründen sich insbesondere durch Informationsdefizite, einen hohen zeitlichen Problemlösungsdruck sowie hohe Betriebskosten und Investitionen für Umweltschutzanlagen.

Fragen zu Kapitel IV:

1. Welche Anforderungen sind an die Formulierung umweltorientierter Unternehmensgrundsätze zu stellen?
2. In welcher Form sind Umweltschutzziele operational festzulegen und welche Funktionen erfüllen sie im Rahmen des Umweltmanagement?
3. Gehen Sie auf die Probleme der Bestimmung des Zielausmaßes von direkten Umweltschutzzielen ein! An welchen Indikatoren kann ein Unternehmen sich bei der Festlegung des Zielausmaßes von Umweltschutzzielen orientieren?
4. Ein Unternehmen möchte seinen Produktionsprozeß umstellen. Bei der Investitionsentscheidung sollen auch Umweltschutzgesichtspunkte zur Auswahl der einzelnen Investitionsalternativen berücksichtigt werden. Mit Hilfe der Investitionsrechnung wurden für sechs verschiedene Alternativen folgende Ertragswerte ermittelt:

	Ertragswerte in Mio. DM
Alternative 1:	4,68
Alternative 2:	6,00
Alternative 3:	5,80
Alternative 4:	4,20
Alternative 5:	6,10
Alternative 6:	5,40

Bei den einzelnen Alternativen ist von folgenden Emissionswerten auszugehen:

	Schadstoffeinheit in mg/Stunde
Alternative 1:	400
Alternative 2:	700
Alternative 3:	500
Alternative 4:	550
Alternative 5:	650
Alternative 6:	450

Fragen:

Berechnen Sie die optimale Investitionsalternative, wenn

(a) Die Emissionen minimiert werden sollen und ein Ertragswert von mindestens 5 Mio. DM angestrebt wird.

(b) Der Ertragswert maximiert werden soll und ein gesetzlich vorgeschriebener Grenzwert der Emissionen von 510 mg/Stunde zu berücksichtigen ist.

(c) Die Emissionsminderung und Ertragswertmaximierung gleichberechtigt bei der Auswahl der Investitionsalternativen berücksichtigt werden soll.

(d) Das Unternehmen läßt durch eine Risikostudie ermitteln, daß im Falle eines Störfalles durch eine Überhitzung der Anlagen mit anschließendem Brand in der Produktion mit folgenden Schäden und folgenden Wahrscheinlichkeiten des Schadenseintritts zu rechnen ist:

	Schaden in Mio. DM	Wahrscheinlichkeit des Schadenseintritts
Alternative 1:	700	0,0002
Alternative 2:	550	0,00025
Alternative 3:	400	0,0004
Alternative 4:	680	0,00028
Alternative 5:	450	0,00044
Alternative 6:	520	0,00037

Wie ist das Risiko der einzelnen Alternativen zu bewerten. Stellen Sie hierzu eine Rangfolge der Alternativen nach dem Risiko auf. Würden Sie ggf. Ihre Entscheidung im Fall c) unter Berücksichtigung des Risikos verändern?

5. Anhand welcher Kriterien lassen sich Basisstrategien im Umweltschutz abgrenzen?
6. In welcher Weise können Branchenabkommen Einfluß auf das Wettbewerbsverhalten der Unternehmen nehmen?
7. Unter welchen Voraussetzungen ist Ihrer Meinung nach eine Kostenführerschaftsstrategie mit einer offensiven Umweltschutzstrategie vereinbar? Begründen Sie Ihre Aussage!
8. Welche potentiellen Marktwiderstände bzw. Markteintrittsbarrieren sind bei der Einführung eines umweltgerechten Produktes, das nicht in vollem Umfang die Qualitätsanforderungen der herkömmlichen Produkte erfüllt, zu berücksichtigen und wie können sie sich im Zeitablauf verändern?
9. Wie ist das Risiko sicherheitstechnisch definiert und welche qualitativen Faktoren der Risikobestimmung sind darüber hinaus zu berücksichtigen?
10. Wie lassen sich Risiken systematisieren und erfassen? Gehen Sie insbesondere auf die Erfassung von Risiken durch Analyse von Störketten ein!
11. Diskutieren Sie, inwiefern sich durch die Einhaltung von umweltpolitischen Grenzwerten das ökologische vom ökonomischen Risiko entkoppeln läßt!
12. Die Ausweitung der Gefährdungshaftung auf alle umweltrelevanten Bereiche führt zu einer erheblichen Erhöhung des Haftungsrisikos für Unternehmen. Kontrovers wird diskutiert, ob unternehmensbezogenen Risiken aus einer Gefährdungshaftung für den störungsfreien Normalbetrieb durch eine Risikostrategie »Versicherung« vorzubeugen ist. Ein Mitglied des Vorstandes eines Versicherungsunternehmens bemerkte hierzu: »Die Haftung für Daueremissionen durch das störungsfreie, genehmigte Betriebsgeschehen kann nicht über eine Versicherung aufgefangen werden.«

    Fragen:

    (a) Erläutern Sie das Prinzip der Gefährdungshaftung.

    (b) Kennzeichnen Sie grundsätzliche Möglichkeiten geeigneter Risikobewältigungsstrategien zur Verminderung der Risiken aus der Gefährdungshaftung.
13. Warum ist der Risiko-Dialog im Rahmen einer proaktiven Umweltschutzstrategie besonders wichtig?

V. Ökologieorientiertes Marketing als operative Aufgabe des Umweltmanagement

1. Ziele und Aufgaben des ökologieorientierten Marketing im marktorientierten Umweltmanagement

Im Rahmen des marktorientierten Umweltmanagement wird dem Marketing eine Schlüsselfunktion bei der Wahrnehmung der marktbezogenen Chancen des Umweltschutzes eingeräumt. Einem **ökologieorientierten Marketing** kommt die Aufgabe zu, bei der Planung, Koordination und Kontrolle aller absatzmarktgerichteten Aktivitäten eine Vermeidung und Verringerung von Umweltbelastungen zu bewirken, um über eine dauerhafte Befriedigung der Bedürfnisse aktueller und potentieller Kunden, unter Ausnutzung von Wettbewerbsvorteilen und bei Sicherung der gesellschaftlichen Legitimität die angestrebten Unternehmensziele zu erreichen.

Im Rahmen eines ökologieorientierten Marketing konkretisiert sich der funktionsübergreifende und integrative Charakter des Umweltmanagement in folgenden Anforderungen:

- **Verantwortungsintegration**
  Die Verantwortung eines ökologieorientierten Marketing, Umweltbelastungen zu vermeiden und zu vermindern, erstreckt sich auf alle Lebensphasen der am Markt angebotenen Problemlösungen. Somit sind Umweltprobleme im unternehmensinternen Bereich (Beschaffung, Logistik, Produktion, Absatz) und unternehmensexternen Bereich beim Verkauf, dem Ge- und Verbrauch und der Entsorgung der Produkte aus einer integrierten Sicht zu lösen. Dem ökologieorientierten Marketing kommt somit eine wichtige Koordinations- und Integrationsfunktion bei Planung und Durchsetzung umweltgerechter Problemlösungen zu.
- **Informationsintegration**
  Als Schnittstelle zwischen Unternehmung, Markt und Gesellschaft muß das Marketing die Berücksichtigung der gesellschaftlichen und marktbezogenen Umweltschutzansprüche auch in anderen Unternehmensfunktionen sicherstellen. Dem ökologieorientierten Marketing kommt hierbei eine wichtige Dialog- und Aufklärungsfunktion zu.
- **Instrumenteintegration**
  Im Rahmen eines ökologieorientierten Marketing sind alle Instrumente des Marketing-Mix an den ökologieorientierten Erfordernissen auszurichten. Ausgangspunkt bildet dabei die Produkt- und Sortimentspolitik als »Herz des Marketing«.
- **Absatzstufenintegration**
  Die erfolgreiche Durchsetzung umweltgerechter Problemlösungen im Markt verlangt zunehmend eine kooperative Absatzkanalgestaltung mit allen Systempartnern im vertikalen Marketing. Das ökologieorientierte Marketing muß somit unternehmensübergreifende, kooperative Problemlösungen anstreben.

Gerade der letzte Gesichtspunkt zeigt die Bedeutung der Ausrichtung des ökologieorientierten Marketing im vertikalen und horizontalen Wettbewerb auf. Im **vertikalen Wettbewerb** geht es hierbei um Ansatzpunkte der ökologieorientierten Gestaltung von Absatzkanalsystemen und die umweltorientierte Profilierung gegenüber dem Handel (Steffenhagen 1991, S. 37 f.), der als »Gate-keeper« vielfach über Erfolg oder Mißerfolg umweltorientierter Problemlösungen entscheidet. Demgegenüber erfordert die Sicherung der Wettbewerbsfähigkeit im **horizontalen Wettbewerb** den profilierenden Einsatz eines ökologieorientierten Marketinginstrumentariums zur Schaffung bzw. Sicherung von Wettbewerbsvorteilen.

Wird der ganzheitlichen Ausrichtung eines ökologieorientierten Marketing nicht Rechnung getragen, besteht infolge mangelnder Glaubwürdigkeit die Gefahr, daß lediglich ein Pseudo-Öko-Marketing oder verkürztes Öko-Marketing realisiert wird (Schoenheit 1990). Ein **Pseudo-Öko-Marketing** kennzeichnet damit ein vordergründiges Aufgreifen ökologieorientierter Argumente, z.B. in der Werbung, ohne entsprechende Problemlösungskompetenz. Hierbei besteht die Gefahr einer nachhaltigen Gefährdung der Wettbewerbsposition und Legitimität der gesamten Unternehmung.

Ein **verkürztes Öko-Marketing** kennzeichnet jene Ansätze, die Teillösungen realisieren, aber eine integrative Lösung im oben dargestellten Sinne noch nicht erreicht haben (z.B. Verringerung der Umweltbelastung lediglich in der Produktionsphase, aber nicht in den anderen Lebenszyklusphasen).

Gegenüber dem ökologieorientierten Marketing wird mit dem Ansatz eines **Marketing für Ökologie** ein Rahmenkonzept nicht-kommerzieller umwelt- und verbraucherpolitischer Institutionen und Verbände verbunden (z.B. Marketing von Greenpeace). Die zentralen Aufgabenfelder eines Marketing für Ökologie werden in der »Veränderung konkreter Verhaltensweisen sowie Einstellungen und Werthaltungen« bei Bürgern sowie Unternehmen im Sinne ökologischer Zielsetzungen gesehen (vgl. Wiedmann 1988).

2. Positionierungsentscheidungen als Ausgangspunkt der Gestaltung eines ökologieorientierten Marketing-Konzeptes

Besondere Bedeutung erlangen im ökologieorientierten Marketing Positionierungsentscheidungen. Das sog. »Positioning« im e.S. kennzeichnet einen Vorgang, der sich in der Psyche der Konsumenten vollzieht (Ries, Trout 1986; Brockhoff 1981, S. 72 f.). Aus Unternehmenssicht stellt sich hierbei die Frage, ob und in welchem Ausmaß der Umweltschutz und die Umweltverträglichkeit der Produkte als Profilierungs- und Differenzierungsmerkmal gegenüber den Konsumenten herausgestellt werden soll. Ob ein Unternehmen die Umweltverträglichkeit seiner Produkte als besonderes Merkmal hervorheben (dominante Positionierung) oder als Teilkomponente der bestehenden Positionierungsdimensionen flankierend berücksichtigen soll, hängt neben der verfolgten Basisstrategie im Umweltschutz von einer Reihe weiterer programm-, konsumenten- und konkurrenzbezogener Faktoren ab.

Generell kann der Vorgang der **Positionierung und Profilierung** als ein in der Abbildung 74 dargestellter Prozeß gekennzeichnet werden (vgl. Meffert 1988, S. 119 ff.; Rieger 1984).

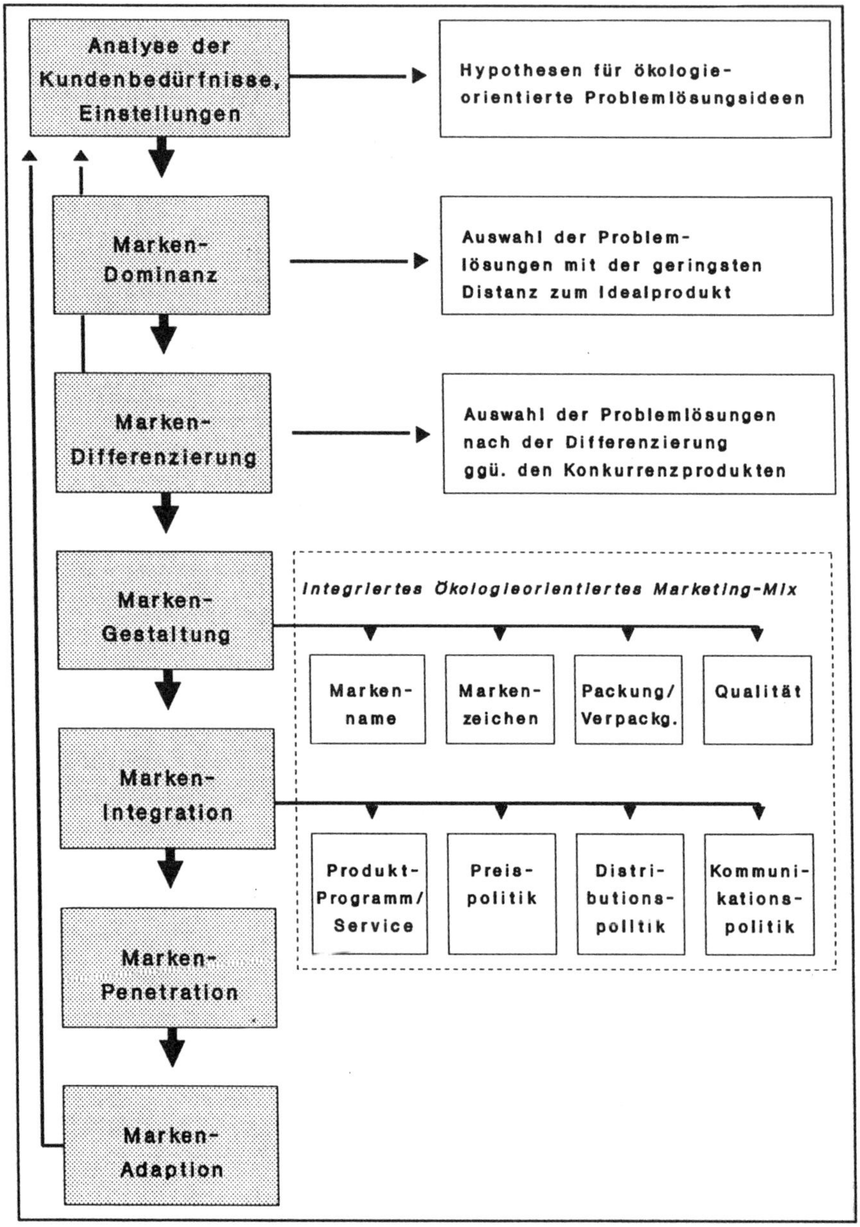

Abb. 74: Profilierungs- und Positionierungprozeß als Ausgangspunkt der Gestaltung eines ökologieorientierten Marketing-Mix

Aufbauend auf der Analyse der Probleme und Bedürfnisse der Konsumenten, insbesondere im Umweltschutzbereich, sind Problemlösungsideen für mögliche Positionierungen zu entwickeln. Sie werden differenziert für einzelne Zielgruppen (z. B. Personen mit hohem und geringem Umweltbewußtsein) nach einem Dominanz- und Diskriminanzprinzip ausgewählt. Erfolgversprechend erscheinen jene Problemlösungen, die den idealen Produktanforderungen der Zielgruppe entsprechen. Hierbei stellt sich die Frage, inwieweit die Umweltverträglichkeit tatsächlich als dominantes Positionierungsmerkmal heranzuziehen ist. Zur Klärung dieser Frage sind die grundsätzlichen Möglichkeiten der Berücksichtigung der Umweltverträglichkeit als Produkteigenschaft im Rahmen der Positionierung aufzuzeigen. Folgende **Grundpositionierungen** sind denkbar, wenn bestehende Produkte einer Marke durch umweltverträglichere Problemlösungen ersetzt werden sollen:

- Umweltverträglichkeit wird nicht als Profilierungsdimension berücksichtigt
- Umweltverträglichkeit wird als Bestandteil der bestehenden Eigenschaften flankierend einbezogen
- Umweltverträglichkeit wird als Zusatznutzen gleichberechtigt neben anderen Eigenschaften einbezogen
- Umweltverträglichkeit wird als dominante Nutzendimension gewählt.

Von besonderer Bedeutung ist hierbei die Entscheidung, ob bzw. unter welchen Voraussetzungen ein Unternehmen den Umweltschutz flankierend oder dominierend bei seinen Positionierungsüberlegungen berücksichtigen soll. In der Abbildung 75 sind beispielhaft die drei idealtypischen Positionierungsoptionen dargestellt, deren Stellenwert im folgenden näher analysiert wird.

Die Entscheidung für eine der drei oben beschriebenen Positionierungsoptionen hängt insbesondere von folgenden konsumenten-, wettbewerbs-, produkt- und programmbezogenen Einflußfaktoren ab:

Konsumentenbezogene Faktoren:
- Höhe des Umweltbewußtseins und Stellenwert des Umweltschutzes bei der Idealmarke im Gesamtmarkt und ggf. in einzelnen Nischen
- Wahrnehmbarkeit der »Umweltverträglichkeit« als Nutzenkomponente
- Bedeutung der klassischen Produkteigenschaften für die Kaufentscheidung
- Größe bzw. Nachfragepotential des umweltorientierten Käufersegmentes

Wettbewerbsbezogene Faktoren:
- Umfang umweltverträglicher Problemlösungen im Konkurrenzumfeld
- Umfang der Wettbewerbsprofilierung durch Hervorhebung der Umweltverträglichkeit

Produkt- und programmpolitische Faktoren
- Dauerhaftigkeit und Einzigartigkeit des Umweltnutzens
- Erfüllungsgrad einer ganzheitlichen Problemlösung, so daß eine dominante Positionierung glaubhaft erscheint
- Diskriminierungsgefahr bestehender Produkte und Marken im Programm (z.B. Kannibalisierung)
- Art der Beziehungen zwischen der Umweltqualität und den übrigen Qualitätskomponenten (Grund- und Zusatznutzen eines Produktes,
- Umweltkompetenz einer bestehenden Marke
- Nutzung einer bestehenden oder Schaffung einer neuen Marke.

Der tendenzielle Zusammenhang zwischen den Ausprägungen der Einflußfaktoren und der Wahl einzelner Positionierungsalternativen ist in der Profildarstellung der Abbildung 76 dargestellt. So ist eine Berücksichtigung der Umweltverträglichkeit als dominante Profilierungsdimension vor dem Hintergrund **konsumentenbezogener Einflußfaktoren** dann

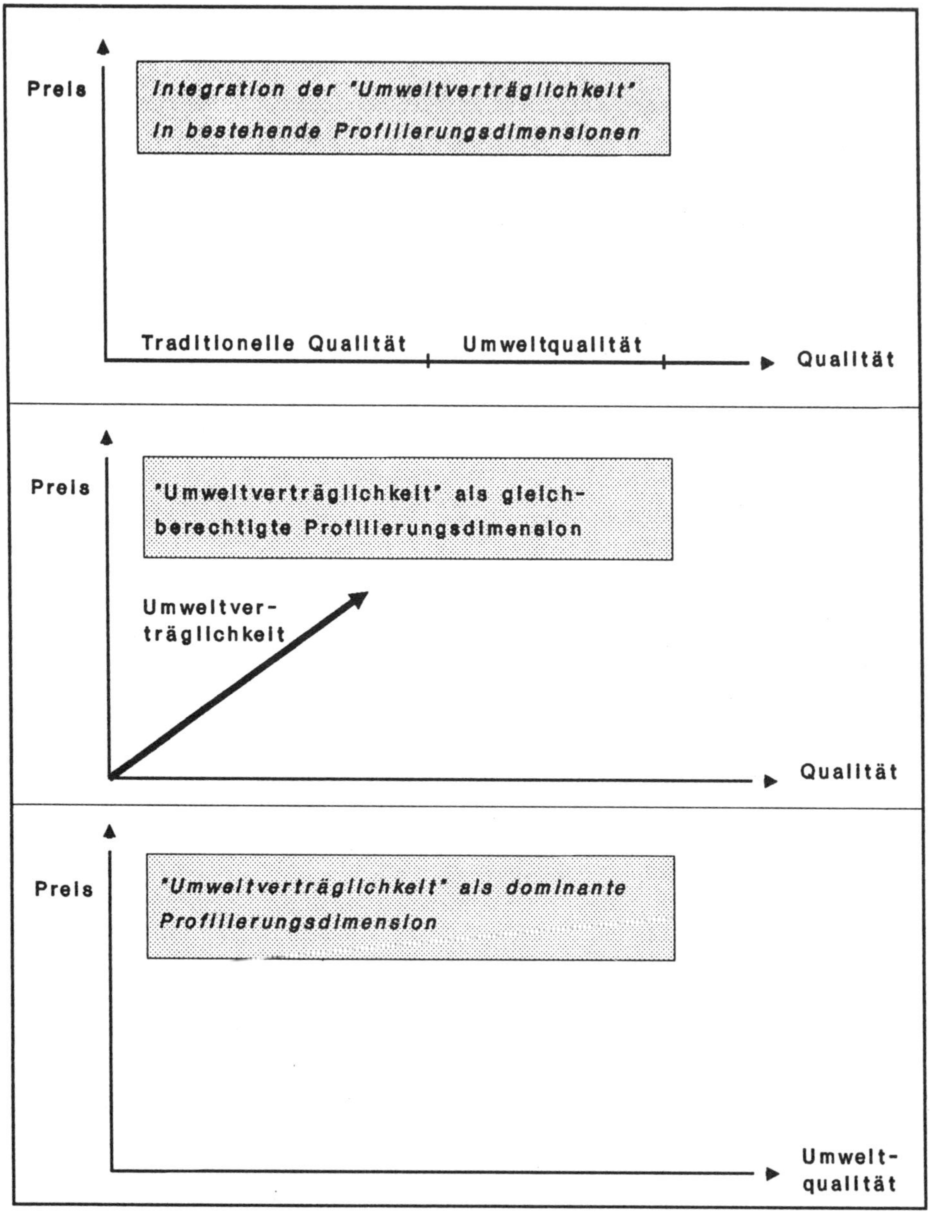

Abb. 75: Berücksichtigung der Umweltverträglichkeit als Profilierungsdimension bei der Positionierungsentscheidung

empfehlenswert, wenn durch ein gestiegenes Umweltbewußtsein die Umweltverträglichkeit bei der Idealmarke der Konsumenten einen hohen Stellenwert erlangt hat. Sofern der Umweltnutzen für den Konsumenten direkt wahrnehmbar und ggf. auch mit einem ökonomischen Vorteil verbunden ist (z.B. Energiesparlampe), läßt sich eine dominante Profilierung leichter durchsetzen als wenn mit zunehmender Umweltverträglichkeit eine Beeinträchtigung der klassischen Profilierungsdimension einhergeht (z.B. Farbunterschiede bei Verwendung von Recyclingmaterial im Papierbereich). Sofern die klassischen Profilierungsdimensionen beim Konsumenten einen hohen Stellenwert besitzen, dürfen sie nicht durch eine dominante Umweltprofilierung in den Hintergrund gedrängt werden, weil hiermit die Gefahr einer Verwässerung des bisher kommunizierten Produktnutzens einhergeht. In diesem Fall ist eher eine flankierende oder gleichberechtigte Einbeziehung der Umweltverträglichkeit als Profilierungdimension zu empfehlen, um sie zur Unterstützung bestehender Produktkompetenzen einzusetzen.

Hinsichtlich der **Wettbewerbssituation** wird die Entscheidung für eine dominante oder gleichberechtigte Berücksichtigung des Umweltnutzens dann begünstigt, wenn die Differenzierungsfähigkeit der klassischen Profilierungsmerkmale gering ist und die Suche nach neuen Nutzenversprechen zur Wettbewerbsdifferenzierung notwendig wird. Sofern in einer Branche der Umweltschutz durch entsprechende Produktangebote und die Einbeziehung umweltorientierter Argumente in die Werbung bereits einen zentralen Wettbewerbsfaktor darstellt, bietet es sich in der Regel an, eine offensivere und damit eine dominante Berücksichtigung der Umweltverträglichkeit bei den eigenen Produkten anzustreben. Nicht zuletzt führt der Abnutzungseffekt dieser Profilierungsdimension in diesem Fall dazu, daß eine höhere Aktivierungsleistung notwendig ist, um den Umweltnutzen als Unique Selling Proposition (USP) der eigenen Marke bei den Konsumenten zu verankern. In diesem Zusammenhang finden sich dann zunehmend Ansätze, über eine weitere emotionale Differenzierung (vgl. hierzu allgemein Konert 1985) im Umweltschutz den Abnutzungseffekten entgegenzuwirken.

Die Wahl einer Positionierungsoption wird weiterhin durch eine Reihe **produkt- und programmbezogener Faktoren** determiniert. Sofern die Dauerhaftigkeit und Einzigartigkeit eines Umweltnutzens nicht langfristig abgesichert ist (z.B. durch Patente, Lizenzen) beinhaltet eine dominante Profilierung die Gefahr, daß durch Imitationsstrategien der Wettbewerber die Umweltverträglichkeit zum Standard wird und mittelfristig als obligatorischer Bestandteil in den Grundnutzen (Umweltverträglichkeit als Selbstverständlichkeit eines Produktes) übergeht. Eine Markenpositionierung, die allein auf diesem Nutzenversprechen basiert, kann somit langfristig nicht verteidigt werden.

Probleme einer dominanten Positionierung bestehen auch dann, wenn die Umweltverträglichkeit nicht im Sinne einer ganzheitlichen, d.h. über alle Lebensphasen eines Produktes sich erstreckenden Problemlösung erreicht wird. Die notwendige Glaubwürdigkeit und Kompetenz einer dominanten Profilierung mit dem Umweltargument kann schnell angezweifelt werden. Weiterhin sind programmbezogene Wirkungen einer umweltorientierten Positionierung zu berücksichtigen. Wird unter einer bestehenden Marke eine umweltorientierte Variante angeboten und der Umweltnutzen bei dieser Variante besonders in den Vordergrund gestellt, kann hierdurch eine Diskriminierung aller anderen Produktvarianten, die unter derselben Marke geführt werden, beim Konsumenten entstehen. In seinem Wahrnehmungsraum werden somit Verschiebungen auch bestehender Markeneigenschaften eintreten. Insbesondere bei langlebigen Konsumgütern können auf diese Weise erhebliche Dissonanzen bei denjenigen Konsumenten entstehen, die nicht diese Markenvariante erworben haben. Die Umweltkompetenz einer Marke entscheidet weiterhin darüber, ob es überhaupt möglich ist, aufgrund der Markenhistorie eine dominante Profilierung hinsichtlich der Umweltverträglichkeit vorzunehmen. Marken, die aufgrund von

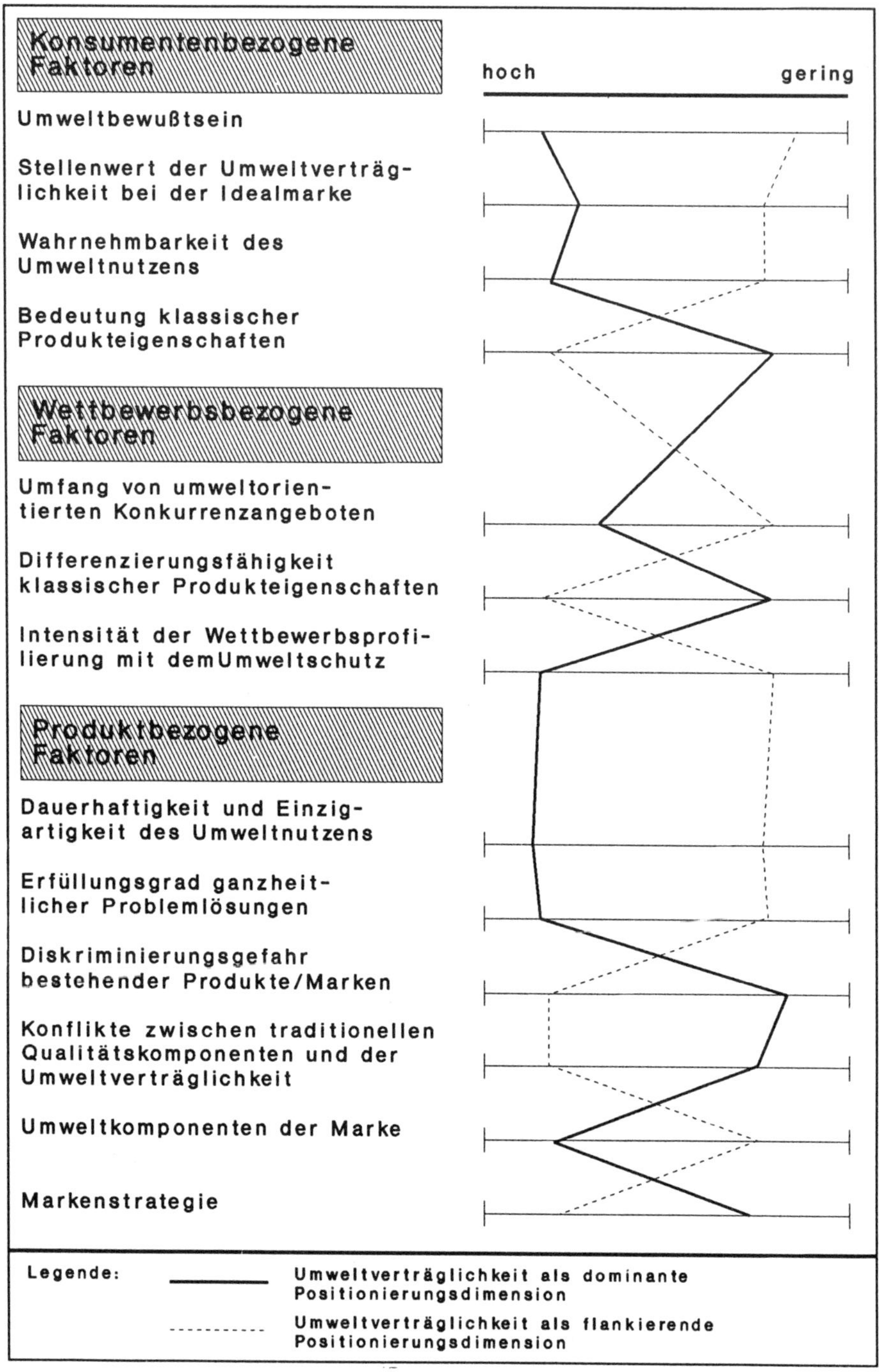

Abb. 76: Bestimmungsfaktoren einer dominanten und flankierenden ökologieorientierten Positionierungsentscheidung

Umweltproblemen in der Vergangenheit ein »belastetes« Image haben, weisen eine geringe Eignung für eine solche Positionierungsvariante auf. In diesem Fall ist die Neueinführung einer Marke in Erwägung zu ziehen (vgl. hierzu die markenstrategischen Optionen bei Meffert 1988, S. 123 ff.; Simon 1985) oder eine flankierende Positionierung der Umweltverträglichkeit vorzunehmen.

Dieser zunächst statische Zusammenhang zwischen den zu wählenden Positionierungsalternativen und verschiedenen Einflußfaktoren kann in einem weiteren Schritt dynamisiert werden. Hier gilt es, die verschiedenen Positionierungen im Zeitablauf den Markt- und Wettbewerbsbedingungen anzupassen. Ausgehend von einer flankierenden Positionierung der Umweltverträglichkeit kann die Markenkompetenz schrittweise zu einer dominanten Positionierung erweitert werden. Die Wahl einer geeigneten Positionierungsstrategie erfordert die Berücksichtigung der jeweiligen Einflußfaktorenkonstellation in ihrer Gesamtheit.

Mit Hilfe den in Abbildung 76 dargestellten Profilen kann zunächst nur eine **Grobbewertung** der einzelnen Optionen im Rahmen der Positionierungsentscheidung vorgenommen werden. Diese Vorauswahl ist durch eine **Feinbewertung** der mit einer Positionsveränderung verbundenen Erlös- und Kostenwirkungen zu ergänzen (vgl. hierzu z.B. Freter 1983, Brockhoff 1981, S. 105 ff.). Erst wenn eine geeignete Positionierungsoption gewählt wurde, sind das »zentrale Nutzenversprechen« und der strategische Markenkern festzulegen. Die Auswahl eines prägnanten Markennamens (z.B.Öko-Marke) und Markenzeichens sowie eines charakterprägenden und ökologieorientierten Packungs- und Verpackungsdesigns müssen dann die angestrebte Positionierung sicherstellen. Darüber hinaus ist im Rahmen eines integrierten ökologieorientierten Marketing-Konzeptes die Positionierungsstrategie auf der instrumentellen Ebene im horizontalen und vertikalen Wettbewerb umzusetzen.

3. Ökologieorientiertes Marketing im horizontalen Wettbewerb

Ausgehend von den ökologieorientierten Zielsetzungen und der verfolgten Positionierungsstrategie eines Unternehmens ist der Einsatz der Marketinginstrumente auf die ökologierelevanten Gegebenheiten abzustimmen. Der damit geforderten Festlegung des Marketing-Mix kommt die Aufgabe zu, die Zielerreichung durch die Umsetzung der Marketingstrategie in operative Maßnahmen sicherzustellen. Das **ökologieorientierte Marketing-Mix** kennzeichnet damit die operative Komponente der ökologieorientierten Marketingstrategie. Es beinhaltet die zu einem bestimmten Zeitpunkt getroffene Auswahl von ökologierelevanten Marketinginstrumenten in einer bestimmten Ausprägung und stellt damit die letzte Stufe in der Entwicklung einer ökologieorientierten Marketingkonzeption dar.

Der Umfang der Integration der ökologischen Dimension in die marktgerichteten Maßnahmen der Unternehmung kann je nach der Ausgangsstruktur dabei von einer Anpassung einzelner bis zur umfassenden Ausrichtung aller Instrumente an ökologischen Forderungen reichen. In Abbildung 77 sind in einer Synopse beispielhaft die Modifikations- und Ausgestaltungsmöglichkeiten in den Bereichen der Produkt-, Kommunikations-, Distributions- und Kontrahierungspolitik dargestellt.

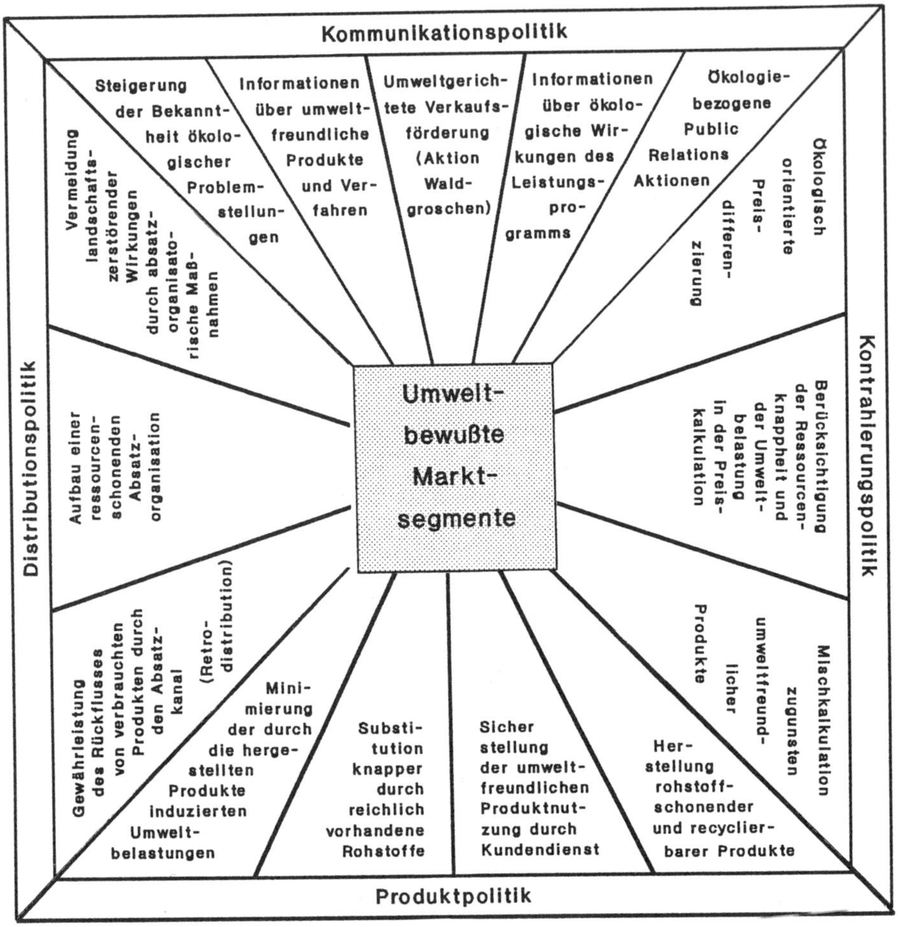

Abb. 77: Ansatzpunkte der Gestaltung eines ökologieorientierten Marketing-Mix

3.1 Einfluß der Ökologie auf produktpolitische Entscheidungen

3.1.1 Produktpolitische Entscheidungstatbestände

Produktpolitische Entscheidungstatbestände beziehen sich auf die marktgerechte Gestaltung des Leistungsprogramms einer Unternehmung. Durch eine **ökologieorientierte Produktpolitik** sollen die umweltorientierten Käuferbedürfnisse dauerhaft befriedigt werden. Daher kann die Produktpolitik mit ihren Entscheidungen über die Entwicklung neuer ökologieorientierter Produkte sowie die Verbesserung, Erweiterung und Eliminierung vorhandener Produkte im Sinne ökologischer Erfordernisse auch als »Herz des ökologieorientierten Marketing« bezeichnet werden.

Ansatzpunkte einer ökologieorientierten Produktpolitik ergeben sich auf allen Fertigungs- und Absatzstufen eines Produktes. Das Ausmaß der Umweltverträglichkeit oder umweltorientierten Produktqualität wird somit durch den Grad der Vermeidung oder Verringerung der Umweltbelastungen eines Produktes von der Rohstoffgewinnung, Beschaffungs-, Produktions-, Absatz-, Ge- und Verbrauchsphase bis hin zur Entsorgung definiert (Strebel 1978; Türk 1990; Thomé 1981; Burghold 1988, S. 149 ff.). Diese Zielsetzung kann durch Berücksichtigung des Umweltschutzes bei allen klassischen produktpolitischen Entscheidungstatbeständen der Produktinnovation, -variation und -eliminierung erreicht werden.

Als ökologieorientierte **Produktinnovationen oder -variationen** können jene Produkte bezeichnet werden, bei denen

- Rohstoffe sparsamer verwendet werden,
- knappe Rohstoffe durch reichlich vorhandene substituiert werden,
- die Abfallmenge reduziert wird,
- die Abfälle qualitativ in Richtung einer besseren Umweltverträglichkeit verändert werden können,
- die Abfälle wieder- bzw. weiterverwendbar sind,
- Lärm- und Schadstoffemissionen reduziert werden
- Aspekte der Gesundheitsvorsorge und -erhaltung berücksichtigt werden sowie eine
- möglichst lange Nutzungsdauer gewährleistet ist.

Die genannten Aspekte faßt Diller zu »Ressourcenabbau«, »Emissionsschutz« und »Gesundheitsvorsorge« als Gestaltungsparameter eines ökologieorientierten Produkt-Mix zusammen (Diller 1990, S. 26 f.). Im Rahmen der **Maßnahmen zur Ressourcenschonung** müssen häufig kostspielige Vorleistungen in Form von Forschungs- und Entwicklungsanstrengungen unternommen oder entsprechendes Know-how »eingekauft« werden. Derartige Maßnahmen sind z. B. die Verringerung des Anteils von Rohöl bei der Herstellung von PKW-Armaturen oder auch die Energieeinsparung durch den Verzicht auf bestimmte Bearbeitungsstufen bei der Produktherstellung (z. B. Bleichvorgang bei der Herstellung von Haushalts- und Hygienepapieren). Für das investierende Unternehmen besteht dabei das Risiko, daß die getätigten Aufwendungen nicht durch höhere Preisforderungen oder durch die Erhöhung des Ausschöpfungsgrades des Marktes kompensiert werden können. Daneben ist zu beachten, daß die einzelnen Maßnahmen zur Verbesserung der Umweltverträglichkeit in Konflikt zueinander stehen können. So kann die Substitution eines knappen bzw. umweltschädlichen durch einen reichlich vorhandenen und umweltverträglichen Rohstoff (z. B. Substitution von FCKW durch Luft bei Sprayprodukten) zu einem Anwachsen der Abfallmenge beitragen oder die Wieder- bzw. Weiterverwertbarkeit des Produktes beeinträchtigen.

Der **Emissionsschutz** als zweiter Eckpfeiler produktpolitischer Maßnahmen betrifft sowohl Lärm- als auch Schadstoffemissionen. Aus der großen Anzahl bereits am Markt oder sich in der Entwicklungsphase befindender Produkte zum Emissionsschutz seien hier geräuschreduzierte Motoren (z. B. bei Automobilen und Rasenmähern), Katalysator- und Entstickungstechniken oder Filtersysteme zur Reinigung von Abwässern genannt (Diller 1990, S. 28). Die **Gesundheitsvorsorge** ist vor allem in der Lebensmittelindustrie, aber auch für Hersteller gesundheits- und fitneßrelevanter Produkte ein wesentlicher produktpolitischer Gestaltungsparameter. Neben den zahlreichen Lebensmittelskandalen, die die Sensibilität der Verbraucher gegenüber jeglichen Zusatzstoffen in Lebensmitteln erhöht haben, ist ein zunehmendes Gesundheitsbewußtsein zu verzeichnen, das auch bei anderen Produktbereichen nicht ohne Wirkung ist (z. B. geforderte Hautfreundlichkeit bei Wasch- und Reinigungsmitteln sowie Körperpflegeprodukten).

In Abhängigkeit von dem mit einer **Umweltschutzinnovation** verbundenen wirtschaftlichen und technischen Risiko und den gegenüber den Wettbewerbern nachhaltig zu realisierenden Differenzierungsvorteilen können die in der Abbildung 78 dargestellten vier grundsätzlichen Innovationsarten im Umweltschutz unterschieden werden (vgl. Ostmeier 1990, S. 7 ff). Mit einem geringen wirtschaftlichen und technischen Risiko verbundene Innovationen sind die im unteren Quadranten befindlichen sog. imitativen Innovationen. Dabei handelt es sich um solche Produkte, die zwar aus der Sicht der sie einführenden Unternehmung neu sind, am Markt jedoch durch andere Hersteller bereits angeboten werden. Diese »**me-too-Innovationen**« generieren jedoch im Markt nur ein geringes Differenzierungspotential.

Als Beispiel für diese Art umweltschutzorientierter Innovationen kann die Einführung von Nachfüllbeutel-Verpackungen für eine große Zahl von Weichspülmitteln in Reaktion auf die Innovation dieser umweltschonenden Verpackungsart durch den Marktführer Lenor angesehen werden. Obgleich dem Marktführer durch die erstmalige Einführung der Verpackung beim Handel und Verbraucher große Aufmerksamkeit zuteil wurde, partizipierten die nachziehenden Weichspülermarken in einem deutlich geringeren Umfang vom profilierenden Charakter dieser neuen Verpackung. Ähnliche Beispiele lassen sich auch in anderen Produktbereichen nachweisen, so z.B. bei Treibgasen in Haarsprays und Deodorants sowie bei der serienmäßigen Ausstattung von Kraftfahrzeugen mit Katalysatoren. Allerdings konnten die nachziehenden Unternehmen aus den Fehlern der Vorreiter lernen und führten Produkte ein, die einen relativ schnellen ökonomischen Erfolg am Markt erzielen konnten.

Einen anderen Ansatz stellen sog. **Transfer-Innovationen** dar. Auch hier wird auf bewährte technische Lösungen zurückgegriffen, die jedoch auf grundsätzlich andere Funktionsbereiche übertragen werden. Die kreative Übertragung umweltfreundlicher Lösungen aus anderen Umfeldern auf neue Anwendungsgebiete bedeutet in vielen Fällen ein deutlich geringeres technisches Risiko.

Die Entwicklung von Kunststoff-Fenstern aus recycliertem bzw. schwermetall- und titaniumdioxydfreiem PVC mag hierfür als Beispiel dienen. Die Herstellung weißer Kunststoff-Fenster aus recycliertem PVC scheiterte bislang an der Tatsache, daß Recyclingmaterialien durch Vermischung von Kunststoffen unterschiedlicher Farbe nicht reinweiß hergestellt werden konnten. Schwermetall- und tita-

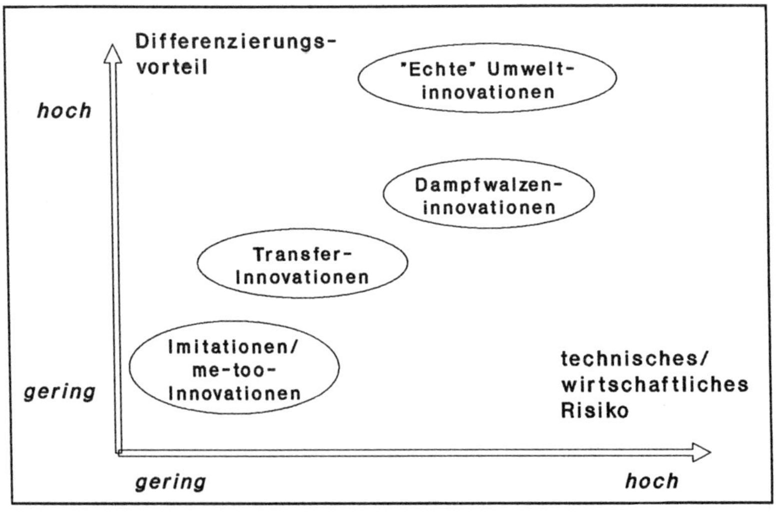

Abb. 78: Typologie von Umweltschutzinnovationen

niumdioxydfreie PVC-Materialien wiesen auf der anderen Seite nicht die für die Fensterherstellung extrem wichtige langfristige Witterungsfestigkeit auf. Weiße Kunststoff-Fenster mußten daher stets aus neuem, sortenreinem, mit schwermetallhaltigen Stabilisatoren versetztem PVC hergestellt werden.
Ein mittelständischer Fensterhersteller hatte jedoch ein ursprünglich zur Produktion farbiger PVC-Fenster vorgesehenes Verfahren zur Beschichtung von PVC-Profilen entwickelt. Durch Einsatz dieser Beschichtungstechnologie wurde es möglich, den recycelten PVC-Kern eines neuen innovativen Fenstertypes mit weißem Kunststoff zu überziehen, um so die klassischen Produktanforderungen mit Umweltvorteilen zu verknüpfen und sich damit als Hersteller umweltverträglicher Kunststoffenster zu profilieren.
Als weiteres Beispiel sei die Herstellung von »Kunststoffen mit Reißverschluß« angeführt. Dabei handelt es sich um Polymerstrukturen, bei denen sich einzelne Verbindungsglieder unter Einfluß ultravioletter Bestrahlung und Zugabe bestimmter Bakterien aufzulösen beginnen. Die aufgrund dieser Eigenschaften zunächst als völlig untauglich erachteten Polymerstrukturen bilden heutzutage die Grundlage zur Entwicklung von verrottungsfähigen Kunststoffen.

Bei derartigen »schlummernden Umweltschutz-Innovationen« besitzen einzelne Firmen gegenüber ihren Wettbewerbern z.T. einen erheblichen Know-how-Vorsprung. Deshalb eignen sich Transfer-Innovationen vor allem für Unternehmen mit derartigen Know-how-Ressourcen, bei denen überschaubare technische Risiken in Verbindung mit einem vertretbaren technologischen Zusatzaufwand ganz erheblichen Profilierungschancen gegenüberstehen.

Mit einem hohen Realisierungsrisiko sind die Innovationen in der oberen Hälfte der Abbildung 78 behaftet. Unter sog. **»Dampfwalzeninnovationen«** versteht man dabei generalstabsmäßig geplante Neuerungen mit wohldefinierter Zielprojektion und bewußt geplanten »bahnbrechenden« Verbesserungen. Derartige Großprojekte von zumeist F&E-starken Großunternehmen bringen jedoch nur bedingt die intendierten kreativen Lösungen hervor, da sie im Rahmen festgefügter und bis ins Detail geplanter Forschungsprogramme angelegt sind. Führen derartige Projekte dennoch zu wirklich neuen umweltgerechten Innovationen, so bringen diese Durchbrüche dem innovierenden Unternehmen nicht selten einen von der Konkurrenz nur schwer aufholbaren Entwicklungsvorsprung. Allerdings besteht hier in besonderer Weise die Gefahr, daß trotz des erheblichen Aufwands lediglich marginale Verbesserungen erzielt werden können.

Im rechten oberen Bereich der Abbildung 78 sind demgegenüber gänzlich neue, ungewöhnliche Ideenkombinationen zur Erschließung geistigen Neulands im Entwicklungsbereich aufgeführt. Solche **Innovationsdurchbrüche** sind in der Regel jedoch nur schwer systematisch planbar. Die gezielte Suche nach echten Innovationen ist daher mit einem erheblichen Risikopotential behaftet. Auf der anderen Seite lassen sich bei einem hohen Neuheitsgrad für die innovierende Unternehmung erhebliche Wettbewerbs- und Differenzierungsvorteile durch die Realisierung von Lerneffekten erzielen.

Als Beispiel für Innovationen dieser Art mag die Entwicklung synthetischer Kunststoffe gelten. Die traditionellen Ansätze zur Entwicklung neuer Kunststoffe orientierten sich überwiegend an den Materialeigenschaften in der Herstellungs- und Verwendungsphase. Den Entsorgungs- und Recyclingeigenschaften der Kunststoffe wurde hingegen weitaus weniger Beachtung geschenkt. Die Ansätze bleiben demzufolge meist im generellen Möglichkeitsrahmen der Petrochemie gefangen.

Welcher Art die von einem Unternehmen letztlich realisierten ökologieorientierten Produktinnovationen sind, hängt zu einem großen Teil auch davon ab, aufgrund welcher Innovationsimpulse die Suche nach neuen umweltgerechteren Lösungen angetreten wird. Grundsätzlich können zwei Arten von Innovationsimpulsen unterschieden werden:

Ein sog. **Innovationssog** liegt dann vor, wenn der Ausgangspunkt einer Produktinnovation in unerfüllten Bedürfnissen von Abnehmern zu sehen ist, die einen Bedarf nach neuen Problemlösungen entstehen lassen. Diese Art von Innovationsimpulsen werden auch als »Nachfragesog«, »Demand-Pull«, »Need-Pull« oder »bedarfsinduziert« bezeichnet. Von **Innovationsdruck** spricht man demgegenüber, wenn nicht die Bedürfnisse von Nachfragern, sondern sonstige Umweltfaktoren Produktinnovationen erforderlich machen. Hierbei kommt der ökologieorientierten Einflußnahme des Gesetzgebers auf Unternehmen bzw. den Aktivitäten relevanter gesellschaftlicher Anspruchsgruppen eine besondere Bedeutung zu.

Die Bestimmungsfaktoren des Erfolgs ökologieorientierter Produktinnovationen greift eine Untersuchung von Ostmeier (Ostmeier 1990) auf. Der Autor identifiziert umwelt- und unternehmensbezogene Bestimmungsfaktoren ökologieorientierter Produktinnovationen. Zu den **umweltbezogenen Bestimmungsfaktoren** zählen der aus unerfüllten Verbraucherbedürfnissen resultierende Innovationssog (Demand-pull), der aus anderen Umweltfaktoren (z.B. veränderte technische Möglichkeiten, »Technology Push«) sich ergebende Innovationsdruck sowie die Markt- und Wettbewerbssituation für das betroffene Unternehmen (z. B. Anzahl der Hauptwettbewerber sowie deren Preis- und Qualitätsorientierung auf den relevanten Märkten). Mit den **unternehmensbezogenen Einflußfaktoren** sind einerseits institutionelle Merkmale (Unternehmensgröße, führungsbezogene Merkmale), andererseits Merkmale der Unternehmenskonzeption angesprochen. Letztere umfassen neben der Einbindung des Umweltschutzes im unternehmerischen Zielsystem und den von den Unternehmen verfolgten Marktwahl- und Konkurrenzstrategien auch die funktionsbereichsbezogenen Umweltaktivitäten, die zur Entwicklung und Durchsetzung ökologieorientierter Produktinnovationen relevant sind.

Die umweltschutzbezogene **Profilierung ökologieorientierter Produktinnovationen** wird entsprechend der Untersuchungsergebnisse vor allem durch Maßnahmen wie

- ökologieorientierte Sortimentsbereinigungen (Eliminierung/Nachrüstung umweltschädlicher Produkte),
- eine ökologieorientierte Verpackungspolitik, (Verwendung von Mehrwegverpackungen, Verzicht auf Mehrfachverpackungen, Verpackungsaufschriften) sowie
- eine die Umwelteigenschaften heraushebende Markierung (Umweltengel; Recyclingzeichen; eigene Umweltmarke)

gefördert.

Das Ausmaß der von einer Unternehmung vorzunehmenden umweltbezogenen Produktverbesserungen ist abhängig davon, ob sie hinsichtlich der Umweltproblematik eine **defensive oder offensive Strategie** verfolgt. Paßt sie sich nur umweltpolitischen Forderungen des Gesetzgebers an, werden produktpolitische Entscheidungen im wesentlichen durch die gesetzlichen Auflagen bestimmt (FCKW-Verbot, das jedoch den Einsatz anderer ozonschichtschädigender Treibgase, z. B. Butan, Propan erlaubt). Können diese Auflagen nur mit einem erheblichen finanziellen Aufwand erfüllt werden, steht die Unternehmung vor dem Entscheidungsproblem, ob der Deckungsbeitrag nach erfolgter Produktänderung ausreichend oder die Eliminierung dieses Produktes ratsamer ist. Wird eine **offensive** Umweltstrategie verfolgt, können durch Produktverbesserungen, die den Umweltnutzen erhöhen, umweltbewußte Marktsegmente erreicht und im Rahmen der Produktinnovation neue, umweltgerichtete Problemlösungen angeboten werden (z.B. Reduzierung der Schadstoffemission durch geregelten Drei-Wege-Katalysator; Nachfüllverpackungen bei Sprayprodukten).

In einer Untersuchung zum ökologieorientierten Unternehmensverhalten wurde u.a. die umweltgerechte Ausgestaltung der produktpolitischen Marketinginstrumente von Unternehmen verschiedener Branchen analysiert (Kirchgeorg 1990, S. 149 ff.) (Abbildung 79). Ein zentrales Ergebnis dieser Untersuchung ist, daß die **»Ökologieorientierten Passiven«** in ihrer instrumentellen Ausrichtung gegenüber den anderen Unternehmenstypen **»Ökologieorientierte Selektive«**, **»Ökologieorientierte Innovatoren«** sowie (unternehmensbezogen) **»Innengerichtete Aktive«** ein deutlich geringeres Aktivitätsniveau aufweisen (vgl. zu den Grundhaltungstypen im einzelnen Kapitel IV. 3.). Bei den ökologieorientierten Selektiven dominieren die Maßnahmen der Anpassung bestehender Produkte an die ökologischen Erfordernisse sowie des Angebots neuer umweltgerechter Produkte in bestehenden Geschäftsfeldern. Demgegenüber ist bei den Innovatoren ein deutliches Bestreben zur Erschließung neuer Märkte durch Umweltschutzprodukte zu verzeichnen. Bei der Eliminierung ökologisch betroffener Produkte konnten keine signifikanten Häufigkeitsunterschiede zwischen den Verhaltenstypen festgestellt werden.

Die Untersuchungen von Kirchgeorg zeigen weiterhin, daß die Unternehmenstypen mit einer ausgeprägten marktorientierten Umweltschutzstrategie den **Kundendienstleistungen** einen besonderen Stellenwert beimessen. Sowohl die Innovatoren als auch die ökologieorientierten Selektiven setzen eine eigene Umweltberatung ein und versuchen, durch eine intensive Kundenberatung die Produktverwender zu einer umweltgerechten Nutzung und Entsorgung der Produkte »zu erziehen«. Derartige Serviceleistungen ermöglichen es den Unternehmen, sich gegenüber den Konsumenten als kompetenter Problemlöser für Umweltfragen zu profilieren.

Neben den Entscheidungstatbeständen der Produktinnovation ist im Zusammenhang mit ökologierelevanten produktpolitischen Fragestellungen die Produktgestaltung von Bedeutung.

3.1.2 Ökologieorientierte Produktgestaltung

Um eine umweltgerechtere Produktgestaltung zu gewährleisten, werden in der Literatur vor allem Checklisten, Merkmalsprofile und die Umweltsimulation vorgeschlagen. Checklisten zur Beurteilung der Umweltverträglichkeit von Produkten gehen davon aus, daß ein Produkt in den Phasen Produktion bzw. Erstellung, Verwendung und Entsorgung die Umwelt unterschiedlich belastet.

Zur Einschätzung der Umweltwirkungen in der Erstellungs- bzw. **Produktionsphase** sind z. B. folgende Kriterien zu beurteilen und zu gewichten (vgl. z.B. Thomé 1981; Meffert et al. 1985, S. 61 ff.; Türck 1990a, S. 31 ff.):

- Einsatz umweltgerechter und wenig energieintensiver Stoffe,
- Einsatz reichlich vorhandener Rohstoffe,
- Energieeinsatz pro Arbeitsstunde oder produzierter Produkteinheit,
- Langlebigkeit der Produkte (z. B. Frage der geplanten Obsoleszenz),
- Forcierung der Produktion solcher Produkte, die nicht nur im Vergleich zu anderen Produkten relativ umweltgerechter (z. B. Sprayprodukte mit FCKW-freiem Treibgas), sondern per se umweltgerecht sind (z. B. Sprayprodukte in treibgasfreien Pumpsprühern),
- Wiederverwendung zuvor produzierter Abfälle.

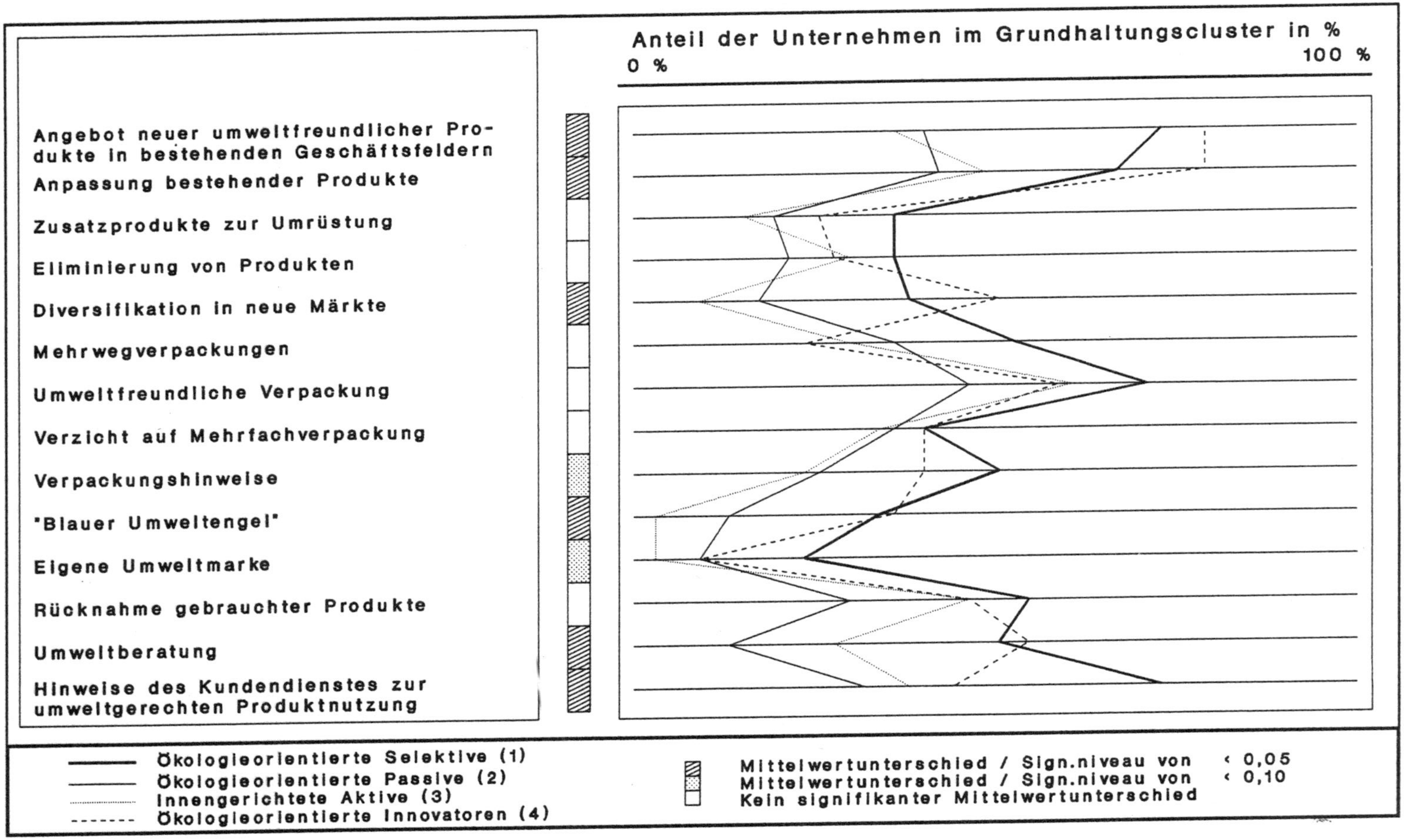

Abb. 79: Umweltorientierte Maßnahmen im Rahmen der Produktpolitik
(Quelle: Kirchgeorg 1990, S. 79)

In der **Ge- und Verbrauchsphase** kann die Umweltfreundlichkeit eines Produktes an den Kriterien:

- Gesundheitsverträglichkeit der Produktsubstanzen,
- Wiederverwend- und -verwertbarkeit von Verpackungen,
- Lärm-, Schadstoffemissionen und Energieverbrauch,
- Möglichkeit/Erleichterung der umweltgerechten und sparsamen Produktverwendung (z. B. Dosiervorschriften, Energieregulierung),
- Reparatur- und Wartungsfreundlichkeit (z. B. Austauschfähigkeit von Verschleißteilen) und
- Möglichkeit der Verlängerung der Lebensdauer durch regelmäßige Serviceintervalle

gemessen werden.

In der **Entsorgungsphase** beeinflußt das Produkt die Umwelt durch die Faktoren

- Abfallvolumen,
- Deponier-, Verbrennungs- und Kompostierungsmöglichkeit der Produkt- und Verpakkungsrückstände,
- Möglichkeit der Produktzerlegung in Einzelbestandteile (Bunt-/Weißglas, Papier, Kunststoff, Aluminium etc.) für die Zuführung in den Recyclingprozeß und
- Recyclingfähigkeit der Produkte/Produktbestandteile.

Anhand dieses Sets von Umweltkriterien sind die betrachteten Produkte schließlich hinsichtlich ihres positiven bzw. negativen Umweltbeitrags zu beurteilen. Probleme für den Einsatz von Checklisten ergeben sich insbesondere aus der teilweise sehr aufwendigen Informationsbeschaffung und aus der Tatsache, daß keine Regeln zur Gewichtung der Kriterien vorliegen.

Die Abbildung 80 zeigt beispielhaft für ein Automobil, welche Ansatzpunkte zur umweltverträglichen Gestaltung sich in den einzelnen Lebensphasen ergeben.

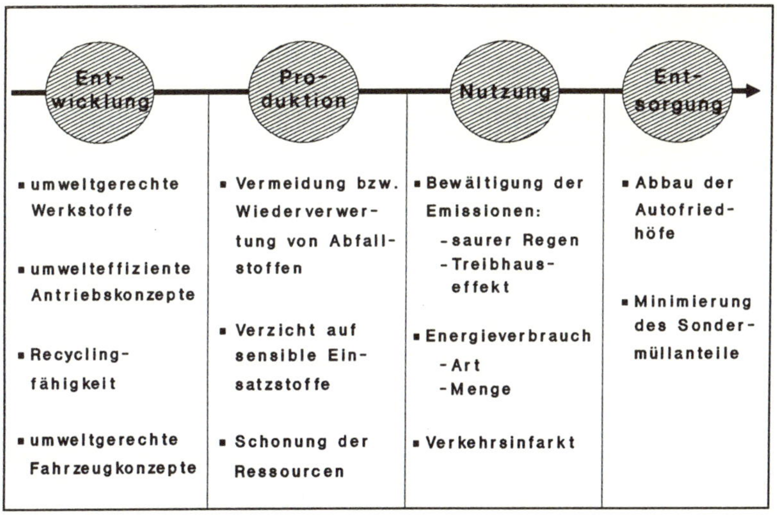

Abb. 80: Ansatzpunkte einer umweltorientierten Produktgestaltung – dargestellt am Beispiel des Automobils

Ein weiteres Instrument für die Gestaltung umweltgerechter Produkte ist die Umweltsimulation (Hopfenbeck 1990, S. 178 f.). Die **Umweltsimulation** (Environmental Testing) strebt an, aufgrund von laborbezogener Simulation die Wechselwirkungen zwischen Produkt und ökologischer Umwelt zu erfassen. Die Erkenntnisse dieser Simulation stellen die Grundlage für eine umweltgerechtere Produktgestaltung dar. Mit der Methode der Umweltsimulation läßt sich etwa ein Werkstoff hinsichtlich seiner Umweltqualität verbessern, der Verpackungsaufwand auf der Grundlage einer labormäßigen Nachbildung des Transportvorgangs reduzieren oder der Gebrauchswert von Recyclingkunststoffen untersuchen. Auf diese Weise können bei der Produktgestaltung sowohl die vorgelagerten Stufen der Produktentwicklung (Konstruktion, Design) als auch die nachgelagerten Stufen (Transport, Verwendung, Entsorgung) Berücksichtigung finden.

Für die Gestaltung umweltgerechter Produkte ist die Zusammenarbeit der Produzenten vor- und nachgelagerter Produktionsstufen vielfach unabdingbar. Für die Herstellung einer umweltgerechten Tapete beispielsweise sind folgende Marktpartner zur Beantwortung spezifischer Fragen einzubeziehen (Follmann 1989; Hopfenbeck 1990, S. 181):

- die Papierlieferanten:
  (AOX, Dioxine, Furane im Zellstoff? Verwendung von Chlor als Bleichmittel? Abwasserproblematik in den Fabriken?)
- die Druckfarbenhersteller:
  (Art der Pigmente, Schwermetalle in den Druckfarben? Art/Anteile der Lösungsmittel? Konservierungsmittel in wässrigen Druckfarben?)
- die Klebstoffhersteller:
  (Art/Menge der Konservierungsstoffe für die Klebstoffe?)
- die Maschinenhersteller:
  (Energetisch günstige Druckmaschinen? Anlagen mit Minimum an Emissionen?)
- die Tapetenhersteller selbst:
  (Überprüfung eingesetzter Roh-, Hilfsstoffe, Energie. Entstehen bei Produktion umweltschädliche Umwandlungsprodukte aus den eingesetzten Rohstoffen?)
- die Entsorger:
  (Vorschläge für Entsorgung betrieblicher Abfälle und der Alttapeten nach Gebrauch?)

Das Angebot solcher umwelt- und recyclinggerecht gestalteter Produkte bietet zahlreiche marktstrategische Vorteile. Neben der Möglichkeit zur langfristigen Kosteneinsparung kann die ökologieorientierte Produktgestaltung durch geeignete Maßnahmen der Markenpolitik zu einem **Wettbewerbsvorteil** ausgebaut werden (vgl. auch die Ausführungen zur Markenpositionierung). Beim Produktrecycling (z. B. Austauschmotoren, runderneuerte Reifen) kann dem Konsumenten zum Beispiel ein erheblicher Preisvorteil gegenüber einem Neuprodukt bei gleicher Leistung offeriert werden. Außerdem besteht die Möglichkeit, den Grundnutzen eines solchen Produktes wirksam mit einem sozialen Nutzen zu verbinden, indem dem Käufer das Gefühl eines besonders umweltgerechten Kaufverhaltens vermittelt wird.

Ein anderes Profilierungsfeld bietet speziell für Unternehmen der Investitionsgüterindustrie der Sektor der **Abfallbeseitigung**. Mit der Entwicklung von Anlagen zur Recyclierung von Abfällen aus Industrie und Haushalten können die Unternehmen an einem **Zukunftsmarkt** mit großen Chancen partizipieren. Diese Perspektiven werden unterstützt durch die Kooperationen zwischen Industrie- und Handelsunternehmen, die sich mit ihrer Beteiligung am Dualen System der Abfallwirtschaft für eine haushaltsnahe Erfassung und Rückführung von Produkt- und Verpackungsrückständen verpflichtet haben (vgl. auch Kapitel V.5.). Eine ökologische Produktgestaltung stößt dort an ihre Grenzen, wo der Einsatz von Vorprodukten erfolgt, die selbst ökologische Belastungen hervorrufen. Produktgestalterische Maßnahmen können dann lediglich die produktionsbedingte Umweltbelastung auf der Herstellungsstufe verringern, die von der Umweltbelastung der Vorprodukte allerdings überkompensiert werden kann (Strebel 1978, S. 73 ff.).

3.1.3 Ökologieorientierte Verpackungspolitik

Die Umweltproblematik insbesondere in Form der Energie- und Ressourcenknappheit macht auch bei der Verpackungsgestaltung in besonderem Maße materialökologische Betrachtungen notwendig. Die Hälfte des Haus- und hausmüllähnlichen Gewerbemülls besteht aus Verpackungsmaterial und stellt die mit der Entsorgung beauftragten Institutionen vor ernste Probleme. Verpackung wird als Sammelbezeichnung für jegliche Art von Umhüllung eines oder mehrerer Produkte verstanden – unabhängig davon, welche Funktionen sie erfüllen soll. Die absatzwirtschaftliche Entwicklung der Verpackung hat zu einem **Funktionswandel** beigetragen, der sich durch die **vier Entwicklungsstufen**

- Verpackung als Transportschutz
  (Produktschutz- und -sicherungsfunktion im Transportweg),
- Verpackung als Verkaufseinheit
  (Dimensionierungsfunktion für den Verkaufsakt)
- Verpackung als Medium der Verkaufsförderung
  (Funktion der Selbstpräsentation am Point of Sale)
- Verpackung als Qualitätsbestandteil
  (Funktion der Ge- und Verbrauchserleichterung)

charakterisieren läßt (Hansen, Leitherer 1984, S. 38 ff.).

Bei der Realisierung einer funktionsgerechten Verpackung unter Einbeziehung von Ökologiegesichtspunkten ist darauf zu achten, daß die Verpackung nicht nur »maßgeschneidert«, sondern auch »maßvoll« und »umweltgerecht(er)« ist. Der immer noch zu beobachtende Trend zur **Einwegverpackung** zieht daher zunehmend Kritik auf sich. Es werden Wege gesucht, die den Verpackungsmittelüberfluß eindämmen bzw. das Recycling der Verpackungen erleichtern, ohne die Transportschutz-, Dimensionierungs-, Präsentations-, Qualitäts- und Informationsfunktion der Verpackung zu gefährden.

Die zahlreichen Faktoren, die es beim Verpackungsvorgang zu berücksichtigen gilt, sollen anhand von Lebensmitteln erläutert werden (Abbildung 81). Ausgehend von der produktspezifischen Beschaffenheit in mechanischer, klimatischer, chemischer und biologischer Hinsicht ist die Eignung des Lebensmittels zur Abpackung zu überprüfen. Die Produkt- und Verpackungseigenschaften sowie Kostengesichtspunkte determinieren die Auswahl des Packmittels, das den Transport und die Lagerung der Lebensmittel erlaubt. In Korrespondenz mit den Produkt- und Packeigenschaften wird der Distributionsweg gewählt. Dabei gilt es beispielsweise zu berücksichtigen, ob die chemisch-physikalische Produktbeschaffenheit einen längeren Transportweg (z. B. per Bahn oder Flugzeug) erlaubt oder die Gefahr des Verderbens etwa durch Mikroorganismen gegeben ist. Weiterhin sind bei der Verpackung gestalterische Faktoren einzubeziehen, die die Produkt- und Verpackungswahrnehmung durch den Konsumenten betreffen. Sowohl die Ausstattung des Produktes mit Gebrauchseigenschaften, die den Transport und Konsum erleichtern (z. B. Trage-, Wiederverschluß-, Aufbewahrungseigenschaften) als auch die Warenpräsentation und Produktkennzeichnung werden dabei maßgeblich von den Qualitäten der Verpackung bestimmt. Der Gesetzgeber wirkt beispielsweise durch lebensmittel- und wettbewerbsrechtliche Bestimmungen auf den Verpackungsvorgang ein und setzt – in Form von DIN-Normen – verpackungsgestalterische Grenzen (vgl. hierzu die umfassenden Ausführungen von Bojkow 1989, S. 3 ff.).

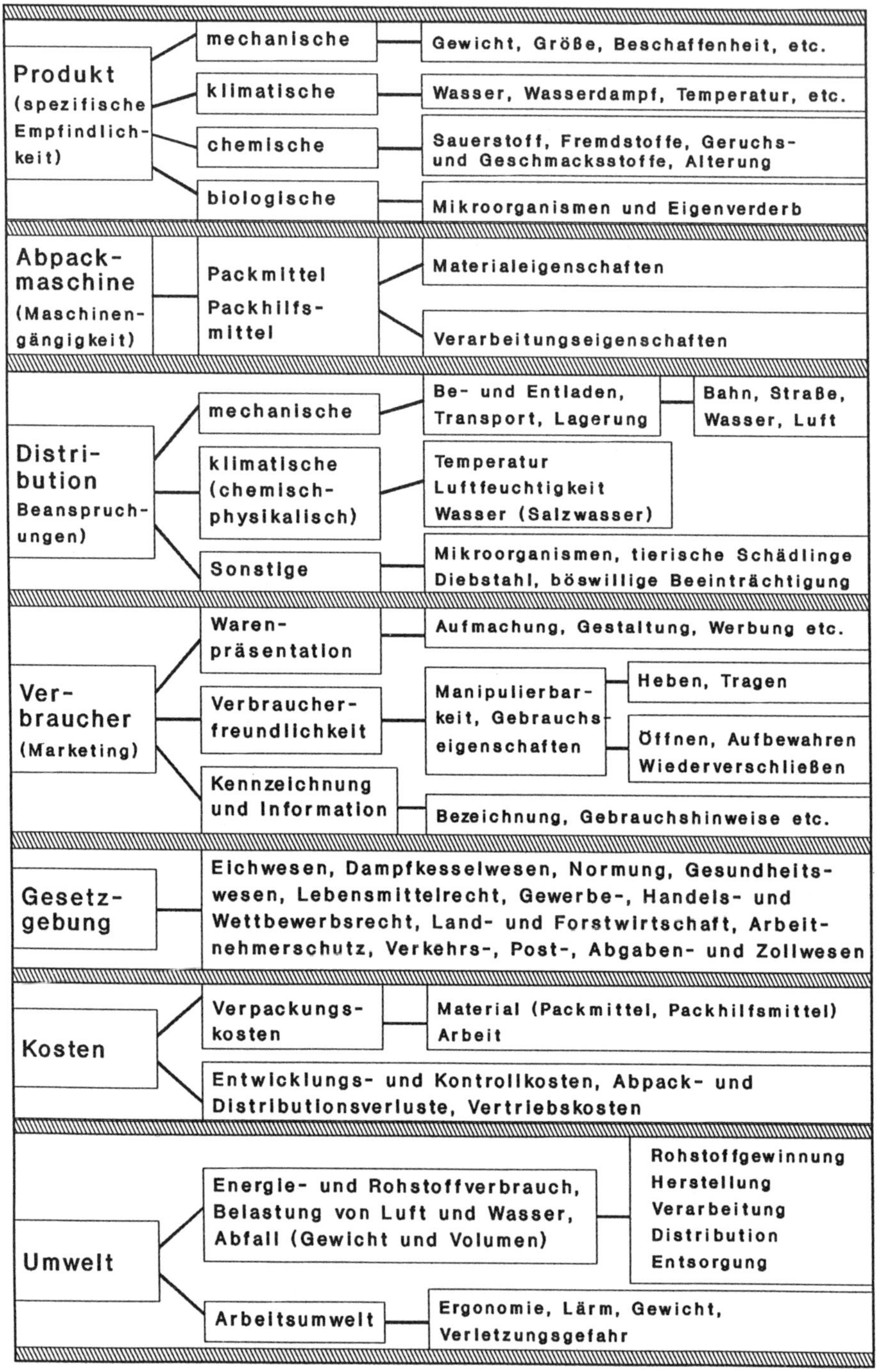

Abb. 81: Determinanten bei der Gestaltung von Lebensmittelverpackungen
(Quelle: Bojkow 1989, S. 4)

Die genannten Faktoren sind nicht voneinander losgelöst, sondern im Verbund zu sehen, wenn es den Umweltaspekt von Verpackungen zu spezifizieren gilt. So steht der Energie- und Rohstoffverbrauch (z.B. Rohöl) bei der Herstellung von Verpackungen in einem deutlichen Zusammenhang mit dem gewählten Packmittel (z.B. Kunststoffverpackungen), das Abfallvolumen von Verpackungen ist nicht unabhängig von den Normen des Gesetzgebers zu sehen, und die vom Verpackungsmaterial ausgehende Belastung für Luft und Gewässer (z.B. schwer recyclebare bzw. nicht verbrennbare Kunststoffe) steht in direkter Beziehung zu den produktspezifischen Verpackungsbedarfen (z.B. luftdichte Verpackung aufgrund von klimatisch bedingter Verderblichkeit notwendig), dem gewählten Distributionsweg sowie Kostengesichtspunkten (z.B. F&E-Aufwand für biologisch abbaubare Kunststoffolien).

In Abhängigkeit von den umweltorientierten Zielsetzungen lassen sich die folgenden Anforderungen an Verpackungen formulieren (vgl. Abbildung 82). Zur Schonung natürlicher Ressourcen und essentieller Lebensgrundlagen (z.B. Wasser, Luft) ist bei der Herstellung und Distribution sowie bei der Gebrauchs- und Entsorgungsmöglichkeit von Verpackungen darauf zu achten, daß der Rohstoff- und Energieverbrauch so gering wie möglich ist und eine Luft- und Wasserbelastung weitestgehend vermieden wird. Durch ein geringes Verpackungsgewicht und die optimale Ausnutzung des Transportraums kann Transportenergie eingespart und ein Beitrag zur Verringerung transportbedingter Umweltauswirkungen (z.B. Einschränkung des Verkehrswegenetzes) geleistet werden. Die Reduktion von Verpackungen auf ein unbedingt notwendiges Maß wirkt den Abfallproblemen entgegen und sorgt gleichzeitig für saubere Straßen und Plätze. Um die Lärmemission (z.B. bei Gütertransporten) einzudämmen und die Gefahr von Verletzungen (z.B. durch stark gewichtige Verpackungen) zu begrenzen, werden Anforderungen an eine ver-

Anforderungen	Zielsetzungen
Geringstmöglicher Rohstoff und Energieverbrauch	Schonung der Ressourcen
Geringstmögliche Luft- und Wasserbelastung bei Herstellung, Distribution, Gebrauch und Entsorgung	Schonung essentieller Lebensgrundlagen
Möglichst geringes Gewicht	Einsparung an Transportenergie und Erleichterung der Gütermanipulation
Optimale Nutzung der Raumkapazität	Verringerung der Umweltauswirkungen baulicher Einrichtungen sowie von Transportmitteln
Möglichst geringer Beitrag zum Litterproblem	Keine Naturverschandelung, saubere Straßen und Plätze
Verbesserung der Arbeitsumwelt	Weniger Lärm, Gewicht und Verletzungsgefahr
Wiederverwendbarkeit, Verwertbarkeit oder unproblematische Entsorgbarkeit	Beitrag zur Abfallvermeidung bzw. zur umweltschonenden Abfallbeseitigung

Abb. 82: Anforderungen an eine umweltorientierte Verpackung

besserte Arbeitsumwelt gestellt. Schließlich kann mit der Wiederverwendbar- und -verwertbarkeit von Verpackungsmaterialien ein Beitrag zur Abfallvermeidung und zur umweltschonenden Abfallbeseitigung geleistet werden (vgl. hierzu die Ausführungen über die Verpackungsverordnung und die Implikationen für das vertikale Marketing in Kapitel V. 5.).

Die Fragen einer umweltgerechten Verpackungsgestaltung sind eng verknüpft mit produktgestalterischen Ansätzen. Effiziente Möglichkeiten der Verpackungsreduktion lassen sich vielfach erst dann finden, wenn die Produktkonzeption auch in die Betrachtungen einbezogen wird. Gerade im Kosmetikbereich wird der **Designkomponente** einer Verpakkung ein hohes Differenzierungspotential zugemessen. Beispielsweise wurden durch eine aus Recyclingglas hergestellte Flaschenkonzeption mit einem innovativen Design bei einer Kosmetikserie 70% der Verpackung eingespart (Horntrich 1990). Eine umweltgerechte Verpackungsgestaltung schafft außerdem die Möglichkeit, mit Hilfe der Verpackung eine ökologisch orientierte Produktpersönlichkeit aufzubauen, die präferenzbildend wirken kann.

3.1.4 Ökologieorientierte Markenpolitik

Neben der Verpackungspolitik ist die Markenpolitik insbesondere bei der Umsetzung einer dominanten Profilierungsstrategie im Umweltschutz geeignet, die Leistungen der Unternehmung für den Umweltschutz darzustellen und sich im Segment der umweltbewußten Konsumenten zu profilieren, sowie das »Öffentliche Vertrauen« (Domizlaff 1951) durch eine glaubwürdige umweltorientierte Markenkompetenz zu gewinnen. Die ökologieorientierte Markenpolitik umfaßt alle mit der Markierung von umweltgerechten Produkten zusammenhängenden Entscheidungen und Maßnahmen. Die grundlegende Entscheidung des Unternehmens besteht darin, ob und in welchem Ausmaß diese Produkte überhaupt markiert werden sollen. Diese Entscheidung ist in Abhängigkeit der jeweils zugrundeliegenden Positionierungsstrategie zu treffen.

Eine »Öko-Produktrange« kann durch eine umweltgerechte Produktgestaltung, eine Umweltverpackung und durch die Markierung mit einer »Umweltmarke« (z.B. der vom Umweltbundesamt verliehene Umweltengel; Recyclingzeichen) zu einer eigenständigen Markenpersönlichkeit aufgebaut werden. Generell wird dem Umweltschutz bei der Gestaltung der Markenpolitik eine wachsende Bedeutung beigemessen. Dies kommt in einer Markenstudie zum Ausdruck, in der ermittelt wurde, daß neben der Qualitätsorientierung an zweiter Stelle das verstärkte Umweltbewußtsein der Konsumenten die Markenstrategie in den nächsten Jahren erheblich beeinflußt (Burkhardt 1991, S. 28). Neben dem Qualitätsdenken wird die Markenpolitik insbesondere vom Umweltbewußtsein der Konsumenten und der Akzeptanz des Handels beeinflußt. Um die grundsätzlichen und weiteren Entscheidungen einer ökologieorientierten Markenpolitik treffen zu können, muß Klarheit über die folgenden **Teilziele der ökologieorientierten Markenpolitik** herrschen (in Anlehnung an Angehrn 1969, S. 18 ff.):

(1) Schaffung eines **Kommunikationsmittels** gegenüber den Konsumenten und Bildung eines Differenzierungsmittels gegenüber der Konkurrenz. Zahlreiche Konsumenten, die einen umweltgerechten Produktkauf beabsichtigen, verfügen nicht oder nur ansatzweise über das notwendige Wissen, umweltverträgliche von herkömmlichen bzw. umweltschädi-

weltschädigenden Produktvarianten zu unterscheiden. Die Produktauszeichnung; vgl. Insert 20) und auch die Verpackungsgestaltung (z. B. ökologierelevante Produktinformationen, Farbgebung der Verpackung) kann dem Konsumenten die Produktsuche erleichtern und zur Schaffung von Präferenzen beitragen.

Insert 20: Beispiele für Umweltmarken

Die Auszeichnung von Produkten mit dem Umweltengel fand im Laufe der 80er Jahre eine zunehmende Akzeptanz, insbesondere für die Durchsetzung einer dominaten Positionierungsstrategie (vgl. Insert 21).

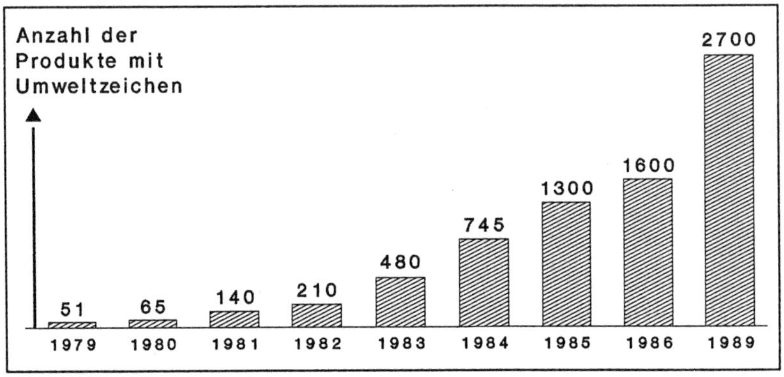

Insert 21: Entwicklung des blauen Umweltengels in Deutschland

Aus der Sicht der Markenführung sind jedoch Glaubwürdigkeits-, Kontinuitäts- und Kompetenzprobleme bei der Kennzeichnung bestehender Marken mit dem Umweltengel als markierungstechnischem Zusatz nicht zu übersehen, die die über lange Jahre aufgebaute Markenidentität möglicherweise gefährden können.

Die Ursachen sind in folgenden Gesichtpunkten zu sehen:

Die Art der Bewertungskriterien und die dem Konsumenten nicht unmittelbar zugänglichen Kriterien, anhand derer eine Auszeichnung mit dem Umweltengel erlaubt wird, haben mittlerweile zu offensichtlichen Glaubwürdigkeitsproblemen geführt. So ist beispielsweise fraglich, ob ein Produkt, das in einer einzelnen Produkteigenschaft weniger umweltschädlich gegenüber vergleichbaren Alternativen ist, insgesamt als »umweltfreundlich« bezeichnet werden kann. Gleichzeitig führt die noch »unausgereifte« Rechtsprechung zu Kontinuitätsproblemen. So konnte z. B. Mitte der 80er Jahre ein Hersteller von Hygienepapieren (z. B. Toilettenpapier) seine Produkte mit dem Umweltengel auszeichnen lassen, wenn der Altpapieranteil bei mindestens 50 % lag. Aufgrund eines Urteils aus dem Jahre 1989, das dafür die 100%ige Beschaffenheit aus Altpapier verlangt, konnten jene Papierhersteller, die zu dem Zeitpunkt nicht über das forschungstechnische Know-how verfügten, ihre Produkte nicht länger mit dem Umweltengel kennzeichnen. Die damit unterbrochene Markierungskontinuität hatte gleichzeitig eine Gefährdung der Markenidentität zur Folge. In diesem Zusammenwirken mit den allgemeinen Risiken einer Berücksichtigung der Umweltverträglichkeit als dominantes Profilierungsmerkmal (vgl. Kapitel V 1.2) sollten durch den Umweltengel die klassischen Profilierungsdimensionen der Marke nicht dominiert werden, da bei Verlust des Umweltengels Kompetenzprobleme beim Verbraucher entstehen können und die Positionierung nachhaltig gefährdet werden kann.

(2) Aufbau von **Markentreue** und Erzielung einer absatzfördernden Wirkung. Durch die im Rahmen der mehrmaligen Produktverwendung gewonnene Kenntnis, daß Produkte mit einer bestimmten Marke umweltgerecht sind, werden umweltbewußte Konsumenten zur gezielten Produkt- und Markensuche veranlaßt. Ein positives Markenimage sowie der Einsatz anderer Instrumente wie Werbung und Verkaufsförderung schaffen damit ein akquisitorisches Potential bei jenen Käufern, die ihrem Umweltbewußtsein entsprechend einkaufen wollen.

(3) Schaffung eines **preispolitischen Spielraums**. Je stärker ein umweltgerechtes Produkt im Verhältnis zu vergleichbaren Produktvarianten differenziert ist, um so größer ist der

preispolitische Spielraum. Die Produktmarke ordnet sich in eine Preislage ein, welche sich durch »relative Konstanz der Umweltschonungsqualität« oder durch »relative Anpassungsfähigkeit an ökologierelevante Normen« kennzeichnen läßt.

(4) Möglichkeit der **differenzierten Marktbearbeitung**. Durch die Produktauszeichnung mit einer »Umweltmarke« können ökologierelevante Qualitäts- und Preisunterschiede gegenüber herkömmlichen bzw. umweltschädigenden Produktvarianten kenntlich gemacht werden (z.B. Sprayflaschen mit Pumpsprüher bzw. mit Treibgas). Darüber hinaus kann die Umweltmarke als Differenzierungsmittel bei der Wahl der Absatzwege eingesetzt werden (z.B. mit Umweltengel ausgezeichnete Produktvariante im Fachgeschäft, herkömmliche Produktvariante im Discounter). Nicht zuletzt die erfolgreiche Entwicklung der Marke »Frosch« mit ihrer Öko-Range zeigt, daß Wachstumschancen (vgl. Abbildung 83) durch eine dominante Profilierung im Umweltschutzbereich selbst in gesättigten Märkten schnell erschlossen werden können.

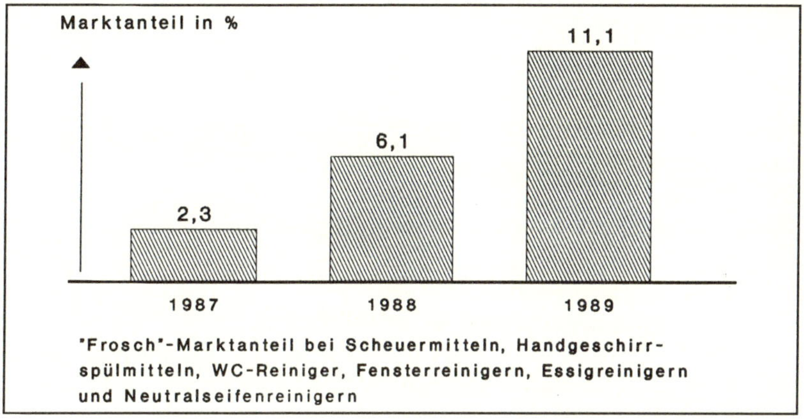

Abb. 83: Entwicklung der »Frosch-Range«
(Quelle: Horst 1990)

Darüber hinaus können Ausstrahlungseffekte auf andere Produkte des Leistungsprogramms genutzt werden, die am Goodwill der Unternehmung oder am Image der Öko-Marke teilhaben.

3.1.5 Ökologieorientierte Kundendienstpolitik

Häufig bietet der Kundendienst einer Unternehmung die einzige Möglichkeit, direkten oder indirekten Einfluß auf die umweltverträgliche Nutzung der Produkte in der Ge- und Verbrauchsphase sowie auf die Entsorgung zu nehmen.

Durch **präventive Kundendienstleistungen** wie z.B. regelmäßige Wartung von Produkten, sachgerechte Installation von Neuanlagen und gleichzeitiger Entsorgung der Altanlagen können Umweltbelastungen direkt vermieden oder verringert werden. Darüber hinaus besteht die Möglichkeit der Gestaltung eines umfassenden Problemlösungsangebots, das zur wettbewerbsbezogenen Differenzierung einen erheblichen Beitrag leisten kann. Vielfach sind hierbei kooperative Lösungen im vertikalen Marketing eine notwendige Voraussetzung.

Durch die Wahrnehmung der **Beratungsfunktion** in der Vorkauf- aber insbesondere in der Nachkauf- und Nutzungsphase kann der Kundendienst direkt Einfluß auf das Konsumentenverhalten nehmen. Speziell geschulte Umweltberater können über die richtige umweltverträgliche Verwendung von Produkten aufklären, Umwelt-Fachseminare für den Handel und die Abnehmer anbieten und als kompetenter Ansprechpartner und Problemlöser bei Fragestellungen des Umweltschutzes einen wesentlichen Beitrag zur Ausrichtung des ökologieorientierten Marketing-Mix leisten.

In diesem Zusammenhang sei auch auf die Modifikation von **Gebrauchsanleitungen** hingewiesen, die Hinweise zur umweltgerechten Produktnutzung und Entsorgung beinhalten und auf Möglichkeiten der Inanspruchnahme von Umweltberatern und Umwelttelefonen des Herstellers hinweisen sollten. Darüber hinaus muß der Kundendienst bei seiner Funktionserfüllung eine Vermeidung und Verringerung von Umweltbelastungen sicherstellen. Die Abbildung 84 zeigt beispielhaft, wie durch Checklisten im Bereich von Kundendienstwerkstätten im Automobilbereich die Berücksichtigung des Umweltschutzes sichergestellt werden kann.

3.2 Einfluß der Ökologie auf kommunikationspolitische Entscheidungen

3.2.1 Ökologieorientierte Kommunikationsaktivitäten

Zentrales Merkmal der Kommunikation ist die Übermittlung von Informationen und Bedeutungsinhalten zum Zweck der Steuerung von Meinungen, Einstellungen, Erwartungen und Verhaltensweisen gemäß spezifischer Zielsetzungen. Um der wachsenden Kritik von Konsumenten und der Öffentlichkeit an den aus Unternehmensaktivitäten entstehenden Umweltschäden besser begegnen zu können, sehen sich zahlreiche Unternehmen dazu veranlaßt, ihre Informationsfunktion gegenüber den relevanten Teilöffentlichkeiten durch kommunikationspolitische Maßnahmen auszubauen. Eine umfassende, ökologische Tatbestände berücksichtigende Kommunikationspolitik versucht daher, Unternehmen und Produkten, die mit ökologischen Forderungen konfrontiert sind, eine mit ökologischen Grundsätzen vereinbare Identität zu schaffen. Der Einsatz der klassischen Instrumente des Kommunikationsmix (Werbung, Verkaufsförderung, Öffentlichkeitsarbeit, persönlicher Verkauf) ist vor allem von den strategischen Grundhaltungen der Unternehmen gegenüber der Umweltproblematik abhängig.

Verfolgt eine Unternehmung in einer ökologisch betroffenen Branche eine **defensive Umweltschutzstrategie**, kann sie durch geeignete Konsumenteninformationen dazu beitragen, den Imageverlust aufgrund emotionaler und rationaler Abwertungen der Unternehmenstätigkeiten durch umweltbewußte Konsumenten aufzufangen. Der Einsatz des Kommunikationsmix geschieht hier zum Zwecke der **Verbesserung des Corporate Image** und zum Aufbau einer ökologischen Kompetenz durch das umweltbewußte Marktsegment.

Häufig werden **PR-Aktionen** im Rahmen dieser Strategie eingesetzt, die darauf abzielen, Verständnis für umstrittenes unternehmerisches Handeln zu wecken (advocacy advertising) (Schmalen 1985, S. 217). Unternehmen der chemischen Industrie und der Energiewirtschaft stellen bspw. ihre Public Relations-Aktivitäten stärker unter den Ökologie-

V·A·G

	Einrichtung/ Behälter	Beschriftung/ Aufkleber	Vorschriften	Ordnungsgemäßer Betrieb	Entsorgungs-Wirtschaftlichkeit
	vorhanden ✓ nicht vorhanden ✗	ausreichend ✓ nicht ausreichend ✗	klar ✓ unklar ✗	gewährleistet ✓ unklar ✗	gewährleistet ✓ unklar ✗
Feste Betriebsstoffe ölverschmutzt - Fettabfälle - Kraftstoffilter - Luftfilter ölbenetzt - Ölfilter - Öl-Leergebinde ungereinigt - Putzlappen ölgetränkt - Sägemehl und Späne ölgetr. - Kleinmengen sonst. Abfälle z.B. Unterbodenschutz) Broschüre S. 14	Metallcontainer mit Deckel	Aufkleber anbringen (im Beipack bzw. nachfordern)	Wassergefährdend, feuergefährlich	Dicht verschließbar (oben und unten) Ausreichende Kapazität Dezentrale Standorte prüfen	Volumen reduzieren (Häcksler, Presse)
Lackierereiabfälle nicht ausgehärtet Broschüre S. 15	Verschließbarer Metallbehälter	Aufkleber	Wassergefährdend, feuergefährlich	Dicht verschließbar, ausreichende Kapazität	Feuchte Abfälle vermeiden, Lacke konsequent verbrauchen
Lackierereiabfälle ausgehärtet Broschüre S. 15	Gewerbemüll-Container		Regelung uneinheitlich, Behördenauskunft einholen		Dosen sauber zum Schrotthandel bzw. tropffrei u. spachtelrein zum Gewerbemüll
Altmetalle (Altteile/ Schrott/ gerein. Dosen) Broschüre S. 16	Gesonderter Container (je nach Menge)			Deckel verschließbar und unten dicht	Je nach Marktlage, Schrott vorsortieren
Batterien gefüllt Broschüre S. 16	Kunststoffwanne		Wassergefährdend	Auslaufsicher stapeln	Rückgabe über Hersteller prüfen
Glas Broschüre S. 17	Separater Container (oder Gewerbemüll)	Aufkleber			Abnehmer ermitteln (kein Verbundglas)
Papier/Pappe/Karton Broschüre S. 17	Separater Container (oder Gewerbemüll)	Aufkleber			Abnehmer ermitteln, Verdichtung durch Presse prüfen
Plastik/Kunststoff Broschüre S. 17	Gewerbemüll				Zur Zeit kaum verwertbar
Reifen Broschüre S. 17	Lagerplatz (ggf. Mulde)			Gegen Regen geschützt, unten geschlossen	Rückgabe über Vertriebszentrum prüfen

Abb. 84: Beispiel für Checklisten für den Umweltschutz im Kundendienst

(Quelle: Volkswagen AG)

aspekt, um den Charakter eines gesellschaftlich verantwortungsvoll handelnden Unternehmens herauszustellen. Daneben treten die Industrieverbände von ökologisch betroffenen Branchen mit verstärkten Umwelt-PR-Aktionen an die Öffentlichkeit (z. B. Verbände der Aluminium- und chemischen Industrie). Um dem wachsenden Kritikpotential an den Unternehmensaktivitäten in diesen Branchen zu begegnen, bemühen diese sich, ihre Leistungen für den Schutz der Umwelt deutlich zu machen sowie Informationen über die ökologischen Auswirkungen von Produkten und Verfahren zu geben. Als Kommunikationsmittel werden Anzeigen in Publikumszeitschriften ebenso wie TV-Spots eingesetzt und auf Anfrage ausführliches Informationsmaterial zugeschickt.

Ist eine Unternehmung **offensiv** in ökologierelevanten Märkten tätig (z. B. Automobilindustrie, Hersteller von recyclierten Hygienepapieren, Filtertechnik für Kraftwerke), werden die eigenen ökologieorientierten Produkte und auch Dienstleistungen (z. B. Unternehmen des Altpapier- und Altglasrecycling) beworben. Die **Werbung** richtet sich an umweltbewußte Konsumenten, die über das Angebot umweltgerechter Produkte informiert werden sollen oder an industrielle Verwender, die beispielsweise gesetzlichen Auflagen durch die Installation von Umweltschutzanlagen gerecht werden müssen.

Im Rahmen der Untersuchung von Kirchgeorg (1990, S. 152) zum ökologieorientierten Unternehmensverhalten wurde festgestellt, daß mehr als 80 % der der Gruppe der »Ökologieorientierten Selektiven« zuzurechnenden Unternehmen **produktbezogene Argumente** des Umweltschutzes in der Werbung herausstellen. Werbliche Hinweise auf eine **umweltgerechte Prozeßqualität** (u. a. Produktionsbereich) werden insgesamt gegenüber einer reinen Produktwerbung in geringerem Umfang vorgenommen, wobei hier die Unternehmenstypen der »Selektiven« und »Innovatoren« diejenigen Unternehmen mit dem höchsten Realisierungsanteil darstellen.

Im Bereich der PR-Aktivitäten konnte in dieser Studie festgestellt werden, daß etwa jedes vierte der befragten Unternehmen **Sozial- und Umweltbilanzen** publiziert, die jedoch noch nicht den idealtypischen Anforderungen einer Umweltbilanz entsprechen (vgl. Kapitel III.4.2). Das Instrument der Umweltberichterstattung durch **Pressekonferenzen** wird von den »Passiven« im Vergleich zu den anderen Typen deutlich weniger genutzt. Die »Innengerichteten Aktiven« kommunizieren demgegenüber der Öffentlichkeit ihre standortbezogenen Umweltschutzaktivitäten vor allem durch **Betriebsbesichtigungen**.

Während im Investitionsgüterbereich der **persönliche Verkauf** beim Absatz von Wasser-, Luftreinigungs- und Entsorgungsanlagen überwiegt, werden im Konsumgüterbereich hauptsächlich in **Massenmedien** (Zeitschriften, Zeitungen, TV) ökologisch relevante Informationen weitergegeben. Öffentlichkeitsarbeit wird im Rahmen einer offensiven Umweltstrategie betrieben, wenn Unternehmen durch ihre PR-Aktionen zur Schaffung eines Ökologiebewußtseins in der Gesellschaft beitragen (z. B. Energieunternehmen regt die Bevölkerung zu einem sparsameren Energieverbrauch an). Auch das öffentliche Engagement für den Artenschutz oder die Einrichtung von Stiftungen sind **PR-Aktionen** mit dem Ziel, die Unternehmen als Problemlöser bei der Bewältigung ökologischer Probleme darzustellen.

Als Beispiel für eine ökologieorientierte Kommunikationspolitik sollen die Maßnahmen der Adam Opel AG skizziert werden, die anläßlich der im April 1989 getroffenen Entscheidung, alle Produktlinien serienmäßig mit dem umweltgerechten Drei-Wege-Katalysator auszustatten, durchgeführt wurden (Meffert 1990). Ausgehend von dem konsumentenbezogenen Kommunikationsziel, das Unternehmen als technisch kompetenten »Anbieter umweltfreundlicher Produkte« imagebezogen zu profilieren und seine Vorreiterrolle im Konkurrenzumfeld herauszustellen, sollte durch den Einsatz aller

Kommunikationsinstrumente der Öffentlichkeit das »Kat.serienmäßig«-Angebot kommuniziert werden. Die damit angestrebte **produktübergreifende Markenkampagne** begann zunächst mit einer ausgiebigen Pressearbeit sowie einer Anzeigenserie in Tageszeitungen, wobei die Mitteilung der Unternehmensentscheidung (»Kat. serienmäßig«) im Vordergrund stand. Weiterhin sorgten Anzeigen in Publikumszeitschriften, TV-Spots sowie händlerbezogene kommunikationspolitische Maßnahmen (ökologiebezogene Händlerinformationen und Verkaufsförderungsmaterialien) und eine Kampagne der Gemeinschaftswerbung zwischen Hersteller und Händlern für eine breite Informationsversorgung und trugen maßgeblich zur Verbesserung des Markenimages bei.

Insgesamt gilt es zu berücksichtigen, daß sich sowohl die persönliche als auch die unpersönliche ökologieorientierte Kommunikation eines Unternehmens an der zuvor festgelegten Positionierungs-Strategie orientieren muß. Insofern ist das Kommunikationsprogramm mit den Produkt-, Distributions- und Kontrahierungsprogrammen im Marketingplan zu koordinieren.

3.2.2 Ökologieorientierte Werbebotschaften

Zu jeder ökologieorientierten Werbekonzeption gehören Entscheidungen über die Werbeziele, die anzusprechenden Zielgruppen und die Formulierung einer zentralen Werbebotschaft. Werbebotschaften mit einer ökologischen Komponente haben im besonderen Maße dem Aspekt der **Glaubwürdigkeit** Rechnung zu tragen. Geringfügige Produktleistungen im Interesse des Umweltschutzes genügen langfristig nicht, um darauf Werbekampagnen aufzubauen. Das umweltbezogene Leistungspotential muß für den Käufer überzeugend dargelegt werden und nachvollziehbar sein. Dabei sollte das Argument »Umweltverträglichkeit« auch durch Hinweise auf die Qualität der sonstigen Produkteigenschaften ergänzt werden.

Durch **sachliche und informative Werbebotschaften** kommt die Bereitschaft der Unternehmung zum Ausdruck, an der Lösung von Umweltproblemen und der Wahrnehmung ihrer gesellschaftlichen Verantwortung mitzuarbeiten. Produkte als Problemlösungen sind so präsentiert, daß die Eigeninitiative des Verwenders geweckt wird und er mit dem Ge- oder Verbrauch des Produktes einen positiven Umweltbeitrag verbindet.

Es ist davon auszugehen, daß umweltbewußte Konsumenten sich von den Nicht-Umweltbewußten vor allem in Beurteilung und Nutzung von Informationsquellen für Kaufentscheidungen unterscheiden. Demographische und psychographische Merkmale der Umweltbewußten wie z.B. die Zugehörigkeit zu einer hohen sozialen Schicht, ein überdurchschnittliches Bildungsniveau und ökologierelevantes Wissen lassen darauf schließen, daß eine argumentative und differenzierte Auseinandersetzung mit den ökologischen Aspekten von Produkten die **Akzeptanz der Werbeaussage** erhöht. Insofern können Unternehmungen vor allem durch das Aufgreifen neutraler Informationen über die eigenen Produkte bei der Käuferberatung oder im Prospektmaterial (z.B. Hinweise auf Testergebnisse oder wissenschaftliche Untersuchungen) eine verbesserte **Ansprache** der umweltbewußten Konsumenten erreichen. Die eher unterdurchschnittliche Nutzung und relativ schlechte Beurteilung der unternehmensgesteuerten Werbung in Printmedien und elektronischen Medien durch dieses Konsumentensegment verweist auf die begrenzte Eignung dieser Medien für den werblichen Einsatz. Eine gezielte Ansprache dieses Segmentes ist jedoch erforderlich, da gerade umweltbewußte Konsumenten als Meinungsführer die öffentliche Diskussion über die sozialen und ökologischen Aspekte von Produkten beeinflussen.

Eine von den Autoren durchgeführte Contentanalyse von umweltorientierten Werbeanzeigen in ausgewählten Publikumszeitschriften (Stern, Bunte, Hörzu, Brigitte, Schöner Wohnen, Capital) in dem Zeitraum von 1980 bis 1987 zeigt eine sprunghafte Zunahme der ökologieorientierten Werbeanzeigen ab 1985.

Wie die Abbildung 85a darstellt, dominierte in diesem Zeitraum die Berücksichtigung von Umweltschutzaussagen in der Produktwerbung. Lediglich bei Dienstleistungsunternehmen der Versorgungswirtschaft waren auch in erhöhtem Umfang unternehmenbezogene Umweltschutzkampagnen festzustellen. Die Abbildung 85b zeigt, daß Umweltschutzargumente überwiegend flankierend in die Werbung einbezogen wurden, und im Fließtext

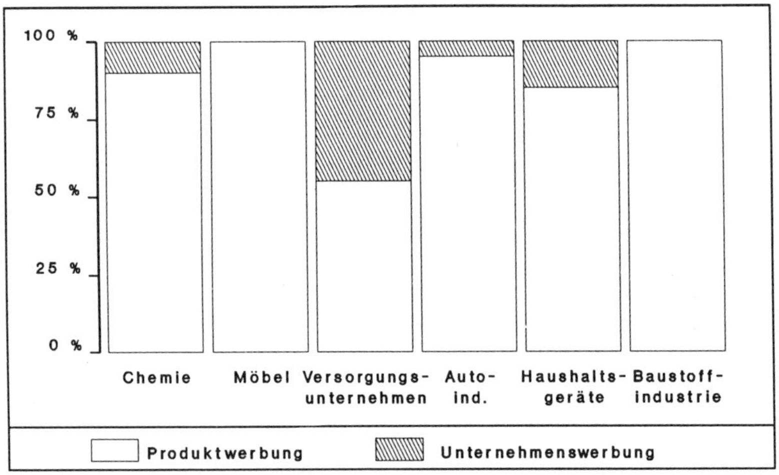

Abb. 85a: Produkt- und unternehmensbezogene Berücksichtigung des Umweltschutzes in der Werbung

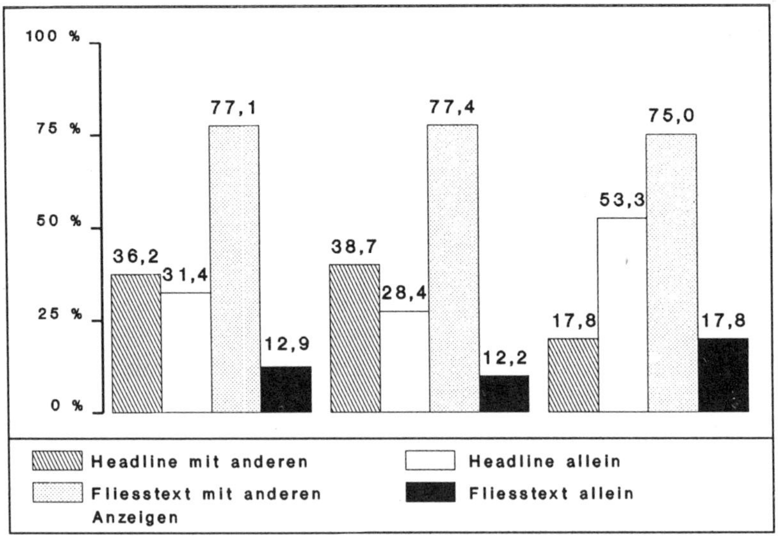

Abb. 85b: Art der Berücksichtigung ökologieorientierter Aussagen in der Werbung

mit anderen Argumenten Erwähnung fanden. Hingegen wurden bei der Unternehmenswerbung – insbesondere bei den Versorgungsunternehmen – Umweltargumente auch in die Headline einbezogen. In der Tonalität überwiegten in den Anzeigen überwiegend sachliche Argumente. Eine ausschließlich emotional aktivierende Werbung mit dem Thema Umweltschutz bildete den Ausnahmefall (vgl. Abbildung 85c).

Eine abschließende Typologisierung der Werbeanzeigen anhand der untersuchten Merkmale führte zu den in der Abbildung 85d dargestellten Formen der ökologieorientierten Werbung in Printmedien. Die jeweiligen Beispiele der Inserts 22a bis 22 e verdeutlichen, in welcher Form die einzelnen Typen in konkreten Anzeigen umgesetzt wurden.

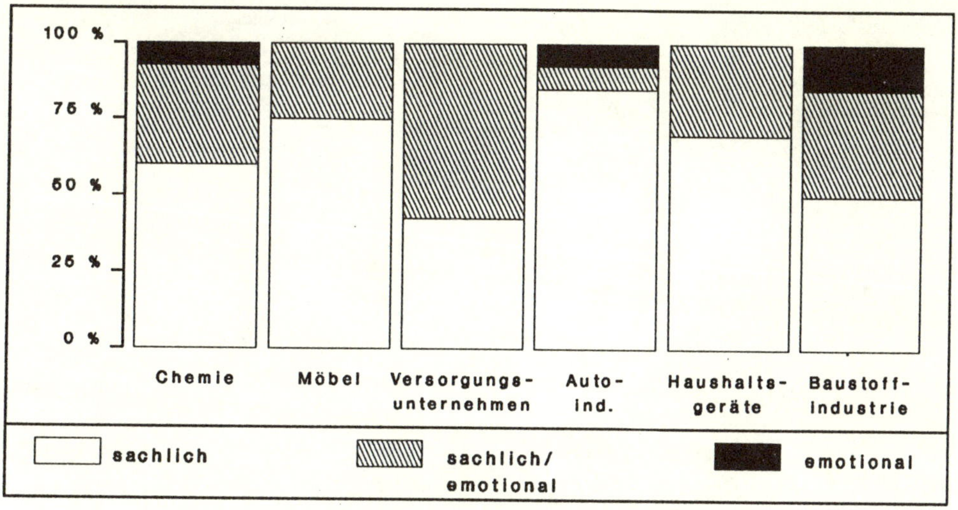

Abb. 85c: Tonalität der umweltorienterten Werbung

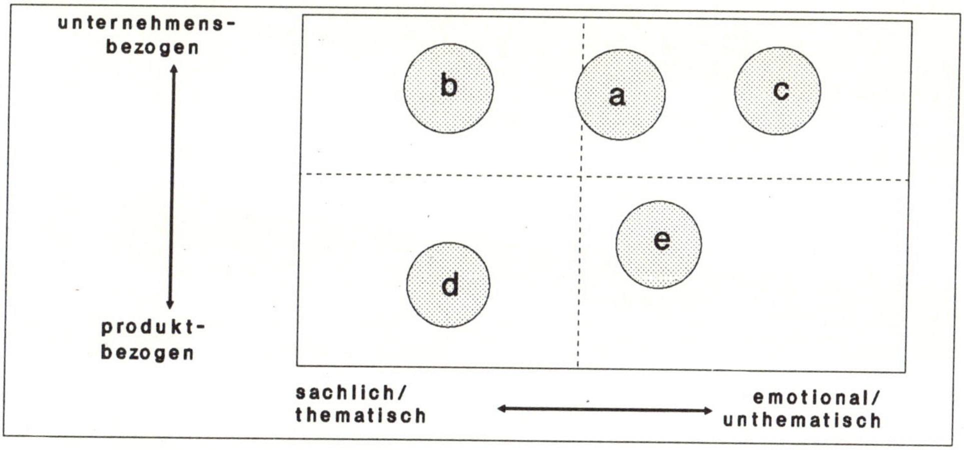

Abb. 85d: Typologisierung ökologieorientierter Werbung in Printmedien (vgl. hierzu die folgenden Anzeigenbeispiele Insert 22 a – 22 e)

Unser Zuhause.

Für diesen Stern gibt es kein Ersatzteil.

► Falls es irgendwo noch etwas Vergleichbares zu unserer Erde gibt, ist es wahrscheinlich so weit entfernt, daß wir eine Ewigkeit brauchen würden, um dort anzukommen. Wir werden also bis auf weiteres auf unserem Planeten Erde wohnen müssen. Grund genug, alles zu tun, damit die Erde auch in Zukunft bewohnbar bleibt.

Weil auch das Auto auf verschiedene Weise zu diesem Problem beiträgt, ist es mit dem Einbau von Katalysatoren nicht getan. Die baut Mercedes-Benz schon seit 1986 serienmäßig ein.

► Richtiger Umweltschutz beginnt da, wo Autos entstehen: in der Fabrik. Und er endet erst beim Recycling des Autos. Auch eine sehr moderne Produktionsanlage trägt zur Umweltbelastung bei. Deswegen werden die Produktionsvorgänge von uns immer wieder kritisch durchleuchtet und umweltverträglicher gemacht:

Im Heizkraftwerk Sindelfingen konnten wir durch den Einsatz von Erdgas die SO_2-Emissionen innerhalb von nur 6 Jahren auf unter 10 % reduzieren. Die Trocknerabluft der Lackiererei wird durch ein neues Aktivkohle-Absorptionsverfahren gereinigt. Ebenso wird die Spritzkabinenabluft in einer Auswaschanlage zu 99 % von Lackpartikeln befreit. Das dazu benötigte Wasser wird in einem geschlossenen Kreislauf gereinigt und wieder der Auswaschanlage zugeführt.

► Versuchsweise wird bei Mercedes-Benz bereits ein Verfahren angewendet, bei dem im Wasser enthaltene Lösungsmittel durch Förderung natürlicher Bakterienkulturen abgebaut werden. Zugleich werden immer mehr Wasserbasislacke verwendet, die auch bei Metallic-Lacken mit geringeren Lösungsmittelkonzentrationen auskommen. Dadurch verringert sich der Anteil organischer Lösungsmittel von 80 % auf 15 %. Un[illegible] Ziel ist es, daß durch geschl[illegible] Wasserkreisläufe keine belasteten Abwässer das Werk verlassen.

► Die Umweltschut[illegible] nahmen in der Produkti[illegible] Fahrbetrieb und am Leben[illegible] des Autos, wie sie Mercedes-[illegible] betreibt, sind nicht billig. [illegible] sehr notwendig. Denn wir k[illegible] langfristig nicht mit unserem St[illegible] umgehen, als ob wir noch ein[illegible] zweiten im Kofferraum hätten.

Mercedes-Benz
Ihr guter Stern auf allen Straßen.

Insert 22a: Beispiel einer gemischt emotional/sachlichen Unternehmenswerbung

Löst sich unser Abfall in Luft auf?

Tatsache: McDonald's initiiert und fördert eine Reihe zukunftsweisender Recyclingprojekte.

Ohne wärmedämmende Verpackung wird der Hamburger kalt, ohne Kunststoffdeckel ist die Cola in Kinderhand eine stetig drohende Überschwemmungsgefahr. Und so weiter.

Wo der Mensch sich das Leben angenehmer gestaltet, entsteht auch Abfall. Nicht nur bei McDonald's.

Andererseits gibt es ein Müllproblem. Was also tun?

Schon immer haben wir Wert darauf gelegt, daß unsere Verpackungsmaterialien umweltfreundlich zu entsorgen waren; z. B. Papier und FCKW-freies Polystyrol.

Über 30 % unserer Abfälle werden schon heute systematisch dem Recycling zugeführt. Am Rest arbeiten wir mit Hochdruck.

Das Problem für die Wiederverwertung war bisher vor allem das Trennen der verschiedenen Materialien.

McDonald's hat deshalb die Schweizer Firma Belland AG beauftragt, Kunststoffe zu entwickeln, die nach Gebrauch wasserlöslich gemacht und so vom übrigen Abfall getrennt und wiederverwertet werden können.

Wir fördern ein Verfahren der Münchner Firma BTA, durch das auf biologischem Weg Papier und andere organische Stoffe in Biogas und Kompost verwandelt werden.

In einem Großversuch in Kaiserslautern werden ebenfalls neue Kompostierverfahren erprobt.

Diese und andere Projekte, für die wir allein 1989 1,5 Millionen DM bereitgestellt haben, werden dazu beitragen, daß wir den Abfall weiter reduzieren können, ohne andererseits auf die Vorzüge wärmedämmender, auslaufsicherer und hygienisch einwandfreier Verpackungen verzichten zu müssen.

In den nächsten Folgen dieser Informationsreihe geht es um McDonald's und die tropischen Regenwälder. Schreiben Sie uns:
McDonald's Deutschland, Kunden-Information
Drygalski-Allee 51, 8000 München 71.

Insert 22b: Beispiel einer sachlich ausgerichteten Unternehmenswerbung

Insert 22c: Beispiel einer emotional ausgerichteten Unternehmenswerbung

Insert 22d: Beispiel einer überwiegend sachlichen Produktwerbung

Auch wir versetzen keine Berge.

Aber wir

Wer kennt das Problem nicht: Wohin mit den sperrigen Kanistern und großen Flaschen? Das Problem, das jeder zu Hause hat, setzt sich millionenfach draußen vor unseren Städten fort: Die Müllberge wachsen und wachsen. Henkel will bei der Lösung dieses Problems helfen. Zwar

machen Müllberge

müssen Wasch- und Reinigungsmittel nach wie vor verpackt werden – aber bei Henkel werden sie eben möglichst umweltgerecht verpackt. Dafür wurden völlig neue Ideen entwickelt.

kleiner.

Zum Beispiel „Flüssig im Karton". So gibt es von Henkel Flüssigwaschmittel in Karton-Verpackungen mit so wenig Kunststoff wie möglich. Und wo Kunststoff überhaupt noch verwendet werden muß, werden nur umweltverträgliche Materialien eingesetzt. Wenn Sie also Produkte von Henkel kaufen, können Sie sicher sein, daß Sie Qualität bekommen. Und daß diese Qualität umweltverträglich verpackt ist.

Der ergiebige Weiße Riese im gebrauchsfertigen Flüssig-Pack. Platzsparend und leicht zu entsorgen.

Achten Sie auf dieses Zeichen:

Henkel-Qualität für Haushalt und Umwelt.

Henkel

Persil, Weißer Riese, Dixan 2000, Perwoll, fewa, ATA, dor, Pril.

Insert 22e: Beispiel einer eher emotional ausgerichteten Produkt- und Unternehmenswerbung

3.2.3 Öko-Sponsoring

Beim sog. **Öko- oder Umweltsponsoring** stellen Unternehmen Geld, Sachmittel oder Dienstleistungen zur Erfüllung ökologischer Aufgaben zur Verfügung, um damit direkte oder indirekte Wirkungen für ihre Unternehmenskultur oder -kommunikation zu erzielen (Bruhn 1990, S. 2 f.). Gegenüber dem Mäzenatentum und Spendenwesen zeichnet sich das Umweltsponsoring durch das Prinzip der Gegenleistung, die Intention einer »echten« Förderung und die inhaltliche Identifizierung des Unternehmens mit den Zielen seiner Umweltförderung bzw. mit den Zielen der Gesponsorten aus. Die Abbildung 86 zeigt im Überblick, welche inhaltlichen Bezugspunkte zwischen dem Sponsor und den Förderbereichen bestehen können.

Im aktiven Umweltschutz gibt es vielfältige Institutionen, wie z.B. A.U.G.E., B.U.N.D., WWF oder den DBV, die als potentielle Sponsorship-Nehmer in den Bereichen Natur- und Landschaftsschutz, Tier- und Artenschutz, Pflanzen- sowie Gewässerschutz oder der Umwelterziehung in Frage kommen (vgl. Insert 23). Bei einem glaubwürdigen Sponsoringengagement im Umweltschutzbereich sollte ein Unternehmen folgende Anforderungen erfüllen, die auch vom Gesponsorten für das Zustandekommen eines Sponsorship gefordert und überprüft werden:

- Verankerung des Umweltschutzes in den Unternehmensgrundsätzen,
- funktionsübergreifendes Umweltschutzkonzept,
- nachhaltige Verdeutlichung des Bestrebens um innovative Lösungen bei den angebotenen Produkten und im gesamten Unternehmensverhalten,
- innerbetriebliche Motivation zum Umweltschutz,
- Umweltsponsoring als langfristiges Engagement,
- offene Identifikation mit den Zielen des Gesponsorten.

Durch eine entsprechende Nutzung z. B. von Umweltzeichen der einzelnen Organisationen und der die Erwähnung des Sponsorships in den Kommunikationsaktivitäten des Sponsors kann die Unternehmenskommunikation flankierend belebt und aktualisiert werden. Wie für den Einsatz der klassischen Kommunikationsinstrumente sollten Umweltsponsoring-Aktivitäten in einem systematischen Prozess geplant werden (Bruhn 1990, S. 73 ff.). Ausgehend von der Festlegung der Sponsoringziele sind die Sponsoring-Zielgruppen zu identifizieren, die Sponsoringstrategie (Festlegung der Förderbereiche, Art der Förderung, »Verbindungslinien« zwischen Sponsor und Gesponsorten) und Einzelmaßnahmen (Auswahl konkreter Sponsorships, Festlegung von Leistung und Gegenleistung, Budgetplanung, Vertragsgestaltung) zu bestimmen und eine Integration des Umweltsponsoring in das bestehende Kommunikationsmix zu planen. Es zeigt sich in der Praxis, daß Sponsoringaktivitäten dann besonders erfolgreich sind, wenn sie in das Kommunikationsmix integriert werden, d.h. insbesondere inhaltlich (Berücksichtigung von Sponsoringaktivitäten in den Inhalten der klassischen Werbung) und zeitlich aufeinander abgestimmt sind. Eine systematische Kontrolle der Sponsoringaktivitäten steht am Ende des Planungsprozesses im Sponsoring.

Verbindungslinien	Hauptmotive	Bezüge abgeleitet aus:
Verantwortungs-bezug	Übernahme einer sozialen bzw. ökologischen Verantwortung des Unternehmens	Unternehmensethik
Regionalbezug	Dokumentation der Verpflichtung des Unternehmens für regionale Themen	regionalen Problemstellungen, Projekten, Aktionen, Organisationen
Produktbezug	Beitrag leisten zur Lösung von Problemen, die durch eigene Produkte mit verursacht werden	Betroffenheit des Unternehmens mit Gefährdungsbereichen
Imagebezug	Verbesserung eines angestrebten Images mit sozialen bzw. ökologischen Aspekten	(Soll-) Unternehmensimage ggfs. auch durch Firmenlogo oder Unternehmensnamen
Zielgruppenbezug	Suche nach neuen Formen der Kommunikation mit Unter-nehmens-Zielgruppen	Bedarf des Unternehmens an einer intensiveren Kommunikation mit Zielgruppen
Know-how-Bezug	Bereitstellung von Unternehmens-leistungen zur Lösung sozialer und ökologischer Aufgaben	Fähigkeit der Produkte, Dienst-leistungen und Mitarbeiter zur Problemlösung

Abb. 86: Inhaltliche Verbindungslinien zwischen Sponsor und Förderbereichen
(Quelle: Bruhn 1991)

3.3 Einfluß der Ökologie auf preispolitische Entscheidungen

Ökologierelevante preispolitische Entscheidungen beziehen sich auf die erstmalige Festlegung eines Preises bei umweltgerechten Neuprodukten, auf Preisänderungen, die durch Nachfrage- und Kostenänderungen bzw. durch die Konkurrenz initiiert sind, sowie auf die Ermittlung des »optimalen« Preisverhältnisses von umweltgerechten und anderen, weniger umweltgerechten Produktvarianten derselben Produktlinie, welche hinsichtlich der Preise und/oder Kosten miteinander verbunden sind (vgl. u. a. Simon 1982, Diller 1991, S. 40 ff.und S. 191 ff.). Die Preispolitik für umweltfreundliche Produkte bewegt sich – wie bei anderen Produkten auch – im Spannungsfeld zwischen kostenorientierter, nachfrageorientierter und konkurrenzorientierter Preisfindung (vgl. hierzu z. B. Meffert 1986, S. 295 ff.). Zwar besteht in marktwirtschaftlichen Systemen zwischen den Kosten und dem Absatzpreis in der Regel kein direkter Zusammenhang, dennoch kommt der **Preissetzung auf Kostenbasis** in der Praxis (Kosten + Gewinnzuschlag) eine besondere Bedeutung zu.

Die von Umweltschutzauflagen und -normen betroffenen Unternehmen sehen sich aufgrund der durchzuführenden Umweltschutzinvestitionen einer veränderten Kosten- und Liquiditätssituation und damit neuen preispolitischen Determinanten gegenüber. Die Herstellung umweltgerechter Produkte verursacht in der Regel **höhere Herstellungskosten** als von Produkten, die die gleiche Funktion bei einer geringeren Berücksichtigung umweltbezogener Aspekte erfüllen. Das beruht einerseits auf den meist komplizierten und kostenintensiveren Herstellungsverfahren und andererseits auf der Schwierigkeit, schnell

WWF
Partner für die Umwelt

Umweltsponsoring -
mögliche Anknüpfungspunkte

Zielgruppen	Ziele	Nutzen
Mitarbeiter, Kunden, Lieferanten, Standortbevölkerung, Händler, Franchisenehmer, Geschäftspartner, allgemeine Bevölkerung, (potentielle Kunden) ←	Verbesserung bestimmter Imagekomponenten, Erhöhung des Bekanntheitsgrades, Erhöhung der Akzeptanz, Absatzverbesserung, Intensivierung/Verbesserung der Mitarbeiterpolitik u.a. ↓	→ zugunsten des Unternehmens als Ganzem, der Marke, des Produktes
Standorte Projektmerkmale	**Projektauswahl Projekttyp**	**Durchführung der Projektauswahl**
lokal, regional, national, international; schwierige, langfristige Projekte (Wattenmeer, Tropenwald), kurzfristige Projekte, Projekte im Zeichen von Tierarten, Pflanzen, Elementen (Wasser, Luft, Boden) ←	Umweltschutz, Naturschutz, Umweltforschung, Umwelterziehung, Öffentlichkeitsarbeit ↓	→ gemeinsame Auswahl der Sponsoringprojekte durch Abstimmungen, Wettbewerbe u.a. Feedbackmöglichkeiten mit Mitarbeitern, Kunden, Lieferanten, Partnern, Standortbevölkerung, oder anderen Zielgruppen
Dauer	**Arten der Finanzierung**	**Durchführung**
einmalige Förderung eines Projekts, langfristige Patenschaft ←	Art der Spende: Geldspenden, Lizenzen, Firmen-Mitgliedschaften, Sachspenden ↓	→ Beteiligung der Kunden des Unternehmens (Kundenpfennig), Beteiligung der Mitarbeiter des Unternehmens, Beteiligung von Händlern, Beteiligung von Tochterunternehmen, Förderung in Kooperation mit anderen Spendern
Pressearbeit	**Möglichkeiten des Imagetransfers bei der Kooperation mit dem WWF**	**Interne Kommunikation**
Berichte im WWF-Journal, Pressemeldungen, Presseveranstaltungen, Aktionen mit Medien über Einsatz von Sachspenden ←	**Klassische Werbung, Direct Mailing** **Aktionen** ↓	→ Vortrag des WWF vor Kunden, Mitarbeitern, Führungsgremien, Erstellung von Printmedien, regelmäßige Berichterstattung über Mitteleinsatz und Projektentwicklung, Berichte in WWF-Journal und unternehmenseigenen Medien
Veranstaltungen, Wanderausstellungen, Promotion-Unterstützung wie: Vermittlung von passenden Incentives, Wettbewerbe. ←	Benefizveranstaltungen, Scheckübernahme durch prominente WWF-Botschafter,	→ Auszeichnung von Topspendern durch den Präsidenten des WWF-International (S.K.H. Prinz Philip, Herzog v. Edinburgh)

Insert 23: Beispiel für ein Öko-Sponsoring beim World Wildlife Fund
(Quelle: WWF)

Absatzzahlen zu erreichen, die die Unternehmung in den Genuß von Kostendegressionseffekten bringen können.

Diese bei der Mehrzahl der Unternehmen anfallenden Kostensteigerungen durch Umweltschutzmaßnahmen müssen ganz oder teilweise auf den Nachfrager übergewälzt werden. Die Auswirkungen der erhöhten Preisforderung auf die abgesetzte Menge und die Gewinnsituation hängen von der **Preiselastizität der Nachfrage** nach dem umweltverträglicheren Produkt ab. In der Regel ist damit zu rechnen, daß die Reaktion auf Preiserhöhungen bei der Einführung umweltfreundlicher Produktvarianten relativ elastisch erfolgt, d. h. ein entsprechender Nachfragerückgang eintritt.

Abbildung 87 soll diesen Sachverhalt an einem einfachen Modellbeispiel verdeutlichen. Der Einsatz umweltfreundlicherer Materialien führe zu einer Erhöhung der Grenzkosten von K'_0 auf K'_1. Bei gegebener Nachfrage N_0 führt dies zu einer Preiserhöhung auf P_1 mit einer entsprechenden Verringerung des Deckungsbeitrages (Fläche abcd minus Fläche efgh). Um den Deckungsbetrag mindestens zur Ausgangssituation zu sichern, ist ein positiver Nachfrageeffekt (N_1) und eine entsprechende Preiserhöhung auf P_2 am Markt durchzusetzen (Fläche eijk).

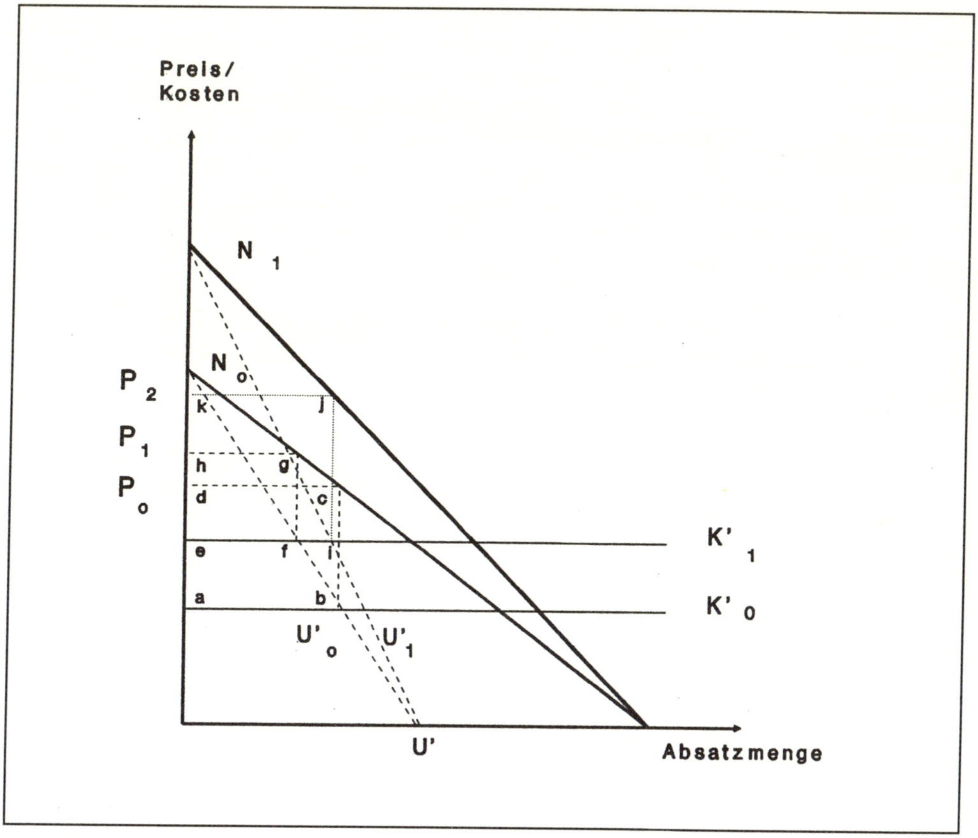

Abb. 87: Gewinnwirkungen der Preispolitik für umweltverträgliche Produkte

Auf der Mehrzahl der Märkte kann jedoch mit einem derartigen Mengeneffekt zum Ausgleich der Deckungsbeitragsverluste nicht gerechnet werden. Deshalb müssen die Unternehmungen nach Möglichkeiten suchen, die Kostenüberwälzung zu entschärfen. Eine

Möglichkeit stellt die Mischkalkulation zugunsten der umweltverträglichen Produkte dar. Es ist auch eine Preisdifferenzierung denkbar, bei der im umweltbewußt denkenden und handelnden Konsumentensegment ein höherer Preis gefordert wird als in den anderen Marktsegmenten. In der Untersuchung von Kirchgeorg (1990, S. 149 ff.) konnte in bezug auf preispolitische Maßnahmen festgestellt werden, daß von den befragten Unternehmen kaum die Möglichkeit gesehen wird, umweltgerechte Produkte gegenüber den herkömmlichen Produktvarianten zu einem günstigeren Preis abzusetzen. Vielmehr stehen Mischkalkulationen und Preiserhöhungen im Vordergrund. Vor allem die »Ökologieorientierten Innovatoren« können nicht zuletzt aufgrund ihres Marktvorsprungs einen höheren **Preisspielraum für umweltgerechte Produkte** ausnutzen, während die »Ökologieorientierten Selektiven« in hohem Maße durch Mischkalkulationen einen Preisausgleich anzustreben versuchen.

Wesentlicher Bestimmungsgrund für eine Kostenüberwälzung ist die **Preisbereitschaft** bei den umweltbewußten Konsumenten. Untersuchungen, die die »Opferbereitschaft« von Konsumenten zugunsten der Umwelt zum Gegenstand haben, können sich zumeist nur auf das in Befragungen bekundete Kaufverhalten stützen, ohne das tatsächliche Verhalten zu beobachten. Vor allem bei langlebigen Konsumgütern mit hohem Finanzbedarf (Pkw, Kühlschrank) bestehen aber nicht selten Divergenzen zwischen der bekundeten und der tatsächlichen Preisbereitschaft. Die Unternehmen müssen daher versuchen, beim Absatz eines teureren, aber umweltfreundlicheren Produktes Kaufunsicherheiten dadurch zu beseitigen, daß neben dem vom Konsumenten empfundenen sozialen Nutzen das Produkt ein hohes Maß an Produktsicherheit und zusätzlichem Verwendungsnutzen auszeichnet. Ein umweltfreundliches Produkt mit einem hohen Preis und qualitativen Nachteilen gegenüber Substitutionsprodukten des Wettbewerbs wird vom Konsumenten kaum akzeptiert werden.

Die Ausführungen machen deutlich, daß für die Preisdurchsetzung bei der Einführung umweltfreundlicherer Produkte der Markenprofilierung ein besonderes Gewicht zukommt. Die Preispositionierung hängt dabei nicht nur von der wahrgenommenen Bedeutung ökologischer Nutzendimensionen ab. Vielmehr ist bei der Festlegung der Preishöhe auch die Dauerhaftigkeit bzw. Absicherbarkeit der mit ökologischen Nutzenpositionen verbundenen Wettbewerbsvorteile ins Kalkül zu ziehen. Sind die Wettbewerbsvorteile nur vorübergehender Natur und ist absehbar, daß ökologische Produktvorteile zum Standard werden, so empfiehlt sich u. U. eine **zeitliche Preisdifferenzierung**. Dabei ist zwischen einer Abschöpfungs- und Penetrationspreispolitik abzuwägen (Meffert 1986, S. 334 f.). Während die Abschöpfungspreispolitik durch anfänglich hohe Preise darauf abzielt, die Konsumentenrente ökologisch bewußter und preisbereiter Käufer abzuschöpfen, ermöglicht eine Penetrationspreispolitik u. U. durch niedrige Einführungspreise eine raschere Marktdurchdringung mit umweltgerechteren Problemlösungen, die zur längerfristigen Absicherung der Marktposition – durch Abschreckung potentieller Konkurrenten – geeignet sein kann. Die Optionen machen deutlich, daß die Deckungsbeitragsziele der Unternehmung mit den ökologischen Zielen einer raschen Penetration umweltfreundlicher Produkte durchaus in Konflikt stehen können.

3.4 Einfluß der Ökologie auf distributionspolitische Entscheidungen

Der Begriff Distribution bezieht sich auf alle Entscheidungen und Handlungen, die im Zusammenhang mit dem Weg eines Produktes zum Endkäufer stehen. Die Gestaltung **ökologieorientierter Absatzsysteme** umfaßt einerseits die Wahl jener Absatzwege, die für den Absatz und gegebenenfalls die Entsorgung von umweltgerechten Produkten geeignet sind und andererseits das logistische System, um diese Produkte zur gewünschten Zeit in der richtigen Menge an den gewünschten Ort gelangen zu lassen.

Die bei der Gestaltung von Absatzsystemen derzeit noch zu beobachtende einseitige Vorwärtsrichtung, die den Güterstrom vom Produzenten zum Konsumenten fließen läßt, stellt eine Herausforderung für eine ökologieorientierte Distribution dar. Das **Konzept der dualen Abfallwirtschaft** (vgl. auch Kapitel V. 5.) soll hier die Möglichkeit bieten, ausgediente Produkte und Verpackungen zu erfassen, zu recyclieren und für den Produktionsprozeß aufzubereiten bzw. weiterzuverwenden, um damit zur Umwelt- und Ressourcenschonung beizutragen. Der Aufbau solcher **Retro-Distributionssysteme** (Ruppen 1978, S. 252 f.), der erheblich von der Kooperationsbereitschaft des Handels abhängig ist (Bereitstellung von Personal und Verkaufsfläche etc.), kann dazu beitragen, daß die durch Abfälle verursachten Umweltkosten jene Vorteile von Wegwerfverpackungen annähernd kompensieren. Dem Handel bietet sich die Möglichkeit, als umweltbewußter Mittler zwischen Hersteller- und Händlerinteressen durch die Einrichtung von Recycling-Centern am Point of Purchase sowie den Aufbau eines Öko-Sortiments die Besuchshäufigkeit bei den Verkaufsstellen zu erhöhen.

Eine Distributionspolitik unter ökologischen Gesichtspunkten muß auch das **logistische System** einschließen. Hier kann die alleinige Berücksichtigung von Kostenfaktoren und kundenbezogenen Restriktionen durch ressourcenbezogene (Energie) und umweltbezogene (Emissionen) Faktoren ergänzt werden. Bei der Wahl der Transportmittel können ressourcensparende Transportmöglichkeiten wie die Bahn bevorzugt Berücksichtigung finden, wie dies zum Beispiel der schweizerische Migros-Genossenschaftsbund verfolgt (o. V. 1984, S. 8–12). Ökologische Kriterien, die zur Bewertung alternativer Transportarten herangezogen werden könnten, sind der Energieverbrauch, die Abgas- und Lärmentwicklung, die Unfallträchtigkeit und die damit zusammenhängenden Umweltgefahren beim Transport umweltschädlicher Substanzen. Die Einbeziehung ökologischer Faktoren in die logistischen Entscheidungen führt meist zu einem Zielkonflikt zwischen einer möglichst emissionsarmen Verteilung der Produkte einerseits und der Forderung nach einer schnellen und flächendeckenden Lieferung andererseits. Außerdem ist die Beschaffung der notwendigen Informationen zur Einbeziehung der ökologischen Kriterien in die logistischen Entscheidungen problematisch. Welche distributionspolitischen Entscheidungen bei der umweltgerechten Gestaltung vertikaler Absatzsysteme im einzelnen bestehen, wird in den folgenden Kapiteln ausführlich erörtert.

4. Ökologieorientiertes Marketing im vertikalen Wettbewerb

Strategische Entscheidungen und operative Maßnahmen im ökologieorientierten Marketing müssen gegen Wettbewerbsbarrieren auf Herstellerebene und Akzeptanzbarrieren auf der Ebene der Endverbraucher erfolgreich im Markt durchgesetzt werden. Dabei kommt dem Wettbewerb im vertikalen System, d.h. den Hersteller-Händler-Beziehungen im Rahmen des ökologieorientierten Marketing eine besondere Bedeutung zu.

Der intensive Wettbewerb in vertikalen Systemen (vgl. Steffenhagen 1975; Ahlert 1982; Irrgang 1989) wird im Bereich ökologischer Problemstellungen einerseits durch die Unsicherheit hinsichtlich der gesetzlichen Rahmenbedingungen hervorgerufen. Andererseits führt die gegenseitige Zuweisung von Verantwortlichkeiten zur Durchführung umweltentlastender Maßnahmen häufig zur Blockade des ökologieorientierten Marketing und damit zu einem den vertikalen Wettbewerb verschärfenden öffentlichen Druck auf Hersteller und Handel. Beide Seiten sind sowohl aus Sicht der Verbraucher als auch des Gesetzgebers in Sachen Umweltschutz gleichermaßen in der Verantwortung. Diese Interdependenz macht die Notwendigkeit einer **Absatzstufenintegration** als ein zentrales Element des vertikalen Öko-Marketing in besonderer Weise deutlich.

Ein intensivierter vertikaler Wettbewerb ergibt sich vor allem als Folge staatlicher Forderungen. Der Gesetzgeber weist dem Handel einen erheblichen Teil der Verantwortung bei der Müllentstehung zu, insbesondere hinsichtlich des wachsenden Verpackungsmülls. Dem Verursacherprinzip entsprechend soll der Handel aufgrund seines direkten Kontaktes zum Konsumenten durch die Verpackungsverordnung in die Entsorgung des Hausmülls eingebunden werden. Der Handel seinerseits sieht sich mit dieser **Entsorgungs- bzw. Müllzwischenlagerfunktion** überfordert. In dieser Situation eines hohen externen Handlungsdruckes ist der Handel bestrebt, Verantwortlichkeiten und vor allem die Kosten ökologieorientierter Maßnahmen auf die Hersteller als vorgelagerte Systempartner abzuwälzen.

Diese Bestrebungen auf der Handelsseite treffen auf ökologieorientierte Forderungen der Hersteller, für die der Handel bei der erfolgreichen Durchsetzung ökologieorientierter Marketing-Konzepte in besonderem Maße die Rolle eines **»Gatekeepers«** spielt (Hansen 1990b), eines nur schwer zu durchdringenden Nadelöhrs auf dem Weg zum umweltbewußten Kunden. Der Handel wird dabei häufig als »ökologischer Trittbrettfahrer« bezeichnet, der lediglich Forderungen gegenüber den Herstellern artikuliert und von deren Umweltschutzaktivitäten profitiert, selbst jedoch nur in geringem Maße Eigeninitiative im Umweltschutz ergreift (Meffert 1991a). Diese konträren ökologieorientierten Positionen stellen eine zentrale Ursache des sich verschärfenden vertikalen Wettbewerbs dar.

Der Handlungsdruck in vertikalen Systemen wird dadurch noch verstärkt, daß die Konsumenten in zunehmendem Maße konkrete Aktivitäten zur Lösung der Umweltprobleme von Herstellern und Handel fordern. In diesem Zusammenhang belegen Marktforschungsstudien, daß der Handel nicht aus seiner Umweltverantwortung entlassen wird. Auch aus Konsumentensicht wird der Handel entsprechend dem Verursacherprinzip als (Mit-)Verantwortlicher für die Entsorgung der von ihm in Verkehr gebrachten Verpackungsabfälle wahrgenommen.

Eine Profilierung durch ökologieorientiertes Marketing kann vor diesem Hintergrund insbesondere deshalb erfolgreich sein, weil in der Vergangenheit nur wenige Handelsunternehmen den Umweltschutz als Chance zur Einkaufsstätten- bzw. Betriebstypenprofilierung genutzt haben. Dabei existieren in dieser Hinsicht beachtliche Nachfragepotentiale. Dieser Sachverhalt wurde bereits 1988 im Rahmen eines Haushaltspanels belegt (vgl. Abbildung 88). Die Analyse der Einkaufsstättenwahl ergab, daß besonders umweltbewußte Haushalte 21% häufiger beim Handelsunternehmen »Tengelmann« einkauften als weniger umweltbewußte Haushalte. Dies dürfte weitgehend darauf zurückzuführen sein, daß »Tengelmann« als eines der ersten Unternehmen im Handel sich zu einem ökologieorientierten Marketing-Konzept bekannte. Deutliche Marktanteilsverluste der bislang nicht ökologieorientiert auftretenden Betriebstypen, hier sind insbesondere die preisaggressiven Discounter angesprochen, konnten im Rahmen dieser Studie ebenfalls nachgewiesen werden (GfK 1988).

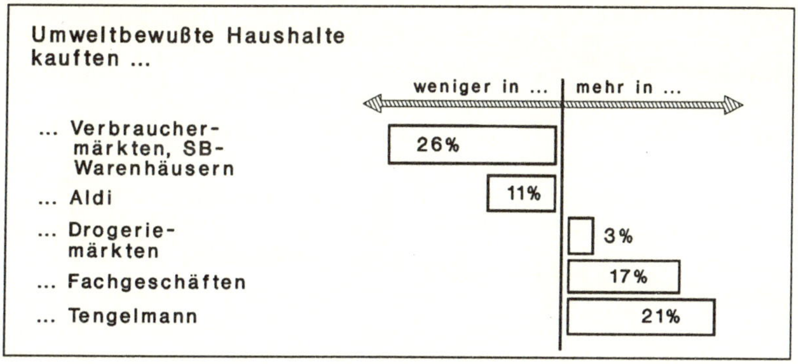

Abb. 88: Kaufverhalten auf Einkaufsstättenebene

Vor diesem Hintergrund soll im folgenden zunächst auf diejenigen grundlegenden Handlungsoptionen eines ökologieorientierten Marketing aus Handelssicht eingegangen werden, die aus Herstellersicht wichtige Determinanten im vertikalen Marketing darstellen. Im Anschluß daran werden vertikale Konfliktpotentiale im Bereich ökologieorientierter Basisstrategien, der Funktionsverteilung zwischen Hersteller und Handel sowie im Bereich der Sortiments- und Kommunikationspolitik dargestellt.

4.1 Handlungsoptionen eines ökologieorientierten Marketing aus Handelssicht

4.1.1 Ökologieorientierte Grundhaltungstypen im Handel

Die als Folge von Konzentrationstendenzen kontinuierlich an Bedeutung gewinnende Position des Handels im vertikalen System (Stern 1989; Ahlert 1982) hat dazu geführt, daß die traditionell vorgenommene Unterscheidung zwischen Machtstrategien einerseits und Anreiz-Beitrags-Strategien andererseits aus Herstellersicht nur noch geringe Praxisrelevanz besitzt (Irrgang 1989). Die Einkaufsmacht des Handels eröffnet dem Hersteller nur in wenigen Fällen die Möglichkeit, seinerseits Machtstrategien zur Durchsetzung ökologieorientierter Marketing-Konzepte zu realisieren. Eine Systematisierung der dem Hersteller offenstehenden **Durchsetzungsalternativen** führt zu den drei folgenden Optionen:

- Ökologieorientiert-handelsgerichteter Ansatz
- Ökologieorientiert-konsumentengerichteter Ansatz
- Vertikal integrierter Ansatz.

Bei dem allein auf den Handel konzentrierten **handelsgerichteten Ansatz** (Marketing-Push) läuft der Hersteller Gefahr, auf mangelnde Akzeptanz und Kooperationsbereitschaft des Handels zu stoßen. Ohne ein auf die spezifischen Bedürfnisse der Endverbraucher ausgerichtetes ökologieorientiertes Kommunikationskonzept wird der Handel von dem herstellerseitig prognostizierten Bedarf eines umweltgerechten Produktes nur schwer zu überzeugen sein. In diesem Falle scheitert die ökologieorientierte Strategie des Herstellers letztlich an Listungsproblemen sowie einer mangelnden Unterstützung des Handels.

Beim einseitig **konsumentengerichteten Ansatz** (Marketing-Pull) besteht aus Herstellersicht hingegen die Gefahr, daß die Botschaft über das neue umweltgerechte Angebot die Endverbraucher zwar erreicht, die Konsumenten aber aufgrund der häufig zu beobachtenden Divergenzen zwischen einem relativ hohen Umweltbewußtsein und einem nicht umweltorientierten Kaufverhalten das umweltgerechte Produkt nicht im Handel nachfragen bzw. dort nicht vorfinden (vgl. zur Divergenzproblematik Kapitel III. 3.1.4).

Für den Hersteller stellt damit erst ein **vertikal integriertes Vorgehen** in Abstimmung und Kooperation mit dem Handel einen erfolgversprechenden Ansatz zur Durchsetzung seiner ökologieorientierten Marketing-Konzepte dar. Voraussetzung hierfür ist die Kenntnis der grundlegenden ökologieorientierten Handlungsoptionen des Handels. Die Entscheidung des Handels für eine bestimmte ökologieorientierte Basisstrategie hat für den Hersteller wesentliche Konsequenzen für die Durchsetzbarkeit seiner Öko-Marketing-Konzepte.

Für den Handel ergeben sich in diesem Zusammenhang grundsätzlich dieselben ökologieorientierten Grundhaltungen bzw. Basisstrategien wie sie bereits für den Hersteller dargestellt wurden (vgl. Kapitel IV. 2.1). Die von vielen Unternehmen im Handel verfolgte, eher **defensive ökologieorientierte Basisstrategie** ist durch eine passive Einstellung gegenüber Umweltschutzzielen, einer weitgehenden Ignoranz aktueller Umwelttrends sowie dem partiellen Widerstand gegen umweltpolitische Initiativen des Gesetzgebers gekennzeichnet. Die in diesem Falle meist überdurchschnittlich ausgeprägte Kostenorientierung war in der Vergangenheit mit dem passiven Umweltschutzverhalten gut in Einklang zu bringen, weil die Nichtdurchführung von Umweltschutzmaßnahmen häufig auch die kostengünstigste Verhaltensweise war.

Beispielhaft für diese defensive Grundhaltung können bisher der Lebensmitteldiscounter ALDI sowie die Drogeriefachmarktkette SCHLECKER genannt werden. Die Situation dieser Unternehmen ist insbesondere dadurch gekennzeichnet, daß sie durch ihre Sortimentsstruktur in erheblich stärkerem Maße von ökologieorientierten Forderungen der Öffentlichkeit betroffen sind, als z. B. Unternehmen im Textil-Einzelhandel oder Warenhäuser.

Die Option der **selektiven ökologieorientierten Basisstrategie** ist durch eine fallweise Anpassung an die umweltgerichteten Forderungen der Kunden gekennzeichnet. Diese Handelsunternehmen führen lediglich vereinzelt ökologieorientierte Maßnahmen durch. Ein solcher »Öko-Aktionismus« führt meist nicht zu einer eigenständigen ökologieorientierten Profilierung im Wettbewerb. Die Umweltinitiativen werden bei dieser selektiven Grundhaltung weder in der Sortimentspolitik noch in der Kommunikationspolitik aktiv aufgegriffen und tragen dementsprechend nicht zum Aufbau eines umweltorientierten Einkaufsstättenimages bei.

Eine **offensive ökologieorientierte Basisstrategie** im Handel ist dadurch gekennzeichnet, daß der Umweltschutz explizit in die Unternehmensphilosophie integriert wird und dies innen- und außengerichtet auch kommuniziert wird. Diese Handlungsoption ist ferner durch ein proaktives Wettbewerbsverhalten in Verbindung mit ökologisch innovativen Problemlösungen charakterisiert.

Beispielhaft für diese offensive ökologieorientierte Basisstrategie können das Schweizer Handelsunternehmen MIGROS, der größte Lebensmittelhändler Kanadas, die LOBLAW Companies Ltd. sowie das deutsche Handelsunternehmen TENGELMANN genannt werden. Bei MIGROS wurde die Umweltorientierung in Form eines ökologischen Leitbildes schriftlich fixiert und in allen Unternehmensbereichen konsequent umgesetzt. Das ökologische Leitbild der MIGROS wird durch die Kernaussage »Wir wollen Vorbild sein in der Schonung natürlicher Ressourcen. Wir unterstützen wirksame Maßnahmen zur Verminderung der Umweltbelastung« zum Ausdruck gebracht. Gemäß diesem Leitziel sind alle Umweltaktivitäten elementarer Bestandteil der Informationspolitik gegenüber der Öffentlichkeit.
Das kanadische Lebensmittelhandelsunternehmen LOBLAW Companies entwickelte seit 1989 in Zusammenarbeit mit 10 verschiedenen Umweltgruppen (u.a. Greenpeace, Pollution Probe, Friends of the Earth, Environmental Network) ein mehr als 100 Produkte umfassendes Sortiment besonders umweltschonender und gesunder Produkte unter der Eigenmarke »President's Choice GREEN«. Die Umweltgruppen analysierten zunächst das bestehende Sortiment dahingehend, bei welchen Artikeln und Artikelgruppen durch Produktion und Vertrieb überdurchschnittliche Umweltbelastungen entstehen. Das Ergebnis dieser Analyse führte dann zur Entwicklung umweltgerechterer Produkte. Als Erweiterung einer bereits gut im Markt eingeführten Eigenmarke werden diese ökologieorientierten Produkte als eigenständiges Sortiment angeboten. Durch dieses ökologieorientierte Sortiment konnte der Marktanteil des Unternehmens innerhalb von 12 Monaten landesweit um zwei Prozentpunkte erhöht werden (o.V. LZ 1991).

4.1.2 Ökologieorientierte Konfliktpotentiale im vertikalen System

Die Entscheidung des Handels für eine ökologieorientierte defensive, selektive oder offensive Basisstrategie hat für den Hersteller unmittelbare Konsequenzen hinsichtlich der Konfliktpotentiale im vertikalen System (vgl. Abbildung 89).

Die vergleichsweise geringsten Probleme bei der Abstimmung in Richtung auf ein vertikal integriertes ökologieorientiertes Marketing-Konzept treten auf, wenn Hersteller und Handel dieselbe ökologieorientierte Basisstrategie verfolgen. Verhalten sich Handel und Hersteller defensiv, kann diese Situation als **Ignoranz** gegenüber den umweltorientierten Chancen und Risiken gekennzeichnet werden. Verfolgen Hersteller und Handel hingegen eine selektive Basisstrategie, besteht grundsätzlich die Notwendigkeit eines **kooperativen Vorgehens**, um die notwendige Glaubwürdigkeit umweltbezogener Aktivitäten sicherzustellen. Verstehen beide Systempartner den Umweltschutz als Chance zur Profilierung im Wettbewerb, kommt es häufig zu **Innovationen** im vertikalen System. In diesem Zusammenhang ist z.B. an die aktive Beteiligung am Aufbau von Retrodistributionssystemen zu denken.

Bei einer offensiven, proaktiven Grundhaltung bei Hersteller und Handel kommt es zur Erschließung zusätzlicher Innovationspotentiale oft zu Kooperationen mit Lieferanten, Verpackungsherstellern, Verbraucherverbänden und Umweltgruppen. Häufig kann erst

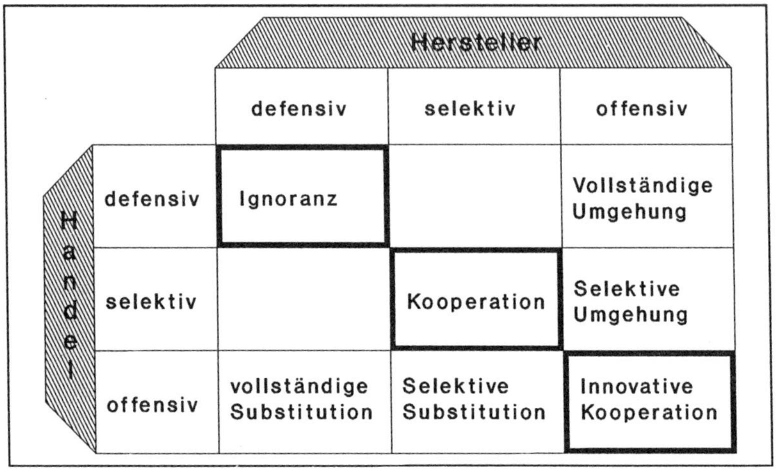

Abb. 89: Ökologieorientierte Konfliktpotentiale zwischen Handel und Hersteller

durch die Nutzung des Know-hows auf allen Stufen des Absatzkanals eine ganzheitliche Lösung spezifischer Umweltprobleme gefunden werden.

Verfolgt der Hersteller eine offensive ökologieorientierte Basistrategie und trifft im Handel auf selektive oder defensive »Öko-Strategien«, kommt es zu hohen **ökologieinduzierten Konfliktpotentialen**. Der Hersteller wird in dieser Situation versuchen, die ökologisch defensiven Absatzmittler zu umgehen. Zu diesem Zwecke kann es dann sowohl zum Aufbau einer eigenen Außendienstorganisation kommen, als auch zur Akquisition neuer Absatzmittler. Bei einer ökologieorientierten selektiven Grundhaltung des Handels kann der Hersteller versuchen, im Rahmen einer selektiven Umgehung die traditionellen Handelsbeziehungen für die weniger umweltverträglichen Teile seines Produktprogramms in Anspruch zu nehmen, für seine ökologieorientierten Produkte jedoch neue Handelsunternehmen zu akquirieren.

Die Handlungsmöglichkeiten der Hersteller im Rahmen der **vollständigen** bzw. **selektiven Umgehungspolitik** sind jedoch begrenzt. Die Konzentration im Handel hat dazu geführt, daß zur Gewährleistung einer hinreichenden Distributionsdichte häufig mit wenigen großen Handelsketten zusammengearbeitet werden muß, weil deren Marktstellung eine Umgehung praktisch ausschließt (Deutsche Unilever 1990). Als Ausweg bleibt dem Hersteller, im Sinne einer konsumentengerichteten Strategie, durch eine intensivierte ökologieorientierte Endverbraucherkommunikation einen Nachfragedruck im Handel zu erzeugen und auf diese Weise sein ökologieorientiertes Marketing-Konzept im vertikalen System durchzusetzen.

Verfolgt hingegen der Handel eine offensive ökologieorientierte Basisstrategie und trifft dabei auf ökologisch defensiv agierende Hersteller, fällt es dem Handel aufgrund des zunehmenden Angebots umweltgerechter Produkte in zahlreichen Sortimentsbereichen relativ leicht, den betreffenden Lieferanten auszulisten und durch ökologisch offensivere Hersteller vollständig zu substituieren. Diese Option zur **Substitution von Lieferanten** ermöglicht es dem Handel, die Lieferanten konsistent zu seiner ökologieorientierten

Marketing-Konzeption auszuwählen und damit Absatzkanalkonflikte weitestgehend zu vermeiden.

Zusammenfassend kann festgestellt werden, daß dem Handel insgesamt ein breiteres Spektrum ökologieorientierter Handlungsoptionen zur Verfügung steht als dem Hersteller. Darüber hinaus verfügt der Handel über eine höhere Reaktionsflexibilität bei einem aufgrund von Umweltproblemen kurzfristig veränderten Kaufverhalten der Verbraucher. Der Handlungsspielraum des Handels wird durch das Verhalten der Hersteller nur in relativ geringem Maße eingeschränkt. Dies gilt vor allem im Bereich sortimentspolitischer Entscheidungen, die im Handel eine zentrale Rolle für den Aufbau eines ökologieorientierten Einkaufsstättenimages spielen.

4.2 Ökologieorientierte Sortimentspolitik im Handel

Die Zusammenfassung von Waren zu einem Sortiment stellt die grundlegende Leistung eines Handelsbetriebes dar. Ein **Sortiment** stellt die auf einen Zeitpunkt bezogene Auswahl und Kombination von Objekten dar, die von einem Unternehmen angeboten werden (Gümbel 1963; Hansen 1990b; Brokatzky 1991 S. 78 ff.). Objekte in diesem Sinne stellen sowohl Waren als auch Dienstleistungen dar. Die Sortimentsleistung des Handels ermöglicht dem Hersteller die technische Spezialisierung und bietet den Verbrauchern eine bedürfnisgerechte Güterkombination an einem Ort. **Ökologieorientierte Sortimentspolitik** bedeutet in diesem Zusammenhang die konsequente Ausrichtung aller Entscheidungen über eine bedarfsgerechte Sortimentsgestaltung hinsichtlich der Waren und Dienstleistungen an Umweltschutzkriterien.

Im Rahmen der ökologieorientierten Sortimentspolitik kommt dem Handel durch seine Funktion der **Warenvorselektion** (Berekoven 1990) eine besondere Bedeutung zu, denn insbesondere bei umweltgerechten Produkten kann eine kompetente Vorauswahl des Handels den Aufbau eines hohen Vertrauenspotentials bei den Konsumenten bewiesen und somit Profilierungsmöglichkeiten bieten. Obwohl dieses Ergebnis eine ökologieorientierte Sortimentspolitik nahe legt, gibt es bislang nur eine geringe Zahl von Handelsunternehmen, die im Rahmen einer offensiven ökologie-orientierten Marketing-Konzeption eine entsprechende Sortimentspolitik auch tatsächlich konsequent umsetzen (Kühn 1991). Die häufig zögernde Realisierung konkreter Maßnahmen ist vor allem auf drei zentrale **Umsetzungsbarrieren** zurückzuführen.

(1) Eines der wesentlichen Hindernisse bei der Umsetzung stellt das **umweltbezogene Informationsdefizit** im Handel dar. Das Problem des Handels bei der fachlich kompetenten Vorauswahl von »Öko-Produkten« liegt hier in der schwierigen Einschätzung der tatsächlichen Umweltqualität. Dem Handel fehlt in diesem Zusammenhang ein einheitliches und widerspruchsfreies Bewertungsinstrument zur objektiven Beurteilung der Umweltverträglichkeit von Produkten.
Ein weiterer Aspekt des umweltbezogenen Informationsdefizites im Handel stellt die Unsicherheit vieler Handelsunternehmen dar, die Umsatz-, Kosten- und Ertragswirkungen einer ökologieorientierten Sortimentspolitik zu prognostizieren. Hier macht sich negativ bemerkbar, daß im Handel bislang kaum Informationen hinsichtlich des Umweltbewußtseins der eigenen Kunden verfügbar sind. Fehlende Informationen über die Ertragspotentiale im Bereich umweltgerechter Produkte lassen im Handel die zumeist besser quantifizierbaren Kosteneffekte einer ökologieorientierten Sortimentspolitik in den Vordergrund treten.

(2) Als zweite zentrale Umsetzungsbarriere einer ökologieorientierten Sortimentspolitik sind die **Glaubwürdigkeitsdefizite** des Handels aus Konsumentensicht zu nennen. Die Umweltinitiativen des Handels sind bislang eher durch einen umweltorientiert wenig glaubwürdigen »Öko-Aktionismus« statt durch eine systematisch und langfristig angelegte Planung gekennzeichnet. Werden vom Handel Umweltschutzziele verfolgt, so sind diese in der Regel nicht explizit in der Unternehmensphilosophie verankert. Die demzufolge oft mangelhafte interne Motivations- und externe Kommunikationswirkung ökologieorientierter Ziele hat zur Folge, daß die Konsumenten die umweltbezogene Glaubwürdigkeit des Handels unter Hinweis auf die zahlreichen noch nicht umweltgerechten Artikel des Sortiments in Zweifel ziehen. Die Aufnahme einzelner umweltfreundlicher Produkte in das Sortiment ist für den Aufbau eines glaubwürdigen ökologieorientierten Einkaufsstättenimages nicht ausreichend. Vielmehr können die Verbraucher erst durch ein ganzheitliches ökologieorientiertes Marketing-Konzept vom umweltbezogenen Engagement überzeugt werden.

(3) Als dritte Umsetzungsbarriere wird vom Handel die generelle **Verunsicherung der Konsumenten** genannt. Die Verbraucher sind zu einer Beurteilung sowohl der ökologischen Qualität als auch der traditionellen Leistungskriterien gerade bei »Öko-Produkten« häufig nur unzureichend in der Lage (Balderjahn 1986). Dies hat ein hohes wahrgenommenes Kaufrisiko sowie ein ausgeprägtes umweltorientiertes Informationsbedürfnis zur Folge. Wird dieser Informationsbedarf nicht durch eine umfassende Umweltberatung beim Kauf befriedigt, treten Akzeptanzprobleme sowie eine eher ablehnende Einstellung gegenüber umweltgerechten Produkten auf (Bruhn 1978). Eine Umweltberatung im Sinne zielgruppenspezifischer, umweltorientierter Dienstleistungsbündel wurde vom Handel in der Vergangenheit nur in Einzelfällen angeboten.

Auf der Grundlage dieser Umsetzungsbarrieren wird im folgenden ein Ansatz zur Systematisierung von Handlungsalternativen bei der Implementierung einer ökologieorientierten Sortimentspolitik vorgenommen. Die konkrete Ausgestaltung einer ökologieorientierten Sortimentspolitik bewegt sich dabei stets im Rahmen der umweltorientierten Grundhaltung des Unternehmens (vgl. Abbildung 90).

Drei grundlegende Gestaltungsalternativen einer ökologieorientierten Sortimentspolitik sind zu unterscheiden. Bei einer ökologisch defensiven Grundhaltung wird sich das Handelsunternehmen auf die Auslistung einzelner Produkte mit nicht umweltverträglichen Inhaltsstoffen oder Verpackungen beschränken. In diesem Zusammenhang ist z. B. an die Auslistung FCKW-haltiger Spraydosen, von Produkten in PVC-Verpackungen oder die Auslistung von Einweg-Getränkedosen zu denken. Eine Erweiterung des Sortiments um besonders umweltgerechte Produkte erfolgt nur sporadisch. Für den Handel bringt diese Verhaltensweise zunächst Umsatzverluste sowie einen partiellen Verzicht auf Kom-

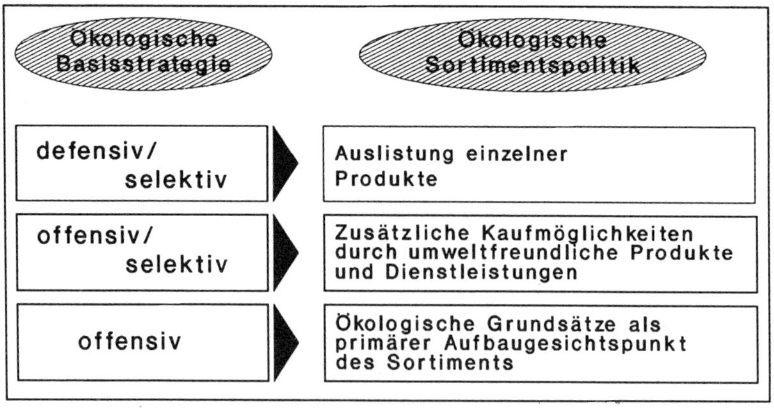

Abb. 90: Okologieorientierte Sortimentspolitik und Basisstrategie

plementärkäufe mit sich. Es besteht jedoch die Chance, daß die Konsumenten, sofern bezüglich der ausgelisteten Produkte nur eine geringe Markenbindung existierte, auf andere Artikel des Sortiments ausweichen. Mit dieser ökologieorientierten defensiven Sortimentspolitik können negative Ausstrahlungseffekte auf das Einkaufsstättenimage durch Produkte, die in der Öffentlichkeit aus umweltorientierten Gründen kritisiert werden, ansatzweise verhindert werden. Darüber hinaus kann der Handel durch diese defensive Option zumindest kurz- und mittelfristig eine günstige Kostenstruktur realisieren.

Verfolgt der Handel eine **selektive ökologieorientierte Basisstrategie**, werden neben der Auslistung umweltpolitisch bedenklicher Produkte zusätzliche Kaufmöglichkeiten durch besonders umweltgerechte Produkte geschaffen. Ein nach umweltorientierten Grundsätzen erweitertes Angebot kann auch im Bereich der Dienstleistungen, insbesondere hinsichtlich Informations- und Beratungsleistungen, angeboten werden. Durch die Kennzeichnung besonders umweltgerechter Artikel sowie durch gezielte Hinweise zur ressourcen- und umweltschonenden Verwendung der angebotenen Produkte kann ferner die Kundenbindung in ökologisch besonders sensibilisierten Zielgruppen erhöht werden. Shop-in-the-Shop Konzepte werden in diesem Zusammenhang vielfach zur Umsetzung dieser Form einer ökologieorientierten Sortimentspolitik herangezogen.

Wird eine konsequent **offensive ökologieorientierte Basisstrategie** verfolgt, werden ökologische Grundsätze gleichberechtigt neben ökonomischen Kriterien der Sortimentsgestaltung zugrunde gelegt. Diese radikalste Form einer ökologieorientierten Sortimentspolitik macht in den meisten Fällen eine grundlegende Neupositionierung des Handelsunternehmens notwendig. Soll hingegen parallel zu dieser ökologieorientierten Neuorientierung das traditionelle Geschäftskonzept und die Sortimentsstruktur erhalten bleiben, kommt es zu einer Betriebsformendiversifikation (Tietz 1985). Die Umsetzung dieser offensiven umweltorientierten Sortimentspolitik muß nicht zwangsläufig zum Konzept eines Alternativ- oder »Bio-Ladens« führen. In der Praxis sind bisher allerdings nur vereinzelt Beispiele für diese Ausgestaltungsform einer ökologieorientierten Sortimentspolitik zu finden.

Die Schweizer MIGROS kann an dieser Stelle noch als vergleichsweise bestes Beispiel dienen. Dieses genossenschaftlich organisierte Unternehmen versucht, in allen Sortimentsbereichen möglichst nur noch besonders umweltgerechte Produkte anzubieten. Im Rahmen ihres MIGROS-Sano-Sortimentes verkauft die MIGROS z.B. Obst und Gemüse aus ökologisch kontrolliertem Anbau unter Verwendung einer eigenständigen Marke. Die MIGROS stellt den Anbaubetrieben dabei sowohl technische als auch organisatorisch-beratende Unterstützungsleistungen zur Verfügung. Ferner wird eine kontinuierliche Kontrolle der Anbaubedingungen durchgeführt (Gugelmann 1988).

Unmittelbar verbunden mit dem Problem einer ökologieorientiert ausgerichteten Sortimentspolitik ist die Frage nach der Verantwortung des Handels hinsichtlich der gesellschaftlichen Müllprobleme. Die stark emotionalisierte Verpackungsmülldiskussion führte bereits in der zweiten Hälfte der 80er Jahre in der öffentlichen Diskussion zu einer Verantwortlichkeit des Handels bei der Lösung des Müllproblems. Spätestens seit der Verabschiedung der Verpackungsverordnung im Frühjahr 1991 gilt die Verpackungsmülldiskussion als die zukünftig wichtigste ökologieorientierte Herausforderung des Handels.

4.3 Retrodistribution und Funktionsverteilung im vertikalen Marketing

4.3.1 Ökologieorientierte Veränderungen in der Funktionsverteilung zwischen Handel – Hersteller

Die Verpackungsmülldiskussion stellt die dem Handel traditionell zugewiesenen Funktionen vor neue Herausforderungen. Bevor auf diese in Abbildung 91 im Überblick dargestellten funktionsbezogenen Herausforderungen eingegangen wird, soll zunächst die umweltorientierte Betroffenheit des Handels dargestellt werden.

Eine **ökologieorientierte Betroffenheit des Handels** besteht sowohl bei objektiver Analyse als auch hinsichtlich der subjektiven Wahrnehmung im Handel. Von einer objektiven Betroffenheit kann seit der Verabschiedung der Verpackungsverordnung gesprochen werden (Bundesratsdrucksache 1991). Die im Rahmen der Verpackungsverordnung geforderten Pfand- und Rücknahmepflichten führen im Handel zu der Notwendigkeit, neben Absatz- und Beschaffungsmarktaspekten zukünftig in wesentlich stärkerem Maße umweltorientierte Aspekte zu berücksichtigen.

Neben dieser objektiven ökologieorientierten Betroffenheit kann auch eine hohe subjektive Betroffenheit im Sinne einer Sensibilisierung für Umweltschutzprobleme im Handel festgestellt werden (Meffert 1991a). Wenngleich das Bewußtsein, zukünftig im Bereich des Umweltschutzes aktiv werden zu müssen, bereits ausgeprägt ist, mangelt es häufig an einer maßnahmenorientierten Umsetzung dieses Umweltbewußtseins. Allerdings ist eine hohe Bereitschaft im Handel festzustellen, bei einer vergrößerten Marge zusätzliche Funktionen vom Hersteller zu übernehmen. Auf der Grundlage dieser ökologieorientierten Betroffenheit lassen sich konkrete umweltorientierte Anforderungen an die klassischen Handelsfunktionen ableiten (vgl. Abbildung 91). In diesem Zusammenhang ist auf die ökologieorientierten Herausforderungen, welche sich aus der Nachfrage- und Angebotslenkungsfunktion des Handels ergeben, bereits im Rahmen der ökologieorientierten Sortimentspolitik eingegangen worden.

Hinsichtlich der Funktion des räumlichen und zeitlichen Bedarfsausgleichs werden dem Handel in Zukunft nicht mehr allein Aufgaben der Lagerung und »Verteilung« fabrikneuer Produkte im Sinne einer Einbahnstraße zukommen. Vielmehr wird der Handel in zunehmendem Maße Aufgaben des **Rücktransfers** von Altprodukten und Verpackungen übernehmen müssen. Darüber hinaus ergeben sich auch bezüglich der **Informations- und Beratungsfunktion** des Handels ökologieinduziert neue Leistungserwartungen der Konsumenten. Als ursächliche Folge des ständig steigenden Umweltbewußtseins stellen Konsumenten immer höhere Anforderungen an eine Umweltberatung beim Kauf. Sie wollen vom Handel über die Umweltbelastungen durch Produktion und Verwendung bestimmter Produkte, d.h. über die Umweltqualität der Waren informiert werden. Dies erfordert ein entsprechendes umweltbezogenes Know-how auf seiten der Mitarbeiter.

Diese beiden, in Abbildung 91 unter den Begriffen »Retrodistribution« und »Umweltberatung« aufgeführten ökologieorientierten Herausforderungen an die Funktionen des Handels haben eine Intensivierung des »Funktionsverteilungskampfes« zwischen Hersteller und Handel zur Folge. Die hiermit einhergehenden Veränderungen in den Beziehungen zwischen Handel und Hersteller sind langfristig von zentraler Bedeutung für den vertikalen Wettbewerb. Aus diesem Grunde soll im folgenden der sich abzeichnende Funktionstransfer im vertikalen System eingehender dargestellt werden.

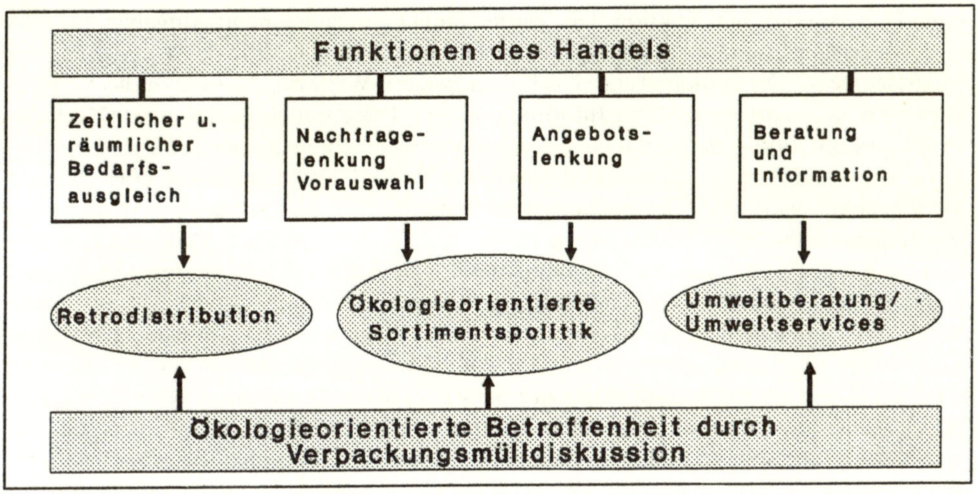

Abb. 91: Ökologieorientierte Herausforderungen im Handel

Vor dem Hintergrund der Betriebsformen- und -typendynamik im Handel (Nieschlag 1988; Tietz 1985; Heinemann 1989) und vor allem des starken Wachstums der SB-Distributionsformen läßt sich im Zeitablauf die Entwicklung verschiedener **Verpackungsfunktionen** aufzeigen (vgl. Abbildung 92). Mit diesen Entwicklungsphasen war immer auch eine Änderung in der Funktionsverteilung zwischen Hersteller und Handel verbunden.

Mit Beginn dieses Jahrhunderts entwickelte sich die Funktion der Verpackung vom bloßen Transportschutz zur Verkaufseinheit. Mit diesem Funktionswandel verlor der Handel

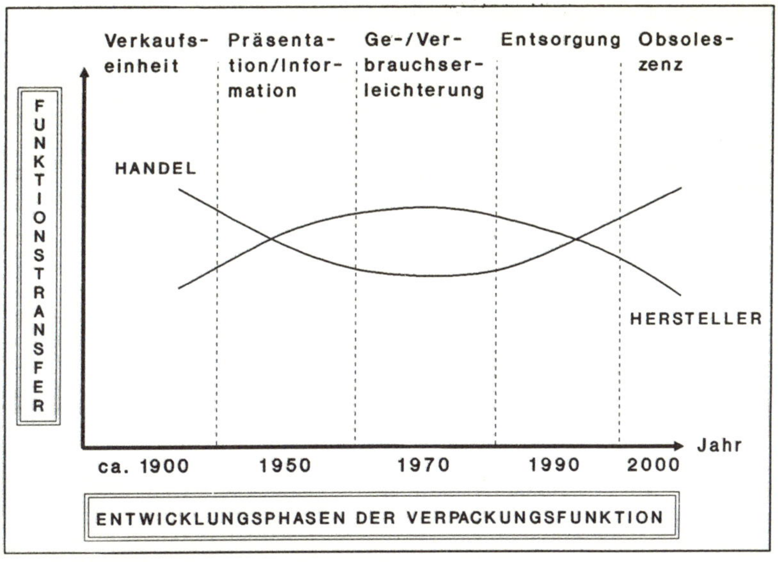

Abb. 92: Verpackungsfunktionen und Funktionstransfer

seine Dimensionierungsfunktion. Der Einzelhändler gab zunehmend Aufgaben des zählens, wiegens und abmessens ab. Der Hersteller übernahm mit Hilfe der Verpackung die bedarfsgerechte Dimensionierung. Nach dem zweiten Weltkrieg übernahm die Verpakkung in immer stärkerem Maße Informations- und Präsentationsfunktionen. Durch die »Selbstpräsentation« der Verpackung verlor der Handel einen großen Teil der Verkaufsförderungs- und Beratungsfunktion. Im weiteren Verlauf der Entwicklung, etwa ab Ende der 60er Jahre, wurden der Verpackung Funktionen der Ge- und Verbrauchserleichterung übertragen. In diesem Zusammenhang wurde von sog. »tischfähigen« Produkten gesprochen. In dieser Phase verlor die Sortimentsfunktion des Handels an Bedeutung. Viele, zum einfachen und bequemen Ge- und Verbrauch bestimmter Produkte bislang notwendige Accessoires und Ergänzungsartikel brauchten nicht mehr länger vom Handel im Rahmen seiner Sortimentsleistung erbracht werden, sondern wurden in die Verpackung integriert (Hansen, Leitherer 1984). Dies führte zu einer weiteren Funktionsumverteilung zugunsten der Hersteller. Seit Ende der 80er Jahre/Anfang der 90er Jahre kommt der Entsorgung der Verpackung eine ständig wachsende und mittlerweile im Mittelpunkt des öffentlichen Interesses stehende Bedeutung zu. In dieser Phase zeichnet sich erstmalig ein Funktionsrücktransfer zugunsten des Handels ab. Der Handel übernimmt in dieser Phase wieder in stärkerem Maße (umweltorientierte) Informationsfunktionen. Auch der in den vergangenen Jahrzehnten immer weniger vom Konsumenten wahrgenommenen Vorauswahl- und Selektionsfunktion des Handels wird wieder eine steigende Bedeutung beigemessen. Eine qualitätsorientierte Vorauswahl des Handels muß zukünftig vor allem auch eine Auswahl auf der Grundlage der Umweltqualität der Produkte sein.

Schreibt man die aufgezeigte Entwicklung der Verpackungsfunktionen bzw. des Funktionstransfers im vertikalen System weiter fort, so kann für das Jahr 2000 in einigen Sortimentsbereichen eine »Obsoleszenzfunktion« der Verpackung prognostiziert werden. Wo immer es technisch machbar erscheint, werden Hersteller und Handel auf Transport-, Um- und Verkaufsverpackungen verzichten. Im Zuge dieser Entwicklung wird es zu einem weiteren Rücktransfer von Funktionen zugunsten des Handels kommen. Der Handel könnte schließlich die zu Beginn dieses Jahrhunderts verlorene Dimensionierungsfunktion schrittweise, zumindest in Teilbereichen, zurückgewinnen.

Der mit dem Ende der 80er Jahre einsetzende ökologieorientierte Funktionsentzug beim Hersteller wird in den kommenden Jahren zu einem Funktionsgewinn und damit in der Tendenz zu einem Einflußzuwachs beim Handel führen. Diese Entwicklung wird die Intensität des vertikalen Wettbewerbs zwischen Hersteller und Handel weiter erhöhen.

Den aufgezeigten ökologieorientierten »Funktionsverteilungskampf« kann sich der Handel in besonderer Weise zunutze machen, sofern die neuen ökologieinduzierten Funktionen in integrierte ökologieorientierte Marketingstrategien eingebettet werden. Integriert bedeutet in diesem Zusammenhang nicht nur, die Probleme der Retrodistribution aktiv aufzugreifen und in Form von Abfallstrategien und -maßnahmen umzusetzen. Vielmehr sind ökologieorientierte Marketing-Konzepte im Handel durch die Integration von drei strategischen Dimensionen gekennzeichnet (vgl. Abbildung 93):

- offensive ökologische Grundhaltung
  (basisstrategische Dimension)
- vertikale Kooperation und Koordination
  (kooperationsstrategische Dimension)
- Abfallvermeidung
  (abfallstrategische Dimension).

Die abfallstrategische Dimension (Retrodistribution) stellt letztlich eine Funktionserweiterung des Handels dar (Zikmund et al. 1982). In diesem Zusammenhang führt die Exponiertheit des Handels, d.h. die im Gegensatz zu Industrieunternehmen gute Sichtbarkeit und Nachprüfbarkeit seines Verhaltens durch die Konsumenten, zu besonderen An-

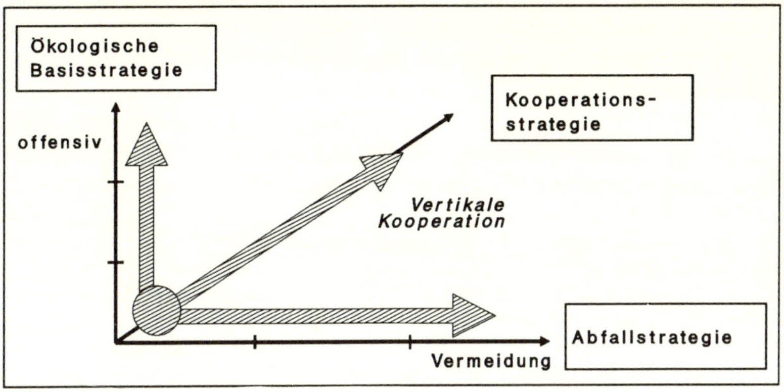

Abb. 93: Strategische Stoßrichtungen eines ökologieorientierten Handelsmarketing

forderungen an die Integration der Entsorgung in ein ökologieorientiertes Marketing-Konzept. Vor diesem Hintergrund sollen im folgenden Kapitel grundlegende Ausgestaltungsformen im Bereich der Abfallstrategien des Handels aufgezeigt werden.

4.3.2 Retrodistributionskonzepte des Handels

Die mittlerweile zahlreichen umweltrechtlichen Bestimmungen stellen für das Handelsmarketing kurzfristig eine Einschränkung des möglichen Handlungsspielraums dar. Eine Ergänzung der klassischen Absatz- und Beschaffungsmarktstrategien durch unterschiedliche Formen der Abfallstrategie kann zukünftig jedoch völlig neue Gestaltungsfelder für das Handelsmarketing eröffnen.

Abfallstrategien stellen die Erweiterung der Absatzmarktstrategien auf den Bereich der Rückführung und Entsorgung von Produkt- und Verpackungsrückständen dar (Ginter et al.,1978). Im Handel umfaßt die Ausgestaltung von Abfallstrategien neben innerbetrieblichen Maßnahmen insbesondere den Ausbau des Dienstleistungsangebotes. Eine wesentliche Determinante der Entscheidung zugunsten einer bestimmten Form der Abfallstrategie ist die vom Handelsunternehmen verfolgte Wettbewerbsstrategie. Die Wettbewerbsstrategie ihrerseits wird in der generellen Ausrichtung durch die gewählte Betriebsform bestimmt. Die in diesem Zusammenhang zur Verfügung stehenden Optionen zur Ausgestaltung der Abfallstrategien sind die Abfallvermeidung, die Abfallverminderung und die Abfallverwertung. Diese Konzepte sollen im folgenden näher gekennzeichnet werden.

● **Abfallvermeidungsstrategie**

Bei dieser radikalsten Form der Abfallstrategie wird die möglichst weitgehende Abfallvermeidung als Leitbild explizit in die Unternehmensphilosophie integriert. Zunächst wird dabei innerbetrieblich die Entstehung von Abfällen soweit wie möglich vermieden. Dies geschieht vor allem durch Schulung der Mitarbeiter, Umstellungen in der Wareneingangs- und Ausgangslogistik, Anschaffung von Betriebsmitteln unter Gesichtspunkten der Mehrfachverwendbarkeit bzw. Recyclingfähigkeit sowie durch Umstrukturierungen in der Ladengestaltung. In diesem Zusammenhang ist u. a. an eine Warenanlieferung unter weitestgehendem Verzicht auf Transport- und vor allem Umverpackungen sowie an eine Ausdehnung des Verkaufs loser Ware zu denken.

Desweiteren führt diese Strategiealternative oft zu einer verstärkten Vorwärtsintegration. Den Kunden wird in diesem Fall zur Vermeidung von Abfällen aus Transport- und Umverpackungen z.B. die eingekaufte, gegebenenfalls lose Ware ins Haus gebracht. Im Rahmen eines solchen Zustellservice können dann auch vom Kunden sortierte Wertstoffabfälle vom Handel abgeholt und an Entsorgungsunternehmen verkauft werden.

Die Abfallstrategie der Müllvermeidung führt in der Regel zu einer Neupositionierung der Einkaufsstätte (Betriebsformendiversifikation). Bislang liegen nur wenige Praxisbeispiele einer konsequenten Umsetzung dieser Ausprägung der Abfallstrategie vor. Erste Ansatzpunkte sind jedoch in dem Verkauf von Frischmilch in sog. »stählernen Kühen« zu erkennen. Aus einem Stahlcontainer kann sich der Kunde im Laden die gewünschte Milchmenge in eine von ihm mitgebrachte Flasche selber abfüllen. Diese Form des Frischmilchverkaufs führt zu einer vollständigen Vermeidung von Verpackungsabfällen. Auch der Verkauf von flüssigen Haushaltsreinigern und Waschmitteln wird zumindest versuchsweise bereits aus Stahlcontainern zur Selbstbedienung durchgeführt (o. V., LZ 1991).

- **Abfallverminderungsstrategie**

Bei der zweiten Form der Abfallstrategie wird nicht nach Wegen zu einer generellen Abfallvermeidung gesucht. Stattdessen werden die bestehenden Verpackungssysteme hinsichtlich ressourcenschonenderer Verpackungsalternativen analysiert bzw. Arbeitsabläufe unter Umweltschutzaspekten überarbeitet (Boesch 1989). Dies kann dann u. a. zur Einführung von Mehrwegsystemen oder zur Förderung von Nachfüllverpackungen führen. Das bestehende Geschäftssystem wird bei dieser Strategiealternative grundsätzlich unverändert beibehalten. Es kommt lediglich zu Erweiterungen des Waren- und Dienstleistungsangebotes.

Als Beispiel zur Umsetzung dieser Strategieform kann u. a. der verpackungsfreie Verkauf von Elektrowerkzeugen durch Baumärkte genannt werden. Im Frühjahr 1991 wurde in einem sechswöchigen Test in Kooperation der OBI-Baumärkte und der Robert Bosch GmbH unter dem Motto »Elektrowerkzeuge ohne Verpackung – dem Umweltschutz zuliebe« ein verpackungsfreier Warenverkauf getestet. In einer begleitend durchgeführten Umfrage bei den Kunden des Baumarktes bewerteten 78 % der Befragten den umweltorientierten Vorstoß als »sehr gut« bzw. »gut« (o. V. 1991c).

- **Abfallverwertungsstrategie**

Die dritte abfallstrategische Option ist die bislang am weitesten verbreitete Handlungsweise. Sie setzt weniger an den Ursachen der Abfallentstehung als vielmehr an einer Reduzierung der Folgelasten insbesondere durch Verpackungen an. Analog zu »End-of-pipe« Technologien im Produktionsbereich der Hersteller beteiligt sich der Handel bei dieser Strategieform an kundengerichteten Recycling-Systemen, fördert innerbetriebliche Recyclingmaßnahmen (z. B. Nutzung von Abfallbörsen), listet in verstärktem Maße Artikel aus recycelten Materialien und bietet dem Kunden die Rücknahme gebrauchter Verpackungen an.

Im Rahmen der Abfallstrategien hat die Verwertungsstrategie die vergleichsweise geringsten Auswirkungen auf die Sortimentspolitik. Vergleichbar den »End-of-Pipe Technologien«, bei denen der Produktionsprozeß und das eigentliche Produkt von Umweltschutzmaßnahmen unberührt bleiben, führt auch die Abfallverwertungsstrategie nur zu geringen Änderungen im Leistungsangebot des Handels. Eine Integration der Abfallstrategie in die Sortimentspolitik, die Beschaffungs- und Absatzstrategie, die Warenwirtschaft sowie die Ladengestaltung unterbleibt bei der Verwertungsstrategie weitgehend.

Zusammenfassend kann festgehalten werden, daß der Handel nach der Entscheidung über die ökologieorientierte Basisstrategie sich zunächst mit den sich aus der gewählten Basisstrategie ergebenden Implikationen für eine ökologisch ausgerichtete Sortimentspolitik befassen muß. Die vorgestellten sortimentspolitischen Ausgestaltungsformen sind dabei immer in enger Verbindung mit der verfolgten Abfallstrategie zu sehen. Zwischen den in diesem Kapitel behandelten Varianten der Abfallstrategie einerseits sowie den Aktionsparametern der Sortimentspolitik andererseits kommt es daher zu den in Abbildung 94 dargestellten Rückkopplungseffekten. Von der Abfallverwertungs- über die Abfallverminderungs- bis zur Abfallvermeidungsstrategie ergibt sich eine zunehmende Notwendigkeit zur Vernetzung zwischen Sortiments- und Abfallstrategie.

Im Rahmen des Entscheidungsprozesses einer ökologieorientierten Marketing-Konzeption müssen die sortiments- und abfallbezogenen Entscheidungen des Handels im letzten Schritt durch eine ökologieorientierte Kommunikationspolitik gegenüber den Konsumenten glaubwürdig vermittelt werden. Das Ziel eines ökologieorientiert profilierten Einkaufsstättenimages ist letztlich nur durch eine auf die ökologieorientierten Ziele des Handels abgestimmte Kommunikationsstrategie zu erreichen. Auf die Bedeutung der in die Abbildung 94 einbezogenen Kooperationsstrategien wird im Kapitel V.4. detaillierter eingegangen.

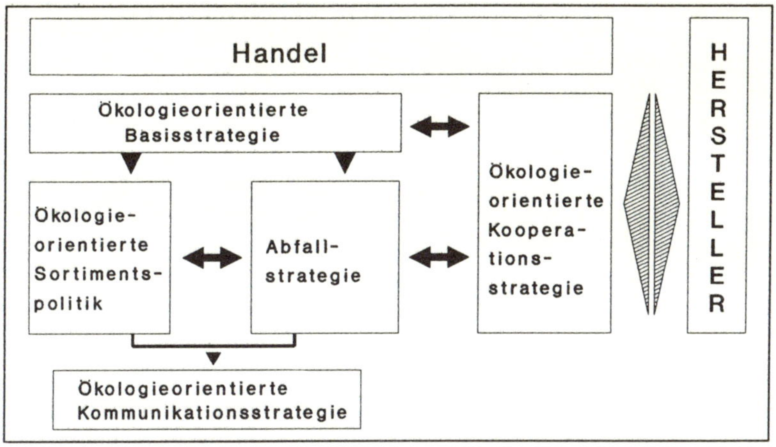

Abb.94: Schnittstellen zwischen Sortiments- und Abfallstrategie

4.4 Ökologieorientierte Kommunikationspolitik des Handels

Primäres Ziel einer ökologieorientierten Kommunikationspolitik im Handel ist die Sicherstellung der Glaubwürdigkeit. Dies kann immer nur auf der Grundlage des tatsächlichen Unternehmensverhaltens erreicht werden. Erst eine hinreichende Glaubwürdigkeit ermöglicht den dauerhaften Erfolg eines ökologieorientierten Marketing-Konzeptes im Handel. Vor diesem Hintergrund muß der Aufbau ökologieorientierter Glaubwürdigkeit sowohl innerbetrieblich als auch marktgerichtet erfolgen.

Innerbetrieblich sind hier vor allem die Voraussetzungen für einen erfolgreichen Einsatz des **persönlichen Verkaufs** im Rahmen der ökologieorientierten Kommunikation angesprochen. Notwendige Bedingung für die umweltschutzorientierte Motivation der Mitarbeiter ist die explizite Aufnahme von Umweltschutzzielen in die Unternehmensphilosophie. Hinreichende Bedingung der Motivation des Personals ist eine offene Informationspolitik gegenüber den Mitarbeitern. In diesem Zusammenhang ist z. B. an eine monatliche Bekanntmachung der Energie-, Wasser- und Materialeinsparungen und der damit verbundenen Umweltentlastungen zu denken. Neben einer innengerichtet offenen Kommunikationspolitik ist ein sichtbares »commitment« der Unternehmensleitung, die in ihrem eigenen Verhalten der Wichtigkeit von Umweltschutzzielen Nachdruck verleihen muß, erforderlich. Darüber hinaus sollten die Sanktions- und Entlohnungssysteme Anreize zu einem ökologiegerechten Verhalten insbesondere der Mitarbeiter im Verkauf vermitteln.

Die Motivation und Identifikation der Mitarbeiter mit einer ökologieorientierten Marketing-Konzeption ist gerade im Handel von außerordentlich hoher Bedeutung. Im Gegensatz zur Industrie kann die ökologische Kompetenz eines Handelsunternehmens nicht in den erstellten Produkten dokumentiert werden. Ökologische Kompetenz wird im Handel vielmehr ganz wesentlich durch das Verhalten und die Sachkenntnis der Mitarbeiter geprägt. Die ökologieorientierte Kompetenz der Mitarbeiter im direkten Kundenkontakt beeinflußt in erheblichem Maße das ökologieorientierte Image einer Einkaufsstätte in der Wahrnehmung der Konsumenten (Meffert 1991a).

In diesem Zusammenhang ist vor allem auf zwei **ökologieorientierte Funktionen des Verkaufspersonals** hinzuweisen. Als wichtigste Aufgabe des Verkaufspersonals ist zunächst der Abbau der umweltinduzierten Verunsicherung der Konsumenten bezüglich der Qualität umweltgerechter Produkte zu nennen. Gerade dieser Bereich wurde in der Vergangenheit häufig vernachlässigt, da in vielen Fällen umweltgerechte Produktvarianten hinsichtlich der klassischen Leistungskriterien den weniger umweltgerechten Varianten teils deutlich unterlegen waren. Hier bieten sich jedoch mittlerweile zahlreiche produktspezifische Ansatzpunkte, den Konsumenten von der Leistungsfähigkeit und umweltpolitischen Vorteilhaftigkeit durch einen gezielten Personaleinsatz zu überzeugen.

Die zweite wichtige ökologieorientierte Funktion des Personals liegt im Abbau von Gewohnheits- und Motivationsbarrieren. Divergenzen zwischen dem Umweltbewußtsein und dem tatsächlichen Kaufverhalten der Konsumenten, oft Folge eines durch festgefahrene Gewohnheiten gesteuerten Kaufverhaltens, sollten durch Aktivitäten des Kundenpersonals entgegengewirkt werden. Auch die Motivationsbarrieren im Sinne nur unzureichend wahrgenommener Anreize zum Kauf umweltpolitisch erwünschter Produkte können im Rahmen der persönlichen Kommunikation in der Einkaufsstätte abgebaut werden (Gierl 1987).

Vor diesem Hintergrund kommt einer regelmäßigen **Schulung der Mitarbeiter** über alle mit dem Unternehmen in Zusammenhang stehenden ökologischen Fragestellungen eine hohe Bedeutung zu. Vor allem eine regelmäßige Information des Verkaufspersonals hinsichtlich der Umweltverträglichkeit und umweltfreundlichen Verwendung der Sortimentsartikel sollte sichergestellt werden.

Im Rahmen der ökologieorientierten Kommunikationspolitik des Handels (vgl. Abbildung 95) stellt die **Ladenraumgestaltung** neben dem persönlichen Verkauf einen weiteren wichtigen Gestaltungsbereich dar (Tietz 1985). Die Gestaltung des Ladenraumes hat umweltorientiert im wesentlichen zwei Funktionen zu erfüllen. Einerseits sollte sie zur Übermittlung ökologisch relevanter Produkt- und Verwendungsinformationen eingesetzt wer-

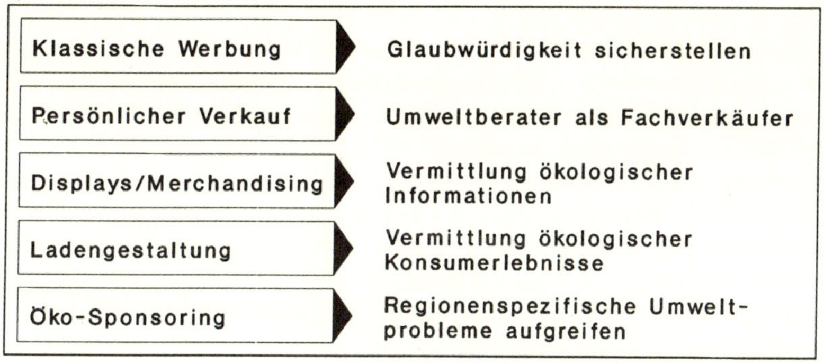

Abb. 95: Ökologieorientierte Kommunikationspolitik im Handel

den, andererseits stellt die Vermittlung ökologieorientierter Konsumerlebnisse eine weitere wichtige Funktion der Ladenraumgestaltung dar.

Gestaltungsmöglichkeiten liegen hier z.B. bei Decken- und Wandverkleidungen aus Holz, der Begrünung von Außenanlagen, der Installation großflächiger Lichtkuppeln, die zur Einrichtung von Grünzonen oder zur Präsentation von Gartenbedarf genutzt werden können sowie in der Verwendung möglichst unbehandelter, naturnaher Werkstoffe beim Regalbau.

Ein weiterer Gestaltungsbereich der ökologieorientierten Kommunikationspolitik im Handel ist der **Einsatz von Displays und Merchandisingmaterial**. Als ökologieorientierte Aufgabe in diesem Bereich ist die zunehmend wichtige Vermittlung umweltschutzbezogener Informationen zu nennen. Die Ursachen dieses Bedeutungszuwachses liegen einerseits im hohen umweltgerichteten Informationsbedarf der Konsumenten. Andererseits führt der Trend zu einfacheren, umweltgerechteren Verpackungen und der völlige Verzicht auf Umverpackungen zu einer immer weiter reduzierten Informationsvermittlung durch Verpackungen (Boesch 1989). Diese Informationslücke muß durch ein erhöhtes umweltorientiertes Informationsangebot innerhalb der Einkaufsstätte ausgeglichen werden.

Sponsoring-Engagements stellen ebenfalls ein geeignetes Instrument einer ökologieorientierten Kommunikation des Handels dar. Gerade dem Handel bieten sich hier aufgrund der lokalen Verankerung seines Geschäfts besondere Chancen. Durch das Aufgreifen von Umweltproblemen mit spezifischem regionalen Bezug im Rahmen von Sponsoring-Maßnahmen (Bruhn 1989) bieten sich dem Handel erfolgversprechende Ansatzpunkte zu einer ökologieorientierten Profilierung.

Als letzter Gestaltungsbereich einer ökologieorientierten Kommunikation des Handels soll auf die **klassische Werbung**, insbesondere im Bereich der Print-Medien eingegangen werden. Im Gegensatz zu den vier vorhergehend genannten Kommunikationsinstrumenten persönlicher Verkauf, Ladengestaltung, Displays/Merchandising sowie Sponsoring sieht sich der Handel bei Aktivitäten der klassischen Werbung mit dem folgenden Problem konfrontiert: Die Werbung mit besonders umweltgerechten Produkten des Sortiments wird vom Konsumenten eher mit dem jeweiligen Hersteller als mit der Einkaufsstätte selbst verbunden. Die eigenständige ökologieorientierte Leistung des Handels kann bei dieser Art der klassischen Werbung dem Konsumenten oft nicht ausreichend verdeutlicht werden.

Der vertikale Wettbewerb zwischen Hersteller und Handel beim Aufbau eines unverwechselbaren ökologieorientierten Profils kommt vor allem im Rahmen der klassischen Werbung zum Ausdruck. Die zentrale Anforderung gegenüber Maßnahmen der klassischen Werbung im Handel muß demzufolge die Sicherstellung der Glaubwürdigkeit des umweltschutzbezogenen Unternehmensverhaltens sein. Die notwendige Glaubwürdigkeit aller kommunikativen Maßnahmen kann nur dann gewährleistet werden, wenn konsequente ökologieorientierte Maßnahmen und Verhaltensweisen des Handels die Grundlage einer ökologieorientierten Kommunikationsstrategie bilden.

Der zunehmende vertikale Wettbewerb zwischen Handel und Hersteller zum Aufbau eines eigenständigen ökologieorientierten Profils stellt vor dem Hintergrund der aufgezeigten Herausforderungen und Gestaltungsbereiche den Handel vor die Notwendigkeit, alle kommunikativen Einzelaktivitäten im Sinne einer **integrierten ökologieorientierten Kommunikation** aufeinander abzustimmen.

5. Handlungsfelder und Maßnahmen integrierter Entsorgungs- und Recyclingkonzepte

5.1 Recycling- und Entsorgungsarten

Betrachtet man die Gesamtheit der Transaktionen des Unternehmens mit der natürlichen und der marktlichen Umwelt, so entstehen Umweltbelastungen in allen Phasen des Produktlebenszyklusses. Die Umweltbelastungen in der **Entsorgungsphase** sind in den vergangenen Jahren dabei vermehrt auch bei solchen Produktkategorien aufgetreten, die bislang hinsichtlich Abfallaufkommen und Abfallinhaltsstoffen als unproblematischer Hausmüll galten.

In Abbildung 96 sind die zu entsorgenden Abfallmengen bei Haushaltsgroßgeräten wiedergegeben. Anhand der hohen Ersatzbeschaffungsquoten in den dargestellten Marktsegmenten wird insbesondere der Einfluß von Marktsättigungstendenzen auf die Abfallentstehung deutlich (o. V., BBE 1991).

Das **Recycling**, der Prozeß der Wiederverwendung von in Produktionsrückständen, Produkten und Altstoffen gebundenen natürlichen Ressourcen in der Güterproduktion (Kleinaltenkamp 1985), stellt in diesem Zusammenhang die am weitesten verbreitete Form der Umweltentlastung durch die Unternehmen dar. Ein als Kreislaufprozeß verstandenes Recycling soll eine möglichst weitgehende Rückgewinnung der bei der Produktion eingesetzten natürlichen Ressourcen ermöglichen und damit die Neuzufuhr von Energie und Rohstoffen minimieren.

	Markt Mio. Stück	Ersatz-beschaffung	Zu entsorgende Mengen		
		Anteil in %	Mio.	kg	t
Waschmaschinen	1,820	82	1,492	84	125.328
Geschirrspüler	1,000	35	0,350	51	17.850
Wäschetrockner	0,540	15	0,081	50	4.050
Herde	1,500	78	1,170	55	64.350
Kühlschränke	2,500	83	2,075	40	83.000
Gefriergeräte	0,940	67	0,630	55	34.650
Fernsehgeräte	4,920	65	3,200	30	96.000
Gesamt	13,220	-	8,998	-	423.228

Abb. 96: Entsorgungspotentiale bei Haushaltsgroß-/ TV-Geräten

Analog zur Phasenbetrachtung bei der Entstehung von Umweltbelastungen kann der gesamte **Recycling-Kreislauf** in drei Teilkreisläufe untergliedert werden:

- Produktionsabfallrecycling
- Produktrecycling
- Altstoffrecycling.

Die Vielzahl der in der Literatur entwickelten Ansätze zur Klassifikation unterschiedlicher **Recyclingarten** kann weitestgehend auf zwei Betrachtungsebenen zurückgeführt werden (Kleinaltenkamp 1985). Auf der hier zunächst im Vordergrund stehenden technologisch-produktionswirtschaftlichen Ebene wird zwischen dem bei der Wiederverwendung eingesetzten Produktionsprozeß sowie nach Art und Umfang der Wiederaufbereitungsaktivitäten unterschieden (vgl. Abbildung 97). Auf der institutionellen Betrachtungsebene wird nach Zahl und Art der bei der Rückstandsproduktion und dem Wiederaufbereitungsprozeß beteiligten Unternehmen differenziert (vgl. Kap.V.4.2).

Bei der technologisch-produktionswirtschaftlichen Betrachtung spricht man von **Primärrecycling**, wenn der Wiedereinsatz der natürlichen Ressourcen im bisherigen Anwendungsbereich erfolgt. Liegt ein Wiedereinsatz in neuen Anwendungsgebieten vor, handelt es sich um **Sekundärrecycling**.

Die zweite technologisch-produktionswirtschaftliche Dimension zur Klassifikation von Recyclingarten unterscheidet in **direktes Recycling**, in diesem Fall sind keine umwandelnden Wiederaufbereitungsaktivitäten erforderlich, und **indirektes Recycling**, bei dem Wiederaufbereitungsaktivitäten erforderlich sind. Auf der Grundlage der aufgezeigten Dimensionen lassen sich die in Abbildung 97 gezeigten vier grundlegenden Recyclingarten unterscheiden:

- Wiederverwendung (Direktes Primärrecycling)
- Weiterverwendung (Direktes Sekundärrecycling)
- Wiederverwertung (Indirektes Primärrecycling)
- Weiterverwertung (Indirektes Sekundärrecycling).

Eine Wiederverwendung findet z.B. bei Mehrwegpackungen und instandgesetzten Austauschteilen statt (Strebel, Nosko 1984). Im Falle der Weiterverwendung spricht man von Produkten und Verpak-

Wiederaufbereitungsaktivität	Wiedereinsatzprozeß ... ... im bisherigen Anwendungsbereich	... in einem neuen Anwendungsbereich
Keine umwandelnde Wiederaufbereitung	[Direktes Primärrecycling] Wiederverwendung	[Direktes Sekundärrecycling] Weiterverwendung
Umwandelnde Wiederaufbereitung	[Indirektes Primärrecycling] Wiederverwertung	[Indirektes Sekundärrecycling] Weiterverwertung

Abb. 97: Systematisierung von Recyclingarten

kungen mit Zweitnutzen. Beispielhaft ist hier auf Glasverpackungen zu verweisen, die häufig als Vorratsbehälter in anderen Anwendungsbereichen weiterverwendet werden. Die Benutzung von Eisenbahnschwellen bei der Gartengestaltung kann hier als weiteres Anwendungsbeispiel genannt werden. Die Wiederverwertung als am weitesten fortgeschrittene Form des Recycling findet u. a. beim Altglas- und Altpapierrecycling statt. Die Herstellung von Parkbänken aus Kunststoffverpackungen gilt als Beispiel der Weiterverwertung.

Alle nicht bereits im Rahmen des Produktionsabfallrecycling oder des Produktrecycling wiedereingesetzten Materialien bzw. aufbereiteten Altprodukte müssen in der Entsorgungsphase kontrolliert aufbereitet werden. **Entsorgung** bezeichnet in diesem Zusammenhang die Sammlung, Lagerung und den Rücktransport von Abfällen und Altstoffen (Runge 1990). Bislang wird die zumeist öffentlich-rechtliche Entsorgung weitestgehend losgelöst, unabhängig von der Produktions- und der Ge- und Verbrauchsphase, gesehen. Darüber hinaus werden die im Rahmen der Entsorgung anfallenden Aufgaben der Sammlung, Sortierung, Lagerung und des Rücktransports von Abfällen ohne gegenseitige Abstimmung von unterschiedlichen Institutionen ausgeführt. Eine Koordination findet bislang weder in der Entsorgungsphase noch phasenübergreifend statt. Vor diesem Hintergrund kann derzeit von einem deintegrierten Entsorgungssystem gesprochen werden.

Ein **integriertes Recycling- und Entsorgungssystem** setzt zunächst eine effiziente, auf die Anforderungen des Recycling abgestimmte Entsorgung voraus. Im Rahmen der in Abbildung 98 dargestellten integrierten Analyse muß zunächst innerhalb der drei Kreisläufe, dem Produktionsabfallrecycling, dem Produktrecycling und dem Altstoffrecycling versucht werden, möglichst hohe Wiedereinsatzquoten zu erreichen. Welche Möglichkeiten der Umweltentlastung bereits im Rahmen des Produktrecycling bestehen, wird anhand des Inserts verdeutlicht. Am Beispiel der Automobilindustrie sind diejenigen Teile aufgeführt, die statt einer Entsorgung über die Deponie vom Hersteller instandgesetzt werden und als preisgünstige Alternative zu neuen Ersatzteilen den Kunden angeboten werden.

Die spezifischen Anforderungen jedes Recycling-Kreislaufes müssen bereits in den vorhergehenden Lebenszyklusphasen berücksichtigt werden. Das Altstoffrecycling von Kunststoffen bei Automobilen belegt in diesem Zusammenhang einerseits die hohen Potentiale zur Entlastung der Deponien von Kunststoffabfällen (vgl. Insert 24 und 25). Ande-

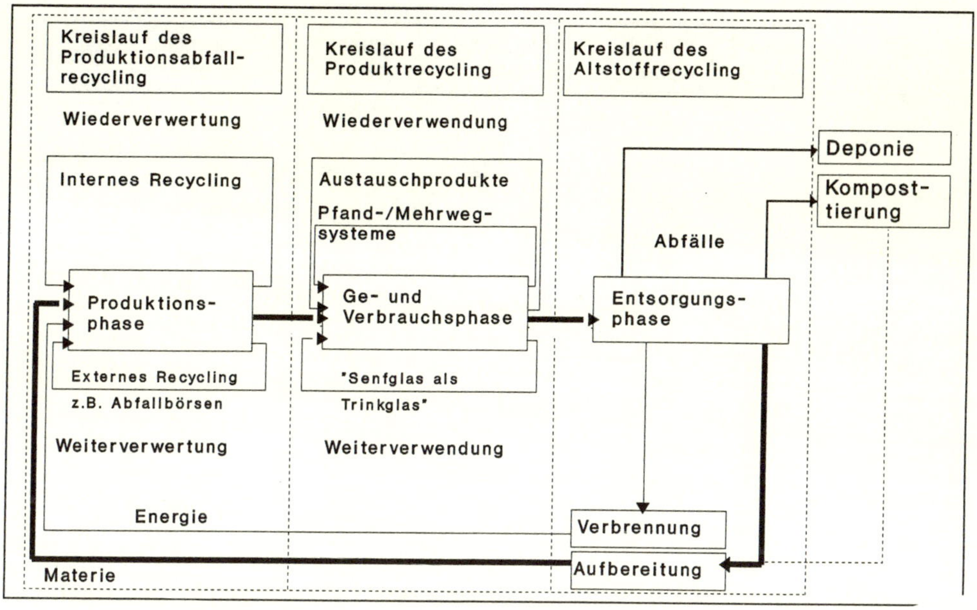

Abb. 98: Integriertes Entsorgungs- und Recyclingsystem

rerseits wird deutlich, daß die Handlungsmöglichkeiten des Altstoffrecycling bereits in der Produktentwicklungsphase determiniert werden. Die während der Entwicklung identifizierten Ansatzpunkte einer recyclinggerechten Konstruktion müssen dann mit den spezifischen Anforderungen einer umweltgerechten Produktion sowie eines möglichst umfassenden Produktrecycling (z.B. Austauschteile) abgestimmt werden (Weege 1981). Erst bei einer solchen phasenübergreifenden Abstimmung und Koordination kann von einem integrierten Recycling- und Entsorgungssystem gesprochen werden.

5.2 Kooperationen als Voraussetzung integrierter Entsorgungs- und Recyclingsysteme

Nachdem bislang nur auf die technologisch-produktionswirtschaftlichen Betrachtungsebene des Recycling eingegangen wurde, soll im folgenden auf die institutionelle Betrachtungsebene Bezug genommen werden. Die Ausgestaltungsmöglichkeiten und die Intensität der Zusammenarbeit innerhalb und zwischen den Produktionsstufen steht dabei im Mittelpunkt der Betrachtung (Linn 1990).

Leistungsfähige Entsorgungssysteme sind, neben dem unabdingbaren Rückgriff auf spezialisierte Entsorgungsunternehmen, nur durch eine Zusammenarbeit zwischen Produzenten, Konsumenten und Handel aufzubauen (Humphrey et al. 1977). Die stoffliche Wiederverwertung im Produktionsprozeß ist nur von produzierenden Unternehmen zu leisten, Entsorgungssysteme ohne die Einbindung des in engem Kontakt zum Konsumenten stehenden Handel sind ineffizient. Demzufolge können erst durch die Vernetzung der ökolo-

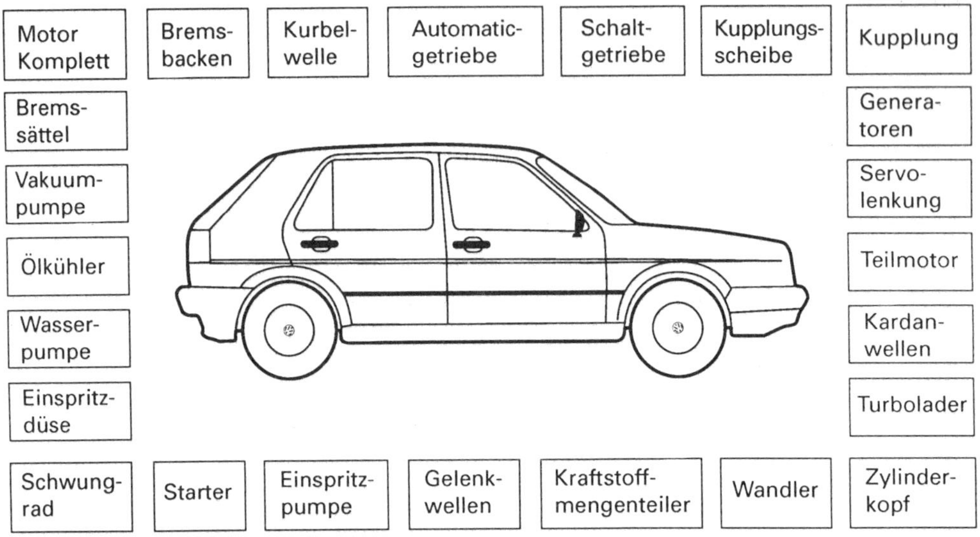

Insert 24: Beispielhafte Teilewiederverwertung bei Automobilen (Austauschteile)
(Quelle: Volkswagen AG)

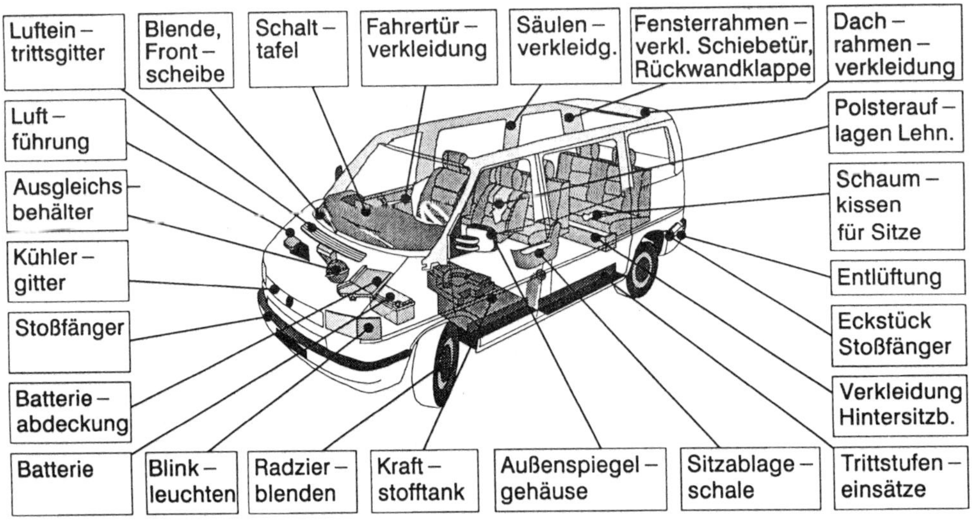

Insert 25: Kunststoffrecycling am Beispiel des Automobils
(Quelle: Volkswagen AG)

gieorientierten Aktivitäten auf seiten von Hersteller und Handel integrierte Entsorgungs- und Recyclingsysteme realisiert werden.

Beispielhaft ist in Abbildung 99 das Konzept eines integrierten Systems zur Entsorgung und Recycling von Automobilen dargestellt. Anhand der Vielzahl zu koordinierender Tätigkeiten und zu beteiligender Branchen wird hier die Komplexität eines integrierten Entsorgungs- und Recyclingsystems besonders deutlich. Vor dem Hintergrund der aufgezeigten komplexen Abstimmungs- und Koordinationsnotwendigkeiten sollen im folgenden drei Erscheinungsformen der Kooperation unterschieden werden:

- Unabhängigkeit,
- Horizontale Kooperation und
- Vertikale Kooperation.

Bislang am weitesten verbreitet sind unternehmensindividuelle, eigenständige Umweltinitiativen. Diese als »**Unabhängigkeit**« bezeichnete (Negativ-) Form der Kooperationsstrategie bringt zunächst eine hohe Flexibilität im umweltschutzbezogenen Unternehmensverhalten mit sich. Sowohl die Entscheidungen im strategischen Bereich, als auch einzelne ökologieorientierte Maßnahmen können ohne Abstimmung mit Dritten getroffen werden. Zeitvorteile sind dadurch leichter zu erreichen als bei anderen Formen der Kooperation. Darüber hinaus führt die Exklusivität der von einzelnen Unternehmen unabhängig durchgeführten ökologieorientierten Maßnahmen zu einem ausgeprägteren, eigenständigeren ökologieorientierten Image als es durch Kooperationen möglich wäre. Der Nachteil dieser Handlungsoption liegt jedoch in dem oft fehlenden Know-how sowie den begrenzten finanziellen und personellen Ressourcen des einzelnen Unternehmens. Häufig steht aber auch der Wunsch des Gesetzgebers, von Kommunen oder Verbänden nach einheitlichen und für alle Anbieter zugänglichen Entsorgungssystemen mit höherer Akzeptanz beim Verbraucher dieser Handlungsoption entgegen (Bilitewski et al. 1990).

Mit **horizontaler Kooperation** ist die Zusammenarbeit von zwei oder mehreren Handelsunternehmen auf regionaler oder Verbandsebene bzw. die Zusammenarbeit zwischen mehreren Herstellern angesprochen. Maßnahmen im Bereich der Abfallstrategien lassen sich sinnvoll häufig erst auf dieser Kooperationsstufe realisieren. Insbesondere dem Handel eröffnen sich in seinem regionalen Einzugsgebiet Chancen zur Durchführung von Umweltinitiativen auf kommunaler Ebene. Hier sind u.a. Maßnahmen zur regional koordinierten Einführung neuer Mehrwegsysteme (z.B. bei Frischmilch oder Fruchtsäften) bzw. die regional abgestimmte Auslistung von Einwegsystemen zu nennen. Lokale bzw. regionale Werbegemeinschaften können in diesem Zusammenhang als Basis horizontaler Kooperationen zur Durchführung ökologieorientierter Maßnahmen genutzt werden. Überträgt man diese Kooperationsform auf die Herstellerebene, so ist etwa an die gemeinsame Einführung standardisierter (Mehrweg-) Verpackungssysteme zu denken. Darüber hinaus ist auf die kooperative Errichtung und den Betrieb von Sortieranlagen zur Aufbereitung von Wertstoffabfällen oder den gemeinschaftlichen Bau von auf bestimmte Verpackungsmaterialien spezialisierten Verbrennungsanlagen zu verweisen.

Die **vertikale Kooperation** als dritte Ausprägung ökologieorientierter Kooperationsstrategien (Linn 1990) bezeichnet die enge Zusammenarbeit zwischen Konsumgüterproduzenten, Verpackungsherstellern und dem Handel zur Lösung umweltschutzbezogener Probleme. Auch eine Zusammenarbeit mit Verbraucher- und Umweltschutzorganisationen wird bei dieser Strategieform angestrebt.

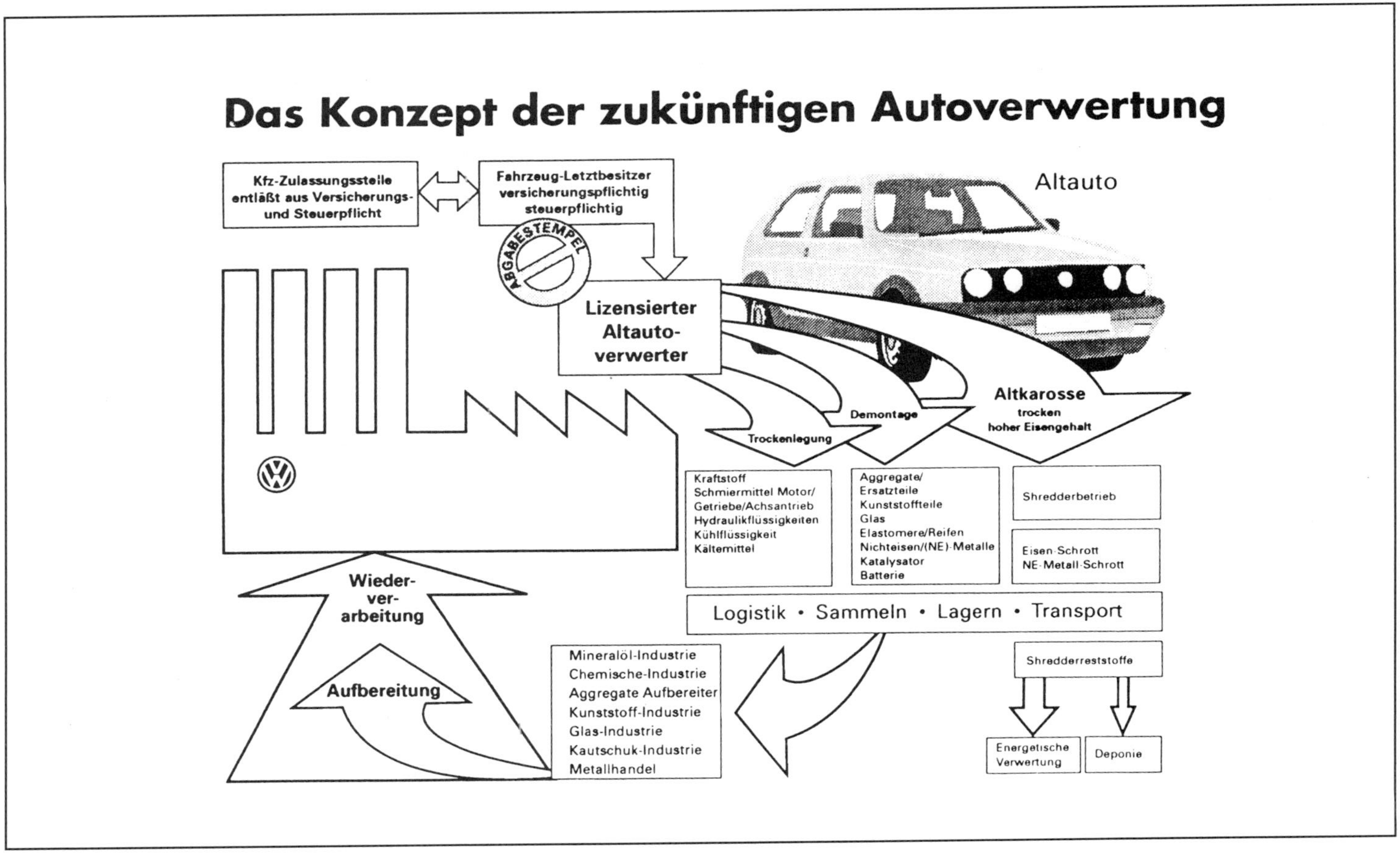

Abb. 99: Beispiel eines Konzeptes zur zukünftigen Autoverwertung
(Quelle: Volkswagen AG)

Beispielhaft kann auf die Kooperation des kanadischen Handelsunternehmens Loblaw Company Ltd. (vgl. Kap. IV. 2) mit zehn Umwelt- und Verbraucherschutzorganisationen sowie verschiedenen Herstellern zur Einführung gesundheitlich und ökologisch besonders vorteilhafter Produkte hingewiesen werden (o. V. 1991). Die Kooperation des Warenhausunternehmens Hertie mit dem Bund für Umwelt- und Naturschutz (B.U.N.D.) zur Umstrukturierung des Sortimentsbereiches Gartenbedarf unter dem Motto »Garten ohne Gift« in allen 65 Filialen kann als Beispiel einer vertikalen Kooperation in Deutschland genannt werden.

Das bislang umfassendste ökologieorientierte Kooperationsmodell in Deutschland stellt das **Duale System zur Entsorgung und zum Recycling von Verpackungsabfällen** dar. Dieses durch die Zusammenarbeit von Konsumgüterherstellern, Verpackungsproduzenten und dem Handel entstandene integrierte Entsorgungs- und Recyclingsystem weist stellvertretend für andere vertikale ökologieorientierte Kooperationen auf einen zentralen Nachteil dieser Kooperationsform hin: Die unzureichende umweltorientierte Profilierung des einzelnen Unternehmens.

Wegen seiner besonderen praktischen Bedeutung soll dieses vertikale Kooperationsmodell als Beispiel eines privatwirtschaftlichen Ansatzes zur Lösung von Umweltproblemen im folgenden näher beschrieben und die Implikationen für das Umweltmanagement von Handel und Industrie diskutiert werden.

5.3 Funktionen, Durchsetzungsbarrieren und Implikationen des Dualen Systems

5.3.1 Ziele des Dualen Systems

Das Duale System als eines von bislang wenigen Beispielen integrierter Entsorgungs- und Recyclingsysteme wurde von den Verbänden der Wirtschaft als Antwort auf die »Verordnung über die Vermeidung von Verpackungsabfällen« (VerpackVO) gegründet. Mit dem Aufbau der Dualen System Deutschland GmbH (DSD GmbH) wird seitens der beteiligten Unternehmen das Ziel verfolgt, durch die Errichtung eines flächendeckenden, haushaltsnahen Erfassungssystems für gebrauchte Verpackungen eine Befreiung von den Pfand- und Rücknahmeverpflichtungen der VerpackungVO (vgl. Abbildung 100) zu erreichen.

Handel und Hersteller werden durch die VerpackVO verpflichtet, zukünftig sämtliche gebrauchten Verpackungen außerhalb der bestehenden öffentlichen Entsorgung zu erfassen und zu verwerten. Vom Bundesumweltministerium werden mit der VerpackVO insbesondere die folgenden Ziele angestrebt:

(1) Beschränkung des Verpackungsaufwandes auf das zum Schutz des Füllgutes und zur Vermarktung unmittelbar notwendige Maß.
(2) Förderung wiederbefüllbarer Verpackungen sofern technisch möglich und wirtschaftlich zumutbar.
(3) Sind die Voraussetzungen für eine Wiederbefüllung nicht gegeben, hat die stoffliche Verwertung (Recycling) absoluten Vorrang gegenüber allen anderen Beseitigungsformen.

Bedingung für die Befreiung der Wirtschaft von den umfassenden Pfand- und Rücknahmepflichten ist der Nachweis materialspezifischer Sammlungs- und Sortierungsquoten für

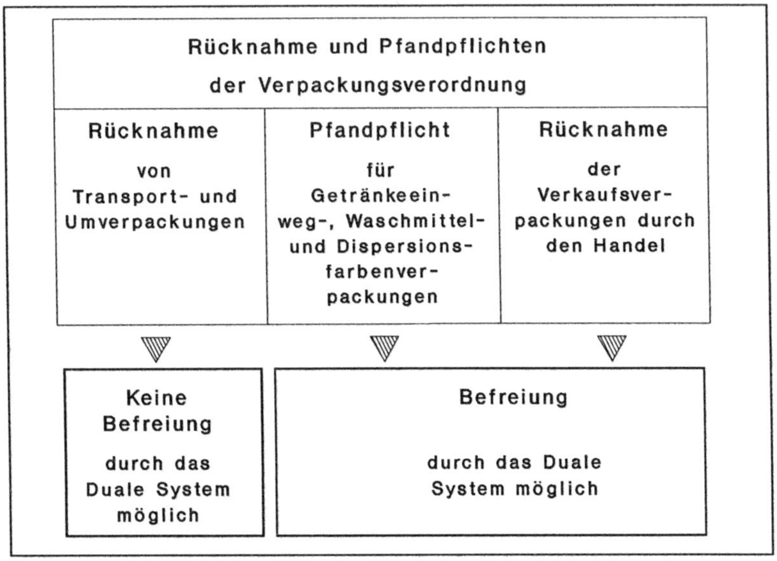

Abb. 100: Rücknahme- und Pfandregelungen der Verpackungsverordnung

Einwegverpackungen und die Sicherstellung eines Mindestmarktanteils für Mehrwegverpackungen im Getränkebereich (vgl. Abbildung 101).

Material	Erfassungsquoten		Sortierungsquoten	
	1.1.93	1.1.95	1.1.93	1.1.95
Glas	60 %	80 %	70 %	90 %
Weißblech	40 %	80 %	65 %	90 %
Aluminium	30 %	80 %	60 %	90 %
Pappe, Karton	30 %	80 %	60 %	80 %
Papier	30 %	80 %	60 %	80 %
Kunststoff	30 %	80 %	30 %	80 %
Verbunde	20 %	80 %	30 %	80 %

Mehrwegverpackungen für Bier, Mineral-, Quell-, Tafel- und Heilwässer, Erfrischungsgetränke mit/ohne Kohlensäure, Frucht- und Gemüsesäfte, Fruchtnektare und Wein	Mehrwegquote von 1991 an konstant zu halten	Mindestquote von 72 %

Abb. 101: Erfassungs-, Sortierungs- und Mehrwegquoten im Rahmen des Dualen Systems

Ein zentrales Element bei der Durchsetzung dieser Ziele bildet die Einführung von Rücknahmesystemen. Dabei wird hinsichtlich der Rücknahme- und Pfandpflichten zwischen

- Transportverpackungen
- Umverpackungen
- Verkaufsverpackungen und
- Getränkeverpackungen

unterschieden. Diese Verpackungsarten sowie die unterschiedlichen Rücknahmefristen sind vom Gesetzgeber wie folgt definiert (BuM 1991):

- **Transportverpackungen** sind Verpackungen zum Schutz der Ware auf dem Weg vom Hersteller zum Handel. Der Endverbraucher kommt meist nicht mit ihnen in Berührung. Es handelt sich z.B. um Fässer, Kisten, Kanister, Paletten, Säcke, Kartonagen oder Schrumpffolie. Nach dem 1. Dezember 1991 müssen Hersteller und Handel Transportverpackungen nach Gebrauch zurücknehmen und einer stofflichen Verwertung außerhalb der öffentlichen Entsorgung zuführen.
- **Umverpackungen** sind z.B. Blister, Folien, Kartonagen oder ähnliche Umhüllungen, die als zusätzliche Verpackung von Verkaufsverpackungen dem Zweck dienen, den Absatz der Waren in der Selbstbedienung zu gewährleisten, Kommunikationsaufgaben zu erfüllen und den Diebstahl der Waren zu erschweren. Nach dem 1. April 1992 besteht für den Handel die Verpflichtung, die Umverpackungen entweder vor der Abgabe an den Kunden zu entfernen oder aber auf dem Gelände bzw. innerhalb der Einkaufsstätte geeignete Sammelbehälter aufzustellen, in denen die Konsumenten selbst entfernte Umverpackungen deponieren können.
- **Verkaufsverpackungen** sind geschlossene oder offene Behälter oder Umhüllungen von Waren wie z.B. Becher, Dosen, Beutel, Eimer, Fässer, Kanister, Flaschen, Kartonagen, Schachteln, Tragetaschen, Säcke oder vergleichbare Umhüllungen, die vom Endverbraucher zum Transport und/oder bis zum Verbrauch der Waren verwendet werden. Ab dem 1. Januar 1993 muß der Handel gebrauchte Verkaufsverpackungen entweder innerhalb der Einkaufsstätte oder in deren unmittelbarer Nähe zurücknehmen. Eine Rücknahmepflicht besteht jedoch nur für solche Artikel, welche die jeweilige Einkaufsstätte im Sortiment führt.
- Bei **Getränkeverpackungen** (Flaschen, Dosen, Kartons) und Verpackungen für Wasch- und Reinigungsmittel ab einem Füllvolumen von 0.2 Liter sowie für Verpackungen von Dispersionsfarben ab 2 kg Inhalt wird als Anreiz zur Rückgabe ab dem 1. Januar 1992 ein Pflichtpfand in Höhe von 0.50 DM erhoben.

Im Rahmen des Dualen Systems sollen ausschließlich Verkaufsverpackungen entsorgt und einem sachgerechten Recycling zugeführt werden. Im Bereich der Transportverpackungen wird eine weitgehende Umstellung auf Mehrwegsysteme, wie sie z.B. in der deutschen Fischwirtschaft bereits implementiert sind, notwendig werden (o.V. 1991).

Hinsichtlich der Umverpackungen (die keinen grünen Punkt erhalten können) ist ein weitgehender Verzicht auf diese zusätzliche Verpackungsform zu erwarten. Die Kostensituation und der intensive Preiswettbewerb im Handel wird dazu führen, daß der Handel Artikel mit Umverpackungen entweder auslistet oder seinen Einfluß auf die Hersteller nutzt, um auf entsprechende Produktvarianten ohne Umverpackung hinzuwirken.

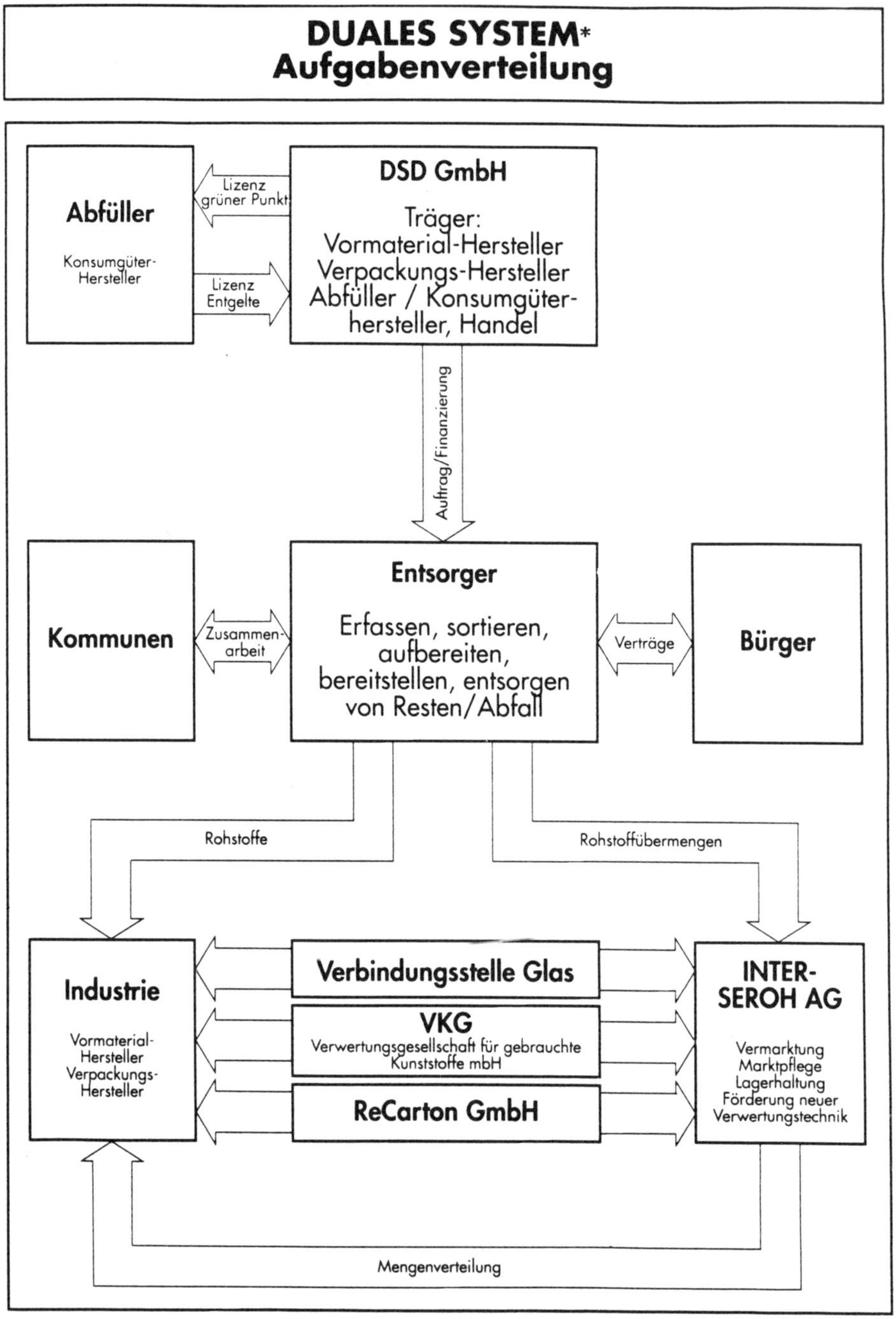

Abb. 102: Aufbau und Funktion des Dualen Systems
(Quelle: Bundesverband der Deutschen Entsorgungswirtschaft)

5.3.2 Aufbau und Funktionen des Dualen Systems

Die Funktionsweise und Aufgabenverteilung im Dualen System ist in Abbildung 102 dargestellt. Die in das Duale System einbezogenen Verpackungen werden mit einem grünen Punkt gekennzeichnet. Der grüne Punkt soll insbesondere vier Funktionen erfüllen:

- Finanzierungsfunktion
- Informationsfunktion gegenüber dem Verbraucher
- Marketingfunktion
- Materialkennzeichnungsfunktion (Erleichterung der Abfallsortierung).

Die Trägerorganisation Duales System Deutschland GmbH (DSD GmbH) hat die Nutzungsrechte am grünen Punkt und genehmigt die Verwendung des grünen Punktes auf Verpackungen nur gegen Zahlung eines vom Packungsvolumen sowie der verkauften Stückzahl abhängigen Entgeltes zwischen DM 0.01 und 0.20 je Verpackungseinheit **(Finanzierungsfunktion)**. Darüber hinaus muß das beantragende Unternehmen eine Abnahme- und Verwertungsgarantie für die von ihm verkauften und später eingesammelten gebrauchten Verpackungen der DSD GmbH vorlegen. Zum Zwecke der Wiederverwertung wurden für einzelne Materialien spezialisierte Aufarbeitungsgesellschaften gegründet.

Mit der technischen Umsetzung werden dann von der DSD GmbH private und öffentliche Entsorgungsunternehmen beauftragt. Bereits bestehende Sammelsysteme sollen soweit wie möglich in das Duale System integriert werden. Die Kooperation mit öffentlichen Körperschaften ist zum Beispiel für die kostenlose Bereitstellung von Standplätzen für Sammelbehälter sowie für die weitere Nutzung der Depotcontainer für Glas und Papier erforderlich. Die von der DSD GmbH im Rahmen eines Holsystems in den Haushalten neben der traditionellen »Mülltonne« aufgestellte Wertstofftonne dient der separaten Erfassung und Entsorgung von Verpackungsabfällen. Um den Haushalten als auch den Entsorgungs- und Verwertungsunternehmen die Sortierung der Verpackungsabfälle zu erleichtern, erfolgt mit der Vergabe des grünen Punktes auf jeder Verpackung auch eine Kennzeichnung der Materialart.

Die Markierung einer Verpackung mit dem grünen Punkt informiert den Konsumenten über die Recyclingfähigkeit der Verpackung. Sie signalisiert zweifelsfrei eine sachgerechte Entsorgung **und** Wiederverwertung der gebrauchten Verpackung **(Informationsfunktion)**. Darüber hinaus hat sich der Handel im Rahmen seiner Mitgliedschaft bei der DSD GmbH dazu verpflichtet, nach einer Übergangszeit möglichst nur noch mit dem grünen Punkt gekennzeichnete Verpackungen zu vertreiben.

Die **Marketingfunktion** des grünen Punktes besteht für den Handel in der Möglichkeit, sich durch eine möglichst frühzeitige und weitgehende Umstellung seines Sortimentes auf umweltgerechte Verpackungen mit dem grünen Punkt, in Verbindung mit einer hierauf abgestimmten Kommunikationspolitik, als ökologieorientierter »Pionier« zu profilieren. Diese Chance bietet sich in ähnlicher Form auch auf Herstellerebene.

Der nach dem Kostendeckungsprinzip arbeitenden DSD GmbH kommt primär die Aufgabe zu, den Aufbau, die Funktion und die laufende Kontrolle des Dualen Systems zu gewährleisten. Die DSD GmbH ist dabei im einzelnen für die Vergabe der Aufträge an die Entsorgungsunternehmen zuständig. Darüber hinaus hat sie die Koordination und Überwachung der Tätigkeiten der privaten Entsorgungsunternehmen durchzuführen. Eine weitere Aufgabe der DSD GmbH liegt in der umfassenden Öffentlichkeitsarbeit und Verbraucheraufklärung zur Erhöhung der Akzeptanz- und Nutzungsquote des Dualen Systems.

5.3.3 Durchsetzungsbarrieren des Dualen Systems

Analysiert man zunächst die rechtlichen Aspekte des Dualen Systems, fällt auf, daß die Bundesregierung die Verpackungsverordnung als rechtliche Grundlage des Dualen Systems bislang nicht auf EG-Ebene zur Abstimmung vorgelegt hat. Die EG-Kommission sieht in der bislang nicht erfolgten Notifizierung einen Verstoß gegen die EG-Richtlinie über technische Kennzeichnungspflichten und beabsichtigt eine Klage vor dem Europäischen Gerichtshof.

Neben den EG-rechtlichen Durchsetzungsproblemen ist vor allem auf die folgenden Barrieren bei der Realisierung des Dualen Systems hinzuweisen:

- Konsumenteninduzierte Barrieren
- Technologieinduzierte Barrieren
- Aufsichtsrechtliche Barrieren
- Zeitbedingte Barrieren.

Die vom Gesetzgeber zur Anerkennung des Dualen Systems geforderten materialspezifischen Erfassungsquoten sind nur bei einer hohen **Mitwirkungsbereitschaft der Konsumenten** zu erreichen. Die von jedem Haushalt durchzuführende Trennung verschiedener Materialfraktionen ist mit einem erheblichen Aufwand verbunden. Diesem Mehraufwand stehen bislang keine materiellen Anreize gegenüber. Werden in diesem Zusammenhang die bislang vorliegenden praktischen Erfahrungen mit vergleichbaren Sammelsystemen ausgewertet (Gallenkemper 1988), so lassen sich zwei grundlegende Erfolgsvorausetzungen identifizieren:

(1) Notwendigkeit materieller Anreize für Konsumenten.
(2) Höchstmögliche Bequemlichkeit, d. h. geringer Zusatzaufwand bei der Rückgabe.

Modellversuche in Bremen und Berlin, die in ihrer Anlage mit dem Dualen System vergleichbar waren, führten zu einer relativ geringen Beteiligung der Konsumenten. Es wurden lediglich Rückgabequoten von maximal 40% erreicht. Bei einem Pilotversuch in Düsseldorf wurden in Containern für Getränkedosen, an denen ein Pfand von DM 0.03 gezahlt wurde, innerhalb eines Jahres eine Million Dosen zurückgegeben. In Containern ohne Pfand wurden in demselben Zeitraum nur 20.000 Dosen gesammelt (Hahn 1990).

Akzeptanzprobleme auf Konsumentenebene sind ferner in der Einführungsphase des Dualen Systems zu erwarten. Die bereits in der Aufbauphase intensive Verwendung des grünen Punktes durch Hersteller und Handel ruft beim Verbraucher die Erwartung einer sachgerechten Entsorgung hervor. Stellt er dann jedoch fest, daß dies in vielen Regionen gegebenenfalls über mehrere Jahre hinweg nicht gegeben ist, dürfte dies nicht nur starke Zweifel an der Glaubwürdigkeit der beteiligten Unternehmen auslösen, sondern auch eine deutlich nachlassende Mitwirkungsbereitschaft zur Folge haben.

Lösungsansätze zur Überwindung der konsumentenorientierten Barrieren liegen einerseits in der Änderung kommunaler Abfallgesetze. Hier wären Verordnungen zum Ausschluß von Verpackungsabfällen aus der kommunalen Müllentsorgung denkbar. Ein anderer Lösungsweg könnte die Ausrichtung kommunaler Entsorgungsgebühren am Abfallvolumen des privaten Haushalts sein. In zahlreichen Kantonen der Schweiz wurde dieser Ansatz bereits erfolgreich umgesetzt.

Hinsichtlich **technologieinduzierter Barrieren** des Dualen Systems bereitet die Sammlung der Verpackungsabfälle lediglich kurzfristige Kapazitätsprobleme. Das für die Retrodistribution notwendige technische und organisatorische Know-how zur Entsorgung der haushaltsnahen Container ist vorhanden und erprobt. Die Sortierung der bei den Haushalten entsorgten Verpackungen wirft jedoch noch eine Reihe technischer Probleme auf. So existiert z.B. bislang noch keine großtechnisch einsetzbare Anlage zur Trennung von Kunststoffverpackungen (Gläßer 1991). Darüber hinaus stellt auch die Trennung bzw. Säuberung der Verpackungsabfälle von unerwünschten Verunreinigungen und Fremdstoffen ein erhebliches technisches Problem dar. Neben der Sammlung und Sortierung bestehen auch im Rahmen der Verwertung noch technische Durchführungsbarrieren. Für alle in das Duale System aufgenommenen Materialien liegen zwar Abnahme- und Verwertungsgarantien vor, eine großserientechnische Verarbeitung der Verpackungsabfälle zu qualitativ hochwertigen Produkten ist jedoch in vielen Materialbereichen, insbesondere bei Kunststoffen, noch nicht möglich.

Die **aufsichtsrechtlichen Barrieren** bei der Implementierung des Dualen Systems liegen einerseits in der Erteilung der notwendigen Erlaubnis zur Nutzung öffentlicher Flächen für die Aufstellung von Sammelbehältern. Auf der anderen Seite ist mit einer bis zu fünfjährigen Genehmigungsdauer zur Errichtung der für das Duale System erforderlichen Abfallsortier- und Müllverbrennungsanlagen zu rechnen. Diese Genehmigungszeiten werden die termingerechte Erfüllung der vom Gesetzgeber geforderten Erfassungs- und Verwertungsquoten erheblich erschweren. Ob die Konsumenten darüber hinaus innerhalb der gesetzten Fristen zu einer Umstellung ihres Kauf- und Entsorgungsverhaltens zu bewegen sind, erscheint vor dem Hintergrund der Erfahrungen im Automobilbereich (Umstellung auf geregelten Dreiwege-Katalysator) sowie des sich über Jahre hinweg erst langsam entwickelnden Umweltbewußtseins fraglich.

5.3.4 Implikationen des Dualen Systems für das ökologieorientierte Marketing

Analysiert man die Implikationen des Dualen Systems auf das ökologieorientierte Marketing von Hersteller und Handel, so ist zwischen kurz-, mittel- und langfristigen Wirkungen zu unterscheiden.

Unter **kurzfristigen** Gesichtspunkten eröffnet sich für den Handel die Chance, durch eine frühzeitige Umstellung seines Sortiments auf Artikel, deren Verpackung mit dem grünen Punkt gekennzeichnet sind, sowie durch das Angebot umweltbezogener Dienstleistungen sich ökologieorientiert zu profilieren. Darüber hinaus können insbesondere größere Handelsunternehmen ihren Einfluß auf Lieferanten nutzen, um Änderungen in der Verpackungsgestaltung im Sinne des Dualen Systems durchzusetzen. Dieses Verhalten des Handels wird die Hersteller kurzfristig dazu veranlassen, für ihre Verpackungen den grünen Punkt zu beantragen, den Aufwand an Umverpackungen einzuschränken und im Rahmen ihrer Transportverpackungssysteme auf Mehrwegverpackungen umzustellen. Für die Hersteller und insbesondere den Handel wird mit dem Beginn der Öffentlichkeitsarbeit zur Einführung des Dualen Systems das Umweltbewußtsein als Einflußfaktor des Kaufverhaltens der Konsumenten an Bedeutung gewinnen. Die Umweltfreundlichkeit von Produkten und die Ökologieorientierung von Einkaufsstätten wird von einem bislang schon wichtigen Verkaufsargument immer stärker zu einer Voraussetzung für die Verkäuflichkeit von Produkten.

Mittelfristig werden die Verpackungsverordnung und das Duale System die unter kurzfristigen Gesichtspunkten aufgezeigten Profilierungschancen tendenziell nivellieren. Auf Herstellerseite wird die Abnahme- und Verwertungsgarantie eine grundlegende Neugestaltung von Verpackungen zur Folge haben. Die im Rahmen des Dualen Systems gesammelten Altstoffe müssen mittelfristig wieder in den Produktionsprozeß zurückgeführt und damit bereits bei der Entwicklung von Neuverpackungen berücksichtigt werden. Ohne eine derartige stoffliche Wiederverwertung sind die seitens der Hersteller abgegebenen Verwertungsgarantien nicht zu erfüllen. Eine Weiterverwertung der im Rahmen des Dualen Systems entsorgten Verpackungsabfälle in anderen Produktbereichen (Lärmschutzwälle, Blumenkästen etc.) ist aufgrund der im Dualen System anfallenden Abfallmengen langfristig kein geeigneter Lösungsweg.

Stellt man die **langfristigen** Auswirkungen des Dualen Systems in den Mittelpunkt der Betrachtung, so wird sich der Handel der Herausforderung gegenübergestellt sehen, die Warenversorgung zukünftig unter weitgehender Vermeidung von Verpackungsmüll zu gewährleisten. Jede Transaktion zwischen Handel und Konsument wird dahingehend zu untersuchen sein, in welcher Form auf Verpackungen verzichtet werden kann. Diese Entwicklung dürfte zu einer weiter zunehmenden Betriebstypendynamik im Handel führen.

Für den Hersteller wird sich langfristig die Notwendigkeit ergeben, seine Innovationsfähigkeit in zunehmendem Maße für ökologieorientierte Innovationen zu nutzen. Neben der in hohem Maße betroffenen Produktpolitik wird als Folge des Dualen Systems vor allem der Steuerung und Kontrolle des logistischen Systems eine höhere Bedeutung zukommen. Transport-, Um- und Verkaufsverpackungen erfüllen zahlreiche Distributionsfunktionen und sind bei der Distribution den verschiedensten äußeren Einflüssen ausgesetzt. Eine Verminderung oder vollständige Vermeidung von Verpackungen ist daher nur realisierbar, wenn Hersteller in enger Abstimmung mit dem Handel die Distribution unter Umweltschutzaspekten steuern und kontrollieren können. Der Verzicht bzw. die Reduktion von Verpackungen macht es demzufolge zukünftig notwendig, die Anforderungen des Handels bezüglich der Warendistribution, des Warenhandlings, des Warenverkaufs sowie der Retrodistribution/Entsorgung bereits bei der Produktentwicklung verstärkt zu berücksichtigen. Erst bei einer solchen gesamtheitlichen Betrachtung aller Anforderungen aus der Produktions-, Distributions-, Verwendungs- und Entsorgungs- bzw. Wiederverwertungsphase kann von einem echten integrierten Entsorgungs- und Recyclingsystem gesprochen werden.

Fragen zu Kapitel V

1. Welchen Anforderungen muß ein ökologieorientiertes Marketing im Rahmen eines integrierten Umweltmanagement gerecht werden?
2. Grenzen Sie die Konzepte des »ökologieorientierten Marketing« und des »Marketing für Ökologie« voneinander ab. Nennen Sie Anwendungsbeispiele!
3. Was versteht man unter einer Produktpositionierung und wie läßt sich eine flankierende, gleichberechtigte oder dominante Einbeziehung des Umweltschutzes in die Positionierung kennzeichnen?
4. Welche Planungs- und Entscheidungsstufen weist ein Positionierungprozeß auf und welche Bedeutung kommt der integrierten Gestaltung der Marketing-Mix-Instrumente im Rahmen einer umweltorientierten Positionierung zu?
5. Diskutieren Sie konsumenten-, wettbewerbs- und produkt- sowie programmbezogene Einflußfaktoren einer umweltorientierten Produktpositionierung. Wann sollte sich ein Unternehmen für eine dominante Einbeziehung der Umweltverträglichkeit als Positionierungsdimension entscheiden?
6. Welche Ansatzpunkte einer ökologieorientierten Produktpolitik ergeben sich mit Bezug auf einzelne Lebenszyklusphasen (Beschaffungs-, Produktions-, Absatz-, Ge-/Verbrauchs- und Entsorgungsphase)?
7. Welche Zielsetzungen werden mit einer ökologieorientierten Markenpolitik verfolgt?
8. Welche Probleme können sich bei der Verwendung von Umweltzeichen als Zusatzmarkierung bei einer bestehenden Marke ergeben?
9. Welche Anforderungen sind an die ökologieorientierte Gestaltung von Werbebotschaften zu stellen?
10. Welche inhaltlichen Verbindungslinien lassen sich zwischen Sponsor und Gesponsorten beim Umweltsponsoring generell definieren?
11. Inwieweit ist die Preispolitik in einem ökologieorientierten Marketing zu modifizieren?
12. Welche nachfragebezogenen Einflußfaktoren sind bei der Preisgestaltung für Umweltprodukte besonders zu berücksichtigen?
13. Nennen Sie Ansatzpunkte einer ökologieorientierten Distributionspolitik. Gehen Sie dabei insbesondere auf den Bereich der Logistik ein!
14. Analysieren Sie mögliche ökologieinduzierte Konflikt- und Kooperationspotentiale im vertikalen Marketing eines Automobilherstellers und eines Getränkeherstellers!
15. Welche Ansatzpunkte und Gestaltungsfelder ergeben sich für eine ökologieorientierte Ausrichtung des Handelsmarketing?
16. Ein Handelsunternehmen der Lebensmittelbranche möchte durch eine ökologieorientierte Sortimentspolitik eine Profilierung gegenüber Kunden und Wettbewerbern anstreben. Hierbei wird die Frage diskutiert, ob die bisher in einzelnen Warengruppenbereichen verfügbaren »umweltfreundlichen« Produktvarianten in einer räumlich konzentrierten Plazierung, gekennzeichnet als »Unser Öko-Shop«, dem Kunden angeboten werden sollen. Eine Vielzahl von Abtei-

lungsleitern spricht sich jedoch dafür aus, die umweltgerechten Produktvarianten innerhalb der Warengruppen zu belassen und ggf. durch ein gesondertes Display herauszustellen. Diskutieren Sie die Vor- und Nachteile der beiden Plazierungsvarianten!

17. Welche Auswirkungen kann die zunehmende Umweltorientierung von Hersteller und Handel auf die verpackungsbezogene Funktionsverteilung im vertikalen Marketing haben?
18. Grenzen Sie verschiedene Erscheinungsformen des Recycling voneinander ab und nennen Sie jeweils konkrete Anwendungsbeispiele!
19. Durch welche Merkmale ist ein integriertes Entsorgungs- und Recyclingsystem gekennzeichnet?
20. Kennzeichnen Sie den Aufbau des Dualen Systems der Bundesrepublik Deutschland und erörtern Sie die zentralen Barrieren bei der Erfüllung der vorgegebenen Quotenregelungen.
21. Welche Funktion übernimmt der sog. grüne Punkt im Rahmen des Dualen Systems der Abfallwirtschaft?

Kurzfallstudie »NIMA GmbH« zum ökologieorientieren Marketing in vertikalen Systemen

Unternehmenssituation

Die NIMA GmbH ist ein europaweit tätiges Unternehmen mit einem breiten Produktprogramm im Bereich der Körperpflegemittel. Das Unternehmen führt die folgenden drei Markenfamilien:

Marken	Anteil am Gesamtumsatz
FRESH (Shampooprodukte)	35 %
MILDA (Hautcreme)	25 %
MOTION (Parfümserie)	40 %

Im Stammland Deutschland werden 50 % des Gesamtumsatzes erzielt. Obwohl auf den Verpackungen die Markenbezeichnung dominiert, wird die Firmenmarke NIMA zusätzlich als Absender bei jedem Pflegeprodukt aufgedruckt. Die Marke FRESH wurde vor vier Jahren im Markt eingeführt und hat kontinuierlich ihren Marktanteil ausbauen können. Das Shampoo ist als mildes, frisches und natürliches Duschprodukt im Markt positioniert. Gerade diese gezielte Positionierung verhalf der Marke in den letzten zwei Jahren zu einem Wachstumsschub, der sich auch aufgrund des Trends zum gesundheits- und umweltbewußten Konsum in den nächsten Jahren fortzusetzen scheint. Um dem markenbewußten Käufer von FRESH keine Gelegenheit zu geben, aufgrund von Lieferengpässen auf Konkurrenzmarken ausweichen zu müssen, hat die NIMA GmbH im letzten Monat 1 Mio. 250 ml. Flaschen produziert, die bereits zur Hälfte ausgeliefert worden sind. In den nächsten Wochen sind für den Abverkauf der Marke entsprechende Kommunikationskampagnen und Händleraktionen geplant. Werbezeiten sind hierfür im Fernsehen (ARD, ZDF,

RTL) bereits belegt und die Vorbereitung von Displaymaterial ist für die nächste Woche vorgesehen.

Die Preispositionierung von FRESH entspricht dem gehobenen Positionierungsanspruch. Erfolgreich kann man ein für die Produktgruppe gehobenes Preisniveau am Markt realisieren.

Handelssituation

Dem Handel ist der Hersteller NIMA durch seine umfassende Produktpalette im Körperpflegebereich bekannt. Die Marke FRESH wird besonders häufig vom Drogeriefachhandel und neuerdings auch von Drogerie-Discountern geführt. Insgesamt werden von der NIMA GmbH 60% des Umsatzes von FRESH in diesen Betriebsformen erzielt. Die restlichen Anteile werden in Warenhäusern und Großmärkten abgesetzt. Besonders häufig wird FRESH als Angebotsartikel verwendet, um die jüngere Zielgruppe verstärkt mit dem gesamten kompetenten Körperpflegesortiment des jeweiligen Händlers vertraut zu machen. Die Handelsunternehmen kaufen FRESH aufgrund des guten Abverkaufs in großen Mengen. Die in den letzten Tagen gelieferten Aufträge von FRESH liegen beim Handel noch auf dem Lager zum Abverkauf bereit. Die NIMA GmbH hat den Händlern bereits Handzettel mit Aufdruck von Aktionsangeboten von FRESH und den jeweiligen Händlernamen zugestellt.

Konsumentensituation

Marktforschungsstudien der NIMA GmbH zeigen, daß FRESH insbesondere von jüngeren Konsumenten gekauft wird. 60% der Kunden sind unter 30 Jahre. Das Shampoo hat durch seine Positionierung als natürliches Shampoo insbesondere bei den Konsumenten mit einem hohen Umweltbewußtsein ein positives Image und wird von dieser Gruppe besonders präferiert. Die Zahl der umweltaktiven Haushalte wird 1990 auf ca. 35% beziffert, wobei jedoch ein stark steigender Anteil in den nächsten Jahren erwartet wird und somit auch positive Wachstumsimpulse bei FRESH erhofft werden. FRESH ist im mittleren Preissegment angesiedelt und wird beim täglichen Duschen eingesetzt. Beim überwiegenden Teil der Konsumenten – insbesondere bei Nicht-Umweltbewußten – ist der Kauf eines Shampoos mit einem geringen Involvement verbunden, d.h. es werden kaum Informationen zum Kaufentscheid gesucht, vielfach gibt die Bekanntheit des Markennamens schon den Ausschlag, ein Marken-Shampoo zu kaufen.

Betroffenheit von FRESH

Gestern erhielt die Geschäftsführung um 19.30 Uhr den Hinweis, daß in der Sendung MONITOR in einem Beitrag auf krebserregende Substanzen bei Shampoos hingewiesen wird. Tatsächlich erschien für das Management total überraschend in der Sendung ein Beitrag, in dem neben anderen Marken auch FRESH unter Hinweis auf den Hersteller NIMA erwähnt wurde. Berichtet wurde über nachgewiesene Dioxan-Substanzen in den Shampoos, die bei der Benutzung für den Verwender eine gewisse Erhöhung des Krebsrisikos bedeuten können und im Abwasser zu einer Umweltgefährdung führen können. Aufgrund der gezielten Positionierung der Marke FRESH im Bereich der natürlichen und schonenden Shampoos befürchtete die Geschäftsleitung durch diese Berichterstattung eine erhebliche Gefährdung der Glaubwürdigkeits der Marke FRESH, insbesondere bei der Zielgruppe der gesundheits- und umweltbewußten Käufersegmente.

Dem Management der NIMA GmbH war bekannt, daß sich in dem Shampoo in überaus geringem Ausmaß Dioxan befindet, die Konzentration ist jedoch tausendfach geringer als die zulässigen Grenzwerte, d.h. erst wenn ein Verbraucher sich 1000 mal am Tag mit dem Shampoo waschen würde, wäre eine dem Grenzwert naheliegende Belastung erreicht. Entsprechende Gutachten liegen dem Unternehmen von fachkundigen Experten vor. Da man bei der Sendung mit Einschaltquoten bis zu 8 Mio. Haushalten rechnen kann, steht die Unternehmensleitung vor der Frage, wie auf diese Berichterstattung zu reagieren ist. Noch am gleichen Abend treffen sich die Mitglieder der Geschäftsführung. Ein breites Spektrum von Strategieoptionen wird erörtert.

Die Vorschläge gehen von einer Abwartestrategie, einer sofortigen Rückzugsstrategie der Marke FRESH, einer Rechtfertigungskampagne bis hin zur Forcierung des Auslandsgeschäfts (um Absatzverluste in Deutschland auszugleichen) oder einer sofortigen Verpackungs- und Produktveränderung.

(Bearbeitungshinweis: Die Bearbeitung der Fallstudie sollte zunächst in drei getrennten Arbeitsgruppen und einer anschließenden Ergebnispräsentation und -diskussion erfolgen)

Fragen für die Arbeitsgruppe: Hersteller

1. Bewerten Sie Chancen und Risiken der angesprochenen Strategieoptionen, die von der Geschäftsleitung im Fall FRESH diskutiert werden. Welche Strategien und Maßnahmen sind für die Marke FRESH aus Ihrer Sicht zu empfehlen? Denken Sie dabei u.a. an die hohen Lagerbestände und die geplante Kommunikationskampagne.
2. Welche Maßnahmen würden Sie zur Vorbeugung für einen solchen Vorfall in der Zukunft ergreifen?
3. Würden Sie zur Risikovorsorge von einer herstellerbezogenen Dachmarke (z.B. FRESH aus dem Hause NIMA) zur anonymen Einzelmarke (FRESH) übergehen? Stellen Sie Vor- und Nachteile einer herstellerbezogenen Dachmarkenstrategie bei der Positionierung umweltverträglicher Produktvarianten (wie z.B. FRESH) gegenüber. Gehen Sie dabei auf den vorliegenden Fall ein.

Fragen für die Arbeitsgruppe: Handel

1. Welche Reaktionen sind von seiten der Handelsunternehmen zu erwarten, die die Marke FRESH führen?
2. Wie beurteilt der Handel nach dem Vorfall die anstehende Kommunikationskampagne der NIMA GmbH, für die bereits Handzettel mit der Aufschrift des Handelsunternehmens und der Marke FRESH dem Handel zugestellt wurden?
3. Welche Lösung gibt es für den Abbau der hohen Lagerbestände? Sind ggf. Haftpflichtansprüche gegenüber der NIMA GmbH geltend zu machen?

Fragen für die Arbeitsgruppe: Verbraucherverbände

1. Welche Reaktionen sind von den Verbraucherverbänden zu erwarten. Welche Kritik ist gegenüber dem Hersteller und seinem Verhalten bis zur öffentlichen Bekanntmachung der Probleme bei der Marke FRESH in der Monitor-Sendung vorzubringen?
2. Welche Medien scheinen für schnelle Informationen der Verbraucher von den Verbaucherverbänden besonders geeignet und glaubwürdig zu sein?
3. Wie bewerten Sie die Möglichkeiten, im Vorfeld einer öffentlichen Betroffenheit eines Herstellers mit den Verbraucherverbänden einen Erfahrungsaustausch zu führen?

VI. Implementierung des Umweltmanagement als geplanter organisatorischer Wandel

1. Bedeutung und Ansätze des geplanten organisatorischen Wandels für das Umweltmanagement

Umweltorientierte Unternehmensstrategien und Marketingkonzepte müssen in arbeitsteilig strukturierten Systemen in vertikaler und horizontaler Richtung implementiert werden. Die willensdurchsetzenden Prozesse sind dabei meist mit einer Vielzahl von Anpassungsproblemen verbunden. Dieser Sachverhalt verweist auf die Notwendigkeit eines sorgfältig geplanten organisatorischen Wandels. Allgemein wird darunter die Absicht verstanden, bei sich verändernden Rahmenbedingungen oder Strategiemodifikationen die Funktionsweise einer Gesamtorganisation oder wesentlicher Teile davon mit dem Ziel der Effizienzverbesserung zu ändern (vgl. hierzu Kirsch, Esser, Gabele 1979; Staehle 1980, S. 526). Dies erfordert insbesondere geeignete Maßnahmen der Organisationsentwicklung, um die Ziele und Strategien des integrierten Umweltmanagement möglichst leistungswirksam realisieren zu können.

Die **Organisationsentwicklung** zielt als anwendungsbezogener Ansatz der verhaltenswissenschaftlichen Organisationsforschung auf eine planmäßige, mittel- bis langfristig wirksame Veränderung der

- Verhaltensmuster, Einstellungen und Fähigkeiten von Organisationsmitgliedern,
- Organisations- und Kommunikationsstrukturen sowie struktureller Regelungen im weitesten Sinne (Anreizsysteme, Berichtssysteme)

ab (vgl. Staehle 1980, S. 527).

Dementsprechend sollen bei der Organisation bzw. ihren Mitgliedern **Lernprozesse** eingeleitet und durch geeignete Methoden bzw. Instrumente der Veränderung unterstützt werden. Auf die besondere Bedeutung der Initiierung von Lernprozessen im Zusammenhang mit der Implementierung eines Umweltmanagement weisen vor allem Stitzel und Wank (1990, S. 124 f.) hin: »Angesichts des innovativen Charakters der Aufgabe, ein öko-strategisches Management zu realisieren, sowie der (vermutlich) damit verbundenen Schwierigkeiten und Widerstände, kann es sich nur um ein evolutionäres Konzept handeln. Das bedeutet vor allem Lernen. Lernen bezieht sich dabei zum einen auf die Erarbeitung und das Verständnis der Fakten, die das öko-strategische Management bestimmen (Realisierung einer ökologischen Erfahrungskurve, Aufbau systematischer Netzwerke), als auch auf die Persönlichkeitsentwicklung derjenigen, die diese Konzepte entwickeln, implementieren und in der täglichen Arbeit umsetzen. . . . Sie kommen nicht umhin, ihre Vor-Urteile, Einstellungen und Verhaltensmuster im Hinblick auf die neue Aufgabe »Öko-Strategie« zu überprüfen und ggf. zu verändern.«

Damit sind zentrale Aspekte der verschiedenen Ansätze des geplanten organisatorischen Wandels angesprochen. In der Literatur werden in Prozeßmodellen verschiedene Strategien und Techniken der Organisationsentwicklung vorgeschlagen (vgl. Staehle 1980, S. 545 ff.). Sie lassen sich mit gewissen Abwandlungen auf die vorliegende Fragestellung übertragen. Dabei sind die folgenden Problemkreise von besonderer Bedeutung:

(1) die sog. »Interventionsebene« in der Unternehmenshierarchie,
(2) die Einschaltung von Beratern als Änderungsagenten und
(3) der Umgang mit Widerständen.

(1) Hinsichtlich der Interventionsebene in der Unternehmenshierarchie unterscheidet man **top-to-down-, bottom-up- und integrative Ansätze**. Nach herrschender Auffassung ist für eine erfolgreiche Implementierung ökologischer Unternehmenskonzepte der top-down-Ansatz in den meisten Fällen der wichtigste Ansatz. Auf diese Weise wird am nachhaltigsten die notwendige Unterstützung des Top-Management erreicht. Das Top-Management kann darüber hinaus eine wichtige »Vorbildfunktion« übernehmen (Hopfenbeck 1990, S. 128). Wird auf eine Breitenwirkung und hohe Akzeptanz der Ökologieorientierung im Unternehmen Wert gelegt, so muß der top-to-down-Ansatz allerdings einen bottom-up-Gegenstrom haben. Auf diesen Sachverhalt weist vor allem Steger in Verbindung mit dem Wertewandel bei jüngeren Mitarbeitern hin. Seiner Meinung nach wird das Motivationspotential der Mitarbeiter auf den mittleren und unteren Führungsebenen für eine stärkere Identifikation mit dem Unternehmen, für eine Ideenproduktion bezüglich ökologischer Innovationen und für entsprechende Eigeninitiativen bei der Umsetzung umweltbewußter Qualitätsmaßstäbe in der Praxis noch viel zu wenig genutzt (Steger 1988, S. 237).

(2) Die Konzepte des geplanten Wandels betonen die besondere Rolle von Änderungsagenten, d. h. die Einschaltung externer oder interner Berater (sog. Bezugs- bzw. Anspruchsgruppenanwälte, Top-Management-Berater, Organisationsberater) bei der Organisationsentwicklung. Für die Einbeziehung von **Umweltberatern** spricht angesichts der hohen Komplexität und Interdisziplinarität der Probleme vor allem das besondere überbetriebliche Expertenwissen von Beratern, die Objektivierung der Sachverhalte und der Mut Außenstehender, einschneidende Lösungsvorschläge zu unterbreiten. Die Beraterrolle kann sich dabei auf die Diagnose der zu lösenden Umweltprobleme, die Entwicklung von Lösungsvorschlägen und die Unterstützung bei der Umsetzung im Sinne einer Prozeßberatung erstrecken (vgl. Hermann 1990, S.97 ff.). Wichtig für den Erfolg der Umweltberatung ist die Auswahl kompetenter Berater, das Involvement des Top-Management im Beratungsprozeß und die Einbeziehung der betroffenen Mitarbeiter in den Änderungsprozeß. Nur auf diese Weise kann die Unterstützung durch Machtpromotoren sichergestellt und können Widerstände verschiedener Ebenen und Bereiche der Unternehmensorganisation rechtzeitig erkannt und abgebaut werden.

(3) In der Literatur wird meist die These vertreten, daß ein erfolgreicher Wandel die **Partizipation** der Betroffenen bei der Planung und Implementierung der Konzepte voraussetzt. Die Formen der Partizipation reichen von Pseudo-Partizipation über Human-Ressource- und Social-Value-Strategien bis hin zur authentischen Partizipation (vgl. Kirsch et al. 1978, S. 395 ff.). Im Gegensatz dazu wird offensichtlich in der Praxis häufig die Strategie des **»Bombenwurfs«**, die im Vorfeld eine Beteiligung der Betroffenen ausschließt, verfolgt. Beide Konzepte erweisen sich bei Reorganisationsproblemen im Zusammenhang mit der Einführung des integrierten Umweltmanagement nur als bedingt geeignet. Einerseits ist eine umfassende, authentische Partizipation angesichts der Komplexität der zu lösenden Probleme vielfach nicht möglich. Andererseits lassen sich die mit dem Umweltschutz verbundenen Neuerungen nicht über eine Bombenwurfstrategie verordnen. Dies widerspricht dem Gedanken des evolutionären Management unter Einbeziehung personaler Lernprozesse. Vieles spricht deshalb dafür, den Prozeß des geplanten Wandels durch ein **innengerichtetes Marketingkonzept** vorzubereiten und zu unterstützen (vgl. Kirsch et al. 1978). Ausgehend von einer Erforschung der Bedürfnisse der Organisationsmitglieder und artikulierter Interessen von Anspruchsgruppen werden die mit dem Umweltschutz verbundenen Ziele und Anpassungsmaßnahmen positiv verkauft und mögliche Widerstände im Dialog abzubauen versucht.

Im folgenden wird die Auffassung vertreten, daß zur erfolgreichen Umsetzung einer marktorientierten Umweltschutzstrategie geeignete Organisationsstrukturen, Informations- und Steuerungssysteme sowie eine entsprechende Organisationskultur geschaffen werden muß. Insofern gilt der Grundsatz: »Structure follows strategy« analog für die Entwicklung bzw. Anpassung leistungsfähiger Controlling-Systeme und einer dem Umweltmanagement adäquaten Unternehmenskultur.

2. Verankerung des Umweltschutzes in der Unternehmensorganisation

2.1 Aufgaben und Ziele der Umweltschutzorganisation

Die bisherigen Ausführungen haben verdeutlicht, daß der Umweltschutz als Aufgabe der Unternehmensführung alle Phasen des Entscheidungsprozesses im Unternehmen beeinflußt und die strategische Erfolgsposition des Unternehmens im Markt und in der Gesellschaft nachhaltig mitbestimmt. Die Durchsetzung eines marktorientierten Umweltmanagement und die Herbeiführung des »geplanten umweltorientierten Wandels« der gesamten Unternehmung verlangt die Schaffung der organisatorischen Voraussetzungen zur Bewältigung dieser Aufgabe.

Unter einer **Umweltschutzorganisation** können im engeren Sinne die generellen Regelungen von umweltschutzbezogenen Aufgaben verstanden werden. Im weiteren Sinne werden – entsprechend der Auffassung des Umweltschutzes als Führungsaufgabe – sämtliche Strukturierungsprobleme der Unternehmung im Hinblick auf umweltschutzbezogene Erfordernisse diesem Begriff subsumiert.

Grundsätzlich zeigt sich bei der Durchsetzung einer Umweltschutzstrategie das klassische Strategie-Struktur-Dilemma, denn bereits für die Initiierung, Planung und Durchsetzung einer offensiven Umweltschutzstrategie sind entsprechende organisatorische Voraussetzungen erforderlich.

Bei der Forderung nach einem integrierten Umweltschutzmanagement wird eine Durchdringung aller Unternehmensfunktionen und Hierarchiestufen gefordert, da die Allgegenwärtigkeit umweltschutzbezogener Problemstellungen von jedem Mitarbeiter ein umweltorientiertes Handeln erfordert. Somit liegt die Schlußfolgerung nahe, daß eine Institutionalisierung von Umweltschutzaufgaben überflüssig ist und die Einrichtung eigener Umweltschutzabteilungen den einzelnen Mitarbeiter sogar aus der direkten Verantwortung für den Umweltschutz entläßt. Andererseits wird aber hervorgehoben, daß aufgrund der mangelnden Teilbarkeit komplexer Umweltschutzentscheidungen eine Tendenz zur Zentralisation umweltbezogener Planungen und Entscheidungen auf den höheren Hierarchie-Ebenen besteht (Frese, Kloock 1989, S.23). Dann stellt sich aber die Frage, inwieweit die Zentralisationstendenzen zu einer Überforderung der Unternehmensführung führen können, sofern dem Umweltschutz keine eigenständige Bedeutung in der Organisation zugeordnet wird. Insofern steht die Unternehmensführung bei der Institutionalisierung von Umweltschutzaufgaben im Spannungsfeld zwischen additiven und integrierten organisatorischen Lösungen (Schreiner 1988, S. 298f.). Daß dabei eine reine Integration von Umweltschutzaufgaben in die bestehenden Tätigkeitsfelder der Mitarbeiter nicht ausreichen kann, erklärt sich aufgrund der Komplexität und Dynamik von Umweltschutzaufgaben.

Als **Gründe für die Institutionalisierung** des Umweltschutzes werden deshalb folgende Gesichtspunkte angeführt (Schulz 1989):

- **Komplexitätsreduktion**
  Aufgrund der naturwissenschaftlichen, technischen und ökonomischen Komplexität von Umweltschutzaufgaben ist ein notwendiges Maß an »Professionalität« notwendig, die nur durch eine Umweltschutzorganisation sicherzustellen ist.
- **Entlastungsfunktion**
  Die vielfältigen Umweltschutzaufgaben im operativen Bereich lassen sich häufig nicht mit der notwendigen Sorgfalt zusätzlich zu einem bestehenden Tätigkeitsbereich als »Nebentätigkeit« ausführen.
- **Kontroll- und Steuerungsfunktion**
  Professionalisierung und Spezialisierung schaffen für ein proaktives Umweltschutzmanagement eine notwendige Voraussetzung. Neben der internen Kontroll- und Steuerungsfunktion erleichtert eine offiziell eingerichtete Organisationseinheit »Umweltschutz« den aufsichtsführenden Behörden die Kommunikations- und Überwachungsfunktion.
- **Koordinationsfunktion**
  Die funktionsübergreifende Durchsetzung des Umweltschutzes erfordert eine koordinierende Instanz für alle Umweltschutzaufgaben.
- **Innovationsfunktion**
  Der Erfolg eines auf Innovationen ausgerichteten Umweltschutzmanagement wird von der Form der Verankerung des Umweltschutzes in der Unternehmensorganisation erheblich mitbestimmt (Ostmeier 1991).

Insofern muß sich das Umweltmanagement mit der effektiven Gestaltung der Aufbau- und Ablauforganisation des Umweltschutzes auseinandersetzen. Während im Rahmen der Aufbauorganisation die dauerhaften Beziehungen des Umweltschutzes zu anderen Organisationseinheiten im Unternehmen festzulegen sind, steht bei der Ablauforganisation die Regelung der Prozeßstrukturen im Vordergrund. Im einzelnen stellen sich hierbei vier zentrale Fragen, die sukzessiv zu beantworten sind:

(1) Welche Priorität soll dem Umweltschutz innerhalb der bestehenden Unternehmensorganisation eingeräumt werden?
(2) Nach welchen Kriterien soll der Umweltschutzbereich abteilungsintern gegliedert werden, d.h. welche Gesichtspunkte – Umweltmedien, Unternehmensfunktionen, Produkte – sollen organisatorisch im Vordergrund stehen?
(3) Welche ablauforganisatorischen Regelungen sind zur Durchsetzung des Umweltschutzmanagement festzulegen?
(4) Wie können Kontroll- und Steuerungsfunktionen durch ein Umweltcontrolling institutionalisiert werden?

Neben den aufbau- und ablauforganisatorischen Maßnahmen sind zur Durchsetzung des »geplanten Wandels« im Personal- und Führungsbereich auch Modifikationen der Anreizsysteme (Prämien für umweltentlastende Vorschläge) und Ausbildungssysteme zu berücksichtigen.

Im folgenden sollen zentrale organisatorische Eingliederungsmöglichkeiten des Umweltschutzes vorgestellt werden. Dabei wird die vom Gesetzgeber definierte Institution des Umweltschutzbeauftragten zunächst als übergeordnetes Konzept vorgestellt. Bei der

Diskussion von Alternativen zur Integration des Umweltschutzes in die Unternehmensorganisation sind im Einzelfall die bestehenden Organisationsstrukturen zu berücksichtigen. Aufgrund der Heterogenität umweltaktiver Unternehmen sei deshalb hier von spezifischen Unternehmenseinheiten abstrahiert. Im Rahmen der folgenden Betrachtungen werden deshalb, ausgehend von der gesetzlich bestimmten Institution, des Betriebsbeauftragten für Umweltschutz vier idealtypische Grundmodelle alternativer Organisationsstrukturen für den Umweltschutz vorgestellt: die Einlinien-, Stab-Linien-, Funktionale, Matrix- und Projekt-Organisation.

2.2 Institution des Umweltschutzbeauftragten

Von seiten des Gesetzgebers ist die Institution des sog. Betriebsbeauftragten im Bundes-Immissionsschutzgesetz (§§53–58 BImSchG) seit 1974, im Wasserhaushaltsgesetz (§§ 21a–21g WHG) seit 1976 und im Abfallgesetz (AbfG §§ 11a–11f) seit 1986 für solche Unternehmen vorgesehen, deren Tätigkeitsbereich unter die entsprechenden Regelungen der einzelnen Gesetze fällt. Der Umweltschutzbeauftragte soll im Unternehmen die folgenden Aufgaben ausüben:

- Überwachung der Einhaltung von Gesetzen,
- Mitwirkung bei der Forschung und Entwicklung umweltgerechter Verfahren und Produkte,
- Information der Unternehmensführung über Umweltrisiken,
- Aufklärung und Motivation der Mitarbeiter,
- Stellungnahmen zu Investitionsobjekten sowie
- Kontaktpflege zu Behörden und Öffentlichkeit.

Der Umweltschutzbeauftragte stellt somit in seinen vom Gesetzgegber fixierten Aufgabenbereichen einen Fachpromotor dar, dem keine weiteren Weisungsbefugnisse zugestanden werden. Das Insert 26 zeigt im Überblick die Bestellpflichten, Qualifikationen, Aufgaben und Rechte, die den Betriebsbeauftragten für Immissionsschutz, Gewässerschutz und Abfall betreffen. Aus den Aufgaben und Rechten der Betriebsbeauftragten lassen sich zwar wichtige Hinweise für die organisatorische Einordnung ableiten, jedoch ist die Frage der aufbauorganisatorischen Eingliederung nicht weiter präzisiert.

Darüber hinaus wird ein erweitertes Aktionsfeld des Umweltschutzbeauftragten im Rahmen einer offensiven Umweltschutzstrategie gefordert, da die Betriebsbeauftragten in der Vergangenheit primär technische Kontrollfunktionen wahrgenommen haben. Grundsätzlich können Umweltschutzbeauftragte dabei nach dem Einlinenprinzip, in Form von Stabstellen oder einer Matrixorganisation sowie eines Projektteams in die Organisation eingebunden werden.

2.3 Einlinienorganisation im Umweltschutz

Die Einlinienorganisation basiert auf dem Grundsatz der Einheit von Leitung und Auftragsempfang. Die Linie fungiert als Dienstweg, über den der Entscheidungs- und Informationsfluß zu erfolgen hat. Für das Umweltmanagement ist bei dieser Organisations-

	Immissionsschutz-beauftragter	Gewässerschutz-beauftragter	Abfallbeauftragter
Gesetzliche Grundlagen	§§ 52–58 Bundes-Immissionsschutzgesetz (1974)	§§ 4 II, 21 a, Wasserhaushaltsgesetz (1976)	§ 11 a Abfallgesetz (1986)
Voraussetzungen für die Verpflichtung zur Bestellung	Betreiber einer genehmigungsbedürftigen Anlage oder Anordnung durch die zuständige Behörde	Genehmigung zum direkten Einleiten von 750 m^3 Abwasser am Tag oder durch die zuständige Behörde	Betreiben ortsfester Abfallbeseitigungsanlagen bzw. Anlagen, in denen regelmäßig Abfälle im Sinne des § 22 II AbfG anfallen oder Anordnung durch die zuständige Behörde
Aufgaben	– Überwachung der Einhaltung von Gesetzen, Verordnungen und behördlichen Anordnungen, – Mitwirkung bei der Entwicklung und Einführung umweltfreundlicher Verfahren und Produkte, – Informationen der Unternehmensleitung über die Umweltrisiken in der Unternehmung, insbesondere durch einen jährlichen Bericht, – Aufklärung der Betriebsangehörigen über Umweltrisiken, – Stellungnahme zu Investitionsvorhaben, – Kontakte zu Behörden und zur Öffentlichkeit in Umweltschutzfragen		
Qualifikation	abgeschlossenes Hochschulstudium der Chemie, Physik, des Ingenieurwesens oder der Umwelttechnik und zwei Jahre praktische Erfahrungen im Bereich des technischen Umweltschutzes	Fachkunde, personelle Eignung und Zuverlässigkeit	
Rechte des Beauftragten bzw. Pflichten des Betreibers	– materielle Unterstützung mit Hilfspersonal, Räumen, Einrichtungen, Geräten und finanziellen Mitteln, soweit dies zur Erfüllung seiner Aufgaben erforderlich ist, – gegenseitige Information, – Einholen der Stellungnahme des Umweltschutzbeauftragten zu Investitionsvorhaben, – Gewährung des Vortragsrechts, – Benachteiligungsverbot, – Ermöglichung der notwendigen Fort- und Weiterbildung und Anrechnung der dafür benötigten Zeit auf die Arbeitszeit, – bei Bestellung mehrerer Betriebsbeauftragter für Umweltschutz: Schaffung der Voraussetzungen für deren Kooperation, insbesondere durch Bildung eines Umweltausschusses		

Insert 26: Kennzeichnung des Betriebsbeauftragten für Immissions-, Gewässerschutz und Abfall
(Quelle: Schulz 1990)

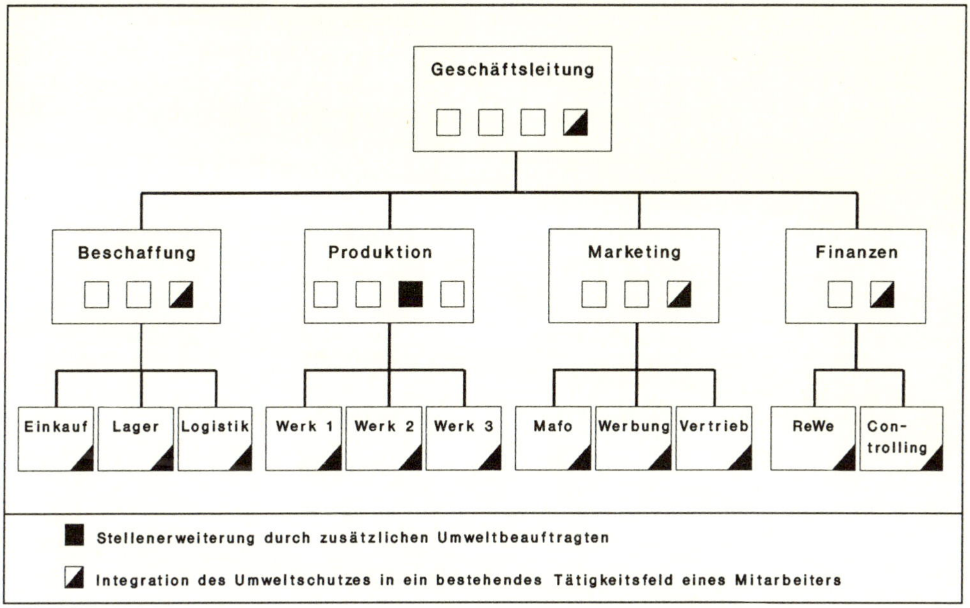

Abb. 103: Umweltschutz als Linienorganisation

struktur von Bedeutung, daß trotz der Delegation von Entscheidungs- und Anordnungskompetenzen und trotz der Aufgabenteilung bei der Durchsetzung einer Umweltschutzkonzeption die Einheitlichkeit gewährleistet werden kann (vgl. Abbildung 103). Die Überlegung einer Integration des Umweltschutzes in eine bestehende Linienorganisation kann durch Aufgabenerweiterung aller bestehenden Stellen (Ernennung eines Mitarbeiters zum Umweltbeauftragten) vorgenommen werden oder kann durch zusätzliche Stellen in der jeweiligen Linie (Einstellung eines neuen Mitarbeiters für den Umweltschutz) erfolgen. Sofern Umweltschutzaufgaben auf bestehende Mitarbeiter in den Linienfunktionen übertragen werden, besteht die Gefahr, daß aufgrund der belastenden Routinetätigkeiten diese Aufgaben nur unzureichend wahrgenommen werden.

Allerdings bedingt diese Form der Organisation, daß die straffe Einbindung fast sämtlicher Kommunikationsbeziehungen in vertikale Dienstwege einen hohen Koordinations- und Informationsaufwand erfordert. Da gerade im Umweltschutzbereich zeitliche Verzögerungen zu besonderen Risiken (z. B. bei Störfällen) führen können, erweist sich die Linienorganisation und die Einhaltung des Dienstweges als problematisch und unflexibel. Außerdem scheint diese Organisationsform dem Dialogerfordernis und dem geforderten »vernetzten Denken« im Umweltschutz nicht hinreichend Rechnung zu tragen.

2.4 Umweltschutz als Stabsfunktion

Eine Stab-Linien-Organisation im Umweltschutz versucht, die Nachteile der mangelnden Spezialisierung und der Überlastung der leitenden Instanzen durch Einrichtung sogenannter Stabstellen zu kompensieren. Die Umweltschutz-Stabstellen werden den leitenden

Funktionen in der Organisation zugeordnet und übernehmen Aufgaben der Entscheidungsvorbereitung, Kontrolle und der allgemeinen fachlichen Beratung. Da die Aufgaben der Stabstellen auf Informations- und Koordinationsaktivitäten ohne Weisungsbefugnisse beschränkt bleiben, nehmen die Mitarbeiter die Funktion eines Fachpromotoren für den Umweltschutz wahr.

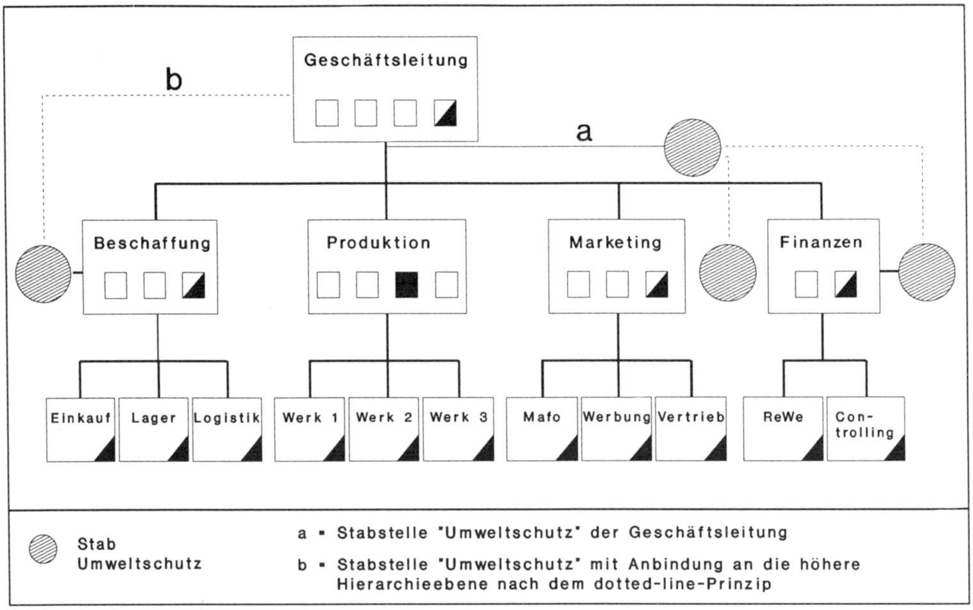

Abb. 104: Umweltschutz als Stab-Linienfunktion

Erst in geeigneter Kombination mit den Machtpromotoren der Linieninstanzen erweist sich ein Umweltschutz-Stab als geeignetes Organisationskonzept (vgl. Abbildung 104). In diesem Zusammenhang ist die Einordnung des Stabs in die Unternehmenshierarchie zu klären. Die Einbeziehung des Umweltschutzes als Führungsaufgabe in allen Phasen des Entscheidungsprozesses der Unternehmenführung erfordert die direkte Anbindung der Stabsfunktion an die Geschäftsleitung. Auch für die gesetzlich vorgeschriebene Institution des Betriebsbeauftragten wird diese Form der Einordnung empfohlen, um den Anforderungen eines direkten Zugangs zur Geschäftsleitung zu entsprechen. Sollten Stabstellen auf darunterliegenden Hierarchieebenen verankert werden, ist durch das dotted-line-Prinzip (vgl. Abbildung 104) ein unmittelbarer Zugang zur Unternehmensführung sicherzustellen (Repenning 1989). Wie die Abbildung 104 zeigt, können auch mehrere Stabstellen auf den einzelnen Hierarchieebenen eingerichtet werden, die untereinander durch eine Linien- oder eine Matrixstruktur verbunden werden können. Die Aufgabenschwerpunkte können für eine zentrale Stabstelle und die einzelnen Werken zugeordneten Werksbeauftragten in der folgenden Form aufgeteilt werden.

Der zentralen Stabstelle »Umweltschutz« sind folgende Aufgaben zuzuordnen:

- Koordination umweltschutzrelevanter Aktivitäten im Sinne unternehmenspolitischer Aufgaben und Erfassung sowie Dokumentation relevanter Daten,

- Information und fachliche Beratung der Unternehmensführung und der Stabstellen auf den untergeordneten Ebenen (Produktsparten, Werke u. a.),
- Vernetzung von umweltrelevanten Informationen und Problemlösungen im Sinne eines integrierten Umweltschutzkonzeptes,
- Prüfung der Auswirkungen gesetzgeberischer Maßnahmen und der Eignung für den Umweltschutz entwickelter Verfahren und Produkte,
- Pflege der Kontakte zu externen Gremien und Verbänden sowie
- Schulung und Aufklärung der Mitarbeiter.

Für die untergeordneten Stabstellen in einzelnen Werken ist demgegenüber folgender Aufgabenkatalog typisch:

- Überwachung und Einhaltung von Auflagen aufgrund gesetzlicher Vorschriften oder unternehmensbezogener Umweltschutzziele,
- Initiierung von Arbeiten zur Entwicklung neuer, umweltentlastender Verfahren,
- Information der Spartenleitung, Werksleitung und der zentralen Umweltschutzabteilung und
- Beurteilung von Investitionsprojekten der Sparte oder des Werkes zu umweltorientierten Problembereichen.

Empirische Untersuchungen zeigen, daß die Stablösung in der Praxis vielfach mit Einordnung in die oberste Führungsebene eingesetzt wird. Allerdings sei auf die Schwierigkeit hingewiesen, daß die praktische Erfüllung der oben genannten Aufgaben einer Stabstelle weitgehend von den Fähigkeiten der Mitarbeiter abhängt und der mangelnde formale Einfluß durch Fachautorität ersetzt werden muß.

2.5 Funktionale Organisation im Umweltschutz

Die funktionale Organisation vervollkommnet die mit der Stab-Linienorganisation angestrebte Professionalisierung und Spezialisierung bei der Bewältigung der Umweltschutzaufgaben im Unternehmen. In diesem Zusammenhang wird auch vom klassischen Funktionsmeisterprinzip gesprochen (Schreiner 1988, S. 302). Die nachstehende Abbildung 105 zeigt beispielhaft, wie neben den bestehenden Unternehmensfunktionen die Funktion Umweltschutz, evtl. aufgeteilt nach einzelnen Teilfunktionen wie Abfallwirtschaft, Energie, Gewässerschutz oder Emissionsschutz, eingeordnet wird. Der Vorteil einer solchen Organisation ist in der Bündelung von Spezialwissen und Erfahrung in den einzelnen Teilbereichen zu sehen.

Konflikte sind in einer solchen Organisationsstruktur durch die Mehrfachunterstellung der ausführenden Funktionen vorprogrammiert. Nicht auszuschließen ist darüber hinaus die Gefahr des Ressort-Denkens bei den leitenden Instanzen, so daß je nach Priorität des Umweltschutzes im Unternehmen den Umweltschutzbelangen ggf. eine nachrangige Bedeutung beigemessen wird und somit Konflikte zwischen der Umweltschutzabteilung und den Funktionen wie Beschaffung, Logistik, Produktion oder Absatz unausweichlich sind.

2.6 Matrixorganisation im Umweltschutz

Die Matrixorganisation versucht, die Vorteile der funktionalen Organisation mit einer verbesserten Zusammenarbeit der einzelnen Fachbereiche zu verbinden. Da der Umwelt-

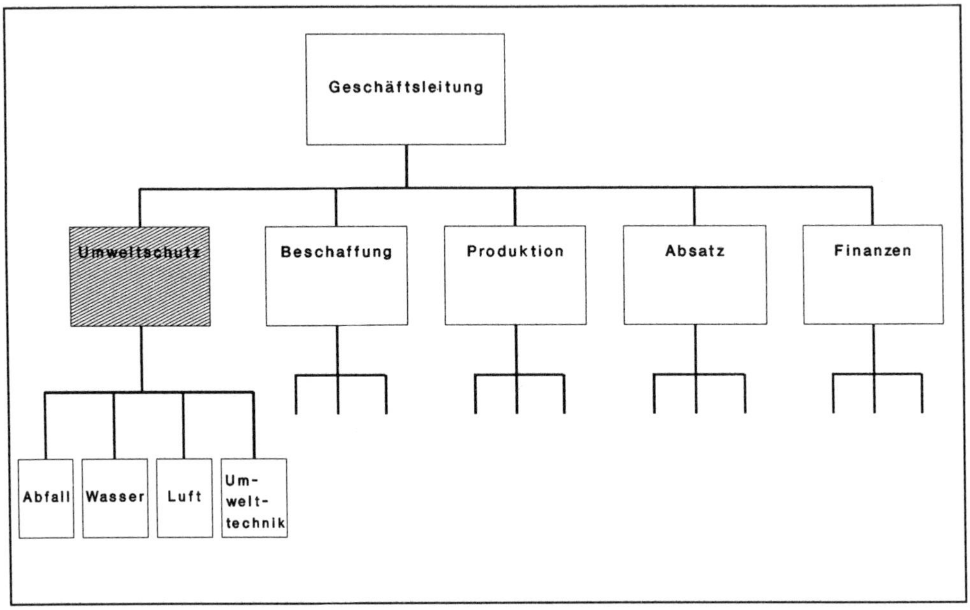

Abb. 105: Funktionale Eingliederung des Umweltschutzes

schutz eine Querschnittsfunktion darstellt, die in alle traditionellen Unternehmensfunktionen hineinlangt, kann die Matrixorganisation dieser Aufgabe offensichtlich am besten gerecht werden.

Bei der Matrixorganisation des Umweltschutzes erfolgt nach wie vor eine Spezialisierung im Umweltschutzbereich. Diese Funktion steht jedoch in direktem Kommunikationskontakt mit den anderen Funktionsbereichen und steht diesen ihrerseits gleichberechtigt gegenüber (vgl. Abbildung 106). Somit wird eine notwendige Teamarbeit in allen Bereichen sichergestellt. Die vorprogrammierten Konflikte zwischen den Bereichen können zu positiven Ergebnissen im Rahmen des Umweltmanagement führen, weil allen Beteiligten die Bedeutung der ökologischen Problemstellungen bei den jeweiligen Entscheidungen verdeutlicht wird und eine intensivere Auseinandersetzung mit derartigen Problemstellungen voraussetzt. Allerdings besteht aufgrund des höheren Abstimmungsbedarfs die Gefahr eines Zeitverlustes, bis eine Gesamtentscheidung zustande kommt.

Weiterhin darf die Störanfälligkeit eines solchen Systems bei unzureichender Kompetenz- und Verantwortungsabgrenzung nicht übersehen werden. Gerade wenn der Umweltschutz als neues Element in die Organisationsstruktur eingebunden wird, ist gegenüber den langjährig gewachsenen Funktionsbereichen eine gleichberechtigte Stellung nur schwer in der Praxis zu erreichen. Darüber hinaus muß berücksichtigt werden, daß in Großunternehmen häufig bereits komplexe Matrixorganisationen bestehen und durch eine entsprechende Einbindung einer Umweltschutzorganisation eine sehr komplexe und inflexible Struktur entstehen kann.

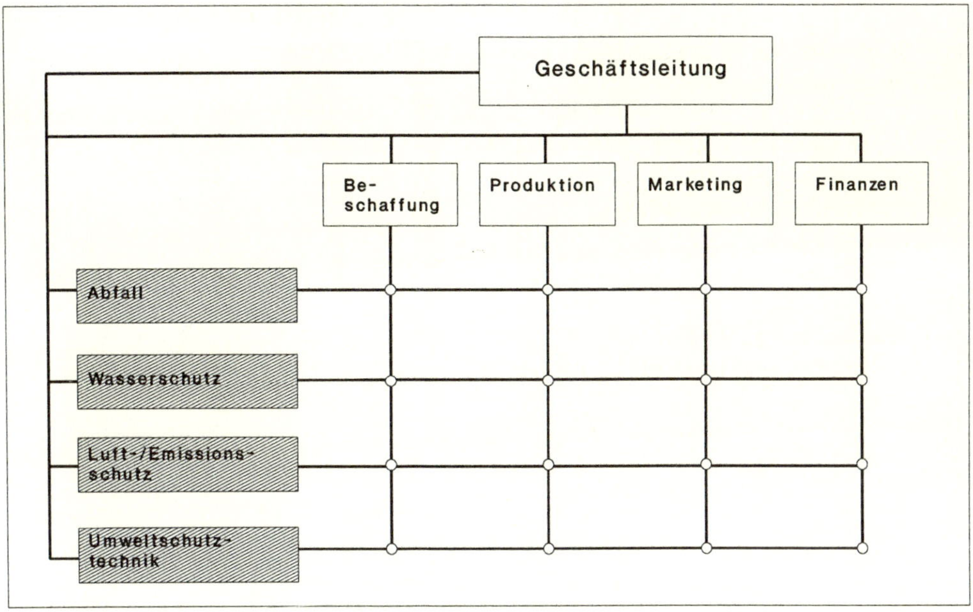

Abb. 106: Matrixorganisation im Umweltschutz

2.7 Projektmanagement im Umweltschutz

Gerade in der Übergangsphase zur Schaffung einer festen organisatorischen Einrichtung »Umweltschutz« oder im Rahmen der dargestellten Organisationskonzepte kann dem sog. Projektmanagement als temporäre Organisation eine besondere Bedeutung zukommen. Die Einrichtung eines Projektmanagement erweist sich generell dann als sinnvoll, wenn ein Projekt folgende Kriterien erfüllt:

- das Ziel ist im voraus festgelegt,
- die Frist für die Zielerreichung ist bestimmt,
- die Zielerreichung ist mit Unsicherheit und Risiko verbunden,
- mehrere verschiedenartige Stellen sind im Team eingebunden,
- das Vorhaben besitzt eine gewisse Einmaligkeit und
- die Mittel sind begrenzt.

Obwohl der Umweltschutz im Unternehmen nicht als ein zeitlich begrenztes Projekt betrachtet werden darf, können gewisse funktionsübergreifende und interdisziplinäre Teilaufgaben (Erstellung von Umweltbilanzen, Planung neuer Umwelttechnologien und Produkte u. a. m.) über ein Projektmanagement abgewickelt werden. Bei der Projektorganisation wird ein Projektmanager von der Unternehmensführung beauftragt und von anderen Aufgaben für die Dauer des Projektes befreit. Er nimmt in der hierarchischen Struktur des Unternehmens eine nicht dauerhaft etablierte Stellung ein. Empirische Untersuchungen der Autoren zeigen, daß Projektgruppen im Umweltschutz eine hohe Bedeutung beigemessen wird. Insbesondere hat sich ihr flexibler und funktionsübergreifender Einsatz bei der Lösung aktueller Umweltschutzprobleme bewährt.

Allerdings ist darauf hinzuweisen, daß Projektgruppen aufgrund ihrer begrenzten Tätigkeitsdauer nicht die Notwendigkeit ersetzen, Umweltschutzaufgaben dauerhaft in der Aufbauorganisation zu verankern.

Im Rahmen einer empirischen Untersuchung über den Erfolg eines marktorientierten Umweltmanagement konnte Ostmeier (1990) einen Zusammenhang zwischen der Umweltschutzorganisation und den Erfolgswirkungen feststellen. Insert 27 zeigt die Untersuchungsergebnise im Überblick.

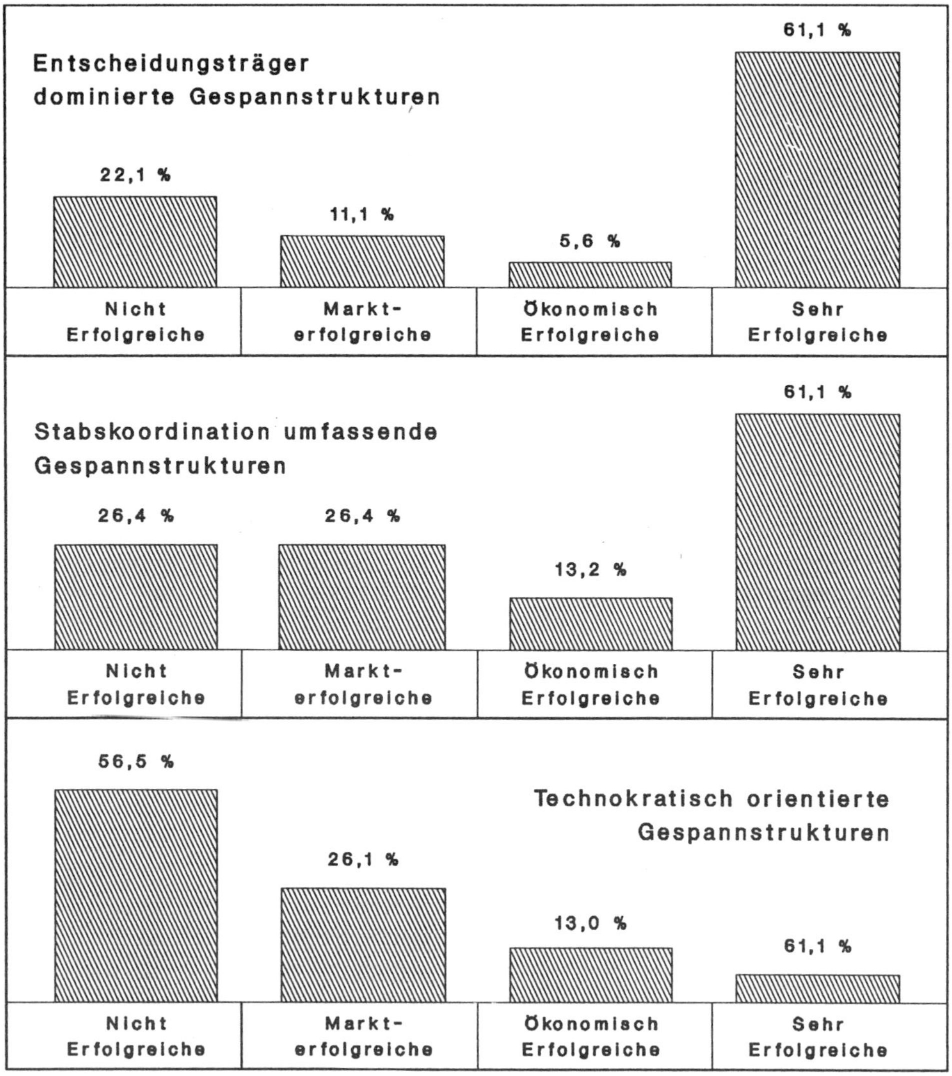

Insert 27: Einfluß der Organisationsform im Umweltschutz auf den Erfolg des Umweltschutzmanagement
(Quelle: Ostmeier 1990)

2.8 Ablauforganisatorische Aspekte des Umweltmanagement

Ablauforganisatorische Maßnahmen regeln im Umweltschutzmanagement die »räumlichen und zeitlichen« Bedingungen für die Aufgabenerfüllung. Mit Hilfe der Ablauforganisation ist die Vielzahl der Umweltschutzaktivitäten möglichst zielorientiert zu standardisieren. Hierdurch wird die Effizienz und Stabilität der Umweltschutzorganisation erhöht (Schulz 1990). Im Rahmen der Ablauforganisationen können durch Checklisten, Netzpläne und Richtlinienerstellung Arbeitsabläufe standardisiert werden. Hierbei können Erfahrungen bisheriger Projekttätigkeiten als wichtige Informationen zur Erstellung und Spezifizierung von Checklisten und Richtlinien herangezogen werden. In der nachstehenden Abbildung 107 ist beispielhaft eine Ablauforganisation für die Durchführung eines Energiesparprogramms dargestellt (vgl. Schulz 1990, S. 478 ff.).

Ausgehend von einer Entscheidung des Top-Management wird ein Projektteam mit einem Projektleiter aus der Führungsebene gebildet. Nach der Formierung des gesamten Projektteams wird ggf. unter Einbeziehung externer Berater eine Analyse des Ist-Zustandes der Unternehmung vorgenommen, um in einem weiteren Schritt die umweltorientierten Zielsetzungen (hier: Energiesparen) im Dialog mit allen Beteiligten festzulegen. Daran schließen sich Auswahl- und Bewertungsschritte für geeignete Umweltschutzmaßnahmen in allen Funktionsbereichen an. Ausgehend von dem Investitionsbedarf und des verfügbaren Budgets sind Prioritäten der Maßnahmenrealisierung (A-, B-, C-Prioritäten) zu bestimmen. Nach der Durchführung der Maßnahmen schließt sich eine Kontrolle der effektiven Einsparungen und eine Kommunikation des Durchführungserfolges im internen und ggf. externen Umfeld an.

Zur Modifikation bestehender Arbeitsabläufe in einzelnen Stellen müssen die Stellenanforderungen und -ausschreibungen angepaßt werden. Hierzu begleitend sind Qualifikations- und Schulungsprogramme für den Umweltschutz auf allen Ebenen der Unternehmenshierarchie als auch unternehmensübergreifend (Lieferanten, Handelspartner) zu entwickeln und durchzuführen. Hierbei können auch externe Berater, Verbände (B.A.U.M., future u. a.) und Behörden herangezogen werden.

Neben dem Ausgleich fehlender Kenntnisse im Umweltschutz sind Mitarbeiter durch entsprechende Motivationsprogramme zum geplanten »ökologischen Wandel« und umweltorientierten Handeln anzuregen (vgl. auch Kapitel VI.4). In Analogie zum betrieblichen Vorschlagswesen bietet sich weiterhin die Einrichtung eines Umweltvorschlagswesens an (vgl. Winter 1987; Hopfenbeck 1990), um den Mitarbeitern die Gelegenheit zu geben, aktiv beim betrieblichen Umweltschutz mitzuwirken. Durch entsprechende Veränderungen des Anreizsystems (Provisionen für umweltgerechte Produktvarianten, Prämien für praktikable Umweltschutzideen) können letztlich die notwendigen Änderungen im traditionellen Entscheidungs- und Arbeitsablauf wirkungsvoll unterstützt werden.

3. Ökologieorientiertes Controlling als Kontroll- und Steuerungsinstrument

3.1 Begriff und Ziele

Die Komplexität und Anpassungsflexibilität eines marktorientierten Umweltmanagement kennzeichnet den hohen Stellenwert einer effektiven Koordination aller umweltschutzbezogenen Unternehmensaktivitäten. In Anlehnung an das klassische Controlling wird

1. *Managemententscheidung*
- Definition: Erwartete Ergebnisse, Untersuchungskosten, Zeitplan für Untersuchung und Durchführung, Beschränkungen
- Benennung des Managementmitglieds und des Projektleiters, die für das ESP verantwortlich sind.

2. *Auswahl des Teams*
Vertreter aus den Bereichen:
Produktion; Betrieb; Technik; Kaufmännische Abteilungen; Umweltschutz; sowie Berater, Vertreter der Lieferfirma

3. *Analyse des Ist-Zustandes*
   - Wieviel Primärenergie wird verbraucht? Energiebuchhaltung für jede Abteilung? kWh benutzen, nicht DM. Auch Wasser mit einschließen!
   - Wo und wann wird Energie verbraucht? Tägliche, monatliche Aufzeichnung der Daten.
   - Warum wird die Energie auf diese Art und Weise verbraucht?
   - Umwandlung in Sekundärformen. Berechnung der Wirkungsgrade.
   - Vergleich mit guten Auslegungswerten. kWh-Kennzahlen aufstellen unter Benutzung von m^2, Produkteinheit usw.
   - Bereiche mit möglichen Energieeinsparungen feststellen. Wo sind Bereiche mit übermäßigem Verbrauch? Überprüfung der Auslegungsanforderungen, erfüllt das System die Anforderungen? Ist eine Systemanpassung an niedrigere Anforderungen notwendig?
   - Koordination zwischen verschiedenen Energieverbrauchsbereichen. Transport des Überschüsses dorthin, wo er verbraucht werden kann. Speicherung. Mehrfachgebrauch.
   - Fortsetzung des Energieberichts. Bericht an Abteilungen über Abweichungen vom Durchschnitt.

4. *Zielvorstellungen*
   - Insgesamt einzusparende Primärenergie
   - Elektrizitätseinsparung
   - Einsparung an fossilen Brennstoffen
   - Materialeinsparung (Wasser . . .)
   - Investitionsbegrenzung
   - Zulässige Auswirkungen auf die Belegschaft

5. *Prüfen von Energiesparmaßnahmen*
   - Benutzung der Checklisten
   - Ausarbeitung einer Liste der möglichen Energiesparmaßnahmen

6. *Schätzen der Einsparungen*
   - Schätzen der Einsparungen für jede Maßnahme:
     Energieeinsparung
     Energiekosteneinsparung
     Produktionsqualität und -ausbeute
   - Geschätzte Gesamtenergieeinsparung
   - Dem Management vorsichtige Schätzungen vorlegen

7. *Schätzen der Investitionen*
   - Schätzen der Investitionen für zusätzliche Einrichtungen (DM und in % der damit erzielten jährlichen Energieeinsparung)
   - Überprüfen der Folgen der Energiesparmaßnahmen
   - Eliminieren unrealistischer Energiesparmaßnahmen
   - Schätzen der Gesamtinvestitionen
   - Bestimmen der Amortisationszeit für jede Energiesparmaßnahme

8. *Prioritäten setzen*
   - für betriebliche Änderungen
   - Größere Einsparungen bei kleinen Auswirkungen auf die Belegschaft oder Produktion
   - Andere Einsparungen
   - Definition eines langfristigen Programms

9. *Durchführung des Energiesparprogramms*

10. *Bewerten der Energieeinsparungen*
    - Vergleich mit den Zielen
    - Festlegen weiterer Maßnahmen
    - Regelmäßige Überprüfung (1–2 Jahre) der Betriebsinstallationen

Abb. 107: Beispiel der Gestaltung einer Ablauforganisation für ein Energiesparprogramm
(Quelle: Schulz 1990)

einem erweiterten ökologieorientierten Controlling eine wichtige Unterstützungsfunktion für die Durchsetzung eines integrierten Umweltmanagement beigemessen.

Das Controlling-Konzept hat seit Ende der 50er Jahre in Deutschland eine starke Verbreitung gefunden (Henzler 1974, Hahn 1978, Horvath 1980). Eine Analyse der historischen Entwicklung dieses Konzeptes belegt, daß das Controlling im Zeitablauf eine enorme Aufgabenerweiterung erfahren hat (Weber 1988). Während in den 50er und 60er Jahren das Controlling als eine erweiterte Form des **Management Accounting** angesehen wurde, verliert diese relativ enge Sichtweise in Deutschland, weniger in den USA, an Bedeutung. Das Controlling entwickelt sich immer mehr von der historischen verhaltensorientierten Kontrolle zum zukunfts- und aktionsorientierten Controlling, das in zunehmendem Maße mit Informationsversorgungs-, Budgetierungs-, Planungs- und Koordinationsaufgaben befaßt ist (Henzler 1974). Das Controlling ist somit als **Querschnittsaufgabe** im Unternehmen zu verstehen.

Der Begriff des ökologieorientierten Controlling kann in einem funktionalen und institutionalen Sinne interpretiert werden. Aus **funktionaler Sicht** stellt das Controlling eine Phase im Entscheidungsprozeß des Umweltmanagement dar. Die planungs- und kontrollbezogenen Aufgaben eines ökologieorientierten Controlling als zielorientiertes Koordinations- und Steuerungsinstrument stellen grundsätzliche Funktionen im Verantwortungsbereich des Umweltmanagement dar. Ökologieorientiertes Controlling im **institutionalen Sinne** ist die organisatorische Verselbständigung dieser Funktion in der Person eines Controllers.
Als spezifische Zieldimensionen des Controlling werden generell

- das Aufspüren, Entwickeln und Erhalten gegenwärtiger und zukünftiger Erfolgspotentiale und
- das Aufspüren, Vermeiden und Vermindern gegenwärtiger und oder zukünftiger Risikopotentiale

genannt. Beide Zieldimensionen weisen auch im Umweltmanagement eine hohe Relevanz auf. Die vorhergehenden Ausführungen haben gezeigt, daß im Rahmen eines marktorientierten Umweltmanagement der ersten Zieldimension besonderes Augenmerk geschenkt wird. Die systematische Analyse und Wahrnehmung der marktbezogenen Chancen eines ökologieorientierten Unternehmensverhaltens, z. B. in Form eines Angebots umweltverträglicherer Problemlösungen, erscheint zur Verringerung des Konflikts zwischen ökonomischen und ökologischen Zielsetzungen besonders wichtig. Die proaktive Ausrichtung des Umweltmanagement muß jedoch auch auf die Erfassung und Vermeidung von Gefahrenpotentialen abstellen, womit die zweite Zieldimension eines ökologieorientierten Controlling angesprochen ist.

3.2 Funktionen eines ökologieorientierten Controlling

Zur Erreichung dieser Ziele werden systembildende und systeminterne Funktionen des Controlling unterschieden. Im Rahmen der **systembildenden Funktionen** kommt einem ökologischen Controlling die besondere Aufgabe zu, ein aufbau- und ablauforganisatorisches Basissystem für das Umweltmanagement zu schaffen. Im Mittelpunkt steht hierbei die Entwicklung umweltorientierter Planungs- und Kontrollinstrumente. Aufgrund der systembildenden Funktion wurde dem ökologischen Controlling bereits in einer sehr frühen Phase bei der Entwicklung von Konzepten des Umweltmanagement Beachtung geschenkt.

Beispielweise wird die Entwicklung und Anwendung einer Öko-Bilanz als wichtige »Pionierleistung« eines ökologischen Controlling im Unternehmen angesehen (Pfriem 1991; Lehmann 1991). Die **systeminterne Funktion** umfaßt hingegen die Informations-, Koordinations- und Kontrollaufgaben des Controlling.

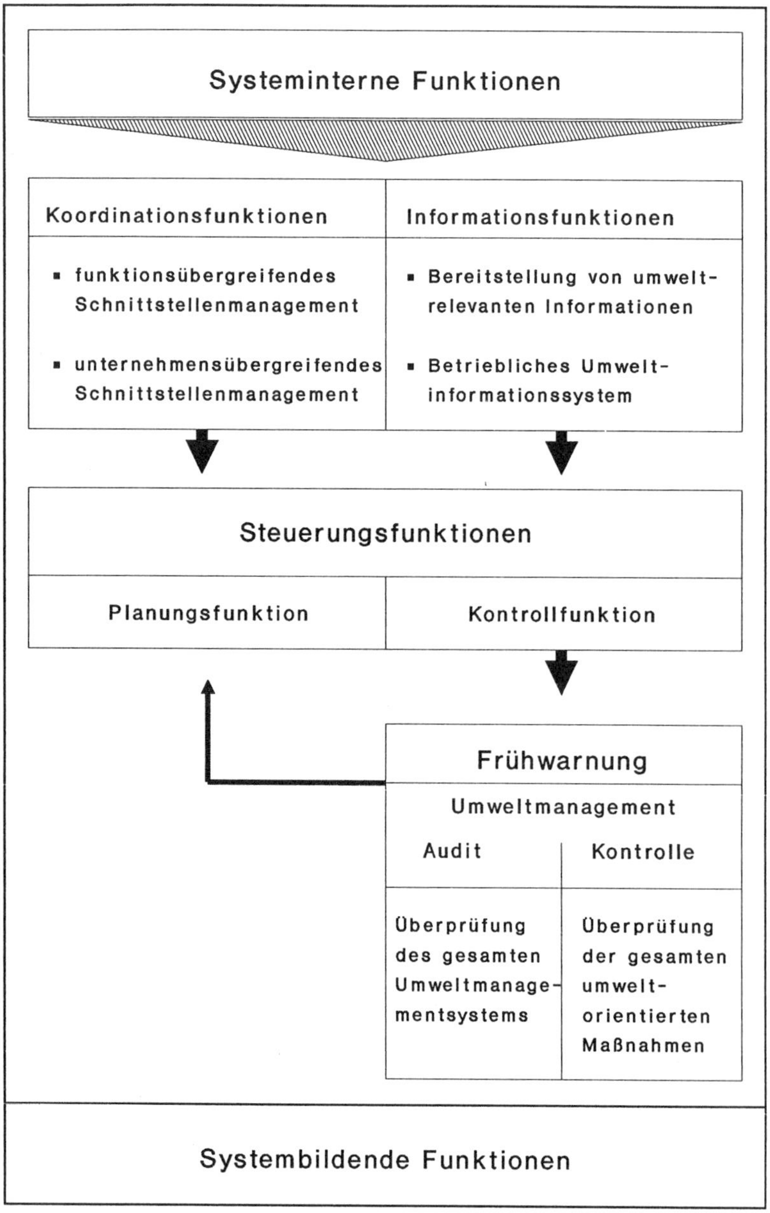

Abb. 108: Funktionen eines ökologieorientierten Controlling

In der Abbildung 108 sind die einzelnen Funktionen eines ökologieorientierten Controlling-Konzeptes dargestellt. Die Informations- und Koordinationsfunktion können als wesentliche Voraussetzungen zur Wahrnehmung der Steuerungsfunktion angesehen werden.

Angesichts der vielfältigen Informations- und Bewertungsprobleme bei der Bewältigung der unternehmensbezogenen Umweltschutzprobleme wird die Bereitstellung **entscheidungsrelevanter Informationen** durch ökologieorientiertes Controlling als wesentliche Funktion gekennzeichnet. Dabei muß sich das Controlling der bereits aufgezeigten Planungsmethoden bedienen. Hierbei wird auf die zentrale Bedeutung einzelner Instrumente wie der ökologischen Buchhaltung (Seidel 1988) oder der Umweltbilanzierung (Pfriem 1991; Lehmann 1991) hingewiesen, um in Anlehnung an das klassische Kostenrechnungssystem ein funktionsübergreifendes Kontrollinstrument zu schaffen. Neben den Problemen der praktischen Umsetzung dieser Instrumente ist zu berücksichtigen, daß ihrer Anwendung im Rahmen der strategischen Analyse enge Grenzen gesetzt sind. Somit muß sich das Controlling eines breiten Spektrums von Planungsinstrumenten bedienen, die neben den Kontrollinformationen auch zukunftsgerichtete Planungsinformationen bereitstellen. Sog. **betriebliche Umweltinformationssysteme** können eine wichtige Unterstützungsfunktion des Controlling darstellen. In ihrer Konzeption als Daten- und Methodenbank dienen sie sowohl der Dokumentation, Planung und Kontrolle als auch der Steuerung im Umweltmanagement (Schulz 1991, S. 231ff.). Computergestützte betriebliche Umweltinformationssysteme können wiederum mit verschiedenen überbetrieblichen Umweltdatenbanken kombiniert werden. Die Abbildung 109 zeigt ein Beispiel für den Aufbau eines betrieblichen Umweltinformationssystems.

Aus dem funktions- und unternehmensübergreifenden Charakter des Umweltmanagement kommt der **Koordinationsfunktion** im Rahmen eines ökologieorientierten Controlling die wohl größte Bedeutung zu. Wagner definiert die Hauptaufgabe des ökologischen Controlling im eigentlichen Sinne als: »Unterstützung der Unternehmensführung zur Sicherung ihrer auf Umweltaspekte bezogenen Koordinationsfähigkeit, und zwar sowohl auf betrieblicher als auch auf überbetrieblicher Ebene« (Wagner, Janzen 1991, S. 122). Empirische Untersuchungen zeigen, daß ein regelmäßiger Informationsfluß und eine funktionsübergreifende Koordination bei der Lösung von Umweltschutzproblemen in den primären Funktionsbereichen Beschaffung, Logistik, Produktion und Absatz zu besonders effizienten Konzepten führt (Meffert, Ostmeier 1990). So sind z. B. Marktforschungsinformationen über wahrgenommene Probleme oder Dissonanzen der Kunden bei der Entsorgung von Produktrückständen in den Bereichen Forschung und Entwicklung, Kundendienst, Produktion bis hin zum Beschaffungsbereich weiterzuleiten, um eine integrierte Problemlösung anzustreben.

Ein ökologisches Controlling muß Informations- und Koordinationserfordernisse erkennen und durch ein **Schnittstellenmanagement** ein abgestimmtes Verhalten sicherstellen. Die Gestaltung der überbetrieblichen Koordination stellt angesichts einer zunehmenden Verschärfung der Umweltgesetzgebung und gesellschaftlicher Ansprüche, der Intensivierung behördlicher Kontrollen im Bereich des betrieblichen Umweltschutzes oder der Notwendigkeit kooperativer Lösungen in vertikalen Systemen (z. B. Einführung eines dualen Abfallsystems) ein weiteres Aufgabenfeld des Controlling dar.

Die Koordinations- und Informationsfunktion bildet eine wichtige Voraussetzung für die **Steuerungsfunktion** eines ökologieorientierten Controlling. Im Rahmen der Planungsfunktion werden Sollvorgaben entwickelt, deren Erreichung durch gegenwarts- und zukunftsbezogene Soll-Ist-Vergleiche innerhalb der Kontrollfunktion überwacht wird. In diesem Zusammenhang ist zu betonen, daß sich ein ökologisches Controlling nicht in der

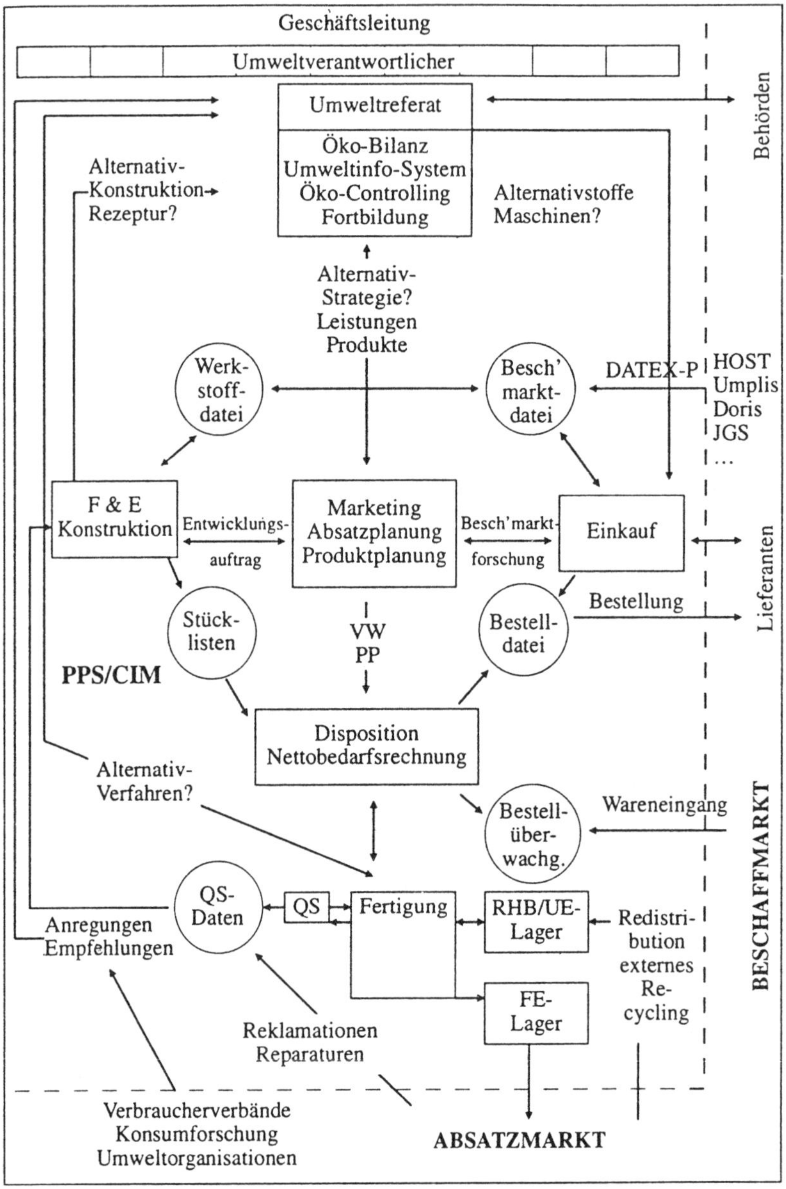

Abb. 109: Aufbau eines betrieblichen Umweltinformationssystems
(Quelle: Schulz 1990)

Kontrollfunktion erschöpfen darf. Durch eine feed-forward-orientierte Analyse sind Abweichungen zu antizipieren und mögliche Einflußfaktoren der Abweichungen zu identifizieren, um Anpassungsmaßnahmen zu ergreifen bevor Abweichungen auftreten. Beispielsweise sei hier auf das frühzeitige Erkennen von umweltproblematischen Substanzen hingewiesen, die zukünftig unter eine gesetzliche Grenzwertregelung fallen können. Ein proaktives Vorgehen erfordert in diesem Fall die Kontaktaufnahme mit Vorlieferanten, Prüfung und Entwicklung neuer Substanzen, bevor Grenzwerte vorgegeben werden und ggf. Produkte aus dem Sortiment zu eliminieren sind.

Bei der Ausübung der Kontrollfunktion sind zwei Bereiche eines ökologieorientierten Controlling zu unterscheiden. Im Sinne einer primär operativ ausgerichteten Kontrolle sind alle Unternehmensaktivitäten hinsichtlich ihrer Umwelteinwirkungen und der vorgegebenen Umweltschutzziele zu überwachen. Aufgrund der Dynamik der Entwicklung praktikabeler Planungsverfahren im Umweltschutz kommt jedoch einem **Umweltmanagement-Audit** ein hoher Stellenwert zu. Hierbei werden die gesamten Systeme, Planungsmethoden, Ziele, Strategien und Organisationskonzepte des Umweltmanagement überprüft, um Schwachstellen zu ermitteln und zu beheben. Es wird angestrebt, ein effizientes und koordiniertes Umweltmanagement in der strategischen und operativen Ausrichtung sicherzustellen.

Für die organisatorische Einbindung eines ökologieorientierten Controlling bieten sich unterschiedliche Lösungen an. Für die Einführung kann ein Projektausschuß »Umwelt-Controlling» gebildet werden. Empirische Erfahrungen bestätigen, daß die Implementierung eines ökologieorientierten Controlling mit Hilfe eines Projektteams, das sich aus Umweltbeauftragten, den Leitern der einzelnen Funktionsbereiche sowie einem Machtpromotor der Geschäftsführung zusammensetzt, besonders erfolgreich ist (Lehmann 1991; Pfriem 1991). Dauerhaft ist ein ökologieorientiertes Controlling fest in die bestehende Organisation des klassischen Controlling als Querschnittsaufgabe zu integrieren.

4. Unternehmenskultur als verhaltensprägendes Element des Umweltmanagement

Seit geraumer Zeit wird in der Managementliteratur neben der Organisationsstruktur und den Systemen die Bedeutung der Unternehmenskultur als sog. »weicher« strategischer Erfolgsfaktor hervorgehoben. Damit wird die Gesamtheit des gewachsenen Meinungs-, Norm- und Wertgefüges angesprochen, die das Verhalten der Führungskräfte und Mitarbeiter prägt (Schein 1985; Pümpin, Kobi, Wüthrich 1985; Heinen 1987; Scholz 1990). Den damit angesprochenen Fragen des »normativen« Umweltmanagement wird bislang vergleichsweise wenig Aufmerksamkeit geschenkt (vgl. jedoch Hopfenbeck 1990, S. 128 ff.). Im folgenden soll deshalb der Frage nachgegangen werden, welche Rolle der Unternehmenskultur für die Durchsetzung marktorientierter Umweltschutzstrategien zukommt und welche Ansatzpunkte für ein strategieadäquates Kulturmanagement in der Unternehmung bestehen.

4.1 Unternehmenskultur als Erfolgsfaktor des Umweltmanagement

Versucht man die Frage zu beantworten, inwieweit die Unternehmenskultur einen Erfolgsfaktor des Umweltmanagement darstellt, so ist davon auszugehen, daß Denk- und Verhaltensweisen der Unternehmensangehörigen sich insgesamt auf die Leistungen und damit auf das Verhältnis zum Kunden und zur Umwelt niederschlagen. Ausdruck dafür ist z. B. die hohe Wertschätzung des Kunden oder der entsprechende Stellenwert der Umweltorientierung durch sämtliche Mitarbeiter. So wird es zur Norm und damit Selbstverständlichkeit, Kundenwünsche bzw. Umwelterfordernisse jederzeit, überall und unter jeder Bedingung zu erfüllen (vgl. Pümpin 1984, S. 14). Dieser Fokus auf die Verhaltenswirkungen entspricht dem Ansatz der **objektivistischen Kulturforschung**. Sie geht davon aus, daß eine Unternehmung eine Kultur hat, insbesondere in der Form von kulturellen Artefakten, unternehmensspezifischen Legenden, Riten, Ritualen und Zeremonien. Im Gegensatz dazu betrachtet die subjektivistische bzw. individualistische Kulturforschung weniger einzelne beobachtbare Kulturelemente der Unternehmung. Vielmehr interessiert die subjektive Interpretation dieser Elemente durch die Unternehmensmitglieder, um hierdurch Verhaltensmechanismen innerhalb einer Unternehmung aufzudecken. Im Sinne dieses Ansatzes »ist die Unternehmung eine Kultur«. Es geht darum, über die sichtbaren Kulturphänomene hinaus die spezifischen, häufig nur für die Mitglieder der Unternehmung gültigen Bedeutungsinhalte kultureller Artefakte zu identifizieren und zu interpretieren.

Schein versucht in seinem Verständnis der Unternehmenskultur beide Aspekte zu verbinden. Er definiert Unternehmenskultur als ein System von Basisannahmen (grundlegende Annahmen, Werte, Artefakte), das sich im Verlauf der Unternehmensentwicklung aus den Problemen externer Adaption und interner Integration gebildet hat (Schein 1985, S. 9 ff.). Das System von Basisannahmen hat sich bewährt und ist demnach als Maßstab für den zukünftigen Marktauftritt und das Verhalten neuer Mitarbeiter anzusetzen. Die Analyse der Unternehmenskultur kann nach Schein auf drei unterschiedlichen Ebenen erfolgen: Grundannahmen, Werte und Artefakte. Dabei erfolgt eine Kulturanalyse ausgehend von der bloßen Wahrnehmung kulturspezifischer, materieller Phänomene (Artefakte wie z. B. Gestaltung von Gebäuden und Arbeitsräumen, sichtbaren Verhaltensweisen wie Ordnung am Arbeitsplatz, Entsorgungsverhalten der Mitarbeiter, Kommunikationsverhalten), über ein Erkennen der ihnen zugrundeliegenden Werthaltungen (z. B. Wertschätzung von Kunden, Mitarbeitern, des Umweltschutzes etc.) bis hin zur Identifikation der unbewußten Annahmen der Organisationsmitglieder (z. B. Beziehung zur Umwelt, Grundverständnis zu einer Umweltethik).

Folgt man dieser Einteilung der Unternehmenskultur in drei Ebenen, so lassen sich auf den einzelnen Ebenen beispielhaft folgende Elemente einer ökologieorientierten Unternehmensführung identifizieren (vgl. z. B. auch Hopfenbeck 1990, S. 128 f.):

(1) Artefakte
- baubiologische Architektur der Gebäude und Arbeitsplätze
- neue Formen der Öffentlichkeitsarbeit und des Dialogs mit Umweltorganisationen
- Anreizsysteme für umweltbewußtes Verhalten im Unternehmen
- betriebliches Vorschlagswesen für umweltfreundliche Problemlösungen
- Aufstellung von Recyclingbehältern für Mitarbeiter u. a. m.

(2) Werte
- Einbeziehung des Umweltschutzes in die Unternehmensgrundsätze
- Internalisierte Öko-Werte bei den Mitarbeitern auf verschiedenen Unternehmensebenen (z. B. Einstellungen gegenüber Natur und Erhaltung von Ressourcen).

(3) Grundannahmen
- Anthroposophisches Menschenbild
- Umweltschutz als verantwortungsethisches Anliegen.

Die kulturtragenden Komponenten der Artefakt-Ebene spielen eine doppelte Rolle: einerseits bieten sie Ansatzpunkte für eine unmittelbare Kennzeichnung ökologieorientierter Ausprägungen der Unternehmenskultur im Sinne einer Indikatorfunktion, andererseits zeigen die Ausprägungen dieser Artefakte, worin sich richtiges umweltbewußtes Verhalten in der Unternehmung niederschlägt. Hierdurch kommt die Signal- bzw. Vorbildfunktion der Artefakte zum Ausdruck.

Die verhaltensprägenden Wirkungen von Werthaltungen werden bei der Planung, Koordination und Kontrolle ökologieorientierter Strategien und Maßnahmen erkennbar. Dabei ist es wesentlich, die für eine erfolgsprägende Wirkung entscheidenden Beurteilungskriterien zu kennen. Im einzelnen sind dies (vgl. Heinen 1987, S. 26 ff.)

- der Verankerungsgrad,
- das Übereinstimmungsmaß,
- die Systemvereinbarkeit und
- die Strategievereinbarkeit

der Unternehmenskultur. Der **Verankerungsgrad** beschreibt das Ausmaß, in dem spezifische, auf das Unternehmen bezogene, Werte in die individuell bei den Organisationsmitgliedern vorhandenen Wert- und Normengefüge Eingang gefunden haben. Je nach dem Grad der Internalisierung liegen stark oder schwach verankerte Unternehmenskulturen vor. Mit **Übereinstimmungsausmaß** ist der Grad der Homogenität individueller bzw. gruppenbezogener Normen in der Unternehmung angesprochen. Jede Unternehmung weist hierbei eine mehr oder weniger große Zahl von Subkulturen (z. B. Kaufmanns- und Technikerkultur, funktionale Subkulturen) auf. Je homogener die subkulturspezifischen Werte und Normen untereinander ausfallen, desto höher ist das Ausmaß der Übereinstimmung der betrachteten Unternehmenskultur. **Systemvereinbarkeit** bezeichnet die Beziehung zwischen dem unternehmensbezogenen Wert- und Normengefüge der Unternehmensmitglieder und den formalen Instrumenten der Unternehmensführung. Hierbei sind insbesondere betriebliche Informationssysteme, Logistiksysteme und strategische Planungsinstrumente angesprochen. Das Ausmaß der Vereinbarkeit bzw. Unvereinbarkeit bezieht sich auf die Frage, inwieweit die subjektive Wahrnehmung der Führungsinstrumente mit dem individuellen unternehmensbezogenen Wert- und Normengefüge der einzelnen Organisationsmitglieder übereinstimmt. Von besonderer Bedeutung ist dabei das Ausmaß der **Übereinstimmung** hinsichtlich der angestrebten **Unternehmensstrategie** bzw. der verfolgten Wettbewerbsposition. So können zwischen Strategie und Kultur funktionale und dysfunktionale Wirkungen bestehen. Letztere treten beispielsweise dann auf, wenn die Unternehmensleitung eine proaktive Umweltschutzstrategie anstrebt, die umweltorientierten Wertauffassungen der Mitarbeiter jedoch eher zur Zurückhaltung bzw. zu passivem Verhalten tendieren. In diesem Falle stellt die vorherrschende Unternehmenskultur einen Begrenzungsfaktor der Strategieumsetzung dar.

Eine funktionale Unternehmenskultur übernimmt in Verbindung mit der Implementierung des Umweltmanagement Koordinations-, Integrations- und Motivationsfunktionen. Im Gegensatz zu strukturellen Koordinationsinstrumenten der formalen Organisation fungiert die Unternehmenskultur als nicht-struktureller Koordinationsmechanismus. In diesem Zusammenhang sind Maßnahmen angesprochen, die sich positiv auf das engagierte »Mitdenken und Handeln der Mitarbeiter« auswirken. Bei entsprechender Ausrichtung der Mitarbeiter auf die markt- und umweltorientierten Unternehmensziele sichert eine starke Unternehmenskultur einen gemeinsamen Grundkonsens. Hierdurch entsteht eine

Motivationsgrundlage für zielkonformes Verhalten der Mitarbeiter. Ferner dienen die internalisierten Werte den Organisationsmitgliedern bei der Entscheidungsfindung als Orientierungsquelle. Darüber hinaus ist davon auszugehen, daß die zur Verfügung stehenden Entscheidungsalternativen von vornherein auf diejenigen beschränkt werden, die mit den kulturellen Normen und Werten vereinbar sind. Die Integrationsfunktion der Unternehmenskultur ist schließlich für ein funktionsübergreifendes Umweltmanagement deshalb von besonderer Bedeutung, weil gemeinsame Werte und Normen den Zusammenhalt und das funktionsübergreifende Denken in einzelnen Teilbereichen besonders fördern. In diesem Sinne erfüllt eine funktionale bzw. strategieadäquate Unternehmenskultur effizienz- und effektivitätssteigernde Funktionen.

4.2 Kunden- und ökologieorientierte Ausprägungen der Unternehmenskultur

Stellt man die Frage nach dem Inhalt einer kunden- und ökologieorientierten Unternehmenskultur, so könnte zunächst die Auffassung vertreten werden, daß es sich hierbei um eine spezifische Marketingkultur im Sinne einer Subkultur eines Bereiches oder einer Abteilung handelt. Eine solche einseitig funktionsorientierte Betrachtungsweise würde den Anforderungen eines integrierten, marktorientierten Umweltmanagement nicht gerecht. Vielmehr ist die konsequente Orientierung aller Unternehmensaktivitäten an den Bedürfnissen und Wünschen der Nachfrager einerseits sowie den Erfordernissen des Umweltschutzes andererseits Rechnung zu tragen. Dies entspricht dem Wandel des Marketing von einer funktionsorientierten Sichtweise zu einer unternehmensbezogenen Denkhaltung im Sinne einer markt- und marktumfeldorientierten Unternehmensführung. Das Verständnis eines marktorientierten Umweltmanagement als Unternehmensphilosophie erfordert daher eine umfassende Verankerung der kunden- und umweltorientierten Werthaltung in der Unternehmenskultur.

Bei der Operationalisierung einer solchen marktorientierten Unternehmenskultur können verschiedene Wege beschritten werden. Folgt man dem Ansatz Pümpins (Pümpin 1984), der die Unternehmenskultur in bezug auf unmittelbar erfolgsbestimmende Faktoren beschreibt, so ist von sog. **Grundorientierungen** auszugehen. Die wichtigsten erfolgsbestimmenden Faktoren und damit Elemente der Grundorientierung sind:

- **Kundenorientierung:** Wertschätzung des Kunden, Kenntnis der Kundenprobleme, Intensität der Kundenkontakte, Art der Kundenbeziehungen.
- **Wettbewerbsorientierung:** Stellenwert wettbewerbswirtschaftlicher Leistungsmaßstäbe, Bedeutung des Wettbewerbsvorteils im strategischen Denken, Orientierung am Verhalten der Konkurrenten.
- **Mitarbeiterorientierung:** Wertschätzung der Mitarbeiter, Vertrauen, Partizipation, Teamwork, interne Kommunikation, Beförderungspraxis, Toleranz, Konfliktverhalten.
- **Ergebnis- und Leistungsorientierung:** Zielbewußtsein, Einsatzbereitschaft, Arbeitsintensität, Arbeitsmentalität, Aggressivität in der Bewältigung schwieriger Aufgaben.
- **Innovationsorientierung:** Risikofreude, Veränderungs- und Lernbereitschaft, Innovationshäufigkeit, Investitionsverhalten, Entscheidungsverhalten, Flexibilität.
- **Kostenorientierung:** Kostenbewußtsein, Produktivitätsdenken.

- **Unternehmensorientierung:** Identifikationsbereitschaft, wirtschaftlicher Konsens, Loyalität.
- **Technologieorientierung:** Technologiebewußtsein, technologischer Stand von Einrichtungen und Anlagen, Bedeutung der wissenschaftlichen Basis bei der Leistungserbringung, Argumentationsweise.
- **Ökologieorientierung:** Umweltbewußtsein, ökologisches Know-how, Umweltschutzverhalten in den Produktionsprozessen und bei der Produktgestaltung, defensives oder proaktives Aufgreifen von Umweltschutzaspekten.

Bei der Erfassung der Unternehmenskultur wird bei jedem Element der Grundorientierung der Ausprägungsgrad im Vergleich zu anderen Orientierungen beurteilt und gleichzeitig die Streuung analysiert. Letztere gibt Aufschluß über die Einheitlichkeit der Grundüberzeugung. Abbildung 110 zeigt anhand von drei Beispielen unterschiedliche Kulturprofile von Unternehmungen. Beispielsweise dominiert bei der Firma A die Kosten- und Technologieorientierung, während bei der Firma B die Kunden-, Innovations- und Ökologieorientierung stark ausgeprägt ist. Firma C nimmt eine Mittelstellung ein.

Die Erfassung der Grundorientierungen setzt eine sorgfältige Operationalisierung der einzelnen Dimensionen voraus. Insert 28 zeigt Ausschnitte aus einem Fragebogen zur Operationalisierung der Dimension »Kundenorientierung und Umweltorientierung«.

Je nach Dominanz einzelner Ausprägungen lassen sich unterschiedliche Typen von Unternehmenskulturen abgrenzen. Dabei interessiert besonders, unter welchen Voraussetzungen gleichzeitig sowohl eine hohe Kunden- als auch eine hohe Ökologieorientierung auftreten und welche Entwicklungspfade marktorientierter Unternehmenskulturen mit welchen Strategietypen in Verbindung gebracht werden können.

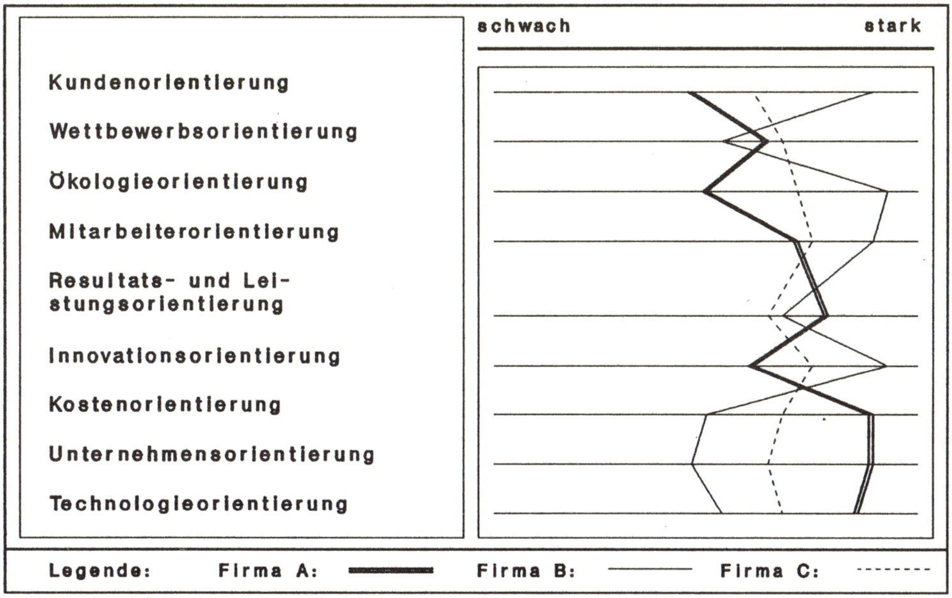

Abb. 110: Beispiel unterschiedlicher Kulturprofile von Unternehmen

4.3 Einfluß der Unternehmenskultur auf das Umweltmanagement

Von besonderer Bedeutung für den Unternehmenserfolg erweist sich die Stimmigkeit zwischen den wesentlichen Merkmalen der Unternehmenskultur und der Umweltschutzkonzeption der Unternehmung. Dabei kommt es vor allem darauf an, daß die strategischen Grundhaltungen einer Unternehmung mit den Werten und Normen der Unternehmensmitglieder verträglich sind. Denn die strategischen Grundhaltungen determinieren in besonderem Maße die Strategiewahl und den Instrumenteeinsatz im Umweltmanagement.

Ausprägungsgrad der Kundenorientierung

Kundenorientierung	trifft sehr zu				trifft gar nicht zu
• Die Lösung von Kundenproblemen hat Vorrang vor der Lösung von Umweltschutzproblemen	☐	☐	☐	☐	☐
• Bei der Lösung von Kundenproblemen versetzen wir uns in die Lage der Kunden	☐	☐	☐	☐	☐
• Wir pflegen regelmäßige Kontakte zu unseren Kunden	☐	☐	☐	☐	☐
• Kundenwünsche und -beschwerden werden bei uns sensibel aufgenommen und bearbeitet	☐	☐	☐	☐	☐
• Wir versuchen Umweltvorteile und Nutzenvorteile der Kunden miteinander zu kombinieren	☐	☐	☐	☐	☐

Ausprägungsgrad der Umweltorientierung

Umweltorientierung	trifft sehr zu				trifft gar nicht zu
• Unseren Führungskräften ist der Umweltschutz ein besonderes Anliegen	☐	☐	☐	☐	☐
• Umweltschutz geht jeden Einzelnen bei uns an	☐	☐	☐	☐	☐
• Umweltschutz ist bei uns Sache der Umweltschutzbeauftragten	☐	☐	☐	☐	☐
• Umweltschutz bedeutet für uns auch Verzicht	☐	☐	☐	☐	☐
• Bei gravierenden Konflikten zw. ökonomischen und ökologischen Zielen entscheiden wir uns zugunsten der Ökologie	☐	☐	☐	☐	☐
• Die Einhaltung von Umweltstandards ist für uns eine Selbstverständlichkeit	☐	☐	☐	☐	☐
• Umweltschutz bedeutet für uns mehr zu tun als der Gesetzgeber vorschreibt	☐	☐	☐	☐	☐
• Umweltschutzprobleme versuchen wir funktionsübergreifend zu lösen	☐	☐	☐	☐	☐
• Umweltgerechte Innovationen haben bei uns Vorrang	☐	☐	☐	☐	☐
• Umweltschutzprobleme werden bei uns im ständigen Dialog mit externen Kritikern (z.B. Umweltschutzorganisationen, Verbraucherverbänden) gelöst	☐	☐	☐	☐	☐
• Im Umweltschutz streben wir kooperative Lösungen mit allen Marktpartnern an	☐	☐	☐	☐	☐

Insert 28: Operationalisierung der Unternehmenskultur

Zunächst ist darauf hinzuweisen, daß zwischen den strategischen Grundhaltungen und dem **Zielbildungsprozeß** einer Unternehmung wechselseitige Beziehungen bestehen. Die Unternehmenskultur kann im Rahmen des Zielbildungsprozesses sowohl als unterstützendes Instrument als auch als Resultante angesehen werden. Zum einen stellen unternehmenskulturelle Werte und Normen zentrale Bestimmungsgrößen bei der Integration von Umweltschutzzielen in das Zielsystem der Unternehmung dar. Sie wirken koordinations-, motivations- und integrationsfördernd. Zum anderen wird die Ausgestaltung der Unternehmenskultur von den Prozessen innerhalb der Unternehmung geprägt und ist somit Ergebnis des Zielbildungs- und -durchsetzungsprozesses (Dill, Hügler 1987, S. 162).

In diesem Zusammenhang ist auf die besondere Bedeutung ökologieorientierter **Leitbilder und Unternehmensgrundsätze** zu verweisen. Sie übernehmen einerseits die Funktion der Sichtbarmachung und Dokumentation der für die Unternehmung relevanten Werte und Normen. Andererseits erfolgt durch ihre Formulierung eine Festlegung erwünschter Handlungsweisen. Sie können als Beurteilungskriterien für Sanktionen bzw. Anreizsysteme herangezogen werden. Die um eine ökologische Dimension erweiterten Leitbilder und Grundsätze stellen somit eine Basis für die Verwirklichung einer funktionalen Unternehmenskultur dar. Gleichzeitig wird der Prozeß der Zielbildung verkürzt, da die Organisationsmitglieder von weitgehend übereinstimmenden Wertgefügen ausgehen und allgemein anerkannte Handlungsrichtlinien existieren.

Von besonderer Bedeutung ist in diesem Zusammenhang, daß sowohl die Unternehmenskultur als auch die strategische Grundhaltung den Organisationsmitgliedern Handlungsanweisungen im Sinne von Verhaltensregeln geben. Diese Handlungsanweisungen müssen inhaltlich übereinstimmen, damit ein **Kultur-Strategie-Fit** vorliegt. Zur Überprüfung dieses Fit ist in der strategischen Ausgangslage eine Bestimmung der eigenen Kulturposition erforderlich. Die Diagnose der Ist-Unternehmenskultur umfaßt dabei vor allem die Beurteilung der kulturellen Stärken. Dies kann z. B. anhand der Grundorientierungen auf Basis der skizzierten Kulturprofile erfolgen. Diesen Kulturprofilen sind die strategischen Grundhaltungen im Umweltschutz gegenüberzustellen. In diesem Zusammenhang kann auf die früher abgegrenzten Grundhaltungstypen bzw. ökologieorientierten Basisstrategien zurückgegriffen werden (vgl. hierzu Kapitel IV. 2.1).

Stellt man zunächst nur auf die beiden Grunddimensionen Kundenorientierung und Ökologieorientierung ab, so ergibt sich bei entsprechend geringer bzw. starker Ausprägung die in Abbildung 111 dargestellte Kultur-/Strategiematrix.

Feld 1 der Matrix ist durch eine geringe Kunden- und Ökologieorientierung gekennzeichnet. Dieses Feld entspricht weitgehend den ökologieorientierten Passivitäts- und Rückzugsstrategien. Es werden weder kunden- noch umweltgerechte Problemlösungen angestrebt. In diesem Feld sind in aller Regel auch Widerstandsstrategien angesiedelt, die sich aus einer besonderen Kosten-, Leistungs- oder Betriebsorientierung ergeben.
Das Feld 2 weist eine starke Ökologieorientierung bei relativ geringer Kundenorientierung auf. Dieser Kulturtyp entspricht weitgehend der ökologischen Grundhaltung der »innengerichteten Aktiven«. Sie verwirklichen ihre Umweltkonzeption in erster Linie mit der Lösung produktionsbezogener Umweltprobleme, wobei wettbewerbsstrategische Profilierungsmöglichkeiten weitgehend außer Acht gelassen werden.
Im Feld 3 der Matrix finden sich einerseits jene Grundhaltungen wieder, die Widerstand gegen ökologische Marketingkonzepte zeigen, weil bei entsprechend hoher Marktorientierung diese Ausrichtung nicht den Bedürfnissen der Kunden entspricht. In dieses Feld gehören aber auch jene selektiven Anpassungsstrategien, die im Zuge des wachsenden Umweltbewußtseins bestimmter Kundengruppen mehr oder weniger Chancen des Umweltschutzes nutzen.

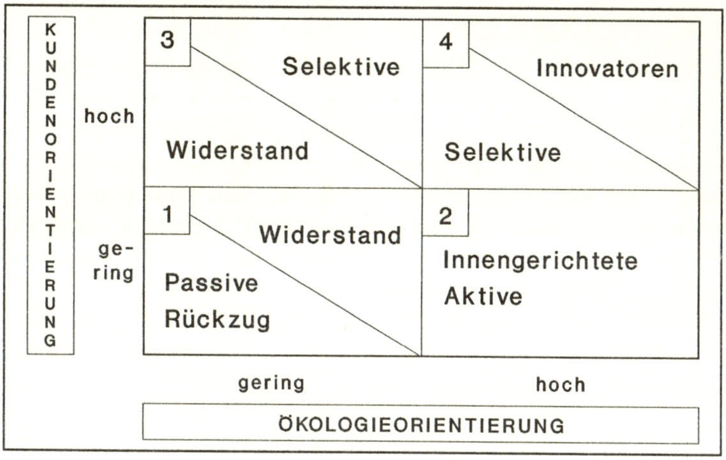

Abb. 111: Kultur-/Strategiematrix

Im Feld 4 schließlich sind neben stärker ökologisch ausgeprägten Selektiven vor allem ökologische Innovatoren angesiedelt. Ihre umweltgerichteten strategischen Aktivitäten sind auf den Markt und den Betrieb gleichermaßen ausgerichtet. Verfahrens- und Produktinnovationen sollen zur Profilierung im Wettbewerbsumfeld beitragen.

Neben Kunden- und Ökologieorientierung sind die übrigen Kulturdimensionen auf Stimmigkeit mit der ökologischen Grundhaltung bzw. dem jeweiligen Strategietyp zu überprüfen. Abbildung 112 zeigt aufgrund von Plausibilitätsüberlegungen und den in empirischen Fallstudien gewonnenen Erkenntnissen (vgl. auch Kapitel IV 3. und Teil B) Aussagen über die Stimmigkeit einzelner Kulturdimensionen mit ökologischen Basisstrategien. Dabei wird deutlich, daß innengerichtete Aktive eine hohe Kompatibilität mit der Kulturdimension Unternehmensorientierung und Mitarbeiterorientierung aufweisen. Ökologisch selektive Grundhaltungen lassen sich besonders gut mit einer Wettbewerbs- und Leistungsorientierung verbinden. Demgegenüber sind die Innovations- und gegebenenfalls Technologieorientierung Kulturmerkmale, die eine besonders gute Verträglichkeit mit ökologieorientierten Innovationsstrategien aufweisen.

Die Notwendigkeit von **Kulturkorrekturen** kann sich als Folge eines fehlenden Kultur-Strategie-Fit oder auch als Resultat einer Kultur-Stärken-Schwächen-Analyse ergeben. Daneben kann ein Änderungsbedarf aus Einflüssen des Markt- bzw. Wettbewerbsumfeldes resultieren. Zur detaillierten Aufdeckung des Konfliktpotentials zwischen strategischen Grundhaltungen und der Unternehmenskultur ist eine Betrachtung von Teilstimmigkeiten erforderlich. Hierzu werden die strategischen Grundhaltungen in ihre Strategiekomponenten zerlegt und hinsichtlich ihrer Kulturverträglichkeit beurteilt. Zur Aufdekkung kultureller Risiken läßt sich eine Kultur-Risiko-Matrix verwenden (Davis 1984, S. 14 ff.). Danach kann zwischen einem vernachlässigbaren, begrenzt beeinflußbaren und einem übermäßigen **Kulturrisiko** unterschieden werden. Bei übermäßigen Kulturrisiken erscheint eine Eliminierung bzw. Veränderung der Strategiekomponenten angebracht.

Liegt eine starke Übereinstimmung zwischen Unternehmenskultur und strategischer Grundhaltung vor, so kann die strategische Grundhaltung als Teilkomponente der Unternehmenskultur interpretiert werden. Dementsprechend beeinflussen sowohl die strategischen Grundhaltungen als auch die Unternehmenskultur die Ausgestaltung der ökologieorientierten Marketingkonzeption.

Interdependenzen zwischen Unternehmenskultur und ökologieorientiertem Marketing-Mix sind bisher kaum untersucht worden. Es kann jedoch davon ausgegangen werden, daß das durch die Unternehmenskultur geprägte Erscheinungsbild eines Unternehmens auch wesentlich von seinen produkt- und kommunikationspolitischen Maßnahmen bestimmt wird. Indem das Unternehmen im Rahmen einer ökologieorientierten Produktgestaltung seine Erzeugnisse mit bestimmten Qualitäten, Inhalten und Formen ausstattet, werden im Kulturkern verankerte Grundsätze nach außen dokumentiert. Das zeigt sich insbesondere im Design und in der Verpackung sowie in der Service- und Beratungsorientierung eines Unternehmens. Beim Vorliegen einer Unternehmenskultur mit besonderer Qualitätsorientierung werden über ökologische Produktstandards hinaus auch Entscheidungen bezüglich der Produkteliminierung und der Einführung von Produktinnovationen beeinflußt.

Besondere Wechselwirkungen ergeben sich zwischen Unternehmenskultur und Markenpolitik. Insbesondere bei einer ökologiedominanten Markenpositionierung (z.B. Marke Frosch) werden die kulturellen Firmengrundsätze mitgeprägt. Darüber hinaus ist die Kommunikation der Unternehmenskultur in fast allen Fällen an das Vorhandensein eines bestimmten Markenimage gebunden.

Das Wirkungspotential der Unternehmenskultur wird besonders im Kommunikationsmix des Unternehmens deutlich, da die Marktkommunikation wesentlich zur Vermittlung und **Visualisierung der Kulturmerkmale** beiträgt. So sind alle Aktivitäten, die sich mit der Erarbeitung eines Corporate-Identity-Konzeptes oder einer Corporate Value Identitiy befassen von der Unternehmenskultur geprägt. Basis der Corporate Value Identity bildet ein gemeinsamer »Wertekern«, der »nicht aufgesetzt wirkt, sondern als Kreuzstein das einfache strategische Dach der Unternehmensführung zusammenhält« (Silberer 1991, S. 81). Dies wird vor allem an den Teilbereichen Corporate Design, Corporate Communications und Corporate Behavior einer CI-Strategie deutlich.

Die zentrale Zielsetzung einer Corporate-Identity-Strategie besteht in der marktgerichteten Einflußnahme auf die Ist-Kultur zur Realisierung einer langfristig anzustrebenden Soll-Unternehmenskultur. Hierbei finden sich Symbole und unternehmenstypische Zeichen im Corporate Design, kommunizierte Werte und Normen innerhalb der Corporate Communications sowie Rituale und Verhaltensausprägungen einer Unternehmenskultur im Corporate Behavior wieder. Auf diese Weise werden wichtige Soll-Kulturelemente gegenüber den Marktpartnern kommuniziert und bilden damit das Fundament aller Kommunikationsmaßnahmen.

4.4 Ansatzpunkte für ein strategieadäquates Kulturmanagement

Die vielfältigen Wechselwirkungen zwischen einem marktorientierten Umweltmanagement und der Unternehmenskultur haben deutlich gemacht, daß dem Aufbau und der Veränderung von Unternehmenskulturen durch ein bewußtes Kulturmanagement für den Unternehmenserfolg eine besondere Bedeutung zukommt. Dabei weist die dynamische Entwicklung der Unternehmenskultur auf das Erfordernis einer aktiven, phasenspezifischen Kulturpflege und -gestaltung hin. Hinsichtlich der Möglichkeiten zur Gestaltung von Unternehmenskulturen unterscheiden z. B. Kobi/Wüthrich die Phasen zur Pflege, Veränderung und Entwicklung der Unternehmenskultur (Kobi, Wüthrich 1985). Abbildung 112 zeigte, daß diese Gestaltungsalternativen auf ein strategieadäquates, umweltorientiertes Kulturmanagement abzielen müssen. In diesem Zusammenhang sind Strategiekonformität, Strategiediskrepanzen und das völlige Fehlen einer Unternehmenskultur zu unterscheiden.

Liegt eine weitgehende Konformität zwischen den Unternehmens- und Umweltschutzstrategien und der Unternehmenskultur vor, dann steht die Pflege der Unternehmenskultur im Mittelpunkt. Dabei ist die Erhaltung und bewußte Förderung umweltorientierter Kulturmerkmale anzustreben. Im Vordergrund steht das »bewußte« Vorleben der kulturellen Werte und Normen durch die Führungskräfte. Dementsprechend gilt es, gegensätzliche oder inkonsequente Handlungen zu vermeiden.

Eine erfolgreiche Unternehmenskultur setzt die Förderung der Human Ressources voraus. Deshalb sollte die **Kulturpflege** stets auf einem sinnvollen und tragbaren Ausgleich zwischen Unternehmens- und Mitarbeiterinteressen basieren. Als konkrete Ansatzpunkte für die Durchsetzung des Interessenausgleichs sind z. B. zu nennen:

- kollegiale Entscheidungsstrukturen,
- Gestaltung von entsprechenden Anreizsystemen und der
- Aufbau betrieblicher Bildungssysteme zur Erfüllung von Dialog- und Vermittlungsfunktionen.

Darüber hinaus können sekundäre Artikulations- und Verstärkungsmechanismen wie die Verankerung des Umweltschutzgedankens in der Unternehmensorganisation, umweltgerechte Gestaltung von Routineabläufen sowie insbesondere die schriftliche Verankerung von Kulturmerkmalen in den Unternehmensgrundsätzen zur Verfestigung der Unternehmenskultur eingesetzt werden.

Eine **Veränderung der Unternehmenskultur** ist anzustreben, wenn sich kulturelle Risiken andeuten. Dies ist beispielsweise dann der Fall, wenn eine selektive oder innovative Umweltschutzstrategie verfolgt werden soll und/oder eine entsprechende Kunden-, Innovations- und Ökologieorientierung im Unternehmen infolge fortgesetzter Kulturstarrheit nicht gegeben ist. Mit Hilfe einer Stärken-Schwächen-Analyse gilt es, jene Fälle festzustellen, in denen z. B.:

- Ist- und Soll-Kultur nicht übereinstimmen,
- die Unternehmenskultur eine Barriere für die Umsetzung strategischer Entscheidungen darstellt oder
- die Mitarbeiter das Wertesystem des Management nicht bzw. nur bedingt teilen.

Zur Veränderung der Unternehmenskultur können einerseits Sofortmaßnahmen (Kobi, Wüthrich 1986, S. 177 f.) und andererseits längerfristig wirkende Gestaltungsinstrumente eingesetzt werden. Kurzfristige Maßnahmen umfassen z. B. den Erlaß von Vorschriften oder die Intensivierung von Schulungsaktivitäten. Hierdurch können kurzfristig Akzente hinsichtlich der anzustrebenden Unternehmenskultur gegeben werden. Gleichwohl gilt es zu bedenken, daß diese Maßnahmen nicht zwingend einen langfristigen Einstellungswandel auslösen. Vielmehr ist davon auszugehen, daß die kulturelle Anpassung einen hohen Zeitaufwand und erhebliche Kosten verursacht (Scholz 1990, S. 115). Es erscheint daher

Ökologische Grundhaltungen (Strategietyp) / Kulturdimension (Orientierungen)	Passivität, Rückzug	Widerstand	Innengerichtete Aktive	Selektive	Innovatoren
Kundenorientierung	--	o/+	-	+	++
Wettbewerbsorientierung	--	+	+	++	+
Mitarbeiterorientierung	-	o	++	+	+
Ergebnis- bzw. Leistungsorientierung	+	+	+	++	+
Innovationsorientierung	--	-	+	o/-	++
Kostenorientierung	+	++	o/-	+	o/-
Unternehmensorientierung	o/+	+	++	+	+
Technologieorientierung	--	-	+	+	++
Ökologieorientierung	-	--	++	+	++

Legende: ++ = starke Kompatibilität; + = geringe Kompatibilität; o = Indifferenz bzw. nur unternehmensindividuell bestimmbar; -- = starke Inkompatibilität; - = geringe Inkompatibilität

Abb. 112: Stimmigkeit von umweltorientierten Basisstrategien und Kulturdimensionen (Tendenzaussagen)

zweckmäßiger, in solchen Fällen mit Hilfe eines langfristigen Instrumentariums die Kulturveränderung anzustreben. Mögliche Gestaltungsmaßnahmen bestehen im Bereich

- des kulturkonformen Führungsverhaltens,
- der Mitarbeitermotivation und -information,
- der Kommunikation der Unternehmenskultur nach innen und außen und
- der Koordination von Subkulturen.

Letztlich erfordert der Erfolg solcher langfristigen Gestaltungsmaßnahmen vor allem eine hohe Kultursensibilität der Führungskräfte sowie die Umsetzung der Gestaltungsmaßnahmen auf allen Unternehmensebenen.

Die Notwendigkeit der **Entwicklung einer Unternehmenskultur** ergibt sich insbesondere für solche Unternehmen, die nur eine schwach ausgeprägte Unternehmenskultur aufweisen. Ziel ist es in diesem Zusammenhang, im Sinne einer »culture follows strategy« die latent vorhandenen Werte und Normen sichtbar zu machen. Mögliche Gestaltungsmaßnahmen des Management umfassen insbesondere die Operationalisierung der kulturellen Grundlagen der Unternehmung (z.B. relevante Grundorientierungen) und deren unternehmensinterne und marktgerichtete Kommunikation. Als flankierende Maßnahmen sind eine auf die angestrebten Werte und Normen abgestimmte Raum- und Ablaufgestaltung oder ein stärker rituell geprägtes Verhalten der Führungskräfte und Mitarbeiter zu nennen.

Abschließend ist darauf hinzuweisen, daß es für ein ökologieorientiertes Kulturmanagement keine Rezepte und keine Erfolgsgarantien geben kann. Betriebswirtschaftliche Organisationen müssen als Ergebnis permanent ablaufender Entwicklungprozesse angesehen werden. Die Aufgabe des Management besteht in der Beeinflussung dieser **evolutorischen Entwicklung** (vgl. hierzu Dietel 1987, S. 234). Im Rahmen eines geplanten organisatorischen Wandels zu einer ökologieorientierten Unternehmensführung kann das Kulturmanagement nicht als eine Anleitung zum »Werte- und Normendrill« verstanden werden. Im wesentlichen wird das Kulturmanagement sich auf die Entwicklung und Überprüfung eines entsprechenden Leitbildes der Unternehmung, auf eine unternehmenskulturelle Frühaufklärung im Sinne des Erkennens von Tendenzen und Strömungen der Werteveränderungen und auf Fragen der Abstimmung von System und Umwelt beschränken müssen.

Vor diesem Hintergrund erscheint das Drei-Stufen-Modell von Stitzel und Wang (1990, S.113) zur evolutionären Entwicklung einer ökologischen Unternehmensführung realistisch. Auf der Grundlage dieses Modells sind in einer ersten Stufe des geplanten Wandels ökologische Aspekte und Kriterien in das klassische Instrumentarium der strategischen Unternehmensführung einzubauen. Die zweite Stufe besteht darin, daß Aufklärungspotential des strategischen Management dafür zu nutzen, die unternehmensbezogene ökologische Sensibilität und Implementierungsfähigkeit zu verbessern. Erst in der dritten Stufe kann aus den Führungskonzepten ein neues, »real-utopisches Modell der Unternehmensführung« entstehen, welches von Stitzel und Wank (1990) als »öko-strategisches Management« bezeichnet wird. Die Kunst und damit auch der Erfolg einer ökologisch orientierten Unternehmensführung wird darin bestehen, diese Stufen in kleinen Schritten zu durchlaufen. Hierzu gehören vor allem Geduld, Ausdauer und Überzeugungskraft.

Fragen zu Kapitel VI:

1. Kennzeichnen Sie Strategien und Techniken der Organisationsentwicklung, die für die Implementierung des Umweltmanagement grundsätzlich in Frage kommen.
2. Warum besteht die Notwendigkeit, den Umweltschutz im Unternehmen zu institutionalisieren?
3. Welche Funktionen hat der Betriebsbeauftragte für Umweltschutz aufgrund seiner gesetzlichen Vorgaben im Unternehmen zu erfüllen?
4. Für die organisatorische Eingliederung des gesetzlich vorgeschriebenen Betriebsbeauftragten für Immissions- oder Gewässerschutz finden sich im Gesetz unterschiedliche Hinweise über die Kontakte zur Unternehmensführung. Das Bundesimmissionsschutzgesetz hat in § 57 angeordnet, daß der Betriebsbeauftragte »Vorschläge oder Bedenken unmittelbar der Geschäftsleitung vortragen kann«. Im Wasserhaushalts- und Abfallgesetz finden sich gleiche Regelungen. Welche Konsequenzen hat diese Anforderung für die Einordnung eines gesetzlich vorgeschriebenen Betriebsbeauftragten in die Aufbauorganisation? Gehen Sie hierbei insbesondere auf das »dotted-line«-Prinzip in der Aufbauorganisation ein.
5. Welche Unterschiede bestehen in der funktions- und matrixorientierten Einbindung des Umweltschutzes in eine bestehende Aufbauorganisation?
6. Diskutieren Sie die Eignung des Projektmanagement zur Einführung eines Umweltmanagement im Unternehmen. Kann der Umweltschutz durch ein Projektmanagement dauerhaft im Unternehmen institutionalisiert werden?
7. Welche Ziele verfolgt ein ökologieorientiertes Controlling?
8. Erläutern Sie die verschiedenen Funktionen des ökologieorientierten Controlling!
9. Wie kann ein ökologisch orientiertes Controlling im Unternehmen institutionalisiert werden?
10. Welche Voraussetzungen müssen erfüllt sein, damit umweltorientierte Werthaltungen bei der Planung, Koordination und Kontrolle der Unternehmensaktivitäten Eingang finden?
11. Erörtern Sie Ansatzpunkte zur Operationalisierung der Unternehmenskultur. Welche Grundorientierungen sind als erfolgsbestimmende Elemente der Unternehmenskultur zu erfassen?
12. Welcher Zusammenhang besteht zwischen der Unternehmenskultur und der strategischen Grundhaltung eines Unternehmens gegenüber Umweltschutzproblemen?

VII. Zusammenfassung und Ausblick

Die Lösung von Umweltproblemen zählt zu den vordringlichsten Gegenwarts- und Zukunftsaufgaben der Menschheit. Konsumenten, Unternehmungen, Staat und Wissenschaft sind gleichermaßen aufgerufen, Beiträge zur Verbesserung der Umweltsituation zu leisten. Dabei ist eine interdisziplinäre und grenzüberschreitende Zusammenarbeit erforderlich.

Das Fachgebiet »Umweltökonomie« und »Umweltmanagement« steht am Anfang seiner Entwicklung. Vieles bewegt sich dabei im Rahmen einer Bestandsaufnahme. Die vorgeschlagenen Konzepte befinden sich in der Erprobungsphase und vielfach haben sie noch nicht das notwendige Reifestadium erreicht, um zu spürbaren Verbesserungen der Umweltsituation beitragen zu können.

Die Unternehmungen stehen indes vor einem hohen Handlungsdruck. Verschärfungen der gesetzlichen Rahmenbedingungen, der Wandel in den Einstellungen und im Verhalten der Nachfrager sowie die Veränderungen im Wettbewerbsverhalten verleihen einer marktorientierten Betrachtungsweise des Umweltmanagement einen besonderen Stellenwert. Dieser Sachverhalt soll in Verbindung mit einigen weiterführenden Gedanken in den folgenden abschließenden Thesen zum Ausdruck gebracht werden (vgl. Meffert 1991c).

These 1: *Ausgangssituation*

Umweltschutzmärkte stehen im Spannungsfeld von Ökologie-Push und Ökologie-Pull. Im Konsumgüterbereich bestimmten bislang vornehmlich Aspekte des Ökologie-Push (Staat, Anspruchsgruppen), ein selektives Umweltbewußtsein der Konsumenten sowie ein verkürztes Öko-Marketing die Entwicklung der Umweltmärkte. Im vertikalen Marketing wurde die Problemlösungskompetenz und -verantwortung für umweltverträgliche Produkte vor allem dem Hersteller zugewiesen.

Unterscheidet man die Wirkungsrichtung externer Einflußgrößen auf Umweltschutzmärkte, so kann man einerseits jenen Einflüssen, die vom Staat und von Anspruchsgruppen (z. B. Bürgerinitiativen, Umweltschutzorganisationen) ausgehen, eine Ökologie-Push-Wirkung zuordnen. Diese hat sowohl eine zunehmende Sensibilisierung des Konsumenten gegenüber ökologischen Fragestellungen als auch einen Internalisierungsdruck von Umweltschutzkosten und einen Innovationszwang zur Implementierung umweltgerechter Prozeßtechnologien bei betroffenen Unternehmen zur Folge. Der Nachfragesog bzw. die Ökologie-Pull-Wirkung, die aus den Forderungen von Konsumenten und Handel nach Belieferung mit umweltgerechten Produkten resultiert, weist vor allem den Konsumgüterherstellern die Problemlösungskompetenz und -verantwortung zu.

These 2: *Wachsender Druck des Gesetzgebers*

Angesichts der Dringlichkeit konsumbedingter Umweltprobleme (z.B. Abfall, Abgase) wird sich der Druck von Seiten des Staates auf die Marktteilnehmer weiter verschärfen. Dies zwingt Hersteller und Handel bei wachsendem Umweltbewußtsein der Konsumenten zu innovativen marktwirtschaftlichen Problemlösungen.

Die zunehmende staatliche Reglementierung der Herstellung, Zusammensetzung und Entsorgung von Konsumgütern hat zum Ziel, konsumbedingte Umweltbelastungen zu vermeiden oder zumindest zu verringern. Dieser staatliche Druck hat zahlreiche betroffene Unternehmen bereits zu einer frühzeitigen Antizipation gesetzlicher Regelungen veranlaßt. In vielen ökologisch betroffenen Marktfeldern wurde eine besondere Innovationsdynamik im Hinblick auf ökologieorientierte Problemlösungen ausgelöst (z.B. 3-Wege-Katalysator, phosphatfreie Waschmittel). Dieser ökologieorientierte Innovationswettbewerb wird sich künftig noch verstärken.

These 3: *Stellenwert der Umweltverträglichkeit*

Der Stellenwert der Umweltverträglichkeit im Konsumgüterbereich wird sich in Abhängigkeit von der Produktkategorie unterschiedlich entwickeln. Bei Convenience-Produkten wird die bisher als »Zusatznutzen« erlebte »Umweltverträglichkeit« langfristig eher zum Bestandteil des Grundnutzens. Bei hochwertigen Konsumgütern wächst demgegenüber die Bedeutung des Umweltarguments, insbesondere in jenen Bereichen, die zur Schaffung einer ökologieorientierten Lebensqualität einen Beitrag leisten.

Am Anfang der »Öko-Welle« des letzten Jahrzehnts standen die wenigen umweltinteressierten Konsumenten einem sehr begrenzten Angebot umweltgerechter Produkte gegenüber. Mittlerweile sind bei vielen kurzlebigen Konsumgütern die Phasen der »Pioniere« und »frühen Folger« im Hinblick auf umweltgerechte Produktvarianten bereits durchschritten. Aktuelle Beispiele hierfür sind Wasch- und Reinigungsprodukte sowie Produkte in Sprayflaschen, bei denen es nur noch einen geringen Anteil »umweltschädlicher« Produktvarianten gibt. In diesen Produktbereichen wird mittelfristig die ökologische Verträglichkeit der Produkte nicht mehr als ein besonderer Zusatznutzen sondern eher als eine Selbstverständlichkeit erlebt (z.B. phosphatfreie Waschmittel, Reiniger auf Essigbasis, Sprayprodukte mit treibgasfreien Pumpsprühern).

Der Besitz langlebiger umweltverträglicher Konsumgüter (z.B. Automobile) trägt häufig zum Abbau von Dissonanzen und zur Reduktion des Normendrucks bei. Darüber hinaus kann sich der Stellenwert der produktbezogenen Umweltverträglichkeit in der Errichtung »ökologieorientierter Lebensräume« äußern. Naturholz-Möbel, biologische Dach- und Wintergärten oder selbstangelegte Biotope sind Beispiele für jene langlebigen Produkte, die persönliche Umweltverantwortung demonstrieren und ein entsprechendes Prestige signalisieren.

These 4: *Integrierte Sichtweise des Umweltschutzes*

Künftig wird sich im Zusammenspiel zwischen Konsumenten, Handel und Hersteller verstärkt eine integrierte Lösung der konsumbedingten Umweltprobleme unter Wettbewerbsaspekten durchsetzen. Die Verantwortungsbereiche von Hersteller, Handel und Konsument erstrecken sich dabei arbeitsteilig auf alle Produktlebensphasen.

Ausgehend von der Einteilung des Produktlebenszyklus in die Phasen Erstellung, Verkauf, Nutzung und Entsorgung sind den Marktteilnehmern unterschiedliche Verantwortungsbereiche im Hinblick auf die Lösung konsumbedingter Umweltprobleme zuzuordnen. Während die Verantwortung der Hersteller sich mit der Produktion und Beschaffenheit der Konsumgüter sowie der ökologiebezogenen Produktmarkierung und -information über alle Phasen erstreckt, liegen die Verantwortungsbereiche des Handels vor allem in der Verkaufsphase (Sortimentsgestaltung, Beratung, Produktpräsentation) und in der Entsorgungsphase (Recyclingvorrichtungen am PoS). Der Konsument zeichnet sich einerseits mit der eigentlichen Kaufentscheidung »für oder gegen« eine umweltgerechte Produktvariante verantwortlich. Andererseits kann er durch die Produktnutzung (z.B. Dosierverhalten) und -entsorgung (»Bringverhalten« bei Produkt- und Verpackungsrückständen zu Recyclingcentern) einen Beitrag zur Lösung kosumbedingter Umweltprobleme leisten. Dementsprechend werden sich integrierte Öko-Marketingstrategien stärker durchsetzen, die den Verantwortungsbereichen aller Marktpartner Rechnung zu tragen beabsichtigen. Eng damit verbunden ist der Zwang zu kooperativem Verhalten aller Marktpartner in vertikalen Marketingsystemen.

These 5: *Konsumentenverhalten*

Das Wissen der Konsumenten über Umweltprobleme wird sich weiter verbessern, die gefühlsmäßigen Einstellungen stellen eine Schlüsselgröße des Verhaltens dar. Dies führt einerseits zu einem stärker rational geprägten Kaufverhalten, andererseits trägt die wachsende Betroffenheit von Umweltproblemen in vielen Lebensbereichen zu einer emotionalen Auseinandersetzung bei.

Die Diskrepanz zwischen Umweltbewußtsein und Kauf- bzw. Konsumverhalten wird sich zwar abschwächen, dennoch stellt die »Verhaltenslücke« auch in Zukunft in vielen Märkten eine besondere Herausforderung für das Marketing dar. Die Entsorgungsprobleme treten künftig bei der Kaufentscheidung des Konsumenten stärker ins Bewußtsein. Das in allen Medien zu beobachtende gestiegene Informationsniveau über Umweltprobleme und -katastrophen hat zwar zur verstärkten Einsicht des Konsumenten in die umweltbezogene Relevanz des eigenen, individuellen Verhaltens beim Kauf und der Entsorgung von Produkten geführt. Dennoch ist eine Segmentierung nach dem individuellen Interesse an ökologischen Fragestellungen, dem Informationsstand über und den Einstellungen zu konsumbedingten Umweltproblemen für eine effiziente Marktbearbeitung auch künftig von zentraler Bedeutung.

Dem allgemein gestiegenen Umweltbewußtsein der Konsumenten stehen nach wie vor Kauf- und Konsumverhaltensweisen gegenüber, die das gestiegene Bewußtsein nur bedingt wiederspiegeln. Derartige Verhaltensdivergenzen sind vor allem in solchen Produktbereichen anzutreffen, in denen die Umweltverträglichkeit des Konsumgutes für den Konsumenten nicht eindeutig ersichtlich bzw. umstritten ist (z.B. Diskussion um die Umweltverträglichkeit der Phosphataustauschstoffe in Waschmitteln, Diskussion um die Gesundheitsgefährdung durch Katalysatoren in PKW, Mißtrauen gegenüber den mit »Bio«, »Öko« oder »Natur« gelabelten Produkten etc.). Bei langlebigen Produkten spielen die mit dem ökologischen Nutzen wahrgenommenen Kaufrisiken, insbesondere die Einschränkung der Convenience eine besondere Rolle (z.B. geringer Fahrspaß beim Automobil).

These 6: *Handelsverhalten*

Der Handel übernimmt in Zukunft mehr noch als bisher die Rolle des ökologischen »Gatekeepers« und Umweltberaters am Point of Sale. Offensive ökologieorientierte Strategien gewinnen auch in discountorientierten Betriebsformen an Bedeutung. Der Gestaltung um-

weltgerechter Sortimente kommt dabei eine Schlüsselrolle zu. Der Einsatz moderner Entsorgungstechnologien und -systeme am PoS wird im Rahmen integrierter Abfallkonzepte zur Selbstverständlichkeit (z. B. duale Abfallwirtschaft).

Die Rolle des ökologischen »Gatekeepers« resultiert einerseits aus der Entscheidungsmacht des Handels, ob und – wenn ja – welche umweltgerechten Produktvarianten in das Sortiment aufgenommen werden. Andererseits wird das Kaufverhalten der Verbraucher nicht unwesentlich durch das angebotene Sortiment sowie die produktbezogenen Beratungs- und Informationsleistungen beeinflußt. Darüber hinaus wirkt der Handel mit der Bereitstellung von Recyclingtechnologien auf das Entsorgungsverhalten der Konsumenten ein.

Sollte sich das Konzept der dualen Abfallwirtschaft durchsetzen, so wird der Handel nach einer Übergangsphase vorzugsweise die mit einem »grünen Punkt« gekennzeichneten Produkte führen. Dem hierdurch tendenziell verringerten Handlungsspielraum seiner Sortimentspolitik steht dabei eine zusätzliche Verstärkung der Nachfragemacht in bezug auf die Hersteller gegenüber.

These 7: *Öko-Strategien der Hersteller*

»Echte« Umweltinnovationen stellen für den Hersteller i. d. R. auch Wettbewerbsvorteile dar. Offensiv-innovative Strategien erweisen sich dabei gegenüber defensiven und selektiven Strategien als erfolgreicher. Verbesserungen der Wettbewerbsposition werden vor allem durch Differenzierungs- und Nischenstrategien erreicht. Daneben gewinnen ökologieorientierte Strategien zur Verteidigung von Kostenführerpositionen künftig an Bedeutung.

Empirische Untersuchungen des Instituts für Marketing zum ökologieorientierten Verhalten von 200 Unternehmen in besonders betroffenen Branchen zeigen einen bemerkenswerten Einstellungswandel in den strategischen Grundhaltungen. Das Denken in ökologieorientierten Wettbewerbsvorteilen ist auf dem Vormarsch. Unternehmen, die »offensiv-innovative« Strategien gegenüber der Umweltschutzproblematik verfolgen, streben durch die Gestaltung eines ökologieorientierten Marketing sowohl eine Profilierung in bestehenden Geschäftsfeldern als auch die Erschließung neuer Marktchancen in Umweltschutzmärkten an. Während diese Unternehmen die wettbewerbsstrategischen Chancen des Umweltschutzes erkannt haben, sind bei den »Defensiven« die ökologiebezogenen Strategiedimensionen kaum bzw. sehr gering ausgeprägt. Bei den »Selektiven« überlagern sich offensive und defensive Umweltschutzstrategien. Bemerkenswert ist die Tatsache, daß ökologisch offensive und selektive Strategien auch mit signifikant höheren wirtschaftlichen Erfolgen verbunden sind als defensives Verhalten. Vor diesem Hintergrund ist künftig dem Zeitfaktor im Sinne proaktiven ökologischen Verhaltens ein besonderer Stellenwert einzuräumen.

These 8: *Produktpolitische Entscheidungen*

Umweltgerechte Produkte erfordern ein ganzheitliches Konzept (Beschaffung, Erstellung, Verkauf, Nutzung und Entsorgung) nach dem Grundsatz »cradle to grave«.
Vor allem der Entsorgungsaspekt wird künftig die Produktgestaltung ebenso wie die Verpackungsgestaltung maßgeblich beeinflussen. Im Rahmen der Produktnutzung kommt dem servicepolitischen Instrumentarium eine wichtige Rolle zu. Bei der Positionierung umweltgerechter Produkte sind bewährte Profilierungsdimensionen der bisher erlangten Markenkompetenz zu integrieren.

Produktpolitische Entscheidungen, die die Bezeichnung eines Produktes als »umweltgerecht« rechtfertigen, erfordern eine ganzheitliche Betrachtung der Auswirkungen im Produktlebenszyklus. In der Erstellungsphase ist für die Beschaffung derartiger Einsatzstoffe zu sorgen, die die Umwelt nicht belasten und knappe Ressourcen schonen. Erstrebenswertes Ziel der Produkt- und Verpackungsgestaltung ist die Auszeichnung mit einer »Öko-Marke« (z.B. Umweltengel, Recyclingzeichen). Umweltbewußten, verunsicherten Konsumenten wird auf diese Weise ein vertrauensbildender »Verhaltensanker« geliefert.

Kundendienstleistungen können bei langlebigen Konsumgütern wesentliche Unterstützung zur umweltgerechten Produktnutzung durch den Konsumenten geben. Dies betrifft vor allem Beratungsleistungen über mögliche ökologieorientierte Produktänderungen (z.B. nachträgliche Ausstattung eines PKW mit einem Katalysator, Ersatz herkömmlicher durch FCKW-freie Aggregate beim Kühlschrank) sowie Wartungs- und Reparaturdienste, die die umweltgerechte Funktionstüchtigkeit der Produkte sicherstellen (z.B. Optimierung der PKW-Schadstoffemission, energiesparende Regulierung von Kühlschränken).

Die Herausstellung der ökologierelevanten Produkteigenschaften ermöglicht bei entsprechender Markenkompetenz, das Konsumgut im Wettbewerbsumfeld als unverwechselbar zu profilieren. Insofern kommt der Markenpolitik für umweltgerechte Konsumgüter künftig eine besondere Bedeutung zu, wobei vor allem die Revitalisierung traditioneller Konsumgütermarken erfolgversprechende Ansatzpunkte liefert. Freilich ist dabei in Massenmärkten die oft schwierige Frage zu lösen, inwieweit der ökologische Nutzen als dominantes Merkmal der Markenpositionierung herausgestellt werden kann.

These 9: *Kommunikationspolitische Entscheidungen*

Die ökologieorientierte Kommunikation steht im besonderen Spannungsfeld zwischen emotionaler Aktivierung und rational begründeten Leistungsbeweisen. Glaubwürdige, integrierte Kommunikationskonzepte werden zu zentralen Erfolgsfaktoren des Öko-Marketing. Proaktive Öffentlichkeitsarbeit und bislang flankierende Instrumente des Kommunikationsmix (z.B. Öko-Sponsoring) gewinnen an Gewicht.

Im Zuge des Öko-Trends werden über stark emotional geprägte Werbebotschaften vielfach »Pseudo-Öko-Konzepte« vordergründig vermarktet (z.B. Bio-Produkte). Kurzfristige Markterfolge sind dabei nicht selten mit langfristigen Glaubwürdigkeitsverlusten verbunden. Produkt- und unternehmensbezogene Leistungsbeweise des »Umweltnutzens« sind zur langfristigen Akzeptanzsicherung und damit für eine erfolgreiche »Ökoprofilierung« unumgänglich. Im Bereich kurzlebiger Konsumgüter wird das Umweltargument auf Dauer zum kommunikationspolitischen »Standard« und insofern als alleinstehendes Profilierungsinstrument an Bedeutung verlieren. Bei langlebigen Produkten gewinnt die rationale Argumentation an Gewicht (z.B. Energieeinsparung durch innovative Problemlösungen).

Die Notwendigkeit eines integrierten Kommunikationskonzepts ergibt sich einerseits aus dem Bestreben, »Insellösungen« zu vermeiden und zur Stabilität des langfristig angelegten Marken- und Unternehmensauftritts beizutragen. Andererseits stärkt die Verankerung des ökologieorientierten Kommunikationskonzepts in der Corporate Identity die Glaubwürdigkeit des Auftritts nach innen und außen. Die Vernetzung mit den verschiedenen Anspruchsgruppen der Gesellschaft ist durch eine proaktive, am Dialog orientierte Öffentlichkeitsarbeit sicherzustellen. Aktivitäten auf dem Gebiet des Öko-Sponsoring eröffnen neue Profilierungsmöglichkeiten und tragen zur Stärkung der Glaubwürdigkeit bei.

These 10: *Distributionspolitische Entscheidungen*

Die bei der Distribution lange Jahre verfolgte endverbrauchergerichtete »Einbahnstraßenpolitik« wird künftig einem tiefgreifenden Wandel unterworfen sein. Die Rückführung von Produktrückständen und Verpackungen in bestehenden Absatzkanalsystemen steht dem Aufbau dualer Abfallsysteme gegenüber. Die Reduzierung der Verpackungsmaterialien führt zu neuen Herausforderungen der Markenpräsentation am Point of Sale.

Weithin akzeptierte Recyclingsysteme sind beispielsweise die Container für Altpapier und Altglas oder Sammelstellen für Altbatterien und Altöl. Der Aufbau von Retro-Distributionssystemen wie z. B. das duale Abfallsystem hängt erheblich von der Kooperationsbereitschaft des Handels ab (z. B. Bereitstellung von Personal und Verkaufsfläche). Dabei bietet sich dem Handel die Möglichkeit, als umweltbewußter Mittler zwischen Hersteller- und Händlerinteressen durch die Einrichtung von Recycling-Centern am PoS sowie den Aufbau eines Öko-Sortiments die Besuchshäufigkeit der Verkaufsstellen zu erhöhen. Dem Hersteller eröffnen sich über neue Produktkonzepte (z. B. Waschmittelkonzentrate) u. U. Potentiale zur Senkung der Distributionskosten.

These 11: *Kontrahierungspolitische Entscheidungen*

Der durch Umweltschutzaktivitäten gestiegene Kostendruck hat zahlreiche Unternehmen bislang zu einer ökologieorientierten Preisdifferenzierung veranlaßt. Inwieweit sich ein erhöhter Preis für umweltgerechte Produktvarianten durchsetzen läßt, hängt vom Profilierungserfolg, der Intensität des ökologieorientierten Wettbewerbs und der Preisbereitschaft der Konsumenten ab.

Mit dem Rückgang weniger umweltverträglicher Produktvarianten wird langfristig der Spielraum für Preisdifferenzierungen bei umweltgerechten Produkten schwinden. Dies ist vor allem dann zu erwarten, wenn die Unternehmen von einer »zweigleisigen« Produktstrategie (z. B. herkömmliche und phosphatfreie Waschmittel) auf das ausschließliche Angebot einer oder mehrerer umweltgerechter Produktvarianten übergehen.

Zur Vermeidung von Gewinneinbußen geht das Bestreben dahin, höhere Herstellungskosten bei den umweltgerechten Produktvarianten ganz oder teilweise auf den Nachfrager überzuwälzen. Dies erfordert besondere Anstrengungen eines am ökologischen Nutzen orientierten Preis-Management. Das internationale Gefälle des Umweltbewußtseins der Nachfrager und der geltenden ökologischen Standards erfordert – trotz aller Angleichungstendenzen – weiterhin ein ländermäßig differenziertes Vorgehen.

These 12: *Konzept der 4 C*

Competence, Credibility, Committment und Cooperation stellen das »Konzept der 4 C« eines erfolgreichen marktorientierten Umweltmanagement dar.

»Competence« steht für die tatsächliche Problemlösungskompetenz des Unternehmens im Hinblick auf ökologische Fragestellungen, mit »Credibility« ist die Glaubwürdigkeit auf der Grundlage ganzheitlicher Konzeptionen angesprochen, »Committment« umfaßt die Verpflichtung zur schöpferischen Zerstörung existierender Lösungen und »Cooperation« meint schließlich die Kooperation und den Dialog über die Firmengrenzen hinaus.

Die Lösung der Umweltprobleme erfordert ein wirksames Zusammenspiel staatlicher Regelungen und marktwirtschaftlicher Kräfte. Ein marktorientiertes Umweltmanagement wird vor allem dann wertvolle Beiträge leisten, wenn es im Wertsystem der verantwortlichen Entscheidungsträger verankert und durch ein hohes Maß an »Öko-Rationalität« gekennzeichnet ist.

Teil B

Fallstudien zum ökologie-orientierten Marketing

I. Konsumgüter

- Fallstudie Coca-Cola
- Fallstudie Persil-phosphatfrei
- Fallstudie Lenor Nachfüllpackung

II. Gebrauchsgüter

- Fallstudie AEG Hausgeräte AG
- Fallstudie Bergmann-Möbel
- Fallstudie Opel
- Fallstudie Eternit Faserzement Produkte

III. Investitionsgüter

- Fallstudie PVC-Produkte
- Fallstudie BASF Lacke + Farben AG

Fallstudie Coca-Cola

1. Marketing-Problemstellung
1.1 Situation des Marktes für alkoholfreie Erfrischungsgetränke
1.2 Konkurrenzsituation
1.3 Konsumentensituation
1.4 Unternehmenssituation
  1.4.1 Die ökologische Betroffenheit der Coca-Cola GmbH
  1.4.2 Die ökologierelevanten Chancen und Risiken der Coca-Cola GmbH
  1.4.3 Die ökologierelevanten Stärken und Schwächen der Coca-Cola GmbH

2. Die ökologieorientierte Marketing-Konzeption der Coca-Cola GmbH
2.1 Ökologieorientierte Marketingziele und -strategien
2.2 Ökologieorientierte Maßnahmen
  2.2.1 Produktpolitik
  2.2.2 Kommunikationspolitik
  2.2.3 Preispolitik
  2.2.4 Distributionspolitik

3. Marketing-Erfolg der ökologieorientierten Marketing-Konzeption
3.1 Markt- und Absatzerfolg
3.2 Umweltorientierter Erfolg
3.3 Marktteilnehmerorientierte Erfolgswirkungen

1. Marketing-Problemstellung

1.1 Situation des Marktes für alkoholfreie Erfrischungsgetränke

Im Gegensatz zum Bier- und Spirituosenmarkt weist der Erfrischungsgetränkemarkt ein stetiges Wachstum auf (Tab. 1). Insbesondere Spezialitäten, diätetische Getränke und Mineralwasser können seit Jahren auf ein teilweise zweistelliges Wachstum zurückblicken. Diese Entwicklung hat sich auch 1990 weiter fortgesetzt.

Die ökologieorientierte Diskussion im Bereich der Erfrischungsgetränke konzentriert sich überwiegend auf die Verpackung. Sowohl die Produktions- wie auch die Verwendungsphase ist von umweltbelastenden Problemstellungen nicht berührt. Betrachtet man die Veränderungen der jüngsten Zeit genauer, so fällt auf, daß insbesondere die unter Herausstellung des Gesundheitsaspektes vermarkteten Getränkesorten einen überdurchschnittlichen Zuwachs zu verzeichnen haben. Dies kann als ein erstes Zeichen einer umweltorientierten Sensibilisierung der Öffentlichkeit auch im Getränkesektor angesehen werden (human-ökologischer Aspekt).

Eine Segmentierung des sehr heterogenen Erfrischungsgetränkemarktes kann sowohl bedürfnisorientiert (Kernprodukt) vorgenommen werden – dies führt zur Unterscheidung der in Tabelle 2 gezeigten Segmente – als auch verpackungs- bzw. ökologieorientiert. Im letzteren Falle wären die Segmente Einweg- und Mehrwegverpackung zu unterscheiden, welche im Rahmen einer sich anschließenden Feinsegmentierung weiter nach dem verwendeten Verpackungsmaterial unterteilt werden können.

Auch wenn die überwiegende Zahl der Erfrischungsgetränke in Deutschland in Mehrwegverpackungen verkauft wird, ist der Anteil dieser Verpackungsart im Vergleich zu Einwegpackungen seit 1970 rückläufig (Allerdings hat das absolute Marktvolumenswachstum bei alkoholfreien Erfrischungsgetränken auch zu einem absoluten Wachstum der Getränke in Mehrwegverpackungen geführt). Bei Erfrischungsgetränken ist die Quote der in wiederbefüllbaren Verpackungen verkauften Produkte seitdem von gut 90% auf in den letzten Jahren relativ konstante 73% gesunken. Vergleicht man diesen Anteil jedoch mit ausländischen Märkten, so weist die Bundesrepublik nach wie vor einen außerordentlich hohen Mehrweganteil auf, so daß von einem typischen »Mehrwegland« gesprochen werden kann.

Aufgrund der Convenience- und Portionierungsvorteile, die insbesondere im Bereich des Freizeitverhaltens der Konsumenten zur Geltung kommen, steigt der Anteil der Einwegverpackungen in nahezu allen Getränkebereichen. Auch die ökologischen Nachteile

Segment	1980	1988	Veränderung
Mineral-wasser	41.4 l	73.9 l	+ 78.5 %
Limonaden	76.6 l	84.4 l	+ 10.2 %
Fruchtsäfte	19.4 l	33.9 l	+ 74.7 %

Tab. 1: Entwicklung des Getränkekonsums pro Kopf
(Quelle: IFO)

Mindestens einmal im Monat getrunken	Gesamt in %
Mineralwasser mit Kohlensäure	78
Fuchtsäfte / Fruchtsaftgetränke	71
Limonaden	59
Colagetränke	51
Milchmixgetränke / Trinkjoghurt	40
(Multi-) Vitaminsäfte	40
Mineralwasser ohne Kohlensäure	31
Gemüsesäfte (Tomaten, Möhren, etc.)	26
Kalorienreduzierte Erfrischungsgetränke	21
Bitterlimonaden (Bitter Lemon, Ginger Ale, Tonic)	18

Tab. 2: Konsum alkoholfreier Erfrischungsgetränke
(Quelle: ESSEN & TRINKEN, Sept. 1987)

der Einwegpackung – nicht zuletzt eine Folge der noch geringen Recyclingquoten in diesem Bereich – konnten diesen Trend bislang nicht nennenswert beeinträchtigen.

Erst durch die gesetzliche Verabschiedung eines Zwangspfandes auf Kunststoffflaschen am 1. März 1989 konnte zumindest der in den letzten Jahren aufkommende Gebrauch von Einwegverpackungen aus Kunststoff, insbesondere bei aus EG-Ländern importiertem Mineralwasser, zurückgedrängt werden. Darüber hinaus ist seitens des Gesetzgebers eine voraussichtlich 1991 in Kraft tretende »Quotenregelung« bezüglich Einweg- und Mehrwegpackungen geplant. Für alkoholfreie Erfrischungsgetränke wird der Branche eine Mehrweg/Einweg-Quote von 80:20 vorgegeben.

1.2 Konkurrenzsituation

Im Segment der alkoholfreien Erfrischungsgetränke ist die deutsche Coca-Cola GmbH seit vielen Jahren Marktführer mit einem Marktanteil von knapp 30 %. Im Gegensatz zum amerikanischen Markt, auf dem Pepsi-Cola im Verlauf mehrerer Jahre mittlerweile zu einem nahezu gleich großen Wettbewerber geworden ist (Tab. 3), haben die Wettbewerber bei alkoholfreien Erfrischungsgetränken in Deutschland eine schwächere Marktposition.

Obwohl die Absatzstruktur des Hauptwettbewerbers Pepsi-Cola in Deutschland durch eine Einweg/Mehrwegrelation von ca. 70:30 gekennzeichnet ist (gerade umgekehrt zu den

Anbieter	USA	Deutschland
Coca-Cola	20 %	28 %
Pepsi-Cola	18 %	3 %
Sonstige Cola-Anbieter	31 %	12 %
Sonstige Softdrinks	31 %	57 %

Tab. 3: Länderspezifischer Marktanteilsvergleich bei alkoholfreien Erfrischungsgetränken (Softdrinks) 1988
(Quelle: Coca-Cola)

Verhältnissen bei der Coca-Cola Organisation), ist das Unternehmensimage von Pepsi-Cola umweltorientiert dennoch weniger vorbelastet als bei Coca-Cola. Pepsi-Cola wie auch andere Wettbewerber profitieren von einer negativen »Wahrnehmungsverzerrung« des Verbrauchers. Die Marktführerposition von Coca-Cola wirkt sich in diesem Falle hinsichtlich des Verpackungsmüllproblems negativ für das Unternehmen aus.

Verpackungsbezogen herrscht im Erfrischungsgetränkemarkt ein außerordentlich hoher Reaktionsverbund. Dies erklärt sich aus der Tatsache, daß alle Getränkehersteller ihre Verpackungen von denselben Lieferanten beziehen und darüber hinaus zur Einhaltung von Verpackungsstandards bzw. genormter Verpackungen verpflichtet sind. Die Einführung einer neuen, innovativen Primärverpackung von einem einzelnen Getränkehersteller ist daher mit erheblichen Schwierigkeiten verbunden. Zumindest im Bereich der Sekundärverpackung (Getränkekisten) hat es jedoch in jüngster Zeit einige Veränderungen gegeben. Insbesondere einige größere Brauereien verwenden seit kurzem individuell gestaltete Kisten, die nur noch in ihren Außenabmessungen den Normvorgaben entsprechen. Die markenspezifische Kistengestaltung als Ansatz zur Profilierung ist auch bei alkoholfreien Erfrischungsgetränken von zunehmender Bedeutung.

Gelingt es in dieser Situation einem Getränkeproduzenten, einen Dosen- bzw. Flaschenlieferanten zur Neueinführung einer Verpackung zu bewegen, kann eine exklusive Belieferung in der Regel nur schwer durchgesetzt werden. Coca-Cola kann in dieser Situation jedoch von seiner Marktführerrolle profitieren und teilweise markenspezifische Verpackungen durchsetzen (z.B. 1-l-Mehrweg-Konturflasche). Trotz dieser Ausnahmen ist eine schnelle Diffusion von Verpackungsinnovation bei allen Wettbewerbern die Regel. Eine dauerhafte Profilierung durch Variation des Marketingparameters Verpackung war im Erfrischungsgetränkemarkt daher bislang nur in eingeschränktem Maße möglich. Einem systematischem Verpackungsmarketing kam demzufolge bei allen Wettbwerbern bisher eine nur geringe Bedeutung zu. Ein grundlegender, z.B. ökologieinduzierter Technologiewechsel schafft hier gegebenenfalls die Möglichkeit, ein verpackungspolitisch innovatives Image aufzubauen.

Auch auf der Handelsstufe beeinflussen verpackungsbezogene Aspekte die Wettbewerbsstrukturen. So bevorzugen die großen Discountmärkte im Getränkebereich schon seit Jahren die Einwegverpackung. Diese verpackungsorientierte Zielsetzung hat eine deutlich bessere Kostenstruktur als Resultat eines rationelleren Warenhandlings (niedrigere Personalkosten) zur Folge. Diese bislang primär großen Discountern (z.B. ALDI) zugute kommende Kostenentlastung hat lange Zeit zu Akzeptanzschwierigkeiten im Handel gegenüber der Einführung zusätzlicher Mehrwegsysteme geführt.

Entgegen dem Ziel des Umweltbundesamtes das Mehrwegsystem auszubauen, war es das Ziel des Handels, eher das Einwegsystem zu stärken. In jüngerer Zeit ist jedoch zu beobachten, daß eine steigende Zahl von Handelsbetrieben ein ökologisch verantwortliches Handeln als Profilierungsansatz erkennt. Im Zuge dieser Entwicklung betrachtet der Handel in zunehmendem Maße auch das Angebot von Entsorgungs- bzw. Rücknahmeleistungen gebrauchter Verpackungen als wesentlichen Soll-Bestandteil eines ökologieorientierten Handelsmarketing. Das proaktive Verhalten einzelner Handelsunternehmen wird in diesem Zusammenhang jedoch dadurch erschwert, daß letztlich nur eine politische Gesamtlösung zu einem ökologischen Entlastungseffekt führen kann.

Im Wettbewerb mit ausländischen Konkurrenten sehen sich die deutschen Erfrischungsgetränkehersteller seit einigen Jahren mit deutlich steigenden Importen vor allem französischer Mineralwasserhersteller konfrontiert. Von den deutschen Herstellern wird dies nicht zuletzt auf den Wettbewerbsvorteil einer bedarfsgerechteren Verpackung der ausländischen Anbieter zurückgeführt, denn Kunststoff-Einwegflaschen ermöglichen eine bequemere Verwendung. Der Wunsch des deutschen Gesetzgebers, das Mehrwegsystem durch die Verabschiedung einer Rücknahmeverpflichtung für Kunststoffeinwegpackungen (»Zwangspfandverordnung«) zu stärken, stieß in der EG zunächst auf erheblichen Widerstand. Der umweltpolitische Vorstoß des deutschen Gesetzgebers wurde von ausländischen Konkurrenten als nicht EG-konforme Wettbewerbsbeschränkung angegriffen. Nichtsdestotrotz haben sich zwischenzeitlich die ausländischen Mineralbrunnen auf die deutsche Rechtslage eingestellt und mit zum Teil hohen Investitionen entweder Einwegflaschen-Rückführungssysteme etabliert oder aber auf die zunächst nicht von der Zwangspfandverordnung betroffene Glas-Einwegflasche umgestellt.

Ein ökologieorientiertes Verpackungsmarketing eröffnet der Coca-Cola Organisation die Möglichkeit, sich in einem umweltpolitisch bislang passiven Wettbewerbsumfeld mit umweltgerechten Verpackungen einen Wettbewerbsvorteil zu verschaffen. Coca-Cola wäre damit der erste bedeutende Anbieter im Erfrischungsgetränkemarkt, der das neue Kaufentscheidungskriterium »Umweltverträglichkeit der Verpackung« zur Positionierung im Wettbewerb besetzt.

1.3 Konsumentensituation

Die ursprünglich politisch initiierte Diskussion um den stetig steigenden Müllberg wurde sowohl in den Medien als auch im Bewußtsein der Bevölkerung von Anbeginn eingeengt auf den Aspekt des Verpackungsmülls. Die ökologisch zunehmend sensibilisierte Öffentlichkeit entwickelte gegenüber Verpackungen schon frühzeitig eine kritische Haltung, welche die grundsätzlichen Aufgaben und Vorteile einer Verpackung immer mehr in den Hintergrund treten ließ.

Diese kritische Einstellung zeigt sich insbesondere bei Gütern des täglichen Bedarfs, bei denen ein Trend zu ressourcenschonenden, einfach zu entsorgenden Verpackungen sichtbar wird. Bei luxuriöseren Artikeln hingegen werden tendenziell steigende Anforderungen an die Erlebnisqualität der Verpackung gestellt. Auch im Verpackungsbereich zeigt sich somit eine Polarisierung des Konsumentenverhaltens. Die Verpackungspolitik der Getränkeindustrie steht demzufolge im Spannungsfeld von Convenience- und Anmutungsbedürfnissen aus der Verbrauchsphase des Produktes einerseits und der steigenden Bedeutung der Entsorgungsfunktion der Verpackung auf der anderen Seite.

Bezüglich des Verpackungsmüllproblems sind Getränkeverpackungen aus Konsumentensicht in negativer Hinsicht vorbelastet. Dies kann auf mehrere Ursachen zurückgeführt werden. Zunächst führt der hohe Platzbedarf, den Einwegverpackungen, insbesondere für Getränke, im Rahmen des gesamten Müllaufkommens privater Haushalte beanspruchen, zu Unannehmlichkeiten und dementsprechend negativen Assoziationen. Die Entsorgungsproblematik großvolumiger Getränkeverpackungen wird dem Konsumenten somit unmittelbar bewußt. Allerdings ist diese Volumensproblematik weitgehend unabhängig vom verwendeten Verpackungsmaterial. Die sich auch auf Glasflaschen beziehende hohe Sensibilisierung der Verbraucher für die Abfallbeseitigung von Verpackungsmüll wird besonders am Erfolg des Glasrecycling deutlich, wo mittlerweile Rückführungsquoten von bis zu 60 % erreicht werden.

Darüber hinaus führt der in den letzten Jahren in der Öffentlichkeit ausgetragene Alternativenstreit pro und contra einer Einweg-/Mehrwegflasche zu einer besonderen Aktualisierung der Umweltbelastung durch Getränkeverpackungen. Inbesondere die von allen politischen Parteien lebhaft geführte Diskussion über die Einführung eines Zwangspfandes für Einwegflaschen aus Kunststoff drehte sich fast ausschließlich um die von Coca-Cola 1988 lancierte 1,5-l-PET-Einwegflasche. Aus der Sicht vieler Politiker hätte die vom Unternehmen beabsichtigte bundesweite Einführung dieser Einwegflasche mittelfristig das umweltpolitisch vorteilhaftere Mehrwegsystem in Frage gestellt.

Das Aufkommen der PET-Flasche als auch die Existenz einer Vielzahl unterschiedlicher Einweg- und Mehrwegverpackungen für ein und dasselbe Getränk (vgl. Abb. 1) ist ein

Inhalt	Mehrweg	Einweg	Material
0.15 l		•	Aluminium
0.2 l	•		Glas
0.33 l	•		Glas
0.33 l		•	Glas
0.33 l		•	Weißblech
0.5 l	•		Glas
1.0 l	•		Glas
1.0 l		•	Glas
1.5 l	•		PET
2.0 l	Bepfandet, aber nicht wiederbefüllbar		PET

Abb. 1: Verpackungsvarianten der deutschen Coca-Cola Organisation für Cola-Getränke

Resultat der Bestrebungen der Hersteller, den differenzierten Ansprüchen der Verbraucher an eine Getränkeverpackung gerecht zu werden. Hierbei nimmt der Wunsch des Verbrauchers nach einer möglichst bequemen, in der richtigen Portionierung und an jedem Ort verfügbaren Verpackung eine wichtige Stellung ein. Dies erklärt vor allem den Absatz von (Einweg-)Getränkedosen. Obwohl sich immer mehr Verbraucher kritisch zur Getränkedose äußern, steigt der Absatz der Dosen seit Jahren kontinuierlich an. Dieses Beispiel macht die in zahlreichen Konsumgüterbereichen zu beobachtende Diskrepanz zwischen dem bekundeten Umweltbewußtsein der Konsumenten einerseits und dem tatsächlichen Kaufverhalten andererseits erneut deutlich.

Trotz dieser Divergenz kommt einer umweltschonenden Verpackung als wesentlichem Element zukünftiger produktpolitischer Maßnahmen eine steigende Bedeutung zu (Tab. 4). Eine im Rahmen von Marktforschungsstudien für den Bereich der alkoholfreien Erfrischungsgetränke gebildete Typologie weist bereits 18% (8,61 Mio. Personen) der bundesdeutschen Verbraucher dem Segment der »Bio- und umweltbewußten Konsumenten« zu (Abb. 2). Ferner zeigt sich, daß der Marke bei der Kaufentscheidung für alkoholfreie Erfrischungsgetränke eine deutlich höhere Bedeutung zukommt, als dem Preis (Tab. 4). Vor diesem Hintergrund war es ein Ziel der Coca-Cola Organisation, unter Ausnutzung des vorhandenen Markenimages auch das Segment der umweltbewußten Konsumenten durch eine umweltfreundliche Verpackungsvariante anzusprechen. Die ökologisch besonders sensibilisierten Konsumenten stellten sich darüber hinaus als eine überdurchschnittlich nach Informationen suchende Zielgruppe heraus. Vor allem im Rahmen der Öffentlichkeitsarbeit sollte diese Abnehmergruppe daher mit zusätzlichen Informationen (u.a.Öko-Bilanzen) über die ökologische Vorteilhaftigkeit der neuen Verpackungsvarianten versorgt werden.

Durch die Einführung einer PET-Mehrwegflasche wäre in diesem Zusammenhang die Möglichkeit gegeben, den ökologischen Produktnutzen einer Mehrwegflasche mit einer

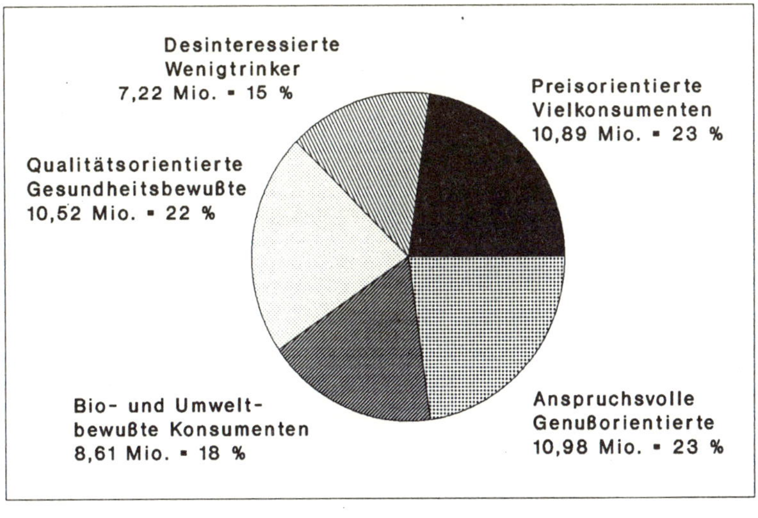

Abb. 2: Verbraucher-Typologie bei alkoholfreien Getränken (Typenbildende Variable: Einstellungen zu alkoholfreien Getränken)
(Quelle: Essen & Trinken, September 1987)

Stimme voll und ganz zu:	Gesamt in %	Segment der Bio-/Umwelt-bewußten in %
Ein Erfrischungsgetränk kann für mich ein wirklicher Genuß sein	29	12
Man müßte mehr Informationen über die Zusammensetzung bekommen	26	31
Trinke häufig alkoholfreie Getränke, auch wenn alle anderen Alkoholisches trinken	24	5
Lege Wert auf naturreine bzw. biologische Produkte	23	34
Lege Wert darauf, nur beste Qualität zu kaufen	20	25
Achte auf umweltfreundliche Verpackung	18	32
Probiere gern mal ein neues Produkt aus	18	5
Achte mehr auf die Marke als auf den Preis	12	12
Achte hauptsächlich auf den Preis, Marke spielt keine Rolle	7	1

Tab. 4: Aussagen zu alkoholfreien Erfrischungsgetränken
(Quelle: Essen & Trinken, September 1987)

psychischen Nutzenkomponente (»gutes Gewissen«), vor allem aber mit einem Convenience-Vorteil (deutlich reduziertes Gewicht bei erheblich besserer Bruchfestigkeit) zu verbinden. Durch die seit der Ankündigung einer 1,5-l-PET-Einwegflasche im Jahre 1988 stark emotionalisierte öffentliche Auseinandersetzung über die ökologischen Nachteile dieser Verpackungsalternative (Gefährdung des Mehrwegsystems) wird in der Wahrnehmung der Verbraucher vor allem die Glasflasche mit »Mehrweg« und damit Umweltfreundlichkeit assoziiert.

Somit bestand die Gefahr einer negativ verzerrten Wahrnehmung der Umweltqualität von PET-Flaschen, auch wenn bereits 1980 eine 2-l-PET-Einwegflasche von Coca-Cola im Markt angeboten wurde. Obwohl diese PET-Flasche nicht wiederbefüllbar war, wurde sie vom Unternehmen als Pfandwertflasche (Flaschenpfand 30 Pfg.) angeboten. Sowohl hinsichtlich der Packungsgröße und des Verpackungsmaterials, als auch bezüglich des Rücklaufes (75–90%) stieß diese Verpackung auf breite Akzeptanz. Die positive Aufnahme der 2-l-PET-Flasche zeigte, daß der deutsche Verbraucher PET als Verpackungsmaterial insbesondere dann akzeptiert, wenn es in das Mehrwegsystem – bzw. in diesem Falle in das Pfandflaschensystem – eingebunden wird. Im Ausland haben Getränkeverpackungen aus PET auch als Einweggebinde breite Akzeptanz gefunden.

Die stark emotional orientierte Kritik an der Einführung der 1,5-l-PET-Einwegflasche (ohne Pfand) in 1988 kann vor diesem Hintergrund auf das mangelnde Vertrauen der Öffentlichkeit in das tatsächliche Funktionieren eines PET-Recyclingsystems zurückgeführt werden. Für die positive Wahrnehmung und schnelle Akzeptanz einer umweltfreundlichen Verpackung durch die Verbraucher scheint demzufolge die Bepfandung ein wesentlicher Erfolgsfaktor zu sein.

Obwohl der Rohstoff PET bei weitem wertvoller ist als etwa Glas, galten Kunststoffe und Kunststoffverpackungen in der Bevölkerung bislang stets als Synonym für wertlose Wegwerfprodukte. Hier im Hinblick auf den Kunststoff PET eine Veränderung der Einstellungen zu bewirken, stellt konsumentenorientiert eine der wesentlichen Aufgaben bei der Markteinführung einer echten Mehrwegflasche aus PET dar. In diesem Zusammenhang symbolisiert offenbar erst der Flaschenpfand dem Verbraucher die Werthaltigkeit der Getränkeverpackung (»nur was gesammelt wird, kann einen Wert haben«). Um sich bei dieser Überzeugungsarbeit sowohl gegenüber der Öffentlichkeit abzusichern, als auch eine hinreichende Glaubwürdigkeit der eigenen umweltpolitischen Aussagen sicherzustellen, wurden von Coca-Cola bei zwei unabhängigen Forschungsinstituten Öko-Bilanzen über die Umweltbelastung durch verschiedene Verpackungsvarianten erstellt.

Ein weiterer die Glaubwürdigkeit eines ökologieorientierten Verpackungsmarketing negativ beeinflussender Faktor existierte im Einwegbereich. Coca-Cola und andere Getränkehersteller tun sich im umweltpolitisch ständig kritischeren Umfeld zunehmend schwerer, sich trotz der als besonders umweltbelastend wahrgenommenen Weißblechdosen ökologieorientiert zu positionieren. In dieser Situation stieß auch der Hinweis der Industrie auf den nur geringen Gewichtsanteil von Einweg-Getränkeverpackungen am gesamten Hausmüllaufkommen (Tab. 5) in der Öffentlichkeit auf mangelnde Akzeptanz. Aus diesem Grunde wird eine ökologieorientierte Profilierung der Coca-Cola Organisation beim Konsumenten solange auf eine eingeschränkte Glaubwürdigkeit stoßen, wie es dem Unternehmen nicht gelingt, eine umweltgerechte Verpackungslösung nicht nur für den Mehrwegbereich anzubieten, sondern auch für den ökologisch vorbelasteten Einweg-Dosenbereich. Gerade die Coca-Cola-Dose gilt in der Wahrnehmung der Konsumenten als Sinnbild der amerikanischen »Dosenkultur« und damit als Wahrnehmungsanker einer durch achtlos weggeworfene Dosen hervorgerufenen Umweltverschmutzung.

Diese umweltpolitische Hypothek der Coca-Cola Dose könnte im Falle einer ökologieorientierten Doseninnovation dem Unternehmen aber auch zum Vorteil gereichen. Ob-

	in Mio.to.	in Mio.m^3
Hausmüll, Sperrmüll, hausmüllähnliche Gewerbeabfälle	22.1	40.0
Einweg-Getränkeverpackungen		
- brutto	1.37	4.4
- netto (abzügl. Recycling)	0.98	3.7
Anteil Einweg-Getränkeverpackung		
- brutto	6.2 %	11.0 %
- netto	4.4 %	9.0 %

Tab. 5: Gewichts-/Volumenanteil (1984) von Einweg-Getränkeverpackungen am gesamten Hausmüllaufkommen
(Quelle: Stat. Bundesamt/Bundesverband des Bier- und Getränkefachgroßhandels)

wohl vermutlich fast alle Wettbewerber eine solche Dose nach kurzer Zeit ebenfalls verwenden würden, ist damit zu rechnen, daß die positiven Imageeffekte eines umweltorientierten Vorstoßes im Dosenbereich, aufgrund der dargestellten Wahrnehmungsverzerrung, in großem Maße der Coca-Cola Organisation zugute kommen.

1.4 Unternehmenssituation

Die Coca-Cola GmbH ist eine 100 %-ige Tochtergesellschaft der Coca-Cola Company in Atlanta/Georgia und erzielte mit 500 Mitarbeitern 1986 einen Umsatz zu Großhandelspreisen von ca. 3,0 Mrd. DM (inkl. Konzessionäre). Das Unternehmen stellt die Getränkegrundstoffe für ihre insgesamt 75 bundesdeutschen Konzessionäre her und entwickelt die Marketingstrategien, Produkte sowie Packungen und überwacht deren Qualität. Sofern im folgenden auf die Coca-Cola GmbH in Verbindung mit ihren Konzessionären Bezug genommen wird, soll von der Coca-Cola Organisation gesprochen werden.

1.4.1 Die ökologische Betroffenheit der Coca-Cola GmbH

Die Funktionen der Getränkeverpackungen haben im Bewußtsein des Verbrauchers im Verlauf der letzten 20 Jahre einen erheblichen Bedeutungswandel erfahren. In den 60er Jahren standen zunächst die Verpackungsfunktionen in der Kaufphase im Vordergrund des Interesses. Durch die zunehmende Selbstbedienung im Handel hatten Getränkeverpackungen für den Konsumenten primär Portionierungs- und Informationsaufgaben zu erfüllen (»Coca-Cola in der praktischen Familienpackung«).

In den 70er Jahren verschoben sich die Anforderungen an eine moderne Getränkeverpackung. Die Bequemlichkeit im Haushalt stand im Mittelpunkt des Verbraucherinteresses (»Ex und Hopp« Mentalität). In einer dritten Entwicklungsphase, etwa seit Beginn der 80er Jahre, führt das zunehmende öffentliche Bewußtsein hinsichtlich des immer weiter ansteigenden Müllbergs zu einer stärkeren Problematisierung der Entsorgungseigenschaften von Getränkeverpackungen (»Pfand-Wert-Flasche, der Umwelt zuliebe«).

Die steigende Bedeutung der Entsorgungseigenschaft begünstigte insbesondere die Mehrwegverpackung. Die ökologischen Vorteile der wiederbefüllbaren Glasflaschen bei der Entsorgung brachten in der Verwendungsphase allerdings einige Nachteile mit sich. Einerseits waren Füllmengen über 1 l wegen des hohen Gewichts der Glasflasche beim Verbraucher kaum durchsetzbar, andererseits führten kleinere Portionsgrößen für den Außer-Haus-Verzehr als Mehrweggebinde zu einem hohen Handhabungsaufwand (Transport) – beim Handel und beim Verbraucher – und einer nur schwer sicherzustellenden Verfügbarkeit. Trotz der Convenience-Nachteile für den Konsumenten wurden Mehrweg-Verpackungen auch von Coca-Cola, wo immer es sinnvoll erschien, den Einwegpackungen vorgezogen. Als Folge dieser Bemühungen sind Mehrweggebinde für knapp drei Viertel des Coca-Cola-Absatzes verantwortlich. Obwohl die bundesdeutschen Getränkehersteller sich in einem Branchenabkommen schon 1977 dazu verpflichtet hatten, keine Einwegflaschen aus Kunststoff zu verwenden, kam es durch stark expansive Importe aus dem europäischen Ausland zu einem Unterlaufen dieser Vereinbarung. Der Versuch seitens Coca-Cola, dem Vordringen ausländischer Anbieter durch die Einführung einer eigenen 2-l-Einwegflasche aus PET (vgl. Abb. 3) Paroli zu bieten, führte zu einer umfassenden, kritischen Diskussion sowohl auf politischer Ebene als auch in den Medien.

Der Widerstand in der Öffentlichkeit gegen die Einführung der PET-Einwegflasche richtete sich quasi stellvertretend gegen alle durch Verpackungsmüll verursachten Umweltbelastungen. Die öffentliche Auseinandersetzung fokussierte sich dabei ausschließlich auf die Coca-Cola Organisation. Die Bekanntheit und Exponiertheit im Vergleich zu den relativ unbekannten ausländischen Getränkeherstellern, die als einzige bislang in großen Mengen PVC-Einweg-Kunststoffflaschen in den deutschen Markt eingeführt hatten, wirkte sich in diesem Falle zum Nachteil des Unternehmens aus. Als Folge dieser kritischen, stark emotional geprägten Diskussion, die letztlich im Dezember 1988 zur Zwangspfandverordnung für Getränke in Kunststoffflaschen führte, zog das Unternehmen die PET-Einwegflasche im Februar 1989 vom Markt.

Ziel von Bundesumweltminister Töpfer war es in diesem Zusammenhang, durch die gesetzliche Förderung der Mehrwegverpackung dem Bürger »die Überwindung der Wegwerfgesellschaft« zu verdeutlichen und damit bewußt an die umweltpolitische Eigenverantwortung der Verbraucher zu appellieren. Das Bundesumweltministerium betrachtet die PET-Mehrwegflasche dabei als eine der Glas-Mehrwegflasche nicht nur ebenbürtige, sondern gegebenenfalls überlegene Verpackungsalternative (vgl. Abb. 4).

Hinsichtlich der Entsorgung kam es gerade bei Einwegdosen zu negativen Erfahrungen der Konsumenten sowohl als Folge des großen Abfallvolumens, als auch wegen der fehlenden Rückführungsmöglichkeiten. Vor dem Hintergrund einer immer kritischeren Medienberichterstattung war aus der Sicht des Unternehmens damit zu rechnen, daß die ökologieorientiert negative Einstellung gegenüber Getränkedosen kurzfristig zu einer deutlichen Veränderung des Kauf-und Konsumverhaltens in diesem Bereich führen würde.

Bislang war auf der Basis von Marktforschungsstudien jedoch lediglich eine erhöhte ökologische Sensibilisierung bezüglich Einwegdosen feststellbar. Das tatsächliche Kaufverhalten wies hingegen in die entgegengesetzte Richtung. Der Anteil von Dosen und anderer Einwegpackungen wuchs seit Anfang der 60er Jahre kontinuierlich und hat sich erst in jüngster Zeit stabilisiert.

Auch seitens des Gesetzgebers ist in absehbarer Zeit mit Maßnahmen zu rechnen, die sich negativ auf den Absatz von Getränkedosen auswirken dürften (Abb. 5). Spätestens im Zuge der erwarteten Eingriffe des Gesetzgebers wäre dann auch mit einer deutlich erhöh-

Abb. 3: 2-l-PET-Einweg-Flaschen

> Auszug aus einem Funkinterview "Umwelt aktuell" in SDR II, 02.03.89, u. a. geführt mit Jutta Penning vom UBA:
>
> - "PET-Flaschen und Kunststoff-Flaschen insgesamt haben ein sehr geringes Gewicht und sind insofern von der Ökologie her günstig zu beurteilen. Möglicherweise auch günstiger als die Mehrwegflaschen aus Glas."
>
> Auszug aus einem Interview mit Prof. Töpfer in der Rundfunksendung "Hallo, Ü-Wagen" vom 10.08.89 in WDR 2:
>
> - "Wenn mir einer eine Kunststoff-Mehrwegflasche liefert, die in der Herstellung und bei der Abfallbeseitigung keine zusätzlichen Probleme hat, ist sie möglicherweise sogar günstiger, weil sie leichter ist und damit im Transport und bei vielen anderen Dingen Vorteile hat."

Abb. 4: Öffentliche Stellungnahme des Umweltbundesamtes und des Bundesumweltministers zu PET-Flaschen

> "... Der Kritik aus den Reihen des Auditoriums, er habe sich zum Problem der Getränkedosen nicht geäußert, begegnete der Minister mit dem Hinweis auf noch andauernde Überlegungen, mit welchen Mitteln diese Art von Einwegverpackungen eingedämmt werden könne. ..."

Abb. 5: Auszug aus einem Referat von Bundesumweltminister Töpfer auf dem Getränkesymposium im November 1987 in Frankfurt
(Quelle: MINERALWASSER-ZEITUNG)

ten Sensibilisierung der Verbraucher gegenüber dem problematischen Entsorgungsverhalten der Dose und mit einer kurzfristig deutlich steigenden ökologieorientierten Betroffenheit zu rechnen.

Vom abfalltechnischen Standpunkt aus führte die Verwendung von Aluminium für den Dosendeckel zu noch weitgehend ungelösten Problemen. Im Rahmen herkömmlicher Recyclingverfahren wird die Materialtrennung auf magnetischem Wege vorgenommen. Dies führte dazu, daß die bislang verwendeten reinen Aluminium- bzw. Stahl-Aluminiumdosen nicht auszusondern waren. Als Folge dieser schlechten Recyclingeigenschaften mußte dem Schrotthandel mindestens 50 DM/Tonne gezahlt werden, um eine Abnahme von gebrauchten Getränkedosen sicherzustellen. Darüber hinaus stellte bei ca. 4 Mrd. p.a. in der Bundesrepublik verwendeter Getränkedosen auch der Verschluß aufgrund seiner Nichtverrottungsfähigkeit eine Umweltbelastung dar. Zudem führte die weggeworfene Alu-Lasche häufig zu Verletzungen (Freibad, Strand, Kinderspielplätze, etc.).

Im Zuge des Wandlungsprozesses von einer primär arbeitsorientierten zu einer stärker freizeitbetonten Gesellschaft kommt der Portionierungs- und insbesondere der Convenience-Funktion von Getränkeverpackungen eine weiterhin hohe Bedeutung zu. Gerade bei diesen Kriterien liegen jedoch die wichtigsten Produktvorteile der Dose, so daß Coca-Cola nicht an der ersatzlosen Elimination dieser Verpackungsart allein aus umweltpolitischen Gründen interessiert sein konnte. Es mußte vielmehr das Ziel besonderer F&E Bemühungen sein, eine umweltgerechtere Getränkedose zu entwickeln. Um im Rahmen bestehender Müllverwertungsanlagen eine volle Recyclingfähigkeit zu erreichen, muß das Unternehmen eine Ganzstahldose entwickeln. Bei der Verwendung von Stahl auch für den Dosendeckel war jedoch der traditionelle Abreißverschluß technisch nicht realisierbar. Den künftig zunehmenden ökologieorientierten Forderungen der Konsumenten im Dosenbereich kann also nur durch eine grundlegende technische Innovation entsprochen werden.

Zusammenfassend läßt sich festhalten, daß die ökologische Betroffenheit primär eine Folge von Forderungen bzw. Aktivitäten des Gesetzgebers und dem öffentlichen Druck seitens der Massenmedien war.

1.4.2 Die ökologierelevanten Chancen und Risiken der Coca-Cola GmbH

Aus der dargestellten spezifischen Betroffenheitssituation im Mehrweg- und Einwegbereich ergab sich für das Unternehmen die Notwendigkeit, nach neuen Verpackungsalternativen zu suchen. In diesem Zusammenhang stellten die Interessen auf politischer Ebene einen der wesentlichsten Einflußfaktoren dar.

Ein aktives, umweltorientiertes Vorgehen kann dabei dazu beitragen, dirigistischen Maßnahmen des Gesetzgebers zuvorzukommen und auf diese Weise einen größeren Handlungsspielraum zu erhalten. In dieser Situation waren neben einem klaren Bekenntnis zur Förderung des Mehrwegsystems insbesondere konkrete Maßnahmen des Unternehmens geeignet, die umweltpolitische Verantwortung dem Gesetzgeber gegenüber glaubhaft zu dokumentieren. Da in jüngster Zeit der Umweltschutz vor allem auch für etablierte Parteien immer stärker als Profilierungsfeld entdeckt wird, ist zu befürchten, daß es neben einem Zwangspfand für Kunststoffflaschen unter steigendem öffentlichen Druck auch zu ähnlichen Maßnahmen bei Getränkedosen kommen könnte.

Diese Möglichkeit bringt vor allem produktionstechnische Risiken mit sich. Eine gesetzlich vorgeschriebene Rückführung der Dosen wäre bei dem bisher verwendeten Material als Folge des geringen Schrottwertes nicht rentabel durchführbar. Ganzaluminiumdosen mit einem wesentlich höheren Rohstoffwert werden dann vermutlich branchenweit die bislang verwendete Stahl-Alu-Dose verdrängen. Um einer solchen gesetzgeberischen Maßnahme, die mit hohen Fertigungsinvestitionen verbunden wäre und ökologisch äußerst fragwürdig ist, vorzubeugen, sah sich Coca-Cola in der zweiten Hälfte der 80er Jahre veranlaßt, auf dem Dosensektor baldmöglichst eine umweltgerechtere Problemlösung zu präsentieren. Frühzeitige und freiwillige Maßnahmen zur Eindämmung des Verpackungsmülls waren zudem geeignet, die Coca-Cola Organisation gegenüber den Konsumenten als verpackungspolitischen Innovator zu profilieren. Gleichzeitig könnte die Beurteilung des Unternehmens in der Öffentlichkeit durch die Betonung des gesellschaftlichen Verantwortungsbewußtseins um soziale Imagekomponenten positiv ergänzt werden.

In Verbindung mit dem Angebot einer umweltgerechten Dose bot sich hier auch die Chance, daß Negativimage der Coladose als Sinnbild umweltverschmutzender Wegwerfprodukte zu korrigieren. Dieses pauschalierende Negativurteil der Verbraucher hinsichtlich der Umweltverträglichkeit der von Coca-Cola verwendeten Verpackungen, stellte allerdings auch eine Hypothek für die Glaubwürdigkeit eines ökologieorientierten Unternehmensverhaltens dar. Abnehmerorientiert bestand die zentrale Chance für die Coca-

Cola Organisation darin, im Mehr- und Einwegbereich durch eine Kombination von ökologischen Produktvorteilen mit Convenience-Vorteilen eine – zumindest temporär – wettbewerbsüberlegene Marktposition und damit eine schnelle Diffusion der neuen Verpackungsvarianten erreichen zu können.

Der mittelfristig zu erwartende sukzessive Ersatz der Glas-Mehrwegflaschen durch PET-Mehrwegflaschen sollte sowohl durch das effizientere Warenhandling als auch die möglichen Zusatzverkäufe auf eine hohe Akzeptanz im Handel stoßen. Es bestand jedoch die Gefahr, daß sich die Nachfrage nach der PET-Mehrwegflasche weitaus expansiver entwickeln würde als vom Unternehmen geplant. In diesem Zusammenhang war zu berücksichtigen, daß zur Sicherstellung des außerordentlich hohen Leergutbedarfs bei der Markteinführung eines neuen Mehrwegsystems ein erheblicher Zeitaufwand erforderlich ist.

Ferner ist der Aufbau jedes neuen Mehrwegsystems mit sehr hohen Investitionen verbunden. Nicht nur die Errichtung weitgehend neuer Abfüll- und Reinigungsanlagen schlägt hierbei zu Buche. Darüber hinaus entsteht für jede in Umlauf gebrachte 1,5-l-PET Mehrwegflasche eine zusätzliche Kapitalbindung von ca. 1.– DM/Flasche. Diese Investitionen in die Abfüllanlagen und das Leergutkontingent sind selbst von einem Unternehmen von der Größe der Coca-Cola Organisation kurzfristig kaum realisierbar. Sollte es daher zu einer unvorhergesehen schnellen Nachfrageverschiebung zugunsten der neuen Mehrwegflasche kommen, welche die erst stufenweise erweiterbaren Produktionskapazitäten für die PET-Flaschen überschreitet, so könnte dies zu nicht unerheblichen Kundenverlusten aufgrund mangelnder Lieferfähigkeit führen.

Bei der Einführung der PET-Flasche als alternatives Mehrwegkonzept bestand ferner das Risiko, daß bei den Konsumenten die Assoziation »Mehrweg = Glas« derart fest verankert ist, daß es zu einer Ablehnung der Kunststoff-Mehrwegflasche kommt. Diese möglichen Akzeptanzbarrieren könnten dadurch gefestigt werden, daß sich die Wettbewerber für eine Weiterverwendung der traditionellen Glasflasche als Mehrwegpackung entscheiden und dabei versuchen, Glas als »naturnahen« Werkstoff zu positionieren. Auch der Handel dürfte sich langfristig gegen zwei nebeneinander existierende Mehrwegkonzepte aussprechen. Die Kooperationsbereitsbereitschaft der Absatzmittler bezüglich einer neuen Mehrwegverpackung war nur dann zu erwarten, wenn mit konkreten ökonomischen Erfolgswirkungen für den Handel zu rechnen ist (Zusatzverkäufe, Kosteneinsparungen, etc.).

Wettbewerbsorientiert bestand das Risiko, daß die Konkurrenz die neue Kunststoffflasche im Falle des Markterfolges imitiert und damit die Prägnanz und Glaubwürdigkeit der ökologieorientierten Aktualisierung des Unternehmensimages von Coca-Cola erheblich verringert. Dieses Risiko bestand vor allem beim Hauptwettbewerber PEPSI-Cola, der in den Niederlanden (ebenso wie die dortige Coca-Cola Tochtergesellschaft) im Sommer 1985 die Markteinführung einer Mehrwegflasche aus PET vorgenommen hatte. Die ökologierelevanten Chancen und Risiken sind in Abbildung 6 noch einmal im Überblick dargestellt.

1.4.3 Die ökologierelevanten Stärken und Schwächen der Coca-Cola GmbH

Die Einführung neuer Verpackungsformen ist mit einem erheblichen Investitionsaufwand verbunden. Dieser konnte jedoch sowohl durch die gute finanzielle Lage der Coca-Cola Orga-

Externe Faktoren	Chancen	Risiken
Gesetzgeber	▪ Dirigistische Eingriffe des Gesetzgebers können durch aktive ökologieorientierte Strategie verhindert werden ▪ Demonstration der Umweltverantwortung durch freiwillige Maßnahmen erhöht den zukünftigen Handlungsspielraum	▪ Gesetzliche Auflagen zur Verwendung von Glas-Mehrwegflaschen ▪ Verbot von Einweg-Kunststoffflaschen
Öffentlichkeit	▪ Korrektur des umweltpolitisch negativ besetzten Unternehmensimage ▪ Bekenntnis zur Stärkung des Mehrwegsystems erhöht die ökologieorientierte Glaubwürdigkeit des Unternhmens	▪ Politische Diskussion über PET-Einwegflaschen belastet das Unternehmensimage
Absatzmittler/ Abnehmer	▪ Profilierung als Verpackungsinnovator durch umweltfreundliche Ein- und Mehrwegverpackungen ▪ Umweltfreundlichere Monometalldose erschließt neue, ökologisch sensibilisierte Marktsegmente ▪ Erstmals Kombination von Convenience- und Umweltvorteilen im Mehrwegbereich	▪ Akzeptanzbarrieren des Handels gegenüber zweitem Mehrwegsystem (PET und Glas) ▪ Konsumenten assoziieren mit Mehrweg nur Glasflaschen ▪ Wettbewerber positionieren Glas als naturnahen Werkstoff
Wissenschaft und Forschung	▪ Großserienproduktion und Aufbau eines Recyclingsystems für Monometalldosen gelingt	▪ Neue Produktionstechnologien ermöglichen leichtere und stabile Glasflaschen

Abb. 6: Ökologierelevante Chancen und Risiken der Coca-Cola GmbH

nisation als auch durch eine mögliche finanzielle Unterstützung bei der Forschung und Entwicklung seitens der amerikanischen Muttergesellschaft abgedeckt werden.

Auch auf der technologischen Ebene besitzt das Unternehmen einige ausgeprägte Stärken. Aufgrund einer langjährig engen Kooperation mit Verpackungs- und Maschinenherstellern verfügt das Unternehmen über ein umfassendes Verpackungs-Know-how auch bei Getränkedosen.

Bei Mehrwegverpackungen aus PET verfügt Coca-Cola aufgrund intensiver Forschungsbemühungen über einen Wettbewerbsvorsprung. Dies ist nicht zuletzt das Resultat eines mittlerweile dreijährigen Testmarktes für PET-Mehrwegflaschen im Großraum Köln. Im Rahmen dieses Testmarktes errichtete das Unternehmen beim dortigen Coca-Cola Konzessionär eine eigene Abfüllinie für die neue Mehrwegverpackung. Die hierbei gewonnenen Erfahrungen hinsichtlich des Verfahrens-Know-hows, der Verpackungsgestaltung und der PET-Materialeigenschaften verschafften der Coca-Cola Organisation bei der bundesweiten Markteinführung der PET-Mehrwegflasche einen Wettbewerbsvorsprung. Selbst im Falle einer sofortigen Konkurrenzreaktion sollte dieser Know-how-Vorsprung zeitlich befristet gehalten werden können.

Das Produkt-Know-how macht sich vor allem in der technisch maximal möglichen Anzahl der Wiederbefüllungen bemerkbar. Das Unternehmen erreicht hier mittlerweile dieselben Umlaufzahlen wie bei Glasflaschen. Darüber hinaus hat das PET-Material-Know-how zur Weiterverarbeitung von recyceltem PET zu einer Vielzahl von Neuprodukten beigetragen.

Im Einwegbereich ergab sich für Coca-Cola das Problem – die angestrebte gute Recyclingqualität einer neuen Getränkedose einmal vorausgesetzt – nicht über ein bundesweites Retrodistributionssystem für Dosen zu verfügen. Der zum Aufbau eines solchen Rückführungssystems notwendige Zeitaufwand und die damit verbundenen Unwägbarkeiten stellten einen Schwachpunkt bei der Umsetzung einer ökologieorientierten Marketing-Konzeption dar. Zudem wurde unter Hinweis auf die noch fehlenden Dosensammelstellen die Aufrichtigkeit und Glaubwürdigkeit der Bemühungen zum Recycling von Dosen in der Öffentlichkeit in Frage gestellt.

Als weitere Schwachstelle war die technologische Abhängigkeit von den Lieferanten der Dosen bzw. PET-Flaschen zu berücksichtigen. Gerade bei der Einführung von Verpackungsinnovationen stellte die rechtzeitige und in ausreichenden Mengen mögliche Lieferfähigkeit einen kritischen Erfolgsfaktor dar. Das Angebotsprogramm der Coca-Cola GmbH im Bereich Erfrischungsgetränke war, abgesehen von der Verpackung, ökologisch nicht vorbelastet. Eine ökologisch orientierte Marketing-Konzeption konnte, vom Produktkern her argumentierend, dementsprechend auf guten Vorausetzungen aufbauen. Convenience als wichtiger Einflußfaktor beim Kauf von Erfrischungsgetränken stellte im Rahmen einer umweltorientierten Produktpolitik einen Beschränkungsfaktor dar. Die konsequente Kundenorientierung des Unternehmens hatte zur Folge, daß in gewissem Umfang auch Getränke in Einwegpackungen angeboten wurden, um so den Ansprüchen der Konsumenten weitestgehend gerecht zu werden. Zu bestimmten Verzehranlässen werden nach wie vor Einwegpackungen in kleinen Gebindegrößen von den Verbrauchern gewünscht. Als Konsequenz hieraus war damit zu rechnen, daß von dem Einwegbereich des Absatzprogramms stets ökologisch negative Ausstrahlungseffekte ausgehen würden.

Als weiteres Manko des Leistungsprogramms war der Umstand zu werten, daß Coca-Cola in den 60er Jahren die Getränkedose überhaupt erst bekannt gemacht hat. Dieses Pionier-Image bezüglich der Dose hat nun zur Folge, daß der Verbraucher gleichsam stellvertretend für die gesamten aus der »Dosenkultur« hervorgegangenen Verpackungsmüllprobleme die Coca-Cola-Dose assoziierte. Dies hatte unter anderem zur Folge, daß die Coca-Cola Organisation vom Konsumenten fast ausschließlich mit Einweg- bzw. »Wegwerfpackungen« in Verbindung gebracht wurde.

Als ökologierelevante Stärke kann neben der Selbstverpflichtung der Unternehmensleitung zu einer umweltorientierten Unternehmenspolitik das umfassende Marketing-Know-how genannt werden. Hervorzuheben ist in diesem Zusammenhang die konsequente

Marktorientierung, die auf der Basis zahlreicher Marktforschungsstudien eine an ökologischen Aspekten ausgerichtete Marktbearbeitung erst ermöglichte. Weiterhin erwähnenswert ist das gute Image bei den Handelspartnern, welches nicht zuletzt auf der Marktführerposition in vielen Segmenten beruht. Diese gefestigte Position erleichtert die Einführung ökologischer Produktinnovationen und führt zu einer generell erhöhten Kooperationsbereitschaft des Handels.

Als weitere Stärke der deutschen Coca-Cola Organisation kann die frühzeitige Beschäftigung mit umweltpolitischen Fragestellungen und das als Folge daraus bereits vorhandene Know-how im Bereich des ökologieorientierten Marketings genannt werden.

Die ökologierelevanten Stärken und Schwächen des Unternehmens sind in Abbildung 7 noch einmal im Überblick dargestellt.

2. Die ökologieorientierte Marketing-Konzeption der Coca-Cola GmbH

2.1 Ökologieorientierte Marketingziele und -strategien

Seit Jahren setzt sich die Unternehmensleitung der Coca-Cola GmbH in umweltpolitischen Fragen konsequent für marktwirtschaftliche Lösungen statt dirigistische Eingriffe des Staates ein, wobei man sich stets für branchenübergreifende Aktivitäten ausspricht. Insbesondere aufgrund des Engagements der Coca-Cola GmbH wurde 1986 die Arbeitsgemeinschaft Verpackung und Umwelt e.V.(AGVU) gegründet, in der sich Hersteller von Verpackungsmaterialien, Verpackungshersteller, Verpackungsverwender, der Einzelhandel und Entsorgungsunternehmen zusammengeschlossen haben, um gemeinsam nach umweltgerechten Problemlösungen zu suchen.

Grundlage dieses Engagements sind die umweltgerichteten Unternehmensziele von Coca-Cola. Den Umweltschutzzielen kommt als wesentlicher Bestandteil der Unternehmensphilosophie dieselbe Priorität wie den Gewinnzielen zu. Die umweltorientierten Ziele beziehen sich in diesem Zusammenhang nicht nur auf die Produktverwendungsphase, sondern berücksichtigen konsequenterweise auch die Produktions- und Entsorgungsphase. Erst ein derart umfassend verstandenes umweltorientiertes Unternehmensverhalten kann in der Öffentlichkeit die notwendige Basis für eine ökologieorientierte Glaubwürdigkeit des Unternehmens schaffen. Die Erweiterung der Unternehmensphilosophie um ökologieorientierte Aspekte ist letztlich Ausdruck bzw. Folge der konsequenten Markt- und Verbraucherorientierung der Coca-Cola Organisation.

Vor dem Hintergrund dieser Unternehmensphilosophie wurde als Basis der ökologieorientierten Marketing-Konzeption ein Zielsystem entwickelt, das die Ansprüche des Verbrauchers sowohl in der Ge- und Verbrauchsphase des Produktes (Convenience) als auch in der Entsorgungsphase berücksichtigte:

- Profitables Unternehmenswachstum durch markt- und verbrauchergerechte Angebotsformen
  - Convenience-Optimierung

Interne Faktoren	Stärken	Schwächen
Unternehmens-leitung/ -struktur	▪ Deutsche Tochtergesellschaft federführend bei der Markteinführung umweltschonender Verpackungsinnovationen im Gesamtkonzern	▪ In Auslandsmärkten kaum vorhandene ökologische Sensibilisierung im Verpackungssektor begrenzt aktives ökologieorientiertes Engagement des Gesamtkonzerns
Marketing-Know-how	▪ Traditionell starke Kundenorientierung führte zum frühzeitigen Erkennen der ökologieorientierten Verbrauchersensibilisierung ▪ Enge Zusammenarbeit mit dem Handel sichert Kooperationsbereitschaft bei umweltorientierten Produktinnovationen	▪ Hoher Reaktionsverbund im Bereich alkoholfreier Erfrischungsgetränke führt zu schneller Imitation von Verpackungsinnovationen
Finanzielle Situation	▪ Auch umfangreiche ökologieorientierte Investitionsvorhaben durch Konzerneinbindung möglich	▪ Hoher Investitionsbedarf zum schrittweisen Ersatz der Glasflasche durch die PET-Mehrwegflasche ▪ Investitionsengpässe bei den Konzessionären
Leistungs-programm	▪ Führende Marktstellung erleichtert die Markteinführung neuer umweltschonender Verpackungen ▪ Produktkern (Erfrischungsgetränk) umweltpolitisch nicht vorbelastet	▪ Retro-Distributionssystem für PET-Mehrwegflasche noch nicht existent ▪ Einweganteil in der Wahrnehmung der Verbraucher deutlich über dem tatsächlichen Anteil ▪ Coca Cola als Synonym der Dosenkultur ("Wegwerfgesellschaft") umweltpolitisch negativ vorbelastet
Techno-logisches Know-how	▪ Umfangreiches Produkt- und Verfahrens-Know-how bezüglich umweltschonender Dose ▪ Enge Zusammenarbeit mit Dosenherstellern	▪ Technologisches Know-how kann im Verpackungsbereich nicht durch exklusive Lieferverträge abgesichert werden ▪ Bezüglich Liefermengen und -zeitpunkt der neuen Verpackungen starke Abhängigkeit von Dosen- und PET-Flaschenlieferant

Abb. 7: Ökologierelevante Stärken und Schwächen der Coca-Cola GmbH

  - Neue Packungsvarianten
  - Neue Packungsvolumina
- Soviel Mehrweg wie möglich, soviel Einweg wie nötig
  - PET Einwegkäufer (Materialvertrautheit bereits vorhanden) zu PET-Mehrwegkäufer machen
  - Auf Convenience bedachte Einwegkäufer durch Hinweis auf geringes Gewicht und Bruchsicherheit zu (PET-) Mehrwegkäufern machen
- Optimierung der Einweg- und Mehrweg-Packungsangebote hinsichtlich ökologischer Aspekte
  - Entwicklung eines umweltfreundlichen Dosenöffnungssystems, bei dem der Verschluß am Dosenkörper verbleibt
  - Entwicklung einer Monometalldose nur aus Stahl zur Verbesserung der Umwelt- und Recyclingqualität
  - Technische Weiterentwicklung der PET-Einweg- zur PET-Mehrwegflasche
- Kombination von ökologischen Packungsvorteilen mit verbesserter Convenience im Mehrwegbereich
- Mittelfristige Substitution der Glas-Mehrwegflasche durch die PET-Mehrwegflasche

Im Einwegbereich sollte eine zu entwickelnde innovative Getränkedose zunächst für das Stammprodukt Coca-Cola im Markt getestet werden. Eventuell auftretenden Akzeptanzbarrieren im Handel gegenüber einer neuartigen Dose sollte mit zwei Argumenten entgegengewirkt werden: Einerseits durch die außerordentlich hohe Popularität des Kernproduktes, andererseits durch den optisch und inhaltlich unveränderten Markenauftritt.

Nach erfolgreichem Testabschluß war die Übernahme der neuen Dosen auch für andere Produkte (Mineralwasser, Fruchtlimonade, etc.) des Unternehmens vorgesehen. Aufgrund des für den Handel unveränderten Warenhandlings, d.h. es gab keinen »ökologieinduziert« höheren Arbeitsaufwand, wurden auf der Handelsseite keine Akzeptanzbarrieren erwartet.

Im Mehrwegbereich war die ökologieorientierte Strategie des Unternehmens auf drei Ebenen verankert. Auf der Handelsebene sollte die PET-Mehrwegflasche unter Hinweis auf die höhere Flächenproduktivität und die geringeren Warenhandlingkosten schnell eine breite Distribution und Verkaufsunterstützung finden. Vor allem der Hinweis auf die mit der Sortimentserweiterung durch die 1,5-l-PET-Mehrwegflasche möglichen Zusatzverkäufe sollte eine problemlose Listung durch den Handel gewährleisten. Diese Annahme erheblicher Zusatzverkäufe basierte im wesentlichen auf den Erfahrungen mit der Einführung der nicht wiederbefüllbaren 2-l-PET-Pfandflasche – hierbei war es beim Produkt Coca-Cola zu einem Mehrabsatz von 20%, bei Fanta sogar zu einer Steigerung von 35% gekommen – sowie auf den Ergebnissen des dreijährigen Langzeit-Testmarkts in Köln.

Auf der Konsumentenebene kam Aktivitäten im Mehrwegbereich eine außerordentlich hohe Bedeutung zu, weil allein die 1-l-Coca-Cola Mehrwegflasche für 45% des Unternehmensabsatzes verantwortlich war. Durch die PET-Mehrwegflasche sollten diesem Bereich nach einem längeren Zeitraum unterproportionalen Wachstums neue Impulse gegeben werden. Die wesentlichen Ziele der Coca-Cola GmbH waren dabei:

- Erhöhung der Vorratshaltung in den Verwenderhaushalten durch größeren Flascheninhalt der PET-Flasche
- Steigerung des Getränkekonsum durch erhöhte Vorratshaltung

- Absatzsteigerung bei Familien mit Kleinkindern (PET-Flasche ist durch Bruchsicherheit bedenkenlos auch für Kinderhände)
- Marktanteilsgewinne durch drastisch reduziertes Flaschengewicht (100 g:600 g bei 1 l), Einkauf und Leergutrückgabe werden erleichtert
- Erschließung ökologisch sensibilisierter Marktsegmente durch die verringerte Umweltbelastung der PET-Flasche

Ein wesentlicher Bestandteil der Strategie im Mehrwegbereich war die Durchführung eines längeren Testmarktes. Dabei wollte das Unternehmen durch die Einrichtung einer unter eigener Regie betriebenen neuen Abfüll- und Reinigungsanlage für PET-Mehrwegflaschen zunächst Erfahrungen im technischen Bereich sammeln. Gleichzeitig diente diese Anlage der Demonstration gegenüber Konzessionären, die sich von der technischen Zuverlässigkeit und den Betriebskosten der Anlage überzeugen konnten.

Neben den technischen Aspekten sollte der Testmarkt vor allem zur Klärung der Frage beitragen, inwieweit die Verbraucher trotz der sehr kritischen Diskussion über die PET-Einwegflasche eine Mehrwegflasche aus demselben Material akzeptieren würden. Neben der Prüfung der Akzeptanz dieses neuen Mehrwegsystems sollten im Laufe des Testmarktes auch Informationen über die gegebenenfalls einsetzende Substitutionsbewegungen zu anderen Packungsvarianten des Unternehmens gewonnen werden.

Ein weiterer wichtiger Bestandteil der Strategie zur Markteinführung der PET-Mehrwegflasche ist die klare optische Differenzierung zwischen Einweg- und Mehrwegverpackungen, unabhängig vom verwendeten Verpackungsmaterial (Abb. 8a/b). Dies erscheint deshalb so bedeutsam, weil Anfang 1989 mit der Verabschiedung einer Zwangspfandverordnung für Einweg-Kunststoffflaschen es sowohl auf seiten der Konsumenten als auch im Handel (Handelsslogan »Wir führen keine Plastikflaschen mehr«) zu Verwirrungen und Verwechselungen von Ein- und Mehrwegflaschen kam. Diese Verwirrungen wurden zudem noch durch falsche Pressemeldungen über PET-Flaschen verstärkt.

Schließlich sollte die Umstellung von der Glas- auf die PET- Mehrwegflasche auf der innerbetrieblichen Ebene zu erheblichen Einsparungen bei den Transport-, Energie- und Lagerkosten führen. Innerbetrieblich muß die Umsetzung der umweltorientierten Marketing-Konzeption als Folge der spezifischen Organisationsstruktur des Unternehmens einen weiteren Faktor in Betracht ziehen: Die als dritte Zielgruppe neben dem Handel und den Endverbrauchern anzusprechenden selbständigen Konzessionäre, die in einem Franchise-

Abb. 8a: Packungsformen im Einwegbereich

Abb. 8b: Packungsformen im Mehrwegbereich

verbund organisiert sind. Ihre Kooperationsbereitschaft bei der Strategieumsetzung ist eine notwendige Erfolgsvoraussetzung. Insbesondere die hohen Investitionen in die Umrüstung der Abfüllanlagen und die Anschaffung des Leerguts wird von den Konzessionären nur dann vorgenommen, wenn sie auch von der ökonomischen Erfolgsträchtigkeit der PET-Mehrwegflasche überzeugt worden sind.

2.2 Ökologieorientierte Maßnahmen

2.2.1 Produktpolitik

Im *Einwegbereich* wurde auf der Grundlage der dargestellten Marketingziele auf Anregung von Coca-Cola eine Getränkedose mit neuartigem Öffnungsmechanismus von einem Dosenlieferanten nahezu zur Marktreife entwickelt. Diesem neuartigen Dosenverschluß lagen die folgenden Anforderungskriterien zugrunde:

- Verschluß muß nach dem Öffnen fest mit der Dose verbunden bleiben
- Problemlose Handhabung
- Materialkostenersparnis durch Substitution von Aluminium
- Komplett aus Stahl herstellbar.

Anfang 1986 begann das Unternehmen, umfangreiche Marktforschungsuntersuchungen durchzuführen. Es wurden mehrere Verbraucherumfragen, Studiotests und ein dreimonatiger Haushaltstest in 300 Mehrpersonen-Haushalten durchgeführt. In allen Untersuchungen stellte sich der neue Druckknopfdeckel (»Push-in« Deckel, Abb. 9a) gegenüber dem bisherigen Ringabreißöffner (»Ring-Pull«) und dem in den USA bereits verwendeten Klappringöffner (»Cat-Tab« Deckel, Abb. 9b) als in allen Belangen überlegen heraus (vgl.Tab. 6).

Die ökologischen Produktvorteile der in allen Produkttests überlegenen Druckknopfdose lagen einerseits in der vollen Recyclingfähigkeit, da der neue Deckel ebenso wie der Dosenkörper aus Weißblech hergestellt werden konnte. Die neue Ganzstahldose konnte in Müllaufarbeitungsanlagen daher magnetisch einwandfrei aussortiert werden und als hochwertiger Werkstoff zum Dosenhersteller zurückgeführt werden. Die Materialreinheit des angelieferten Recyclingmaterials ermöglicht einen relativ kostengünstigen Wiedereinsatz in der Dosenproduktion. Andererseits stellt die natürliche Verrottungsfähigkeit der Monometalldose im Falle der Deponierung einen weiteren ökologischen Produktvorteil gegenüber nicht verrottendem Aluminium dar.

Öffnungsmechanismus	Präferenz
Druckknopf vs. Klappring	80 : 20
Druckknopf vs. Ring-Pull	80 : 20
Klappring vs. Ring-Pull	43 : 57

Tab. 6: Präferenzen gegenüber verschiedenen Dosenöffnungssystemen

Abb. 9a: Getränkedose mit Druckknopfdeckel (»Push-in«)

Abb. 9b: Getränkedose mit Klappringöffner (»Cat-Tab«)

Im Vergleich dazu bot die Cat-Tab-Dose ökologieorientiert weniger Vorteile, da der Deckel nach wie vor aus Aluminium bestand. Der Umweltentlastungseffekt bestand hier primär darin, daß bei einem Ersatz aller in Deutschland jährlich abgesetzten Getränkedosen durch die Cat-Tab-Dose p. a. ca. 4 Mrd. Dosenverschlüsse aus Aluminium nicht mehr achtlos weggeworfen werden können. Dies reduzierte nicht nur die Umweltverschmutzung, sondern hat im Falle des Recyclings auch eine verbesserte Ressourcenausschöpfung zur Folge (Alu-Lasche wird der Wiederverarbeitung zugeführt).

Um die Akzeptanz der neuen umwelt- und verbraucherfreundlichen Druckknopfdose unter realen Kaufbedingungen testen zu können, wurde in ca. 1.000 Lebensmittelgeschäften und Supermärkten ab 1. Juli 1988 ein Testmarkt durchgeführt. Dieser Verkaufstest unter Praxisbedingungen diente dem Zweck, die Handhabung der neuen Dose durch den Kunden zu überprüfen (»Convenience-Check«). Der ökologieorientierten Zielsetzung entsprechend sollte eine neue Dose nicht unbedingt zu Mehrverkäufen führen, sondern primär zu einer deutlichen Umweltentlastung beitragen bei zumindest ebenbürtigem Verwendungskomfort (»ease of use«), gegenüber der traditionellen Dose. Nachdem dieser letzte Test ausgesprochen positiv verlaufen war, entschloß man sich zur endgültigen Markteinführung der Druckknopfdeckeldose. Es stellte sich zu diesem Zeitpunkt jedoch heraus, daß weder die für die Dosenproduktion notwendigen beschichteten *Spezialbleche*, noch die entsprechende *großserientaugliche Produktionstechnologie* in ausreichendem Umfang bzw. rechtzeitig zur Verfügung stehen würden. Darüber hinaus zeigten sich im Rahmen der Langzeiterprobung noch einige technische Schwierigkeiten hinsichtlich eines dauerhaft manipulationssicheren Verschlusses. Da gleichzeitig der Dosenhersteller die von ihm in den USA bereits produzierte Cat-Tab Lösung favorisierte, wurde statt des

Druckknopfdeckels zunächst der Cat-Tab Deckel als ökologieorientierte Zwischenlösung bundesweit eingeführt.

Obwohl auch diese Dose ökologisch noch vorteilhafter als die bislang verwendeten Dosen ist, wird von Coca-Cola unverändert am Endziel der Monometalldose festgehalten. In enger Kooperation mit den Dosenlieferanten wird weiter an der Lösung der technischen Probleme der Druckknopfdose gearbeitet, um diese ökologisch bessere Verpackungsalternative frühestmöglich zur Marktreife zu führen. Zum anderen laufen bereits Entwicklungen, auch das Cat-Tab Öffnungssystem komplett aus Stahl herzustellen.

Nachdem Coca-Cola bereits seit 1977 in den USA ein umfangreiches Produkt- und Material-Know-how mit Polyethylenterephthalat (PET) gesammelt hatte und sich PET-Einwegflaschen in vielen Ländern zudem außerordentlich erfolgreich entwickelt hatten (Tab. 7), wurden ab 1987 auch in Deutschland Getränkeflaschen aus PET angeboten. Die hervorragenden Materialeigenschaften des im Textilbereich unter dem Namen Dralon, Diolen und Trevira bekannten PET auch für Verpackungszwecke – u.a. ein gegenüber Glas 15-fach besseres Verhältnis Einsatzgewicht zu Festigkeit – haben PET-Verpackungen in die verschiedensten Einsatzbereiche vordringen lassen. Andere Kunststoffe kamen als alternatives Verpackungsmaterial für kohlensäurehaltige Getränke meist nicht in Betracht, weil ihre Druckfestigkeit bzw. die sog. Barriereeigenschaften (stoffliche Durchlässigkeit) nicht ausreichend waren.

Zunächst wurde von Coca-Cola eine 2-l-PET-Flasche im Markt eingeführt, die jedoch nicht wiederbefüllbar war. Es handelte sich bei dieser Flasche um dieselbe Verpackung, wie sie auch in zahlreichen Auslandsmärkten erfolgreich eingesetzt wurde. Im Gegensatz

	Getränke in PET-Flaschen (kohlensäurehaltige Getränke; in Mio. Liter)					
	1981	1982	1983	1984	1985	1986
Belgien	45,5	78,0	132,5	178,7	202,1	238,0
Frankreich	5,9	14,9	32,9	104,5	236,3	365,0
Deutschland	-	-	-	-	-	-
Österreich	-	12,0	8,0	7,0	8,0	9,0
Irland	7,3	20,7	37,0	56,5	67,2	80,2
Finnland	-	1,0	2,0	2,0	4,0	8,0
Griechenland	-	-	18,9	32,0	47,0	64,0
Italien	12,0	60,0	175,0	275,0	735,0	990,0
Norwegen	-	-	-	11,0	20,0	38,0
Portugal	-	-	-	-	-	6,0
Spanien	50,5	63,5	84,2	112,2	163,2	209,7
Schweden	6,0	10,0	11,0	16,0	38,3	61,3
Schweiz	-	0,1	-	-	6,0	11,0
Großbritannien	305,0	440,0	616,0	752,0	865,0	990,0
Total	432,2	700,2	1117,5	1546,9	2392,1	3070,2

Tab. 7: Diffusion von Getränken in PET-Flaschen (in Mio. Liter)

zum Vorgehen im Ausland wurde für diese Flasche in Deutschland jedoch bereits 1984 ein freiwilliges Pfand in Höhe von 30 Pfg. erhoben. Dies war nicht zuletzt Folge der überdurchschnittlichen ökologischen Sensibilisierung der deutschen Verbraucher. Die mangelhafte Strukturstabilität und Temperaturbeständigkeit dieser PET-Flasche ließen jedoch zum damaligen Zeitpunkt eine Verwendung als Mehrwegflasche nicht zu.

Die Erfahrung mit dieser ersten PET-Flasche waren sehr positiv. Die Verbraucher akzeptierten sowohl das erhöhte Volumen als auch das neue Verpackungsmaterial. Auch die Rückführungsquoten entwickelten sich entsprechend dem Niveau von Glasflaschen. Es zeigte sich in diesem Zusammenhang ein gegenüber Glasflaschen verändertes Kaufverhalten. Während die 1-l-Glas Mehrwegflasche zu 70% in Kisten gekauft wurde, kam es bei der 2-l-PET-Flasche fast ausschließlich zum Kauf von Einzelflaschen. Offensichtlich war das Angebot einer volumensvergrößerten und dabei wesentlich leichteren Verpackung für bestimmte Verzehranlässe, für die der Konsument weder eine ganze Kiste, noch mehrere konventionelle Glasflaschen erwerben wollte, in besonderem Maße geeignet. Darüber hinaus war eine Getränkeverpackung aus PET, berücksichtigt man alle mit der Verpakkung in Zusammenhang stehenden Umweltbelastungen (Abb. 10), auch als Einwegpakkung einer Glasflasche unter ökologischen Aspekten überlegen (Tab. 8).

Die Erfolge von PET im Ausland und die Verbraucherakzeptanz großvolumiger und gleichzeitig leichterer und sicherer Kunststoffflaschen aus PVC in Deutschland führten 1988 bei Coca-Cola zur Markteinführung einer 1,5-l-PET-Einwegflasche. Als Folge der in-

Einfluß von Getränke-Einwegverpackungen auf die Umwelt (bezogen auf den Konsum von 1000 l Getränk)

	1 l Glas	1,5 l PET		
Recycling:	40 %	-	40 %	70 %
Verbrauch:	-	33%	20 %	10 %
Deponie:	60 %	67 %	40 %	20 %
Energieverbrauch (mio KCal)	2,2	1,6	1,4	1,2
Luftverschmutzung (kg)	12,5	9,3	8,3	7,6
Wasserverunreinigung (kg)	1,5	2,0	1,7	1,5
Abfallmenge				
- Volumen (m^3)	0,46	0,52	0,38	0,24
- Gewicht (kg)	365	54	49	42

Anmerkungen:
1. Bei 1 l Glas: Stand 1988 (40 % Recycling, 60 % Deponie)
2. Bei 1,5 l PET:
   a) Stand 1988 (33 % energetische Verwertung)
   b) kurzfr. Ziel der PET-Recycling Deutschland GmbH (2 J.)
   c) mittelfr. Ziel der PET-Recycling Deutschland GmbH (5 J.)
3. Sowohl für Glas als auch für PET liegt eine Gesamtsystembetrachtung von Rohstoffgewinnung über Verpackungsherstellung, Abfüllung und Transport bis hin zur Entsorgung von Hausmüll zugrunde.

Tab. 8: Öko-Bilanz von Glas- und PET-Einwegflaschen
(Quelle: Franklin Associates)

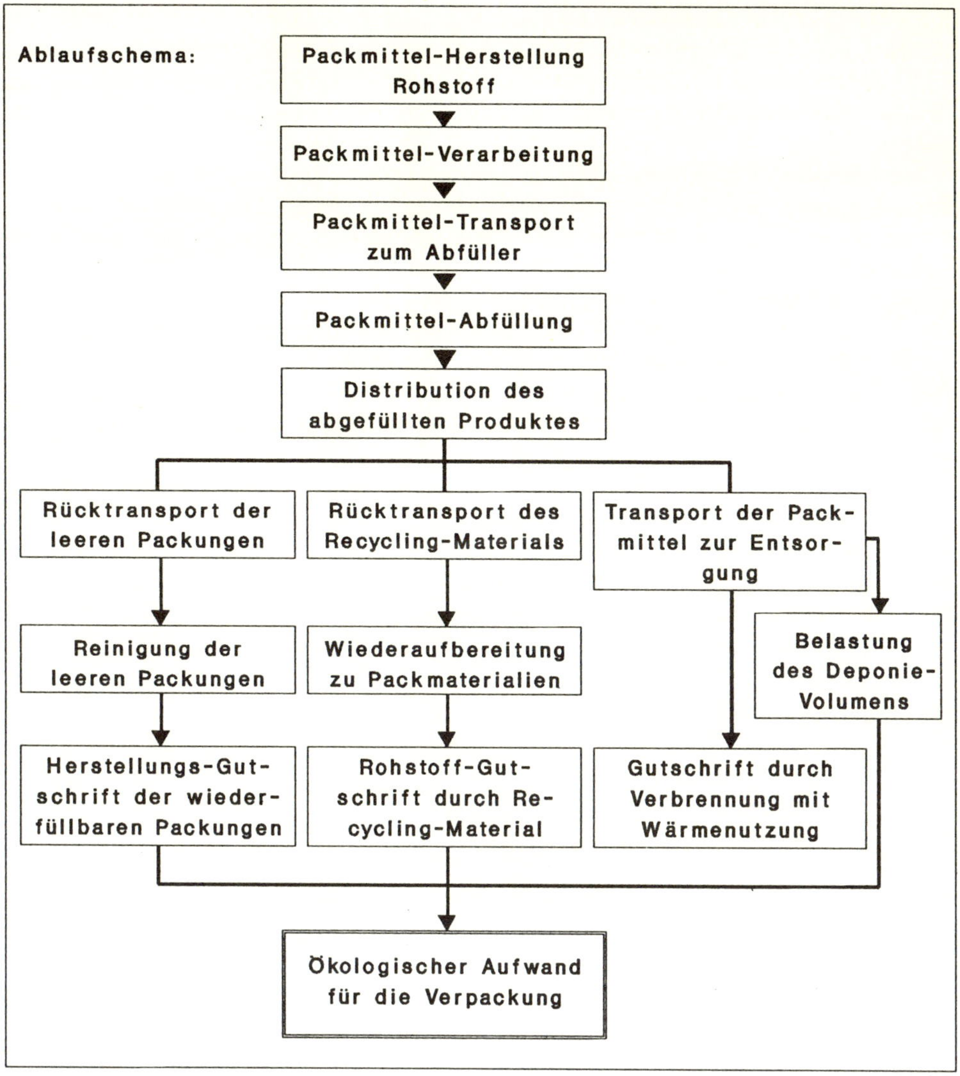

Abb. 10: Gesamtanalyse aller direkt und indirekt mit Getränkeverpackungen zusammenhängenden Umweltbelastungen

ternationalen Vorreiterrolle der Bundesrepublik hinsichtlich der ökologischen Sensibilisierung der Bevölkerung für Verpackungsmüllprobleme stieß die Einführung dieser Flasche auf massive öffentliche Kritik. Die tatsächlich gegebene ökologische Vorteilhaftigkeit konnte diese PET-Einwegflasche in der Wahrnehmung der Verbraucher nicht ausspielen. Die weder auf politischer noch auf gesellschaftlicher Ebene opportune Einweg-Eigenschaft überdeckte alle anderen Produktvorteile bei weitem.

Aus Verbrauchersicht führte lediglich die Wiederverwendung der Verpackung im Rahmen eines Mehrwegsystem tatsächlich zu einer Entlastung der Umwelt von Verpackungsmüll. Die umweltpolitisch nur als Zwischenlösung anzusehende PET-Flasche als Einwegpackung wurde vom Verbraucher nicht akzeptiert. Erst die unter ökologischen Aspekten konsequente Lösung (Umstellung auf PET und Ausbau des Mehrwegsystems) war geeignet, sich der Öffentlichkeit gegenüber als umweltorientiert verantwortungsbewußt zu profilieren.

Nachdem das Unternehmen sich in dieser Situation umweltpolitisch seitens der Medien, des Gesetzgebers und der Konsumenten in einer ökologischen Defensivposition befand, war es nur unter großen Anstrengungen möglich, sich wieder eine gewisse umweltorientierte Glaubwürdigkeit zu verschaffen.

Schon mehrere Jahre vor der Einführung der 1,5-l-PET-Einwegflasche arbeitete das Unternehmen an dem langfristigen Ziel, die ökologisch überlegene PET-Mehrwegflasche zur Marktreife zu entwickeln. Das aufwendigste technische Problem war in diesem Zusammenhang die Sicherstellung einer hinreichenden Anzahl von Wiederbefüllungen (Ziel: min. 20 mal) bei gleichzeitig ansprechendem äußeren Erscheinungsbild der Flasche auch nach mehrfacher Wiederverwendung.

Die ab Dezember 1986 schließlich zur Verfügung stehende Mehrwegflasche aus PET wies in allen Kriterien eine erheblich geringere Umweltbelastung auf als die traditionelle Glas-Mehrwegflasche (Abb.11a–e). Aus diesem Grund wurde der Verpackungsinnovation 1987 vom Umweltbundesamt der »Blaue Umweltengel« verliehen. Darüber hinaus zeigte sich während des Testmarktes ab Dezember 1986, daß die Rücklaufquoten bei der PET-Flasche außerordentlich hohe Werte erreichten. Dies resultierte aus der Tatsache,

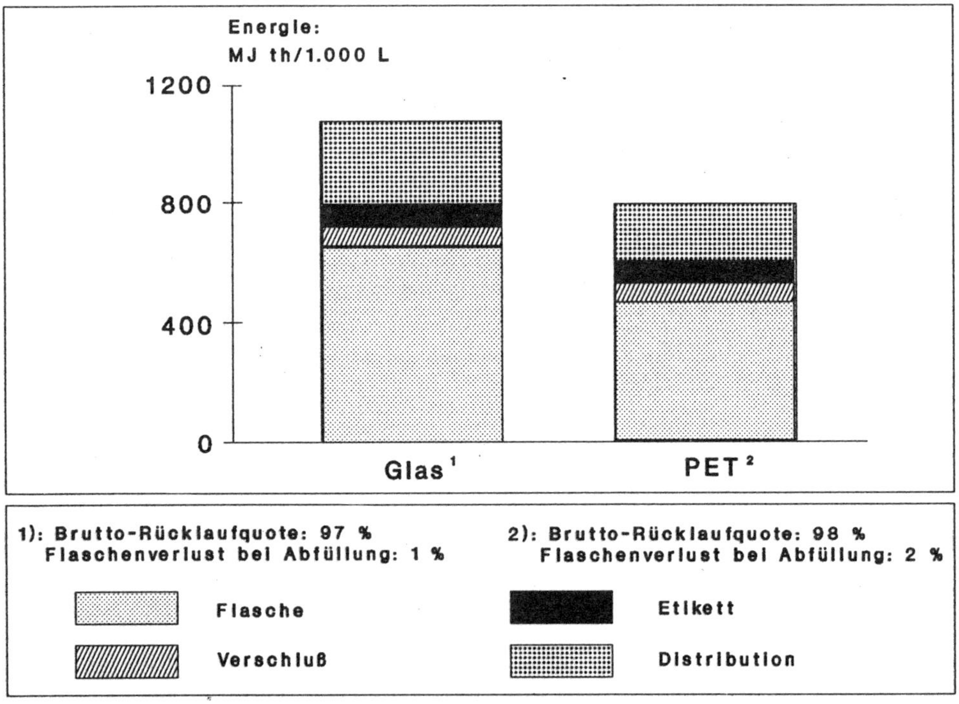

Abb. 11a: Vergleich der Energie-Bilanzen für Mehrwegflaschen aus PET und Glas
(Quelle: Dr. BISCHOFF SA)

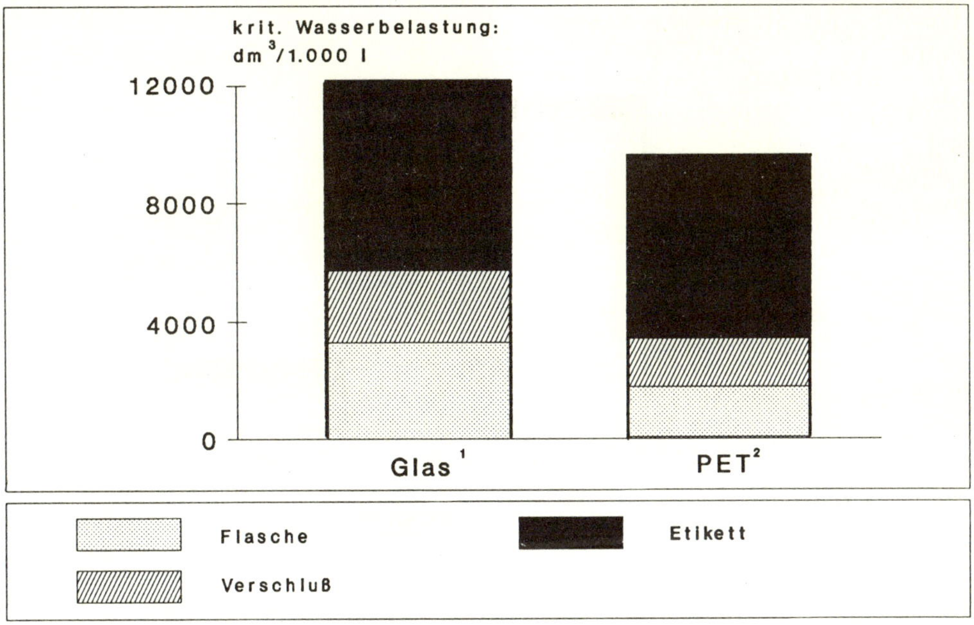

Abb. 11b: Vergleich der kritischen Wasserbelastung für Mehrwegflaschen aus PET und Glas (Quelle: Dr. BISCHOFF SA)

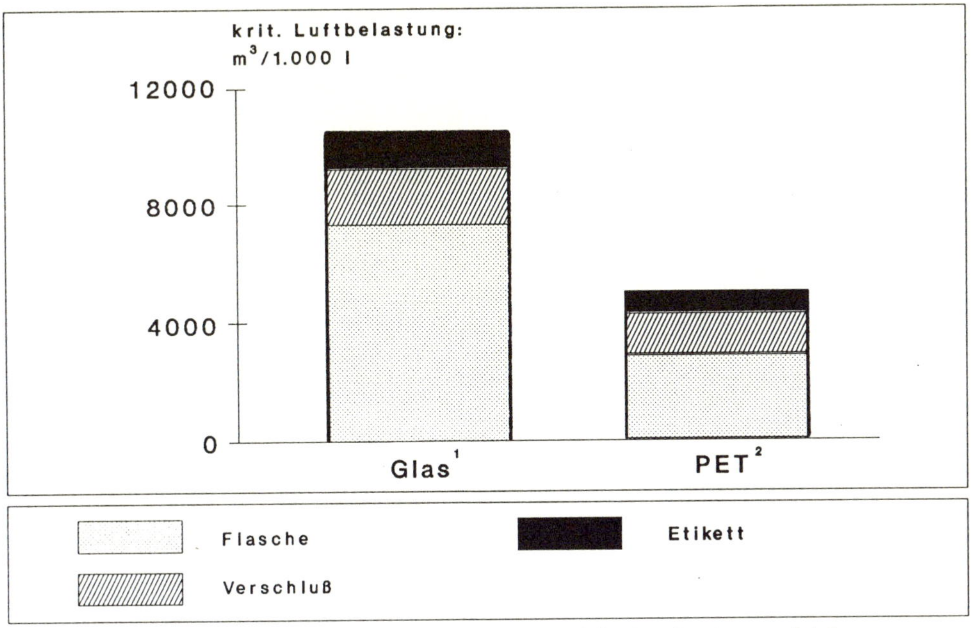

Abb. 11c: Vergleich der kritischen Luftbelastung für Mehrwegflaschen aus PET und Glas (Quelle: Dr. BISCHOFF SA)

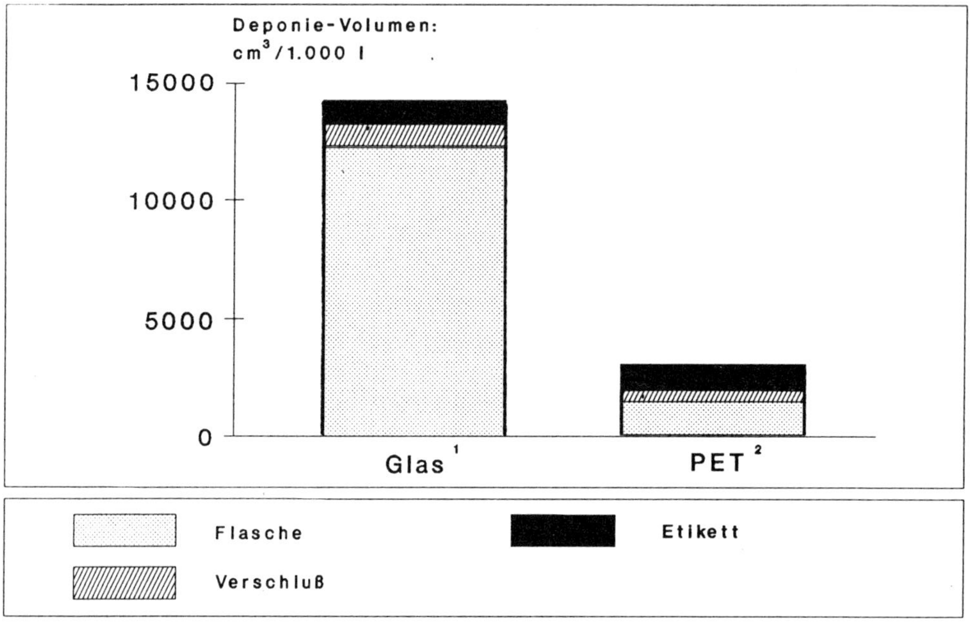

Abb. 11d: Vergleich des Deponie-Volumens für Mehrwegflaschen aus PET und Glas (Quelle: Dr. BISCHOFF SA)

Je mehr Umläufe eine Mehrwegflasche macht, desto niedriger ist der Aufwand je Umlauf.			
	1 l Glas		1.5 l PET
Energieaufwand für Herstellung und Vertrieb	verteilt auf 25 Umläufe	=	verteilt auf nur 11 Umläufe
Wasserbelastung	verteilt auf 25 Umläufe	=	verteilt auf nur 9 Umläufe
Schadstoffbelastung der Luft	verteilt auf 25 Umläufe	=	verteilt auf nur 7 Umläufe
Deponievolumen	verteilt auf 25 Umläufe	=	verteilt auf nur 3 Umläufe
Jeder Umlauf mehr einer PET-Flasche ergiebt geringere Umweltbelastungen als bei Glas-Flaschen.			

Abb. 11e: Vergleich der Öko-Bilanzen für Mehrwegflaschen aus PET und Glas (Quelle: Dr. BISCHOFF SA)

daß beim Flaschenumlauf ein Bruch praktisch ausgeschlossen werden kann und eine Rückgabe normalerweise auch dann erfolgt, wenn die Flasche Schäden aufweist, die bei einer Glasflasche zu deren Zerstörung und damit zum Herausfallen aus dem Recyclingkreislauf geführt hätten. Begünstigt wird dies zweifellos durch die hohe Widerstandsfähigkeit und auch durch die Oberflächeneigenschaften von PET. Beschädigte Flaschen werden dann im Abfüllbetrieb aussortiert und als sortenreines Recyclat der Wiederverwendung zugeführt. Auch die mit wasserlöslichem Leim befestigten Papieretiketten werden dabei vollständig recycelt.

Unabhängig von den Recycling- und Wiederverwendungsmöglichkeiten von PET verbesserte jedoch allein schon die Erhöhung des Flaschenvolumens von 1.0 auf 1.5 l das Verhältnis des Verpackungsaufwandes (Material) zur Produktmenge.

Flankierend zur ökologieorientierten Flascheninnovation wurde sowohl bei den Flaschenverschlüssen als auch bei den Getränkekisten PVC durch umweltgerechtere Materialien ersetzt. Ferner sind die Kisten aus schwermetallfreien Kunststoffen hergestellt und ebenfalls vollständig recycelbar. Unabhängig von den Umweltentlastungseffekten wollte das Unternehmen mit der PET-Mehrwegflasche bislang nur im Einwegbereich verfügbare Convenience-Leistungen (geringes Gewicht, große Vorratsmengen, sicheres Handling, Bruchsicherheit, etc.) dem Verbraucher auch im Mehrwegbereich anbieten.

2.2.2 Kommunikationspolitik

Die kommunikationspolitische Strategie im Dosenbereich beschränkte sich fast ausschließlich auf Verkaufsförderungsmaßnahmen. Als Folge der Bestrebungen in der Erfrischungsgetränkeindustrie, möglichst nur standardisierte Verpackungen zu benutzen, wurde die neue Cat-Tab Dose in kürzester Frist von fast allen Getränkeherstellern übernommen. Dies setzte einer kommunikativen Auslobung der neuen Dose durch Coca-Cola enge Grenzen. Da sich zudem auch an allen übrigen Marketingparametern nichts geändert hatte, war auch die Bereitschaft der Handelspartner, in der Verkaufsförderung besondere Anstrengungen zu unternehmen eher gering ausgeprägt.

Die folgende Darstellung der Kommunikationsstrategie im Mehrwegbereich basiert auf den im Testmarkt Köln durchgeführten Maßnahmen und der daraus abgeleiteten Vorgehensweise zur nationalen Markteinführung ab Mitte 1990. In beiden Fällen wurde eine zweistufige Kommunikationsstrategie gewählt, die folgende Ziele erreichen sollte:

- Schnelle Bekanntheit für die neue Flasche
- Deutliche Darstellung der Packungsvorteile
- Wahrnehmung des Flaschendesigns als »sympathische Form«
- Kurzfristig nur relativ geringe Substitution der 1-l-Glas-Mehrwegflasche
- Gewinnung von Probierkäufern
- Größere Vorratshaltung durch vergrößertes Flaschenvolumen und 10er-Kiste.

Entsprechend diesem Zielsystem wurde die PET-Mehrwegflasche positioniert als:

DIE NEUE BEQUEME MEHRWEG-ALTERNATIVE
FÜR DIE GANZE FAMILIE

Im Rahmen der Botschaftsgestaltung wurden dazu die folgenden »Consumer Benefits« in den Mittelpunkt gestellt:

- Neu
- Leicht
- Wiederbefüllbar

- 1,5 Liter
- Von Coca-Cola.

In einer ersten, noch lokal ausgerichteten Phase wurde die neue Flasche zunächst bekannt gemacht und zu Probierkäufen animiert. Als Folge daraus mußte mit einem hohen Anteil an Einzelflaschenkäufen gerechnet werden. Im Rahmen der Verkaufsförderung wurde aus diesem Grund ein spezieller Verkaufsständer eingesetzt (Abb.12), der auch kleinflächigen Geschäften ohne Möglichkeit zum kistenweisen Getränkeverkauf die Präsentation der neuen Flasche gestattet. Der Medieneinsatz in dieser ersten Phase beschränkte sich auf den Einsatz von POS-Material und Verkaufsförderungspersonal.

In der zweiten, regional angelegten Phase der Kommunikationsstrategie stand die Volumensausweitung durch Auslobung der neuen, außerordentlich leichten Kombi-Kiste (Leergewicht inkl. Flaschen 3,1 kg) im Mittelpunkt. Während in Phase 1 lediglich 23 % der Käufe kistenweise erfolgten, sollte in Phase 2 dieser Anteil auf 70 % erhöht werden, wie sie bei Glas-Mehrwegflaschen üblich sind. Der Schwerpunkt des Medieneinsatzes in dieser Phase lag bei Tageszeitungen und dem Einsatz von Plakaten.

Abb. 12: Verkaufsständer zur Zweitplazierung der 2-l-PET-Pfandflasche

Neben den bereits genannten primären Zielsetzungen war das Unternehmen bestrebt, in jedem Fall die Eigenständigkeit der Mehrwegflasche aus PET gegenüber der Glas-Mehrwegflasche zu betonen, ohne letztere zu diskriminieren. Um darüber hinaus auch eine klare Differenzierung zur Image-Kampagne des Unternehmens zu gewährleisten, wurden für die regionale Einführung der PET-Mehrwegflasche im Testmarkt im Frühjahr 1988 Märchenmotive in der Printkampagne verwendet. Unter dem Slogan

»Neu. Die unglaubliche 1,5-l-Mehrwegflasche. Himmlisch (bzw. Märchenhaft/Zauberhaft/Magisch) leicht«

wurde auf die außergewöhnliche Leichtigkeit der Verpackung durch die Verwendung von PET hingewiesen. Da der Verbraucher die Umweltfreundlichkeit einer Verpackung hauptsächlich an der Eigenschaft Mehrweg oder Einweg ausmacht, wurden die vielfältigen ökologieorientierten Vorteile der neuen Flasche lediglich pauschal über den Hinweis auf die Mehrwegeigenschaft kommuniziert. Eine differenziertere Kommunikation der Umweltqualität, unter Hinzuziehung von Öko-Bilanzen, blieb der zielgruppenspezifischen Öffentlichkeitsarbeit vorbehalten. Dieses Vorgehen wurde gewählt, weil man im Unternehmen befürchtete, daß bei einer intensiven Auslobung der umweltorientierten Verpackungsvorteile in Richtung Verbraucher die Nachfrage bezüglich der neuen PET-Flasche schneller wachsen könnte, als man die entsprechenden Abfüll- und Produktionskapazitäten ausbauen kann. Aus diesem Grund wird auch der »Blaue Umweltengel« nicht auf dem Flaschenetikett ausgelobt.

In der klassischen Werbung standen demzufolge die Convenience-Vorteile, neben der Mehrwegeigenschaft der Verpackung, im Mittelpunkt der Argumentation. Sowohl die Einführungs- und Follow-Up Kampagne im Testmarkt (ab Herbst/Winter 1988) als auch die später folgende nationale Einführungskampagne (Abb. 13a/b) stellten dabei ausschließlich auf die Verpackung ab. Der eigentliche Produktkern trat völlig in den Hintergrund.

Abb. 13a: Motivbeispiel aus der Printkampagne zur nationalen Markteinführung der 1,5-l-PET-Mehrwegflasche (1990)

Abb. 13b: Motivbeispiel aus der Printkampagne zur nationalen Markteinführung der 1,5-l-PET-Mehrwegflasche (1990)

Die Kampagnenmotive der klassischen Werbung wurden dann in der Verkaufsförderung, vor allem durch entsprechend gestaltetes POS-Material, wieder aufgegriffen. Im Mittelpunkt einer Follow-Up Kampagne standen zahlreiche Preisausschreiben, bei denen jeweils Gegenstände aus den Anzeigenmotiven verlost wurden. Zur Umsetzung der Pakkungsbekanntheit (Kiste und Flasche) in Packungswissen wurden im Frühjahr 1989 erneut mehrere umfangreichere, auf spezifische Packungseigenschaften abstellende Preisausschreiben durchgeführt.

Auch in der später folgenden nationalen Markteinführung der 1,5-l-PET-Mehrwegflasche wurden fast ausschließlich die wettbewerbsüberlegenen Convenience-Eigenschaften der neuen Packung ausgelobt. In diesem Zusammenhang kann beispielhaft auf die Motive der zur Markteinführung lancierten Plakatkampagne hingewiesen werden (Abb. 14a/b).

2.2.3 Preispolitik

Das hohe Preisbewußtsein der Verbraucher beim Kauf von Coca-Cola in *Einwegdosen* ließ ein erhöhtes Preisniveau für die Cat-Tab Dose unrealistisch erscheinen. Da die neue Dose zu denselben Produktionskosten hergestellt werden konnte wie die bislang verwendete Version, konnte die bisherige Ertragssituation durch die neue Dose jedoch zumindest gehalten werden.

Im *Mehrwegbereich* wurde zu Beginn des Testmarktes für die 1,5-l-PET-Flasche ein Preis knapp 10 % oberhalb des vergleichbaren Preises für eine Glas-Mehrwegflasche festgesetzt. Nach einjähriger Testmarktdauer wurde der Preis dann auf das Niveau der Glas-Mehrwegflaschen reduziert. Obwohl aufgrund der Convenience-Vorteile, die dem Verbraucher bislang nur im Einwegbereich zur Verfügung standen zunächst ein höheres Preisniveau im Markt durchsetzbar erschien, waren die Verbraucher nicht bereit, den deutlich wahrgenommenen Convenience-Vorteil der PET-Flasche mit einem Preisaufschlag zu honorieren. Eine Wechsel von der traditionellen Glas-Mehrwegflasche zur PET-Mehrwegflasche wurde von den Verbrauchern letztlich erst bei Preisgleichheit der beiden Verpakkungsvarianten ansatzweise vollzogen.

Abb. 14a: Motivbeispiel aus der Printkampagne zur nationalen Markteinführung der 1,5-l-PET-Mehrwegflasche

Abb. 14b: Motivbeispiel aus der Printkampagne zur nationalen Markteinführung der 1,5-l-PET-Mehrwegflasche

Im Bereich der Preis*wahrnehmung* gab es dabei in mehrfacher Hinsicht *Diskrepanzen zur tatsächlichen Preisstellung* der Coca-Cola Produkte. Entgegen der Annahme der Verbraucher, Einwegverpackungen seien preisgünstiger als die umweltfreundlichen Mehrwegflaschen, mußte tatsächlich für die größere Bequemlichkeit einer Einwegflasche auch ein höherer Preis gezahlt werden (Abb. 15).

Trotz der von Konsumenten geäußerten Überzeugung, größere Flascheninhalte (Packungen) hätten niedrigere Preise pro Liter zur Folge, zeigte sich im Testmarkt, daß tatsächlich die Preise für größere Packungen entweder ebenso hoch oder sogar höher waren als diejenigen für kleinere Packungen.

2.2.4 Distributionspolitik

Die gesamte Distributionspolitik im *Dosenbereich* änderte sich durch die Cat-Tab-Dose nicht. Auch die für einen späteren Zeitpunkt geplante Einführung der Monometalldose wird keine direkten Konsequenzen für die Distributionspolitik haben. Eine Retrodistribution gebrauchter Dosen würde außerhalb der bestehenden Absatzkanäle erfolgen und damit eine zusätzliche Arbeitsbelastung des Unternehmens wie auch der Absatzmittler vermeiden. Gleichwohl unterstützt die Coca-Cola-Organisation alle Bemühungen, die eine Erhöhung der Rücklaufquoten im Rahmen des Dosenrecycling zum Ziel haben. Im Mehrwegbereich galt es bei der Einführung der PET-Mehrwegflasche primär zwei Zielgruppen im Absatzkanal anzusprechen: einerseits die Konzessionäre und andererseits den Handel.

Nach den sehr positiven Erfahrungen während des Kölner Testmarktes – alle wichtigen Lebensmitteleinzelhandelskunden partizipierten an der Einführung der PET-Mehrwegflasche im Testmarkt – sollte die Kooperationsbereitschaft des Handels auf der Basis der folgenden Argumentation sichergestellt werden:

- Verbesserte Flächenproduktivität
  - 25 bzw. 50 % größeres Füllvolumen (Kiste/Flasche) auf unveränderter Fläche erhöht die Brutto-Erträge um 25 bzw. 50 %
- Die neue PET-Mehrwegflasche führt nachweislich zu Mehrverkäufen und kommt dem Convenience-Trend der Verbraucher entgegen
- Gewichtsreduzierung im Vergleich zu Glasflaschen
  - 10er-Kombi-Kiste ist gleich schwer wie konventionelle Bierkisten, hat aber 5 Liter mehr Inhalt
  - Leergutannahme (3,1 kg) erheblich erleichtert

	DM pro Flasche	Durchschnittspreis	Index bezügl. ø - Preis 1 l Glas MW
1.0 l Glas MW	1.09 - 1.39	1.24	100
1.5 l PET MW	1.69 - 1.99	1.84	148
1.5 l PET EW	1.92 - 2.29	2.11	170
2.0 l PET Pf	2.25 - 2.99	2.62	211

MW : Mehrweg EW : Einweg Pf : Pfand-Einweg

Abb. 15: Preisstellung unterschiedlicher Verpackungsvarianten im Kölner Testmarkt 1988

- Kein Flaschenbruch im Laden/Lager
- Kombi-Kiste hat Modulmaß, stapelbar mit anderen Getränkekisten
- Mehrwegflasche entspricht dem zukünftig zunehmend wichtiger werdenden Verbraucherwunsch nach umweltverträglichen Verpackungen.

Die ökonomischen Vorteile der PET-Flasche auf der Handelsebene führten nicht nur zu einer schnellen und problemlosen Listung der neuen Packungsvariante, sondern förderten durch die auf diese Weise sichergestellten Verkaufsbemühungen des Handels den Absatzerfolg der PET-Mehrwegflasche.

Die Zusammenarbeit mit den Konzessionären sollte durch den Hinweis auf mögliche Zusatzverkäufe und die folgenden Testmarkterfahrungen sichergestellt werden:

- Bislang über 6 Mio. problemlose Flaschenabfüllungen auf der neuen Testanlage
- Deutlich verringerte Lärmbelastung für das Abfüllpersonal
- Keine Verletzungsgefahr für alle Beteiligten
- Sicherung der Arbeitsplätze in Mehrweg-Abfüllbetrieben
- Geringerer Transportaufwand (Raumbedarf und Gewicht) bei der Distribution an den Einzelhandel.

Die Retrodistribution der PET-Flaschen konnte auf die bestehende Infrastruktur aus dem Glasbereich zurückgreifen. Zusammen mit der im Testmarkt erreichten außerordentlich hohen Rücklaufquote von 90 %, diese Quote übertraf sogar diejenige von Glasflaschen, erscheint die für die Umweltfreundlichkeit wichtige Rückführung der Verpackung auch im Gesamtmarkt sichergestellt.

3. Marketing-Erfolg der ökologieorientierten Marketing-Konzeption

3.1 Markt- und Absatzerfolg

Entsprechend der Zielsetzung bei der Einführung der Cat-Tab-Dose, einen umweltorientierten Entlastungseffekt in Verbindung mit einer erhöhten Verwendungssicherheit zu erreichen, kam es durch die neue Dose weder zu Marktanteilsveränderungen noch zu einer nennenswerten Veränderung des Marktvolumens.

Ein wesentlicher vom Unternehmen erwarteter Absatzerfolg durch die Einführung der PET-Mehrwegflasche ist ein steigender Konsum aufgrund der durch die größeren Flaschen möglichen erhöhten Vorratshaltung der Konsumenten. Aufgrund von Erfahrungen aus anderen weitestgehend gesättigten Ländermärkten ist das Unternehmen der Überzeugung, Wachstumseffekte bei Softdrinks vor allem im Wege der Packungsvergrößerung erzielen zu können. Die mit der PET-Mehrwegflasche erzielten Absatzerfolge im Testmarkt bestätigten Coca-Cola in dieser Annahme.

Während der ersten sechs Monate nach Beginn des Testmarktes zeigte sich zunächst eine verhaltene Absatzentwicklung (vgl. Abb. 16). Dies war auf die Tatsache zurückzuführen, daß bis auf die begrenzte Verwendung von POS-Material zunächst keine weiteren Kommunikationsmaßnahmen durchgeführt wurden. Zudem war lediglich das Stammprodukt Coca-Cola in der neuen Flasche erhältlich. Darüber hinaus lag das Preisniveau der PET-Mehrwegflasche zu diesem Zeitpunkt 10 % oberhalb der auf ein vergleichbares Volumen umgerechneten 1-l-Glas-Mehrwegflasche. Die Ausweitung der Zahl am Testmarkt teilnehmender Einzelhändler von 60 auf 170 und die Einführung der neuen PET-Flasche bei allen wichtigen Softdrink-Marken des Unternehmens (Coca-Cola, Coca-Cola Light, Sprite, Fanta Orange und Fanta Zitrone) ab Mitte 1987 führte lediglich zu einer relativ geringen Zunahme der Absatzmenge. Erst nachdem das Preisniveau auf die Höhe der entsprechenden Glas-Mehrwegflaschen abgesenkt wurde und die neue Verpackung durch eine Anzeigenkampagne in Tageszeitungen in Verbindung mit Verkaufsförderungsaktionen ab Januar 1988 auch kommunikativ unterstützt wurde, stellten sich überdurchschnittliche Absatzerfolge ein. Gleichzeitig wurde die Zahl der Testgeschäfte auf über 400 erhöht.

Der in Abbildung 16 zu erkennende Absatzrückgang ab Juni 1988 ist auf die unzureichende Leergutversorgung des Testmarktes zurückzuführen. Da der Flaschenhersteller nicht die erforderliche Anzahl an PET-Mehrwegflaschen liefern konnte, war Coca-Cola nicht in der Lage eine der Nachfrage entsprechende Versorgung sicherzustellen. Als Folge daraus wurden kurzfristig alle Kommunikationsmaßnahmen eingestellt. Selbst unter diesen Rahmenbedingungen stabilisierte sich der Absatz auf einem relativ hohen Niveau (vgl. Abb. 16).

Die außerordentlich erfolgreiche Absatzentwicklung der 1,5-l-PET-Mehrwegflasche ging nur zum Teil zu Lasten anderer Verpackungsvarianten (vgl. Abb. 17). Das gesamte Softdrink-Absatzvolumen des Unternehmens im Mehrwegbereich erhöhte sich durch Einführung der PET-Mehrwegflasche um 11.0 %. Die stärksten Substitutionsbewegungen waren dabei bei der 2,0-l-PET-Pfand-Einwegflasche zu verzeichnen, deren Absatz um 66.3 % zurückging. Bei der 1,0-l-Glas-Mehrwegflasche kam es dagegen nur zu einem Ver-

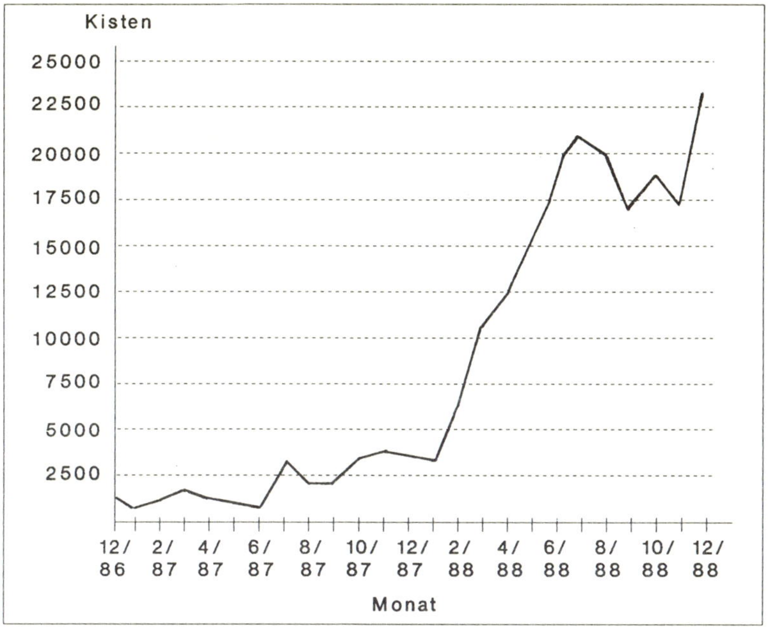

Abb. 16: Absatzentwicklung der PET-Mehrwegflasche im Testmarkt

kaufsrückgang von 4.0%. Im Zuge dieser Entwicklung gingen zahlreiche Handelspartner dazu über, die 2,0-l-PET-Einwegflasche auszulisten.

Aufgrund der Testmarkterfahrungen rechnet das Unternehmen bei der nationalen Einführung der PET-Mehrwegflasche sowohl mit Wachstumsimpulsen für das gesamte Marktvolumen als auch für das eigene Absatzvolumen. Marktanteilsgewinne sollten sich vor allem dadurch erzielen lassen, daß das Unternehmen als ökologieorientierter Verpackungsinnovator auftritt und dadurch das Unternehmensimage durch umweltorientierte Aspekte aktualisiert und positiv beeinflußt werden kann. Insbesondere in ökologisch sensibilisierten Marktsegmenten sollen dadurch neue Absatzpotentiale erschlossen werden.

Seit Februar 1990 wird der bislang regional begrenzte Testmarkt schrittweise zur nationalen Markteinführung ausgebaut. Durch die mit der PET-Mehrwegflasche erzielbaren Zusatzverkäufe verbesserte sich auch die Verhandlungsposition gegenüber dem Handel. Dieser zeigte als Folge der positiven Testmarktergebnisse ein ausgeprägtes Interesse an der Aufnahme der neuen umweltfreundlichen Verpackungsvariante in sein Sortiment. Zur nationalen Markteinführung konnten daher alle bedeutenden Handelsunternehmen zur Mitarbeit gewonnen werden.

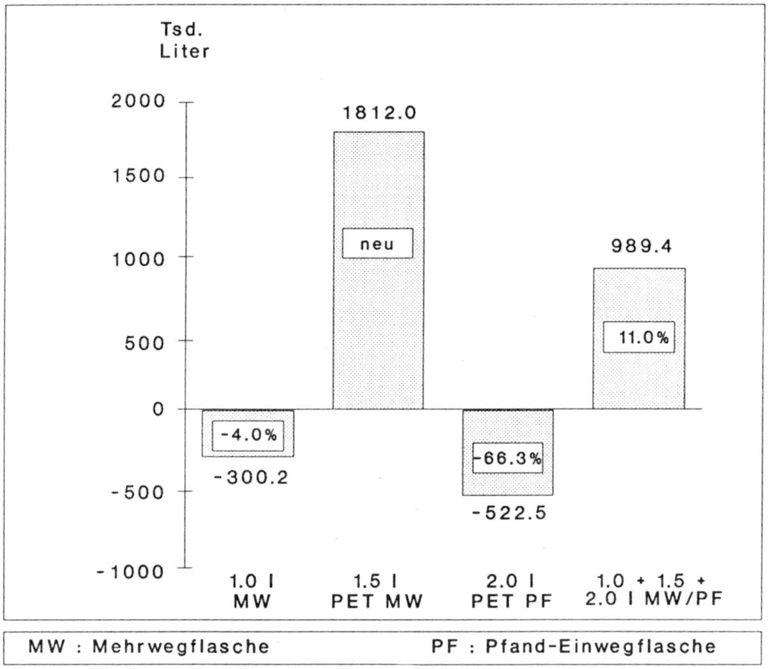

Abb. 17: Substitution anderer Packungsvarianten durch Einführung der PET-Mehrwegflasche

3.2 Umweltorientierter Erfolg

Durch die branchenweite Einführung der Cat-Tab-Dose konnten pro Jahr ca. 4 Mrd. Dosenverschlüsse durch ihre nunmehr feste Verbindung mit dem Dosenkörper kontrollierter entsorgt werden als es bislang bei der traditionellen Dose der Fall war.

Darüber hinaus war es dem Unternehmen durch eine ressourcenorientierte Optimierung des Produkt- und Leerguthandlings möglich,

- das Dosengewicht seit 1974 von 86 auf 33 g zu reduzieren
- durch eine Verkleinerung des Dosendeckeldurchmessers und ein systematisches Recycling jährlich 3.000 to Aluminium einzusparen
- jährlich 1.54 Mio. m^3 Frischwasser, 350 to Natronlauge sowie 3.5 Mio KWh Wärmeenergie einzusparen.

Die wichtigste umweltorientierte Zielsetzung im Flaschenbereich war der Ausbau des Mehrweganteils. Die Testmarktergebnisse zeigten in diesem Zusammenhang, daß es gelungen war, durch das Angebot der gewichtsreduzierten und damit mehr Bequemlichkeit bietenden PET-Mehrwegflasche bisherige Einwegkäufer zu Mehrwegkäufen zu bewegen. Die Käufer der PET-Flasche waren allerdings mehrheitlich bislang Käufer der 1-l-Glas-Mehrwegflasche. In diesem Zusammenhang bedeutete jede Substitution einer Glas-Mehrwegflasche durch eine PET-Mehrwegflasche eine

- Reduktion des Energieverbrauches um 37 % *)
- Verringerung des Müllvolumens auf Deponien abgelagerter Getränkeflaschen um 87 %
- Verringerung der Luftbelastung um 58 %
- Senkung der Wasserbelastung um 21 %

  (*) Alle Angaben wurden im Rahmen einer Öko-Bilanz ermittelt).

Ein zusätzlicher Umweltentlastungseffekt ergab sich aus dem systematischen Recycling der Papieretiketten der wiederverwendeten PET-Flaschen. Die Umweltentlastungseffekte ergaben sich dabei nicht nur aus dem gegenüber Glas ressourcenschonenderen Herstellungsverfahren der PET-Flaschen, sondern resultierten darüber hinaus aus zahlreichen Verbundeffekten. Das geringere Gewicht der PET-Flasche reduzierte die notwendige Menge an Zwischen- und Versandkarton und damit der Distributionskosten. Darüber hinaus konnte der Energieaufwand für das gesamte Distributionssystem um 20% verringert werden.

Der sich durch die Einführung der PET-Mehrwegflasche tatsächlich einstellende Umweltentlastungseffekt ist vor allem abhängig von den erreichbaren Rücklaufquoten. In diesem Punkt ergab der Testmarkt sehr gute Ergebnisse. Es wurde eine Rücklaufquote von 98% erreicht, die sogar leicht über derjenigen für Glas-Mehrwegflaschen lag.

3.3 Marktteilnehmerorientierte Erfolgswirkungen

Eine entscheidende intendierte Erfolgswirkung auf der Handels- und insbesondere der Endverbraucherebene sind positive umweltorientierte Ausstrahlungseffekte. Durch eine aktive ökologieorientierte Marketing-Konzeption soll das bislang von einigen negativen umweltpolitischen Aspekten beeinflußte Image des Unternehmens verbessert und damit eine langfristig tragfähige Basis für kontinuierliches Unternehmenswachstum gelegt werden.

Der Erfolg der ökologieorientierten Marketingpolitik ist in diesem Zusammenhang entscheidend von der dem Unternehmen entgegengebrachten Glaubwürdigkeit abhängig. Diese wurde insbesondere von umweltpolitisch engagierten Gruppen in der Öffentlichkeit mit dem Hinweis darauf in Frage gestellt, Coca-Cola sei mit der Einführung der 1,5-l-PET-Mehrwegflasche lediglich an potentiellen Mehrumsätzen interessiert. Der ökologische Entlastungseffekt durch PET-Mehrwegflaschen sei hingegen nur als Nebenprodukt angefallen. Diesen Angriffen entgegnete Coca-Cola durch eine auf drei Ebenen ansetzende umweltorientierte Initiative. Auf der ersten Ebene wurde direkt produkt-bzw. verpackungsorientiert mit Hilfe der Öko-Bilanz die Vorteilhaftigkeit der neuen Verpackung herausgestellt.

Auf der nächsten Ebene wurde durch aktive Mitarbeit in der Arbeitsgemeinschaft Verpackung und Umwelt (AGVU) eine umweltgerechtere Verpackungswirtschaft unterstützt. Dabei kam es im Rahmen der praktischen Erprobung des Konzeptes zur »Dualen Abfallwirtschaft« zur Durchführung eines Großversuchs von Industrie und Handel. Statt eines gesetzlichen Zwangspfandes zur Eindämmung des Verpackungsmülls sollte neben der staatlichen Müllwirtschaft ein auf freiwilliger Basis von Industrie und Handel installiertes Retrodistributionssystem zur Rückführung von Verpackungen aufgebaut werden.

In einer dritten Stufe wurden in Zusammenarbeit mit 22 Getränke- und Verpackungsunternehmen im Rahmen der European Recovery and Recycling Association (ERRA) in europäischen Großstädten Wertstoffsammlungssysteme aufgebaut und erprobt. Diese wie andere umweltorientierte Aktivitäten des Unternehmens sind letztendlich die Folge eines iterativen Lernprozesses des Unternehmens, welcher in der Ausweitung des umweltpolitischen Verantwortungsbereiches von Coca-Cola über den Verkauf der Getränke hinaus resultiert.

Daß die zu Beginn genannten Ziele durch die PET-Mehrwegflasche erreicht werden konnten, zeigten einerseits die bei zahlreichen Einzelhandelsgeschäften festgestellte 50%ige Absatzsteigerung durch die Aufnahme der PET-Mehrwegflasche in das Getränkesortiment. Darüber hinaus konnte die neue Verpackungsvariante eine für den Softdrinkmarkt außergewöhnlich hohe Wiederkaufrate von 60% erzielen. Durch die PET-Flasche konnte allerdings nicht nur eine hohe verpackungsbezogene Loyalität aufgebaut werden, auch das Eroberungspotential gegenüber bisherigen Nicht-Käufern (sog. Probier-Käufer) fiel ungewöhnlich hoch aus. Offenbar besteht im Markt für Softdrinks ein erhebliches latentes Nachfragepotential für Verpackungen, die einen hohen Verwendungs-und Bedienungskomfort (Convenience) mit dem Zusatznutzen eines guten Umweltgewissens verbinden. Letzteres dürfte auch die Erklärung für festgestellte hohe Zufriedenheit der PET-Mehrwegkäufer sein.

Die vom Unternehmen durch die Übertragung der PET-Produktvorteile aus dem Einweg- in den Mehrwegbereich initiierte Stärkung des Mehrwegsystems im Getränkesektor hat zu einer Entkrampfung der Beziehungen zum Gesetzgeber geführt. Das klare Bekenntnis der Coca-Cola GmbH zum Mehrwegsystem hat damit den zukünftigen Handlungsspielraum und die ökologieorientierte Glaubwürdigkeit sowohl gegenüber dem Gesetzgeber als auch gegenüber der Öffentlichkeit vergrößert. Ferner wird das mittlerweile erworbene ökologieorientierte Verpackungs-Know-how bei der Erschließung des ostdeutschen Marktes genutzt. Zeitgleich mit dem Aufbau eines Distributionssystems werden auf dem Gebiet der ehemaligen DDR mit Unterstützung der Coca-Cola GmbH 170 Sammelstellen für die Rückführung von Getränkeverpackungen eingerichtet. Auf diese Weise wird sowohl umweltorientierten Forderungen hinsichtlich eines weitgehenden Verpackungsrecycling Rechnung getragen als auch der Einzelhandel von allen Entsorgungsaufgaben entlastet. Die Preisbereitschaft der Verbraucher hat sich jedoch durch den ökologieorientierten Vorstoß des Unternehmens weder im Einwegbereich (Dosen) noch im Mehrwegbereich verändert.

Fallstudie Persil – phosphatfrei

1. Marketing-Problemstellung

1.1 Situation des Marktes für Universalwaschmittel

Der Markt für Wasch- und Reinigungsmittel in der Bundesrepublik stellt mit einem Gesamtjahresvolumen von ca. 2.25 Mrd. DM einen der bedeutendsten Märkte für klassische Markenartikel dar. Neben Spezialwaschmitteln, Waschhilfsmitteln, Geschirrspülmitteln und Reinigungsmitteln stellt das Segment der Universalwaschmittel mit einem Jahresvolumen von 1.45 Mrd. DM bei 580.000 Tonnen den bedeutendsten Teilmarkt dar (45.4 % des Marktes für Wasch- und Reinigungsmittel).

Nach Wachstumsraten von 10 % p.a. in den 60er und 3 % – 7 % p.a. in den 70er Jahren zeigte der Markt in den 80er Jahren deutliche Sättigungstendenzen mit rückläufigen Abverkäufen. Gleichzeitig kam es zu einer Stagnation der Umsätze, da Preissteigerungen, die den Mengenrückgang kompensieren könnten, nicht am Markt durchsetzbar waren.

Die einzelnen Entwicklungsphasen des Universalwaschmittel-Marktes (UWM-Markt) waren seit Beginn des Jahrhunderts jeweils von deutlich nachvollziehbaren Verbesserungen der Produktleistung, die sich in einer signifikanten Erleichterung des Waschens niederschlugen, getragen worden. Diese in der Abbildung 1 dargestellte Entwicklung führte in den 80er Jahren zu einer Situation, in der bei einem insgesamt äußerst hohen Qualitätsniveau qualitative Leistungsverbesserungen nur noch sehr schwer zu erzielen waren.

Dieser ausgereifte Stand der Technologie ließ nur noch wenig Möglichkeiten zu Innovations- und Wachstumsimpulsen durch Verbesserung der klassischen Leistungsdimensionen von Waschmitteln wie

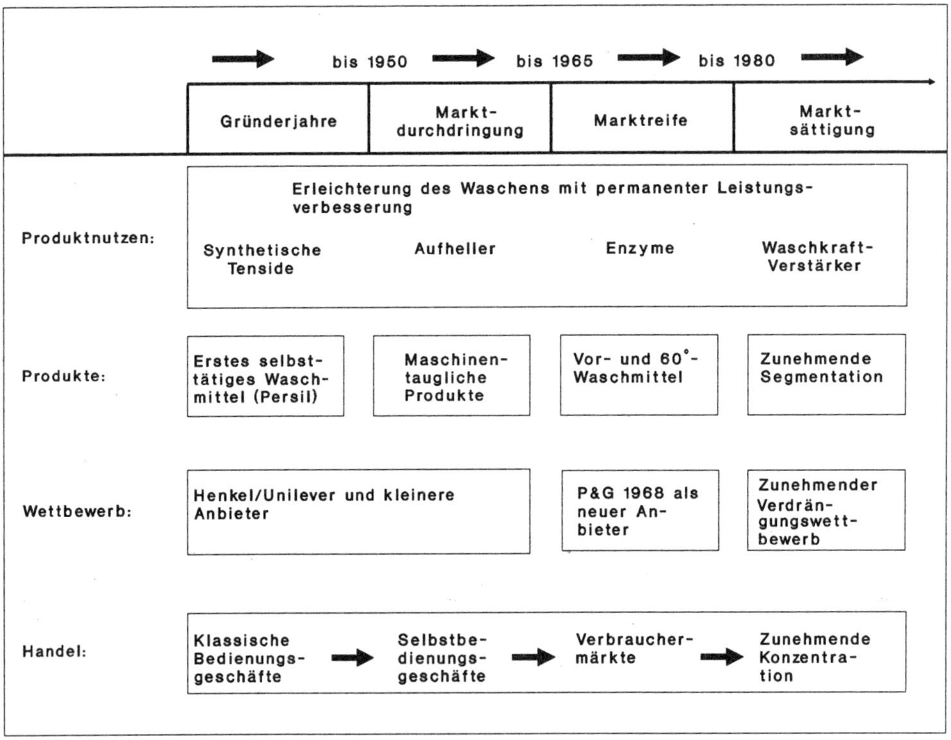

Abb. 1: Entwicklungsphasen des Universalwaschmittel-Marktes

- Pflege/Schonung
- Waschkraft
- Universalität
- Weißkraft
- Farberhaltung
- Ergiebigkeit

offen. Gleichzeitig förderten Veränderungen in der Bevölkerungsstruktur, wie z.B. der Rückgang der Einwohnerzahl, der Trend zur Kindlos- bzw. Einkind-Ehe und die weitgehende Sättigung der Haushalte mit Waschmaschinen die weitere Stagnation des Marktes. Zu Beginn der 80er Jahre stellte sich der Markt für Universalwaschmittel als ein vom Volumen her sehr attraktiver, jedoch stagnierender Markt dar.

1.2 Konkurrenzsituation

Die Wettbewerbssituation auf dem stagnierenden Markt für Universalwaschmittel ist durch eine oligopolistische Anbieterstruktur gekennzeichnet. Die drei wesentlichen Anbieter Henkel, Procter & Gamble und Unilever vereinigen 91% Marktanteil auf sich (Nielsen Wert ohne ALDI). Der Markt wird nahezu ausschließlich mit klassischen Markenartikeln bedient, wobei mehr als 50% der Gesamtumsätze auf zwei einzelne starke Markenartikel, PERSIL von Henkel und ARIEL von Procter & Gamble, entfielen (vgl.Abb.2).

Dominierte PERSIL den Universalwaschmittelmarkt von Anbeginn, so existiert ARIEL erst seit 1968, wo es als neuartiges enzymatisches Waschmittel für den unteren und mittleren Temperaturbereich einen durchschlagenden Erfolg erzielen konnte. In der Folge wurden die Marktverhältnisse neu definiert. Im Zuge mehrfacher Produktanpassungen stellten sich PERSIL und ARIEL seit Anfang der 80er Jahre beide als Vollwaschmittel für alle Temperaturbereiche dar. Mit Abschluß dieser Angleichung des Leistungsspektrums der beiden dominanten Markenwaschmittel PERSIL und ARIEL wurde der Spielraum für eine leistungsdifferenzierte Produktpositionierung fast vollständig beseitigt. An dieser Situation konnte auch die Einführung flüssiger Universalwaschmittel zu Beginn der 80er Jahre nichts grundsätzliches ändern. Es zeigte sich, daß diese Produkte vorwiegend Substitutionseffekte zu Pulverwaschmitteln in bestimmten Verwendersegmenten nach sich zogen. Eine Erschließung nennenswerter neuer Kundenschichten für die führenden Marken fand nicht statt.

In der Folge dieser Entwicklungen intensivierte sich der Verdrängungswettbewerb, ohne daß es zu umfangreichen Marktanteilsverschiebungen gekommen wäre. Dabei gehören Universalwaschmittel zu den am stärksten beworbenen Markenartikeln (Werbeaufwendungen 1987: 105 Mio. DM). Trotz der durch massiven Werbeeinsatz unterstützten Differenzierungsbemühungen der Hersteller zeichnen sich die Verwender von Markenwaschmitteln durch eine hohe Preissensibilität aus.

Für den Handel werden Waschmittel – die als Sortimentsbaustein eine hohe Käuferfrequenz garantieren – zu einem zentralen Aktionsartikel, der im Rahmen von Sonderangebotsaktionen zur Profilierung der Geschäftsstätte eingesetzt wird. Mit zunehmender Konzentration der Nachfragemacht auf der Handelsstufe besteht somit eine starke Einschrän-

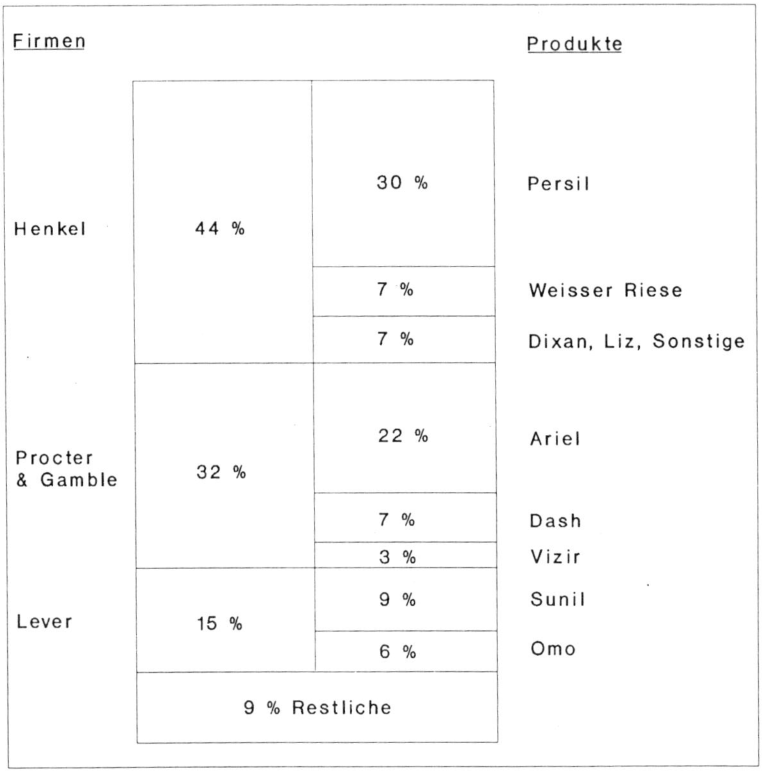

Abb. 2: Firmen- und Produktmarktanteile bei Universalwaschmitteln 1987 (Wert)
(Quelle: Henkel KGaA)

kung des preispolitischen Spielraums der Hersteller von Markenwaschmitteln. Derzeit werden ca. 50% der Gesamtumsätze mit Markenwaschmitteln im Rahmen von Sonderangeboten des Handels getätigt.

Aufgrund der Stagnation des Marktvolumens und der geschilderten Konkurrenzsituation mit angeglichenen Leistungsprofilen bestand die Gefahr der Bildung von Überkapazitäten und damit verbunden der Tendenz rückläufiger Preisentwicklungen. Somit mußten die Ertragspotentiale der Markenwaschmittelhersteller in den frühen 80er Jahren als rückläufig eingestuft werden.

1.3 Konsumentensituation

Bedingt durch demographische Veränderungen hat sich das Verwenderpotential für Universalwaschmittel in den vergangenen Jahren kontinuierlich reduziert. Gleichzeitig lassen sich aber auch Veränderungen im Anwendungsverhalten der Hausfrauen feststellen. Das veränderte Waschverhalten manifestiert sich vor allem in

- geringeren Dosierungen
- zunehmendem Verzicht auf den Vorwaschgang
- steigendem Einsatz von Niedrigtemperaturen
- vermehrter Wäschemenge je Waschgang.

Analysen der Gründe für dieses verbrauchsreduzierende Verwenderverhalten ergaben, daß vor allem von einem veränderten Umweltbewußtsein der Verbraucher starke Impulse ausgingen.

Dieses veränderte Umweltbewußtsein der Verbraucher wurde maßgeblich Mitte der 70er Jahre mit der Bildung einer Umweltbewegung im Zuge der ersten Ölkrise gefördert. Die Etablierung einer ökologischen Partei sowie die Beachtung von Umweltthemen in den Medien brachte die Umweltproblematik auch breiten Bevölkerungsschichten näher. Heute wird die Wichtigkeit des Umweltthemas in allen Studien zu Bürgerängsten und -sorgen auf dramatische Weise deutlich. Die Intensität der Diskussion um das Robbensterben und die Verunreinigung der Nordsee liefert weitere aktuelle Belege für die Relevanz der Umwelt in den Augen der Bevölkerung.

Vor diesem Hintergrund wurde das Umweltthema auch für Politiker zu einer tragfähigen Grundlage für profilierende Programme. So kann beispielsweise das Waschmittelgesetz von 1975 sowie die Phosphathöchstmengenverordnung von 1980 als Ausdruck des gestiegenen Problembewußtseins der Legislative gewertet werden.

In Verbraucherkreisen setzte sich das gestiegene ökologische Bewußtsein jedoch nur zögernd in konkrete Kaufreaktionen um, wie z.B. dem Kauf umweltfreundlicher Produkte, Bevorzugung umweltfreundlicher Hersteller oder abnehmendem Verbrauch umweltschädlicher Produkte. So ergaben Studien des Hauses Henkel, daß bei etwa 72–94% der Bevölkerung eine Sensibilisierung für Umweltfragen bestand und die Probleme der Umweltverschmutzung zur Kenntnis genommen wurden. 49–88% der Befragten forderten, daß etwas gegen die Umweltverschmutzung getan werden muß. Demgegenüber gaben lediglich 23–47% an, selbst etwas für den Umweltschutz zu tun (vgl. Abb. 3).

Weitere Studien erbrachten tendenziell ähnliche Ergebnisse, so daß davon auszugehen war, daß sich die Verwender von Universalwaschmitteln aus drei im Hinblick auf das Umweltbewußtsein unterschiedlich geprägten Segmenten zusammensetzten. Demnach konnten ca. 40% der Verbraucher als umweltbewußt, ca. 20% als unentschieden und ca. 40% als (noch) nicht umweltbewußt eingestuft werden (vgl. Abb. 4).

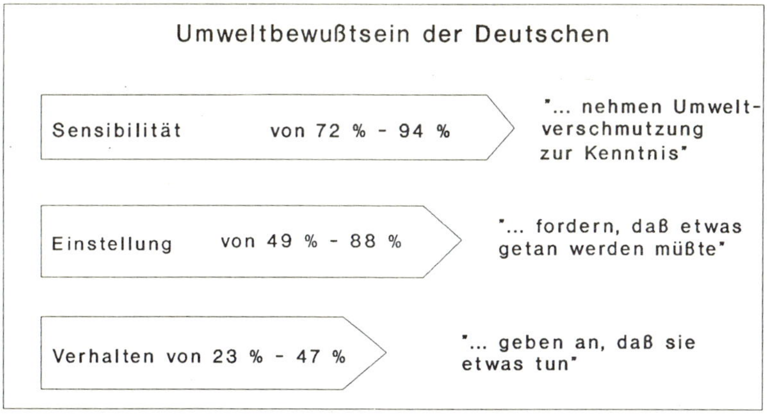

Abb. 3: Bewußtseinsänderung als Vorstufe der Verhaltensänderung
(Quelle: GFK)

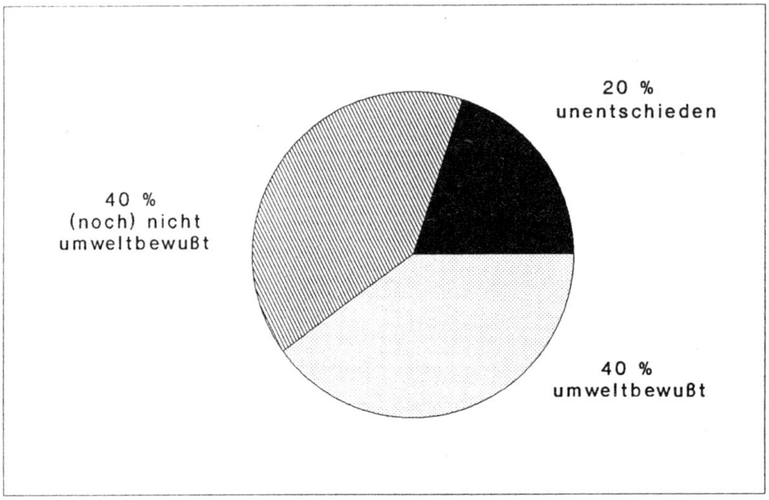

Abb. 4: Umweltbewußtsein der Verbraucher
(Quelle: GFK)

1.4 Unternehmenssituation

Die Firma Henkel ist ein seit 1876 bestehendes Unternehmen der angewandten Chemie. Obgleich heute bereits mehr als die Hälfte des Umsatzes mit chemisch-technischen Produkten, die nicht als Markenartikel vertrieben werden, erwirtschaftet wird, ist das Unternehmen in der Öffentlichkeit vor allem als Hersteller von Markenartikeln des Konsumgüterbereichs bekannt.

Diese Wahrnehmung hat vor allem historische Gründe. Im Jahre 1907 brachte Henkel mit der Marke PERSIL das erste selbsttätige Waschmittel auf den Markt. Dieses einzelne Produkt prägt bis heute in überragendem Maße das Image des Hauses Henkel. In weiten Teilen der Öffentlichkeit werden der Markenname PERSIL und die Firma Henkel als Einheit wahrgenommen.

Damit geht die imagemäßige Bedeutung des Universalwaschmittels PERSIL für Henkel weit über die Bedeutung als Umsatzträger hinaus. Mit dem Produkt PERSIL wird die gesamte Innovations- und Leistungskraft des Hauses Henkel in der öffentlichen Wahrnehmung verbunden.

1.4.1 Die ökologische Betroffenheit der Henkel KGaA

Bis in die 50er Jahre bestanden die meisten Waschmittel vorwiegend aus Seife und Soda-Verbindungen. Mit der zunehmenden Verbreitung von vollautomatischen Waschmaschinen und neuen Textilfasern änderten sich die Verbraucheransprüche an Universalwaschmittel. Moderne Rezepturen, die diesen geänderten Ansprüchen gerecht werden konnten, bestanden vor allem aus

- Tensiden
- Buildern
- Bleichmitteln
- Avivagewirkstoffen und
- Enzymen.

Während Tenside vor allem der Fettlösung und Steuerung des Schaumgehaltes im Zuge des Waschvorganges dienen, tragen Enzyme zur Lösung biologischer Flecken bei niedrigen Temperaturen, Avivagewirkstoffe zum Gewebeschutz und Bleichmittel zur Aufhellung bei weißem Waschgut bei. Builder werden benötigt, um den im Wasser enthaltenen Kalk zu binden, spezifische Oberflächenreaktionen bei bestimmten Textilfasern hervorzurufen und die Waschwirkung von Tensiden zu erhöhen.

Die Substitution herkömmlicher Seifenwaschmittel durch die neuen Universalwaschmittel führte bereits Ende der 50er Jahre zu Umweltproblemen. Es stellte sich heraus, daß die verwendeten synthetischen Tenside im Zuge des normalen Klärprozesses des Abwassers nicht vollständig bzw. restlos abgebaut werden konnten und zur Bildung von Schaumbergen auf Flüssen und Seen führten. Industrie und Gesetzgeber reagierten umgehend. Neuere Rezepturen auf der Basis biologisch abbaubarer Tenside wurden entwickelt. Das 1961 erlassene »Deutsche Detergentiengesetz« machte darüber hinaus die biologische Abbaubarkeit aller in Waschmitteln verwendeten Tenside zu einer gesetzlichen Auflage. Im Jahre 1968 schuf die »Europäische Detergentienkonvention« Grundsätze zur Harmonisierung nationaler Anforderungen. 1973 wurde schließlich mit einer EG-Richtlinie eine europaweit verbindliche Rahmenvorschrift über die biologische Abbaubarkeit und toxikologische Unbedenklichkeit von Waschmitteln erlassen.

Die Lösung des Schaumbergproblems ging mit dem Auftreten neuer Umweltprobleme in Verbindung mit dem Waschmitteleinsatz einher. Ende der 60er Jahre begann eine zunehmende Eutrophierung von stehenden Gewässern offenbar zu werden. Diese Überdüngung von Oberflächengewässern führte zu einem starken Wachstum von Algen und Wasserpflanzen, welches durch den damit ausgelösten übermäßigen Verbrauch von Sauerstoff das biologische »Umkippen« der Gewässer befürchten ließ. Diese Situation verschärfte sich im Laufe der 70er Jahre zusehends.

Als Hauptursache der Eutrophierung wurde die hohe Phosphatbelastung der Abwässer erkannt. Dabei stellen Phosphate keinen von vornherein umweltschädlichen Stoff dar, sondern sind ein Naturprodukt, das jedoch im Rahmen des herkömmlichen Klärprozesses nicht abgebaut wird. Mit einem Anteil von 42% (1975) waren es vor allem die Waschmittel, die zur Überdüngung der Flüsse und Seen beitrugen. Dabei schwankte der Anteil der Waschmittel an der Phosphatfracht in Abhängigkeit von der Bevölkerungsdichte im Einzugsgebiet der Gewässer. Wie aus Abbildung 5 ersichtlich, konnte er bis zu 60% in Ballungsgebieten betragen.

Als Marktführer im Universalwaschmittelmarkt war Henkel gefordert, an der Entwicklung phosphatarmer Waschmittel federführend mitzuwirken. Dies nicht zuletzt deshalb, weil vor dem gerade geschilderten Hintergrund die Forderung nach Phosphatsubstitution in Waschmitteln absehbar war. Die Marke PERSIL war hiervon naturgemäß in besonderer Weise betroffen. Aufgrund der außergewöhnlich großen Bedeutung dieses Produktes für das Haus Henkel ergab sich damit eine ernsthafte Bedrohung für das Ansehen des gesamten Unternehmens.

Abhängigkeit des Phosphatanteils aus Waschmitteln von der Bevölkerungsdichte Stand: 1978		
Beispiel	Bevölkerungsdichte im Einzugsgebiet	Gesamtphosphat-anteil
Abwasserspeicher-see in München	Ballungszentrum	ca. 60 %
Bodensee	Mittel	ca. 45 %
Mohnsee	Mittel bis Gering	ca. 40 %
Wahnbachtalsperre	Gering	ca. 25 %
Hopfensee	Gering	ca. 20 %
Oleftalsperre	0	0

Abb. 5: Anteil der Phosphate aus Waschmitteln an der Gesamtphosphatbelastung von Oberflächengewässern
(Quelle: Henkel AG)

Daneben forderte auch der Gesetzgeber Maßnahmen zur Reduktion des Phosphatgehaltes von Waschmitteln. Bereits 1975 wurden im »Gesetz über die Umweltverträglichkeit von Wasch- und Reinigungsmitteln« auch für Tenside und Builder folgende Verordnungen vorgeschrieben:

- Biologische Abbaubarkeit der grenzflächenaktiven Stoffe
- Höchstmengen für Phosphate
- Verbot von gewässer- und abwasserschädlichen Stoffen
- Abgestufte Dosierempfehlungen
- Angabe der wichtigsten Inhaltsstoffe
- Mitteilung der Rahmenrezepturen an das Umweltbundesamt.

Im Jahre 1980 folgte die Phosphathöchstmengenverordnung zur stufenweisen Reduzierung des Phosphatgehalts in Waschmitteln bis zum Jahre 1984.

1.4.2 Die ökologierelevanten Chancen und Risiken der Henkel KGaA

Vor dem Hintergrund der dargestellten Betroffenheit des Unternehmens und der Branche von Umweltproblemen ergaben weitergehende Analysen die in Abbildung 6 im Überblick dargestellten Chancen und Risiken bei der Entwicklung eines ökologieorientierten Marketing-Konzeptes für ein phosphatfreies PERSIL.

Externe Faktoren	Chancen	Risiken
Gesetzgeber	▪ Enge Zusammenarbeit der Industrie mit dem Gesetzgeber zur Schaffung eines unter ökologischen und ökonomischen Gesichtspunkten vorteilhaften Phosphatgesetzes	▪ Unkooperatives Verhalten des Gesetzgebers unter dem Druck einer industriefeindlichen Öffentlichkeit ▪ Schaffung eines vollständigen Phosphatverbots bei Fehlen eines geeigneten Ersatzstoffes ▪ Nichtrationale Gesetzgebung vor dem Hintergrund der Eutrophierungsgefahr; "Profilierungsstreben" einzelner Politiker
Öffentlichkeit	▪ Ausgeprägtes Umweltbewußtsein und hoher Wissensstand der Öffentlichkeit über tatsächliche ökologische Zusammenhänge ▪ Akzeptanz der Industrie als Problemlöser, Honorierung von Anstrengungen	▪ Keine Glaubwürdigkeit der Industrie in den Augen der Öffentlichkeit ▪ Polemische Umweltdiskussion bei niedrigem Niveau der Sachargumente ▪ Aufbau eines Feindbildes der Industrie als alleiniger Verantwortlicher des Eutrophieproblems
Absatzmittler/ Abnehmer	▪ Die Umweltverträglichkeit wird als eigenständige Leistungsdimension von den Verbrauchern akzeptiert und bildet eine Innovationsgrundlage auf einem ansonsten ausgereiften Markt ▪ Der Handel begrüßt umweltverträgliche Produkte zur eigenen Profilierung	▪ Weite Kreise der Verbraucher sind (noch) nicht umweltbewußt ▪ Umweltverträglichkeit ist für den Verbraucher kein sichtbarer und unmittelbar nachvollziehbarer Nutzen und wird daher nicht nachfragewirksam ▪ Umweltverträglichkeit bleibt ein untergeordneter Nutzen im Vergleich zu den traditionellen Leistungserwartungen ▪ Konsumenten assoziieren Umweltverträglichkeit mit Leistungsschwächen, da schlechte Erfahrungen mit sog. "Bio-Waschmitteln" bzw. "Bio-Produkten" vorliegen
Konkurrenz	▪ Konkurrenten finden keinen eigenen Ersatzstoff für Phosphate (Lizenzvergabe) ▪ Alleinstellung von Persil wird gefördert	▪ Konkurrenten diskreditieren einen möglicherweise entwickelten Phosphatersatzstoff ▪ Konkurrenten üben Druck auf den Handel aus, umweltfreundliche Waschmittel von Henkel nicht zu fördern ▪ Konkurrenten klagen auf unlauteren Wettbewerb bei Einführung eines phosphatfreien Waschmittels
Wissenschaft/ Forschung	▪ Entwicklung eines leistungsstarken Phophatersatzstoffes mit verbessertem Umweltverhalten bei gleichzeitig identischer Waschkraft wie Triphosphat	▪ Fehlinvestition in die Entwicklung von Phosphatersatzstoffen, die technisch nicht zu realisieren sind

Abb. 6: Ökologierelevante Chancen und Risiken der Henkel KGaA

In bezug auf die umweltpolitischen Aktivitäten des Gesetzgebers ergab sich die Chance, im Rahmen einer engen, kooperativen Zusammenarbeit mit öffentlichen Stellen die Entwicklung eines unter ökologischen und ökonomischen Gesichtspunkten attraktiven Phosphatersatzstoffes voranzutreiben. Durch eine solche vertrauensbildende Zusammenarbeit könnten die Aktivitäten der gesetzgebenden Körperschaften mit dem tatsächlich realisierbaren Stand der Technik harmonisiert werden. Gleichzeitig wäre durch diese Kooperation gewährleistet, daß gesetzgeberische Maßnahmen zum technisch frühestmöglichen Zeitpunkt ergriffen werden können.

Risiken in bezug auf das Verhalten des Gesetzgebers könnten sich bei einem unkooperativen Verhalten der Legislative ergeben. Es wäre denkbar, daß einzelne Politiker und Parteien unter dem Druck einer industriefeindlichen Öffentlichkeit zu ökologisch und ökonomisch unvernünftigen Alleingängen übergehen und ein Phosphatverbot per Dekret verhängen, ohne daß eine sinnvolle Alternative existieren würde.

Damit ist das Umweltbewußtsein der Öffentlichkeit und deren Einstellung zur Industrie als ein weiterer strategischer Schlüsselfaktor angesprochen. Eine umweltbewußte und über tatsächliche ökologische Zusammenhänge gut informierte Öffentlichkeit würde die Entwicklung und Einführung eines phosphatfreien PERSIL sicherlich begünstigen. Vor allem würde dadurch eine sachliche öffentliche Diskussion sowie die Akzeptanz der Industrie als Problemlöser für Umweltfragen gefördert. Auf der anderen Seite würde eine mangelnde Glaubwürdigkeit der Industrie in den Augen der Öffentlichkeit die Durchsetzung ökologieorientierter Konzepte erschweren. Tendenziell schien das Image insbesondere der chemischen Industrie zu Beginn der 80er Jahre sich eher verschlechtert zu haben (vgl. Abb. 7).

Allerdings ließen die noch überwiegend positiven Ergebnisse der Umfrage zum Image der chemischen Industrie auch nicht den Schluß zu, daß ihr Ansehen in den Augen der Öffentlichkeit sehr schlecht sei.

Letztendlich ist es das Umweltbewußtsein und Verhalten der Verbraucher welches den Erfolg eines umweltverträglichen Waschmittels ohne Phosphate direkt bestimmt. Nur dann, wenn die Umweltverträglichkeit als eigenständige Nutzendimension vom Verbraucher akzeptiert wird, kann sich ein ökologieorientiert positioniertes Produkt am Markt erfolgreich durchsetzen. Studien zu den Leistungserwartungen an ein Universalwaschmittel hatten eine stetige Zunahme des Aspektes »Umweltverträglichkeit« erbracht. Diese Eigenschaft eines Waschmittels nahm 1985 den ersten Platz unter den geforderten Leistungsmerkmalen ein. Noch zu Beginn der 80er Jahre rangierte die Umweltverträglichkeit auf Platz 36 von 50 erhobenen Items.

Allerdings ergaben die Studien von 1985 auch, daß die Umweltverträglichkeit von den Verbrauchern als zusätzliche Leistungskomponente der Waschmittel gefordert würde. Die Dimension Pflege und Schonung sowie Waschkraft nehmen ähnlich hohe Wichtigkeitspositionen ein wie die Umweltverträglichkeit (vgl.Abb.8). Dieses Ergebnis macht deutlich, daß die Mehrzahl der Verwender von Universalwaschmitteln zugunsten der Umwelt nicht zu Kompromissen bei der Waschleistung bereit waren.

Darüber hinaus bot vor allem die Förderung umweltorientierter Produkte durch den Handel eine weitere Chance bei der Einführung umweltverträglicher Produkte. Im Zuge der öffentlichen Umweltdiskussion versucht auch der Lebensmitteleinzelhandel, sich als umweltbewußter Dritter zwischen Hersteller und Verbraucher darzustellen. Einzelne Handelsunternehmen gingen sogar über Einzelaktionen hinaus und riefen umweltbezogene Stiftungen ins Leben (z.B. Stiftung »Leberecht« der Tengelmann-Gruppe).

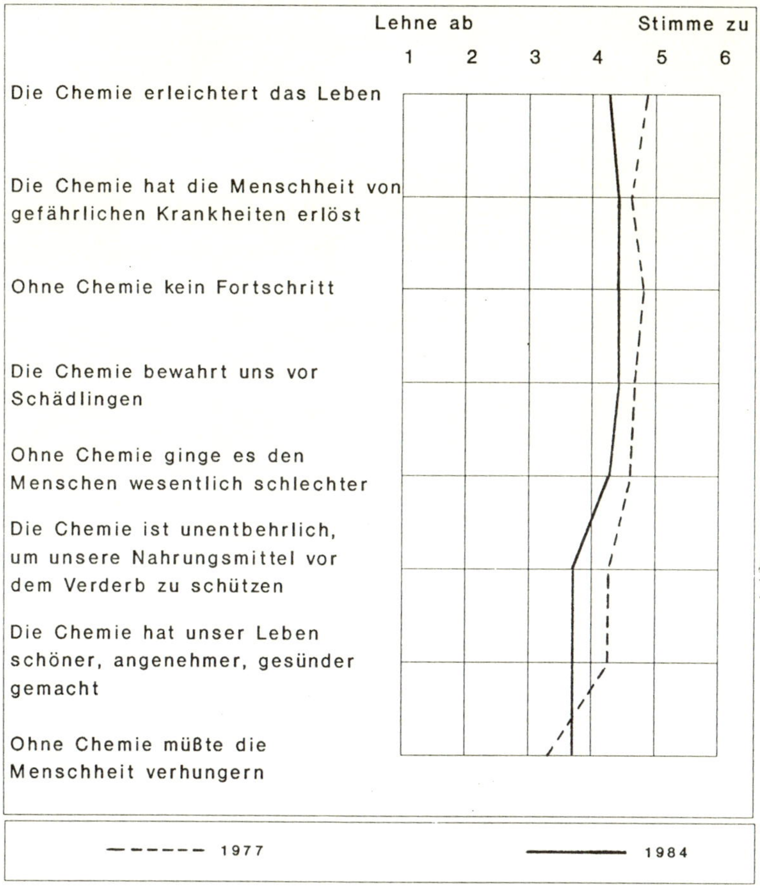

Abb. 7: Imageprofil der chemischen Industrie
(Quelle: VCI / Basis Research)

Bislang existierten jedoch noch keine starken klassischen Markenartikel mit eindeutig ökologischer Positionierung. Somit lagen auch keine konkreten Erfahrungen vor, wie der Handel die Einführung eines umweltverträglichen Markenwaschmittels unterstützen würde. Bis zu welchem Grad sich der Handel tatsächlich engagieren würde, war unklar.

Auch auf Seiten der Verbraucher galt es, Risikofaktoren der Einführung eines phosphatfreien PERSIL zu berücksichtigen. Vor allem die klare Aufteilung der Gesamtverwenderschaft in drei im Hinblick auf das Umweltbewußtsein unterschiedliche Segmente stellte ein erhebliches Risiko dar. Studien hatten ergeben, daß immerhin ca. 60% der Verbraucher noch nicht umweltbewußt bzw. indifferent waren. Daneben war bekannt, daß der Waschmittelkunde seine Kaufentscheidung im wesentlichen aus nachvollziehbaren, leistungsorientierten Gesichtspunkten trifft. Die Umweltverträglichkeit eines Waschmittels stellt jedoch für den Verbraucher keinen sichtbaren bzw. unmittelbar nachvollziehbaren Nutzen dar.

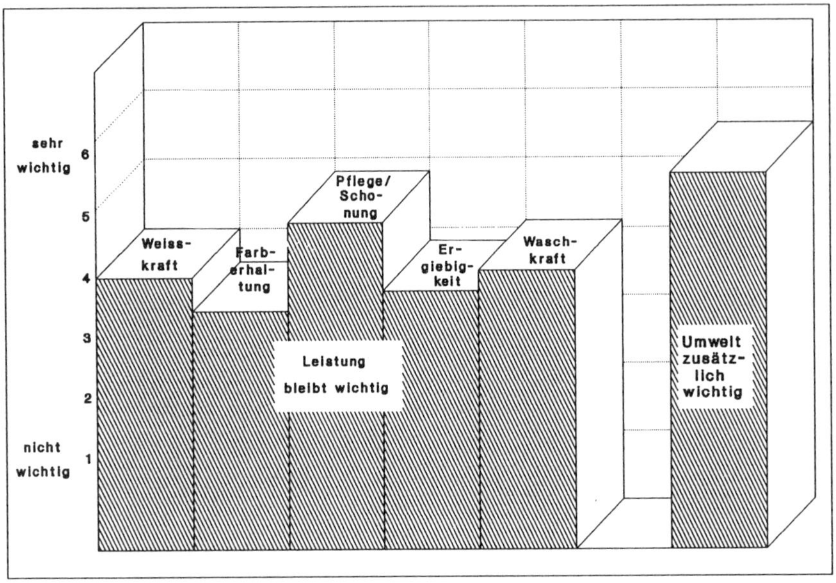

Abb. 8: Einflüsse auf das Ideal-Wunschbild eines Waschmittels (1985)
(Quelle: Henkel KGaA)

Sie ist ein eher sozial orientierter Nutzen im Vergleich zu den klassischen Leistungsdimensionen, die dem Kunden einen individuellen Nutzen bringen.

Schließlich bestand noch die Gefahr, daß die Verwender mit Umweltverträglichkeit gleichzeitig auch Leistungsschwäche assoziieren. Schlechte Erfahrungen mit sogenannten »Bio-Waschmitteln« bzw. »Bio-Produkten« im generellen könnten diese Wahrnehmung durchaus fördern. Somit ist zu konstatieren, daß die Nachfragewirksamkeit des gestiegenen Umweltbewußtseins bei den Verbrauchern nicht mit absoluter Sicherheit feststand.

Als weitere Quellen für Chancen und Risiken waren die umweltbezogenen Aktivitäten der Wettbewerber sowie Entwicklungen im Bereich Wissenschaft und Forschung zu berücksichtigen. Dabei ergaben sich Chancen vor allem aus einem relativen Rückstand der Hauptwettbewerber im Hinblick auf die Entwicklung und Durchsetzung umweltverträglicher Markenwaschmittel. Risiken des Wettbewerbsverhaltens waren in der Möglichkeit zu sehen, daß die Konkurrenten versuchen könnten, neu entwickelte Phosphatersatzstoffe zu diskreditieren sowie durch Druck auf den Handel die Förderung eines phosphatfreien PERSIL zu verhindern. Weiterhin bestand die Gefahr, daß die Wettbewerber in der Einführung eines neuen umweltverträglichen Waschmittels eine Diskriminierung bestehender Produkte sähen. Im Forschungsbereich wäre es denkbar, daß ein phosphatfreier Ersatzstoff für Triphosphat mit gleichen Wirkungseigenschaften nicht zu finden wäre. Eine weitere Forcierung der F&E Tätigkeit in diesem Bereich würde dann eine Fehlinvestition darstellen.

Zusammenfassend ist somit festzustellen, daß die Umweltverträglichkeit zum Zeitpunkt der Entscheidung über die Einführung eines phosphatfreien PERSIL von einer Reihe ökologierelevanter Chancen und Risiken gekennzeichnet war. Inwieweit sie als solche negativ oder positiv auf das Unternehmen tatsächlich wirksam werden, ist nicht zuletzt von den aktuellen Stärken und Schwächen der Firma Henkel zum Zeitpunkt der Einführungsentscheidung abhängig.

1.4.3 Ökologierelevante Stärken und Schwächen der Henkel KGaA

In der dargestellten Situation der Betroffenheit der Henkel KGaA durch ökologische Probleme war vor allem die Aufgeschlossenheit und Flexibilität der Unternehmensleitung gegenüber ökologischen Problemen als wichtige Stärke des Unternehmens zu werten (vgl. Abb. 9). So äußerte Prof. Dr. Helmut Sihler, Vorsitzender der Zentralgeschäftsführung von Henkel 1985 in einem Vortrag zur Frage der Herausforderung durch die Gefährdung der Umwelt: »Jeder Verantwortliche in der Chemie muß wissen, welche Wirkungen von den von seinem Unternehmen verkauften Produkten ausgehen. Sie sollen den Zweck erfüllen, den sich der Käufer von ihnen verspricht, sie sollen den Anwendern nicht schaden und sie sollen von der Umwelt nach der Anwendung »verdaut« werden können«. Gleichzeitig war die Unternehmensleitung bei Henkel der Überzeugung, daß Umweltprobleme Innovationschancen für Unternehmen bieten können. So Prof. Sihler im selben Vortrag: »Die Herausforderung annehmen heißt aber auch, ökologische Probleme als Innovationschance zu verstehen. Die Forschung, für die ausreichend Mittel bereitzustellen sind, wird in vielen Fällen neue Produkte finden, die umweltverträglich *und* verbraucherfreundlich sind«.

Damit ist bereits eine weitere Stärke, die Henkel-Forschung, angesprochen. Schon in den 60er Jahren hatte die Lösung der Tensid-Problematik und die sich bereits am Horizont abzeichnende Eutrophierung der Oberflächengewässer bei den Herstellern von Waschmitteln eine intensive Suche nach einem geeigneten Phosphatersatzstoff ausgelöst. Fast gleichzeitig wurde zu dieser Zeit von Henkel und einem seiner Hauptwettbewerber ein Phosphatsubstitut mit der wissenschaftlichen Bezeichnung Zeolith-A gefunden. Es war allerdings die Firma Henkel, welche die Verwendung bestimmter Zeolithe in Waschmitteln 1973 als erste unter dem Namen SASIL (Sodium Aluminium Silicat) zur Patentanmeldung gab und damit alle Wettbewerber fortan zu einer Lizenznahme für die Herstellung dieses Phosphatersatzes zwang.

Obgleich das im Laufe der 70er Jahre und frühen 80er Jahre ständig weiterentwickelte SASIL zwar grundsätzlich geeignet war, Phosphate in Waschmitteln zu ersetzen, verfügte es bis Mitte der 80er Jahre nicht über alle Wascheigenschaften wie Triphosphat, und bot somit noch keine Möglichkeit zur vollständigen Substitution.

Eine weitere – besonders unter strategischen Gesichtspunkten – bedeutsame Stärke stellte im Zusammenhang mit SASIL die Charakteristik des gesamten Leistungsprogramms der Henkel KGaA dar. Als bedeutender Anbieter chemischer Grunderzeugnisse war Henkel weltgrößter Hersteller von Wasserglas und Natriumaluminat, den beiden Hauptinhaltsstoffen des neuen Phosphatersatzstoffes (vgl. Abb. 10).

Schließlich stellte die hohe Marktgeltung und das bisherige Image der Marke PERSIL selbst eine Stärke der Unternehmung dar. Als Marktführer war es PERSIL seit den 50er Jahren kontinuierlich gelungen, seine Absatzmengen – und damit auch das gesamte Marktvolumen – durch technische Innovationen getragen auszubauen (vgl. Abb. 11).

Somit besaß PERSIL bei Verbrauchern und Handel eine hohe Kompetenz als Vorreiter innovativer Waschmitteltechnologien. Damit war eine wichtige Voraussetzung für eine neue qualitative Produktdifferenzierung von PERSIL durch das Merkmal »Umweltverträglichkeit« gegeben.

Interne Faktoren	Stärken	Schwächen
Marktstellung / Leistungsprogramm	▪ Leistungsorientiertes Produktimage ▪ Persil als Marktführer, Imageführer und Traditionsmarke im Markt etabliert ▪ Persil als technische Innovation im Markt anerkannt	▪ Sehr enge Verknüpfung des Henkel-Unternehmensimages mit Persil ▪ Verbesserte Umweltverträglichkeit kann subjektiv zur Schwächung des bis dahin primär leistungsorientierten Produktimage führen
Unternehmensführung	▪ Bekenntnis der Unternehmensleitung zur Verantwortung gegenüber der Umwelt bei gleichzeitigem Bewußtsein über die Verantwortung eines Markenartikelherstellers gegenüber den Verbrauchern ▪ Annahme der Herausforderung des Umweltschutzes als Innovationschance	
Finanzielle Situation	▪ Ausreichende Finanzkraft auch für langwierige umweltorientierte Forschung	
Technologisches Know-how	▪ Starke Forschungs- und Entwicklungsabteilung ▪ Erfolge der Henkel-Forschung mit Phosphatersatzstoffen seit Mitte der 70er Jahre ▪ Henkel verfügt über ein umfassendes chemisch-technisches Produktions-Know-How ▪ Kapazität zur eigenen Herstellung eines Phosphatersatzstoffes	

Abb. 9: Ökologierelevante Stärken und Schwächen der Henkel KGaA

Allerdings stellte das über Jahrzehnte gewachsene Produktimage von PERSIL in gewisser Hinsicht auch eine Hypothek für das Unternehmen dar. Die Erwartungen des Verbrauchers in die Leistung des Produktes und das damit verbundene große Vertrauen in die Marke stellte an die zu fordernde Qualität des Phosphatersatzstoffes im Hinblick auf seine Waschleistung allerhöchste Anforderungen. Gleichzeitig war das Ansehen des ganzen Hauses Henkel sehr eng mit dem Image der Marke PERSIL verbunden. Leistungseinbu-

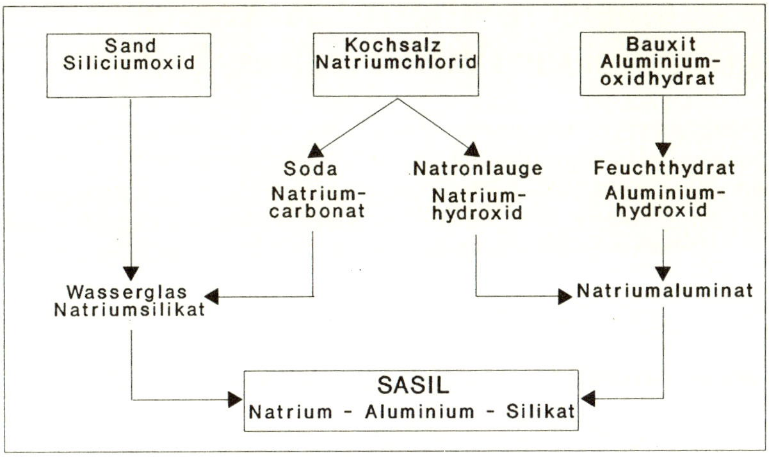

Abb. 10: Bestandteile des Phosphatsubstituts SASIL

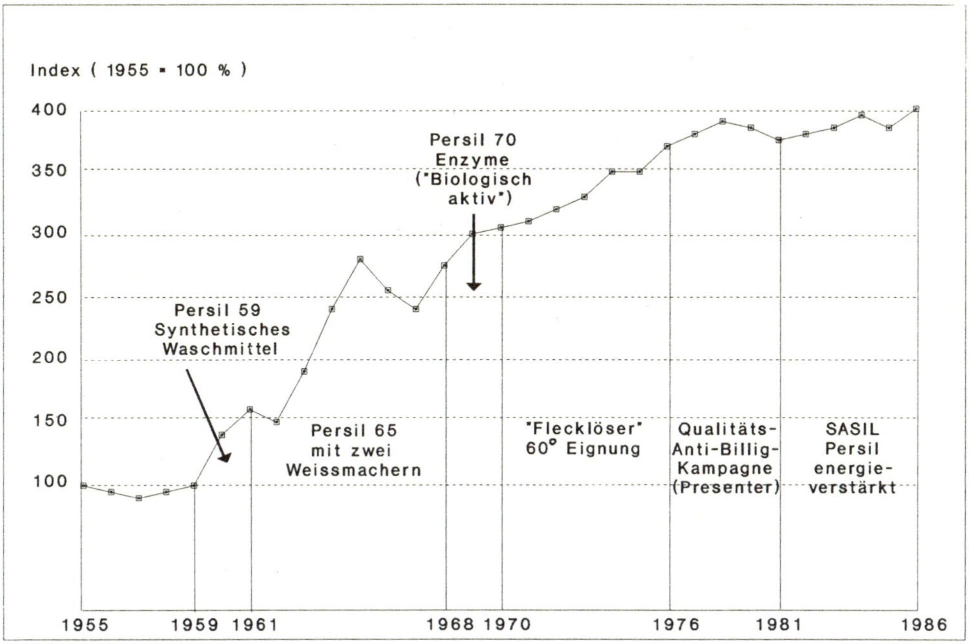

Abb. 11: Persil, der Weg einer Marke

ßen eines phosphatfreien PERSIL im Vergleich zum phosphathaltigen Waschmittel sowie Umweltprobleme des Phosphatsubstitutes hätten für das gesamte Unternehmen weitreichende negative Folgen haben können.

2. Die ökologieorientierte Marketing-Konzeption für PERSIL phosphatfrei

Vor dem Hintergrund der sich aus der ökologischen Betroffenheit der Waschmittelindustrie ergebenden Chancen und Risiken sowie der spezifischen Stärken und Schwächen der Firma Henkel und der Marke PERSIL entschied sich die Unternehmensleitung, ihrer wahrgenommenen sozialen Verantwortung gerecht zu werden und die Einführung eines phosphatfreien PERSIL anzustreben (vgl. Abb. 12).

2.1 Ökologieorientierte Marketingziele und -strategien

Im Rahmen der Entwicklung und Einführung eines phoshpatfreien PERSIL galt für das Unternehmen die Leitmaxime, die Gesichtspunkte Umweltschutz, Produktnutzen und Verbraucherschutz im Sinne eines ökologisch und ökonomisch tragfähigen Kompromisses sorgfältig gegeneinander abzuwägen.

Aus der historischen Situation des traditionell gesamtmarktorientierten Premiumwaschmittels PERSIL heraus ergaben sich für die Marke PERSIL die folgenden konkreten Ziele:

(1) Die Aktualität der Marke PERSIL soll durch wegweisende Impulse gewahrt bleiben.
(2) Das phosphatfreie PERSIL soll das qualitativ beste Universalwaschmittel am deutschen Markt bleiben.
(3) Die Marke PERSIL soll weiterhin für die größtmögliche Anzahl von Verbrauchern attraktiv bleiben.
(4) Die ökologischen Chancen eines phosphatfreien PERSIL sollen bei Vermeidung unvertretbarer ökonomischer Risiken genutzt werden.
(5) Die Marke PERSIL soll immer den veränderten Marktbedingungen angepaßt werden.

Die Einführungsstrategie des phosphatfreien PERSIL hatte sich somit an den formulierten Leitsätzen zur Markenführung zu orientieren. Die Konkretisierung der Strategie erfolgt in den Aktivitäten auf den einzelnen Maßnahmenebenen des Marketing in Form von Bereichsstrategien und Einzelmaßnahmen.

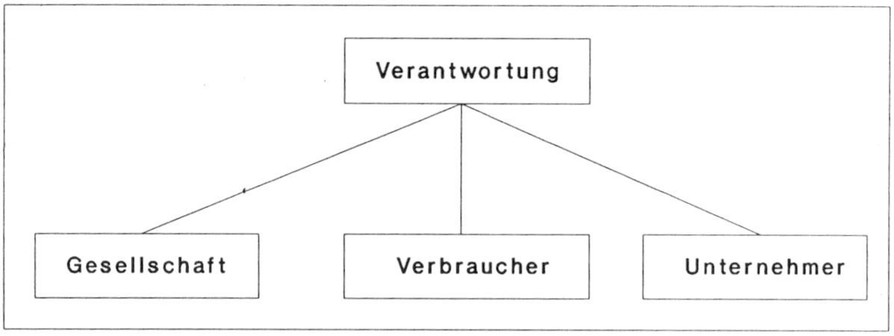

Abb. 12: Henkel-Philosophie

2.2 Ökologieorientierte Maßnahmen

2.2.1 Produktpolitik

Einer der zentralen strategischen Parameter des Marketing ist die Produktpolitik. Sie umfaßt alle Entscheidungstatbestände, welche sich auf die marktgerechte Gestaltung des Leistungsprogrammes einer Unternehmung beziehen. Hierzu gehört zum einen die Gestaltung des Produktes im engeren Sinne, d.h. in seinen physikalisch-technischen Eigenschaften. Daneben zählt aber auch die Verpackungs- und Markenpolitik zu den Entscheidungstatbeständen der Produktpolitik.

Mit der Erfindung des Phosphatsubstitutes SASIL war 1973 der Grundstein für die Entwicklung eines phosphatfreien Universalwaschmittels mit hoher Leistungsfähigkeit gelegt. Von der Patentanmeldung bis zum Erreichen der für PERSIL zu fordernden Qualität waren jedoch noch 12 Jahre der Weiterentwicklung von SASIL notwendig. In Abbildung 13 sind die Anforderungen an den Phosphatersatz SASIL aufgeführt, die vor einem Einsatz im Markenwaschmittel PERSIL nach Maßgabe der Leitmaximen der Markenführung erfüllt sein mußten.

Die Prüfung der Substanz im Hinblick auf die geforderten Eigenschaften wurden dabei in Kooperation zwischen Henkel, staatlichen Stellen, wissenschaftlichen Instituten sowie anderen Firmen durchgeführt. Die frühe Einbeziehung der in Abbildung 14 dargestellten unternehmensexternen Quellen diente einerseits dem Zweck, die relevante Fachöffentlichkeit, und hier insbesondere auch den Gesetzgeber, zum frühestmöglichen Zeitpunkt über die Fortschritte im Bereich der Phosphatsubstitution zu informieren und direkt zu beteiligen. Damit sollte unbedachten, aus der Unwissenheit um den tatsächlichen Stand der Entwicklung motivierten Schritten des Gesetzgebers vorgebeugt werden.

Darüber hinaus erhöhte die Einbeziehung neutraler Stellen die Kredibilität des neuen Stoffes und reduzierte die Gefahr von zu erwartenden möglicherweise politisch motivierten Anfeindungen seitens der Öffentlichkeit oder der Konkurrenz. Der gesamte Umfang und der zeitliche Ablauf der durchgeführten toxikologischen und ökologischen Prüfprogramme ist in Abbildung 15 wiedergegeben.

Neben dem Nachweis der toxikologischen und ökologischen Unbedenklichkeit war aus Sicht des Marketing vor allem der Nachweis hervorragender Wascheigenschaften aus Konsumentensicht erforderlich. Ein erster Großversuch mit SASIL-haltigem Waschmittel

Wasch-eigenschaften	Sehr gute Primäreigenschaften Sehr gute Sekundäreigenschaften
Toxikologie / Ökologie	Toxikologische Unbedenklichkeit für Menschen Ökologische Unbedenklichkeit für die Umwelt
Verfügbarkeit	Gesicherte Rohstoffbasis Ausreichende Produktionskapazitäten
Handhabung	Problemlose Verarbeitbarkeit im Rahmen der herkömmlichen Waschmitteltechnologie
Volkswirtschaftliche Aspekte	Keine zusätzlichen Kosten für Abwasserklärung Keine höheren Waschmittelendverbraucherpreise

Abb. 13: Anforderungen an SASIL

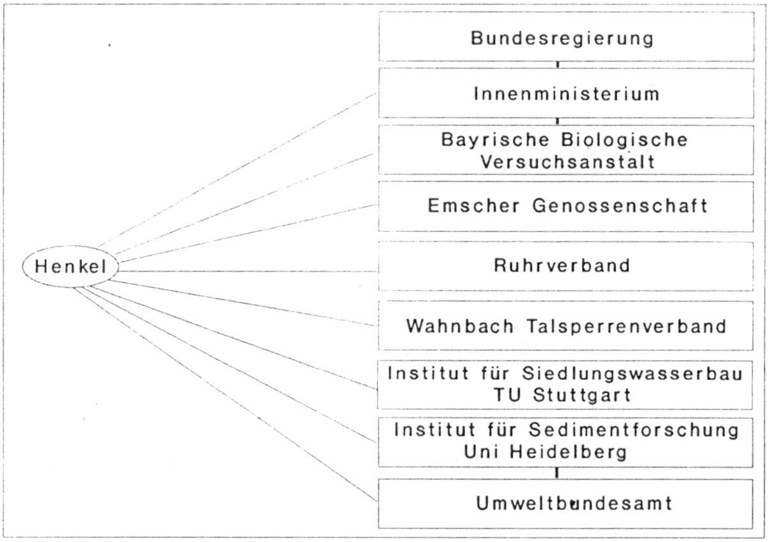

Abb. 14: Kooperation zur Erforschung des Umweltverhaltens von SASIL

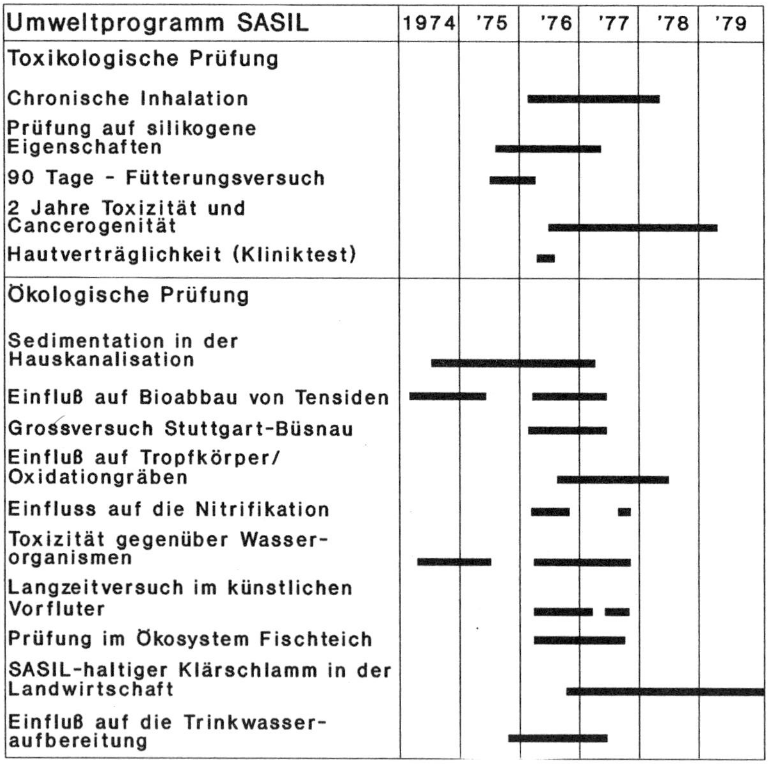

Abb. 15: Umfang und zeitliche Abwicklung der toxikologischen und ökologischen Prüfprogramme

wurde bereits 1976 in Stuttgart-Büsenau vorgenommen. Die Ergebnisse dieses Großversuchs motivierten die Verantwortlichen im Hause Henkel, noch im selben Jahr das Markenwaschmittel PRODIXAN in Berlin regional auf eine SASIL-haltige Rezeptur umzustellen. 1977 wurde PRODIXAN bundesweit, sowie das Waschmittel DIXAN in der Schweiz und den Niederlanden national auf phosphatreduzierte Rezepturen umgestellt (vgl. Abb. 16).

Schrittweise erfolgte die gleiche Umstellung 1978 bei FAKT und 1979 bei WEISSER RIESE. Aufgrund der positiven Erfahrungen der Verbraucher mit den phosphatarmen Produkten wurden schließlich im Jahre 1981 alle Henkel Markenwaschmittel auf phosphatarme SASIL-Rezepturen umgestellt. Damit hatte Henkel bereits drei Jahre vor dem nach der Phosphathöchstmengenverordnung geforderten Zeitpunkt die Anforderungen des Gesetzgebers mehr als erfüllt.

Jedoch gab es zu diesem Zeitpunkt noch erhebliche Qualitätsnachteile mit vollständig phosphatfreien Waschmitteln. An eine Umstellung von PERSIL auf phosphatfreie Rezepturen war nach Maßgabe der Leitlinien zur Markenführung des Produktes zu diesem Zeitpunkt daher noch nicht zu denken. Nachdem die Henkel Forschung 1983 eine verbesserte SASIL-Formel entwickeln konnte, wurde DIXAN im selben Jahr als erstes völlig phosphatfreies Pulver-Universalwaschmittel in der Bundesrepublik Deutschland und in der Schweiz national eingeführt. Henkel verzichtete dabei bewußt auf die Auslobung der Phosphatfreiheit des Waschmittels. Dixan sollte unter realen Marktbedingungen den Beweis erbringen, daß die phosphatfreie Variante dem vorher angebotenen phosphathalti-

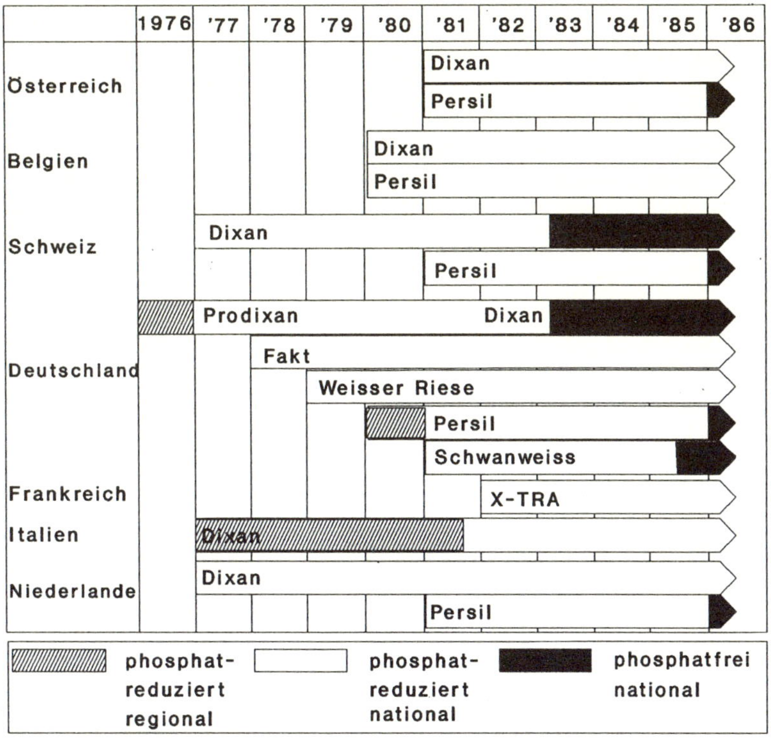

Abb. 16: Einführung phosphatarmer Universalwaschmittel mit SASIL bei Henkel

gen Produkt leistungsmäßig ebenbürdig war. Zudem dienten die in Umlauf gebrachten DIXAN-Mengen dazu, die Kette der öko-technischen Absicherungen unter realen, praxisnahen Bedingungen lückenlos zu schließen.

Im Herbst des Jahres 1985 ergaben Erfahrungen mit dem phosphatfreien DIXAN sowie Ergebnisse aus inzwischen durchgeführten »Home-Use-Tests« in mehr als 4.000 Haushalten mit einer phosphatfreien PERSIL-Rezeptur, daß die Hochleistungsformel für ein SASIL, das selbst allerhöchsten Ansprüchen gerecht wurde, gefunden war (vgl Abb.17). Die Ergebnisse der Home-Use-Tests ergaben, daß 51 % der Verbraucherhaushalte, die PERSIL phosphatfrei gegen die herkömmliche phosphathaltige Persilformel getestet hatten, der Meinung waren, die phosphatfreie Variante sei PERSIL energieverstärkt ebenbürtig oder besser. In Tests mit phosphathaltigen Produkten der Hauptwettbewerber stellte sich der Leistungsvorsprung der PERSIL/SASIL Rezeptur noch deutlicher heraus. Daraufhin wurde die Tatsache der Phosphatfreiheit bei DIXAN umgehend werblich ausgelobt und die konkreten Planungen für die Einführung eines phosphatfreien PERSIL begannen.

Hierbei sah sich das Management mit einem schwerwiegenden Problem konfrontiert. Obgleich die Leistungsfähigkeit des phosphatfreien PERSIL der des phosphathaltigen Produktes ebenbürtig war, gab es einen nicht unerheblichen Teil der Verwenderschaft, die dem Umweltargument gleichgültig bzw. sogar ablehnend gegenüberstand. Diese Verbraucher sind vielfach subjektiv davon überzeugt, daß allein phosphathaltige Waschmittel ihren hohen Ansprüchen an die Waschkraft genügen. Daneben existieren Erkenntnisse aus den USA, denen zufolge eine ersatzlose Eliminierung phosphathaltiger Waschmittel zu dem verhaltenspsychologischen Phänomen der Reaktanz gegenüber der neuen, phosphatfreien Produktalternative führt. Dies bedeutet, daß die Verbraucher das neue Produkt intuitiv ablehnen, wenn ihre Wahlfreiheit per Dekret eingeschränkt wird.

Da mit der Umstellung auf eine phosphatfreie Rezeptur von PERSIL die existierenden phosphathaltigen Konkurrenzprodukte am Markt bestehen bleiben würden, bestand für PERSIL die Gefahr, einen Großteil seiner dem Umweltargument noch skeptisch gegenüberstehenden Verwender an den Wettbewerb zu verlieren. Weiterhin existieren keine gesicherten Erkenntnisse darüber, ob sich das bekundete Umweltbewußtsein vieler Verbraucher überhaupt in tatsächliches Kaufverhalten umsetzen würde, da der Umweltnutzen eine völlig neue Leistungskomponente des Produktes darstellte.

In dieser Situation optierte die Unternehmensleitung für eine Doppelstrategie. Dem bewährten phosphathaltigen Produkt wurde im Markt eine neue, phosphatfreie Variante zur Seite gestellt. Der Verbraucher sollte frei entscheiden, welches PERSIL er in Zukunft kaufen will.

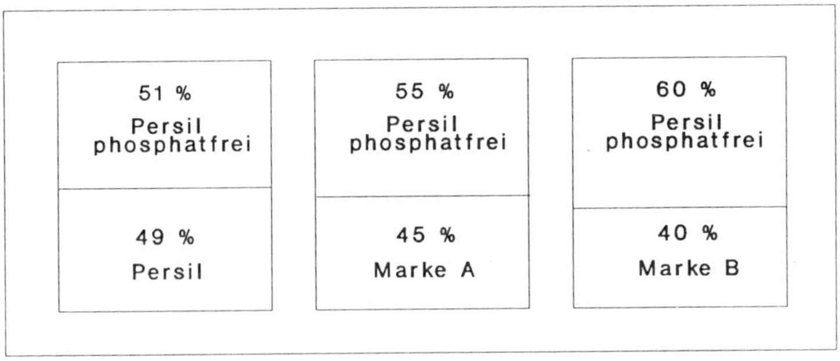

Abb.17: Ergebnisse Home-Use-Test PERSIL phosphatfrei (Gesamtpräferenz)

Die Entscheidung für die Doppelstrategie ergab für die Verpackungs- und Markenpolitik besondere Anforderungen. Der hohe Qualitätsanspruch und die konkurrenzlose Leistungsfähigkeit von PERSIL waren in der Vergangenheit mit Aussagen »Persil bleibt Persil« oder »Es gibt nur ein Persil« in der Kommunikation hervorgehoben worden. Um die Verwender von PERSIL nicht zu verunsichern, um die Markenkontinuität zu wahren und um den einheitlichen Qualitätsanspruch der beiden Varianten zu unterstreichen, entschied sich das Management für einen einheitlichen Markenauftritt, der auch in der Verpakkungsgestaltung seinen Ausdruck fand.

Bis auf die Aufschriften »PERSIL phosphatfrei« und »PERSIL energieverstärkt« in Verbindung mit verschiedenen sonstigen Textelementen der Varianten waren beide Verpackungen in ihrem optischen Gesamteindruck relativ ähnlich. Neben den bereits genannten Gründen, die zu der gewählten Verpackungs-und Markenstrategie geführt hatten, wurde die neue PERSIL-Verpackung darüber hinaus als »modern« und »marktführeradäquat« angesehen.

Am 1.Februar 1986 wurde PERSIL phosphatfrei dem Handel vorgestellt. Damit war der zwanzig Jahre dauernde Prozeß der Phosphatsubstitution mit dem Ziel der Entwicklung eines phosphatfreien Spitzenproduktes PERSIL abgeschlossen (vgl. Abb. 18).

2.2.2 Kommunikationspolitik

Im Rahmen der Kommunikationsstrategie stellte die klassische Werbung den Schwerpunkt dar. Die im Februar 1986 einsetzende nationale Anzeigenkampagne hatte dabei primär die folgenden Ziele zu erreichen:

- Bekanntmachung der parallel angebotenen phosphatfreien Version von PERSIL
- Betonung der Verwendungssicherheit durch Herausstellung der unverändert hohen Produktqualität der phosphatfreien Version
- Penetration der neuen zusätzlichen Nutzenkomponente »Umweltschonung«

1966	Henkel beginnt mit der Suche nach Phosphat-Substituten
1973	Patentanmeldung zur Verwendung von Natriumaluminiumsilikaten in Waschmitteln
1975	Waschmittelgesetz: Paragraph 4 ermächtigt zur Festlegung von Phosphathöchstmengen in Waschmitteln
1976	Großversuch mit SASIL-haltigem Waschmittel in Stuttgart-Büsenau / Erstes phosphatarmes Markenwaschmittel in Berlin
1980	Phosphathöchstmengen-Verordnung: Stufenweise Reduzierung der P-Gehalte in Waschmitteln bis 1984
1981	Umstellung aller Henkel-Universalwaschmittel auf SASIL-haltige Rezepturen abgeschlossen
1983	Dixan: Erstes phosphatfreies Pulver-UVM auf SASIL-Basis in Deutschland und der Schweiz
1986	Start Persil phosphatfrei

Abb. 18: Prozeß der Phosphatsubstitution im Überblick

- Kontinuierliche Auslobung der wettbewerbsüberlegenen Waschleistung der Marke PERSIL (beide Versionen).

Zur Umsetzung dieser Ziele wurde zunächst ein stark rational orientierter Argumentationsstil gewählt, der vor allem über die Entwicklung des Phosphatersatzstoffes SASIL informierte. Ein weiterer inhaltlicher Schwerpunkt dieser Einführungskampagne war die Betonung der Umweltverantwortung. Gegenüber dem Verbraucher wurde argumentiert, daß es erst die technologische Kompetenz der HENKEL-Forschung ermöglichte, hohe Waschkraft bei gleichzeitiger Umweltschonung sicherzustellen.

Im weiteren Verlauf der Anzeigenkampagne wurde schrittweise ein immer stärker emotional orientierter Argumentationsstil eingeschlagen. Als Folge der bereits nach wenigen Monaten einsetzenden Wettbewerbsreaktionen (ARIEL phosphatfrei, OMO phosphatfrei), durfte die werbliche Profilierung im Markt nicht allein unter Berufung auf die Phosphatfreiheit erfolgen. Es wurde vielmehr versucht, das traditionell leistungsorientierte Produktimage auf die neue phosphatfreie Version zu übertragen.

Zur Unterstützung der Maßnahmen im Bereich der klassischen Werbung wurden im Zeitraum Februar 1986 bis Mitte 1987 ca. 2 Mio. Produktproben selektiv an ausgewählte Zielgruppen verteilt.

Die seit 1986 feststellbare kontinuierlich steigende ökologische Sensibilisierung der Konsumenten im Waschmittelmarkt führte schließlich im Januar 1989 zur Elimination des phosphathaltigen PERSIL. Gleichzeitig mit einer Rezepturänderung und einer neuen Packungsauslobung (»Neue PERSIL-Qualität, kraftvoller denn je«) wurde die nunmehr deutlich konkurrenzüberlegene Waschkraft im Rahmen des neuen Kommunikationskonzeptes »PERSIL-Studio« umgesetzt. Mit dem »PERSIL-Studio« wurde versucht, die Fernseh- und Funkspots in ihrem gesamten Erscheinungsbild einer normalen Fernseh- bzw. Radiomoderation anzunähern. Mit der »PERSIL-Studio« Kampagne erreichte das Unternehmen im ersten Halbjahr 1989 in Deutschland 80 % aller Frauen mit mindestens 20 Kontakten (500 Mio.Kontakte).

Eine beabsichtigte Nebenwirkung der erhöhten Waschkraft war die dadurch mögliche geringere Dosierung. Da das gestiegene Umweltbewußtsein der Verbraucher bereits zu einer bewußteren Waschmitteldosierung geführt hatte, wurde die optimierte Dosierung des neuen phosphatfreien PERSIL als weiterer umweltorientierter Produktvorteil neben der Phosphatfreiheit ausgelobt (»optimiertes Einspülverhalten«).

2.2.3 Preispolitik

Die Entscheidung zugunsten der Doppelstrategie hatte auch für den Bereich der Preispolitik besondere Konsequenzen. Ähnlich wie bei der Markenpolitik entschied sich die Firma Henkel trotz höherer Herstellkosten der phosphatfreien Variante für eine völlige Preisgleichheit beider Produkte. Vor allem sollte vermieden werden, durch unterschiedliche Preissetzung der einen oder anderen Variante einen vermeintlichen Leistungsunterschied zu signalisieren.

Ein weiteres Ziel der Preispolitik war die möglichst schnelle Marktdurchsetzung der phosphatfreien Variante. Die phosphathaltige Variante sollte vor allem aus Gründen der Kostenersparnis baldmöglichst aus dem Programm genommen werden. Ein immer stärker das Kaufverhalten beeinflussendes Umweltbewußtsein der Waschmittelkäufer sollte dies letztendlich ermöglichen.

Durch die Vermeidung einer höheren Preisposition für die umweltfreundlichere Variante konnte Henkel darüber hinaus dem Vorwurf der »Umweltbeutelschneiderei« entgehen. Dieser Eindruck, ein substantiell unverändertes Produkt unter Ausnutzung des Umweltbewußtseins der Verbraucher zu einem höheren Preis zu verkaufen, hätte vor allem deshalb entstehen können, weil die umweltschonende Produkteigenschaft der Phosphatfreiheit für den Konsumenten nicht sichtbar ist.

Die absolute Preisgleichheit führte zudem zu einer völligen Entscheidungsfreiheit der Verbraucher. Die angesprochenen Reaktanzprobleme konnten dadurch umgangen werden.

2.2.4 Distributionspolitik

Zur Markteinführung der phosphatfreien PERSIL-Variante wurde der Handel im Rahmen der Verkaufsförderung gezielt angesprochen. Argumentationsschwerpunkt waren dabei die durch die Aufnahme eines neuen Produktes möglichen Absatzchancen. Unter Ausnutzung der hohen Markenbekanntheit als auch des hohen Produktvertrauens von PERSIL sollte der Handel im Segment der umweltpolitisch sensibilisierten Verbraucher zusätzliche Absatzpotentiale erschließen.

Die Chance, ein die Umwelt schonendes Vollwaschmittel mit einem bekannten Markennamen anbieten zu können, wurde vom Handel außerordentlich positiv aufgenommen. Eine Folge dieser von Anbeginn hohen Akzeptanz war der schnelle Aufbau einer hohen Distribution. Von Januar/Februar 1986 bis Juli/August desselben Jahres stieg der gewichtete Distributionsgrad der phosphatfreien Variante von 12% auf 97%.

Die schnelle Diffusion des phosphatfreien PERSIL, der Wunsch des Handels, Platz im Regal zu schaffen und der steigende Nachfragedruck der Verbraucher nach phosphatfreien Waschmitteln führten seit 1986 zu einem wachsenden Druck auf die Unternehmen zur Elimination ihrer phosphathaltigen Waschmittel. Die Firma Henkel trug zum Jahresbeginn 1989 der inzwischen veränderten Bedürfnissituation bei Verbrauchern und im Handel als erster Anbieter Rechnung und nahm die phosphathaltige PERSIL-Variante aus dem Programm.

Ausdruck der begeisterten Aufnahme des phosphatfreien PERSIL im Handel ist schließlich auch die Verleihung des »Goldenen Einkaufskorb 1986« durch die COOP AG für »hervorragende innovative Produktleistungen«.

3. Marketing-Erfolg der ökologieorientierten Marketing-Konzeption der Henkel KGaA

3.1 Markt- und Absatzerfolg

Der umweltorientierte Vorstoß des Marktführers PERSIL brachte den gesamten Vollwaschmittelmarkt in Bewegung. Angeführt vom phosphatfreien PERSIL stieg der Marktanteil phosphatfreier Waschmittel von 1985 bis Mitte 1989 von lediglich 7.8% bis auf 81.2% (Tab.1).

Zeitraum	Marktanteile (Vollwaschmittel) in %	
	phosphatfreie	phosphathaltige
Sept./Okt. 1985	7.8	92.2
Nov./Dez. 1985	7.4	92.6
Jan./Feb. 1986	8.7	91.3
März/April 1986	16.1	83.9
Mai/Juni 1986	27.0	73.0
Juli/Aug. 1986	33.6	66.4
Sep./Okt. 1986	38.4	61.6
1. Halbj. 1987	48.2	51.8
2. Halbj. 1987	57.5	42.5
1. Halbj. 1988	64.1	35.9
2. Halbj. 1988	68.0	32.0
Jan./Feb. 1989	81.8	18.2

Tab. 1: Marktanteilsentwicklung phosphatfreier Vollwaschmittel
(Quelle: Henkel KGaA)

Dabei gelang es dem Unternehmen neben dem Segment der phosphathaltigen auch im Segment der phosphatfreien Waschmittel, sofort die Marktführerposition zu erreichen (Tab. 2).

Im Gesamtjahr 1988 konnte die Firma Henkel im bundesdeutschen Waschmittelmarkt darüber hinaus ihren Marktanteil auf 37 % steigern. Der Umsatz des Unternehmensbereiches Wasch- und Reinigungsmittel stieg dabei weltweit um 10.7 % auf 3.3 Mrd. DM.

Marke	Marktanteile in %		
	phosphathaltige	phosphatfreie	gesamt
Persil	21.1	54.0	35.4
Weißer Riese	12.4	-	7.0
Sunil	15.2	-	8.5
OMO	3.0	11.6	6.7
Dash	13.3	-	7.5
Ariel	15.6	27.5	23.8
Sonstige	19.4	2.4	11.0

Tab. 2: Segmentspezifische Marktanteilsstruktur im Waschmittelmarkt Januar/Februar 1987
(Quelle: Henkel KGaA)

3.2 Marktteilnehmererfolg

Die umweltorientierte Innovation von Henkel verbesserte nicht nur das PERSIL-Image über alle Dimensionen (vgl.Abb.19), sondern hatte außerdem positive Ausstrahlungseffekte auf das Unternehmensimage zur Folge. Dies vor allem auch deshalb, weil die Wahrnehmung des Unternehmens in der Öffentlichkeit traditionell sehr eng mit dem Produkt PERSIL verbunden sind.

Als ein wesentlicher Erfolg der Markteinführung des phosphatfreien PERSIL kann die problemlose und schnelle Übertragung des leistungsorientierten Image des phosphathaltigen PERSIL auf die neue Variante gelten. Die verfolgte Doppelstrategie unter konsequenter Betonung einer unveränderten Waschkraft führte letztlich zu der hohen Akzeptanz bei den Verbrauchern und im Handel.

Im Handel wurde durch das umweltorientierte Vorgehen von Henkel bei einigen Absatzmittlern eine Entwicklung ausgelöst, die zu einer umweltorientierten Sortimentsgestaltung als neuer Profilierungsebene führte. Im Falle der Tengelmann Gruppe hatte dies z.B. zur Folge, daß phosphathaltige Waschmittel völlig aus dem Sortiment eliminiert wurden.

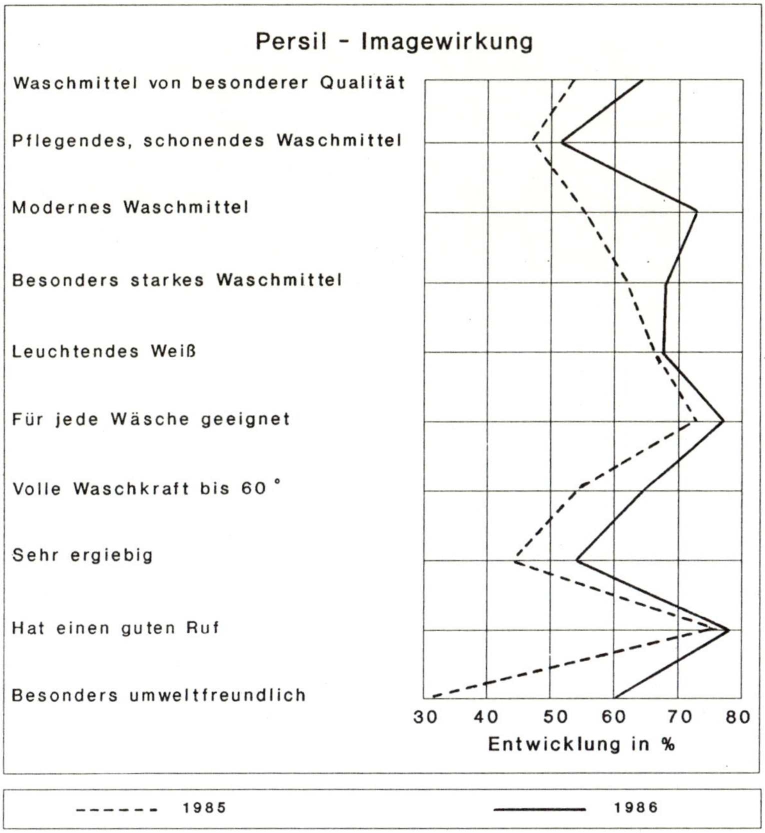

Abb. 19: Verbesserung des Persil-Image von 1985 auf 1986

Gegenüber dem Wettbewerb konnte die Marktposition trotz einer innerhalb nur weniger Monate erfolgenden Konkurrenzreaktion ausgebaut werden. Der Zeitvorsprung bei der Markteinführung des phosphatfreien PERSIL war ausreichend, um sich in der Wahrnehmung der Verbraucher als ökologieorientierter Anbieter zu profilieren.

3.3 Umweltschutz-Erfolg

Durch die Einführung phosphatfreier Waschmittel verringerte sich der Anteil der Waschmittel am gesamten Gewässer-Phosphateintrag innerhalb von 10 Jahren von 42 % auf 10 % im Jahre 1988 (Abb. 20). Durch diese Entwicklung konnte der Phosphatverbrauch für die Waschmittelproduktion um ca. 160.000 Tonnen p.a. reduziert werden.

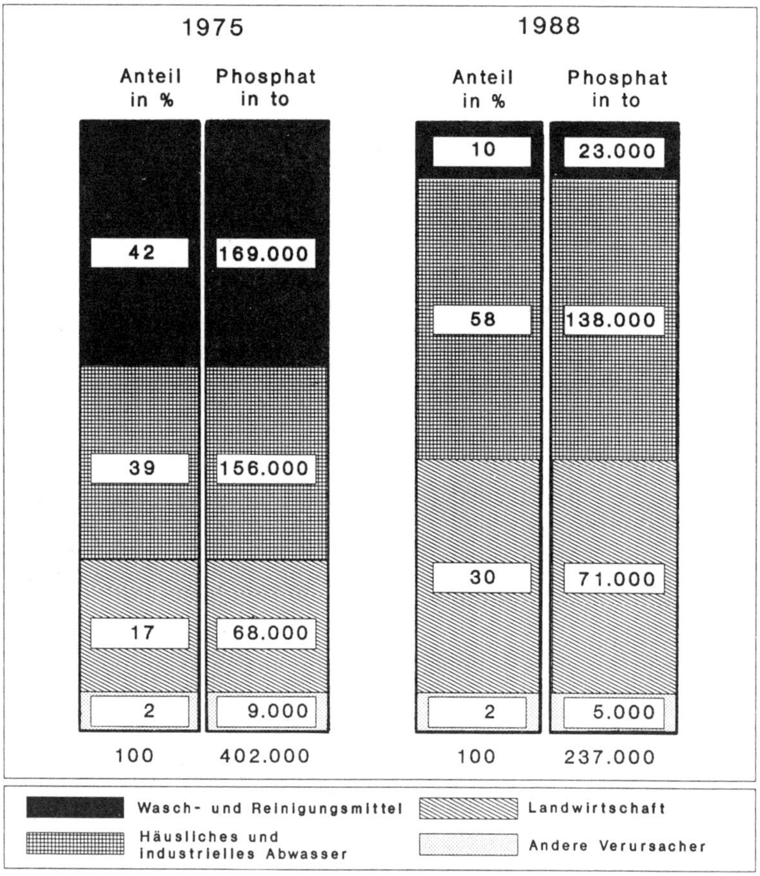

Abb. 20: Phosphatbelastung der Oberflächengewässer in der Bundesrepublik im Zeitvergleich
(Quelle: Umweltbundesministerium)

Neben dieser absoluten Verbrauchsreduktion war auch ein psychologisch bedingter Umweltentlastungseffekt feststellbar. Die ausgeprägte Sensibilisierung der Waschmittelkäufer, die als Resultat der Einführung phosphatfreier Waschmittel weiter anstieg, führte beim Verbraucher zu einer bewußteren und damit verringerten Waschmitteldosierung. Im Zuge dieser Entwicklung wurde eine schon immer vorhandene Produktleistung von PERSIL, die hohe Waschkraft, unter umweltpolitischem Blickwinkel neu entdeckt.

Durch die Entscheidung des Unternehmens, zum 1.1.1989 das phosphathaltige PERSIL aus dem Progamm zu eliminieren, konnte der Marktanteil phosphathaltiger Waschmittel in der Bundesrepublik schlagartig von 32.3% auf 18.2% reduziert werden. Durch diesen Schritt verstärkte sich zudem der Druck seitens des Handels und der Öffentlichkeit auf die Wettbewerber, entsprechende Maßnahmen einzuleiten. Vor dem Hintergrund dieser Entwicklung ist damit zu rechnen, daß phosphathaltige Vollwaschmittel kurz- bis mittelfristig vollständig vom Markt verschwunden sein werden.

Vor allem durch die ökologieorientierte Produktinnovation des Marktführers PERSIL stieg die Bedeutung der Umweltverträglichkeit als Kaufmotiv für Waschmittel deutlich an. Diese Veränderung der Käuferbedürfnisse war der Wegbereiter für eine Reihe weiterer umweltentlastender Produktinnovationen im Wasch- und Reinigungsmittelbereich. Beispielhaft zu nennen wäre hier die Einführung von »Normal-Konzentraten« (Einsparung von Packungsmaterial), von Nachfüllpackungen und schließlich seit August 1989 das Angebot von hochkonzentrierten Kompakt-Waschmitteln.

Fallstudie Lenor Nachfüllpackung

1. Marketing-Problemstellung

1.1 Situation des Marktes für Weichspüler

Nach einer Mitte der 60er Jahre einsetzenden langandauernden Wachstumsphase befindet sich der Markt für Weichspüler seit Beginn der 80er Jahre in einer Stagnationsphase mit rückläufiger Tendenz. Der Weichspülermarkt in der Bundesrepublik Deutschland weist heute ein Volumen von ca. 400 Mio DM auf und verzeichnet mengenmäßig einen Volumensrückgang von 1–3 % pro Jahr.

Aufgrund bislang regelmäßig durchsetzbarer Preiserhöhungen stellt sich die wertmäßige Marktentwicklung (ca. + 1 % p.a.) etwas positiver dar. Da heute bereits 85 % aller Haushalte Weichspüler verwenden erscheint ein zukünftig wiedereinsetzendes quantitatives Marktwachstum sehr unwahrscheinlich. Lediglich ein wertmäßiges Wachstum durch ein höheres Preisniveau als Folge eines zusätzlichen Produkt-Nutzens wäre denkbar.

Vor dem Hintergrund einer für Umweltprobleme immer stärker sensibilisierten Öffentlichkeit wurden Mitte der 80er Jahre auch Weichspüler zunehmend von Umweltschutzgruppen kritisiert. Nicht nur die chemischen Inhaltsstoffe der Weichspüler (kationische Tenside) erschienen umweltpolitisch diskussionswürdig, auch der Anfall von Verpakkungsmüll durch große Kunststoffflaschen wurde immer häufiger bemängelt.

Die Verwendung von Weichspülern führte schließlich bei einer steigenden Zahl von Verbrauchern zu negativen Assoziationen bzw. einem schlechten Gewissen. Der ursprüngliche Produktnutzen wurde dadurch immer stärker verdrängt. Verbraucherverbände wiesen zudem in ihren Veröffentlichungen darauf hin, daß bei der Verwendung von Wäschetrocknern auf Weichspüler völlig verzichtet werden könnte.

Die dargestellten Entwicklungen führten zu einem reduzierten Verbrauch von Weichspülern und damit zu der aufgezeigten Marktstagnation. Obwohl diese Entwicklung alle Wettbewerber betraf, war Lenor als Marktführer besonders davon betroffen.

1.2 Konkurrenzsituation

Alle Wettbewerber konzentrierten sich im Rahmen ihrer Marketingstrategie auf die traditionellen Produktvorteile von Weichspülern. Aus Sicht der jeweils betroffenen Unternehmen wurde versucht, den Kunden im Sinne des vom Product-Management definierten Produktnutzens »zu erziehen« . Eine Profilierung im Wettbewerb durch die Besetzung neuer kaufrelevanter Produkteigenschaften wurde dabei versäumt.

Die Focussierung aller Wettbewerber auf wenige, austauschbare Nutzendimensionen führte zu einer hohen Wettbewerbsintensität, wobei sich der Wettbewerb immer stärker auf der preislichen Ebene abspielte. Der Preisdruck machte sich vor allem bei den 4 l-Großpackungen bemerkbar, welche vom Handel als gute »Frequenzbringer« häufig im Rahmen von Sonderangebotsmaßnahmen verwendet wurden.

Die starke Preisorientierung des Wettbewerbs in Verbindung mit dem schrumpfenden Markt- und Absatzvolumen führte viele Unternehmen in eine prekäre Preis-Kosten-Schere.

Trotz der hohen Konkurrenzintensität konnte LENOR seine Marktführerposition gegenüber den Hauptwettbewerbern KUSCHELWEICH, VERNELL und SOFTLAN halten und seinen Marktanteil von 1985 bis 1987 bei 41 % stabilisieren. Als Resultat der Preisführerschaft von LENOR im Weichspülermarkt lag der wertmäßige Marktanteil bei über 50 %.

Aufgrund dieser dominanten Marktposition richteten die Wettbewerber ihr Verhalten stark an dem von LENOR aus. Darüber hinaus führten einige charakteristische Merkmale der Marketingpolitik von Procter & Gamble dazu, daß für die Konkurrenten das Verhalten des Unternehmens relativ gut vorhersehbar war. In diesem Zusammenhang sind vor allem die von P & G vor jeder Neuprodukteinführung durchgeführten einjährigen Markttests zu nennen, die den Wettbewerbern eine entsprechende Vorlaufzeit für eigene Gegenmaßnahmen sicherte.

1.3 Konsumentensituation

Verschiedene vom Unternehmen durchgeführte Marktforschungsuntersuchungen deuteten darauf hin, daß trotz unverändert wahrgenommener Produktvorteile (Abb. 1) in bestimmten Segmenten Kaufhemmnisse existierten. Konkrete Anhaltspunkte für produktbezogene Verbesserungen ließen sich aus den Marktforschungsergebnissen jedoch nicht ableiten.

Es zeigte sich, daß vor dem Hintergrund der Verpackungsmülldiskussion die Sperrigkeit der voluminösen Kunststoffflaschen für Weichspüler im Hausmüll zu einem negativen Wahrnehmungsanker geworden war. Im Gegensatz zur Gewässerbelastung, die durch die Verwender von Weichspülern nicht unmittelbar wahrgenommen werden konnte, führten die leeren Flaschen zu einer direkten Betroffenheit der einzelnen Haushalte. Durch den hohen Platzbedarf der Kunststoffflaschen in der eigenen Mülltonne wurde das Problem des ständig wachsenden Müllberges für den einzelnen Verbraucher direkt erlebbar.

Als ein weiteres Ergebnis der Marktforschungsuntersuchungen stellte sich heraus, daß die Preisbereitschaft der Konsumenten gegenüber umweltfreundlicheren Erzeugnissen in diesem Produktbereich relativ gering ausgeprägt war. Gleichzeitig bestand jedoch durchaus die Bereitschaft, für den Schutz der Umwelt gewisse Unbequemlichkeiten in Kauf zu nehmen (z.B. Aufwand für das Recycling von Altglas, Papier, Müllsortierung, etc.). Die in zunehmenden Maße zur Verfügung stehende Freizeit veranlaßt offenbar auch im Bereich der Weichspüler eine steigende Zahl von Verbrauchern dazu, zusätzliche Mühen und Zeitaufwand in Kauf zu nehmen, um zu einer Umweltentlastung beizutragen. Nicht zuletzt an dieser Entwicklung wird ein Trend vom »demonstrativen Konsum« zur »demonstrati-

Grundnutzen:	▪ Weichheit / Griff der Wäsche (Gute Trageeigenschaften und Pflege der Wäsche)
Zusatznutzen:	▪ Duft / Frische ▪ Verringerte elektrostatische Aufladung ▪ Bügelzeitersparnis ▪ Trockenzeitersparnis

Abb. 1: Produktleistungen von Weichspülern

ven (Umwelt-)Vernunft« sichtbar. Dies führte beim Verbraucher jedoch nicht zu einem reduzierten Anspruchsniveau bezüglich der traditionellen Produktleistungskriterien.

1.4 Unternehmenssituation

Die Procter & Gamble GmbH ist eine 100%ige Tochtergesellschaft der The Procter & Gamble Company in Cincinnati/Ohio. Sie erzielte 1988 mit 4500 Mitarbeitern einen Umsatz von 3.3 Mrd. DM. Neben Weichspülern produziert das Unternehmen Waschmittel, Haushaltsreiniger, Körperpflegemittel und Produkte der Baby-Hygiene.

1.4.1 Die ökologische Betroffenheit von Procter & Gamble

Die ökologische Betroffenheit des Unternehmens kann anhand von zwei Dimensionen beschrieben werden. Die sachliche Dimension der Betroffenheit bezieht sich auf den von ökologischen Problemen betroffenen Unternehmensbereich. Dabei werden die Bereiche Beschaffung, Produktion, Absatz, Produktverwendung und Produktentsorgung unterschieden. Die zeitliche Dimension kennzeichnet den sich aus der konkreten Marktsituation ergebenden ökologieorientierten Handlungsdruck. Es wird dabei differenziert zwischen potentieller Betroffenheit (ökologieorientierte Verhaltenstrends aus anderen Märkten könnten auf das Unternehmen übergreifen), mittelbarer Betroffenheit (ein ökologisches Bewußtsein ist im Markt vorhanden, macht sich aber noch nicht in einem veränderten Kaufverhalten bemerkbar) und direkter Betroffenheit (ökologieinduziert verändertes Kaufverhalten).

Die Procter & Gamble GmbH war direkt betroffen. Diese Betroffenheit entstammte dem Bereich der Produktentsorgung und machte sich bereits 1984 in einem Absatzrückgang von knapp 10% bei Lenor bemerkbar. In dieser Situation bestand für das Unternehmen ein akuter Handlungsbedarf.

Die ökologische Betroffenheit aus der Sicht der Konsumenten bezog sich zunächst auf den eigentlichen Produktkern. Die Diskussion über die Phosphatbelastung der Gewässer durch Wasch- und Reinigungsmittel wurde vom Verbraucher generalisierend auch auf Weichspüler übertragen und dies obwohl durch wissenschaftliche Untersuchungen mehrfach die Unbedenklichkeit der in Weichspülern enthaltenen Substanzen, im Vergleich zu denjenigen bei Waschmitteln, festgestellt worden war. Dieser Aspekt der ökologischen Betroffenheit stellte vor allem ein Problem der Kommunikationspolitik dar.

Die ökologische Betroffenheit bezog sich jedoch nicht nur auf den Produktkern, sondern auch auf die Verpackung. Hier mußte das Unternehmen durch neue, umweltgerechtere Packmitteloptionen versuchen, die umweltpolitisch angegriffene Position von LENOR wieder zu korrigieren.

Darüber hinaus bestand die Gefahr, daß die negativen Einstellungen der Verbraucher gegenüber großvolumigen Kunststoffverpackungen kurzfristig auch auf andere flüssige Haushaltsprodukte übergreifen würden. Eine solche Entwicklung hätte negative Auswirkungen auf zahlreiche von Procter & Gamble angebotene Produkte (MEISTER PROPER, ARIEL, VIZIR, etc.).

1.4.2 Die ökologierelevanten Chancen und Risiken der Procter & Gamble GmbH

Bei einer weiteren Verschärfung bzw. Emotionalisierung der Verpackungsmülldiskussion mußte das Unternehmen damit rechnen, daß der Gesetzgeber aufgrund zunehmendem öffentlichen Druck die Verwendung von Kunststoffflaschen beschränkt oder von der Industrie den Aufbau von Retrodistributionssystemen verlangt. Vor diesem Hintergrund bot eine aktive ökologieorientierte Marketingstrategie die Chance, Eingriffen des Staates zuvor zu kommen und sich damit einen größtmöglichen Handlungsspielraum zu bewahren.

Durch ein freiwilliges, aktives Vorgehen in diesem Sinne konnte einerseits das gesellschaftspolitische Verantwortungsgefühl der Unternehmung in der Öffentlichkeit glaubhaft kommuniziert werden, andererseits bot sich dadurch die Möglichkeit als »Pionier« erstmalig im Weichspülermarkt die Dimension Umweltqualität zu besetzen.

Es bestand jedoch auch die Gefahr, daß die Einführung einer umweltfreundlichen Verpackung bei LENOR kurzfristig zu Forderungen nach einer Umstellung aller Verpackungen des Unternehmens führt. Darüber hinaus war damit zu rechnen, daß das ökologisch wenig vorteilhafte Image von Weichspülern die Glaubwürdigkeit einer umweltfreundlichen Verpackung dieses Produktes mindern könnte.

Ökologierelevante Chancen gegenüber Absatzmittlern boten sich insbesondere dann, wenn eine neue umweltgerechte Verpackung auch zu einer Arbeitserleichterung und Regalplatzersparnis im Handel führen würde.

Die erstmalige Einführung einer umweltgerechten Verpackung für Weichspüler könnte zu einer wirksamen Profilierung und damit zu einem dauerhaften Wettbewerbsvorteil im Vergleich zu sich ökologisch passiv verhaltenden Wettbewerbern führen. Ein auf diese Weise aufgebautes positives »Umweltimage« kann von der Konkurrenz auch durch eine Imitation der neuartigen Verpackung nur bedingt aufgeholt werden.

Es mußte jedoch auch damit gerechnet werden, daß die Wettbewerber durch die eigenen umweltorientierten Vorstöße zu verstärkten Forschungsanstrengungen angeregt werden und diese letztlich zu ökologisch besseren, dem eigenen Produkt überlegenen Verpackungslösungen führen. Dieses Gefahrenpotential erschien jedoch vor dem Hintergrund der Risiken des Status Quo (Marktschrumpfung durch ökologische Sensibilisierung der Verbraucher) als relativ gering.

Die ökologierelevanten Chancen und Risiken sind in Abbildung 2 noch einmal im Überblick dargestellt.

1.4.3 Die ökologierelevanten Unternehmensstärken und -schwächen

Die ausgeprägte Kundenorientierung der Unternehmensleitung stellt eine wesentliche Stärke des Unternehmens dar. Sie findet ihren Niederschlag nicht nur in den Unternehmensleitlinien sondern kommt auch in der traditionell hohen Bedeutung der Marktforschung bei P&G zum Ausdruck. Auf der Grundlage der Marktforschungsergebnisse erlaubt die flache Organisationsstruktur eine schnelle und flexible Reaktion auf neue Konsumtrends.

Die Zugehörigkeit der Procter & Gamble GmbH zu einem internationalen Konzern sichert einerseits die notwendigen finanziellen Mittel für umweltorientierte Investitionen, wobei sowohl an langfristige ökologische Forschungsprojekte als auch an kostenintensive

Externe Faktoren	Chancen	Risiken
Gesetzgeber	▪ Dirigistische Eingriffe des Staates können durch umweltgerechte Verpackungsgestaltung vermieden werden	▪ Verbot bzw. Beschränkung von Kunststoffflaschen führt kurzfristig zu kostenintensiven Umstellungsmaßnahmen ▪ Gesetzlicher Zwang zum Aufbau eines Retro-Distributionssystems für Kunststoffflaschen (Entsorgungssysteme)
Öffentlichkeit	▪ Freiwillige Einführung umweltgerechter Verpackungen kommuniziert gesellschaftliches Verantwortungsgefühl des Unternehmens	▪ Ökologieorientierte Verpackkung bei Lenor initiiert kurzfristig Forderungen nach einer Umstellung des gesamten Produktprogramms ▪ Umweltorientiertes Vorpreschen bei Verpackungen stößt auf mangelnde Glaubwürdigkeit wegen fragwürdiger Umwelteigenschaften des Produktes Weichspüler
Absatzmittler/ Abnehmer	▪ Vorteile eines Pioniers durch erstmalige Besetzung der Wahrnehmungsdimension Umweltqualität ▪ Unterstützung im Handel durch Angebot einer regalplatzsparenden Verpackung ▪ Arbeitsentlastung für den Handel durch volumenreduzierte Umverpackung ▪ Gutes Umweltgewissen der Verbraucher ermöglicht höhere Preise	▪ Steigende ökologische Sensibilisierung der Verbraucher führt trotz neuer Verpackungen zu rückläufigem Verbrauch an Weichspülern
Konkurrenz	▪ Profilierung gegenüber ökologisch sich passiv verhaltenden Wettbewerbern ▪ Dauerhafte Wettbewerbsvorteile durch patentierte Verpackungsinnovationen ▪ Reaktive und imitative Verhaltensweise der Konkurrenten führt bei diesen zu negativen Imageeffekten	▪ Völliger Verzicht auf Kunststoffverpackungen und Einführung alternativer Packmittel durch die Konkurrenz macht eigene Verpackungsinnovationen obsolet
Wissenschaft und Forschung	▪ F&E kann ökologisch weitgehend unbedenkliche Verpackungsalternativen entwickeln	▪ Intensivere Forschung führt zu neuen Erkenntnissen über bisher als ungefährlich geltende Einsatzstoffe

Abb. 2: Ökologierelevante Chancen und Risiken der Procter & Gamble GmbH

Umstellungen der Fertigungsanlagen zu denken ist. Andererseits waren beim ökologisch kaum sensibilisierten Management der amerikanischen Muttergesellschaft hinsichtlich einer umweltorientierten Marketingstrategie gewisse Barrieren zu überwinden.

Aufgrund der starken Marktstellung des bisherigen Leistungsprogrammes bestand im Handel dem Unternehmen gegenüber eine relativ hohe Kooperationsbereitschaft. Die Markteinführung ökologieorientierter Produktinnovationen stieß daher auf nur geringe Akzeptanzbarrieren im Handel.

In der Wahrnehmung der Konsumenten waren einige Haushaltsprodukte des Unternehmens »ökologisch vorbelastet«. Diesem Manko stand allerdings ein hoher Bekanntheitsgrad der meisten Produkte des Unternehmens entgegen. Dies führte zu einem Vertrauensbonus der Konsumenten gegenüber den entsprechenden Marken.

Bei der Erforschung der Umwelteigenschaften verschiedener Packmittel arbeitete P&G eng mit externen Forschungseinrichtungen zusammen. Dadurch konnte das hohe produktspezifische Know-how von P&G durch ein ebenso hohes Know-how im Bereich Ökologie vorteilhaft ergänzt werden.

Eine entscheidende Unternehmensstärke bildete schließlich das ausgeprägte Marketing Know-how. In Verbindung mit der breiten Produktpalette und der generell angewandten Mehrmarkenstrategie war es dem Unternehmen möglich, einzelne ökologisch besonders betroffene Marken ohne negative Ausstrahlungseffekte für die übrigen Produkte aus dem Markt zu nehmen und durch umweltfreundlichere Marken zu ersetzen.

Die ökologierelevanten Stärken und Schwächen des Unternehmens sind in Abbildung 3 noch einmal zusammengefaßt.

2. Die ökologieorientierte Marketingstrategie der Procter & Gamble GmbH

2.1 Ökologieorientierte Marketingziele und -strategien

Die Unternehmensleitsätze von P&G sind nicht nur geprägt von einer starken Kunden- und Mitarbeiterorientierung, sondern stellen darüber hinaus das Wohl der Gemeinden und Regionen, in denen die Betriebsteile angesiedelt sind, in den Vordergrund. Rechtschaffenheit und das Streben nach gesellschaftlicher Legitimität als weitere Leitsätze des Unternehmens schlossen eine plakative Verwendung umweltorientierter Schlagwörter aus. Vielmehr war es das Ziel von P&G, durch wirksame ökologische Produktverbesserungen die Eigenschaften des neuen LENOR im Hinblick auf die Umweltverträglichkeit zu verbessern, und für den Verbraucher unmittelbar sichtbar zu machen. Damit sollte nicht zuletzt einer mangelhaften Glaubwürdigkeit der Umweltorientierung des Unternehmens vorgebeugt werden.

Das primäre Marketingziel mußte es sein, die unbefriedigende Umsatzentwicklung von Lenor zu stoppen. Diesem Ziel kam deshalb eine hohe Bedeutung zu, weil Lenor allein 10% des Umsatzes der Procter & Gamble GmbH auf sich vereinigt. Die Entwicklung einer neuen ökologiegerechten Verpackung hatte dabei die aus Abbildung 4 hervorgehenden Basisanforderungen zu erfüllen.

Interne Faktoren	Stärken	Schwächen
Unternehmensführung, Unternehmensstruktur	▪ Ausgeprägte Kundenorientierung führt frühzeitig zur Identifikation neuer ökologieorientierter Konsumtrends ▪ Flexible Unternehmensreaktion auf Marktbedingungen durch flache Organisationshierarchie	▪ Teilweise Abhängigkeit von der amerikanischen Muttergesellschaft, die ökologisch kaum sensibilisiert ist
Finanzielle Situation	▪ Ausreichende finanzielle Mittel für ökologieorientierte Investitionen	
Leistungsprogramm	▪ Breite, ökologisch unterschiedlich betroffene Produktpalette ▪ Bisheriges Leistungsprogramm ist im Handel sehr gut eingeführt, hoher Goodwill des Handels ▪ Marktführerposition in vielen Produktbereichen erleichtert Markteinführung ökologieorientierter Produktinnovationen ▪ Hoher Bekanntheitsgrad vieler Unternehmensprodukte resultiert in einem Vertrauensvorschuß bei den Konsumenten	▪ Einige Haushaltsprodukte des Unternehmens sind "ökologisch vorbelastet" ▪ Unternehmen war in der Vergangenheit Zielscheibe umweltkritischer Aktionen von Umweltaktivisten
Technisches Know-how	▪ Traditionell hohe F&E-Intensität ▪ Zusammenarbeit mit externen Forschungseinrichtungen über Umwelteigenschaften verschiedener Packmittel	▪ Einseitige Fokussierung auf Kunststoffverpackungen im Flüssigbereich
Marketing-Know-how	▪ Hohe Marketingkompetenz aus Handelssicht erleichtert umweltorientierte Produkteinführung ▪ Traditionell hohes Engagement im Marktforschungsbereich bildet eine gute Voraussetzung für eine antizipativ-offensive Umweltstrategie ▪ Mehrmarkenstrategie ermöglicht flexible Reaktion auf ökologische Betroffenheit	

Abb. 3: Ökologierelevante Stärken und Schwächen der Procter & Gamble GmbH

Die Verpackung soll ein Maximum an Effizienz auf den Stufen ...

... Produktion
... Logistik
... Verkauf
... Konsum
... Entsorgung

erbringen, bei einem Minimum an ökologischer Belastung und ökonomischem Aufwand

Abb. 4: Basisanforderungen an eine optimale Verpackung

Die traditionellen Produktvorteile von Lenor wurden zwar unverändert vom Konsumenten wahrgenommen, trotzdem kam es zu einem kontinuierlichen Absatzrückgang. Für eine strategische Neuorientierung mußte demzufolge zunächst festgestellt werden, welche neuen Beurteilungskriterien der Konsument seiner Kaufentscheidung für Weichspüler zugrundelegt.

Es stellte sich heraus, daß aufgrund der in der Öffentlichkeit und den Medien ausgetragenen Diskussion über den immer schneller anwachsenden Müllberg die Verbraucher insbesondere gegenüber Verpackungsmüll stark sensibilisiert waren. Diese Entwicklung konnte besonders deutlich in denjenigen Produktkategorien festgestellt werden, wo die Entsorgung von Verpackungen für den einzelnen Haushalt mit überdurchschnittlichen Mühen verbunden war.

In diesem Zusammenhang wurden die bei Weichspülern verwendeten sperrigen Kunststoffflaschen zwar durchaus als unpraktisch wahrgenommen, weitaus wichtiger war jedoch, daß der Verbraucher bei der Verwendung von Weichspülern immer häufiger ein schlechtes Gewissen hatte. Die von einer zunehmenden Zahl von Konsumenten wahrgenommene Eigenverantwortlichkeit für die Umweltprobleme der Gesellschaft führten hier erstmalig zu einem Konsumverzicht bzw. zu einer Konsumreduktion.

Aus dieser Situationsanalyse leitete sich für das Unternehmen die Zielsetzung ab, Lenor unter Berücksichtigung von Umwelteigenschaften neu zu positionieren. Dabei war zu beachten, daß die Konsumenten einem umweltorientierten Relaunch generell kritisch gegenüberstanden. Viele Konsumgüterhersteller verwendeten in der Vergangenheit das Umweltargument (»Bio-Label«) lediglich im Rahmen ihrer Kommunikationsstrategie ohne tatsächlich ein umweltgerechteres Produkt anzubieten.

Die Verwendung des »neuen LENOR« sollte zu einem guten Umweltgewissen führen. Der Verbraucher sollte in dem Bewußtsein kaufen, mit dem »neuen LENOR« aktiv zur Reduktion des Müllberges beizutragen.

Darüber hinaus sollte die neu zu entwickelnde Verpackung im Handel nicht zu einer zusätzlichen Arbeitsbelastung führen. Um die Akzeptanz einer neuartigen Verpackung im Handel zu gewährleisten, mußten die Verpackungsanforderungen des Handels (Abb. 5) in

1. Anspruch: Produkte müssen in der Versandverpackung zu präsentieren sein 2. Anspruch: Versandverpackung muß offen sein 3. Anspruch: daß 1. die Versandverpackung so offen ist, daß jedes Teil darin mit dem Auszeichner erreichbar ist und 2. nur eine Lage gepackt ist 4. Anspruch: Gewichtsgrenze 12 - 15 kg je Versandverpackung beachten 5. Anspruch: Versandverpackungen farbig und werbeaktiv gestalten 6. Anspuch: Frontseite • Schmalseite der Versandverpackung	7. Anspruch: Mindesthaltbarkeitsdatum muß ohne Produktentnahme deutlich lesbar sein 8. Anspruch: EAN-Strichcode auf einer Frontseite und einer Längsseite der Versandverpackung erforderlich (Code der Ordereinheit) 9. Anspruch: Hohe Material- und Statikqualität erforderlich Testen ! 10. Anspruch: Versandverpackungen ausschließlich aus Papier, Voll- oder Wellpappe herstellen 11. Anspruch: Maß der Grundfläche der Versandverpackung zwingend in dem ISO-Modul 400 mm x 600 mm

Abb. 5: Die Ansprüche des Einzelhandels an ein modernes Verpackungssystem

die Produktentwicklung integriert werden. Dabei waren neben technischen Spezifikationen insbesondere Kriterien der Regalpräsentation zu beachten und ein möglichst geringer Anfall von Versand- und Umverpackungen sicherzustellen.

Um negativen Ausstrahlungseffekten hinsichtlich der noch in traditionellen Verpackungen angebotenen Produkte vorzubeugen, sollte die neue Verpackung im Falle der erfolgreichen Markteinführung auch für alle anderen flüssigen Haushaltsprodukte des Unternehmens übernommen werden.

Um ökologisch weniger sensibilisierte Verbrauchersegmente nach wie vor ansprechen zu können, entschied sich das Unternehmen für eine duale Marktbearbeitungsstrategie. Ökologiebewußten Konsumenten sollte das neue Lenor angeboten werden, alle übrigen Segmente sollten mit dem unverändertem Standardprodukt bedient werden. Die intensivierte Bearbeitung ökologiebewußter Verbrauchersegmente sollte dabei zu einer Verjüngung der LENOR Zielgruppe führen.

2.2 Ökologieorientierte Maßnahmen

2.2.1 Produktpolitik

Bei der Entwicklung eines neuen Verpackungskonzeptes war es notwendig, nicht nur eine mögliche Umweltbelastung durch die Entsorgung der Verpackung zu berücksichtigen, sondern vielmehr eine Gesamtsystembetrachtung vorzunehmen. Die neue innovative Verpackung sollte dabei auf jeder Prozeßstufe (vgl. Abb. 6) zu einer deutlichen Reduktion der Umweltbelastung führen. Es sollte vermieden werden, bessere Entsorgungseigenschaften z. B. mit einem höheren Energieverbrauch zur Herstellung der Verpackung zu erkaufen. Um eine solche, im ganzheitlichen Sinne bessere Umweltqualität tatsächlich sicherzustellen, wurde auf Untersuchungsergebnisse des Schweizer Bundesamtes für Umweltschutz (BUS) zurückgegriffen. Die enge Kooperation mit dem BUS hatte zum Ziel, die ausgewiesen hohe Kompetenz dieses unabhängigen Instituts für die Verpackungsentwicklung nutzbar zu machen und damit die Glaubwürdigkeit der umweltorientierten Maßnahmen gegenüber der Öffentlichkeit abzusichern. Als ein weiteres Element dieser Absicherungsstrategie sollte der beim Umweltbundesamt beantragte »Blaue Umweltengel« dienen. Die Verwendung dieses Symbols hätte dem Verbraucher die umweltfreundlichen Eigenschaften des neuen LENOR schnell und glaubhaft kommuniziert. Trotz der umweltpolitischen Vorbildfunktion der neuen ökologieorientierten Verpackungsinnovation (Hausmüllmenge wird reduziert und die nach wie vor im Handel erhältliche 4-l-Kunststoffflasche wird zur Mehrwegflasche) erfolgte keine Erteilung des Umweltengels.

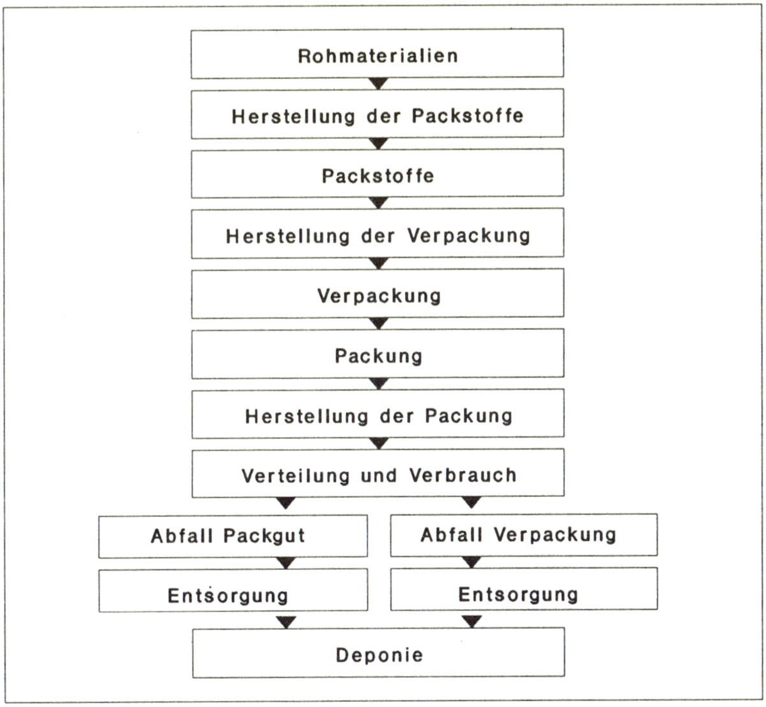

Abb. 6: Produktionsstufen der Verpackungserstellung

Das BUS erfaßt die Umweltqualität von Packstoffen in sog. Ökobilanzen. Als Basisdaten werden für jeden Packstoff der Energieverbrauch, die Luft- und Wasserbelastung sowie das Aufkommen fester Abfallstoffe gemessen. Diese Daten werden für die Gebindeverpackung und das gesamte Versandsystem erhoben.

Flexible Kunststoffbeutel als Verpackung für Getränke existierten bereits (»CAPRI-SONNE«). Ebenso wurden in Frankreich bei Wasch- und Reinigungsmitteln bereits Nachfüllpackungen eingesetzt. Im eigenen Hause hatte Procter & Gamble bereits seit einigen Jahren neben der traditionellen 4-l-Flasche auch eine 1-l-Flasche Lenor-Konzentrat im Angebot. Dieses wurde jedoch in einer normalen Kunststoffflasche angeboten und stieß aufgrund der ungewohnten »Kleinheit« nur auf geringe Gegenliebe der Verbraucher. Die erheblich kleinere Packung führte in der Wahrnehmung der Konsumenten zu einem schlechteren Preis-Leistungsverhältnis und bot aufgrund der relativ schlechten Materialökonomie kaum Ansatzpunkte für eine spürbare Reduzierung des Hausmüllaufkommens.

Das Unternehmen kombinierte nun die beiden Ideen der Beutelverpackung einerseits und des Nachfüllgedankens andererseits zur Entwicklung eines Lenor-Konzentrates im 1-l-Nachfüllbeutel. Das Konzentrat muß vom Verbraucher mit 3 l Wasser zu 4 l gebrauchsfertigem Weichspüler verdünnt werden. Um etwas für die Umwelt zu tun, muß der Konsument sein Lenor also selbst »herstellen«. Die Belohnung für dieses Engagement ist eine um 85 % reduzierte Abfallmenge.

Das Unternehmen war überzeugt, daß der Verbraucher bereit sein würde, zum Schutz der Umwelt in gewissem Maße Unbequemlichkeiten bzw. zusätzlichen Zeitaufwand in Kauf zu nehmen. Diese Überzeugung basierte auf Marktforschungsergebnissen wonach die Zahl der umweltbewußten Haushalte im Zeitraum 1985 bis 1987 von 40 auf 52 % gestiegen war. Darüber hinaus bekundeten 60 % der Haushalte umweltverträgliche Verpackungen bei ihrer Kaufentscheidung zu bevorzugen. Die oftmals zu beobachtende Diskrepanz zwischen dem bekundeten und dem tatsächlichen umweltorientierten Kaufverhalten stellte in diesem Zusammenhang jedoch einen beträchtlichen Unsicherheitsfaktor dar.

Das neue Lenor-Konzentrat im Nachfüllpack bedeutete aus der Sicht des Verbrauchers jedoch nicht nur eine Entlastung der Umwelt sondern war gleichzeitig mit einem bequemeren Einkauf verbunden, da das neue Produkt 75 % leichter war als die herkömmliche 4-l-Flasche und erheblich weniger Platz in Anspruch nahm.

Die ökologische Vorteilhaftigkeit der neuen Nachfüllpackung wurde gemäß den Richtlinien des BUS ermittelt. Die bereits erwähnten Ökobilanzen für die 4-l-Standard-Pakkung im Vergleich zu einer konventionellen 1-l-Konzentrat-Packung und dem 1-l-Nachfüllbeutel brachten die in Abbildung 7 dargestellten Ergebnisse. Es wird deutlich, daß bei den umweltrelevanten Kriterien Energieverbrauch, Luftbelastung, Wasserbelastung und feste Abfallstoffe erhebliche Verbesserungen erzielt werden konnten.

Nach Abschluß der Untersuchungen des BUS wurde ein Konzepttest mit dem neuen Produkt durchgeführt. Die Konsumentenreaktion bei diesem Test fiel ausgesprochen positiv aus, so daß sich das Unternehmen entschloß, das neue LENOR als erstes Produkt in der Geschichte des Hauses ohne regionalen Testmarkt national einzuführen. In der Vergangenheit war jeder Produktneueinführung ein jeweils zwölfmonatiger Testmarkt vorausgegangen. Dies hatte zur Folge, daß die Konkurrenten bislang stets im voraus über alle produktpolitischen Maßnahmen von P&G relativ genau informiert waren. Häufig nutzten die Wettbewerber den ihnen dadurch gewährten Zeitvorsprung zur Einführung eigener Produkte noch vor der Einführung des entsprechenden P&G Produktes. Die Markteinführung des neuen LENOR-Konzentrats im Nachfüllpack traf die Wettbewerber daher völlig

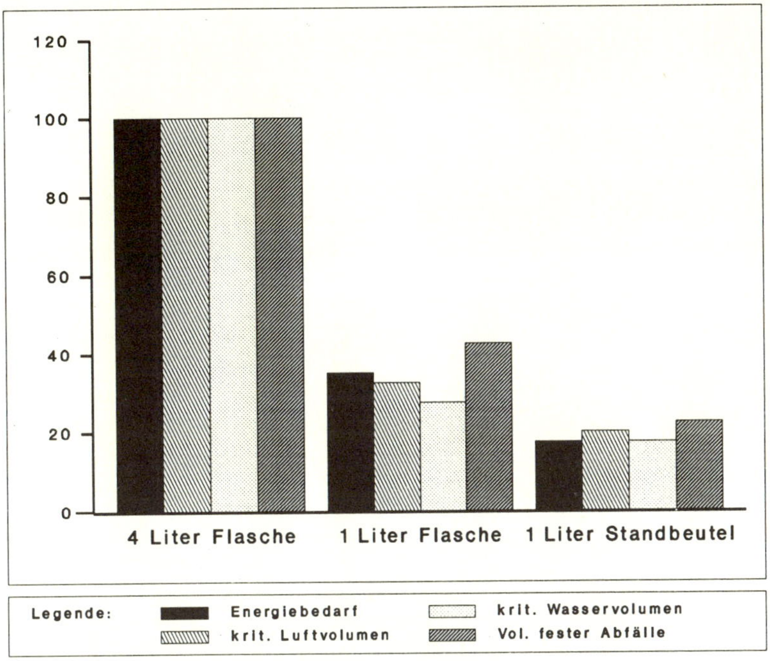

Abb. 7: Ökobilanzen unterschiedlicher Packmitteloptionen für Weichspüler im Vergleich zur 4-l-Packung (in %)

unvorbereitet. Obwohl einige Konkurrenten bereits nach vier Monaten eigene Weichspüler im Nachfüllpack ankündigten, dauerte es noch etwa ein Jahr bis der Wettbewerb tatsächlich in der Lage war, den Markt mit entsprechenden Mengen zu beliefern.

In diesem Zusammenhang stellte die Zeit einen wesentlichen Erfolgsfaktor bei der Markteinführung dar. Selbst nachdem die Konkurrenz die ökologischen Produktvorteile imitiert hatte, konnte P&G unverändert von dem einmal aufgebauten ökologieorientierten Image bei LENOR profitieren.

Die Akzeptanz im Handel sollte durch eine logistikgerechte Versandverpackung, entsprechend den Wünschen der Handelspartner, sichergestellt werden. Dies führte zur Entwicklung einer neuartigen Display-Umverpackung (Abb. 8) mit den folgenden Vorteilen gegenüber dem bisher verwendeten normal geschlitzten Umkarton:

- Auf der gleichen Regalfläche, die für drei 4-l-Standardkunststoffflaschen notwendig ist, können nun zehn Nachfüllbeutel untergebracht werden. Dies bedeutet eine verdreifachte Flächenproduktivität
- Aufgrund des einfacheren Warenhandlings lassen sich die direkten Produktkosten im Einzelhandel um bis zu 70 % verringern
- Die Versandverpackung ist im Einzelhandel ohne zusätzliche Packarbeiten präsentationsfähig
- Das Grundmaß der Versandeinheit ist modulgerecht
- Die Versandverpackungen bestehen aus umweltverträglichem Papier bzw. Pappe.

Abb. 8: Neue Display-Umverpackung im Vergleich zur alten Lenorflasche

Das Beispiel zeigt deutlich, daß es hier gelungen ist, den Umweltvorteil der Verpakkungsinnovation mit einem Merchandisingvorteil zu verknüpfen.

Parallel zu dieser Entwicklung wurde auch das Gewicht und damit der Materialeinsatz der herkömmlichen 4-l-Flasche um ca. 40 % reduziert. Sowohl der Nachfüllbeutel als auch die traditionellen Kunststoffflaschen werden aus Polyethylen (PE) hergestellt. Bei der Beseitigung dieses Materials entstehen weder auf der Mülldeponie noch in Müllverbrennungsanlagen umweltgefährdende Stoffe.

2.2.2 Kommunikationspolitik

Den Schwerpunkt der Kommunikationsstrategie für das neue LENOR bildete die klassische Werbung. Der hohe Bekanntheitsgrad von LENOR in Verbindung mit der seit vielen Jahren konsequent betriebenen Markenpolitik erleichterte die Einführung der Nachfüllpackung erheblich. In der Werbung ließen sich Synergieeffekte realisieren, da auf einem hohen Vertrauensvorschuß der Marke LENOR aufgebaut werden konnte. Dabei galt es jedoch, den unverändert wichtigen klassischen Produktvorteilen die neue Produkteigenschaft Umweltqualität glaubwürdig hinzuzufügen. Als zentraler Consumer Benefit sollte die Tatsache herausgestellt werden, daß mit der Verwendung des neuen LENOR aktiv etwas zur Entlastung der Umwelt getan werden kann.

Insbesondere mußte dem Konsumenten deutlich gemacht werden, daß die neuen umweltfreundlichen Eigenschaften des Nachfüllkonzentrates nicht zu Lasten der bekannt hohen Produktqualität bezüglich Weichheit und Frische gehen.

Die Umsetzung dieser Kommunikationsziele erfolgte im Rahmen von Funk- und Fernsehspots sowie durch Anzeigenkampagnen in Publikumszeitschriften. In der Markteinführungsphase wurde bei den Fernsehspots daher zunächst ein eher rationaler, »erzieherischer« Werbeauftritt gewählt. Eine kommunikationspolitische Hauptaufgabe bestand darin, die Kunden mit dem für sie vollständig neuartigen Produktnutzen vertraut zu machen. Gleichzeitig mußte die richtige Anwendung der neuen Nachfüllpackung demonstriert werden.

Im weiteren Verlauf der Marktbearbeitung veränderte sich der Argumentationsstil in Richtung eines stärker emotional geprägten Markenauftritts, der in seiner Ausrichtung der traditionellen Werbelinie entsprach.

Nachdem Wettbewerber mit imitativen Verpackungskonzepten auf dem Markt drängten, wurden verstärkt Funkspots zur Markendifferenzierung eingesetzt. Die überlegene Qualität des eigentlichen Produktkerns, des Weichspülers, bildete dabei den Argumentationsschwerpunkt dieser Radiokampagne (Abb. 9).

Den Gestaltungsanker im Rahmen der Kommunikationsstrategie bildete jeweils die visuell reizstarke Umsetzung des umweltorientierten Appells, durch den Kauf eines Lenor-Nachfüllbeutels zur Verringerung des Müllberges beizutragen.

Die für den Konsumenten selbst bei nur geringem Produktinvolvement visuell unmittelbar nachvollziehbare Umweltentlastung bei der Verwendung des neuen LENOR führte schnell zu einer breiten Akzeptanz der ökologieorientierten Produktinnovation im Markt.

Den Kommunikationsschwerpunkt gegenüber dem Handel bildete einerseits die erheblich verbesserte Flächenproduktivität des neuen Produktes, andererseits die deutlich reduzierten direkten Produktkosten. Einige Einkaufsmanager führender deutscher Einzelhandelsketten wurden zur Neuproduktpräsentation in die Unternehmenszentrale eingeladen, um ihr Urteil über das neue Produkt abzugeben. Deren Reaktion fiel derart positiv aus, daß sich selbst eine Diskussion über die sonst bei Neuprodukteinführungen üblichen Listungsgebühren erübrigte.

Vor allem die Verknüpfung der guten Umwelteigenschaften mit den ökonomischen Produktvorteilen für den Handel sicherte von Anbeginn dessen Kooperationsbereitschaft. Handels- und konsumentengerichtete Verkaufsförderungsaktionen (Abb. 10) unterstützten in der Einführungsphase die Maßnahmen der klassischen Werbung. Dabei wurde fast ausschließlich auf die Abfallreduktion durch die neuartige Verpackung abgestellt, die den für den Verbraucher primär wahrnehmbaren Umweltvorteil des Produktes repräsentierte.

2.2.3 Preispolitik

Die im Vergleich zu den großvolumigen Kunststoffflaschen kostengünstigere Herstellung der Nachfüllbeutel ermöglichte es dem Unternehmen, das neue Lenor ca. 10% preisgünstiger an den Handel abzugeben als die alten 4-l-Flaschen. Das Unternehmen beabsichtigte, dem Konsumenten das Umsteigen auf das umweltgerechtere Produkt zu erleichtern, um möglichst schnell eine hohe Penetration des Produktes zu erreichen.

Es stellte sich jedoch heraus, daß der Handel die ihm gewährten niedrigeren Einstandspreise nicht an die Verbraucher weitergab, sondern für die Nachfüllpackung sogar einen

Song:	Plitsch Platsch wir sind auf Zack. Nehmen Lenor im Nachfüllpack.
Frau 1:	Lenor ist meine Nr. 1. Da können noch so viele andere Nachfüll-packs kommen.
Song:	Plitsch Platsch wir sind auf Zack.
Off:	Nur Lenor spült wie Lenor. So weich und frisch.
Frau 2:	Wer nicht die Nr. 1 nimmt, kann auch keine erstklassige Weichheit erwarten.
Song:	Plitsch Platsch komm sei auf Zack. Nimm Lenor im Nachfüllpack.
Off:	Lenor Qualität - was anderes kommt nicht in die Tüte.

05.04.1989 Plitsch Platsch, Radio 30", Nr. 1

Song:	Plitsch Platsch wir sind auf Zack. Nehmen Lenor im Nachfüllpack.
Frau 1:	Wer nachdenkt, nimmt den Nachfüllpack. Natürlich von Lenor.
Song:	Plitsch Platsch wir sind auf Zack.
Off:	Nur Lenor spült wie Lenor. So weich und frisch.
Frau 2:	Ja, Lenor muß es sein. Dieses Weich kann keiner übertreffen.
Song:	Plitsch Platsch komm sei auf Zack. Nimm Lenor im Nachfüllpack.
Off:	Lenor Qualität - Was anderes kommt nicht in die Tüte.

31.03.1989 Plitsch Platsch, Radio 30", "Wer nachdenkt"

Song:	Plitsch Platsch wir sind auf Zack. Nehmen Lenor im Nachfüllpack.
Frau 1:	Wer etwas anderes als Lenor nimmt, muß auf viel verzichten. Auch auf die Sommerfrische.
Song:	Plitsch Platsch wir sind auf Zack.
Off:	Nur Lenor spült wie Lenor. So weich und frisch.
Frau 2:	Nachfüllpack klar, aber der Inhalt ist wichtig. Und der Inhalt von Lenor ist unschlagbar.
Song:	Plitsch Platsch komm sei auf Zack. Nimm Lenor im Nachfüllpack.
Off:	Lenor Qualität - Was anderes kommt nicht in die Tüte.

05.04.1989 Plitsch Platsch, Radio 30", "Was anderes"

Abb. 9: Funkspot für das LENOR Konzentrat im Nachfüllpack

Abb. 10: Verkaufsförderungsprospekt für den Handel

um 10% höheren Preis verlangte als für die alte 4-l-Flasche. Für das Unternehmen hatte dies insoweit negative Effekte als bei einigen Verbrauchern der Eindruck entstand, P&G nutze das Umweltargument lediglich dazu, höhere Preise von den Kunden zu fordern. Der Eindruck einer »Umweltbeutelschneiderei« konnte dabei von der im Vergleich zur 4-l-Flasche erheblich geringeren Packungsgröße des Nachfüllbeutels (»weniger Ware fürs Geld«) noch unterstützt werden.

Das Verhalten des Handels war einerseits auf die gegenüber dem Hersteller höher eingeschätzte Preisbereitschaft des Verbrauchers zurückzuführen; andererseits erkannte der Handel die Chance, durch eine Preisdifferenzierung gegenüber ökologisch sensibleren Marktsegmenten seine generell angespannte Ertragslage zu verbessern.

Trotz der hohen Wettbewerbsintensität und der damit verbundenen geringen Preisbereitschaft der Konsumenten ergab sich durch die Einführung des Nachfüllproduktes ein leicht höheres Preisniveau. Dies ist darauf zurückzuführen, daß Konzentrate vom Handel weniger häufig als Aktionsartikel eingesetzt werden als die 4-l-Flasche. Die Preisführerschaft wurde vom Unternehmen auch beim Nachfüllbeutel beibehalten.

Durch die realisierten Kosteneinsparungen sowohl im Produktionsbereich als auch im gesamten logistischen System (bis zu max. 72%) vergrößerte sich der preispolitische Spielraum des Unternehmens erheblich. Es zeigt sich hier, daß die Realisation ökologieorientierter Marketingmaßnahmen nicht zwangsläufig kostenoptimalen Produktions- und Vertriebsstrukturen entgegenstehen muß. Insbesondere unter langfristigen Gesichtspunkten zeigt sich nicht selten eine Komplementarität zwischen kostengünstiger Produktion und der Implementation einer ökologieorientierten Marketingstrategie. Die sich daraus ergebende größere Ertragsmarge kann teilweise an den Handel weitergegeben werden und damit zur Sicherung der umweltorientierten Kooperationsbereitschaft auf der Handelsebene beitragen.

2.2.4 Distributionspolitik

Ein Anstoß zu einer grundlegenden Neugestaltung der Lenorverpackung kam auch aus dem Distributionsbereich. Die schwere und großvolumige Kunststoffflasche führte zu einer hohen Transportkostenbelastung und zu einem überdurchschnittlichen Lagerplatzbedarf sowohl im Zentrallager von Procter & Gamble als auch bei den Handelspartnern.

Darüber hinaus war die bislang verwendete Versandverpackung nicht präsentationsfähig, so daß jede Lenorflasche einzeln aus dem Versandkarton ins Verkaufsregal gestellt werden mußte. Hierdurch entstanden hohe Warenhandlingkosten im Handel.

Eine ökologieorientierte Verpackungsneugestaltung durfte sich also nicht auf die Umhüllung des eigentlichen Produktes beschränken, sondern mußte das gesamte Versandsystem umfassen. Nur so war es möglich, die vielfältigen Anforderungen an die Verpackung bei geringstmöglicher Umweltbelastung zu erfüllen. Das Ziel mußte es dabei sein, sowohl eine bessere Raumausnutzung der Versandpaletten (Palettenfit) und der Umverpackung zu erreichen, als auch einen weitgehenden Verzicht auf Kunststoffe im Versandsystem zu ermöglichen.

Vor diesem Hintergrund entwickelte das Unternehmen einen sog. Displaykarton, der durch seine selbständige Präsentationsfähigkeit zu einer deutlichen Arbeitsentlastung im Handel führte. Aufgrund des geringeren Volumens der Nachfüllbeutel konnte außerdem eine beträchtliche Menge an Packmaterial für Umverpackungen eingespart werden. Ferner ließ sich der Palettenfit von 95 auf 100% steigern. Außerdem wurde beim Versand der Nachfüllbeutel auf einen Kunststoffüberzug der Paletten verzichtet und es konnten darüber hinaus alle bislang im Versandsystem verwendeten Kunststoffe eliminiert werden.

Die gesamte Auslieferungslogistik wurde als Folge des neuen Versandgebindes komplett umgestellt. Auch von den hierdurch vereinfachten Versandprozessen ging eine umweltentlastende Wirkung aus (geringerer Transportaufwand, Handlingaufwand, etc.).

3. Marketing-Erfolg der Ökologieorientierung im Unternehmen

3.1 Markt- und Absatzerfolg

Mit der Einführung des Lenorkonzentrats im Nachfüllpack konnte die rückläufige Absatzentwicklung nicht nur gestoppt werden, es kam vielmehr zu einer neuen Wachstumsphase in deren Verlauf die Marktführerposition von Lenor durch Marktanteilsgewinne weiter ausgebaut werden konnte. Im ersten Jahr nach der Markteinführung stieg der mengenmäßige Marktanteil von LENOR von 41% auf 44%.

Durch das gegenüber dem alten LENOR nur geringfügig reduzierte Preisniveau bei gleichzeitig erheblich reduzierten Produktions- und Vertriebskosten verbesserte sich die Ertragslage im Verhältnis zum Mengenwachstum überproportional.

Seit der Einführung der umweltfreundlichen Nachfüllpackung, die schließlich mit zeitlicher Verzögerung von allen Wettbewerbern nachgeahmt wurde, konnte die bisher zu beobachtende Schrumpfung des Marktes für Weichspüler aufgehalten werden.

Die Nachfüllpackungen von Lenor erreichten ein Jahr nach der Markteinführung bereits einen Anteil von 29% am gesamten Lenor-Umsatzes, bei weiter steigender Tendenz. Diese außergewöhnlich positive Entwicklung veranlaßte das Unternehmen zur Einführung von Nachfüllpackungen für alle angebotenen flüssigen Produkte. Bei diesem Vorgehen wurden zwei verschiedene Nachfüllkonzepte verwirklicht. Bei LENOR und MEISTER PROPER werden Konzentrate angeboten, die durch die Verdünnung mit Wasser gebrauchsfertig zu machen sind. Die angebotenen Vollwaschmittel werden dagegen bereits als gebrauchsfertige Produkte geliefert, wobei als Großgebinde zusätzlich 5-l- bzw. 7-l-Pappkartons als Nachfüllpackungen angeboten werden.

Bei den Vollwaschmitteln VIZIR und ARIEL haben die Nachfüllpackungen bereits nach wenigen Monaten einen Umsatzanteil von 27% erreicht. Dabei ist zu berücksichtigen, daß die Werbekampagne für beide Produkte mit einer deutlichen Verzögerung erst nach der Markteinführung anlief. Offensichtlich gibt es im Bereich flüssiger Haushaltsprodukte ein nicht unerhebliches Nachfragepotential, das auf ein ökologiegerechtes Angebot auch ohne kommunikative Unterstützung mit einer sofortigen Veränderung des Kaufverhaltens reagiert.

Der außergewöhnliche Erfolg der Nachfüllkonzepte bei der Procter & Gamble GmbH veranlaßte die Muttergesellschaft, sich mit der Übernahme dieser Verpackungsinnovation auch für andere Konzerngesellschaften zu befassen. Dies führte Anfang 1989 zur Markteinführung der Nachfüllbeutel in Kanada.

Mißt man den Erfolg der ökologieorientierten Marketingkonzeption auf der Kostenseite, so ergibt sich folgendes Bild:

- Die Zentrallagerkosten konnten um 48 % gesenkt werden
- Die Transportkosten wurden um 72 % gesenkt
- Die Kosten im Einzelhandel sanken um 70 %

Diese Ergebnisse belegen die Forderung den tatsächlichen Effekt ökologieorientierter Produktinnovationen nicht ausschließlich auf der Absatzseite zu erheben. Das in der strategischen Planung in der jüngeren Zeit in den Mittelpunkt wettbewerbsstrategischer Überlegungen gestellte Konzept der Wertkettenanalyse postuliert eine bereichsübergreifende Untersuchung von Auswirkungen strategisch relevanter Entscheidungen. Vielfach verbirgt sich die tatsächliche Erfolgswirkung von Entscheidungen hinter einem komplexen Geflecht von Beziehungen zwischen einzelnen Funktionsbereichen die einer umfassenden Erfolgseinschätzung zugrundegelegt werden müssen.

Die rein marktbezogene Betrachtungsweise hätte das wirkliche Erfolgspotential des LENOR-Nachfüllbeutels deutlich unterschätzt. Dem eher moderaten mengenmäßigen Marktanteilsgewinn von 3 % Punkten stehen die in Abbildung 11 genannten internen und handelsseitigen Kostenwirkungen gegenüber.

3.2 Umweltorientierter Erfolg

Betrachtet man den sich für die Umwelt ergebenden Entlastungseffekt aus der ökologieorientierten Marketingkonzeption des Unternehmens, so ist zunächst das um 85 % reduzierte Abfallvolumen positiv hervorzuheben.

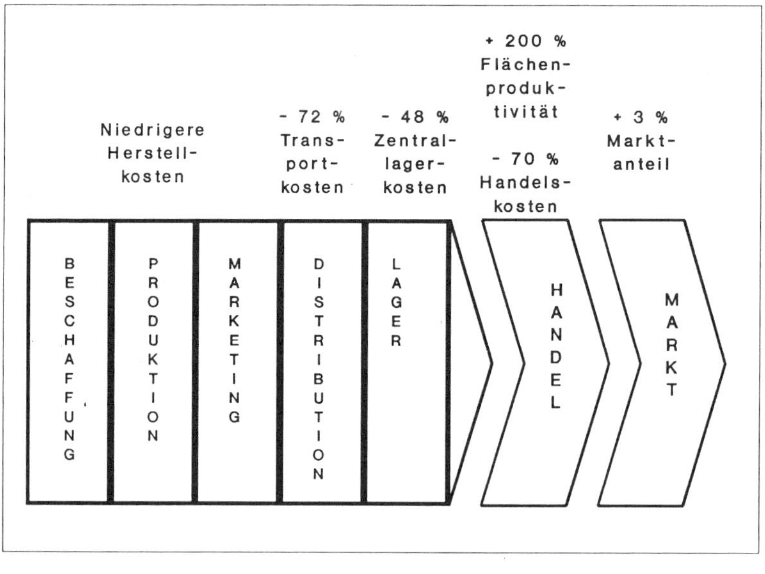

Abb. 11: Wertkettenanalyse zur Einführung des LENOR-Nachfüllbeutels

Dies wäre jedoch lediglich eine eindimensionale Betrachtung, die der Komplexität des Ökosystems nicht gerecht werden würde. Eine im Unternehmen konsequent implementierte Ökologieorientierung kann nur erfolgreich sein, wenn sie in einem ganzheitlichen Sinne verstanden wird. Erfolgt eine Ökologieorientierung nur in einzelnen Bereichen, bei einzelnen Produkten oder Produktkomponenten, besteht die Gefahr, daß die Glaubwürdigkeit des Unternehmens in Frage gestellt wird und es zu einer kritisch-ablehnenden Reaktion in der Öffentlichkeit kommt.

Bei der Procter & Gamble GmbH war dies jedoch nicht der Fall. Neben der Reduktion der festen Abfallmengen konnte der gesamte Energiebedarf für Verpackung und Versandsystem, die Luftbelastung und die Wasserbelastung zur Herstellung der LENOR-Nachfüllbeutel drastisch reduziert werden (Abb. 12).

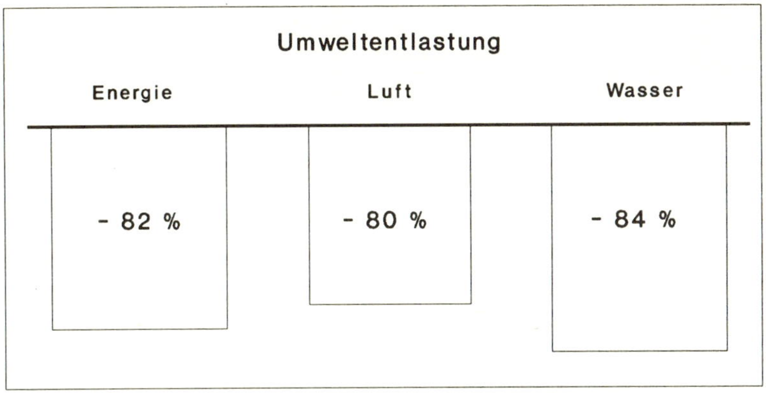

Abb. 12: Umweltentlastungseffekte durch den LENOR-Nachfüllbeutel

3.3 Marktteilnehmerorientierte Erfolgswirkungen

Aufgrund der hohen Wettbewerbsintensität im Weichspülermarkt änderte sich die Preisbereitschaft der Kunden durch die Einführung der Nachfüllbeutel nicht. Das durch die umweltorientierte Komponente positiv beeinflußte LENOR-Image wurde vom Verbraucher nicht auf andere Produkte des Unternehmens übertragen (Ausstrahlungseffekte), weil Procter & Gamble durch seine konsequent verfolgte Mehrmarkenstrategie für den Konsumenten als Hersteller markenpolitisch nicht in Erscheinung tritt.

Die deutlich verbesserte Ertragssituation im Handel, unter anderem aufgrund einer um 200% verbesserten Flächenproduktivität, führte für das Unternehmen beim Verkauf in den Handel zu einem verringerten Preisdruck und sicherte die volle Unterstützung des Handels bei der Einführung von Nachfüllpackungen auch für andere Produkte.

Procter & Gamble hat sich auf diese Weise eine besondere ökologische Kompetenz im Handel erworben und kann bei zukünftigen ökologischen Produktinnovationen auf einen beträchtlichen Goodwill seiner Handelspartner setzen.

Die ökologieorientierte Verpackungsinitiative des Unternehmens hatte zur Folge, daß selbst das Wall Street Journal über die umweltentlastenden Verpackungsaktivitäten von P&G berichtete. Dieser und andere Berichte in den Medien haben letztlich zu einer auch auf der internationalen Ebene verbesserten öffentlichen Meinung gegenüber dem Unternehmen beigetragen.

Fallstudie AEG Hausgeräte AG

1. Marketing Problemstellung

1.1 Situation des Marktes

Der Markt für Haushaltsgroßgeräte weist für das Gebiet der alten Bundesländer ein stückzahlenmäßiges Volumen von ca. 9 Mio. Geräten (1990) auf. Dem Bereich der Haushaltsgroßgeräten werden insbesondere Waschmaschinen, Wäschetrockner, Kochherde, Kühlschränke, Gefrierschränke etc. zugeordnet. Kennzeichnend für diesen Markt ist das seit mehreren Jahren nur noch geringe Absatzmengenwachstum als Folge einer in vielen Produktbereichen gesättigten Erstausstattung bundesdeutscher Haushalte (z. B. Kühlschränke). Der Ersatzbedarf ist demzufolge bereits für 60 % des Neugeräte-Absatzvolumens verantwortlich. Durch die Wiedervereinigung Deutschlands konnte die Phase geringen Wachstums in 1990 überwunden werden. Neben diesem eher vorübergehenden quantitativen Wachstum beschränken sich die Wachstumspotentiale der Hersteller primär auf ein durch Innovationen gestütztes qualitatives Wachstum.

1.2 Wettbewerbssituation

Die Wettbewerbssituation bei Haushaltsgroßgeräten ist durch eine hohe Wettbewerbsintensität gekennzeichnet. Dies resultiert einerseits aus dem geringen Marktwachstum, andererseits aus der hohen Internationalität des Wettbewerbs. Die meisten europäischen Ländermärkte werden von denselben, international operierenden Anbietern versorgt. Ausschließlich national orientierte Anbieter sind, sofern überhaupt noch existent, von untergeordneter Marktbedeutung.

Die nur schwach ausgeprägte technische Differenzierung der angebotenen Produkte sowie die aus Konsumentensicht dementsprechend wahrgenommene Austauschbarkeit von Haushaltsgroßgeräten hat den Preis zu einem zentralen Wettbewerbsparameter werden lassen. In dieser Situation steht seit Beginn der 80er Jahre bei den meisten Anbietern vor allem die Kostenorientierung im Mittelpunkt der wettbewerbsstrategischen Überlegungen. Differenzierungsvorteile beschränken sich bei vielen Haushaltsgeräten auf den Bereich der Markierungspolitik. Im Rahmen ihrer Wettbewerbsstrategie konzentrieren sich insbesondere die großen Anbieter auf die sich bietenden Chancen des externen Wachstums durch Akquisition konkurrierender Markenhersteller.

Die Positionierung und Profilierung im Wettbewerb erfolgt traditioneller Weise anhand der beiden Dimensionen Preis und Qualität. Die Ökologieorientierung im Sinne der Umweltfreundlichkeit von Haushaltsgroßgeräten stellt vor diesem Hintergrund eine neue, dritte Profilierungsdimension im Wettbewerb dar. Die Ökologieorientierung relativiert in diesem Zusammenhang insbesondere die Bedeutung des Preisargumentes und schafft dadurch neue Preisspielräume. Als wesentliche Wettbewerber der AEG Hausgeräte AG auf dem deutschen Markt können Siemens, Bosch, Miele, Liebherr, Bauknecht und Zanussi genannt werden.

1.3 Konsumentensituation

Bis etwa Mitte der 80er Jahre wurden Haushaltsgroßgeräte aus Konsumentensicht nicht mit ökologischen Problemen assoziiert. Darüber hinaus sorgte der zentrale Produktnutzen aller Haushaltsgroßgeräte und die Arbeitserleichterung im Haushalt für eine breite, uneingeschränkte gesellschaftliche Akzeptanz und Legitimität der Produkte und der gesamten Branche. Das in anderen Warengruppen der produzierenden Industrie vorherrschende Spannungsfeld zwischen Ökonomie und Ökologie (z. B. Automobil-, Chemie- und Faserzementindustrie), war bei Haushaltsgroßgeräten lange Zeit nicht entscheidungsrelevant.

Die im Rahmen von Produktinnovationen oder -variationen von den Herstellern erzielten Verbesserungen hinsichtlich des Energie-, Waschmittel- und Wasserverbrauchs wurden zunächst primär als finanzielle Kaufanreize von den Konsumenten wahrgenommen. Diese Situation änderte sich mit Beginn der 80er Jahre als Folge eines kontinuierlich wachsenden Umweltbewußtseins in der Bevölkerung zunächst nur langsam. Im Zuge der durch breite Medienberichterstattung problematisierten Diskussion über die umweltschädigende Wirkung von Fluor-Chlor-Kohlenwasserstoffen (FCKW), wurden dann jedoch auch Haushaltsgroßgeräte in der Öffentlichkeit zunehmend kritisiert. Dabei wurden vor allem Kühl- und Gefriergeräte bemängelt, bei denen FCKW als Kühlmittelzusatz sowie zur Aufschäumung von Isoliermaterial Verwendung findet.

Diese Entwicklung auf Konsumentenebene machte schließlich, wenngleich zunächst nur bei einigen ausgewählten Haushaltsgroßgeräten, die Berücksichtigung ökologieorientierter Kriterien bei der Konzeption von Marketing-Strategien erforderlich.

1.4 Unternehmenssituation

Am 1. Juni 1990 wurden die bis dahin rechtlich unselbständigen Geschäftsbereiche Haushaltsgeräte und Elektrowerkzeuge der AEG AG, einer Tochtergesellschaft der Daimler-Benz AG, in die neu gegründete AEG Hausgeräte AG übertragen. Diese Gesellschaft mit vier Produktionsstandorten in Nürnberg, Rothenburg auf der Tauber, Winnenden und Kassel und den Produktbereichen freistehende Haushaltsgroßgeräte, Einbaugeräte, Kleingeräte, Haustechnik und Elektrowerkzeuge beschäftigt weltweit ca. 12.000 Mitarbeiter. Im Jahre 1990 erzielte die AEG Hausgeräte AG einen Umsatz von 2,4 Mrd.DM.

1.4.1 Ökologische Betroffenheit der AEG Hausgeräte AG

Die Haushaltsgerätehersteller sind traditionell eine von ökologischen Problemen relativ gering betroffene Branche. Von einer direkten Betroffenheit im Sinne einer konkreten, von breiten Verbraucherschichten wahrgenommenen Umweltgefährdung durch Produkte der Branche kann lediglich im Zusammenhang mit der FCKW-Diskussion gesprochen werden. Obwohl das Umweltgefährdungspotential durch FCKW in Haushaltsgroßgeräten in den Medien vorübergehend umfassend und kritisch dargestellt wurde, spielt es heute als Einflußfaktor des Kaufverhaltens bei Haushaltsgroßgeräten eine eher untergeordnete Rolle.

Als Ursache dieser geringen Kaufverhaltensrelevanz sind zunächst die sofort einsetzenden Substitutionsbemühungen der betroffenen Hersteller zu nennen. Aufgrund der in anderen Branchen bereits hinreichend nachgewiesenen Umweltgefahren und dem in der Öffentlichkeit fest verankerten Negativimage von FCKW war die Substitution dieses Stoffes für die Haushaltsgerätehersteller in dieser Situation der einzig mögliche Lösungsweg. Die nur schwachen Kaufverhaltenswirkungen der FCKW-Diskussion sind aber auch Folge des vergleichsweise geringen Ausmaßes der Umweltbelastung sowie der für viele Verbraucher bei Haushaltsgeräten nur schwer nachvollziehbaren und nicht direkt sichtbaren Umweltgefährdung.

Mit zunehmendem Umweltbewußtsein der Konsumenten sah sich die AEG Hausgeräte AG jedoch einer indirekten ökologischen Betroffenheit ausgesetzt. Der Wasser-, Energie- und Waschmittelverbrauch der Geräte wurde und wird von den Verbrauchern in wachsendem Maße nicht mehr als ausschließlich finanzieller Aspekt (Betriebskosten) sondern vielmehr als Indikator der Umweltverschmutzung gesehen.

1.4.2 Ökologieorientierte Chancen-Risiken- und Stärken-Schwächen-Analyse der AEG Hausgeräte AG

Die sich Mitte der 80er Jahre abzeichnenden Chancen und Risiken einer ökologieorientierten Marketing-Konzeption in der Haushaltsgeräteindustrie lassen sich im wesentlichen auf zwei Dimensionen zurückführen:

- Profilierung im Wettbewerb
- Umweltbewußtsein der Konsumenten bei Haushaltsgroßgeräten.

Hinsichtlich der Profilierung im Wettbewerb bot sich der AEG Hausgeräte AG die Chance, durch eine konsequente Umweltorientierung ein eigenständiges und unverwechselbares Image als »Öko-Pionier« aufzubauen und auf diese Weise der vom Konsumenten wahrgenommenen Austauschbarkeit von Haushaltsgeräten zu entgehen. Der Profilierungschance eines Öko-Pioniers stand jedoch das Risiko gegenüber, die deutlich höheren Kosten einer umfassenden Ökologieorientierung aufgrund der starken Preisorientierung innerhalb der Branche nicht im Preis weitergeben zu können. Eine langfristige Verschlechterung der Ertragslage wäre die Folge.

Ein weiteres zentrales Risiko bestand in der richtigen Einschätzung der zukünftigen Kaufverhaltensrelevanz des Umweltbewußtseins der Konsumenten. War es schon problematisch, die generelle Entwicklung des Umweltbewußtseins zu prognostizieren, so war eine Prognose über die Auswirkungen des Umweltbewußtseins auf das Kaufverhalten bei Haushaltsgeräten mit weiteren Risiken behaftet. Wann, in welchem Ausmaß und ob überhaupt die Nachfrager Umweltaspekte beim Kauf von Haushaltsgeräten berücksichtigen würden, war zuverlässig nicht zu beurteilen.

Vor dem Hintergrund dieser zentralen Chancen und Risiken entschied sich die Unternehmensleitung auf der Grundlage der umweltorientierten Unternehmensphilosophie zugunsten einer umfassenden ökologieorientierten Marketing-Konzeption. Das in der damaligen Situation umweltorientiert proaktive Verhalten der Geschäftsleitung stellt gleichzeitig eine der wesentlichsten Stärken der AEG Hausgeräte AG dar. Daneben kann die in Europa und insbesondere in Deutschland gut positionierte und mit einem sehr hohen Bekanntheitsgrad ausgestattete Dachmarke als Stärke im Hinblick auf eine Öko-Strategie hervorgehoben werden. Die Analyse der Marktstellung der AEG Hausgeräte AG auf dem europäischen Markt – für einen Nischenanbieter zu groß, für eine Marktführerposition zu klein – machte deutlich, daß sich kurzfristig die Notwendigkeit zu einer strategischen Neuausrichtung ergeben würde. Diese strategische Ausgangslage begünstigte letztlich die Entscheidung zugunsten einer neuen, ökologieorientierten Marketing-Strategie. Dieser Entscheidung stand als wichtigste Schwäche das in vielen Funktionsbereichen noch fehlende umweltorientierte Know-how des Unternehmens entgegen.

2. Ökologieorientierte Marketing-Konzeption der AEG Hausgeräte AG

2.1 Marketing-Ziele und Marketing-Strategie

Für die AEG Hausgeräte AG stellt Marketing als konsequent marktorientierte Führung des gesamten Unternehmens die Kernfunktion unternehmerischen Handelns dar. Das Öko-Marketing und die umweltbewußte Unternehmensführung wurden von diesem Hausgeräteanbieter deshalb stets als zentrale Herausforderung begriffen. Aus diesem Grunde fühlt sich das Unternehmen seit Mitte der 70er Jahre einer ökologieorientierten Unternehmensphilosophie verpflichtet. Als Manifestation dieser Philosophie wurde bereits 1976 die erste Waschmaschine mit Energiesparprogramm auf den Markt gebracht. Seither wird dem Öko-Gedanken in zunehmendem Maße durch eine konsequent umweltorientierte Produktgestaltung Rechnung getragen. In diesem Zusammenhang werden die Umweltprobleme und dementsprechend die Umweltorientierung des Unternehmens nicht als allein auf Deutschland bezogene Aufgabe verstanden. Vielmehr ist das Umweltbewußtsein und das Umweltengagement der Unternehmenszentrale zum Maßstab für alle europäischen Tochtergesellschaften geworden.

Die Ökologieorientierung wird dabei als ganzheitliche Aufgabe verstanden. Das umweltorientierte Zielsystem des Unternehmens umfaßt dementsprechend die Entwicklung und Konstruktion, die Produktion, die Verwendung und die Entsorgung der Haushaltsgeräte. Daneben werden auch die Arbeitsabläufe in der Verwaltung, im Vertrieb, der Logistik und der Materialwirtschaft den umweltorientierten Zielen entsprechend gestaltet. In allen Funktionsbereichen wird konsequent nach Verbesserungen zugunsten der Ökologie gesucht. In diesem Zusammenhang stellte sich vielfach heraus, daß umweltorientierte Verbesserungen nicht zwingend zu Lasten der Ökonomie gehen müssen. Vielmehr wurden häufig erst durch ökologische Hinterfragung auch ökonomische Potentiale erschlossen.

Die Fülle des sich im Bereich eines ganzheitlich verstandenen Umweltschutzes ergebenen Handlungsbedarfs wird von der AEG Hausgeräte AG dabei nicht als »Bremsklotz« sondern als konstante Handlungsmotivation verstanden. Dementsprechend wurde 1990 ein sog. »Grünbuch« entwickelt, in dem umweltorientierte Aktivitäten und Verbesserungen, aber auch momentan noch unbearbeitete Umweltschutzanregungen aufgenommen werden. Jeder Mitarbeiter erhält hierin Einblick und soll sich mit seinen Beiträgen beteiligen. Alle Führungskräfte des Unternehmens verfügen über Kopien und leere Ergänzungsblätter zur laufenden Aktualisierung und Erweiterung des »Grünbuchs«.

Aus wettbewerbsstrategischer Sicht versteht sich das Unternehmen als umweltorientierter Vorreiter und Pionier der Branche. Dieser Anspruch kommt in der angestrebten Markenpositionierung zum Ausdruck.

Die Profilierung und Positionierung als ökologieorientierter Pionier unter Verwendung der in Abbildung 1 aufgeführten Eigenschaftsmerkmale erfordert im Vergleich zum Wett-

AEG Hausgeräte Markenpositionierung

AEG Hausgeräte versteht sich als der innovative Anbieter qualitativ hochwertiger Produkte, die ökologischen und ökonomischen Ansprüchen gerecht werden

Handel und Verbraucher sollen AEG als die Marke wahrnehmen, die sowohl vom Verbrauchernutzen als auch von der Umweltverträglichkeit der Produkte die führende Position inne hat

Abb. 1: Markenpositionierung der AEG Hausgeräte AG

bewerb einerseits eine höhere Flexibilität, sie führt andererseits jedoch häufig auch zu höheren Kosten. Neben der Zielpositionierung und den beiden strategischen Grundaussagen

- hohe Flexibilität und
- Vermeidung aggressiven Preiswettbewerbs

zählen die konsequent verfolgte Dachmarkenstrategie und die Konzentration auf europäische Absatzmärkte zu weiteren Kernelementen der ökologieorientierten Marketing-Strategie der AEG Hausgeräte AG.

2.2 Ökologieorientierte Maßnahmen

2.2.1 Produktpolitik

Die Umweltverträglichkeit als dritte, gleichberechtigte Produktanforderung neben den traditionellen Aspekten Technik und Sicherheit hat seit 1976 zu einer durchgreifenden Neuorientierung aller produktpolitischen Maßnahmen geführt. Beginnend bei Waschautomaten bis hin zu Kühlgeräten hat die AEG Hausgeräte AG seitdem selbst im Bereich Kochgeräte ökologieorientierte Produktinnovationen realisiert (vgl. Abb. 2).

Viele der in Abbildung 2 dargestellten ökologieorientierten Produktvorteile wurden mit anderen Gebrauchsnutzen kombiniert angeboten, um eine schnelle und hohe Akzeptanz beim Verbraucher zu gewährleisten. Als Beispiel kann auf die in Abbildung 2 letztgenannte Produktinnovation verwiesen werden: Durch den Backraumteiler wird zunächst Energie gespart, was sich neben den Vorteilen für die Umwelt letztlich auch positiv »im Geldbeutel« des Verbrauchers bemerkbar macht. Darüber hinaus wird die Möglichkeit geboten, im unteren Teil des Gerätes Teller vorzuwärmen. Auf diese Weise können neben besonders umweltbewußten zusätzlich genußorientierte Käufer angesprochen werden.

Nach den Markterfolgen der ersten Haushaltsgeräte mit umweltorientierten Produktvorteilen, »Öko-Aspekte« wurden zum damaligen Zeitpunkt als Zusatznutzen flankierend

1976	Erste Waschmaschine mit Energiesparprogramm
1980	Erste Energiespar-Gefriertruhe
1981	Erster Geschirrspüler mit Variosprühsystem zur Reduktion des Wasserverbrauchs
1983	Erste Waschmaschine mit elektronischem Sanftlauf und damit Gewichtsreduktion
1986	Erste Waschmaschine mit Öko-Schleuse, 20 % Waschmittel werden eingespart
1987	Erste Waschmaschine mit sensorgesteuerten Spülschleuderverfahren führt zu weiterer Reduktion des Wasserverbrauchs
1987	Erstes Induktionskochfeld auf dem deutschen Markt
1988	Neue Baureihe von Wäschetrocknern zur Reduktion des Energieverbrauchs
1988	FCKW-Reduzierung um 50 % in der Isolierung bei allen Kühl- und Gefriergeräten
1989	Einführung einer Rückgewinnungspatrone, um FCKW aus dem Kältekreislauf ausgedienter Kühlgeräte aufzunehmen
1990	Erster Herd mit teilbarem Backraum um 20 % Energie einzusparen

Abb. 2: Ökologieorientierte Produktinnovationen der AEG Hausgeräte AG seit 1976

ausgelobt, wurde dann mit der Einführung des Öko-Lavamat in 1986 der Startschuß für eine umfassende ökologieorientierte Produktpolitik gegeben. In konsequenter Umsetzung der umweltorientierten Unternehmensphilosophie wird seitdem eine ganzheitlich-ökologische Produktpolitik verfolgt.

Die umweltorientierte Verantwortung der AEG Hausgeräte AG erstreckt sich dabei über den gesamten Produktlebenszyklus von der »Geburt« des Produktes in der Entwicklungs-, Konstruktions- und Fertigungsphase über das »Leben« des Produktes in der Ge- und Verbrauchsphase des Produktes bis zur Entsorgung, dem »Tod« des Produktes (vgl. Abb. 3). Erst eine solche Einbeziehung der ökologischen Überlegungen in das gesamte Produktleben führt zu einer umweltorientierten Unternehmensführung im Sinne eines ganzheitlichen Problemverständnisses. Die einzelnen Maßnahmen der ökologieorientierten Produktpolitik werden im folgenden auf Basis der drei genannten Lebenszyklusphasen dargestellt.

(1) Entwicklungs-, Konstruktions- und Fertigungsphase. Die Einsparpotentiale im Gebrauchszeitraum von Haushaltsgeräten werden – behält man den zentralen Grundnutzen etwa von Waschmaschinen, tatsächlich saubere Wäsche zu erhalten, im Auge – schon sehr weitgehend genutzt. Um weitere Umweltentlastungspotentiale zu erschließen, müßte hier ein unter ganzheitlichen Gesichtspunkten möglicherweise zu hoher Aufwand getrieben werden. Menge, Material und Art der zur Umweltentlastung zusätzlich in den Geräten zu installierenden Komponenten sind zukünftig unter ganzheitlich-ökologischen Aspekten verstärkt zu berücksichtigen.

Als Folge dieser Entwicklung begann das Unternehmen, für zahlreiche Geräte Energie- und Materialbilanzen zu erstellen. Dies soll zunächst die notwendige Transparenz der tatsächlichen Umweltbelastungen im gesamten Lebenszyklus der Produkte schaffen. In diesem Zusammenhang war in der Vergangenheit häufig festzustellen, daß ein weiterer Liter Wassereinsparung beim Waschvorgang vor dem Hintergrund des notwendigen Ressourceneinsatzes – von der Fertigung über die gesamte Lebensdauer der Geräte bis zur Entsor-

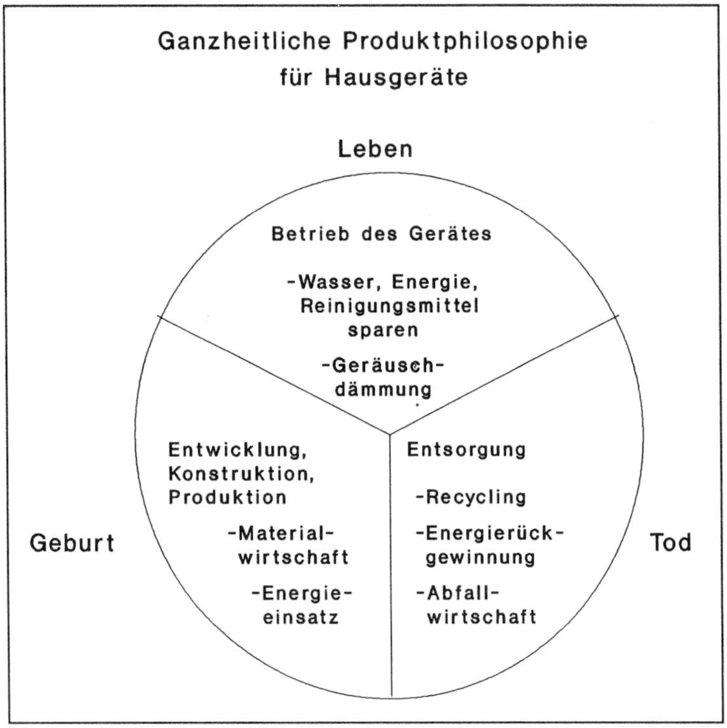

Abb. 3: Ganzheitliche, umweltorientierte Produktphilosophie der AEG Hausgeräte AG

gung – ökologisch nur noch bedingt Sinn macht. Die umweltorientierte Ausrichtung in der Entwicklungs- und Konstruktionsphase erfolgt dementsprechend seit einigen Jahren auf der Grundlage der in Abbildung 4 wiedergegebenen Gesamtsystembetrachtung.

In diesem Zusammenhang eröffnet die Mikroelektronik, die in Hausgeräten mittlerweile in durchaus vergleichbarem Ausmaß wie in Automobilen Verwendung findet, erstmals die Chance zu mehr Wachstum bei abnehmendem Ressourcenverbrauch. In der Materialwirtschaft werden die Lieferanten zunehmend auf umweltfreundliche Vorprodukte und Fertigfabrikate verpflichtet. Im Zuge dieser Entwicklung wurden u. a. bromierte Flammschutzmittel abgeschafft, der Bezug FCKW-geschäumter Weichschaumstoffe eingestellt und bindemittelfreie Isolierungsstoffe geordert. Schließlich sorgt die Abteilung Qualitätssicherung intern nicht nur für die Einhaltung der Vorgaben zum Schutz der Umwelt, sondern prüft als Dienstleister in den Fertigungsstätten Abwasser und Abluft. Auch die Einhaltung der in der Kommunikation ausgelobten Verbrauchswerte der eigenen Öko-Geräte wird von der Qualitätssicherung überwacht.

Neben grundlegenden organisatorischen Veränderungen kann in der Entwicklungs-, Konstruktions- und Fertigungsphase beispielhaft auf die folgenden konkreten Maßnahmen verwiesen werden:

- Ressourcenschonende Konstruktion durch um 20 % reduzierten Materialeinsatz und »intelligente« Technik eines Unwuchtkontrollsystems. Hierdurch konnte das Gewicht einer Waschmaschine innerhalb von fünf Jahren von ca. 120 kg auf 85 kg gesenkt werden.

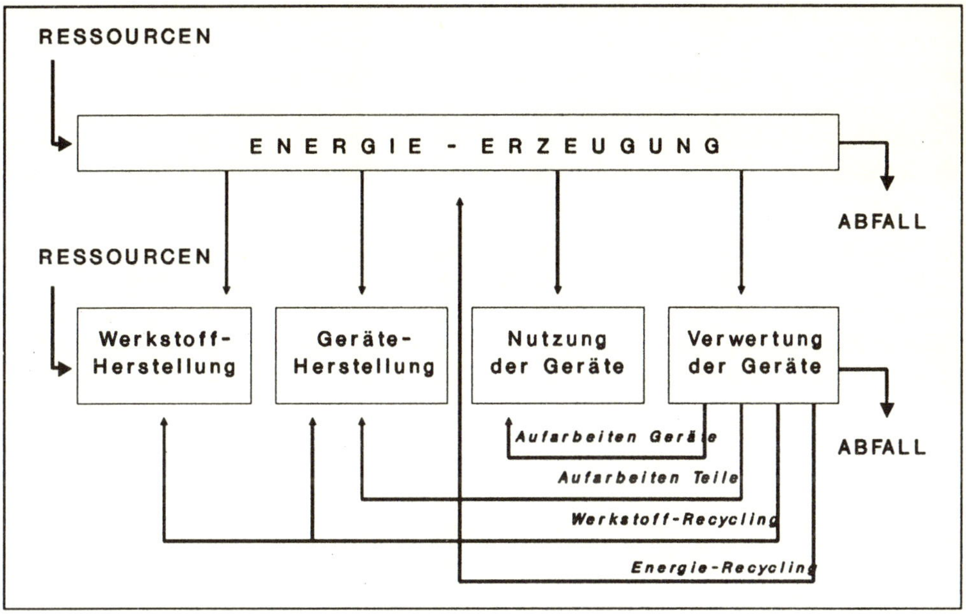

Abb. 4: Umweltparameter bei der Entwicklung von Hausgeräten

- Auswahl umweltschonender Werkstoffe und Eliminierung als schädlich erkannter Stoffe wie Asbest, Quecksilber, Cadmium, PCB, polybromierte Dyphenyläther, PVC und FCKW (um 50% reduziert).
- Vermeidung von Produktionsabfällen und Wiederverwertung nicht vermeidbarer Abfälle. U. a. abfallose Herstellung von Kunststoffspritzteilen durch Einsatz von Heißläuferwerkzeugen unter Rückführung unbrauchbarer Teile direkt in den Erstellungsprozeß. Sortenreine Sammlung von Produktionsabfällen zum Zwecke des Rohstoffrecycling.
- Einsatz von Fertigungsarten, durch welche die Umwelt so wenig wie möglich belastet wird. U. a. energiearme Fertigungsmethoden wie z. B. Falzen statt Schweißen und Clinchen statt Punktschweißen, Lackieranlage mit Nachverbrennung flüchtiger Lösungsmittel, Weiterverwendung von Abwärme im Produktionsprozeß, Einsatz von lösungsmittelarmen sog. high-solid-Lacken, Verzicht auf schadstoffhaltige Entfettungsbäder.
- Verpackungen von Zulieferern werden soweit wie möglich weiterverwendet
- Reinigung aller industriellen Abwässer in einer eigenen Aufbereitungsanlage mit 100%iger Selbstregeneration
- Bohremulsionen, d. h. die bei der Metallzerspanung anfallenden Kühlmittel werden gereinigt und wiederverwendet
- Einsatz von Stoffen in der Fertigung nur mit DIN-Sicherheitsdatenblatt und entsprechender Überprüfung
- Stoffartenerfassung aller umweltrelevanten Stoffe mit Prüfvermerken über die Umweltverträglichkeit
- Abschaffung von CKW- und FCKW-haltigen Hilfs- und Betriebsstoffen.

- Ausschließliche Verwendung von biologisch abbaubaren Reinigungsmitteln
- Errichtung speziell gesicherter Lagerhallen für umweltgefährdende Abfälle
- Erstellung von Abfallanalysen über Hausmüll und wiederverwertbare Stoffe
- Aufstellung von Glassammelbehältern und getrennte Sammlung aller Papierabfälle in den Büros
- Grundwassermeßstellen zur Überprüfung der Wasserqualität auf dem gesamten Werksgelände.

Zur weiteren Reduzierung von FCKW in Kältegeräten wird darüber hinaus an der Entwicklung von FCKW-Substituten für die Wärmedämmung und für den Kältekreislauf gearbeitet. Dieses Umweltengagement wird ergriffen, obwohl die gesamte deutsche Kältegeräteindustrie lediglich für 4,5 % des gesamten FCKW-Verbrauchs in der Bundesrepublik verantwortlich ist. Die bislang gefundenen FCKW-Ersatzstoffe werden zur Zeit noch im Hinblick auf ihre Toxizität, Mutagenität, Kanzerogenität aber auch ihr Treibhauspotential untersucht.

Daneben wurde 1991 damit begonnen, alle Hilfs- und Betriebsstoffe in der Fertigung sowohl von hausinternen als auch von neutralen Stellen auf das Umweltgefährdungspotential hin zu analysieren und einzustufen. Bei erkennbar kritischen Komponenten, die ggf. umwelt- oder gesundheitsgefährdende Stoffe enthalten, werden umgehend Ersatzstoffe eingesetzt bzw. nach Alternativen geforscht. Darüber hinaus wurden einzelne ökologieorientierte Produktinnovationen in das Angebotsprogramm aufgenommen, die aus Unternehmenssicht zumindest mittelfristig keinen oder kaum Markterfolg versprechen, die aber zur Erweiterung des Umweltbewußtseins bei Absatzmittlern und Verbrauchern sinnvoll sind. Hier ist an erster Stelle z. B. an Solarmodule (Photovoltaik) zu denken, die, mit entsprechenden Endgeräten wie z. B. einem Solarkühlschrank verknüpft, angeboten werden.

(2) Gebrauchsphase. Die mittlere Lebensdauer eines Haushaltsgroßgerätes liegt bei etwa 15 Jahren. Bei Produkten der AEG Hausgeräte AG soll während dieser »Lebenszeit« der Verbrauch von Wasser, Energie und Reinigungsmitteln so gering wie möglich gehalten werden. Da der Grundnutzen von Haushaltsgroßgeräten in der Öffentlichkeit außer Zweifel steht, sind Umweltentlastungseffekte langfristig kaum durch einen generellen Verzicht bzw. den verminderten Einsatz von Haushaltsgeräten als vielmehr durch umweltorientierte Produktinnovationen zu erreichen.

Vor dem Hintergrund des außergewöhnlich langen Lebenszykluses sowie der in der Regel intensiven Produktnutzung wird deutlich, daß bei Haushaltsgroßgeräten die größten Potentiale zur Umweltentlastung in der Verwendungsphase liegen. Die AEG Hausgeräte AG konnte in diesem Zusammenhang seit 1986 zahlreiche ökologieorientierte Produktinnovationen realisieren. Die erzielte Reduktion hinsichtlich der Verbrauchswerte bei Wasser, Energie und Reinigungsmitteln ist den Abbildungen 5 bis 9 wiedergegeben. Darüber hinaus wurde intensiv an der Dämmung von Geräuschen gearbeitet, weil mehr als die Hälfte aller Waschgeräte heute nicht mehr im Keller sondern in Wohnräumen steht. Die Ökologieorientierung des Unternehmens bezieht sich insoweit auch auf den human-ökologischen Aspekt.

Durch ständige Sensibilisierung der Absatzmittler sowie der Verbraucher, insbesondere auch im Rahmen des Kundendienstes, konnte das Unternehmen dazu beitragen, daß Umweltbewußtsein in der Öffentlichkeit durch Informationen über Einsparungspotentiale und deren ökonomische Vorteile für den einzelnen Haushalt zu aktualisieren und in konkrete umweltorientierte Handlungen des Kauf- und Verwendungsverhaltens zu transfor-

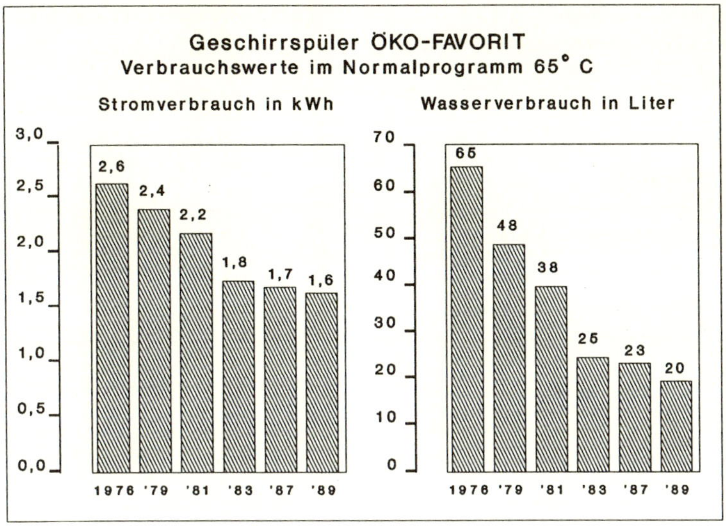

Abb. 5: Energie- und Wasserverbrauch des Geschirrspülers AEG Öko-Favorit

Tisch-Kühlautomaten mit
Dreisterne-Tiefkühllagerfach
Nutzinhalt 144 l

	Stromverbrauch in 24 Stunden	Stromverbrauch im Jahr	Stromkosten im Jahr
SANTO normal isoliert 1976:	1,70	612	135,- DM
SANTO normal isoliert 1990:	0,90	324	72,- DM
ÖKO-SANTO mit ÖKO-Isolierung 1990:	0,60	216	48,- DM

Abb. 6: Energieverbrauch der AEG Tisch-Kühlautomaten

mieren. Hierbei kam insbesondere dem Kundendienst eine entscheidende Bedeutung zu. In diesem Zusammenhang wurden vom Kundendienst der AEG Hausgeräte AG folgende umweltorientierte Dienstleistungsangebote entwickelt:

- FCKW-Recycling in allen betroffenen Geräten mittels einer speziellen Kühlmittelwechselpatrone
- Entsorgung von chlorierten Ölen aus Trafos bzw. Kompressoren
- Rückführung und in Teilbereichen Recycling von Akkupaks bei Kleingeräten und Elektrowerkzeugen

Elektroherd COMPETENCE
Verbrauchswerte mit und ohne Backraumteiler

Gargut	großer Backraum "ohne" in kWh	kleiner Backraum "mit" in kWh	Energie-ersparnis in %
Rührkuchen auf Blech	0,803	0,628	21 %
Napfkuchen	1,007	0,810	20 %
Schweineschulter 1,4 kg	2,485	2,085	19 %

Abb. 7: Energieverbrauch des Elektroherdes AEG COMPETENCE

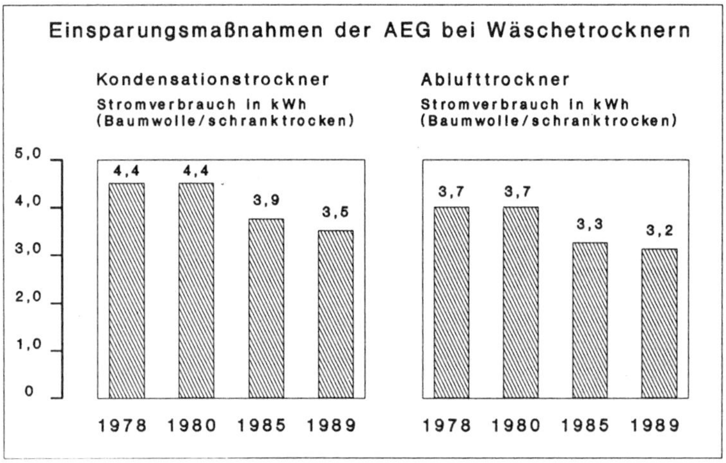

Abb. 8: Energie- und Wasserverbrauch der Waschautomaten der AEG Hausgeräte AG

- Umweltorientierte Programmbereinigung aller Ersatzteilkomponenten (z.B. laufende Überprüfung auf PCB-Freiheit, Umstellung auf asbestfreie Materialien)
- Rückführung und Recycling von allen alten Quecksilberschaltelementen; gleichzeitig wird der Ersatzteilbereich für Geräte, die jünger als zehn Jahre sind, auf quecksilberfreie Teile bzw. Bauelemente umgestellt
- Alle Ersatzteile aus Kunststoff werden, wie bereits im Neuteilebereich, seit 1991 mit einer Materialkennzeichnung versehen, um ein späteres Recycling zu ermöglichen.

In der Bundesrepublik, aber auch bei einzelnen Landesgesellschaften wie in Österreich wurden die Sortimente in den vergangenen Jahren unter ökologischen Gesichtspunkten gestrafft. Alle Geräte, die bedingt durch konstruktive Eigenschaften zu hohe Verbrauchswerte aufwiesen, wurden aus dem Sortiment gestrichen.

(3) Entsorgungsphase. Von den jährlich etwa neun Millionen verkauften Haushaltsgroßgeräten dienen 5,2 Millionen dem Ersatz von Altgeräten, die bislang im Rahmen der öffentlichen Müllabfuhr weitestgehend über Hausmülldeponien, teilweise auch über Müllver-

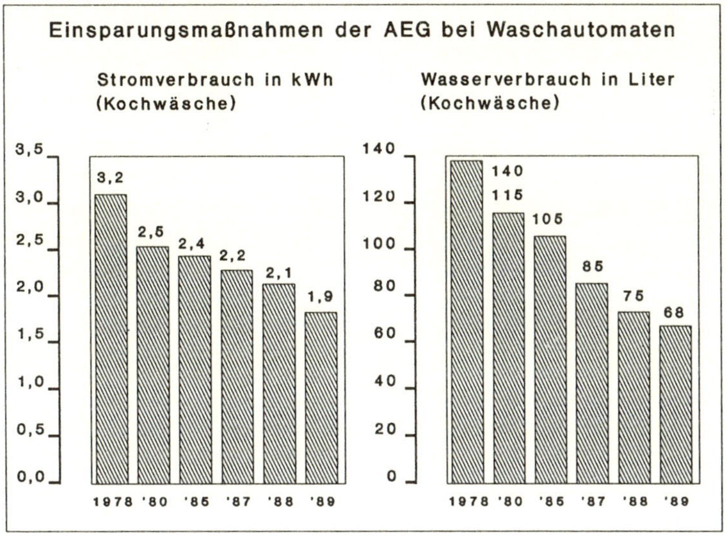

Abb. 9: Energieverbrauch der AEG Wäschetrockner

brennungsanlagen entsorgt werden. Ziel der Bemühungen der AEG Hausgeräte AG ist es, möglichst hohe Prozentsätze der in den Geräten enthaltenen Werkstoffe recycelbar und dem Produktionsprozeß wieder zuführbar zu machen.

Unabhängig von den auf politischer Ebene diskutierten Abfallentsorgungskonzepten der Zukunft begann die AEG nach dem Erkennen der vielfältigen Möglichkeiten des Recycling, die identifizierten Potentiale zur Umweltentlastung durch eine recyclingfreundliche Konstruktion der Haushaltsgeräte zu erschließen. Dies führte u. a. zu folgenden produktpolitischen Maßnahmen:

- Demontagefreundliche Anordnung von Kupferteilen bei Waschmaschinen, wodurch das Stahl- und Kupferrecycling deutlich erleichtert wird:
  - Antriebsmotor kann durch das Lösen von zwei Schrauben schnell ausgebaut werden
  - Entleerungspumpe wird lediglich gesteckt statt verschraubt
  - Kabelbaum aus leicht abziehbaren Einzelmodulen.
- Kennzeichnung der Kunststoffwerkstoffe mit einer Werknorm, die das Sortieren und die sortenreine Weiterverarbeitung erleichtert. Jährlich fallen weit über 40.000 Tonnen Kunststoffabfälle an, die auf diese Weise leicht zermahlen und wiederverwertet werden können.
- Reduzierung der Anzahl der unterschiedlichen Werkstoffe in einem Waschvollautomaten von zehn auf künftig nur noch zwei Kunststoffe.
- Aufarbeitung ausgetauschter Ersatzteile zum Wiedereinsatz in älteren Kundengeräten.

Am letztgenannten Beispiel wird die Problematik der quantitativen und qualitativen Bewertung von Umweltwirkungen besonders deutlich. Die Aufarbeitung ausgetauschter Ersatzteile und insbesondere die Aufarbeitung kompletter Geräte führt einerseits zu einer deutlich verlängerten Lebensdauer der Produkte. Andererseits wird der Ersatz von Altgeräten durch umweltfreundlichere Neugeräte verzögert. Der positiven Umweltwirkung einer Ressourcenschonung durch eine längere Lebensdauer stehen negative Umweltwirkungen durch deutlich höhere Energie-, Wasser- und Waschmittelverbrauchswerte gegenüber.

Die Erfahrung des Unternehmens bei der Durchführung zahlreicher eigener Projekte zeigte ferner, daß die Erarbeitung integrierter Recyclingkonzepte nur durch intensive Zusammenarbeit der gesamten Branche erfolgreich sein kann. Aus diesem Grunde werden weiterführende Recyclingprojekte zur Zeit zunächst auf Verbandsebene (ZVEI) diskutiert und hinsichtlich ihrer Realisierbarkeit überprüft. In diesem Zusammenhang zeigte sich ferner, daß auch die Rückführung von Altgeräten über den Handel zum Hersteller in offenen, von internationalen Anbietern geprägten Märkten unter ökologischen Gesichtspunkten problematisch sein kann. Der Ressourceneinsatz bzw. die Umweltbelastungen beim Rücktransport der i. d. R. voluminösen und schweren Geräte über größere Entfernungen ist ökologisch oftmals kontraproduktiv.

Einen weiteren Tätigkeitsschwerpunkt in der Entsorgungsphase stellen die Produktverpackungen dar. AEG-Verpackungen bestehen in der Regel aus vier Stoffen, die alle umweltverträglich und recyclierbar sind: Neben Papier und Pappe, beide Stoffe werden nicht aus tropischen Hölzern gewonnen, wird FCKW-frei geschäumtes Polystyrol sowie, für Verpackungsfolien, Polyethylen eingesetzt. Wo immer in den Werken diese Verpackungsmaterialien anfallen, werden sie sortenrein gesammelt und recycliert. Ferner ist bei Bohrmaschinen bereits eine völlig styroporfreie Verpackung, die zu 100% aus Pappe gefertigt wird, im Markt eingeführt worden. Darüber hinaus arbeitet das Unternehmen intensiv an der Entwicklung alternativer Verpackungskonzepte. In diesem Zusammenhang ist die weitere Verringerung des Verpackungsvolumens durch den vollständigen Ersatz von Styropor sowie der Aufbau eines geschlossenen Recyclingsystems unter Einbeziehung des Fachhandels zu nennen.

2.2.2 Preispolitik

Zahlreiche Produktinnovationen der AEG Hausgeräte AG waren aus fertigungstechnischen Gründen mit höheren Produktionskosten verbunden. Um bei den »Öko-Produkten« eine Verschlechterung der Ertragssituation zu vermeiden, mußten die ökologieorientierten Produktinnnovationen preislich höher positioniert werden. Die Durchsetzung höherer Preise setzt eine entsprechende Preisbereitschaft auf seiten der Verbraucher voraus.

Bereits bei der Einführung des Öko-Lavamats 1986 war eine sich an Umweltaspekten orientierende Preisbereitschaft in Ansätzen vorhanden. Zum damaligen Zeitpunkt konnte allerdings nur bedingt von einer echten ökologieorientierten Preisbereitschaft gesprochen werden. Die Verbraucher waren vielmehr aufgrund der reduzierten Verbrauchswerte, die mit direkten finanziellen Vorteilen verbunden waren, bereit, einen höheren Preis zu akzeptieren. Erst im Zuge des kontinuierlich steigenden Umweltbewußtseins wird dem Umweltschutz bei Haushaltsgroßgeräten von den Verbrauchern eine zunehmende Bedeutung beigemessen. Mit diesem Bedeutungszuwachs des Umweltschutzes als eigenständigem Kaufentscheidungskriterium ist auch eine wachsende umweltorientierte Preisbereitschaft zu beobachten (vgl. Abb. 10).

Das im Wettbewerbsvergleich höhere Preisniveau der ökologieorientierten Produktinnovationen der AEG Hausgeräte AG konnte somit durch Hinweis auf den Umweltschutzaspekt dem Verbraucher gegenüber gerechtfertigt werden. Bei der Durchsetzung eines

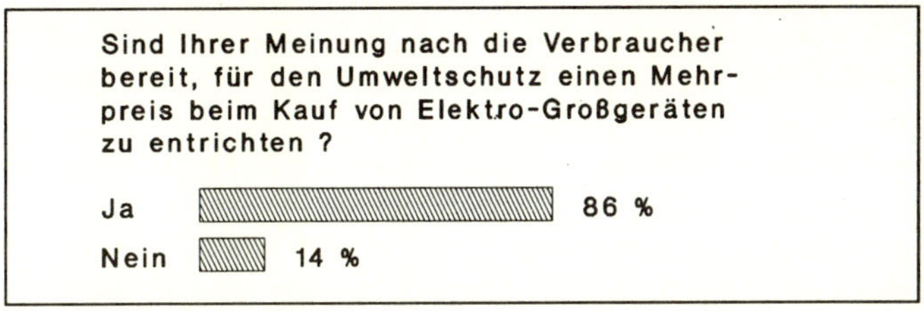

Abb. 10: Umweltorientierte Preisbereitschaft der Verbraucher aus Handelssicht
(Quelle: GfK, 1990)

höheren Preisniveaus übernahmen auch die Absatzmittler wichtige Funktionen. Im Rahmen von Schulungsmaßnahmen sowie einer umfassenden Informationspolitik sollte eine möglichst enge Einbindung des Handels in das ökologieorientierte Marketing-Konzept der AEG sichergestellt werden. Durch eine sachlich fundierte, ökologieorientierte Argumentation sollten die Konsumenten am point of sale von der Preisstellung der AEG Geräte überzeugt werden.

2.2.3 Kommunikationspolitik

Der Kommunikationspolitik kommt bei der Durchsetzung der Öko-Strategie aus Sicht der AEG Hausgeräte AG eine zentrale Rolle zu. Ökologieorientierte Themen sind dementsprechend in der klassischen Werbung und der Verkaufsförderung ebenso dominant wie im Rahmen der Öffentlichkeitsarbeit. Der internen Kommunikation wird ebenfalls eine besondere Bedeutung beigemessen, da Mitarbeiter erst durch ständiges und glaubwürdiges kommunizieren der umweltbezogenen Unternehmensziele zur Annahme der »Öko-Maxime« bewegt werden können. Beispielhaft kann hier auf die folgenden Maßnahmen verwiesen werden:

- Mitgliedschaft bei B.A.U.M./A.U.G.E. mit Entsendung von Mitarbeitern auf Seminare und Verbreitung von Informationsmaterial
- Tägliche Erstellung und Verteilung eines Pressespiegels mit Schwerpunkt Ökologie
- Betriebliches Vorschlagswesen veranstaltet mit gutem Erfolg eigene Wettbewerbe zum Thema Ökologie
- Ökologie-Rubrik in der Mitarbeiterzeitschrift.

Im Rahmen der ökologieorientierten Kommunikationspolitik wurde die Zielgruppe des Elektrofachhandels besonders angesprochen. Der Fachhandel als Absatzmittler mußte von der ganzheitlichen Öko-Strategie der AEG überzeugt werden, da er die Funktion eines »Gatekeepers« bei der Vermittlung umweltorientierter Informationen einnimmt. Der richtige und damit umweltentlastende Gebrauch von Haushaltsgroßgeräten ist dem Verbraucher häufig erst durch fachlich fundierte Instruktionen des Handels möglich. Bei der handelsgerichteten Kommunikation stand die Ökologie im Rahmen der Anzeigenwerbung folglich im Mittelpunkt der Argumentation. Darüber hinaus wurden in Zusammenarbeit mit dem jeweiligen Fachhändler umweltorientierte Aktionen am point of sale durchgeführt. Im Rahmen der endverbrauchergerichteten Kommunikation wurden u.a. folgende Maßnahmen realisiert:

- Stiftung eines Kunstpreises Ökologie, der seit 1988 für Studierende an Kunsthochschulen in der Bundesrepublik, Österreich, der Schweiz und der ehemaligen DDR ausgeschrieben wird.
- Fernsehspots für die Herdreihe »Competence« mit ökologischem Argumentationsschwerpunkt.
- Fast alle Gebrauchsanweisungen, Broschüren und Prospekte werden auf Recyclingpapier gedruckt, obwohl der hohe ästhetische Anspruch des Unternehmens hinsichtlich der Produktpräsentation auf hochwertige Fotographie und hochwertigen Druck angewiesen ist.
- Selbst im weniger umweltbewußten europäischen Ausland werden Öko-Aspekte in der Kommunikation teilweise bereits an zentraler Stelle eingesetzt, z. B. im Rahmen einer endverbrauchergerichteten Anzeigenserie in Großbritannien.

2.2.4 Distributionspolitik

Das ganzheitliche Verständnis von einer ökologieorientierten Marketing-Konzeption muß sich letztlich auch im Bereich der Distributionspolitik niederschlagen. Diesem Grundprinzip folgend, wird bei der AEG Hausgeräte AG im Rahmen der Logistik der weitaus größte Teil der Produkte per Bahn verschickt. Alle Werke und Lager des Unternehmens verfügen dementsprechend über eigene Gleisanschlüsse. Daneben versucht das Unternehmen, auf die beim Gerätetransport bislang verwendeten Styroporchips so weit wie möglich zu verzichten. In Teilbereichen konnten hier bereits Einsparungen von etwa einem Drittel der bisher verwendeten Mengen erreicht werden. Gleichzeitig werden auch die Lieferanten zu einer umweltgerechten Anlieferung ihrer Teile verpflichtet. Gegenüber den Zulieferern werden Verpackungsstoffe weitestgehend durch Verbot vermieden. Darüber hinaus werden für den Transport von umweltgefährdenden Stoffen Spezialfahrzeuge eingesetzt. Eine kurzfristige Zwischenlagerung solcher Materialien erfolgt nur in Sonderlagern, die mit Auffangwannen und anderen Sicherheitseinrichtungen ausgerüstet sind.

3. Erfolg der ökologieorientierten Marketing-Konzeption

Die konsequente Umsetzung der ökologieorientierten Marketing-Konzeption ermöglichte der AEG Hausgeräte AG die Festigung und den Ausbau der eigenen Marktstellung. Darüber hinaus konnte die im Konkurrenzvergleich gehobene Preisstellung der eigenen Produkte trotz eines aggressiven Preiswettbewerbs innerhalb der Branche verteidigt und abgesichert werden. Hinsichtlich des Imageerfolgs erzielte das Unternehmen nicht nur auf der Konsumentenebene sondern insbesondere auch gegenüber dem Handel deutliche Erfolge (vgl. Abb. 11). Die AEG Hausgeräte AG konnte sich hier klar als ökologieorientierter Pionier profilieren. Dieses Öko-Profil und der damit verbundene Goodwill im Handel sichert dem Unternehmen eine hohe umweltorientierte Glaubwürdigkeit und gewährleistet die Unterstützung des Handels bei der Markteinführung neuer ökologieorientierter

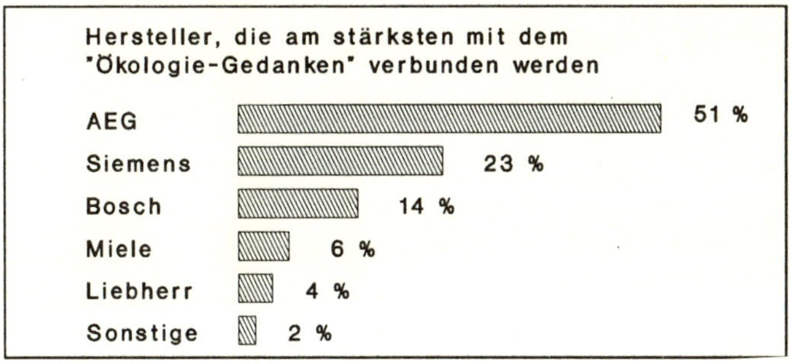

Abb. 11: Ökologieorientiertes Herstellerimage aus der Sicht des Fachhandels

Produktinnovationen. Vor allem auch im Rahmen der persönlichen Kommunikation mit potentiellen Kunden am point of sale wirkt sich der dem Unternehmen vom Handel entgegengebrachte umweltorientierte Goodwill positiv aus.

Fallstudie Bergmann-Möbel

1. Marketing-Problemstellung

1.1 Situation des Möbelmarktes

Nach einer langandauernden Wachstumsphase kann seit Beginn der 80er Jahre beim deutschen Möbelmarkt von einem stagnierenden Markt gesprochen werden. Wie aus Abbildung 1 hervorgeht, führten stark steigende Exportumsätze jedoch zu einer Kompensation der schrumpfenden Produktion für den deutschen Markt.

Besonders betroffen vom einsetzenden Schrumpfungsprozeß in der deutschen Möbelindustrie waren die Bereiche Holz- und Polstermöbel, wohingegen sich der Metallmöbelbereich aufgrund einer guten Büromöbelkonjunktur vergleichsweise stabil entwickelte.

Der einsetzende Konzentrationsprozeß in der überwiegend mittelständischen Möbelindustrie führte zu einem deutlichen Rückgang der Zahl kleinerer Betriebe (bis 50 Beschäftigte) sowie zu erheblichen Arbeitsplatzverlusten.

In der Mitte der 80er Jahre war der deutsche Möbelmarkt geprägt vom Angebot weitgehend anonymer, austauschbarer Produkte, steigenden Überkapazitäten sowie einer in weiten Teilen standardisierten Fertigung. Darüber hinaus war die Angebotsseite durch eine Vielzahl heterogener Stilsegmente geprägt.

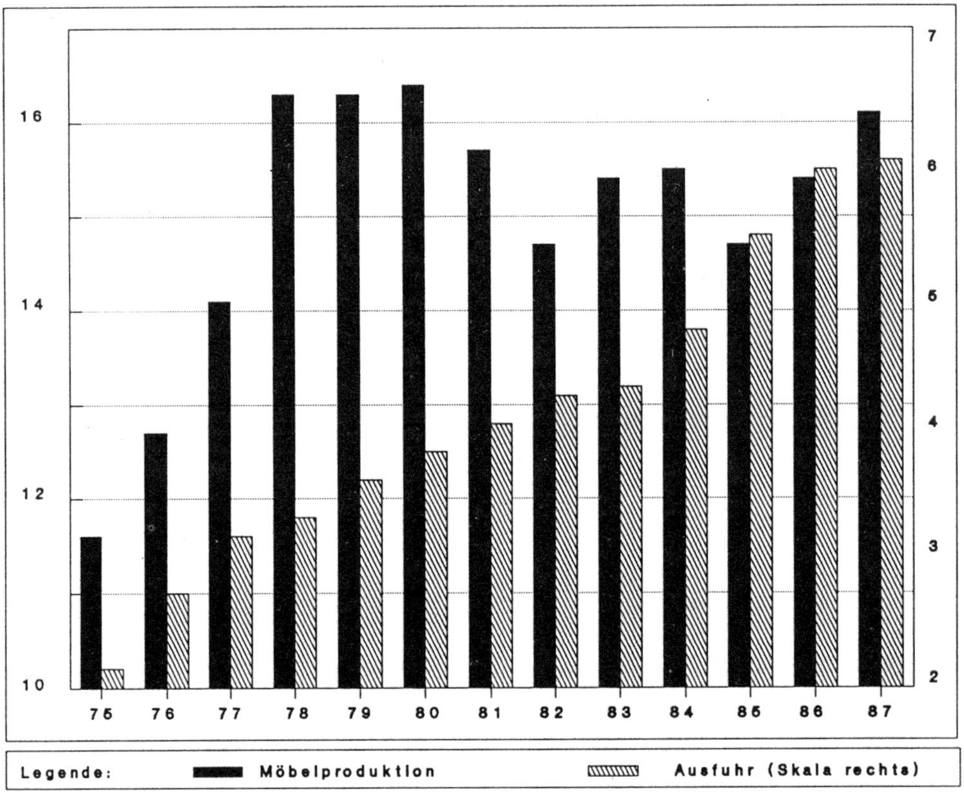

Abb. 1: Möbelproduktion und Ausfuhr der deutschen Möbelindustrie 1975 bis 1987 in Mrd. DM
(Quelle: Stat. Bundesamt)

1.2 Konkurrenzsituation

Die Wettbewerbsstruktur des deutschen Möbelmarktes ist typisch für einen zersplitterten Markt. Es existieren kaum wirkungsvolle Markteintrittsbarrieren, das Produkt- und Fertigungs-Know-how ist bekannt, die Kapitalintensität ist vergleichsweise niedrig, die Produktdifferenzierung ist relativ gering und Umstellungskosten auf Seiten der Abnehmer sind nicht vorhanden. Eine große Zahl von Kleinbetrieben bietet relativ breite Produktprogramme ohne spezifische Zielgruppenorientierung an. Profilierende Markenartikelkonzepte werden nur von wenigen Anbietern konsequent umgesetzt. Mehrheitlich wird eine undifferenzierte, teilweise imitative Produktpolitik betrieben.

Durch die weitgehende Homogenität vieler Unternehmen bezüglich ihrer Produkt- und Kommunikationspolitik sind preisliche Aspekte zum dominanten Wettbewerbsparameter geworden. Diese Tendenz setzte sich in den vergangenen Jahren durch verstärkt in den deutschen Markt drängende Hersteller aus Niedriglohnländern weiter fort (Tab. 1).

Jahr	Einfuhr in Mill. DM	Einfuhr im Verhältnis zur Inlandsproduktion
1975	1.382	11,9 %
1980	3.065	18,8 %
1985	3.635	24,7 %
1987	4.334	26,9 %

Tab. 1: Einfuhr von Möbeln und Möbelteilen 1975 bis 1987
(Quelle: Stat. Bundesamt)

Durch das in weiten Teilen austauschbare Herstellerangebot hat sich auch im Handel eine primär preisorientierte Marktbearbeitungsstrategie durchgesetzt. Die unteren Preis- und Qualitätssegmente des Möbelmarktes werden von größeren Herstellern mit weitgehend standardisierten Produktprogrammen abgedeckt, welche vermehrt über Fachdiscountketten und den preisaggressiven Möbelmitnahmehandel vertrieben werden.

Analysiert man den IST-Bestand bundesdeutscher Wohnungseinrichtungen bezüglich der vorherrschenden Stilrichtungen, so kann in etwa von der in Abbildung 2 dargestellten Angebotsstruktur ausgegangen werden.

1.3 Konsumentensituation

Das quantitativ wie qualitativ hohe Wohnausstattungsniveau bundesdeutscher Haushalte hat in den letzten Jahren zu einer kontinuierlichen Bedarfsschrumpfung geführt (Tab. 2). Die Schaffung zusätzlicher Nachfrageimpulse erfolgt fast ausschließlich über neue Modetrends sowie durch den Wunsch des Konsumenten nach Abwechslung. Darüber hinaus legt der Verbraucher immer größeren Wert auf die Individualität seiner persönlichen

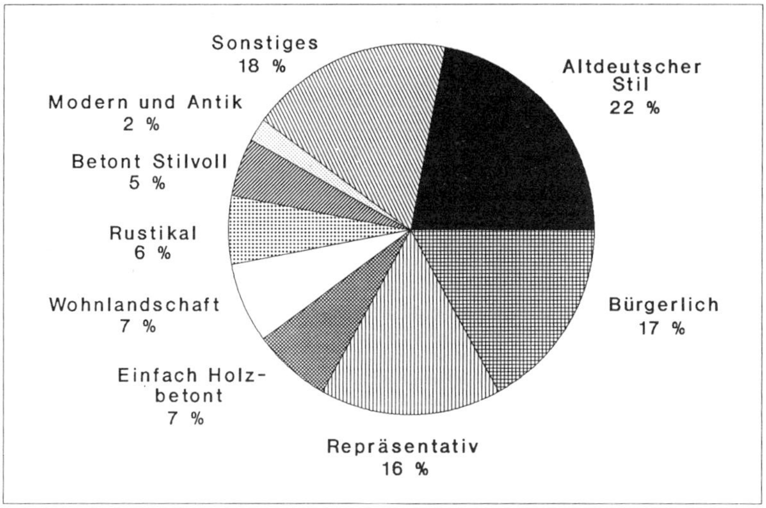

Abb. 2: Stilorientierte Angebotsstruktur
(Quelle: Wohnen + Leben)

Wohnungseinrichtung, welche sich immer weniger an traditionellen Stilvorstellungen orientiert. Abbildung 3 zeigt im Überblick den Bedeutungswandel ausgewählter Einrichtungsmotive.

Vor diesem Hintergrund kommt Marktforschungsergebnissen eine hohe Bedeutung zu, die auf eine tendenziell abnehmende Wichtigkeit des Preises als dominantes Möbelkaufkriterium hinweisen.

Zu Beginn der 80er Jahre führt die Zunahme allergischer Erkrankungen in der Bevölkerung sowie die vermehrt in das Bewußtsein der Öffentlichkeit dringenden Umweltprobleme zu einer erhöhten ökologischen Sensibilisierung der Verbraucher. Diese Entwicklung überträgt sich durch eine umfangreiche Medienberichterstattung u.a. über Asbest,

Haushaltstypen	Anteil der Möbelausgaben am privaten Verbrauch		
	1983	1984	1985
2-Personen-HH mit geringem Einkommen	1,4 %	1,0 %	0,6 %
4-Personen-HH mit mittlerem Einkommen	3,4 %	2,1 %	1,7 %
4-Personen-HH mit höherem Einkommen	2,8 %	2,9 %	2,5 %

Tab. 2: Anteil der Möbelausgaben an den Gesamtausgaben für den privaten Verbrauch
(Quelle: Stat. Bundesamt)

Stabile Bedeutung ⟺	▪ Heile Welt ▪ Außenorientierung, Prestige ▪ Dekoration, Ästhetisierung ▪ Convenience ▪ Einfachheit, Funktionalismus ▪ Selbstverwirklichung, do-it-yourself
Zunehmende Bedeutung ⇧	▪ Antikonventionalismus, Stilprotest ▪ Individualisierung, Selbstdarstellung ▪ Modernität, Trendorientierung ▪ Kommunikation, Spontaneität ▪ Natürlichkeit
Abnehmende Bedeutung ⇩	▪ Sauberkeit und Ordnung ▪ Stilperfektionismus

Abb. 3: Bedeutungswandel von Einrichtungsmotiven
(Quelle: Wohnen + Leben)

Holzschutzmittel, Formaldehyddämpfe und Haushaltsreiniger auch auf den Wohnbereich. Die dargestellten psychographischen Veränderungen im Konsumentenverhalten als auch demographische Verschiebungen, zu nennen ist in diesem Zusammenhang die Entwicklung zu mehr Single- und Seniorenhaushalten sowie die zunehmende Verbreitung von Zweit- und Ferienwohnungen, boten Profilierungschancen für konsequent zielgruppenorientierte Anbieter.

1.4 Unternehmenssituation

Die Bergmann Möbel GmbH mit ihren österreichischen Tochterunternehmen ist ein 1903 gegründetes mittelständisches Unternehmen. Im Geschäftsjahr 1987/88 wurde mit 800 Mitarbeitern ein Umsatz von über 150 Mio. DM erzielt. 1991 zog sich die Eigentümerfamilie aus der Firma zurück und verkaufte die wesentlichen Teile des Unternehmens an den Schlafzimmermöbelhersteller Steffen AG.

1.4.1 Die ökologische Betroffenheit der Bergmann Möbel GmbH

Zu dem Zeitpunkt, als sich bei Bergmann die Notwendigkeit zu einer grundlegenden strategischen Neuorientierung ergab, konnte von einer direkten ökologischen Betroffenheit des Unternehmens im Sinne einer aktuellen, vom Verbraucher wahrgenommenen Umweltschädigung durch Produkte des Unternehmens bzw. der Branche nicht gesprochen werden.

Allerdings kann sowohl von einer indirekten als auch von einer potentiellen Betroffenheit des Unternehmens gesprochen werden. Eine indirekte Betroffenheit ergab sich aus dem ökologischen Verantwortungsbewußtsein der Unternehmensleitung, die es als eine ihrer zentralen Aufgaben betrachtet, zur Verbesserung der Existenzgrundlagen der Gesellschaft beizutragen. Ökologieorientierung wird in diesem Sinne als gesellschaftliche Überlebensbedingung verstanden.

Die zunehmende ökologische Sensibilisierung der Verbraucher, welche zukünftig in verstärktem Maße auch auf die Möbelbranche übergreifen könnte, stellte ein nicht unerhebliches Gefährdungspotential dar. Wie schnell eine solche potentielle Betroffenheit in eine direkte Bedrohung der gegenwärtigen Unternehmensposition umschlagen kann, zeigt exemplarisch eine im Januar 1989 im »Stern« erschienene Titelstory über Wohngifte. Dieser Artikel in Verbindung mit mehreren Fernsehreportagen über Giftstoffe in Wohnungen und öffentlichen Gebäuden führte in kürzester Zeit zu einer stark sensibilisierten, kritschen Haltung breiter Verbraucherschichten. Durch die Medienberichterstattung initiiert, bildeten sich in der Öffentlichkeit umgehend konkrete Forderungen gegenüber der Industrie, die von einem Verbot aller umweltgefährdenden Holzschutzmittel und Einrichtungsmaterialien bis hin zu Schadensersatzansprüchen gegen die betroffenen Unternehmen reichten. Es wurde sogar eine Interessengemeinschaft der Holzschutzmittelgeschädigten gegründet, auf deren Klage hin z. Zt. Ermittlungsverfahren gegen mehrere Hersteller wegen fahrlässiger Körperverletzung laufen. Die sich in der Folge verändernden Konsumentenbedürfnisse stellen insbesondere diejenigen Unternehmen vor große Probleme, deren Marketingstrategie bisher ökologische Aspekte nicht berücksichtigte.

1.4.2 Die ökologierelevanten Chancen und Risiken der Unternehmung

Die dargestellte indirekte Betroffenheit des Unternehmens unter Berücksichtigung des zukünftigen Gefährdungspotentials führt zu spezifischen Chancen und Risiken bei der Implementierung einer ökologieorientierten Marketingkonzeption. Aufgrund der besonderen Abhängigkeit der Möbelhersteller von der Kooperationsbereitschaft des Handels sind die Profilierungschancen auf der Handelsebene durch den Aufbau einer ökologieorientierten Markenpersönlichkeit von besonderer Bedeutung.

Dem Handel wurde die Chance geboten, durch eine Ausrichtung auf anspruchsvolle, naturbewußte Verbraucher sich zumindest partiell dem Preiswettbewerb zu entziehen. Durch eine ökologieorientierte Sortimentsgestaltung kann er seine spezifische Kompetenz im Bereich »natürliches Wohnen« unter Beweis stellen. Darüber hinaus ist es dem Handelspartner möglich, sowohl neue Verbrauchersegmente anzusprechen als auch bei den traditionellen Segmenten neue Kaufimpulse zu schaffen. Allerdings bestand im Handel eine gewisse Skepsis bezüglich der von Bergmann unterstellten höheren Preisbereitschaft im Naturmöbelsegment.

Berücksichtigt man die Tatsache, daß die Umweltverträglichkeit bzw. Umweltschädlichkeit von Möbeln für den Verbraucher nicht direkt sichtbar und überprüfbar ist, wird deutlich, daß eine aus Konsumentensicht mangelnde Glaubwürdigkeit ein beachtliches Risiko bei der Einführung naturbelassener Massivholzmöbel darstellte. Bei der Integration ökologischer Aspekte im Rahmen der Produktgestaltung muß darüber hinaus berücksichtigt werden, daß gerade im Segment der naturorientierten Konsumenten ein hohes Anspruchsniveau hinsichtlich Qualität und Design zu erfüllen ist. Bei diesen Kriterien sind Konzessionen des Konsumenten, insbesondere in der gehobenen Preisklasse, nicht zu erwarten.

Externe Faktoren	Chancen	Risiken
Umweltpolitische Aktivitäten des Gesetzgebers	▪ Schärfere gesetzliche Bestimmungen bezüglich Wohnraumgiften führen zu einem Nachfrageschub (Ersatzbeschaffung)	▪ Berücksichtigung gesetzlicher Vorschriften führt zu höheren, ggf. nicht überwälzbaren Kosten
Umweltbewußtsein der Öffentlichkeit	▪ Vertrauensbonus gegenüber ökologischem Unternehmensimage, da bislang keine Umweltskandale in der Möbelbranche ▪ Steigende ökologische Sensibilität führt zu erhöhtem umweltorientiertem Informationsbedürfnis ▪ Ökologiebewußtsein der Öffentlichkeit bietet Profilierungschancen	▪ Mangelnde Glaubwürdigkeit eines "Öko-Möbel"-Konzeptes aufgrund umfassender Medienberichterstattung über Wohnraumgifte
Umweltbewußtsein und Verhalten der Absatzmittler und Abnehmer	▪ Ökologieorientierte Marketingkonzeption des Handels schafft Preisspielräume ▪ Differenzierungschance von Klein- und Mittelbetrieben des Handels gegenüber Fachdiscount-Ketten ▪ Etablierung einer ökologiegerechten Markenpersönlichkeit beim Konsumenten	▪ Abnehmer stark preisorientiert, höhere Preisstellung für "Öko-Möbel" nicht durchsetzbar ▪ Umweltqualität als Produkteigenschaft von Möbeln für Abnehmer nur schwer überprüfbar ▪ Umweltqualität geht zu Lasten traditioneller Qualitätsmerkmale (Haltbarkeit, Empfindlichkeit)
Umweltbezogene Aktivitäten der Konkurrenz	▪ "Natürliches Wohnen" als Innovationspotential zur Profilierung gegenüber dem anonymen Wettbewerb ▪ Flexibilitätsvorteil durch frühzeitige Umstellung der Fertigung und des Produktprogramms ▪ Erschließung ertragreicher, umweltorientierter Segmente	▪ Preisaggressive umweltorientierte Wettbewerber drängen in das Segment "Natürliches Wohnen" ▪ Übernahme der Umweltargumente aus der Werbung der Wettbewerber führt zu Glaubwürdigkeitsverlusten
Entwicklungen im Bereich Wissenschaft und Forschung	▪ Entwicklung neuer umweltschonender und kostengünstiger Fertigungstechnologien ▪ Entwicklung neuer regenerativer Möbelmaterialien	▪ Gesundheitsgefährdung durch traditionelle Werkstoffe

Abb. 4: Ökologierelevante Chancen und Risiken der Bergmann Möbel GmbH

Die Marktbearbeitung der meisten Wettbewerber konzentrierte sich bisher auf preisliche Argumente. Hier könnte die konsequente Nutzung des Innovationspotentials natürlicher Möbel zu einem qualitativen Wettbewerbsvorteil ausgebaut werden. Eine ganzheitlich verstandene Ökologieorientierung, die neben einer Umstellung der Fertigungsprozesse das gesamte Marketing-Mix umfaßt, ist kurz- bis mittelfristig von Wettbewerbern kaum zu kopieren und ist insoweit als Wettbewerbsvorteil verteidigungsfähig. Es besteht jedoch die Gefahr, daß preisaggressive Wettbewerber nach erfolgter Markterschließung durch Bergmann ins Segment »Natürliches Wohnen« eindringen und dies zu einer Erosion des Preisniveaus führen könnte.

Im Gegensatz zu hochgradig von Umweltproblemen betroffenen Branchen (Chemie, Mineralölindustrie, Automobilindustrie, etc.) kann die Möbelbranche in der Öffentlichkeit auf einen Vertrauensbonus bauen, da sie bisher mit Umweltskandalen nicht in Verbindung gebracht wurde. Der Versuch, ein ökologisch orientiertes Unternehmensimage aufzubauen, dürfte in der Möbelbranche daher kaum auf Akzeptanzbarrieren stoßen. Darüber hinaus führt das gestiegene ökologische Informationsbedürfnis der Konsumenten zu einem höheren Produktinvolvement. Dies erleichtert eine effiziente Informationsaufnahme hinsichtlich einer auf ökologischen Argumenten aufbauenden Kommunikationsstrategie.

Sollte der Gesetzgeber in Zukunft strengere Bestimmungen hinsichtlich der Luftschadstoffe in Wohn- und Arbeitsräumen erlassen, könnte dies zu einer Expansion der Möbelnachfrage durch eine Welle von Ersatzbeschaffungen führen. Da Bergmann sowohl die Produktionsprozesse als auch weite Teile des Produktprogramms antizipativ bereits an umweltorientierte Erfordernisse angepaßt hat, besteht bei entsprechenden Maßnahmen des Gesetzgebers ein erheblicher Flexibilitätsvorteil gegenüber dem Wettbewerb.

Vor dem Hintergrund eines ständig zunehmenden Wissens über die Gesundheitsgefährdung bislang als unbedenklich geltender Einsatzstoffe besteht auch in der Möbelindustrie die Notwendigkeit, die Fertigung kurzfristig an neue Forschungsergebnisse anzupassen (vgl. Abb. 4).

1.4.3 Die ökologierelevanten Unternehmensstärken und -schwächen

Auf der Basis der sich aus externen Entwicklungen ergebenden Chancen und Risiken einer ökologieorientierten Marketingkonzeption wurde das Unternehmen auf besondere Stärken und Schwächen hin analysiert.

Die herausragende Stärke von Bergmann stellt das frühzeitige Bekenntnis der Unternehmensleitung zu einer ganzheitlichen Umweltverantwortung dar. Dies beinhaltet, daß sich die Legitimität des Unternehmensbestandes ableitet aus einem Beitrag zur Verbesserung der gesellschaftlichen Existenzgrundlagen. Diese umfassende Verpflichtung führte zu einer grundlegenden Umstrukturierung aller Managementbereiche. Der im Rahmen der Umgestaltung verwirklichte partizipative Führungsstil in Verbindung mit der besonderen Herausforderung an das handwerkliche Geschick, welches die Verarbeitung naturbelassener Massivhölzer erfordert, führte zu einer erheblichen Motivationssteigerung bei den Mitarbeitern.

Analog zur Situation vieler Wettbewerber war die finanzielle Lage von Bergmann aufgrund einer längeren Phase der Absatzstagnation sowie rückläufiger Margen als angespannt zu bezeichnen. Erschwerend kam hinzu, daß die geplanten Investitionen zur Umsetzung der ökologieorientierten Marketingkonzeption erst mittel- bis langfristig erfolgs- und liquiditätswirksam werden würden. Vergleichend zu anderen Branchen ist die Umstellung der Fertigung auf eine umweltverträgliche Produktion jedoch weit weniger kapitalintensiv.

Aufgrund langjähriger Erfahrung in der Produktion von Möbelgestellen und Polstermöbeln auf Holzbasis besaß Bergmann nicht nur das entsprechende Produktions-Know-how der Massivholzverarbeitung, sondern hatte sich auch bei seinen Handelspartnern eine spezifische Kompetenz in diesem Bereich erworben. Diese Kompetenz in qualitativ hochwertiger Holzverarbeitung erwies sich als besondere Stärke bei der Gewinnung von Kooperationspartnern im Handel zur distributionspolitischen Umsetzung der ökologisch ausgerichteten Marketingstrategie.

Das bisherige Produktprogramm von Bergmann wurde von den Verbrauchern nicht bewußt als umwelt- bzw. gesundheitsgefährdend wahrgenommen. Insoweit stieß die ökologieorientierte Umpositionierung des Produktprogramms beim Konsumenten nicht auf Akzeptanzbarrieren, was sich beim Aufbau einer ökologischen Markenpersönlichkeit als vorteilhaft erwies.

Aus Abnehmersicht ergaben sich aber auch einige unternehmensspezifische Schwächen. Bergmann hatte in der Vergangenheit keine konsequente Markenpolitik betrieben. Demzufolge war der Bekanntheitsgrad äußerst gering und das Unternehmensprofil mehr oder weniger diffus. Eine weitere Schwierigkeit lag in der Tatsache begründet, daß zunächst nur ein Teil des Produktionsprogramms den neuen ökologischen Anforderungen entsprach. Es bestand daher die Gefahr, daß dies zu negativen Ausstrahlungseffekten auf das Restprogramm bzw. zu einem Glaubwürdigkeitsverlust führen könnte.

Im Bereich der Fertigung konnte das Unternehmen die hohe fachliche Qualifikation und Flexibilität seiner Mitarbeiter als besondere Stärke verbuchen. Darüber hinaus verfügte Bergmann im Wettbewerbsumfeld über eine nur in geringem Maße standardisierte Produktionsstruktur, was die Umstellung auf eine flexible, den differenzierten Stilpräferenzen der Abnehmer entsprechende Fertigungstechnologie erleichterte (Abb. 5).

2. Die ökologieorientierte Marketingkonzeption der Bergmann Möbel GmbH

2.1 Ökologieorientierte Ziele und Strategien

Nachdem sich Bergmann in der Vergangenheit von einem reinen Möbelgestellhersteller im Rahmen einer vertikalen Diversifikationsstrategie zu einem vollwertigen Polstermöbelproduzenten entwickelt hatte, stellte sich zu Beginn der 80er Jahre aufgrund einer mehrjährigen Absatzstagnation die Frage nach einer grundlegenden strategischen Neuausrichtung.

In dieser Phase führte das ausgeprägte umweltpolitische Verantwortungsgefühl der Unternehmensleitung zunächst zu einer ökologiegerechten Neuformulierung der Unternehmensgrundsätze, welche daraufhin im Rahmen einer offensiven Umweltschutzstrategie umgesetzt werden sollten.

Interne Faktoren	Stärken	Schwächen
Unternehmensleitung	▪ Frühzeitiges Bekenntnis zu ganzheitlicher Umweltverantwortung ▪ Ökologieorientierter partizipativer Führungsstil ▪ Aufgeschlossenheit und Flexibilität ggü. ökologischen Problemen	
Finanzielle Situation und Marketing-Strategie	▪ Schlüssiges, ökologieorientiertes Marketingkonzept überzeugt Banken	▪ Stagnierendes Marktvolumen, schrumpfender Absatz und unzureichende Erträge führen zu schwieriger Finanzlage ▪ Nicht ausreichende Investitionsmittel
Technisches Know-how	▪ Langjährige Erfahrung in Holzbe- und -verarbeitung ▪ Hohe fachliche Qualifikation und Flexibilität der Mitarbeiter ▪ Flexible Fertigungsstrukturen	▪ Im Wettbewerbsumfeld Kostennachteile in der Fertigung
Charakteristik des Leistungsprogramms	▪ Hohe Kompetenz im Handel bezüglich Holzmöbel ▪ Traditionelles Leistungsprogramm ökologisch kaum vorbelastet	▪ Geringer Bekanntheitsgrad, diffuses Unternehmensprofil ▪ Negative Ausstrahlungseffekte des (noch) nicht ökologiegerechten Restprogramms

Abb. 5: Ökologierelevante Stärken und Schwächen der Bergmann Möbel GmbH

Eine offensive ökologieorientierte Strategie stand nicht nur in Einklang mit der neuen Unternehmensphilosophie, sondern bot vor allem die Chance, sich durch frühzeitiges Handeln als umweltbewußter Anbieter zu profilieren. Dieses ökologiegerechte Vorgehen erschien auch deshalb vorteilhaft, weil die Wettbewerber sich umweltpolitisch weitestgehend passiv verhielten und hinsichtlich ihrer Identität vom Verbraucher als größtenteils austauschbar empfunden wurden.

Unter Verwendung der beiden Dimensionen

- »Vorteile ökologieorientierten Unternehmenverhaltens« und
- »Umweltgefährdung aus Produktion, Verwendung und Beseitigung des Produktes«

läßt sich die strategische Stoßrichtung des Unternehmens im Rahmen eines Ökologie-Portfolios wie folgt darstellen (Abb. 6):

Gleichzeitig mit der Einführung der natürlichen Massivholzmöbellinie entschied sich das Unternehmen zu einer Angebotsausweitung in Richtung Schränke, Regale und Tische. Da Bergmann bezüglich der Aufnahmebereitschaft der natürlichen Massivholzmöbel im umweltbewußten Marktsegment über keinerlei konkrete Informationen verfügte, entschloß man sich zu einer differenzierten Marktbearbeitung. Die bisherigen Abnehmer sollten auch weiterhin mit den traditionellen Polstermöbellinien angesprochen werden. Mit den im Bereich »natürliches Wohnen« positionierten Massivholzmöbeln wollte man dagegen neue Marktsegmente erschließen. Als Kernzielgruppe sollten »kritische, naturbewußte Verbraucher mit hohen Design- und Qualitätsansprüchen, die sich mit unbedenklichen Naturmaterialien umgeben wollen«, erreicht werden.

In einer Marktforschungsuntersuchung über Einrichtungsstilpräferenzen (vgl. Abb. 2 und 3) zeigte sich jedoch, daß die einen »einfach-holzbetonten« Einrichtungsstil präferierenden Konsumenten tendenziell in unterdurchschnittlichen Einkommensklassen anzutreffen sind. Aus diesem Grund versuchte Bergmann, primär das anspruchsvoll-repräsentative Stilsegment durch sein Massivholzprogramm anzusprechen. Vor dem Hintergrund des hohen Haushaltseinkommens in diesem Segment war zu vermuten, daß neue Einrichtungsimpulse, wie sie vom Konzept des »natürlichen Wohnens« ausgehen sollten, von diesen Konsumenten am ehesten in konkrete Kaufentscheidungen umgesetzt werden würden. Darüber hinaus bestand in diesem Segment eine hohe Affinität zwischen dem traditionell hohen Qualitätsniveau von Bergmann und den hohen Qualitätserwartungen der Verbraucher. Außerdem war hier die Wahrscheinlichkeit am höchsten,

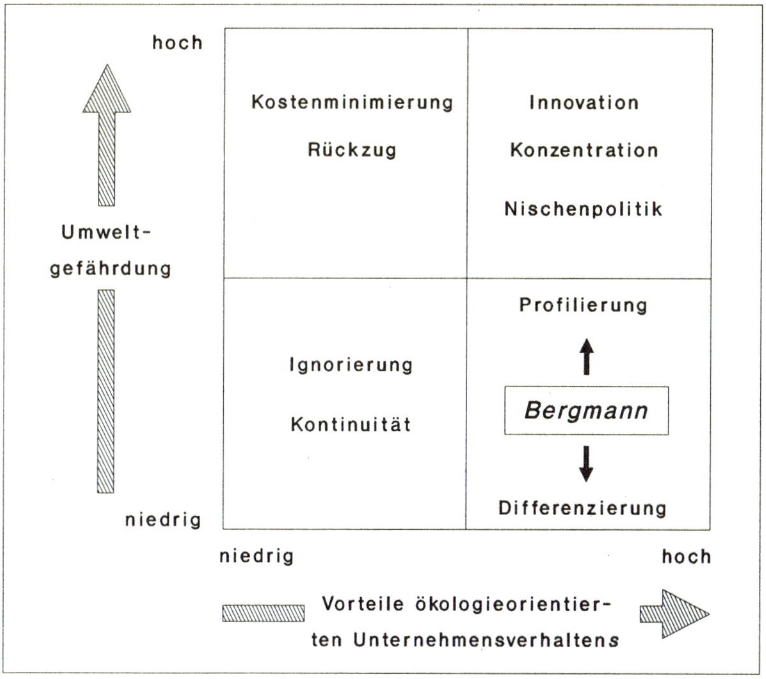

Abb. 6: Strategische Stoßrichtung der Bergmann Möbel-GmbH im Ökologie-Portfolio

die preispolitische Zielvorstellung einer überdurchschnittlichen Preisstellung für die natürlichen Massivholzmöbel realisieren zu können.

2.2 Ökologieorientierte Maßnahmen

2.2.1 Produktpolitik

Alle produktpolitischen Maßnahmen zur Umsetzung der ökologieorientierten Marketingstrategie hatten sich an folgenden Leitlinien auszurichten:

- Die Gesundheit der Benutzer darf durch die angebotenen Möbel nicht beeinträchtigt werden.
- Ressourcenschonung durch sparsamen Materialeinsatz und Langlebigkeit der Produkte.
- Die Produktion soll bei minimalem Energieeinsatz die geringstmögliche Umweltbelastung verursachen.
- Alle verwendeten Materialien müssen problemlos recyclingfähig sein.

Zunächst bedeutete dies, daß im Unternehmen grundsätzlich keine Tropenhölzer verwendet werden. Statt dessen wird nur regenerativ bewirtschaftetes Holz aus der Bundesrepublik sowie aus skandinavischen Ländern verwendet. Als Bezugsmaterialien werden nur farbechte, verrottungsfähige Naturstoffe verarbeitet, die exklusiv für Bergmann gewebt werden. Für den Einsatz von Massivholz anstelle der in der Branche weit verbreiteten Furniere und Spanplatten entschied man sich, weil deren Verarbeitung einen erheblich höheren Energieeinsatz erfordert hätte. Zudem tragen Massivholzmöbel durch ihre längere Lebensdauer und ihre problemlose Recycling- und Verrottungsfähigkeit zur Umweltschonung bei. Natürlichkeit und Verrottungsfähigkeit sind darüber hinaus ein wichtiges Kriterium bei der Auswahl geeigneter Polstermaterialien.

Auch die Oberflächenbehandlung der Produkte durch Öl und natürliche Wachse bzw. bei besonderen Farbwünschen durch Wasserlacke mit pflanzlichen Farbgrundstoffen erfolgt in Übereinstimmung mit den ökologischen Leitlinien der Produktgestaltung. Im Rahmen der Verpackungspolitik wurde die Ökologieorientierung ebenfalls konsequent umgesetzt, indem die bislang verwendeten Einwegverpackungen aus Kunststoff durch Pappkartons oder wiederverwendbare Materialien ersetzt wurden.

Vor dem Hintergrund der in einem ganzheitlichen Sinne verstandenen Umweltverantwortung der Unternehmensleitung wurde auch die Produktion schrittweise auf umweltverträgliche Fertigungsverfahren umgestellt. Neben anderen Maßnahmen werden im Unternehmen alle Holzabfälle gesammelt und zur Energieerzeugung eingesetzt. Durch dieses systematische Abfallrecycling ist man in der Lage, 70 % des betrieblichen Energiebedarfes zu decken. Zur Energieeinsparung als auch zur Verbesserung der Arbeitsatmosphäre tragen begrünte Hallendächer innerhalb des Betriebsgeländes bei.

Über die Umweltverträglichkeit hinaus war es ein weiteres Ziel der Fertigungsumstrukturierung, Synergieeffekte zu erzielen. Die schmale Palette verarbeiteter Massivhölzer sowie die relativ geringe Anzahl von Systemelementen boten dabei ein hohes Synergiepotential. Zugleich wurde durch die vielfältige Kombinierbarkeit der einzelnen Produktlinien dem Trend zur Individualisierung entsprochen.

Nach der Realisation der umweltorientierten produktpolitischen Maßnahmen bestand für das Unternehmen die Gefahr, daß die Verbraucher aufgrund der nicht gegebenen Visualität und Überprüfbarkeit die Umweltqualität der Produkte in Frage stellen würden. Im Rahmen einer antizipativen Absicherungsstrategie wurden deshalb folgende Maßnahmen ergriffen: Einerseits wurde die Unbedenklichkeit der eigenen Produkte vom Technischen Überwachungsverein bestätigt. Andererseits sollte die spezifische Oberflächenstruktur der gebürsteten Massivhölzer über das besondere haptische Erlebnis die Natürlichkeit der Möbel »fühlbar« werden lassen.

Um die Aufnahmebereitschaft des Handels gegenüber einem ökologieorientierten Produktprogramm zu erhöhen, kooperierte Bergmann frühzeitig mit Teppich- und Gardinenherstellern. Diese Kooperation führte letztlich zu einem umfassenden, aufeinander abgestimmten ökologischen Einrichtungskonzept, welches bei der Einführung im Handel äußerst positiv aufgenommen wurde. Damit wurde dem Verbraucher die Möglichkeit geboten, seine gesamten Einrichtungswünsche ökologiegerecht zu befriedigen.

Im traditionellen Polstermöbelbereich verfolgte das Unternehmen eine duale Strategie. Nach einer Straffung des in den 70er Jahren ausgeuferten Angebotsprogramms wurde ein Teil des Sortiments dem Leitmotiv des »natürlichen Wohnens« u. a. durch nickelfreie Federn, Bezugsstoffe aus reiner Baumwolle bzw. Wolle und Kokospreßflor angepaßt. Es stellte sich bereits nach kurzer Zeit heraus, daß auch die parallel angebotene traditionelle Polstermöbelkollektion ganz erheblich von positiven Ausstrahlungseffekten der Massivholzmöbellinien profitierte.

2.2.2 Kommunikationspolitik

Neben der Schaffung der produktpolitischen und fertigungstechnischen Voraussetzungen war die Kommunikationsstrategie im Rahmen der ökologieorientierten Marketingkonzeption von besonderer Bedeutung.

Für Bergmann ergaben sich dabei eine Reihe spezifischer Probleme. In der Vergangenheit war das Unternehmen kaum durch gezielte Endverbraucherwerbung in Erscheinung getreten. Als Konsequenz daraus war der Bekanntheitsgrad beim Konsumenten völlig unzureichend sowie dessen Vorstellungsbild vom Unternehmen diffus und ohne eigenständiges Profil.

Darüber hinaus mußte, erstmalig in der Möbelbranche, der ökologische Nutzen des neuen Produktangebotes auf adäquate Weise kommuniziert werden. Beim Verbraucher sollte als Ergänzung des traditionellen Kaufkriteriums »Preis-Leistungsverhältnis« eine neue Beurteilungsdimension »Umweltqualität« geschaffen werden. Dabei bestand die Gefahr einer Überforderung des Konsumenten aufgrund seiner unzureichenden Fähigkeit, verschiedene Produktangebote hinsichtlich ihrer ökologischen Qualität differenziert beurteilen zu können. In diesem Zusammenhang sollte der Aufbau einer ökologieorientierten Markenpersönlichkeit zur kognitiven Entlastung des Konsumenten beitragen.
Vor diesem Hintergrund ergaben sich die folgenden zentralen Kommunikationsziele:

- Vorstellung des neuen Programms »Natürliches Wohnen« bei Handel und Verbraucher
- Bekanntheitsgrad insbesondere bei Endverbrauchern erhöhen
- Profilierung und Differenzierung des Unternehmens durch den Aufbau einer ökologieorientierten Markenpersönlichkeit

- Positionierung bei Handel und Verbraucher als kompetenter Ansprechpartner bei allen ökologischen Einrichtungsproblemen.

Auf die Verwendung des doppeldeutigen und teilweise negativ besetzten »Bio«-Labels wurde im Rahmen der Kommunikationsstrategie bewußt verzichtet. Die zentrale Werbeaussage lautete: »Natürliches Wohnen durch ausschließliche Verwendung reiner Naturmaterialien«.

Zur Erreichung der Kommunikationsziele war die Darstellung der Produktvorteile und der gesamte Präsentationsstil am point of sale von herausragender Bedeutung. Der handelsgerichteten Kommunikation wurde demzufolge Priorität eingeräumt.

Alle den Handelspartnern zur Verfügung gestellten Displays und Verkaufsunterlagen wurden aus Recyclingpapier erstellt. Dem besonderen haptischen Produkterlebnis der naturbelassenen Massivholzmöbel wurde dabei durch eine besondere Oberflächenstruktur der Verkaufsunterlagen entsprochen. Es wurde ganz gezielt auf die üblichen Hochglanzprospekte verzichtet. Diese »naturnahe« Politik wurde auch im Bereich der Verkaufsförderung konsequent verfolgt. So wurde z.B. durch unbehandelte Buntstifte aus Holz mit einer den Möbeln ähnlich strukturierten Oberfläche versucht, die spezifische Haptik der neuen Produkte zu vermitteln.

Bergmann gewährte den selektiv ausgewählten Handelspartnern nicht nur Unterstützung bei Regional-Insertionen, sondern engagierte sich auch bei Sonderausstellungen im Handel, um das ökologische Gesamtprogramm attraktiv präsentieren zu können.

Als Public Relations-Maßnahme führten Pressekonferenzen im Rahmen von Ausstellungseröffnungen zu einer sehr positiven Resonanz in den Medien. Zusätzlich wurden regelmäßig redaktionell aufgemachte Beiträge über das ökologische Konzept des natürlichen Wohnens in Handelszeitschriften veröffentlicht.

In der Endverbraucherwerbung wurde eine relativ spitze, stark sensibilisierte Zielgruppe angesprochen, die als Meinungsbildner fungieren. Dieser Zielsetzung entsprechend setzte sich der Streuplan aus den in Abb. 7 genannten Titeln zusammen. Zusätzlich war Bergmann im alternativen Branchenführer Möbel vertreten, der eine ökologisch stark engagierte Leserschaft aufweist. Die Anzeigengestaltung stellte neben der hohen Produkt- und Designqualität vor allem die Naturbelassenheit der verwendeten Materialien in den Vordergrund.

Titel	Belegung
Schöner Wohnen Zuhause Wohnidee Gesünder Wohnen Natur Bio Biologisches Bauen und Wohnen Zeitmagazin	alle Titel mehrfach belegt

Abb. 7: Streuplan im Bereich der Printmedien

Um auch die Mitarbeiter in das neue ökologieorientierte Kommunikationskonzept einzubinden und die Identifikation mit dem Unternehmen zu erhöhen, wurde 1988 eine Mitarbeiterzeitschrift eingeführt.

Schließlich wurde das gesamte Kommunikationskonzept in eine umfassende Corporate Identity-Strategie eingebettet. In Verbindung mit dem umweltpolitischen Selbstverständnis des Unternehmens führte dies zu einer konsequenten Visualisierung der neuen ökologieorientierten Marketingkonzeption in allen Unternehmensbereichen.

2.2.3 Preispolitik

Die Markteinführung der naturnahen Massivholzlinie im Frühjahr 1985 erfolgte in höherpreisigen Marktsegmenten. Der hohe Innovationsgrad der ökologieorientierten Produkte sowie die konsequente Umsetzung der umweltbezogenen Marketingkonzeption eröffnete die Chance zur Schaffung von Preisspielräumen.

In verschiedenen Marktforschungsuntersuchungen zeigte sich, daß trotz insgesamt stagnierender Nachfrage in bestimmten Marktsegmenten eine hohe latente Anschaffungsbereitschaft für Einrichtungsgegenstände vorhanden war. Ferner konnten auf der Basis von Typologiestudien ca. 43 % der 18- bis 64jährigen Verbraucher als überdurchschnittlich wohnungsorientiert, d. h. Personen mit hohem Produktinvolvement, bezeichnet werden. Diese Ergebnisse führten zu einer ökologisch differenzierten Preispolitik mit dem Ziel, durch eine konsequent zielgruppengerechte Ansprache umweltsensibler Segmente eine beachtliche Preisprämie gegenüber den Wettbewerbern durchzusetzen. Die Entscheidung zu einem relativ hohen Preisniveau zum Zeitpunkt der Markteinführung ergab sich auch deshalb, weil die ökologieorientierte Fertigungsumstrukturierung zunächst zu Kostennachteilen führte. Die sich daraus anfänglich ergebende Notwendigkeit zur Kostenüberwälzung konnte nach kurzer Zeit jedoch durch realisierte Synergiepotentiale in der Fertigung kompensiert werden.

Auch die Kooperationsbereitschaft des Handels war bezüglich der vom Unternehmen verfolgten Preispolitik sehr groß. Die ökologischen Produktvorteile boten dem Handel die Möglichkeit, sich dem aggressiven Preiswettbewerb durch Herausstellung seiner spezifischen umweltorientierten Kompetenz weitgehend zu entziehen.

Nach den ersten Markterfolgen der hochpreisig, an eine tendenziell ältere Zielgruppe (über 40 Jahre) gerichteten Massivholzmöbel wurden weitere Massivholzlinien für jüngere Zielgruppen auf einem 15–20 % niedrigerem Preisniveau in den Markt eingeführt. Ein darüber hinaus gehendes trading down war weder mit den hohen Qualitätsstandards des Unternehmens noch mit der Marketingstrategie vereinbar.

2.2.4 Distributionspolitik

Für die Implementierung der ökologieorientierten Marketingstrategie war die Kooperationsbereitschaft des Handels von ausschlaggebender Bedeutung. Die langjährige Marktstagnation sowie die dadurch hervorgerufene hohe Wettbewerbsintensität der Möbelhersteller führte auf der Handelsebene zu einer starken Expansion preisaggressiver Betriebsformen. Eine Profilierung über andere Entscheidungsparameter als den Preis fand kaum statt.

Vor diesem Hintergrund entschied man sich bei Bergmann für einen Selektivvertrieb über ausgewählte, der umweltorientierten Unternehmensphilosophie angepaßte Handelspartner. Die Akquisition dieser Handelsbetriebe bereitete keine Schwierigkeiten, da gegenüber dem Handel erstmalig Inhalts- statt Preisargumente durchsetzbar waren. Zudem erkannte man gerade im mittelständischen Handel frühzeitig die Chance, sich gegenüber dem Verbraucher durch ökologische Kompetenz zu profilieren. Insbesondere bot sich die Möglichkeit zur Differenzierung gegenüber den in jüngster Zeit stark expansiven Fachdiscountern und Mitnahmemärkten.

Die Produktpräsentation im Handel erfolgte im Rahmen eines Studio-Konzeptes »Natürliches Wohnen«. Diese geschlossene Gesamtschau kam dem erhöhten umweltorientierten Informationsbedürfnis der Verbraucher entgegen. Alle dabei zur Verfügung gestellten Verkaufsbroschüren waren wiederum aus Recyclingpapier. Die Handelspartner wurden regelmäßig durch Hausmessen, Verkaufsunterlagen und die Unternehmenszeitschrift über die ökologischen Produkteigenschaften sowie neue umweltgerechte Produkte informiert. Diese Aktivitäten waren deshalb von Bedeutung, weil eine effektive Kommunikation des Unternehmens mit dem Verbraucher nur über ein kompetentes und engagiertes Verkaufspersonal im Handel möglich war.

Auch im Bereich des logistischen Systems bei Bergmann wurden neue ressourcen- und umweltbezogene Ziele und Maßnahmen implementiert. Unter anderem werden nur noch Firmenfahrzeuge mit Katalysator eingesetzt. Die Transportmittelwahl erfolgte ebenfalls verstärkt unter ökologischen Gesichtspunkten und hatte bereits zu Umschichtungen vom LKW auf die Bahn geführt.

3. Marketingerfolg der Ökologieorientierung im Unternehmen

In der ersten Hälfte der 80er Jahre war die Absatz- und Finanzlage bei Bergmann durch einen stagnierenden bis leicht rückläufigen Umsatz und eine mangelhafte, sich ständig verschlechternde Ertragslage gekennzeichnet. Die Deckungsspannen des alten Produktprogramms lagen zuletzt auf einem äußerst unbefriedigenden Niveau.

Bereits die erste im Frühjahr 1985 im Markt eingeführte Massivholzmöbellinie entwickelte sich zu einem unerwartet großen Erfolg. Die in der Fertigung für die ökologieorientierten Produkte vorgesehenen Kapazitäten erwiesen sich als unzureichend. Dies führte umgehend zu einem Ausbau der vorhandenen Produktionskapazitäten. Zu dieser Entscheidung sah sich die Unternehmensleitung auch deshalb veranlaßt, weil Substitutionseffekte im traditionellen Produktprogramm nicht auftraten. Mit den naturnahen Massivholzmöbeln konnten statt dessen neue, bisher nicht erreichte Käufersegmente gewonnen werden. Der kontinuierliche Ausbau der ökologieorientierten Sortimentsteile führte innerhalb von vier Jahren zu einer Umsatzverdopplung auf ca. 160 Mio. DM in 1989 (Abb. 8).

Trotz umfangreicher Investitionen für den Ausbau und die Umstrukturierung der Fertigung verbesserte sich die Finanz- und Ertragslage des Unternehmens deutlich. Dies war eine Folge deutlich verbesserter Deckungsspannen, welche sich im Bereich der Massivholzmöbel auf durchschnittlich 32 % beliefen.

Programmteil	1985/86	1986/87	1987/88
Polstermöbel	100 [1]	98	93
Gestelle/Zubehör	100	102	96
Massivholzmöbel	100	639	1.525
Gesamtumsatz	100	123	157

[1] Basis ist der jeweilige Bereichsumsatz des Geschäftsjahres 1985/86

Abb. 8: Indizierte Umsatzentwicklung der Bergmann Möbel GmbH nach Angebotsbereichen

Durch die außerordentlich positive Nachfrageentwicklung konnte eine Reihe neuer Handelskunden gewonnen werden. Die konsequente Umsetzung der ökologieorientierten Marketingkonzeption ermöglichte Bergmann im Handel die Profilierung als kompetenter Anbieter natürlicher, anspruchsvoller Massivholzmöbel. Sonderpräsentationen bei einzelnen Handelskunden, bislang nur bei erheblichen finanziellen Zuschüssen des Herstellers durchsetzbar, fanden nun auf Initiative des Absatzmittlers statt.

In relativ kurzer Zeit konnte das Unternehmen die Marktführerposition im Massivholzmöbelbereich erreichen und sich gegenüber dem Verbraucher als innovativer, umweltorientierter Anbieter positionieren. Bergmann nutzte die Chance, in einem umweltpolitisch sensibilisierten Umfeld mit einem konsequent ökologieorientierten Produktangebot »first to market« zu sein. In dieser Position konnte ein Unternehmensimage aufgebaut werden, das sich in bezug auf Natürlichkeit und Ökologieorientierung in der Möbelbranche zu einer Art Gattungsbegriff entwickelte. Diese gefestigte Imageposition stellt gegenüber später in dieses Marktsegment eintretenden Konkurrenten einen zentralen Wettbewerbsvorteil dar. Schließlich profitiert auch das nach wie vor angebotene traditionelle Polstermöbelsortiment zunächst von positiven Ausstrahlungseffekten des Unternehmensimages.

Auch betriebsintern zeigten sich Erfolge der ökologieorientierten Marketingstrategie. So sank der Krankenstand als auch die Fluktuations- und Abwesenheitsrate deutlich. Dies dürfte nicht zuletzt auf die erhöhte Motivation und Arbeitszufriedenheit der Mitarbeiter zurückzuführen sein.

Die Be- und Verarbeitung naturbelassener Massivhölzer stellte besondere Anforderungen an das handwerkliche Geschick der Mitarbeiter. Diese Herausforderung als auch das Bemühen der Unternehmensleitung, jeden Beschäftigten von den umweltorientierten Unternehmensgrundsätzen zu überzeugen, resultierte in einer erheblich verbesserten Identifikation der Mitarbeiter mit dem Unternehmen.

Fallstudie Adam Opel AG

1. Ökologierelevante Marketing-Problemstellung der Adam Opel AG

Das Auto ist noch vor Bahn und Flugzeug das wichtigste Transportmittel in der Bundesrepublik Deutschland. Der private PKW steht in der Beliebtheitsskala der Bevölkerung ungebrochen an vorderster Stelle. Daran hat auch die in den letzten Jahren verstärkt auftretende öffentliche Diskussion um die Luftverschmutzung nichts geändert, zu deren Verursachern in starkem Maße auch das Automobil gezählt wird. Einer der Ausgangspunkte dieser seit Beginn der 80er Jahre währenden Diskussion ist der sog. »saure Regen«, dessen Ursachen maßgeblich mit den Stickoxid- und Bleiemissionen von Automobilen in Zusammenhang gebracht wurden. Seitdem ist das Auto als umweltbelastendes Produkt zunehmend in den Blickpunkt der öffentlichen Kritik geraten.

Die Abbildung 1 zeigt in einem Überblick umweltrelevante Themen und deren Bedeutung für die Automobilindustrie auf. So nahm beispielsweise die Bundesregierung 1985 die öffentliche Umweltdiskussion im Hinblick auf das Auto zum Anlaß, ein Förderprogramm zu verabschieden, das die steuerliche Subventionierung von Fahrzeugen mit schadstoffarmen Motorversionen vorsieht. Bei den Herstellern haben diese Fördermaßnahmen seitdem zwangsläufig zu kosten- und preiskalkulatorischen Anpassungen geführt. Darüber hinaus hat der Beschluß der Bundesregierung, schrittweise die Katalysatortechnik einzuführen, z. B. dazu geführt, daß nach Oktober 1988 zugelassene Neufahrzeuge (> 2,0 l Hubraum) mit geregeltem Katalysator ausgerüstet sein müssen. Diese Entscheidung und der im EG-Umweltrat gefaßte Beschluß (Juni 1989), daß jedes ab dem Modelljahr 1992 neu zugelassene Fahrzeug mit geregeltem 3-Wege-Katalysator ausgerüstet sein muß, hat sowohl produktionsbezogene als auch produktpolitische Konsequenzen für den Hersteller zur Folge.

Als die öffentliche Diskussion über die Gesundheitsgefährdung durch Dieselfahrzeuge einsetzte, waren unmittelbar eindeutige Absatzeinbußen erkennbar (Abb. 2). Diese öffentliche »Anti-Diesel-Haltung« ist durch das Anfang 1989 erteilte Fahrverbot für den Fall des Smogalarms sowie die seitdem nicht mehr realisierbare Steuervergünstigung (für Diesel PKW < 2,0 l Hubraum) bestärkt worden und hat für die Automobilindustrie zumindest produktpolitische Bedeutung.

Die angeführten Beispiele öffentlicher Umweltthemen und deren Relevanz für die Automobilhersteller lassen bereits die ökologische Betroffenheit dieser Unternehmen erkennen, die die Einbeziehung des Umweltgedankens in das unternehmerische Handeln fordert.

Vor diesem Hintergrund soll im folgenden beispielhaft das ökologieorientierte Unternehmensverhalten von einem der größten deutschen Automobilhersteller, der Adam Opel AG, aufgezeigt werden. Ausgehend von einer Situationsanalyse des Automobilmarktes und der Marktteilnehmer soll die ökologische Betroffenheit des Unternehmens gekennzeichnet werden, die es dazu veranlaßte, ökologieorientierte Ziele und Strategien zu entwickeln und diese in Maßnahmen umzusetzen.

1.1 Situation des Automobilmarktes

Die Absatzsituation im Automobilmarkt innerhalb der letzten fünf Jahre war sowohl innerhalb der Wagenklassen als auch im Hinblick auf den Gesamtmarkt deutlichen Schwankungen unterworfen.

Zeitpunkt / Zeitraum	umweltrelevante Beschlüsse / Diskussionen	Bedeutung für die Automobilindustrie
1982	Beginn der öffentlichen Diskussion über die Ursachen des sauren Regens (z.B. PKW - Emissionen)	Intensivierung der Forschungsanstrengungen im Hinblick auf schadstoffreduzierte Motorvarianten
1984	Beginn der öffentlichen Diskussion über die gesundheitsgefährdende Wirkung von asbesthaltigen Brems- und Kupplungsbelägen	Konstruktive Anpassung der betroffenen Fahrzeugkomponenten
Anfang 1985	Einführung eines Steuer-Förderprogramms für schadstoffarme PKW	Veränderte Kostenstruktur bewirkt preiskalkulatorische Anpassungen
Anfang 1987	Beginn der öffentlichen Diskussion um die Dieselemission als krebserregende Abgase	Drastische Absatzeinbußen bei Dieselfahrzeugen, Intensivierung der Rußfilterforschung
Anfang 1988	Verbot verbleiten Normalbenzins	Anpassung bei der Motorkonstruktion
Oktober 1988	Steuerbefreiung für die Hubraum-Wagenklasse über 2.0 l läuft aus	Angebot ausschließlich schadstoffarmer Motorvarianten in dieser Wagenklasse
Oktober 1988	Neue Fassung der EG - Richtlinie über die PKW-Geräuschemission	Notwendigkeit produktbezogener Anpassungen
Januar 1989	Für Diesel-PKW unter 2.0 l Hubraum wird ein Fahrverbot bei Smogalarm und der Fortfall der steuerlichen Förderung festgelegt	Zusätzliche Absatzeinbußen bei Diesel-PKW
Juni 1989	Beschluß des EG - Umweltrates, daß jedes (ab Modelljahr 1992) neu zugelassene Fahrzeug bestimmte Grenzwerte nicht überschreiten darf und daher mit geregeltem 3-Wege-Katalysator ausgestattet sein muß	Umstellung der Produktion auf ausschließliches Angebot von Katalysatorfahrzeugen spätestens ab 1992
Oktober 1989	Ausstattung von Neufahrzeugen über 2.0 l Hubraum mit geregeltem 3-Wege-Katalysator wird Pflicht	Ab sofort ausschließliches Angebot von Katalysator-Fahrzeugen in dieser Wagenklasse
Oktober 1989	Verabschiedung eines Steuer-Förderprogramms für schadstoffreduzierte PKW; Übergangslösung bis zum Inkrafttreten des EG-Beschlusses: - deutliche Verbesserung der Steuerersparnis bei Kleinwagen (unter 1400 ccm) und Mittelklassewagen mit geregeltem 3-Wege-Katalysator - Förderung der Nachrüstung von Altfahrzeugen	Notwendigkeit kalkulatorischer Anpassungen, Ausweitung des Angebots von Nachrüstsätzen

Abb. 1: Betroffenheit der Automobilindustrie von der Umweltproblematik in den 80er Jahren

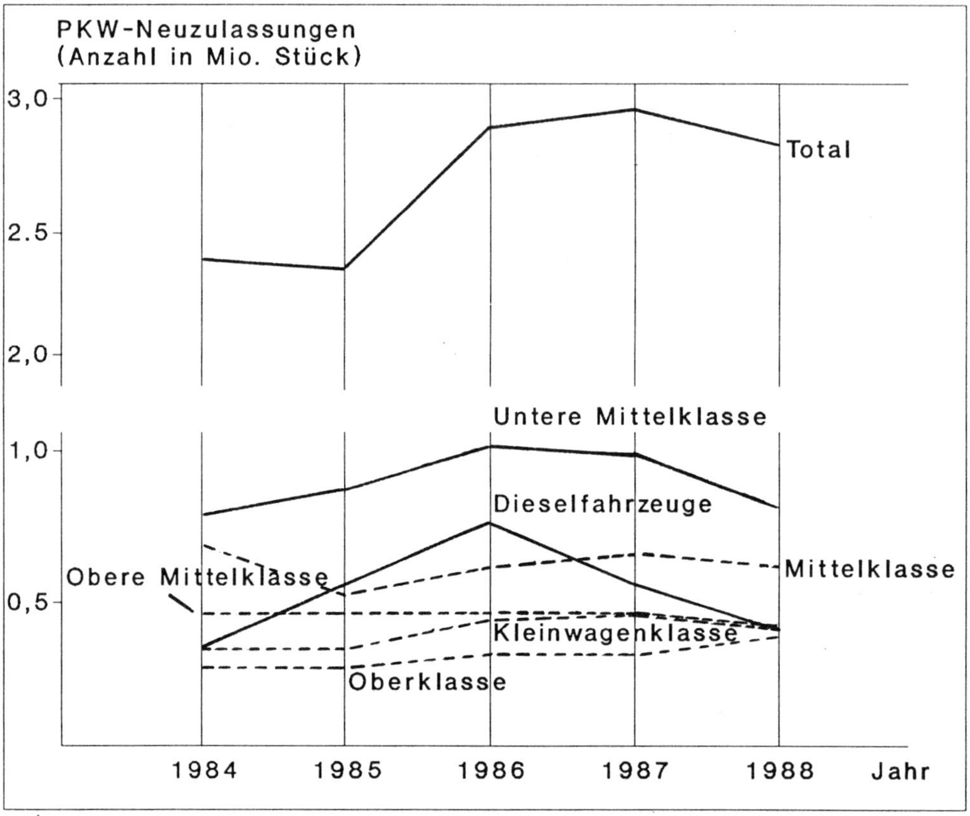

Abb. 2: Gesamtmarkt- und wagenklassenspezifische PKW-Neuzulassungen (1985–1989)

Wie in Abbildung 2 ersichtlich, zeigt die Statistik des Kraftfahrtbundesamtes 1985 einen deutlichen Zulassungsrückgang. Demgegenüber wurde 1986 mit 2,83 Mio. Autos das Vorjahresergebnis um fast 19% übertroffen, und 1987 erreichten die Neuzulassungen einen Höchststand von mehr als 2,9 Mio. Einheiten.

Die Fahrzeuge der unteren Mittelklasse umfassen mit etwa einem Drittel den maßgeblichen Anteil am Gesamtaufkommen neu zugelassener PKW. Während im Kleinwagensegment bis 1987 ein kontinuierlicher Zuwachs bei den Neuzulassungen zu verzeichnen war, ist die Anzahl neu zugelassener Kleinwagen 1988 etwas rückläufig. In der Oberklasse kann für 1988 ein deutlicher Zulassungsanstieg gegenüber den Vorjahren festgestellt werden. Während die Kurve der Neuzulassungen für die obere Mittelklasse einen dem Gesamtergebnis ähnlichen Verlauf beschreibt und 1988 auf das Niveau der Kleinwagenklasse absinkt, hat der Absatz an neuen Mittelklassewagen in Relation zum Gesamtmarktabsatz in den letzten beiden Jahren zugenommen.

Bei Diesel-PKW ist die Anzahl der Neuzulassungen 1988 (0,38 Mio.) im Vergleich mit 1986 um die Hälfte gesunken. Diese Absatzentwicklung ist auf die 1986 einsetzende Diskussion um den Dieselmotor als gesundheitsgefährdenden Faktor zurückzuführen, die das Konsumentenverhalten nachteilig beeinflußt hat.

Bei der aufgeführten Zulassungsentwicklung gilt es, den »Vorzieheffekt« am Ende des Kalenderjahres zu berücksichtigen. Der Gesetzgeber hat für den Übergang bis zum ausschließlichen Angebot schadstoffreduzierter Fahrzeuge Steuerbefreiungen bzw. -vergünstigungen für diejenigen PKW-Besitzer eingeräumt, die einen mit Euronorm- oder Katalysatormotor ausgestatteten Wagen erwerben.

Abgesehen von der Motorenart (Benzin- bzw. Dieselmotor) ist die Höhe des monetären Vorteils abhängig vom Umfang der motorenspezifischen Schadstoffreduzierung, der Hubraumgröße und dem Zulassungsjahr des Neufahrzeugs. Um den Steuervorteil zu realisieren, wurde 1986 von schätzungsweise 100.000 Autokäufern die für 1987 geplante Kaufentscheidung um mehrere Monate auf das Jahresende 1986 vorverlegt. 1987 entschieden sich etwa 70.000 zum vorzeitigen Autokauf.

Neben der allgemeinen Absatzentwicklung im Automobilmarkt sind die motorspezifischen Neuwagenzulassungen, spezifiziert nach ihrer Umweltverträglichkeit, von Bedeutung.

Wie aus Tabelle 1 ersichtlich, ist nahezu jeder zweite der in den ersten neun Monaten des Jahres 1989 neu zugelassenen PKW mit Katalysator ausgestattet, während dies im Vorjahr nur bei jedem dritten Fahrzeug der Fall war. Insgesamt sind in 1989 nur noch 17 % der Neuzulassungen nicht mit einem schadstoffreduzierten Benzinmotor versehen. Gleichzeitig ist bei neuen PKW, mit Hubraum unter 1400 ccm, eine rückläufige Tendenz im Hinblick auf die Ausstattung mit einem der schadstoffreduzierten Motortypen festzustellen.

1.2 Konkurrenzsituation

Die überaus positiven Zulassungsergebnisse für deutsche Automobilhersteller werden sichtlich geschwächt durch den zunehmenden Wettbewerbsdruck ausländischer Hersteller, der sich in der Marktanteilsentwicklung seit 1984 widerspiegelt.

	1986	1987	1988	1989 *1
Euronorm	23,2	19,2	24,0	19,3
US - Norm	22,2	24,5	36,5	47,5
Euro-/ US - Norm (< 1.400 ccm)	9,2	18,1	18,4	16,5
gesamt schadstoffarm *2	54,6	61,8	78,9	83,3

*1 - Januar bis einschließlich September

*2 - Anteil an den Gesamtzulassungen von deutschen Automobilherstellern (exkl. Porsche)

Tab. 1: Entwicklung der Anteile schadstoffreduzierter Motortypen an den Gesamtzulassungen 1986 bis 1989

Wie aus Tabelle 2 ersichtlich, hat VW mit etwa 22% in 1988 den größten Marktanteil, gefolgt von Opel mit 16% und Ford bzw. Mercedes mit jeweils 10%. Toyota und Mazda konnten wie die anderen japanischen Anbieter ihren Anteil am deutschen Automobilmarkt im Laufe der letzten fünf Jahre steigern, so daß der Marktanteil aller japanischen Hersteller insgesamt seit 1986 bei fast 15% liegt.

Dieser Absatzerfolg japanischer Hersteller, der zu Lasten der deutschen Automobilindustrie geht, resultiert aus der erfolgreichen Bereinigung von Imagedefiziten, die anfangs Fahrzeugen dieser Herkunft anhafteten. Die anhand einer Befragung von 1.000 PKW-Besitzern ermittelten Beurteilungsprofile deutscher und japanischer PKW (Abb. 3) zeigen in 1987 hinsichtlich der fortschrittlichen Technik und der Umweltfreundlichkeit eine ähnlich positive Beurteilung.

Während der Kaufpreis japanischer gegenüber deutschen Fabrikaten als nahezu sehr gut beurteilt wird, ist der erwartete Wiederverkaufswert von japanischen Fahrzeugen sichtlich niedriger als bei deutschen PKW. Abgesehen von den Stärken im Bereich der Wirtschaftlichkeit (Preis, Verbrauch) wird auch der Komfort von japanischen Fahrzeugen besser beurteilt als bei der deutschen Konkurrenz. Dieses positive Image von japanischen PKW hat sich noch weiter stabilisiert: Während das Preisniveau insgesamt angehoben wur-

Hersteller	Marktanteile (in %)					
	1984	1985	1986	1987	1988	1989*
VW	21,9	23,1	23,3	22,3	22,2	21,9
Audi	6,0	5,5	5,3	7,2	6,7	5,7
BMW	6,7	6,1	5,2	5,1	6,4	7,0
Mercedes	9,8	11,5	10,7	9,9	10,0	9,1
Opel	16,3	15,5	14,9	15,6	15,3	16,0
Porsche	0,5	0,5	0,4	0,3	0,3	0,3
Ford	12,3	10,7	10,5	10,3	10,0	9,9
Fiat	4,2	4,0	3,9	3,9	4,0	4,2
Renault	3,6	3,2	3,2	3,1	2,8	3,5
Peugeot	1,9	2,4	3,0	2,7	2,5	2,2
Citroen	1,6	1,6	1,6	1,5	1,4	1,4
Toyota	2,2	2,6	3,2	3,2	3,0	2,9
Mazda	2,7	2,8	3,0	3,0	3,2	3,0
Honda	1,6	1,6	1,6	1,4	1,6	1,6
Mitsubishi	1,8	1,9	2,2	2,4	2,2	2,4
Nissan	2,4	2,7	2,9	2,9	2,9	3,0
andere jap. Hersteller	1,3	1,7	2,1	2,0	1,9	1,8
Jap. Hersteller insgesamt	12,0	13,3	15,0	14,9	14,8	14,7

* = Januar bis einschließlich Oktober

Tab. 2: Marktanteilsentwicklung in- und ausländischer Automobilhersteller (1984–1989)

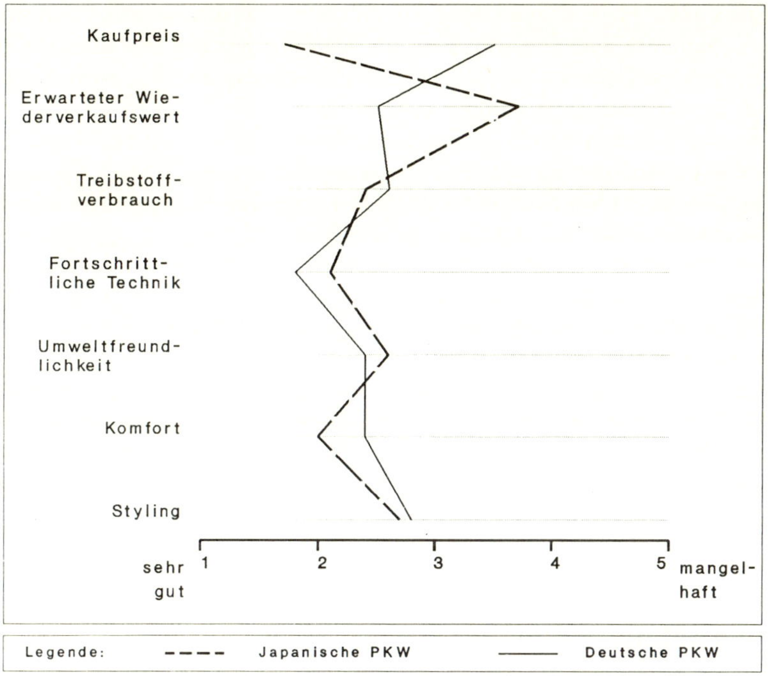

Abb. 3: Beurteilung deutscher und japanischer PKW anhand ausgewählter Kriterien (1987)

de, hat sich – gemäß einer Anschlußbefragung in 1988 – das Bild vom japanischen PKW als Fahrzeug mit günstigem Preis-Leistungs-Verhältnis und hoher Wirtschaftlichkeit nicht verändert.

1.3 Konsumentensituation

Der vielfältig beobachtete und diskutierte Wertewandel des Konsumenten ist auch im Zusammenhang mit dem Automobil nicht ohne Folgen geblieben.

In Abbildung 4 sind jene Werte, die seit Ende des letzten Jahrzehnts an Bedeutung verloren haben, den aufsteigenden Werten gegenübergestellt.

Die hedonistische Neigung, in der verfügbaren Zeit vielfältige Erlebniswünsche zu verwirklichen, führte auch zu einer Ausweitung der Nutzenerwartungen an das Automobil im Freizeit- und Hobbybereich. Dabei ist es für den Konsumenten von Bedeutung, daß er bei der Nutzung des Autos als Mittel zur erlebnisorientierten Freizeitgestaltung zusätzlich sein ökologisches Denken umsetzen kann.

Diese im Zuge des Wertewandels geänderte Einstellung gegenüber dem Auto zeigte sich auch in einer 1988 bei ca. 1.000 PKW-Besitzern durchgeführten Befragung, bei der dem Statement »Ein Auto ist für mich ausschließlich ein Gebrauchsgegenstand« von 84 %

zugestimmt wurde. Mehr als die Hälfte der Befragten war der Meinung, daß das Auto viel über den Lebensstil seines Besitzers aussagt. Während jeder zweite Befragte im Auto einen der größten Umweltverschmutzer sah, hielten 64% es für richtig, vom Autofahrer größere Opfer für den Schutz der Umwelt zu fordern.

Auch bei den Jugendlichen ist im Zusammenhang mit dem Auto ein klares Umweltbewußtsein erkennbar. In einer seit 1981 alle drei Jahre durchgeführten Befragung von ca. 1.000 Jugendlichen im Alter von 16 bis 24 Jahren ergab sich bei der Frage nach den Hauptverursachern von Umweltproblemen folgendes Bild (Tab. 3):

1984 bezeichnete etwa die Hälfte der Jugendlichen das Auto als einen Hauptverursacher von Lärm und Luftverschmutzung, während 1987 nur noch etwa 40% dieser Ansicht waren. Eine prozentual gegensätzliche Entwicklung zeigt sich beim gesamten Straßenverkehr als Hauptverusacher des Waldsterbens.

Aus Sicht der Jugendlichen trägt das Verantwortungsbewußtsein der Autofahrer zur Erhaltung der Umwelt bei. So waren 1987 mehr als 90% der Befragten der Ansicht, daß der Umwelt zuliebe beim Kauf eines Neuwagens auf die Ausstattung mit Katalysator geachtet werden sollte. Zwei Drittel der Jugendlichen forderten darüber hinaus, möglichst auf die Benutzung eines Autos zu verzichten.

1.4 Unternehmenssituation

Angesichts der Tatsache, daß das Auto in der Öffentlichkeit unzweifelhaft den umweltbelastenden Produkten zugeordnet wird, ist das Unternehmen in allen Geschäftsfeldern durch Umweltprobleme betroffen. Auch bei der Fahrzeugproduktion wird das Unternehmen mit Umweltproblemen, wie z. B. Schadstoffemissionen, Abwässer, Müll und Entsorgung, konfrontiert.

Absinkende Werte	Aufsteigende Werte
▪ Materielle Werte (höherer Lebensstandard, materieller Erfolg) ▪ Leistungsethos (Fleiß, Disziplin, Sparsamkeit) ▪ Traditionelles Prestige (gesellschaftlicher Aufstieg, Statusorientierung)	▪ Hedonismus (Genuß, Erlebnisorientierung, Freiheit, Unabhängigkeit) ▪ Selbstverwirklichung (Persönlichkeitswachstum, Kreativität) ▪ Kommunikation (Familie und soziales Leben, Geselligkeit) ▪ Natürlichkeit (Ökologisches Denken, Rückbesinnung auf individuelle Werte)

Abb. 4: Wertewandel des Konsumenten im Zeitraum von 1979–1987

Umweltproblem	Identifizierung der Hauptverursacher durch Jugendliche im Zeitvergleich (Anzahl in %)	1981	1984	1987
Lärm	Luftverkehr	42	57	56
	PKW	47	48	41
	Übriger Straßenverkehr	13	13	15
Luftverschmutzung	Industrie/ Fabriken	71	59	68
	PKW	39	50	42
	Luftverkehr	11	11	10
Waldsterben	Industrie/ Fabriken	-	55	64
	Straßenverkehr insgesamt	-	39	48
	Kraftwerke	-	15	13

Tab. 3: Die Hauptverursacher von Umweltproblemen nach der Ansicht von Jugendlichen (1981–1987)

Diese ökologische Betroffenheit stellte die Adam Opel AG seit Anfang der 80er Jahre vor neuartige Überlegungen für eine ökologiegerechte Marketingkonzeption, die zunächst die Kenntnis der markt- und umweltbezogenen Chancen und Risiken sowie der unternehmenseigenen Stärken und Schwächen erforderten.

1.4.1 Die ökologierelevanten Chancen und Risiken für das Unternehmen

Die Chancen und Risiken einer ökologieorientierten Marketingkonzeption für die Adam Opel AG resultieren vor allem aus folgenden externen Faktoren (Abb. 5):

- umweltpolitische Gesetzgebung,
- Umweltbewußtsein der Öffentlichkeit,
- Umweltbewußtsein und Verhalten der Absatzmittler und Konsumenten,
- umweltbezogene Konkurrenzaktivitäten und
- umweltbezogene Entwicklungen im Forschungsbereich.

Im Rahmen der umweltpolitischen Aktivitäten des Gesetzgebers (Abb. 5) hatte das Unternehmen die Chance, durch Übererfüllung bzw. vorzeitige Erfüllung gesetzlicher Vorschriften (beispielsweise im Hinblick auf die Schadstoffemissionen) sich als betont umweltorientiertes Unternehmen zu profilieren. Demgegenüber war es für Opel ein absatzpolitisches Riskio, den rechtlichen Anforderungen an das Produkt nicht rechtzeitig entsprechen zu können. Auch eine aus umweltpolitischen Gründen mögliche Einschränkung der Autonutzung durch den Gesetzgeber (z.B. autofreies Wochenende) konnte zu Absatzeinbußen führen.

Externe Faktoren	Chancen	Risiken
Gesetz-geber	▪ Durch Übererfüllung bzw. vorzeitige Erfüllung gesetzlicher Vorschriften Profilierung als umweltorientiertes Unternehmen	▪ Gesetzliche Einschränkung der Autonutzung ▪ Produktangebot kann nicht rechtzeitig den rechtlichen Anforderungen entsprechen
Öffentlich-keit	▪ Positive Änderung des gesamten Unternehmensimage durch Umweltorientierung	▪ Skeptische Haltung der Medien gegenüber der gesamten Automobilbranche ▪ Negative Grundhaltung der Öffentlichkeit gegenüber dem Auto als Umweltzerstörer
Absatzmittler/ Abnehmer	▪ Zusätzliche Verkaufsargumente gegenüber dem Handel ▪ Zusätzliches Absatzpotential	▪ Verhaltensdivergenz der Konsumenten ▪ Widerstand der Händler gegenüber erweitertem Produktangebot ▪ Zunehmende Akzeptanz anderer umweltfreundlicher Beförderungsmittel (Bahn, Fahrrad)
Konkurrenz	▪ Ausweitung des Marktes für umweltfreundliche Autos durch umweltorientierte Maßnahmen anderer Hersteller ▪ Schaffung von Umweltstandards	▪ Konkurrenzunternehmen kommen - beispielsweise durch frühzeitige Nutzung des Umweltarguments in der Werbung - dem eigenen Unternehmen zuvor
Wissenschaft und Forschung	▪ Erlangung von Wettbewerbsvorteilen durch technologischen Vorsprung	▪ Forschungsaktivitäten der Konkurrenz führen schneller zum Erfolg als die eigenen Anstrengungen ▪ Unmittelbare Nachahmung durch die Konkurrenz relativiert den eigenen Wettbewerbsvorsprung

Abb. 5: Ökologierelevante Chancen und Risiken der Adam Opel AG zu Beginn der 80er Jahre

Angesichts des zunehmenden Umweltbewußtseins der Öffentlichkeit stellt die verstärkte Umweltorientierung eine Chance zur positiven Imageprofilierung für die Adam Opel AG dar. Erschwerend konnte sich dabei die negative Grundhaltung der Medien und der Öffentlichkeit gegenüber der gesamten Branche bzw. dem Auto als einem Umweltschädling auswirken.

Gegenüber dem Handel konnte das Angebot umweltorientierter Produkte zusätzliche Verkaufsargumente bieten, zumal ein zusätzliches Absatzpotential bei schadstoffreduzierten Fahrzeugen zu vermuten war. Dabei galt es zu beachten, daß eine aufgrund der zunehmenden Produktvielfalt (z. B. gleichzeitiges Angebot von »Schmutzversionen« und schadstoffreduzierten Motoren in der Übergangsphase) notwendige Aufstockung des Ordervolumens für den Händler ein zusätzliches Risiko bedeutete und Opel einen entsprechenden Widerstand im Handel befürchten mußte.

Bei der Einschätzung des umweltorientierten Konsumentenverhaltens stand das Unternehmen vor dem Problem, daß der sich abzeichnende Wertewandel und die zunehmende Umweltorientierung auf Konsumentenseite nicht unbedingt zu einer erhöhten Nachfrage nach schadstoffreduzierten Fahrzeugen führen mußte (Verhaltensdivergenz). Auch konnte die zunehmende Akzeptanz und Nutzung anderer, umweltfreundlicher Beförderungsmittel (z. B. die Bahn) zu Lasten der Nachfrage schadstoffreduzierter Autos gehen.

Im Rahmen der umweltbezogenen Konkurrenzsituation hatten die diesbezüglichen Maßnahmen mehrerer Automobilhersteller eine Ausweitung des Marktes für umweltfreundliche Autos zur Folge. Zudem wurde die Schaffung und Aufwertung von Umweltstandards gefördert. Kam ein Konkurrenzunternehmen – bspw. durch Einsatz des Umweltargumentes in der Werbung – dem Opel-Unternehmen zuvor, hatte dies u. U. eine Relativierung der eigenen Profilierung durch das Umweltargument zur Folge.

Die Entwicklung technischer Neuheiten im Automobilbereich forderte umfangreiche Forschungsaktivitäten, die mit erheblichen Kosten verbunden waren. Der Chance, einen Wettbewerbsvorteil durch den technologischen Vorsprung zu erreichen, standen die Risiken gegenüber, daß die Konkurrenz dem eigenen Unternehmen zuvorkommt bzw. die entwickelte Neuheit unmittelbar nachahmt.

1.4.2 Die ökologierelevanten Unternehmensstärken und -schwächen

Der Stärken- und Schwächenanalyse für Opel lagen folgende interne Schlüsselfaktoren zugrunde (Abb. 6):

- Bereitstellung finanzieller Mittel für umweltschutzbezogene Investitions- und Betriebskosten,
- Charakteristik und Nähe des Leistungsprogramms,
- technisches Know-how sowie
- Aufgeschlossenheit und Flexibilität der Unternehmensleitung gegenüber ökologischen Problemen.

Um im Automobilbereich einen technologischen Wettbewerbsvorsprung zu erzielen, ist der Einsatz eines umfangreichen Investitionsvolumens notwendig. Daher stellte die unmittelbar mögliche Bereitstellung finanzieller Mittel für die Motorenforschung eine hervorzuhebende Stärke der Adam Opel AG dar. Darüber hinaus erstreckte sich die Investitionsbereitschaft auch auf die ökologieorientierte Gestaltung des Produktionsprozesses. So hat Opel z. B. 300 Mio. DM in die Lackiererei der Bochumer Werke mit dem Ziel investiert, zusätzlich zu den seit Beginn der 80er Jahre eingesetzten umweltschonenden Grundlacken auch umweltfreundliche Autolacke zu verwenden.

Angesichts der für die Automobilindustrie üblichen Angebotsform, das Modell einer Wagenklasse mit unterschiedlichen Ausstattungs- und Motorvarianten anzubieten, gestal-

Interne Faktoren	Stärken	Schwächen
Unternehmensführung, Unternehmensstruktur	▪ Unmittelbare Integration ökologischer Fragestellungen in die Unternehmenspolitik durch das Top-Management ▪ Flexible Anpassungen an die sich ändernden Rahmenbedingungen (z.B. rechtliche Neuerungen)	▪ Erschwerte Entscheidungsdurchsetzung aufgrund von Größe und Internationalität des Unternehmens
Finanzielle Situation	▪ Unmittelbare Bereitstellung finanzieller Mittel für die Motorenforschung ▪ Bereitstellung finanzieller Mittel zur ökologieorientierten Gestaltung des Produktionsprozesses	
Leistungsprogramm	▪ Neuartige Motorenversionen können problemlos in das Produktprogramm integriert werden	▪ Mangelnde Kenntnis über die Zielgruppen für schadstoffarme Fahrzeuge
Technisches Know-how	▪ Konzentration der Forschungsaktivitäten auf die Entwicklung neuer Motorentechniken ▪ Seit Beginn der 80er Jahre Verwendung umweltschonender Grundlacke	▪ Bei Beginn der Katalysatordiskussion noch keine entsprechende Technologie verfügbar

Abb. 6: Ökologierelevante Stärken und Schwächen der Adam Opel AG zu Beginn der 80er Jahre

tete sich die Integration neuartiger Motorversionen in die Angebotspalette als weitgehend problemlos. Demgegenüber bestand zu Beginn der Planungsüberlegungen für eine umweltorientierte Marketingkonzeption ein erheblicher Informationsbedarf über die Zielgruppen im Markt, wodurch die Marktforschung der Adam Opel AG sich vor entsprechende Herausforderungen gestellt sah.

Die Entwicklung einer neuen Motortechnik in der Automobilindustrie dauert normalerweise drei bis vier Jahre. Da zu Beginn der Katalysatordiskussion noch keine entsprechende Technik verfügbar war, kann die damalige Konzentration der Forschungsaktivitäten auf die Entwicklung neuen Know-hows in der Motortechnik als eine besondere Stärke der Adam Opel AG bezeichnet werden.

Opels Top-Management zeigte sich von Anfang an aufgeschlossen und flexibel gegenüber der ökologischen Herausforderung. Dies äußerte sich zum einen in der unmittelbar zu Beginn der Diskussion um »Automobil und Umwelt« bekundeten Absicht, ökologische Fragestellungen in unternehmenspolitische Überlegungen zu integrieren. Andererseits sollte auch die flexible Anpassung an die sich ändernden Rahmenbedingungen (z.B. rechtliche Neuerungen) gewährleistet werden, wobei die notwendige Durchsetzung von Entscheidungen durch Größe und Internationalität des Unternehmens erschwert wurde.

Die gekennzeichnete Unternehmenssituation der Adam Opel AG Anfang der 80er Jahre gibt bereits Hinweis darauf, daß das Unternehmen sehr früh den hohen Stellenwert ökologischer Problemstellungen für sich erkannte.

Die damit angesprochene Ausrichtung des Unternehmensverhaltens an den ökologischen Erfordernissen hat in Abhängigkeit von den situativen Bedingungen im Zeitlauf vor allem folgende drei Phasen durchlaufen:

Phase 1: Umweltorientierte Unternehmensausrichtung
Phase 2: Umweltorientiertes Produktangebot
Phase 3: Umweltorientierung als strategischer Wettbewerbsvorteil

Mit der ersten Phase ist insbesondere die Verankerung des Umweltgedankens in der Unternehmensphilosophie und den Marketingzielen angesprochen. Die zweite Phase betrifft die systematische Anpassung des Produktangebotes an die umweltbezogenen Erfordernisse, die Opel im Zeitablauf vorgenommen hat. In der dritten Phase konnte Opel die Umweltorientierung als strategischen Wettbewerbsvorteil ausbauen.

Im folgenden soll die umweltorientierte Produkt- und Marketingkonzeption der Adam Opel AG unter Berücksichtigung dieser drei Entwicklungsphasen gekennzeichnet werden.

2. Ökologieorientierte Produkt- und Marketingkonzeption der Adam Opel AG

2.1 Ökologieorientierte Unternehmensphilosophie

Als Basis für die Bestimmung des konkreten Zielsystems einer Unternehmung umfaßt die Unternehmensphilosophie die allgemeinen Werte und Zielvorstellungen des Unternehmens.

Ein Unternehmensgrundsatz der Adam Opel AG ist die sowohl innerbetrieblich als auch gegenüber der Gesellschaft wahrgenommene soziale Verantwortung. Im Hinblick auf die zuvor beschriebene umweltrelevante Marketing-Problemstellung bedeutet dies, daß Opel sich der Tatsache bewußt ist, ein Mitverursacher der Umweltbeeinträchtigungen zu sein. Stattdessen hat die Orientierung am zunehmenden Umweltbewußtsein der Öffentlichkeit und an den umweltschutzbezogenen Forderungen explizite Berücksichtigung im Werte-und Zielsystem des Unternehmens gefunden. Denn: »Unternehmen werden heute nicht mehr nur an der Qualität ihrer Produkte und Dienstleistungen gemessen. Ebenso wichtig ist die Qualität des Denkens und Handelns gegenüber der Öffentlichkeit, die gesellschaftliche Verantwortung« (Opel-Geschäftsbericht 1988, S. 30).

2.2 Ökologieorientierte Marketingziele und -strategien

2.2.1 Marketingziele

Die skizzierte Unternehmensphilosophie konkretisierte sich zum einen in der Zielvorgabe, im Zusammenhang mit der Umweltorientierung neue Marktpotentiale zu erschließen, um so langfristig das Gewinnziel zu erreichen und die Wettbewerbsfähigkeit zu sichern. Ein weiteres Ziel der umweltorientierten Unternehmensausrichtung war die Schaffung eines prägnanten Unternehmensimages als kompetenter Problemlöser von automobilbezogenen Umweltfragen.

Aus diesen Unternehmenszielen resultierte für das Marketing die Zielvorgabe, insbesondere bei umweltbewußten und umweltengagierten Konsumgruppen zusätzlichen Goodwill für die Marke Opel zu schaffen. Gleichzeitig galt es, die Fahrer von Fremdmarken und die Zielgruppe der jungen Leute zu erfassen und für sich zu gewinnen.

2.2.2 Wettbewerbsstrategie

Auf der Grundlage der formulierten umweltorientierten Unternehmens- und Marketingziele stand für Opel die Entwicklung einer Wettbewerbsstrategie im Vordergund, die die Zielerreichung insbesondere im Hinblick auf die Alleinstellung gegenüber den Konkurrenten gewährleisten sollte.

Folgende wettbewerbsstrategischen Maßnahmen lassen sich den jeweiligen Entwicklungsphasen der umweltorientierten Produkt- und Marketingkonzeption zuordnen (Abb. 7):

Angesichts der sehr frühzeitigen und erfolgreichen Entwicklung von umweltfreundlichen Motoren und anderen umweltschonenden Produktelementen (Autolacke ohne Lö-

Entwicklungsphasen der umweltorientierten Marketingkonzeption	Wettbewerbsstrategische Maßnahmen
▪ Umweltorientierte Unternehmensausrichtung (Phase 1)	▪ Investitionen von insges. mehr als einer Mrd. DM in die Entwicklung umweltgerechter Produkte (Motoren, Lacke etc.) zur Erlangung eines technologischen Wettbewerbsvorsprungs
▪ Umweltorientiertes Produktangebot (Phase 2)	▪ Schnellstmögliches Angebot schadstoffreduzierter Motorvarianten in allen Wagenklassen zur Erlangung eines Wettbewerbsvorteils
▪ Umweltorientierung als strategischer Wettbewerbsvorteil (Phase 3)	▪ Als erster dt. Automobilhersteller Angebot von serienmäßig mit Katalysator ausgestatteten Fahrzeugen zur Schaffung eines strategischen Wettbewerbsvorteils

Abb. 7: Phasenabhängige Zuordnung der wettbewerbsstrategischen Maßnahmen

sungsmittel, Bremsen ohne Asbest) strebte Opel in der ersten Phase einen Technologievorsprung gegenüber der Konkurrenz an. Dieser ermöglichte es dem Unternehmen, früher als die anderen Mitwettbewerber in allen Wagenklassen Fahrzeuge mit geregeltem Katalysator anzubieten und damit einen Wettbewerbsvorteil zu realisieren (zweite Phase).

Im April 1989 beschloß die Adam Opel AG, ihre Produkte aller Wagenklassen serienmäßig mit der umweltfreundlichsten aller Motorvarianten, dem geregelten 3-Wege-Katalysator, auszustatten. Die Tatsache, daß der Katalysatormotor etwa 90% der Schadstoffemissionen reduziert, während der Euronormmotor dies nur zu 50% zu leisten vermag, war zuvor als eine für den Konsumenten wichtige und wahrnehmbare Produkteigenschaft erkannt worden. Darüber hinaus war dieser Wettbewerbsvorteil – das serienmäßige Angebot von Katalysatorfahrzeugen – von der Konkurrenz nicht schnell einholbar, da die Zulieferung von Katalysatoren im geforderten Umfang einen Engpaß darstellte. Diesbezüglich hatte Opel durch das frühzeitige Angebot von Katalysatorfahrzeugen eine entsprechende Kapazitätsanpassung sicherstellen können. Damit waren die Voraussetzungen für den Ausbau der Umweltorientierung zu einem wichtigen strategischen Wettbewerbsvorteil (dritte Phase), im Sinne eines vom Konsumenten wahrnehmbaren sowie gegenüber der Konkurrenz dauerhaften Leistungsvorteil, erfüllt.

2.3 Ökologieorientierte Maßnahmen

2.3.1 Produktpolitik

Zur Erreichung der Marketingziele mußten die wettbewerbsstrategischen Entscheidungen der Adam Opel AG am Markt durchgesetzt werden. Dabei kamen sowohl den produkt- als auch den produktionsbezogenen ökologieorientierten Maßnahmen besondere Bedeutung zu.

Als 1983 die öffentliche Diskussion um die generelle Einführung geregelter Katalysatoren einsetzte, begann Opel umgehend mit der Entwicklung von Triebwerken dieses Typs (erste Phase). Parallel hierzu wurde für Fahrzeuge unter zwei Liter Hubraum, die laut EG-Beschluß weniger strenge Grenzwerte als die US-Norm erfüllen mußten, der Euronorm-Motor entwickelt. Mit diesem Motor konnte Opel auch ohne den Katalysator, der sich noch in der Entwicklungsstufe befand, die Grenzwerte erfüllen.

Anfang 1985 brachte Opel als erster deutscher Automobilhersteller einen 1,8 i Liter-Motor für den Ascona auf den Markt, der mit geregeltem 3-Wege-Katalysator ausgestattet war. Dieser Motor hatte den für Motorneuentwicklungen sehr kurzen Zeitraum von nur 1,5 Jahren von Entwicklungsbeginn bis zur Marktreife in Anspruch genommen.

Als eine weitere produktpolitische Entscheidung im Sinne der Umwelt ist die sehr frühzeitige Aufnahme von Katalysatormotoren in das Angebot der Kleinwagenklasse hervorzuheben. Im Herbst 1985 präsentierte Opel mit dem Corsa 1,3i den ersten europäischen Personenwagen der Kompaktklasse mit geregeltem Katalysator, um auch die Konsumenten des Kleinwagensegments mit schadstoffarmen Produktvarianten zu bedienen.

Ab Ende 1986 waren die Katalysatormotoren Bestandteil des Opel-Produkt-Angebots in jeder Wagenklasse. Diese umweltorientierte Ausrichtung des gesamten Produktangebots bedeutete gleichzeitig die Erlangung eines Vorteils gegenüber den Wettbewerbern, die noch nicht in der Lage waren, die Fahrzeuge aller Hubraumklassen mit Katalysatormotoren auszustatten (zweite Phase).

Als Opel im April 1989 als erster deutscher Automobilhersteller damit begann, seine Fahrzeuge serienmäßig mit dem geregelten Katalysator auszustatten, konnte dies das Unternehmen in der dritten Phase seiner umweltorientierten Marketingkonzeption zu einem strategischen Wettbewerbsvorteil ausbauen. Aufgrund der Engpaßsituation bei der Produktion von Katalysatoren war es vor allem den direkten Konkurrenten VW und Ford nicht möglich, schnellstmöglich der Adam Opel AG in der umweltorientierten Produktpolitik zu »folgen«.

Abgesehen von dem schadstoffarmen Motorenprogramm hat die Adam Opel AG noch weitere Änderungen am Produkt zur Umweltschonung vorgenommen. Alle Opel-Automobile mit geregeltem Katalysator wurden mit Aktivkohle-Kammern ausgerüstet, die die aus dem Tank entweichenden benzolhaltigen Benzindämpfe um etwa 80 % verringern und somit einen zusätzlichen Umweltbeitrag leisten. Darüber hinaus ist die weitestgehende Befreiung der einzelnen Fahrzeugbausteine vom Schwermetall Cadmium sowie insbesondere die umweltschonende Lackierung hervorzuheben, deren Ziel es ist, durch Einsatz wasserverdünnbarer Materialien den Anteil organischer Lösungsmittel, die von der Natur nur schwer abbaubar sind, auf ein Minimum zu reduzieren.

In Abbildung 8 ist der Lösungsmittelverbrauch 1989 in den jeweiligen Lackschichten pro PKW-Karosserie dem Verbrauch im Jahre 1960 gegenübergestellt.

Wie ersichtlich, konnte durch den Einsatz wasserverdünnbarer Lackmaterialien die Lösungsmittelemission von ca. 12 kg auf 2,8 kg (pro PKW) reduziert werden. Für den Füllgrund bedeutet dies einen maximalen Anteil von 5 % organischer Lösungsmittel, während in der europäischen Automobilindustrie der durchschnittliche Anteil noch immer bei 60 % liegt. Darüber hinaus gilt es zu berücksichtigen, daß der Klarlack nur bei Metalliclackierungen verwendet wird, so daß sich bei den anderen Lackierungen der Lösungsmittelanteil entsprechend reduziert.

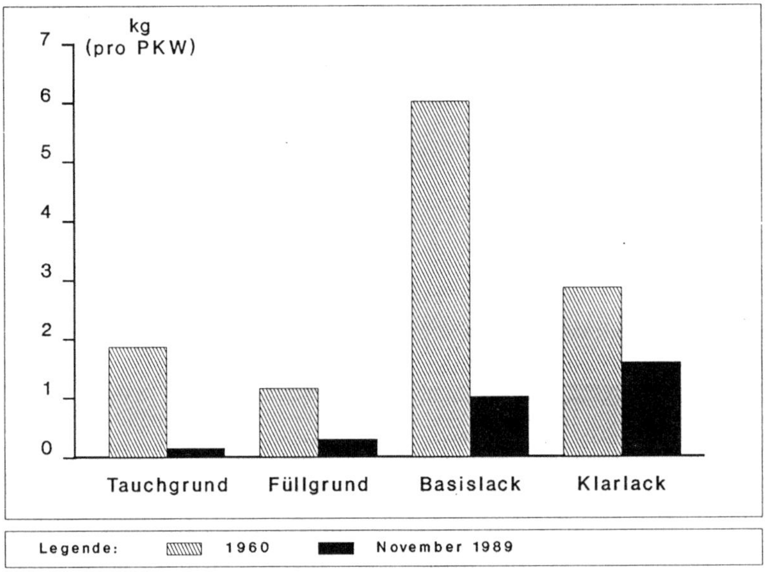

Abb. 8: Lösungsmittelverbrauch bei den unterschiedlichen Lackschichten eines PKW

Um den Auflagen der deutschen Umweltschutzgesetze (z. B. TA-Luft, BImSchG) nachzukommen, wurden von Opel die Hauptemittenten im Decklackbereich, die Metallic-Basislacke, ebenfalls auf wasserverdünnbare Systeme umgestellt, und der vormals 80 %ige Anteil von umweltschädlichen Verdünnern konnte auf 12 % gesenkt werden.
Weitere umweltschonende Produkteigenschaften sind:

- geringe Geräuschemissionen
- geringer Schmierstoffverbrauch
- große Ölwechselintervalle
- asbestfreie Brems- und Kupplungsbeläge
- energiesparendes Getriebe
- Recycling-Fähigkeit der Kunststoffteile.

Letztere Produkteigenschaft führt dazu, daß der im Produktionsprozeß entstandene Ausschuß und Abfall aus Kunststoff entweder als Granulat dem Prozeß neu zugeführt oder zur Herstellung von Kunststoffbehältern verwendet wird, die innerbetriebliche Anwendung finden.

Als dem Produktionsprozeß direkt zurechenbare umweltschonende Maßnahmen sind die unternehmenseigenen Müllverbrennungsanlagen hervorzuheben, die zur Entlastung der Deponien beitragen. Die Reinigung ölhaltiger und chemisch belasteter Abwässer sowie Absauganlagen, z. B. für Abgase, Schleifstäube und Dämpfe, tragen ebenfalls zur Schonung der Umwelt bei. Eine Reduzierung des Abfalls wird durch den Einsatz von Mehrwegverpackungen bewirkt. Als Maßnahmen des Lärmschutzes sind insbesondere die Einkapselung von Maschinen mit hoher Lärmentwicklung und die Bestellung von Anlagen zu nennen, die vorgegebene Dezibelwerte nicht überschreiten.

Im Rahmen von Energieeinsparungsprogrammen ist Opel um eine Optimierung des Energieverbrauchs bei gleichzeitiger Reduzierung des Bedarfs bemüht. Einen diesbezüglichen Beitrag leistet der Einsatz von Wärmerückgewinnungen und der gezielte Einsatz der Leittechnik.

2.3.2 Kommunikationspolitik

Bei den auf die Umweltschonung ausgerichteten kommunikationspolitischen Maßnahmen der Adam Opel AG fanden die Instrumente der Werbung und Verkaufsförderung sowie der Öffentlichkeitsarbeit Anwendung.

Im Rahmen der Werbung wurde im März 1986 eine Anzeigenkampagne in Tageszeitungen und Zeitschriften gestartet, die erstmalig das Umweltthema mit der Aufnahme von Euronorm-Motoren als schadstoffreduzierte Modellvarianten (erste Phase) aufgriff. Abgesehen von der reduzierten Schadstoffemission dieser Motoren wurde auch der mit dem Kauf einhergehende Steuervorteil thematisiert.

Eine weitere Kampagne in Tageszeitungen hatte 1987 die bis zu diesem Zeitpunkt realisierten Absatzerfolge mit dem umweltorientierten Produktprogramm (zweite Phase) zum Gegenstand. Das Umweltargument hatte hier vor allem die Funktion, den Konsumenten zu einem Besuch beim Opelhändler, der über die schadstoffarmen Motorversionen informieren kann, zu motivieren.

Als die Adam Opel AG im April 1989 die Entscheidung traf, ihre Produkte serienmäßig mit »sauberen Motoren« auszustatten, sollte diese Botschaft auf kommunikationspolitischem Wege untrennbar mit der Marke Opel verknüpft werden (dritte Phase). Als Auftakt wurde eine separate Tageszeitungskampagne gestartet, die – auf grünem Untergrund – die Entscheidung für das serienmäßige Angebot von Katalysatorfahrzeugen sowie den Preisvorteil des »sauberen Produktes« kommunizierte (Abb. 9). In den laufenden Illustrierten-Kampagnen wurde die Kat-Botschaft ein zentraler integraler Baustein (Abb. 10). Darüber hinaus wurden diese Werbemaßnahmen durch einen national geschalteten TV-Spot unterstützt, der zu dem populären Lied »What a wonderful world« von Louis Armstrong den Stellenwert einer schönen Natur auslobte und den Umweltschutzgedanken mit der Marke Opel verknüpfte (Abbildung 11). Der Text des Liedes von Louis Armstrong war auch Gegenstand einer Anzeige in der STERN-Sonderausgabe, die anläßlich der Öffnung der Berliner Mauer im November 1989 herausgegeben wurde.

Bei den verkaufsfördernden Maßnahmen sind insbesondere die zur Produktinformation dienenden Materialien hervorzuheben. Anläßlich der 51. Internationalen Automobilausstellung 1985 wurde von Opel eine Broschüre zum Thema »Auto und Umwelt« entwickelt, die über das umweltfreundliche Angebot an Neufahrzeugen und Nachrüstalternativen informieren sollte. Der Folder »Das schadstoffarme Opel-Angebot auf einen Blick« (1986) war lediglich als Argumentationshilfe für den Handel gedacht, wurde dann aber in leicht abgewandelter Form auch dem Konsumenten zur Verfügung gestellt, um ihm so die notwendige Transparenz des für ihn noch ungewöhnlichen und erklärungsbedürftigen Produktangebots zu verschaffen.

Im Hinblick auf die »Kat. serienmäßig«-Entscheidung informierte Opel die Händler über das neue Produktprogramm sowie die Preissenkungen (Abb. 12) und bot Aufkleber, die mit einem Signalgrün unterlegt sind, zur Weiterleitung an die Konsumenten an.

Zur Untersützung und nationalen Penetration der »Kat. serienmäßig«-Botschaft gab Opel den Händlern Anzeigen-Reprovorlagen zur Auswahl (Abb. 13). Diese konnten – parallel zu der von Opel national geschalteten Werbekampagne – zur Bewerbung des eigenen Betriebes mit dem Umweltargument in regionalen Tageszeitungen verwendet werden.

Als eine Kampagne besonderer Art soll in diesem Zusammenhang die Gemeinschaftswerbung zwischen der Adam Opel AG und ihren Händlern im November/Dezember 1989 hervorgehoben werden (Abb. 14). Im Mittelpunkt dieser Aktion stand die sowohl marken- als auch händlerbezogene Anwendung der »Kat. serienmäßig«-Botschaft für die Modelle von Corsa und Kadett.

In Abstimmung mit den bisher genannten Kommunikationsbereichen war es das Ziel der Öffentlichkeitsarbeit, durch eine betont sachliche bzw. informative Darstellung der Adam Opel AG das Image des Herstellers insgesamt mit dem Image der Produkte zu verknüpfen und in positiver Richtung zu beeinflussen. Daher kam der Öffentlichkeitsarbeit eine sowohl unternehmens- als auch produktbezogen imagebildende Funktion zu.

Im Rahmen der Umweltorientierung des Unternehmens wurde das Instrument insbesondere zur kommunikativen Ansprache der Fachpresse und anderer Meinungsbildner eingesetzt. Beispielsweise wurden Themen wie »Moderne Lackiertechnik im Automobilbau« und »Der Abgaskatalysator« in einer unternehmenseigenen Schriftenreihe aufgearbeitet und als kostenloses Informationsmaterial Lehrkräften und anderen Multiplikatoren zur Verfügung gestellt.

Mit einer 1986 bundesweit geschalteten Imagekampagne wandte Opel sich an eine breite Öffentlichkeit, um den Vorsprung des Unternehmens im Hinblick auf die Umwelttechnik (erste Phase) zu kommunizieren. Neben technologischer Leistung und Tradition des Unternehmens war vor allem das Umweltthema Bestandteil der Anzeigenserie »Erklärungen der Adam Opel AG«. So wurden beispielsweise der 1986 unbestrittene Umweltbeitrag des Euronorm-Motors oder die Forschungserfolge des Unternehmens (z. B. Umstellung auf cadmiumfreie Werkstoffalternativen) thematisiert.

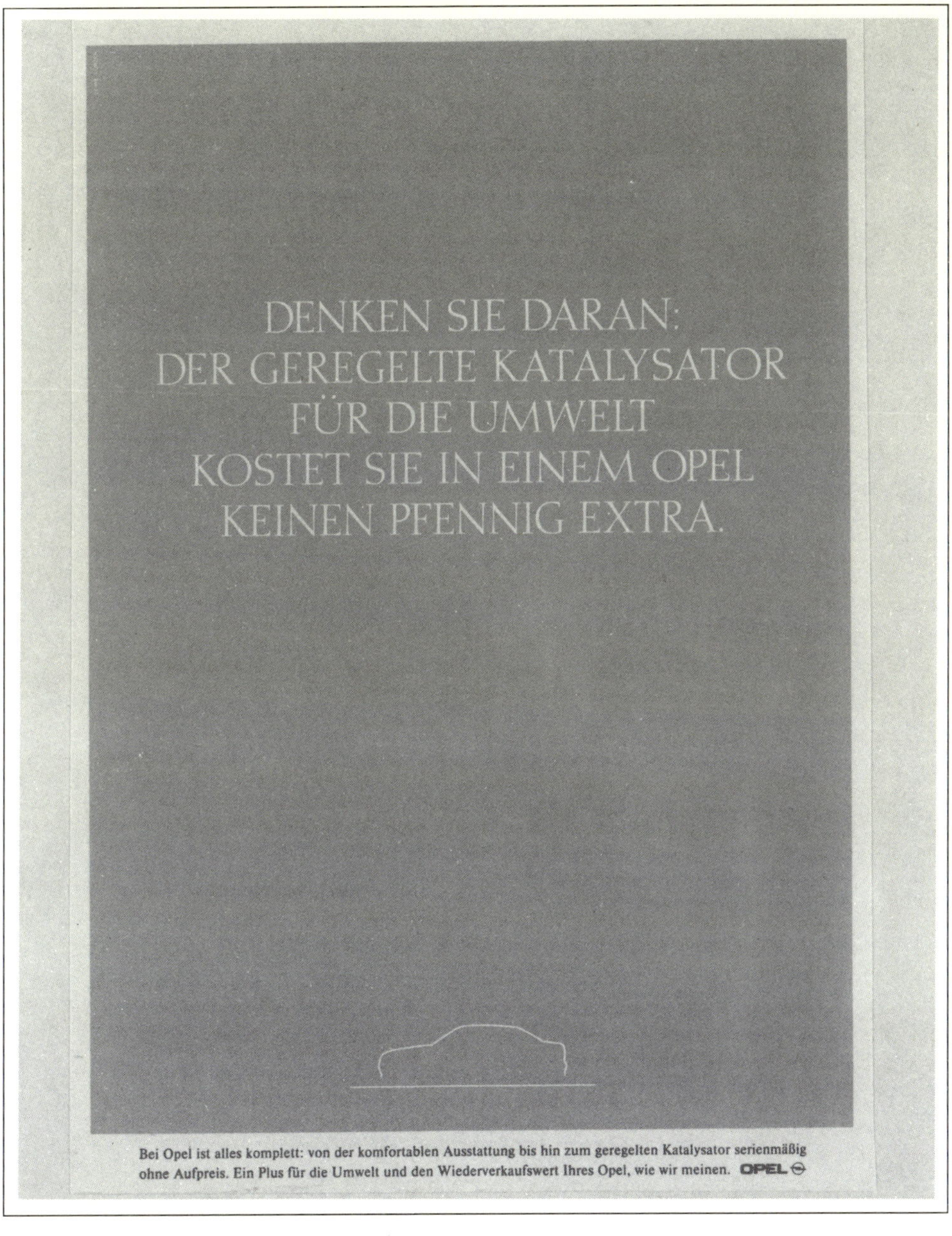

Abb. 9: Anzeigenbeispiel für die »Kat. serienmäßig«-Botschaft

2.3.3 Preispolitik

Die rechtlich zunächst ungeklärte Situation schadstoffreduzierter Fahrzeuge im Hinblick auf ihre Steuerbegünstigung führte zu einer starken Verunsicherung aktueller und potentieller Autokäufer. Für Opel ergab sich daraus die Notwendigkeit eines stufenweisen Vor-

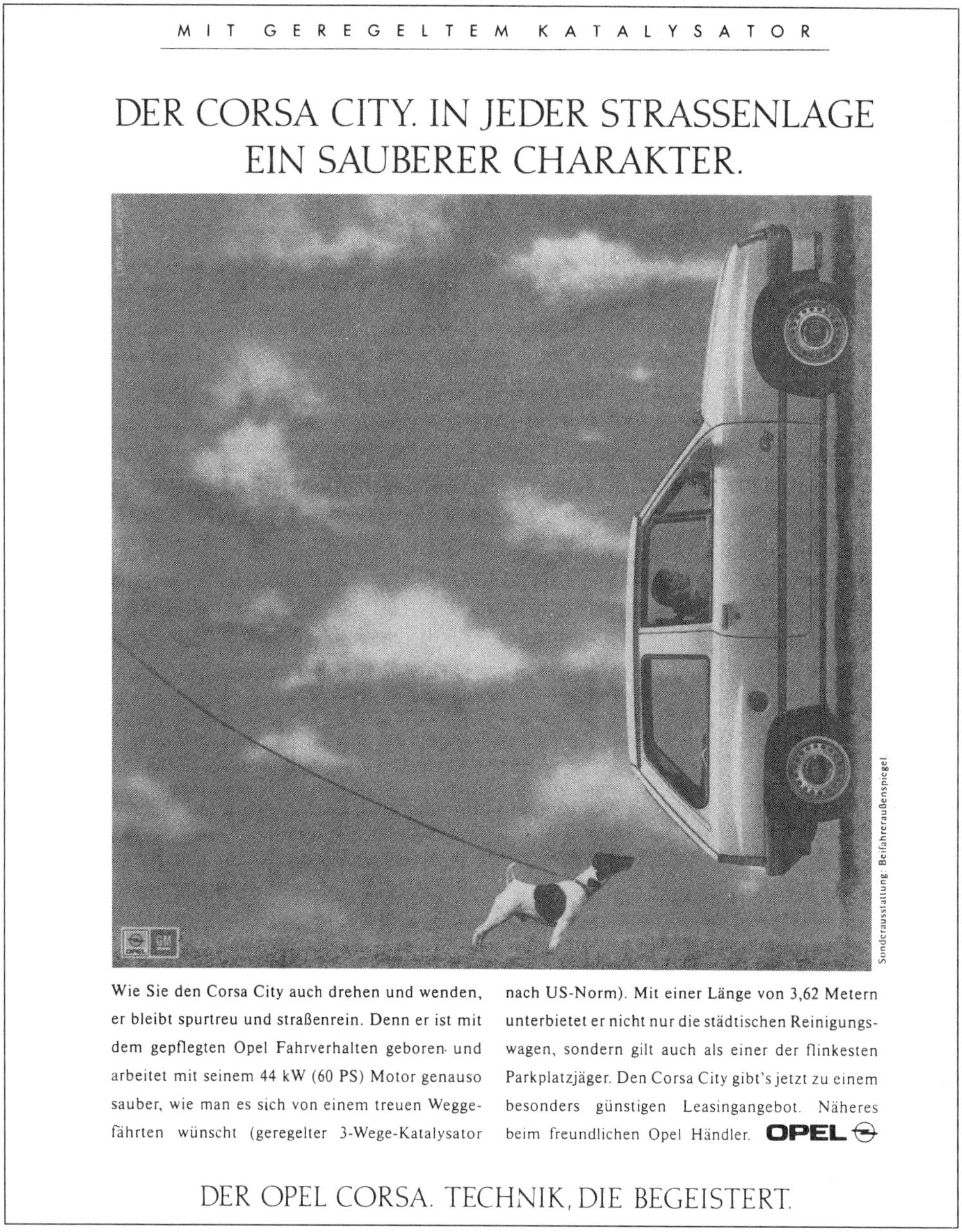

Abb. 10: Anzeigenbeispiel für die »Kat. serienmäßig«-Botschaft in Publikumszeitschriften

gehens bei der Preisgestaltung. Während der ersten Phase der umweltorientierten Marketingkonzeption wurden die schadstoffreduzierten Motorvarianten durch eine Mischkalkulation von den umweltschädlichen Motoren subventioniert. Dies bedeutete für die zum damaligen Zeitpunkt einzige umweltfreundliche Motorvariante – den Euronorm-Motor – ein relativ niedrigeres Preisniveau als bei der vergleichbaren umweltbelastenden Produktlösung.

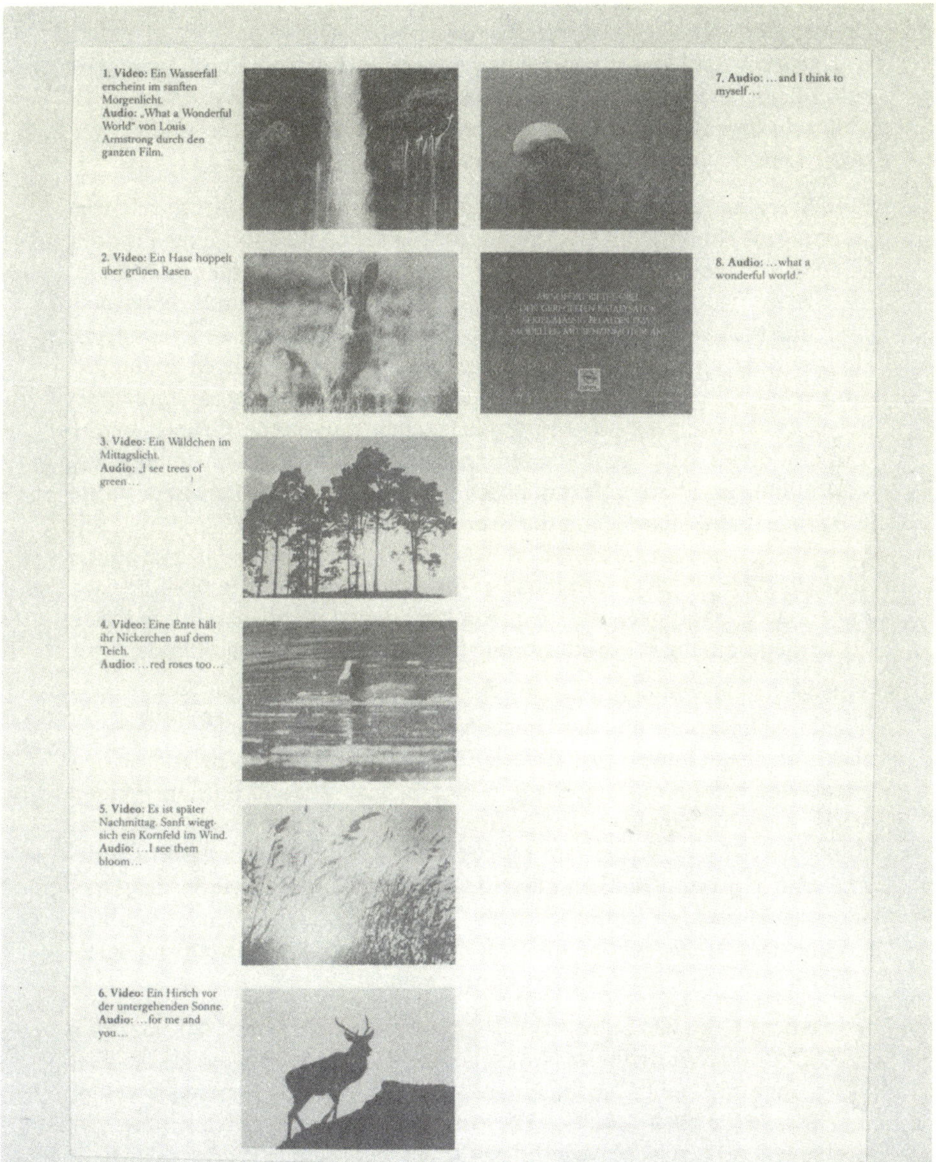

Abb. 11: TV-Spot im Zusammenhang mit der »Kat. serienmäßig«-Entscheidung (1989)

Als im Oktober 1986 der Omega, das Opel-Produktangebot der oberen Mittelklasse, neu in den Markt eingeführt wurde, bot Opel den 2,0i-Motor mit geregeltem Katalysator ohne Aufpreis gegenüber der Motorversion ohne Katalysator an. Damit startete Opel in der Phase der umweltorientierten Ausrichtung sowohl neuer als auch bereits im Markt vorhandenere Produkte (zweite Phase) als erster deutscher Automobilhersteller eine Gleich-

Auto HEUTE

OPEL

EXTRA-BLATT

NEU BEI OPEL:

ALLE PKW-MODELLE SERIENMÄSSIG MIT GEREGELTEM KATALYSATOR.

Damit liegt Opel voll im Trend. Zu einem Zeitpunkt, an dem die Diskussion um umweltschonende Katalysatortechnik ihren Höhepunkt erreicht hat, macht die Adam Opel AG einen konsequenten Schritt:

Als erster Großserienhersteller der Automobilindustrie in Deutschland bietet Opel den geregelten Katalysator serienmäßig bei allen PKW-Modellen mit Benzinmotor an.

Und um allen umweltbewußten Autofahrern den Einstieg ins schadstoffarme, umweltschonende Fahren leicht zu machen, senkt Opel gleichzeitig die unverbindliche Preisempfehlung für den Corsa 1.3i Kat, den Kadett 1.3i Kat und den Omega 2.0i Kat.

Mit dieser Entscheidung setzt Opel erneut ein umweltpolitisches Zeichen.

Bereits im Oktober 1985 gab es von Opel den ersten Motor mit geregeltem Katalysator in der Klasse unter 1.4 l Hubraum. Damit standen für die gesamte Modellpalette Motoren mit geregeltem Katalysator zur Verfügung.

1988 waren über 57 % aller Opel Neuzulassungen Fahrzeuge mit geregeltem Katalysator und fuhren damit im schadstoffarmen und steuerbegünstigten Bereich.

Seitdem hat Opel seine Position im Markt mit einem breiten Angebot an schadstoffarmen Motoren immer weiter verbessert, so daß Opel bei Zulassungen von Fahrzeugen mit geregeltem Katalysator heute bereits die Nr. 1 ist.

Das neue Katalysator-Angebot unterstreicht Opels Position als fortschrittlicher und umweltbewußter Automobilhersteller.

Abb. 12: Händlerzeitschrift zur »Kat. serienmäßig«-Entscheidung

preisstrategie, um dem Konsumenten die Entscheidung für ein umweltschonendes Auto zu erleichtern. Dieses Konzept fand seine Fortsetzung 1987, als die Kat.-Motoren für die Mittelklasse (1,6i-Motor und 2,0i-Motor) ohne Aufpreis angeboten wurden sowie bei den Markteinführungen vom Senator 1987 und Vectra 1988.

Gleichzeitig mit der Entscheidung, ab April 1989 die Opel-Modelle serienmäßig mit geregeltem Katalysator anzubieten, senkte das Unternehmen die Preise für die betroffenen

Abb. 13: Beispiel für Anzeigen-Reprovorlagen für Händlerwerbung in regionalen Tageszeitungen

nen Kat.-Motorversionen um 350,— DM (Kadett) bis 670,— DM (Omega). Diese Preissenkungen wurden am Höhepunkt einer bereits fünf Jahre dauernden Umwelt-Offensive gewährt, als der durch das schadstoffarme Motorangebot geschaffene Vorsprung gegenüber der Konkurrenz zu einem strategischen Wettbewerbsvorteil ausgebaut wurde (dritte

Abb. 14: Anzeigenbeispiel der Gemeinschaftswerbung im Rahmen der »Kat. serienmäßig«-Kampagne (1989)

Phase). Dabei sollten die Preissenkungen dem Konsumenten einen zusätzlichen Anreiz für den Kauf eines Kat.-Fahrzeugs der Marke Opel liefern.

2.3.4 Distributionspolitik

Den distributionspolitischen Maßnahmen kommt durch die Abhängigkeit des Unternehmens von der Kooperationsbereitschaft seiner Händler besondere Bedeutung zu.

Bei schadstoffreduzierten Fahrzeugen als Inhalt des Verkaufsgesprächs ist das Umweltbewußtsein des Händlers und die entsprechende Argumentation gegenüber dem Konsumenten für den Absatzerfolg ausschlaggebend. Aus diesem Grunde ließ Opel seinen Händlern in allen Entwicklungsphasen der umweltorientierten Marketingkonzeption regelmäßig Informationen über die sich abzeichnende umweltpolitische Entwicklung sowohl in rechtlicher Hinsicht als auch im Hinblick auf die produktpolitische Umsetzung zukommen.

Neben der Direktansprache der Händler durch Direct Mail-Aktionen (Informationsbriefe und -broschüren) ist der regelmäßig erscheinende Händlerbrief »Intern Aktuell« als wichtigstes Informationsinstrument der Adam Opel AG gegenüber seiner Vertriebsorganisation hervorzuheben. Beispielsweise wurden die Händler im Zuge der Diskussion zum bleifreien Benzin 1984 über die Anwendung dieses Kraftstoffs bei alten und neuen Modellen unterrichtet. Im Februar 1985 erhielten sie einen detaillierten Plan über die jeweilige Steuerersparnis der gesamten Modellpalette und wurden seitdem über die sich abzeichnenden rechtlichen Veränderungen im Hinblick auf die größenklassenspezifischen Steuervorteile unterrichtet.

Darüber hinaus stand dem Händler für weitere im Zusammenhang mit der Umweltproblematik bzw. der diesbezüglichen Kundenbetreuung auftretenden Fragestellungen dem Händler ein Beratungstelefon zur Verfügung.

3. Marketing-Erfolg der ökologieorientierten Marketing-Konzeption

Zur Beurteilung des Erfolges der umweltorientierten Produkt- und Marketingkonzeption der Adam Opel AG soll im folgenden die Absatzentwicklung auf unternehmens- und modellspezifischer Ebene sowie der Imageerfolg analysiert werden.

3.1 Absatzerfolg

3.1.1 Unternehmensebene

Der unternehmensbezogene Absatzerfolg wird aus der Tabelle 4 ersichtlich. 1989 (bis einschl. September) hat Opel im Vergleich zu den deutschen Mitwettbewerbern mit 64 % den höchsten Anteil katalysatorausgestatteter Fahrzeuge am gesamten Opel-Absatzvolumen.

	Euronorm [1]				US - Norm [1]			
	1986	1987	1988	1989 [2]	1986	1987	1988	1989 [2]
Opel	5,2	14,7	13,5	5,5	10,3	30,6	48,5	64,0
VW/Audi	7,9	24,4	26,3	17,7	10,6	22,6	37,1	51,5
Mercedes	1,3	0,2	0,2	0,1	23,4	48,5	56,6	62,9
Ford	3,8	14,6	20,2	12,3	0,1	2,8	15,1	28,7
BMW	4,0	50,4	82,8	91,8	19,8	14,1	7,7	1,6

	Euro-/US - Norm [1]				Gesamt schadstoffarm [1]			
	1986	1987	1988	1989 [2]	1986	1987	1988	1989 [2]
Opel	23,9	39,1	32,8	27,8	39,4	84,4	94,8	97,3
VW/Audi	5,8	14,5	19,4	18,8	24,3	61,5	82,8	88,0
Mercedes	-	-	-	-	24,7	48,7	56,8	63,0
Ford	6,7	29,3	38,8	45,4	10,6	46,7	74,1	86,4
BMW	14,4	3,9	0,1	-	38,2	68,4	90,6	93,4

Legende: *1 = ohne Fahrzeuge mit Dieselantrieb
*2 = Januar bis einschließlich September

Tab. 4: Entwicklung der Anteile schadstoffreduzierter Motortypen an den Gesamtzulassungen deutscher Automobilunternehmen (in %)

Der ähnlich hohe Anteil bei Mercedes (62,9%) ist zu relativieren, da dieser Automobilhersteller überwiegend Anbieter von Fahrzeugen mit einem Hubraum oberhalb der 2-Liter-Grenze ist, bei denen die Ausstattung mit geregeltem Katalysator eine gesetzliche Verpflichtung darstellt. Der Absatzerfolg von Opel bei der besten aller schadstoffreduzierten Motorvarianten – dem Katalysator – ist im Vergleich zu BMW und VW besonders bemerkenswert, da bei diesen Unternehmen der Anteil des weniger schadstoffreduzierten Euronorm-Motors an den gesamten Zulassungen mit 91,8% (BMW) und 17,7% (VW/Audi) besonders hoch ist. Bei Ford ist die Tatsache, daß etwa die Hälfte aller mit schadstoffreduzierten Motorvarianten ausgestatteten Fahrzeuge ein Kleinwagen (< 1400 ccm) mit Euronorm- bzw. Katalysatormotor ist (45,4%), bemerkenswert, da im Gesamtmarkt eine eher gegenläufige Tendenz festgestellt werden kann. Dabei gilt es zu berücksichtigen, daß vor allem die Kleinwagenklasse sowie die untere Mittelklasse den Schwerpunkt des Produktprogramms von Ford bilden.

3.1.2 Modellspezifische Ebene

Die aus den umweltorientierten Marketingmaßnahmen resultierenden modellspezifischen Absatzerfolge sollen zunächst am Volumensträger Kadett sowie – im Hinblick auf die »Kat. serienmäßig«-Entscheidung – in allen anderen Modellinien verdeutlicht werden.

Als Opel sich im Oktober 1987 für die Gleichpreisstrategie für Kadett-Fahrzeuge mit Euronorm- bzw. Katalysatormotor entschied, konnte bereits im darauffolgenden Monat ein klarer Zuwachs der Händlerauftragseingänge für Kadettmodelle mit Katalysator festgestellt werden. In Abbildung 18 ist diese Entwicklung für den 1,6-Liter-Euronorm- bzw. Katalysatormotor des Kadett aufgezeigt.

Wie ersichtlich, war unmittelbar nach Beschluß der Gleichpreisstrategie (47. Woche) ein klarer Zugewinn bei den Bestellungen der Kat.-Variante festzustellen, während die Nachfrage nach dem 1,6-Euronorm-Motor quasi auf den Nullpunkt sank.

Die modellspezifische Absatzwirkung der Unternehmensentscheidung, ab April 1989 alle Opel-Modelle serienmäßig mit geregeltem Katalysator anzubieten, geht aus der Tabelle 5 hervor.

Die Anteilsentwicklung von Katalysator-Fahrzeugen am Händler-Auftragsvolumen läßt bereits im Mai 1989 bei allen Modellinien einen eindeutigen positiven Anstieg erkennen, der sich in den nachfolgenden Monaten fortsetzt. Dies läßt darauf schließen, daß die Händler die gestiegene Nachfrage ihrer Konsumenten nach Kat.-Fahrzeugen unmittelbar in zusätzliche Aufträge für diese Modelle umgesetzt haben. Ein Vergleich des ersten Jahresquartals mit den Monaten September und Oktober zeigt für den Corsa die durchlaufene Entwicklung besonders deutlich. Dabei gilt es zu berücksichtigen, daß lediglich beim Opel Corsa neben Katalysator- und Diesel- auch Euronorm-Fahrzeuge geordert werden. In den anderen Modellreihen werden nur noch mit Katalysator ausgestattete Fahrzeuge und – zu einem geringen Anteil – Dieselfahrzeuge bestellt.

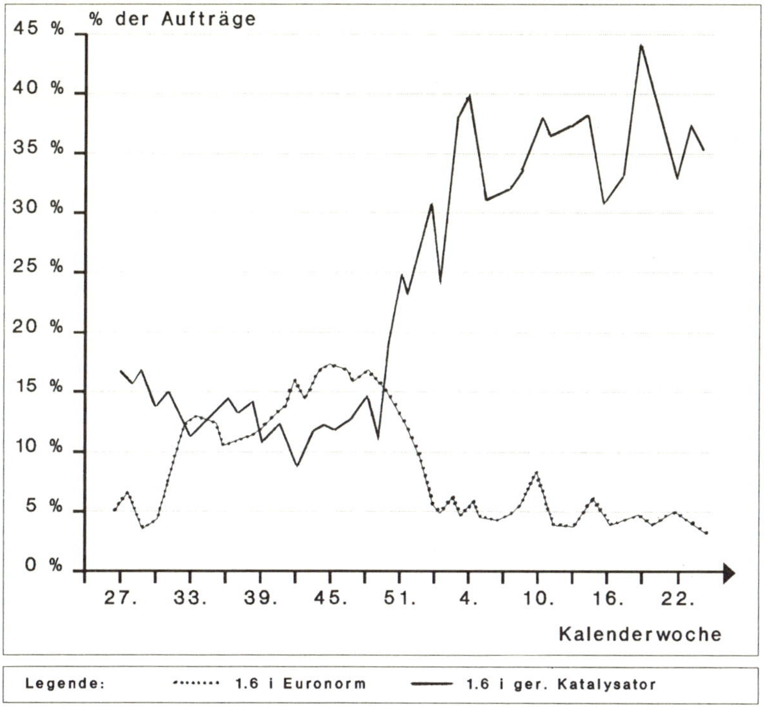

Abb. 15: Entwicklung des Kadett-Auftragsvolumens für den 1,6 i Euronorm- und Katalysator (1987)

	Jan.	Feb.	März	April	Mai	Juni	Juli	Aug.	Sep.	Okt.
Corsa	7,4	11,1	12,5	40,0	60,0	75,4	84,2	80,2	84,2	84,4
Kadett	59,4	65,6	69,1	85,5	89,7	92,4	94,3	94,8	95,9	94,5
Vectra	89,3	91,2	93,7	94,5	96,4	96,7	95,5	98,7	99,0	98,5
Omega	86,4	90,0	90,3	87,8	90,3	91,2	91,9	94,3	94,8	95,5
Senator	98,6	99,7	98,9	100,0	100,0	99,2	100,0	100,0	97,7	99,7
gesamt	66,3	71,1	76,0	84,5	88,8	92,2	93,1	94,5	95,3	94,6

Tab. 5: Anteil der Händleraufträge für Modelle mit geregeltem Katalysator am modellspezifischen Gesamtauftragsvolumen (Januar–Oktober 1989)

3.2 Imageerfolg

Die seit Anfang der 80er Jahre konsequent geplante und zunehmende Umweltorientierung fand ihren Höhepunkt in der Entscheidung im April 1989, als erster Automobilhersteller alle Modelle serienmäßig mit Katalysator anzubieten. Um die Bedeutung dieses Schrittes für das Unternehmensimage erfassen zu können, soll zunächst der Erfolg der Werbekampagne aufgezeigt werden.

Im Rahmen einer monatlich durchgeführten Befragung von 1.000 Personen zu den Werbekampagnen von Automobilherstellern ergab sich für die gestützte Werbeerinnerung bei den Marken Opel, VW und Ford der in Abbildung 16 dargestellte Verlauf. Wie ersichtlich, konnte durch die Kampagne »Kat. serienmäßig« ein ähnlicher Erfolg im Hinblick auf die Werbeerinnerung erzielt werden, wie dies beispielsweise durch die Markteinführung und entsprechende kommunikative Unterstützung des Opel Vectra der Fall war.

Über die erinnerten Werbeinhalte gibt die Abbildung 17 Aufschluß. Fast jeder vierte aller »Werbeerinnerer« kann im August 1989 die Werbeaussage »alle Opel-Modelle mit Kat« nennen. Auch der Aspekt der Umweltfreundlichkeit sowie TV-Spot und Rundfunkmelodie von Louis Armstrong konnten erinnert werden. Um die Entwicklung des Images der Marke Opel im Konkurrenzumfeld aufzuzeigen, wurden die für eine umweltorientierte Unternehmensausrichtung wesentlichen Aspekte Forschung, Technik und serienmäßiges Angebot herausgegriffen. Aus Tabelle 6 geht hervor, daß Opel, verglichen mit den deutschen Wettbewerbern, bei allen Image-Items deutlich gewonnen hat. Dieses Ergebnis legt die Vermutung nahe, daß die Einschätzung eines Automobilunternehmens im Hinblick auf seine Umweltfreundlichkeit offensichtlich nicht unabhängig ist von dem Bild, das das Unternehmen in bezug auf sein technisches Know-how und die Forschungsaktivitäten abgibt.

Eine Gegenüberstellung des Markenimages von Opel mit dem Umweltbewußtsein beim Automobilkauf zeigt die Abbildung 18. Das Umweltbewußtsein, das als Kaufabsicht eines Fahrzeuges mit geregeltem 3-Wege-Katalysator beim nächsten Autokauf erfaßt wurde, zeigt einen deutlichen Anstieg seit Oktober letzten Jahres auf. Gleichzeitig konnte Opel sein Image als umweltfreundlicher Automobilhersteller deutlich ausbauen. Diese

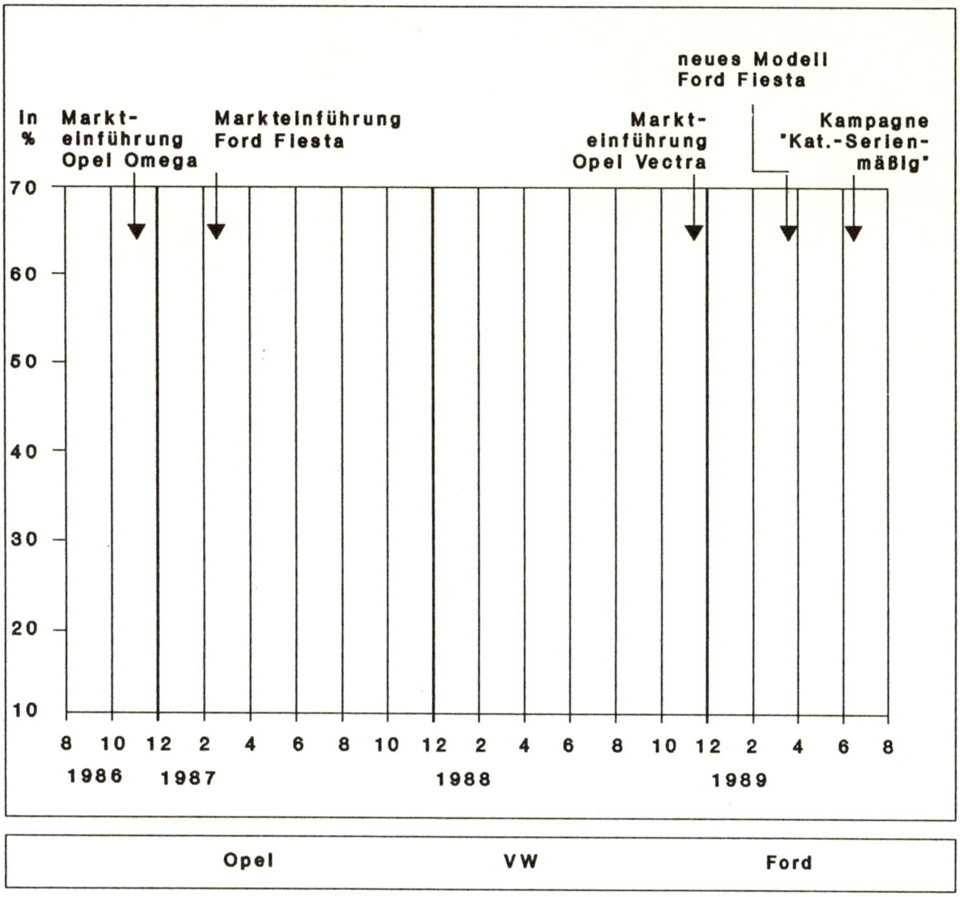

Abb. 16: Werbeerinnerung an die Kampagnen der Automobilhersteller Opel, VW und Ford (August 1986 bis August 1989)

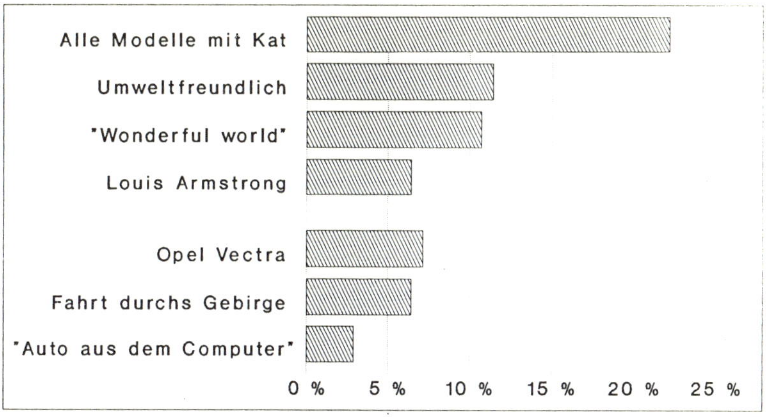

Abb. 17: Werbeerinnerung an die Inhalte der »Kat. serienmäßig«-Kampagne (1989)

Befragungs-items / Marken	... baut technisch fortschrittliche Autos		... bietet serienmäßig umweltfreundliche Autos		... steckt viel Geld in die Forschung	
	08/86	08/89	08/86	08/89	08/86	08/89
Opel	100	160	100	137	100	153
BMW	100	110	100	104	100	112
VW	100	108	100	93	100	101
Mercedes	100	99	100	94	100	96
Ford	100	96	100	95	100	99

Tab. 6: Entwicklung der Markenimages von deutschen Automobilunternehmen in ausgewählten Befragungsitems (Indexwerte)

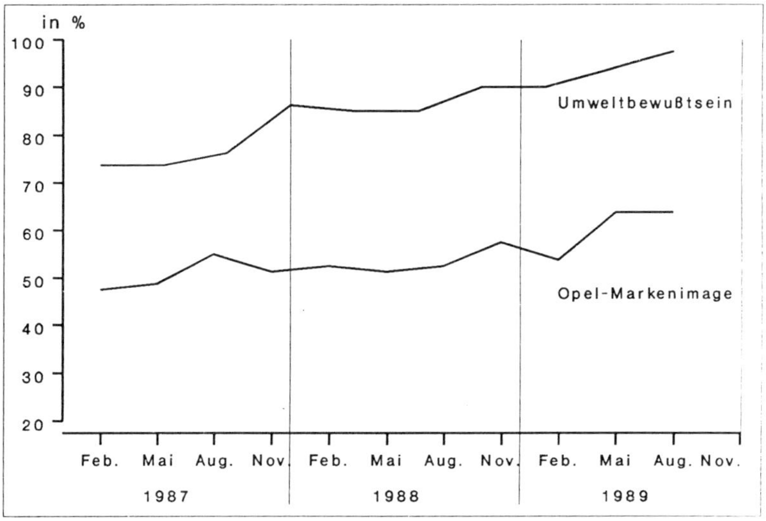

Abb. 18: Entwicklung des Opel-Markenimages als umweltfreundliches Unternehmen im Vergleich zur Entwicklung des Umweltbewußtseins beim Autokauf (1987 bis 1989)

Entwicklung läßt darauf schließen, daß die Adam Opel AG vom Konsumenten als ein Problemlöser im Hinblick auf umweltschonendes Verhalten akzeptiert wird.

Die aufgezeigte Absatz- und Imageentwicklung bestätigt, daß die Planung und Durchführung der umweltorientierten Produkt- und Marketingkonzeption der Adam Opel AG erfolgreich war. Hervorzuheben ist dabei das strategische Vorgehen des Unternehmens, in einer ersten Phase den Bedarf für umweltschonende Autos zu erkennen und durch intensive Forschungen einen technologischen Wettbewerbsvorsprung zu schaffen. In der zweiten Phase wurde dem gesteigerten Umweltbewußtsein der Konsumenten mit einem »sauberen« Produktangebot in jeder Wagenklasse entsprochen. Die umweltorientierte Ausrichtung des gesamten Unternehmens erlaubte schließlich in der dritten Phase die Schaffung eines strategischen Wettbewerbsvorteils und eine dauerhafte Alleinstellung im Konkurrenzumfeld. Durch den Einsatz sorgfältig aufeinander abgestimmter marketingpolitischer Aktivitäten ist es der Adam Opel AG als ökologisch betroffenem Unternehmen gelungen, das Umweltargument als einen strategischen Erfolgsfaktor zu begreifen und umzusetzen.

Fallstudie Eternit AG

1. Marketing-Problemstellung
1.1 Situation des Marktes für Faserzement-Produkte
1.2 Konkurrenzsituation
1.3 Abnehmersituation
1.4 Unternehmenssituation
    1.4.1 Die ökologische Betroffenheit der Eternit AG
    1.4.2 Die ökologierelevanten Chancen und Risiken der Eternit AG
    1.4.3 Die ökologierelevanten Stärken und Schwächen der Eternit AG

2. Die ökologieorientierte Marketing-Konzeption der Eternit AG
2.1 Ökologieorientierte Marketingziele und -strategien
2.2 Ökologieorientierte Maßnahmen
    2.2.1 Produktpolitik
    2.2.2 Kommunikationspolitik
    2.2.3 Preispolitik
    2.2.4 Distributionspolitik

3. Marketing-Erfolg der ökologieorientierten Marketing-Konzeption
3.1 Markt- und Absatzerfolg
3.2 Umweltschutzerfolg
3.3 Marktteilnehmer-Wirkungen

1. Marketing-Problemstellung

1.1 Situation des Marktes für Faserzement-Produkte

Nachdem bereits zu Beginn dieses Jahrhunderts die hervorragenden technischen Eigenschaften von Asbestzement (Unbrennbarkeit, Hitzebeständigkeit, chemische Beständigkeit, hohe Zugfestigkeit und flexible Gestaltbarkeit) entdeckt wurden, führte der nach dem Zweiten Weltkrieg einsetzende Bauboom zu einem starken Anstieg des Asbestverbrauchs in der Bundesrepublik (Tab.1). Produkte aus Asbestzement wurden vor allem im Dach-, Wand- und Fassadenbereich, aber auch im Tiefbau (Rohrleitungen) eingesetzt. Da der Rohstoff Asbest in ausreichendem Maße vorhanden war und zudem leicht abgebaut und verarbeitet werden konnte, entwickelte er sich in kurzer Zeit zu einem preiswerten Massenbaustoff.

Aufgrund des niedrigen Preisniveaus für Asbestzement spielen Importe mit einem Marktanteil von etwa 5 % aufgrund hoher Transportkosten keine Rolle. In Verbindung mit dem boomartigen Marktwachstum führte die mangelnde Importkonkurrenz trotz des Commodity-Characters des Produktes zu einer hohen Profitabilität des Asbestzementmarktes. Die Wettbewerbsfähigkeit des Asbestzementes änderte sich, als ab 1973 der Asbestpreis plötzlich rapide zu steigen begann (Tab. 2). Dieser Preisanstieg wurde noch dadurch verstärkt, daß sich die Fachwelt zum damaligen Zeitpunkt darüber einig war, daß die Asbestvorkommen bereits in kürzester Zeit erschöpft sein würden. Demzufolge intensivierte die Industrie etwa ab Mitte der 70er Jahre ihre Bemühungen auf der Suche nach Asbestersatzstoffen.

Da über 80 % der Asbestzementprodukte im Hochbau eingesetzt werden, verläuft die Marktentwicklung weitgehend parallel zur Neubautätigkeit. Diese starke Abhängigkeit führte mit dem Erlahmen der Baukonjunktur ab Mitte der 70er Jahre zunächst zu einer Stagnation und in den Jahren 1981/82, ausgelöst durch die schwere Krise der Bauwirtschaft

Jahr	Asbestverbrauch in Tonnen
1950	15.000
1960	100.000
1965	170.000
1975	180.000

Tab. 1: Asbestverbrauch in der Bundesrepublik Deutschland

Jahr	Preis pro Tonne in $	Veränderung
1962	ca. 180,-	-
1973	ca. 200,-	+ 11 %
1975	ca. 400,-	+ 100 %
1977	ca. 600,-	+ 50 %

Tab. 2: Asbestpreisentwicklung am Weltmarkt

(Tab. 3), zu einem Einbruch des Marktes für Asbestzementprodukte. Die Rezession in der gesamten Bauwirtschaft wurde begleitet von einer starken Ausweitung und Emotionalisierung der öffentlichen Diskussion über die gesundheitlichen Gefahren im Umgang mit Asbest. Diese beiden Einflußfaktoren führten zu einem drastischen Rückgang des Marktvolumens für Baustoffe aus Asbestzement. Trotz der in den Folgejahren schrittweise erfolgenden Substitution von Asbest durch andere Faserstoffe (seitdem spricht man in der Branche statt von Asbestzementprodukten von Faserzementprodukten) hat sich der Marktanteil von Faserzementprodukten in den beiden wichtigsten Anwendungssegmenten »Geneigtes Dach« und »Wand und Fassade« bis heute kontinuierlich verringert (Tab. 4).

Im europäischen Ausland war in den 80er Jahren eine ähnliche konjunkturelle Situation zu beobachten. Da die Öffentlichkeit jedoch in weitaus geringerem Maße für die gesundheitliche Problematik von Asbest sensibilisiert war, kam es dort nicht zu einer derart rückläufigen Marktentwicklung für Asbestzementprodukte wie in der Bundesrepublik. Die weltweit tätigen Asbestproduzenten begegneten der Absatzstagnation ihres Produktes

Jahr	Wohngebäude		Nicht-Wohngebäude	
	Anzahl	Wohnfläche in 1.000 qm	Anzahl	Nutzfläche in 1.000 qm
1980	217.856	37.035	39.193	27.703
1981	188.221	33.617	36.082	27.829
1982	159.870	30.342	35.259	26.683
1983	144.225	28.719	35.031	24.912
1984	155.277	32.352	34.315	25.586
1985	132.403	25.589	29.974	20.965
1986	120.861	21.412	28.611	20.244
1987	111.727	18.946	28.296	20.766
1988	114.517	18.662	30.128	23.773

Tab. 3: Errichtung neuer Gebäude in der Bundesrepublik
(Quelle: Stat. Bundesamt)

Jahr	Geneigtes Dach			Wand und Fassade*		
	Mio. qm gesamt	davon Faser-zement	Anteil	Mio. qm gesamt	davon Faser-zement	Anteil
1981	78.3	15.7	20 %	-	-	-
1983	78.0	14.0	18 %	18.7	12.8	68 %
1986	73.5	11.0	15 %	18.0	9.5	53 %
1989	73.1	10.2	14 %	18.5	9.5	51 %

Tab. 4: Marktanteile des Faserzements im Hochbau
*) nur Vorhangfassade

in den westlichen Industrieländern mit einer forcierten Markterschließung bislang nicht bearbeiteter Ländersegmente.

1.2 Konkurrenzsituation

Die seit sechs Jahrzehnten im Faserzementmarkt tätige Eternit AG war als langjährig dominanter Marktführer (Tab. 5) zu einem Gattungsbegriff für Asbestzementprodukte geworden. Die unangefochtene Marktführerposition in diesem profitablen Markt führte bis zum Ende der 70er Jahre zu einer soliden und ertragreichen Unternehmensentwicklung, aber auch zu einer ausgeprägten Monostruktur des Produktprogramms. Noch im Jahre 1975 waren sechs Anbieter im Markt tätig, aufgrund der ab 1981 einsetzenden deutlich rückläufigen Marktentwicklung mußten einige Anbieter aus dem Markt ausscheiden bzw. ihre Selbständigkeit aufgeben. Im Zuge dieser Veränderung der Wettbewerbsstrukturen erwarb die Eternit AG die Unternehmen WANIT und TOSCHI. Frenzelit schränkte die eigene Produktion ein und bezieht die Grundprodukte seither von Fulgurit.

Da die Eternit AG die eigene Marktstellung im Faserzementmarkt für kaum noch ausbaufähig hielt, ergab sich der entscheidende Wettbewerbsdruck für die Eternit AG aus den Beziehungen zu Substitutionsprodukten. Im Segment »Geneigtes Dach« waren dies insbesondere Tonziegel und Dachsteine, im Segment »Wand und Fassade« einerseits direkt auf die Wände aufgetragener Dämmputz, andererseits Fassadenplatten aus unterschiedlichen Metallegierungen.

Die 1980 in weite Teile der Öffentlichkeit hineingetragene Diskussion über die krebserzeugende Wirkung von Asbeststäuben wurde von den Herstellern der Substitutionsprodukte dazu genutzt, ihre Position auf Kosten von Eternit auszubauen. Dabei kamen ihnen zwei Entwicklungen zugute. Sowohl Tondachziegel als auch Fassadenplatten aus Stahl, Aluminium oder Kupfer galten in der Wahrnehmung der Konsumenten als »wertvolle«, langlebige und vor allem zeitgemäße Produkte und hatten außerdem ein ökologisch und gesundheitlich unbelastetes Image. Darüber hinaus verschoben sich die Verbraucherbedürfnisse in bezug auf architektonische und gestalterische Anforderungen zum Nachteil von Faserzementprodukten. Beide Faktoren führten zu einem kontinuierlichen Marktanteilsverlust von Faserzementprodukten im Hochbau.

Der öffentliche Druck von Verbrauchern, Politikern und Gewerkschaften in Verbindung mit der zunehmenden Bedrohung durch Substitutionsprodukte wirkte sich in der

Wettbewerber	Marktanteile in 1988
Eternit (incl. WANIT und TOSCHI)	ca. 70 %
Fulgurit	ca. 20 %
Frenzelit	ca. 5 %
Importe	ca. 5 %

Tab. 5: Wettbewerbsstruktur bei Faserzementprodukten

Faserzementbranche insbesondere negativ für Eternit aus. Der Name Eternit als Gattungsbegriff für alle Arten von Asbestzementprodukten führte in Teilen der Öffentlichkeit zu der Assoziation »Eternit = Asbest = Krebs = Tod«. Dies führte vereinzelt sogar soweit, daß Verbraucher im Handel zwar nach Produkten von Fulgurit fragten, ein identisches Produkt von Eternit jedoch strikt ablehnten.

Ein Resultat der immer detaillierteren Erkenntnisse über die Gesundheitsgefährdung durch Asbeststaub waren ständig restriktivere Arbeitsschutz- und Umweltschutzvorschriften. Diese hatten eine kontinuierliche Verschlechterung der Kostensituation der deutschen Asbestverarbeiter zur Folge. Die Vielzahl kleinerer Anbieter im europäischen Ausland konnten dagegen weitgehend »ungestört« von Umweltschutzvorschriften produzieren und nutzten ihre auf diese Weise niedrigeren Produktionskosten zu verstärkten Exporten in die Bundesrepublik.

1.3 Abnehmersituation

Asbest als Bestandteil preiswerter Baustoffe wurde jahrzehntelang von den Verbrauchern fast ausschließlich mit der Eigenschaft der Unbrennbarkeit in Verbindung gebracht. Die klassischen Kauffaktoren im Dach- und Fassadenbereich, welche für die Verwendung von Asbestzementprodukten sprechen waren:

- Vielfältige Gestaltungsmöglichkeiten
- Einfache Verlegung
- Langlebigkeit (Lebensdauer von über 50 Jahren bei gleichbleibender Produktqualität)
- Günstiger Preis
- Feuerbeständigkeit.

Als Gründe für Vorhangfassaden aus Asbestzement wurden deren bessere Wärmedämmeigenschaften gegenüber verputzten bzw. gestrichenen Wänden sowie der optimale Feuchtigkeitsschutz (kein Abblättern von Putz oder Farbe, keine Rißbildung) angeführt. Diese traditionellen Produktvorteile begründeten letztlich die Wettbewerbsvorteile gegenüber Substitutionsprodukten.

Neben der öffentlichen Hand, die für etwa 15% des Eternit Umsatzes verantwortlich war, bildeten Handel und Handwerk die Hauptabnehmergruppen des Unternehmens. Planer und Architekten übernahmen in diesem Zusammenhang eine überaus wichtige Funktion als sog. »Gatekeeper«. Durch sie wurde sowohl die Kaufentscheidung des privaten Endverbrauchers als auch diejenige der öffentlichen Institutionen maßgeblich beeinflußt. Die Philosophie der Eternit AG nicht nur den Baustoff als solchen zu verkaufen, sondern ein umfassendes Problemlösungspaket aus Beratungs- und Anwendungsdienstleistungen anzubieten, hat zu einer sehr engen und vertrauensvollen Zusammenarbeit mit Planern und Architekten geführt.

Das Verhältnis zum Handel war durch Kontinuität, Fachhandelstreue und kompromißlose Verpflichtung zu höchster Produktqualität geprägt. Allerdings führte der Handel auch Substitutionsprodukte (Dachziegel, Dämmputz, Fassadenfarbe, Metallvorhangfassaden, etc.) im Sortiment und konnte daher flexibel auf veränderte Nachfragetrends reagieren.

Die Diskussion über gesundheitsgefährdende Eigenschaften von Asbestprodukten beschränkte sich bis 1980 ausschließlich auf den Produktions- und Verarbeitungsbereich und führte zu zahlreichen Arbeitsschutz- und Verarbeitungsvorschriften. Die Auseinandersetzung über Asbestprodukte fand bis zu diesem Zeitpunkt lediglich in Fachkreisen und Ausschüssen statt und konzentrierte sich primär auf Fragen des Arbeitsschutzes. Von einem Umweltproblem konnte noch nicht gesprochen werden.

Ein vom Umweltbundesamt (UBA) 1980 herausgebrachter Bericht über die Umweltbelastung durch Asbest- und andere Feinstäube änderte die Situation jedoch dramatisch. Diese Untersuchung wurde von den Medien zum Anlaß genommen, ausführlich über die Gefährdung der Bevölkerung durch Asbeststäube zu berichten. Dabei wurde jedoch nicht zwischen Spritzasbest, einem zur Isolation von Gebäuden bis 1979 verwendetem Material aus 90% Asbest und 10 % Bindemittel, und Asbestzement, bei dem der Asbestanteil bei lediglich 10 % liegt, unterschieden. Dies war für die Eternit AG umso verhängnisvoller, als sie selbst nie Spritzasbest hergestellt hatte und ein gesundheitliches Risiko durch die vom Unternehmen angebotenen Asbestzementprodukte bei sachgemäßer Verarbeitung nachweisbar nicht bestand.

Bei einer Betrachtung der unterschiedlichen Abnehmersegmente öffentliche Hand, private Endverbraucher und Wirtschaftsbau zeigte sich, daß die öffentlichen Auftraggeber am sensibelsten auf die Asbestdiskussion reagierten und es in vielen Städten und Gemeinden kurzfristig zu einem generellen Anwendungsverbot kam. Die Exponiertheit öffentlicher Bauvorhaben ist hierfür als wesentliche Ursache zu nennen. Die öffentliche Hand übernahm insoweit eine Vorreiterrolle für den privaten Baumarkt. Im Bereich des Wirtschaftsbaus zeigte sich vor allem bei größeren Industriebetrieben eine ebenso restriktive Auftragsvergabepraxis wie bei der öffentlichen Hand. Hierfür war neben der Sensibilisierung durch Arbeitsschutz- und Verarbeitungsvorschriften ebenfalls die Exponiertheit gegenüber der Öffentlichkeit verantwortlich.

1.4 Unternehmenssituation

Die Eternit Aktiengesellschaft Berlin wurde 1929 gegründet. Sie ist einer der führenden Baustoffhersteller Deutschlands und ist in den Anwendungsbereichen geneigtes und flaches Dach, im Fassaden-, Garten- und Freizeitbereich und im Tiefbau mit Rohrsystemen zur Trinkwasserversorgung und Abwasserentsorgung tätig. 1988 erzielte das Unternehmen mit 3.162 Mitarbeitern einen Umsatz von 528,8 Mio.DM. Die Eternit AG ist seit Anfang 1990 Teil der belgischen Eternit Gruppe (BEG), welche bereits seit 1905 in ihrem angestammten Bereich der Faserzementbaustoffe in Europa und Übersee tätig ist.

1.4.1 Die ökologische Betroffenheit der Eternit AG

Die ökologische Betroffenheit des Unternehmens kann zeitlich und sachlich in drei Phasen unterteilt werden. Der kausale Zusammenhang zwischen hohen Asbeststaubkonzentrationen und dem Auftreten von Asbestose war bereits seit den 30er Jahren bekannt. Ab 1976 geriet dann zunehmend auch die krebserzeugende Wirkung der Asbeststäube in die Diskussion. Die Arbeitsschutz- und Umweltvorschriften betrafen in dieser ersten Phase jedoch ausschließlich den Produktionsbereich des Unternehmens. In dieser stark von technischen Vorschriften und unterschiedlichen Be- und Verarbeitungsmethoden geprägten Phase war die ökologische Betroffenheit der Eternit AG noch gut kontrollierbar und beherrschbar. Allerdings kam es in Schweden bereits 1976 zu einem generellen Anwendungsverbot von asbesthaltigen Produkten in Neubauten. Als unmittelbare Folge hiervon mußte die schwedische Tochtergesellschaft des Schweizer Eternit-Konzerns 1978 Konkurs anmelden.

Die zweite Phase der ökologischen Betroffenheit begann 1980 mit der Veröffentlichung des UBA-Berichtes. Diesem vorausgegangen war bereits 1978 eine Untersuchung des Bundesgesundheitsamtes über eine gesundheitliche Gefährdung der »nicht berufsmäßig exponierten Bevölkerung durch Asbest«. Diese Studie kam zu dem Ergebnis, daß nach dem damaligen Erkenntnisstand eine Gefährdung aus wissenschaftlicher Sicht weder ausgeschlossen noch nachgewiesen werden kann. Die dann durch den UBA-Bericht hervorgerufene breite Medienberichterstattung führte zu einer tiefen Verunsicherung der Öffentlichkeit hinsichtlich der durch Asbeststaub hervorgerufenen Krebsrisiken.

Die Diskussion in den Medien wurde von starken emotionalen Appellen in Verbindung mit übertriebenen Extrapolationen von möglichen Todesfällen begleitet. Das Unternehmen sah sich in dieser Phase nicht nur einem starken Druck der Öffentlichkeit ausgesetzt, auch Gewerkschaften (Arbeitsschutzforderungen), Parteien und nicht zuletzt die Hersteller von Substitutionsprodukten trugen zu einer Verschärfung der Lage bei. Ein generelles Asbestverbot rückte in greifbare Nähe. Eine differenzierte Behandlung des unterschiedlichen Gefährdungspotentials einzelner Asbestprodukte (Spritzasbest versus Asbestzement) fand in dieser Situation nicht mehr statt. Die Krise erreichte ihren Höhepunkt, als der damalige Bundesinnenminister Baum öffentlich ein Verwendungsverbot von asbesthaltigen Produkten forderte.

Vor allem als Folge der grundsätzlich gegebenen Ersetzbarkeit fast aller asbesthaltigen Produkte trat die noch nicht vorhandene wissenschaftliche Absicherung einer tatsächlichen Gesundheitsgefährdung durch asbesthaltige Baustoffe in den Hintergrund. Nicht die Einhaltung von in der Öffentlichkeit sowieso als fragwürdig geltenden Grenzwerten erschien wichtig, was in dieser Lage allein zählte war das sozial nicht akzeptable Risiko jedweder Asbestanwendungen. Die stark sensibilisierte und verängstigte Öffentlichkeit reagierte demzufolge mit Forderungen nach absoluter Sicherheit und Risikolosigkeit.

Unmittelbare Auswirkungen auf den Absatz des Unternehmens zeigten sich zuerst im Bereich öffentlicher Bauträger. Hamburg und Bremen sowie mehr als 50 weitere Städte und Kommunen sprachen 1981 ein allgemeines Verwendungsverbot für asbesthaltige Produkte bei öffentlichen Bauvorhaben aus.

Die allein auf den Werkstoff Asbest ausgerichtete Monokultur des Unternehmens, verstärkt durch die Wahrnehmung des Firmennamens als Gattungsbegriff für Asbestzementprodukte, führte zu einem regelrechten Kaufboykott der Verbraucher. Der Handel als langjähriger Partner des Unternehmens reagierte auf die veränderte Marktsituation mit einer Umschichtung seiner Sortimentsschwerpunkte zugunsten substitutiver Baustoffe. Der sich explosionsartig ausbreitende Druck seitens der Öffentlichkeit und der übrigen Marktteilnehmer führte im Gegensatz zur ersten Phase der ökologischen Betroffenheit zu einer für das Unternehmen völlig unbeherrschbaren Situation. Dies hatte 1981/82 schließlich einen kumulierten Verlust von knapp 70 Mio. DM sowie die Entlassung von 2.000 der insgesamt 5.000 Mitarbeiter zur Folge.

Eine dritte Phase der ökologischen Betroffenheit läßt sich seit 1988 ausmachen. Aufgrund hoher Asbestfaserkonzentrationen in öffentlichen Gebäuden kommt es in Hamburg zur Schließung mehrerer Schulen. In der Folgezeit entsteht sehr schnell, wiederum initiiert durch ein ausgeprägtes Engagement der Medien, eine öffentliche Diskussion über den grundsätzlichen Sanierungsbedarf von Gebäuden, in denen Spritzasbest verwendet worden ist. Darüber hinaus wird zu diesem Zeitpunkt bekannt, daß ein das Bundesarbeitsministerium beratender Ausschuß empfiehlt, Asbest in die Gruppe I der Liste der krebserregenden Stoffe aufzunehmen (»sehr stark gefährdend«). Trotz eines seit Jahren stark rückläufigen Asbestverbrauchs in der Industrie befindet sich Asbest damit erneut im Kreuzfeuer der öffentlichen Kritik.

1.4.2 Die ökologierelevanten Chancen und Risiken der Eternit AG

Eine akute Gefahr drohte dem Unternehmen von Seiten des Gesetzgebers, der sich durch die verängstigte und zunehmend radikalisierende öffentliche Meinung einem starken Handlungsdruck ausgesetzt sah. Der auch von einigen Parteien ausgehende politische Druck verminderte zunehmend die Kooperationsbereitschaft des Gesetzgebers. Außerdem war es bereits in den zurückliegenden Jahren durch ständig sich verschärfende Arbeitsschutz- und Umweltschutzvorschriften zu einer verschlechterten Kostenstruktur bei der Produktion von Asbestzementprodukten gekommen. Hier war auch zukünftig mit weiteren Auflagen zu rechnen, welche letztlich zu einer weiteren Erosion der Wettbewerbsposition von Faserzementbaustoffen gegenüber Substitutionsprodukten führen mußte.

Gegenüber dem Gesetzgeber bestand die Chance der Faserzementindustrie darin, durch das Angebot eines freiwilligen Branchenabkommens zum schrittweisen Rückzug aus dem Asbest einen möglichst großen Zeitgewinn zur Umstellung auf asbestfreie Produkte zu erzielen. Eine derartige Eigeninitiative der Industrie erschien geeignet, den auf den Gesetzgeber ausgeübten Handlungsdruck zu verringern und damit ein Asbestverbot zumindest hinausschieben zu können.

In den Beziehungen zur Öffentlichkeit schlugen sich die Risiken vor allem in einem drastischen Vertrauensverlust gegenüber dem Unternehmen nieder. Darüber hinaus war damit zu rechnen, daß die Legitimität der Eternit AG grundsätzlich in Zweifel gezogen würde.

Der öffentliche Druck bot dem Unternehmen die Chance sich von der Asbest-Monostruktur schnellstmöglich zu lösen und den Ausbau des asbestfreien Produktprogramms stärker als bisher zu forcieren zu müssen. Ferner bot sich die Möglichkeit, nach einer erfolgreichen Substitution der Asbestfaser sich auf der Basis der klassischen Produktvorteile von Faserzementprodukten im Wettbewerb mit anderen Baustoffen erneut zu profilieren. Vor allem gegenüber ausländischen Billigimporten bot die Substitution der Asbestfaser ein ökologieorientiertes Differenzierungspotential.

Da mit der Umrüstung der Produktionsanlagen auf asbestfreie Fasern ein hoher Zeitbedarf verbunden war, konnte derjenige Hersteller, der als erster diese Umstellung vornehmen würde, einen Zeitvorsprung in der Marktbearbeitung erzielen. Das seit 1981 stark rückläufige Marktvolumen brachte einige kleinere Hersteller in eine finanziell angespannte Lage, so daß sich für die Eternit AG die Chance zur Akquisition von Wettbewerbern bot.

Aus der Sicht konkurrierender Baustoffhersteller konnte die öffentliche Diskussion über die von Asbest ausgehenden Gesundheitsgefahren dazu genutzt werden, die eigene Marktposition unter Hinweis auf die gesundheitliche Unbedenklichkeit der Substitutionsprodukte auszubauen. Die restriktiven Umwelt- und Arbeitsschutzvorschriften in Deutschland wurden von preisgünstigen ausländischen Anbietern, die selbst keinen asbestorientierten Arbeitsschutz- bzw. Umweltschutzauflagen ausgesetzt waren, zu vermehrten Exporten genutzt.

Die Abbildung 1 zeigt die ökologierelevanten Chancen und Risiken noch einmal im Überblick.

1.4.3 Die ökologierelevanten Stärken und Schwächen der Eternit AG

Eine besondere ökologierelevante Stärke der Eternit AG stellte die uneingeschränkte Bekenntnis der Unternehmensleitung zu einer absoluten Offenheit gegenüber der Öffentlichkeit dar. Den umweltpolitischen Bedenken von Abnehmern, Politikern, Gewerkschaften und Medien konnte nur durch eine umfassende Information über alle umweltrelevanten Fragestellungen begegnet werden. Darüber hinaus war Eternit davon überzeugt, nur im Wege der Kooperation mit den gesetzgebenden Organen die eigenen Zielsetzungen durchsetzen zu können.

Hinsichtlich der finanziellen Ressourcen konnte die deutsche Eternit AG trotz ihrer rechtlichen Selbständigkeit auf ihre Einbindung in den Schweizer Eternit-Konzern zurückgreifen, der selbst wiederum Teil der Schmidheiny-Unternehmensgruppe war. Dieser finanzielle Rückhalt erwies sich vor allem ab 1981 als sehr hilfreich. Zu diesem Zeitpunkt kam es auf der Marktseite zu einem Einbruch der Umsätze und Deckungsbeiträge. Gleichzeitig mußten jedoch die F&E-Aufwendungen erheblich gesteigert werden, um schnellstmöglich asbestfreie Ersatzprodukte zu entwickeln.

Die anerkannt hohe Qualität des bisherigen Leistungsprogramms in Verbindung mit einer langjährig vertrauensvollen Zusammenarbeit mit dem Handel boten dem Unternehmen jedoch eine erfolgversprechende Ausgangsbasis für die Einführung neuer asbestfreier Produkte. Das Unternehmen genoß bei den Absatzmittlern vor allem wegen dem Angebot anwendungstechnischer Beratungsleistungen und der konsequent auf den Fachhandel und das Fachhandwerk ausgerichteten Vertriebspolitik ein hohes Ansehen.

Nachteilig wirkte sich allerdings aus, daß für die angebotenen Rohrleitungssysteme im Tiefbau zunächst keine Umstellung auf asbestfreie Produkte vorgesehen war.

Da es sich bei den meisten Faserzementerzeugnissen um vergleichsweise einfache Massenprodukte handelte, war bei den Abnehmern nur eine geringe Preisbereitschaft vorhanden. Auch wenn sich bedingt durch den schrittweisen Ersatz der Asbestfaser durch hochwertige Kunstfasern und dem damit zusammenhängenden komplizierteren Produktionsverfahren die Faserzementbaustoffe langsam von einem »Low-Tech« zu einem »High-Tech« Produkt wandelten, blieb das eher niedrige Preisniveau doch unverändert erhalten. Die Weitergabe der bei den neuen Produkten entstehenden höheren Fertigungskosten war somit nur eingeschränkt möglich.

Als eine Folge der angebotsseitigen Monostruktur des Unternehmens verfügte man zwar über ein umfassendes technologisches Know-how im Bereich der Asbestzementverarbeitung, Produkt- und Fertigungs-Know-how in anderen Bereichen war jedoch mangels eigener Forschungsanstrengungen Anfang der 80er Jahre nicht vorhanden.

Die Stärken im Marketingbereich basierten vor allem auf der Leistungspaketphilosophie des Unternehmens und dem daraus resultierenden umfangreichen Angebot von zusätzlichen Dienstleistungen (»value-added-services«) insbesondere für Architekten. Das

Externe Faktoren	Chancen	Risiken
Gesetzgeber	▪ Freiwillige (branchenweite) Verpflichtung zur Substitution von Asbest schafft Handlungsspielräume	▪ Starker öffentlicher Handlungsdruck auf politische Instanzen (Radikalisierungspotential) ▪ Sich weiter verschärfende Arbeits und Umweltvorschriften führen zu schlechterer Kostenstruktur und Wettbewerbsposition ▪ Verbot von asbesthaltigen Baustoffen
Öffentlichkeit	▪ Öffentlicher Druck führt zur Loslösung von Asbest-Monostruktur	▪ Ausgeprägter Vertrauensverlust durch Asbest-Gesundheitsrisiken ▪ Legitimität der Unternehmensexistenz wird angezweifelt ▪ Anhaltende Medienkritik gegenüber allen asbesthaltigen Produkten
Abnehmer/ Absatzmittler	▪ Asbestfreie Produkte ermöglichen neue Farb- und Gestaltungsmöglichkeiten (neue Verbraucheransprüche) ▪ Aufnahme neuer umweltpolitisch unbedenklicher Baustoffe sichert Kooperationsbereitschaft des Handels	▪ Kaufboykott gegenüber asbesthaltigen Baustoffen ▪ Firmenname Eternit wird von den Endverbrauchern undifferenziert mit Asbest gleichgesetzt ▪ Handel verlagert seine Sortimentsschwerpunkte von Eternit-Produkten auf in den Medien weniger kritisierte Produkte ▪ Handel und Konsumenten fordern sofortigen Produktionsstop asbesthaltiger Baustoffe
Konkurrenz	▪ Nach Asbestsubstitution kommen klassische Produktvorteile von Faserzementbaustoffen gegenüber alternativen Baustoffen wieder zur Geltung ▪ Einbrüche am Asbestzementmarkt bedeuten Akquisitionschancen für die Eternit-AG ▪ Kleinere Wettbewerber werden durch ökologieinduzierte Nachfragerückgänge aus dem Markt gedrückt	▪ Hersteller alternativer Baustoffe nutzen "Asbestkrise" zum Ausbau der eigenen Position ▪ Geringere Arbeits- und Umweltschutzvorschriften verbessern die Wettbewerbsposition von Anbietern aus dem Ausland
Wissenschaft und Forschung	▪ Entwicklung und Patentierung einer kosten- und qualitätsmäßig gleichwertigen Asbestersatzfaser	▪ Neue gesundheitsschädliche Wirkungen von asbesthaltigen Baustoffen werden nachgewiesen

Abb. 1: Ökologierelevante Chancen und Risiken der Eternit AG

Interne Faktoren	Stärken	Schwächen
Unternehmensleitung	▪ Bekenntnis zu absoluter Offenheit gegenüber der Öffentlichkeit ▪ Hohe Kooperationsbereitschaft gegenüber dem Gesetzgeber	▪ Sensibilisierung der Unternehmensleitung erst nach einsetzendem öffentlichen Druck
Finanzielle Situation	▪ Einbindung in den Schweizer Eternit-Schmidheiny-Konzern sichert finanzielle Basis auch in Krisenzeiten	▪ Zusammentreffen von Absatzeinbruch bei ertragsstarken Produkten und hohem F&E-Investitionsaufwand
Technologisches Know-how	▪ Umfassendes Faserzement-Know-how ▪ Enge Kooperation mit der chemischen Industrie zur Ersatzfaserentwicklung	▪ Kein Produkt-/Verfahrens-Know-how bei Asbestersatzprodukten ▪ Lange Zeit vernachlässigte F&E außerhalb des Asbestbereiches ▪ Hoher Zeitbedarf zur umwelttechnischen Umrüstung der Produktionsanlagen
Leistungsprogramm	▪ Anerkannt hohe Qualität des bisherigen Leistungsprogramms ▪ Enge und langjährige Zusammenarbeit mit dem Handel	▪ Tiefbauprodukte noch asbesthaltig ▪ Faserzementprodukte sind häufig billige Massenprodukte, folglich geringe Preisbereitschaft der Abnehmer
Marketing-Know-how	▪ Umfangreiches Programm von "value added services" führte zu starker Marktposition bei Architekten und Planern ▪ Breite, wettbewerbsüberlegene Distributionsstrukturen ▪ Konsequente Ausrichtung der Vertriebspolitik am Fachhandwerk und Fachhandel ▪ Wettbewerbsüberlegenes Image im Handel	▪ Geringe Erfahrung im Bereich der Kommunikationspolitik ▪ Ausgeprägtes Negativ-Image des Firmennamens als Synonym für asbesthaltige Produkte

Abb. 2: Ökologierelevante Stärken und Schwächen der Eternit AG

Unternehmen verfügte weiterhin über ein sehr gut ausgebautes Distributionssystem und einen schnellen, flexiblen Lieferservice. Als Folge der konsequenten Ausrichtung aller Marketingaktivitäten auf die Fachzielgruppen konnte die Eternit AG auf eine ausgeprägte emotionale Bindung sowohl im Handel als auch bei Architekten bauen. Diese Stärke wirkte sich insbesondere in krisenhaften Situationen absatzstabilisierend aus.

Ein wesentliches Manko im Marketingbereich war das Fehlen jeglicher Erfahrung im professionellen Umgang mit der allgemeinen Öffentlichkeit (außerhalb der Fachzielgruppen) und den Medien. Öffentlichkeitsarbeit wurde bis Anfang der 80er Jahre vom Unternehmen nicht betrieben.

Die ökologierelevanten Stärken und Schwächen zeigt Abbildung 2 noch einmal im Überblick.

2. Die ökologieorientierte Marketing-Konzeption der Eternit AG

2.1 Ökologieorientierte Marketingziele und -strategien

Die jahrzehntelange asbestorientierte Monostruktur des Unternehmens hatte auch in der Unternehmensphilosophie ihren Niederschlag gefunden. Betriebsintern war statt einer Markt- und Problemorientierung eine starke Produktorientierung vorherrschend. Die über mehr als zwei Jahrzehnte anhaltende expansive Entwicklung der Baukonjunktur, mit der Folge eines sich daraus ergebenden ausgeprägten Verkäufermarktes, hatte sich ebenfalls auf die Unternehmensphilosophie ausgewirkt.

Die krisenartige Zuspitzung der Marktsituation zu Beginn der 80er Jahre forderte völlig neue Denkstrukturen und Verhaltensweisen. Die neue Philosophie forderte mehr Offenheit und umfassende Information gegenüber der Öffentlichkeit sowie eine stärkere Orientierung an den Problemen des Kunden. Die bisher auf den Arbeitsschutzbereich begrenzten Umweltschutzziele sollten auf alle Unternehmensteile ausgedehnt werden. Dabei wurde intern ein sog. Sicherheitskodex erarbeitet, der weit über die Anforderungen der TA-Luft hinausging. Die vor diesem Hintergrund entwickelte ökologieorientierte Marketingstrategie hatte die folgende Zielsetzung:

- Forcierte Entwicklung neuer Faserzement-Produkte auf asbestfreier Basis
- Gezielte Diversifikation im Rahmen der vorhandenen Markt- und Produktkompetenz
- Schaffung neuer Organisationsstrukturen in allen Unternehmensbereichen.

Bei der Entwicklung neuer Faserzementprodukte sollte nicht lediglich eine Faser gegen eine andere ausgetauscht, sondern gleichzeitig versucht werden, die Produkte den gewandelten Gestaltungs- und Verarbeitungsbedürfnissen der Verbraucher anzupassen. Im Rahmen der Organisationsrestrukturierung wurden vier strategische Geschäftseinheiten für die Bereiche geneigtes Dach/Flachdach, Fassade, Garten und Freizeit und Tiefbau gebildet. Den Bereichen Innenausbau und Sanitärprodukte wurde in diesem Zusammenhang eine geringere Priorität zugewiesen.

Die Diversifikation erfolgte in Produktbereichen mit einer völlig neuen, ökologisch unbedenklichen Werkstoffbasis, bei denen das Unternehmen davon überzeugt war, daß es seine angestammte Kompetenz glaubwürdig übertragen konnte. Die Umsetzung des Diversifikationsziels erfolgte am Anfang der 80er Jahre durch eine Unternehmensakquisition im Flachdachbereich sowie den Aufbau einer eigenen Betondachsteinproduktion. Ergänzend wurde 1989 der Vertrieb von Aluminium-Fassaden-Elementen exklusiv übernommen. Im Geschäftsbereich Tiefbau sollte gegebenenfalls durch Übernahme eines geeigneten Unternehmens eine Ergänzung der angebotenen Produktpalette erreicht werden.

Das Angebot der Eternit AG sollte sich in allen Segmenten nicht auf das Produkt als solches beschränken, sondern im Sinne eines kompletten Leistungspaketes auch die Gestaltungs- und Anwendungsberatung inkl. der umweltgerechten Verarbeitung umfassen. In enger Zusammenarbeit mit großen Baustoffhändlern sollte darüber hinaus die in ihrer strategischen Stoßrichtung national einheitliche Marketingstrategie an die regionalen Besonderheiten angepaßt werden.

Angesichts der hohen Kosten der Umstellung auf eine asbestfreie Fertigung und dem unveränderten Wettbewerbsdruck durch weiterhin asbesthaltige, konkurrierende Erzeugnisse, mußte der Verkauf eigener noch asbesthaltiger Produkte zur Kostensenkung für eine Übergangszeit noch genutzt werden. Dies geschah im Rahmen des Umstellungsprogramms auf eine asbestfreie Materialtechnologie im Bereich der großformatigen Wellplatten und Fassadentafeln. Bei diesen Produkten waren zum einen schwierige technische Probleme zu lösen, zum anderen bedurfte die Eternit AG für die Umstellung einer bauaufsichtlichen Zulassung, deren Erteilung mehrere Jahre in Anspruch nahm.

Die Branche entschloß sich 1982 auf Initiative der Eternit AG der Bundesregierung ein Branchenabkommen auf freiwilliger Basis vorzuschlagen. Im Rahmen dieses sog. Innovationsprogramms verpflichtete sich die Faserzementindustrie bis spätestens Ende 1990 sämtliche Hochbauprodukte asbestfrei herzustellen. Über den erreichten Fortschritt bei der Substitution von Asbest sollte der Bundesregierung jährlich ein Rechenschaftsbericht vorgelegt werden.

Diese öffentliche Selbstverpflichtung stellte die Eternit AG zum damaligen Zeitpunkt zwar vor nicht unerhebliche technische Risiken hinsichtlich der rechtzeitigen Erfüllung der abgegebenen Zusage, sollte andererseits aber als Basis für den Aufbau neuen Vertrauens in der Öffentlichkeit genutzt werden.

2.2 Ökologieorientierte Maßnahmen

2.2.1 Produktpolitik

Neben der Diversifikation war das zentrale Element der ökologieorientierten Marketingstrategie die schnellstmögliche Substitution der Asbestfaser in allen angebotenen Baustoffen. Obwohl die öffentliche Kritik an den krebserregenden Eigenschaften von bestimmten Asbestprodukten erst 1980 in voller Schärfe entbrannte, setzten erste Überlegungen bezüglich Ersatzstoffen bereits einige Jahre vorher ein. Auslöser waren zunehmende Versorgungsschwierigkeiten auf der Rohstoffseite, die zu starken Preiserhöhungen für Asbest führten.

Vor welche Schwierigkeiten das Unternehmen bei der Suche nach Ersatzstoffen gestellt war, zeigt eine Studie des Bundesministeriums für Forschung und Technologie aus dem Jahre 1979, die zu dem Schluß kommt, daß »bislang keine adäquaten Ersatzstoffe verfügbar sind, welche dieselben Eigenschaftskombinationen wie Asbest aufweisen«. Alle getesteten Stoffe verbinden sich entweder nur schlecht mit Zement oder führen nach kurzer Zeit zu einem deutlichen Festigkeitsabfall.

Gesundheitsrisiken gehen von Asbest nur aus, wenn es als feiner Staub in die Atemwege gelangt. Gesundheitlich bedenklicher Feinstaub kann bei unsachgemäßer Herstellung oder Bearbeitung (insbesondere bei der Zuschneidung) von Asbestzementprodukten entstehen. Eternit ging in einem ersten Schritt dazu über, möglichst viele asbesthaltige Produkte zu beschichten. Nach relativ kurzer Zeit wurden bereits knapp 85 % aller Hochbauprodukte beschichtet verkauft. Im nächsten Schritt bemühte man sich, die Asbeststaubentwicklung bei der Zuschneidung durch den Handwerker zu verringern, indem man bereits in den Werken eine »Vorkonfektionierung« vornahm. Auf diese Weise wurden ab Mitte 1982 ca. 95 % aller Teile vorkonfektioniert angeboten.

Zur Entwicklung einer Asbestersatzfaser arbeitet Eternit eng mit der Firma HOECHST und der japanischen Firma KURARAY zusammen. Nach mehrjähriger Forschung erwiesen sich schließlich die Fasern Dolanit 10 von HOECHST und Kuralon von KURARAY, beides Weiterentwicklungen von bekannten Fasern aus dem Textilbereich, als für viele Einsatzzwecke brauchbare Ersatzstoffe. Neben dieser technischen Eignung war vor allem die physiologische Unbedenklichkeit der neuen Fasern von hoher Bedeutung.

Es zeigte sich aber, daß die textilähnlichen Fasern deutlich teurer waren als Asbestfasern. Zudem erfolgte der Eintrag der neuen Fasern in die Zementgrundmasse wesentlich langsamer als bei Asbestfasern. Als Folge daraus mußten die Maschinen langsamer und damit weniger kostengünstig gefahren werden.

Die Entwicklung einer geeigneten Ersatzfaser war der erste Schritt der Strategie »Weg vom Asbest«. Bis zu einem erfolgversprechenden Endprodukt mußten allerdings noch weitere Entwicklungsstufen durchlaufen werden:

- Intensivierung der verfahrenstechnischen Forschung
- Umsetzung in die industrielle Produktion
- Entwicklung der Anwendungstechnik
- Erprobung des Langzeitverhaltens.

Insbesondere die Testverfahren zur Überprüfung der dauerhaften Schutzwirkung gegen Schnee, Regen, Hitze, Kälte, Brand und Hagel als auch die Entwicklung neuer Fertigungsanlagen waren mit einem hohen Zeitaufwand verbunden. In dieser Situation war es dem Unternehmen demzufolge nicht möglich, umgehend auf die ökologieorientierten Forderungen seiner Abnehmer zu reagieren. Das Fehlen eines systematischen Umweltmonitoring in Verbindung mit einer antizipativ ausgerichteten strategischen Planung machte sich hier negativ bemerkbar.

Im Jahre 1982, dem ersten Jahr des Branchenabkommens, wurden zunächst Blumenkästen, kleinformatige Fassadenplatten sowie Unterdach- und Brandschutztafeln auf asbestfreie Materialien umgestellt. Seit dem Frühjahr 1983 wurden die Sanitärsysteme für den Innenausbau asbestfrei angeboten. Ab 1986 waren schließlich auch die ersten großflächigen ebenen Tafeln asbestfrei lieferbar. Parallel zur Asbestsubstitution wurden darüber hinaus insgesamt 12 neue Produktlinien, die durch neuartige Oberflächenstrukturen und zahlreiche neue Farbmöglichkeiten die Produktpalette der Eternit AG erheblich erweiterten, im Markt eingeführt. Dies versetzte das Unternehmen in die Lage, auf neue Gestaltungs- und Anwendungswünsche der Kunden flexibel reagieren zu können. Die ökologische Sensibilisierung der Öffentlichkeit bewirkte also letztlich eine grundlegende Neuausrichtung des Leistungsprogramms der Eternit AG.

Um sowohl die neue umweltorientierte Selbstverpflichtung als auch die ökologisch ausgerichtete Produktpolitik in der Öffentlichkeit glaubhaft demonstrieren zu können, wurde, im Sinne einer Absicherungsstrategie, der in Umweltschutzfragen sehr engagierte frühere Staatssekretär im Bundesinnenministerium Dr. Günther Hartkopf in den Aufsichtsrat der Eternit AG gewählt. Ausgestattet mit umfangreichen Sondervollmachten sollte er die Einhaltung des Branchenabkommens und die Umweltqualität der neuen Produkte überwachen.

Im Bereich der Markierungspolitik wurden alle asbestfreien Produkte mit einem zusätzlichen grünen Symbol (Abb.3) und dem Slogan »Asbestfrei – Innovativ« gekennzeichnet. Ursprünglich war eine Markierung mit dem blauen »Umweltengel« vorgesehen. Auf Einspruch der Wettbewerber, die sich auf die schon immer vorhandene Asbestfreiheit ihrer Produkte beriefen, wurde der Eternit AG der »Umweltengel« vom Umweltbundesamt jedoch nicht zuerkannt.

2.2.2 Kommunikationspolitik

Die Marktsituation für die Eternit AG war bis etwa Mitte der 70er Jahre durch die typischen Merkmale eines Verkäufermarktes gekennzeichnet. Maßnahmen der Kommunikationspolitik spielten als Folge daraus traditionell eine nur untergeordnete Rolle. Das Unternehmen besaß weder Erfahrungen im Umgang mit den Medien noch im Umgang mit der Öffentlichkeit. Die 1980 sich plötzlich ergebende ausgeprägte öffentliche Exponiertheit stellte das Unternehmen in der Kommunikationspolitik demzufolge vor fast unlösbare Probleme.

Grundlegendes Ziel einer neuen Kommunikationsstrategie mußte es sein, den schweren Imageschaden durch die öffentliche Asbestdiskussion langfristig wieder zu beheben, in-

Abb. 3: Zusatzmarke zur Kennzeichnung asbestfreier Produkte

dem in der Öffentlichkeit neues Vertrauen für die Unternehmung geschaffen wird. Aufgrund der erst mit erheblicher zeitlicher Verzögerung (Zeitbedarf für F&E) einsetzenden Maßnahmen der Produktpolitik konnte eine direkte Ansprache der Endverbraucher zunächst nicht Ziel der Kommunikationspolitik sein. Klassische Werbung für asbesthaltige Produkte hätte in der damaligen Situation wahrscheinlich zu emotionalen Abwehrreaktionen in der verängstigten, zudem vielfach einseitig informierten Öffentlichkeit geführt.

Das Unternehmen versuchte daher in einem ersten Schritt durch kompromißlose Offenheit und eine engagierte Informationpolitik seine Beziehungen zu den Medien zu verbessern. Zu diesem Zweck wurde u.a. ein ehemaliger Journalist als Medienberater eingestellt. Ferner wurden regelmäßig sog. Pressegespräche veranstaltet, zu denen man insbesondere Vertreter von regionalen Tageszeitungen und kleineren Presseorganen einlud. Im Rahmen dieser Veranstaltungen stellte man sich allen kritischen Fragen und hatte zur Untermauerung der eigenen Glaubwürdigkeit auch jeweils einen Vertreter des Umweltbundesamtes und des Bundesgesundheitsamtes mit auf dem Podium.

Darüber hinaus wurde aktiv das Gespräch mit Parteien, Politikern, Gewerkschaften und Umweltschutzverbänden gesucht, die man zu Informationsbesuchen in das Unternehmen einlud.

Innerbetrieblich wurden die PR-Maßnahmen unterstützt durch Schulungen der Führungskräfte über optimales Medienverhalten, durch regelmäßige Information aller Mitarbeiter über neue wissenschaftliche Erkenntnisse der Gesundheitsgefährdung durch Asbest und durch restriktive interne Verarbeitungsvorschriften im Umgang mit Asbestzementprodukten. Ein internes »Sicherheitshandbuch Asbest« wurde aufgrund zahlreicher Anfragen dann auch an den Handel, Behörden und Architekten abgegeben.

Nachdem 1984 schließlich eine Reihe von neuen asbestfreien Produkten dem Markt zur Verfügung gestellt werden konnte, begann die Eternit AG mit einer breit angelegten Anzeigenkampagne in Publikums- und Fachzeitschriften, die Verbraucher über die neuen asbestfreien Produkte zu informieren. Ein weiterer Argumentationsschwerpunkt der unter dem Slogan »Asbestfrei. Wir gehen weiter voran.« stehenden Kampagne war, der Öffentlichkeit die kompromißlose Selbstverpflichtung der Eternit AG zur schnellstmöglichen Substitution aller asbesthaltigen Produkte zu kommunizieren.

Ab 1986 verschob man den Argumentationsschwerpunkt in der klassischen Werbung verstärkt in Richtung einer Betonung der traditionell hohen Produktqualität. Die Anwendungsvorteile insbesondere im Wettbewerb mit Substitutionsprodukten konnten wieder in den Vordergrund der überwiegend rational argumentierenden Kampagne (Slogan: »Wenn Sie rundum viel erwarten: ETERNIT«) gestellt werden, weil nunmehr der diese Vorteile bislang blockierende Wettbewerbsnachteil der Asbesthaltigkeit beseitigt war.

Vor dem Hintergrund einer sich erneut zuspitzenden Asbestdiskussion wurde in einer dritten Anzeigenkampagne ab 1988 unter dem Slogan »Ein Unternehmen setzt Zeichen der Zeit« versucht, sowohl den umweltpolitisch als auch den anwendungstechnisch fortschrittlichen Weg des Unternehmens beim Verbraucher zu aktualisieren. Im Rahmen dieser Kampagne wurde die erwähnte Zusatzmarke »Asbestfrei und Innovativ« auf den entsprechenden Produkten und in den einzelnen Anzeigensujets verwendet.

Mit Einführung der für das Jahr 1991 geplanten vollständigen Asbestsubstitution ist dann eine vierte Anzeigenserie vorgesehen, die auf einer stärker emotionalen Argumentationsebene die neu gewonnene Legitimität und Vertrauensbeziehung zur Öffentlichkeit in den Mittelpunkt stellt (Slogan: »Ein Unternehmen hat Wort gehalten«).

Beteiligungen an Umweltschutz- und Baufachmessen und die aktive Teilnahme an zahlreichen öffentlichen Podiumsdiskussionen unterstützten die Maßnahmen der klassischen Werbung ebenso wie eine Beteiligung am Kirchentag 1985.

2.2.3 Preispolitik

Das Preisniveau für Asbestzement als Massenbaustoff ist aufgrund niedriger Markteintrittsbarrieren (einfache Technologie, problemlose und billige Rohstoffversorgung, geringe Kapitalintensität, etc.) und zahlreicher Substitutionsprodukte traditionell relativ niedrig. Die überaus starke Marktposition sicherte der Eternit AG jedoch die Preisführerposition im Faserzementmarkt.

Die langjährige Faser- und Anwendungsforschung in Verbindung mit erheblichen Investitionen in den Maschinenpark zur Produktion der asbestfreien Erzeugnisse führte zu einer deutlich verschlechterten Liquiditäts- und Kostensituation. Zur Markteinführung wurde das Preisniveau der neuen umweltgerechten Produkte daher zunächst oberhalb desjenigen für asbesthaltigen Produkte festgesetzt. Dieses Preisniveau ließ sich im Markt jedoch nicht durchsetzen. Im wesentlichen sind hierfür zwei Gründe verantwortlich. Einerseits ist die Preisbereitschaft der Verbraucher bei Baustoffen aus Faserzement gewohnheitsbedingt außerordentlich gering. Andererseits konnte auch durch den Hinweis auf die nunmehr guten Umwelteigenschaften der asbestfreien Faserprodukte keine Preisaufschläge erzielt werden, weil die Substitutionsprodukte aus Sicht der Konsumenten schon immer über eine unzweifelhafte Umweltqualität verfügten. Somit hatte die Eternit AG mit den neuen asbestfreien Produkten lediglich einen bislang bestehenden Wettbewerbsnachteil beseitigt, ohne dadurch bereits einen den Preisaufschlag rechtfertigenden Wettbewerbsvorteil aufzubauen.

Trotz der Farbenvielfalt und den umfangreichen Gestaltungsmöglichkeiten der neuen Eternit-Produkte konnte das Unternehmen dennoch den veränderten Verbraucherwünschen nicht voll gerecht werden. Dies führte in Verbindung mit einem intensiven Substitutionswettbewerb zu einem Rückgang des realen Preisniveaus für Faserzementprodukte (Tab.6).

Da auf der Erlösseite Margenverbesserungen nicht zu erreichen waren, versuchte Eternit mittels intensiver Rationalisierungsbemühungen die im Vergleich zu den traditionellen Asbestfaserprodukten ungünstigere Kostensituation in den Griff zu bekommen. Das Ziel, Deckungsbeiträge ähnlich denen bei Asbestzementprodukten zu erreichen, konnte bislang allerdings noch nicht realisiert werden.

Jahr	Preisindex für Faserzementprodukte	Erzeugerindex für gewerbliche Steine und Erden Produkte
1985	100.0	100.0
1988	99.5	103.1

Tab. 6: Reale Preisentwicklung für Faserzementprodukte

2.2.4 Distributionspolitik

Die Diskussion der Arbeitsschutzgesichtspunkte im Umgang mit asbesthaltigen Baustoffen betraf auch viele Absatzmittler. Die meisten Handelsbetriebe übernahmen Konfektionsarbeiten und schnitten die von Eternit angelieferten Produkte auf die spezifischen Kundenanforderungen zu. Hierbei entstehen, insbesondere bei unsachgemäßer Handhabung, beträchtliche Mengen Asbeststaub. Vor dem Hintergrund einer konsequent am Fachpartner im Markt orientierten Vertriebspolitik entwickelte das Unternehmen zunächst ein besonders langsam laufendes Zuschneidegerät, welches eine gesundheitlich unbedenkliche und gesetzlich zulässige Bearbeitung asbesthaltiger Baustoffe ermöglichte.

Darüber hinaus stellte das Unternehmen Informationshandbücher über die gesundheitlichen und verarbeitungstechnischen Aspekte asbesthaltiger Baustoffe zusammen und stellte sie allen interessierten Personen im Absatzkanal zur Verfügung. Aufgrund der hohen Qualität dieser Handbücher wurden schließlich selbst die Gewerbeaufsichtsämter mit diesen Unterlagen ausgestattet.

Der Service gegenüber Fachhandel und Fachhandwerk ging so weit, daß bei Betriebsverlegungen von Zuschneidehändlern Beratungsleistungen zur optimalen Betriebsstättengestaltung, insbesondere im Hinblick auf die Erfordernisse des Bundesimmissionsschutzgesetzes, angeboten wurden.

Die Einführung der neuen umweltgerechten Produkte stieß im Absatzkanal im allgemeinen nicht auf Akzeptanzbarrieren. Die vom Unternehmen angebotenen zielgruppenspezifischen Beratungsleistungen, u.a. ein rechnergestütztes Grafiksystem zur Ausarbeitung von Gestaltungsvorschlägen im Fassadenbereich, sicherten die letztlich hohe Kooperationsbereitschaft bei den Absatzmittlern. Mitentscheidend dafür war sicherlich auch die traditionell enge Zusammenarbeit sowohl mit dem Fachhandel als auch mit dem Handwerk, Architekten und Planern. Als Ausdruck dieser konsequent fachorientierten Vertriebspolitik kann die Verleihung des »Baustoffmarkt-Oskar 1986« durch die Zeitschrift »Baustoffmarkt« angesehen werden.

In Zusammenarbeit mit bedeutenden Baustoffhändlern wurden ferner regionale Marketing-Konzepte erarbeitet, die auf die regionenspezifische Bedürfnisse von Architekten, Planern und Handwerkern ausgerichtet waren.

3. Marketing-Erfolg der ökologieorientierten Marketing-Konzeption

3.1 Markt- und Absatzerfolg

Bei der Beurteilung der Erfolgswirkungen der ökologieorientierten Marketingkonzeption muß berücksichtigt werden, daß sich die Eternit AG in den Jahren 1981 und 1982 in einer derart prekären Lage befand, daß die Unternehmensexistenz akut gefährdet erschien. Dies nicht nur aus wirtschaftlicher Sicht, sondern vor allem auch hinsichtlich der stark angegriffenen öffentlichen Akzeptanz des Unternehmens.

Die in Abbildung 4 und 5 dargestellte Umsatz- und Ertragsentwicklung der Eternit AG seit 1980 zeigt einerseits den dramatischen Einbruch, macht andererseits aber auch die zwi-

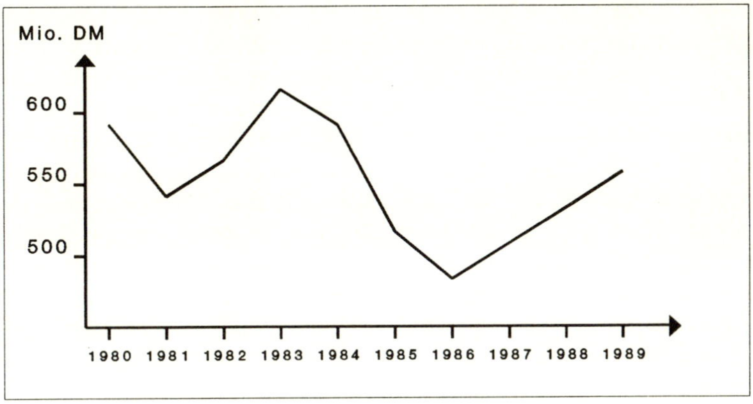

Abb.4: Umsatzentwicklung der Eternit AG

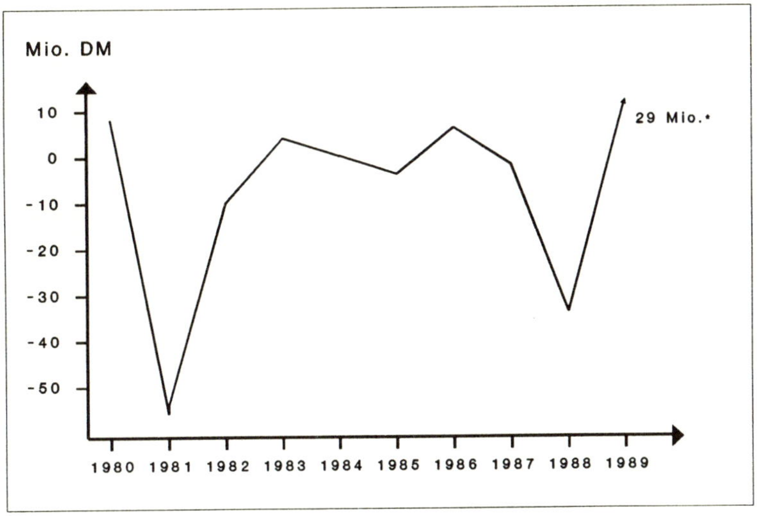

Abb. 5: Ertragsentwicklung der Eternit AG
*) u. a. Einfluß von außerordentlichen Faktoren

schenzeitlich eingetretene Erholung deutlich. Die im Vergleich zu früheren Jahren nach wie vor unbefriedigende Ertragslage ist auf die teuren Ersatzfasern und die damit zusammenhängenden aufwendigeren Produktionsverfahren zurückzuführen. Der für das Jahr 1988 ausgewiesene hohe Verlust ist auf den Erwerb der Firma TOSCHI zurückzuführen.

Analysiert man die Umsatzentwicklung genauer, wird ein weiterer Erfolgsfaktor der »neuen Eternit« deutlich: die Abkehr von der Monostruktur. Das ursprünglich allein umweltorientierte Problem, einen Ersatzstoff für Asbest zu finden, hat letztlich zu einer grundlegenden Neuausrichtung des gesamten Produktprogramms geführt. Heute verfügt das Unternehmen über eine wesentlich breitere Produktpalette auf der Basis unterschiedlicher Materialien. Im Rahmen der ökologieinduzierten strategischen Neuorientierung wurde das Flachdachsegment erfolgreich erschlossen und das Unternehmen konnte sich im ebenfalls bislang nicht bearbeiteten Sanierungs- und Renovierungmarkt etablieren.

Der Marktanteil im Faserzementbereich konnte, auch mit Hilfe von Akquisitionen, wieder bei ca. 70% stabilisiert werden. Die weltweit führende Position als Anbieter asbestfreier Faserzementbaustoffe hat zur Folge, daß die Eternit AG mittlerweile ein Anwendungsverbot asbesthaltiger Produkte im Hochbau aktiv befürwortet, weil man auf diese Weise die Wettbewerbsposition gegenüber ausländischen Billiganbietern asbesthaltigen Produkten deutlich verbessern könnte. Ferner befaßt sich die Eternit AG mittlerweile mit Überlegungen, das erworbene Produkt-, Verfahrens- und Anwendungs-Know-how bezüglich umweltgerechter Faserzementbaustoffe international im Wege der Lizenzvergabe zu vermarkten.

3.2 Umweltschutzerfolg

Der umweltorientierte Erfolg wird offensichtlich, wenn man die Entwicklung des Asbestverbrauchs in der Bundesrepublik seit dem Höhepunkt Mitte der 70er Jahre betrachtet (Tab.7). Von den für 1988 ausgewiesenen 43.500 Tonnen gehen weniger als die Hälfte auf die Faserzementindustrie zurück. Hierbei handelt es sich um die noch nicht vollständig umgestellten großformatigen Wellplatten und Fassadentafeln sowie um die zu 95 % beschichteten Rohrleitungssysteme für den Tiefbau.

Es deutet alles darauf hin, daß die Faserzementindustrie ihr im Branchenabkommen von 1982 gegebenes Versprechen, bis Ende 1990 alle Produkte für den Hochbau asbestfrei herzustellen, vorzeitig erreichen wird. Darüber hinaus sollen alle Tiefbauprodukte bis spätestens 1993 ebenfalls auf asbestfreie Materialien umgestellt sein.

Der auf freiwilliger Basis, durch Zusammenarbeit statt Konfrontation zwischen Wirtschaft und Regierung, erreichte umweltpolitische Erfolg dient im Ausland mittlerweile als Vorbild zur Lösung des auch dort auftretenden »Asbestproblems«.

3.3 Marktteilnehmer-Wirkungen

Als wesentlichster verbraucherorientierter Erfolg ist die wiedergewonnene Legitimität des Unternehmens zu nennen. Die konsequente Offenheit des Unternehmens in der Kommunikation mit der Öffentlichkeit in Verbindung mit den für den Verbraucher direkt wahrnehmbaren, produktpolitischen Maßnahmen »Weg vom Asbest« haben die Glaubwürdigkeit des Unternehmens wieder hergestellt.

Im Handel, der von Anbeginn weniger emotional und sensibel auf die Asbestdiskussion reagierte, konnte die Position des Unternehmens relativ schnell wieder gefestigt werden. Vor dem Hintergrund einer etablierten Vertrauensbasis und einer hohen Kontinuität in der Vertriebspolitik reichte dem Handel die Selbstverpflichtung der Eternit AG nach realisierbaren Wegen aus dem Asbest zu suchen aus, um mit dem Unternehmen auch weiterhin zusammenzuarbeiten.

Jahr	Asbestverbrauch in Tonnen
1975	180.000
1980	157.000
1986	60.000
1988	43.500

Tab.7: Asbestverbrauch in der Bundesrepublik Deutschland

Architekten, Handwerker und Planer honorierten ebenfalls frühzeitig die Bemühungen des Unternehmens, neue umweltgerechte Produkte, mit den entsprechenden Beratungsleistungen gerade für diese Fachzielgruppen, in den Markt einzuführen. Im Gegensatz zu den Endverbrauchern waren diese Abnehmergruppen direkt ansprechbar. Dem Unternehmen war es also möglich, auf die umweltorientierten Bedenken und Wünsche dieser Gruppen unmittelbar zu reagieren und dadurch die Zufriedenheit dieser Fachzielgruppen zu sichern.

Das auf maßgebliche Initiative der Eternit AG zustande gekommene Innovationsprogramm der Faserzementindustrie, als einziges bislang zur Zufriedenheit aller Beteiligten funktionierendes Branchenabkommen, kann als wichtiger Erfolg auf politischer Ebene gewertet werden. Es hat aus der Sicht des Gesetzgebers nicht nur zur Glaubwürdigkeit einer ganzen Branche beigetragen, sondern auch den Handlungsspielraum der Eternit AG bei zukünftigen krisenhaften Umweltsituationen erhöht. Die grundsätzliche Bereitschaft des Gesetzgebers wie auch der Öffentlichkeit, die Eternit AG zukünftig in Eigenverantwortung ökologische Probleme lösen zu lassen, ist nach der einmal bestandenen »Bewährungsprobe« sicherlich nicht unerheblich gewachsen.

Das aktive und offensive Eingehen der Eternit AG auf die ökologischen und gesundheitlichen Ängste der Öffentlichkeit und die konsequente Umsetzung der ökologieorientierten Marketingstrategie in konkrete produkt- und fertigungsorientierte Maßnahmen hat letztlich die Unternehmensexistenz in der schwersten Unternehmenskrise der Nachkriegszeit gesichert.

Fallstudie Helling PVC-Fenster

1. Marketing – Problemstellung

1.1 Marktsituation bei PVC-Fenstern

Die vielfältigen Einsatzmöglichkeiten des Polyvinylchlorids (PVC) haben seit den 50er Jahren zu einem breiten Anwendungsspektrum in nahezu allen Branchen geführt. Die durch Zugabe von sog. Additiven variabel an zahlreiche Einsatzbedingungen anzupassenden Produkteigenschaften begünstigten in Verbindung mit den niedrigen Herstellungskosten eine Substitution anderer Werkstoffe durch PVC. Diese Entwicklung resultierte in einem stetigen Wachstum der PVC-Produktion (vgl.Tab.1).

Die erzeugten PVC-Mengen werden hauptsächlich im Bau-, Bauzuliefer-, Verpackungs- und Automobilbereich weiterverarbeitet (vgl.Abb.1). Der hohe PVC-Weiterverarbeitungsanteil der Bauindustrie ist vor allem eine Folge der ständig zunehmenden Verwendung von Fenstern und Türen aus PVC. PVC-Fenster konnten in der Vergangenheit ihren Marktanteil zu Lasten von Holz- und Metallfenstern kontinuierlich ausbauen. Annähernd jedes zweite Fenster in Neubauten wird mittlerweile aus PVC gefertigt. Vor allem der günstigere Preis, die bessere Haltbarkeit bei geringerem Pflegebedarf und die einfache Be- und Verarbeitung haben zu dieser Entwicklung maßgeblich beigetragen.

Jahr	PVC - Produktion in Tonnen
1981	918.593
1982	864.372
1983	1.089.856
1984	1.131.926
1985	1.208.314
1986	1.241.865

Tab. 1: PVC-Produktion in Deutschland
(Quelle: Stat. Bundesamt)

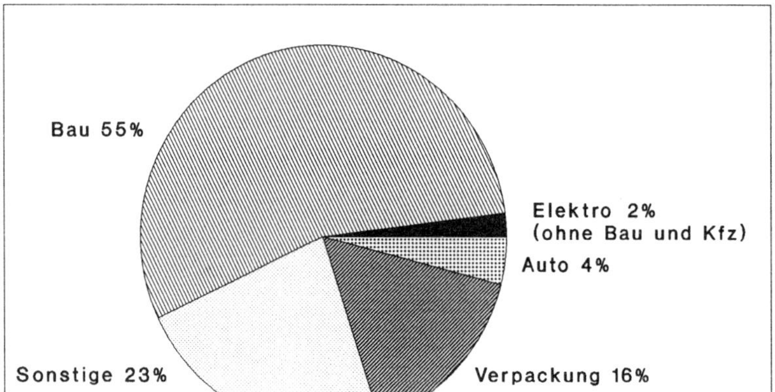

Abb. 1: Branchenspezifische Weiterverarbeitung von PVC

Ein Charakteristikum des PVC-Fenster Marktes ist seine Mehrstufigkeit. Auf der ersten Produktionsstufe sind zahlreiche zumeist mittelständische Unternehmen zu finden, die sich ausschließlich mit der Herstellung von PVC-Endlos-Profilen befassen. Die zweite Stufe bilden einerseits die Konfektionäre, die als Fensterproduzenten im eigentlichen Sinne aus PVC-Profilen komplette Fenster herstellen. Andererseits sind auf dieser Stufe Handwerksbetriebe zu finden, die sowohl nach individuellen Kundenwünschen aus Profilen Fenster herstellen und damit Konfektionärsfunktionen übernehmen, als auch fertige Fenster in Gebäude einsetzen. Die letzte Stufe bildet der Handel (Baustoffhandel, Baumärkte, etc.), welcher von den Konfektionären beliefert wird und gleichermaßen die Nachfrage der privaten Endverbraucher wie auch kleinerer Handwerksbetriebe deckt.

Die insbesondere für die spätere Konkurrenzanalyse wichtigen mehrstufigen Marktstrukturen verdeutlicht noch einmal im Überblick die Abbildung 2.

1.2 Konkurrenzsituation

Alle in der Branche tätigen PVC-Profilhersteller verwenden ein individuelles Profil-System. Da diese Systeme untereinander nicht kompatibel sind, haben enge Beziehungen zu Konfektionären und Handwerksbetrieben eine außerordentlich hohe Bedeutung. Jeder Konfektionär benötigt für die Herstellung der Fenster profilspezifische Spezialwerkzeuge und bezieht seine Profile daher lediglich bei einem Hersteller. Diese Situation im Bereich der Absatzwege stellt auf der einen Seite zwar eine Markteintrittsbarriere für neue Wettbewerber auf der Stufe der Profilhersteller dar, erhöht andererseits aber auch die Umstellungskosten für den Konfektionär. Die Akquisition neuer Abnehmer auf der Konfektionärsstufe ist daher für den Profilhersteller mit erheblichem Aufwand verbunden.

Tabelle 2 zeigt die Hauptwettbewerber im Profilbereich mit den entsprechenden Marktanteilen. Die besondere Situation von Helling resultiert dabei zunächst aus der im Konkur-

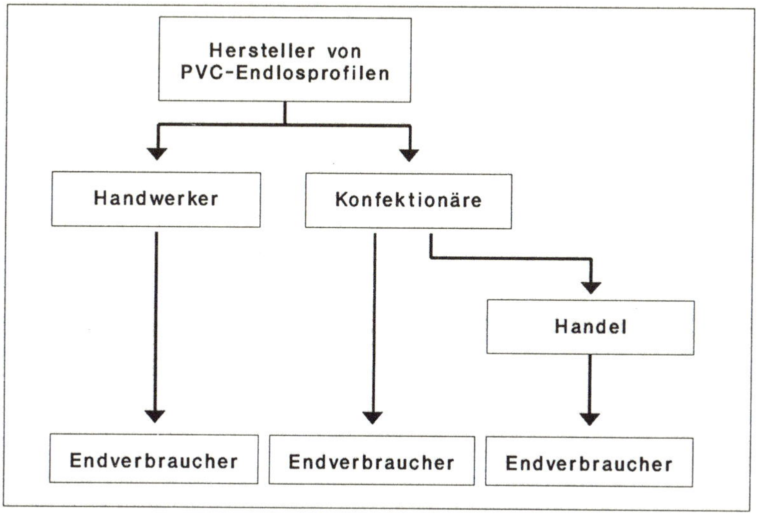

Abb. 2: Struktur des PVC-Fenster-Marktes

Wettbewerber	Marktanteil 1988 (ca.)
VEKA	18 %
Kömmerling	10-12 %
Rehau	k.A.
Thyssen	k.A.
Brüggemann	k.A.
Helling	3 %

Tab. 2: Marktanteile der wichtigsten Wettbewerber

renzumfeld geringen Unternehmensgröße. Aufgrund ihrer größeren Nachfragemacht verfügen einige Konkurrenten über erheblichen Einfluß gegenüber den Rohstofflieferanten. Vor dem Hintergrund einer anhaltenden PVC-Unterversorgung stellte diese Machtposition ein hohes Sanktionspotential gegenüber Helling im Falle eines aggressiven wettbewerbsstrategischen Verhaltens dar. Hierbei wäre etwa an einen PR-wirksamen ökologieorientierten Alleingang Hellings zu denken. Ein solches ökologieorientiertes »Vorpreschen« von Helling könnte die Marktposition weniger umweltorientierter Wettbewerber bedrohen.

Eine weitere wettbewerbsspezifische Besonderheit des Unternehmens stellt darüber hinaus die hohe vertikale Integration dar. Von der Profilherstellung über die Produktion von Komplettfenstern bis zu Entwurf- und Montageleistungen werden alle mit Kunststofffenstern in Zusammenhang stehenden Leistungen angeboten. Gegenüber Konfektionären befindet sich das Unternehmen somit nicht nur in einem traditionellen Lieferantenverhältnis sondern tritt im Bereich der Fensterherstellung gleichzeitig auch als deren direkter Wettbewerber auf.

Die Durchsetzung einer ökologieorientierten Produktinnovation ist vor dem Hintergrund der aufgezeigten vielschichtigen Konkurrenzbeziehungen für kleinere mittelständische Profilhersteller lediglich im Rahmen einer Kooperationsstrategie möglich.

Mit einer Verschärfung der bereits hohen Wettbewerbsintensität war zukünftig ebenfalls zu rechnen, da ein wichtiger Rohstofflieferant aus der Chemieindustrie (Chemische Werke Hüls AG) im Rahmen der Vorwärtsintegration einen Profilhersteller erworben hatte und dadurch zu einem Wettbewerber Hellings geworden war. Mit einer ähnlichen Entwicklung bei anderen Rohstofflieferanten mußte gerechnet werden.

Diese neuen Wettbewerber stellten in zweifacher Hinsicht eine nicht zu unterschätzende Bedrohung dar. Einerseits handelte es sich bei den Rohstofflieferanten ausschließlich um sehr große Unternehmen mit entsprechenden finanziellen und personellen Ressourcen, andererseits verfügten sie im Kunststoffbereich über ein umfangreiches Material-Know-How. Ökologieorientierte Produktinnovationen durch neue umweltfreundliche Kunststoffe waren also insbesondere von dieser Seite des Wettbewerbs zu erwarten.

Eine weitere den Wettbewerb zukünftig verschärfende Komponente stellte die Konzentrationswelle bei den Profilherstellern dar. Dieser Konzentrationsprozeß war Resultat der hohen Wettbewerbsintensität sowie sinkender Ertragsmargen. Starke Preissteigerungen für PVC, die nicht in den Preisen für Fensterprofile bzw. Fenster weitergegeben werden konnten, waren für die verschlechterte Ertragssituation der PVC-Profil- und Fensterhersteller verantwortlich. Vor dem Hintergrund dieser Entwicklung erreichten immer weniger Profilhersteller das kontinuierlich steigende Mindestproduktionsvolumen (ca.5.000 Tonnen p.a.) zur rentablen Herstellung von PVC-Profilen. Einige Hersteller zogen sich daraufhin aus dem Markt zurück, andere wurden aufgekauft oder akquirierten ihrerseits konkurrierende Unternehmen.

1.3 Konsumentensituation

Eine ökologieorientierte Beurteilung der Konsumentensituation muß entsprechend der dargelegten Mehrstufigkeit des Marktes differenziert nach einzelnen Nachfragersegmenten erfolgen. Das ökologische Bewußtsein und das Ausmaß umweltorientierten Kaufverhaltens stellte sich in den direkt und indirekt für Helling relevanten vier Nachfragersegmenten

- Konfektionäre,
- Öffentliche bzw. kommunale Institutionen,
- Handel und
- Gewerbliche/Private Endverbraucher.

jeweils unterschiedlich dar.

Im Bereich der Konfektionäre war eine Sensibilisierung für ökologische Probleme in Verbindung mit PVC-Fenstern nur gering ausgeprägt. Zunächst wurden weder in der Fertigung noch im Rahmen der Produktverwendung von dieser Seite irgendwelche Umweltprobleme wahrgenommen. Die meisten Konfektionäre wurden in ihrer Einschätzung sehr stark von technisch-rationalen Argumenten geleitet. Ihre Ökologieorientierung beschränkte sich zumeist auf die Einhaltung gesetzlicher Vorschriften im Produktionsbereich. Der von emotional geprägten Ängsten beeinflußten Einstellung gegenüber PVC-Produkten, wie sie in Teilen der Öffentlichkeit zu beobachten war, stand man mit mehr oder weniger großem Unverständnis gegenüber.

Ein größeres Interesse an umweltgerechten Produkten bzw. Halbzeugen war in diesem Abnehmersegment erst in dem Augenblick zu erwarten, wenn ökologieinduziert tatsächlich ein verändertes Kaufverhalten der Endverbraucher im Sinne eines »Ökologie-Pull« sichtbar werden würde. Bis dahin waren die Konfektionäre eher an Verbesserungen bei den traditionellen Qualitätsdimensionen interessiert. In diesem Zusammenhang wurde häufig der Wunsch nach farbigen PVC-Profilen geäußert.

Ganz anders stellte sich die Situation bei den Kommunen und öffentlichen Nachfragern dar. Vor dem Hintergrund der immer kritischer geführten öffentlichen Diskussion über die Umweltverträglichkeit bzw. Gesundheitsgefährdung von PVC in der Verwendungs- und Entsorgungsphase kam es in zahlreichen Kommunen zuerst zu starken Vorbehalten und daraufhin zu Verboten bezüglich der Verwendung von PVC in öffentlichen Bauten. Neben anderen Kommunen erklärten sich die Städte Bielefeld und Osnabrück nach mehreren Expertenhearings sogar zur »PVC-freien Zone«. Im Gegensatz zum Bereich der Konfektionäre war es hier also ökologieinduziert bereits zu einem massiv veränderten Kaufverhalten (Konsumverzicht) gekommen. Die ökologieinduzierte Nachfrageänderung ging soweit, daß bereits erteilte Aufträge für PVC-Fenster storniert und in Aufträge für Holzfenster umgewandelt wurden. Der starke »Ökologie-Pull« durch die nicht selbst zahlenden Entscheidungsträger in den Kommunen führte unmittelbar auch zu einem veränderten Kaufverhalten der Konfektionäre.

Trotz des teilweise radikal veränderten Kaufverhaltens einiger Kommunen war im direkt mit den Wünschen des Endverbrauchers konfrontierten Handel eine vergleichsweise geringe ökologische Sensibilisierung festzustellen. Offensichtlich bewertete die Mehrheit der Verbraucher die bessere Haltbarkeit und den erheblich geringeren Pflegebedarf von PVC-Fenstern im Vergleich zu Holzfenstern noch deutlich höher als gegebenenfalls auftretende ökologische Produktnachteile. Auch die Bereitschaft, für ökologisch unbedenkliche Fenster einen höheren Preis zu bezahlen, war nur gering ausgeprägt. Ein ökologisches Bewußtsein im Sinne einer Sensibilisierung gegenüber dem Werkstoff PVC war – begünstigt durch die emotional geführte öffentliche PVC-Debatte – in Teilbereichen des Marktes zwar durchaus vorhanden, hatte sich aber noch nicht in einem veränderten Kaufverhalten niedergeschlagen.

1.4 Unternehmenssituation

Die Hans Helling Fensterfabrik GmbH & Co. wurde 1963 als Kunststoffwerk »Kronprinz« gegründet. Nachdem zunächst nur Zulieferteile für die Automobilindustrie hergestellt wurden, produzierte man nach einigen Jahren auch Beschlagteile für die Möbelindustrie. Um flexibel auf Kundenwünsche reagieren zu können, richtete man zudem einen eigenen Werkzeugbau ein. Das Unternehmen fertigt heute mit 270 Mitarbeitern eine breite Palette von Kunststoffteilen für die Möbelindustrie, die Automobilindustrie, den Maschinenbau, den Bausektor, die Hausgeräteindustrie und die Landwirtschaft und ist seit einigen Jahren auch erfolgreich mit der Tochtergesellschaft »HI-TEC PROFILES« in Großbritannien tätig. Kunststoffenster werden seit 1970 produziert und sind mittlerweile für einen erheblichen Anteil am Umsatz verantwortlich.

1.4.1 Ökologische Betroffenheit des Unternehmens

Die ökologische Betroffenheit resultiert für das Unternehmen nicht aus Umweltbelastungen durch das Produkt Fenster sondern aus den umweltpolitisch bedenklichen Eigenschaften des verwendeten Werkstoffes PVC. Aus Holz gefertigte Fenster standen zwar weitaus weniger in der Kritik ökologieorientiert sensibilisierter Verbrauchergruppen, waren aber umweltpolitisch nicht gänzlich unbelastet. Es wurde dabei sowohl die Verwendung von Edelhölzern kritisiert, als auch die Imprägnierung bzw. Lackierung der Holzoberflächen mit gesundheitlich nicht immer unbedenklichen Chemikalien.

Eine direkte Betroffenheit für PVC herstellende und verarbeitende Unternehmen entstand in dem Augenblick, als erste wissenschaftliche Untersuchungen über die Krebs erzeugende Wirkung des PVC-Vorproduktes monomeres Vinylchlorid (VC) in der Öffentlichkeit bekannt wurden. Dieses farblose Gas galt jahrzehntelang als völlig harmlos und wurde sogar von der Medizin bei chirurgischen Eingriffen als Narkosemittel verwendet. Das Bekanntwerden des karzinogenen Potentials von Vinylchlorid führte seitens des Gesetzgebers zu einer drastischen Reduktion der maximal zulässigen VC-Arbeitsplatzkonzentration (vgl.Tab.3). Obwohl in den letzten 12 Jahren der VC-Restgehalt in allen PVC-Produkten vom Rohpulver bis zur Lebensmittelfolie teilweise bis unter die analytische Nachweisgrenze herabgesetzt wurde (vgl.Tab.4) und somit keine Gefahr der VC-Ausgasung mehr besteht, wird PVC in der Wahrnehmung großer Teile der Öffentlichkeit bis heute mit Krebs in Verbindung gebracht.

Viele in der Öffentlichkeit durch ihre umfangreiche Verwendung von PVC besonders exponierte Unternehmen nahmen vor diesem Hintergrund eine passiv-reaktive Haltung ein. Sie glaubten, durch die Einhaltung gesetzlicher Grenzwerte den ökologieorientierten Forderungen der Verbraucher gerecht werden zu können.

Festlegung ab:		ml/m^3 (Volumen ppm)	
1966	MAK	500 ppm	
1971	MAK	100 ppm	
1974	MAK	50 ppm	
1975	TRK	20 ppm	
1976	TRK	10 ppm	
1977	TRK	5 ppm	
1980	TRK	3 ppm	(für bestehende Anlagen der VC- und PVC-Hersteller)
		2 ppm	(für übrige)

Legende: MAK = Maximale Arbeitsplatzkonzentration
TRK = Technische Richtkonzentration

Tab. 3: Maximal zulässige VC-Konzentration in der Luft am Arbeitsplatz

Erzeugnis	Typischer Rest-VC-Gehalt im Erzeugnis
PVC-Rohpulver (Suspensions-Homopolymerisat)	< 1 ppm
PVC-Pulvermischung (Solvic-Premix) übliche Mischtechnik	< 0,2 ppm
PVC-Granulat (Benvic-Granulat)	< 0,2 ppm
Fertigteil (z.B. Verpackung)	< 0,1 ppm
Verpacktes Gut (z.B. Lebensmittel)	unterhalb der analytischen Nachweisgrenze der in der Lebensmittelüberwachung angewendeten Methoden, d.h. < 0,01 ppm

Tab. 4: VC-Restgehalt in PVC-Materialien

Das einmal vorhandene ökologische Negativimage von PVC, welches sich zunächst ausschließlich auf den Produktionsbereich bezog, verstärkte sich, als zunehmend auch Umweltbelastungen aus der Verwendungs- und Entsorgungsphase von PVC in der zwischenzeitlich sensibilisierten Öffentlichkeit diskutiert wurden.

Die Verwendung von PVC-Fertigprodukten stand in zweifacher Weise unter umweltorientiertem »Beschuß« der Öffentlichkeit und der Medien. Zunächst wurden sog. Weichmacher angegriffen. Bei diesen Stoffen handelt es sich um dem PVC beigemengte Additive zur Erzielung spezifischer Produkteigenschaften. Die karzinogene Wirkung einzelner Weichmacher, welche unter bestimmten Umständen im Laufe der Lebensdauer aus dem PVC-Produkt ausgasen können, ist zwar wissenschaftlich durchaus nicht unumstritten, gleichwohl führte allein die Diskussion über das Gefährdungspotential zu einer weiteren Verunsicherung der Verbraucher.

Ebenfalls in Verbindung mit der Verwendung von PVC-Produkten wurde auf die gesundheitsgefährdenden Eigenschaften der Schwermetalle Cadmium und Blei hingewiesen, die als Stabilisatoren für PVC verwendet werden. Auch in diesem Falle erwies sich allein die wiederholte Behandlung des Themas in den Medien, in Verbindung mit neuen wissenschaftlichen Untersuchungsergebnissen als erneut »rufschädigend« für PVC-Produkte. Die Cadmium-Problematik verschärfte sich, als im Oktober 1989 Cadmium als karzinogener Stoff in die MAK-Liste (zulässige maximale Arbeitsplatzkonzentration) aufgenommen wurde. Die Verarbeitung und Anwendung von Cadmium war fortan kennzeichnungspflichtig (Totenkopf-Symbol).

Neben der Weichmacher- und Stabilisatorenproblematik ist PVC desweiteren wegen seiner Entsorgungseigenschaften ins Gerede gekommen. Im Rahmen der Umweltdiskussion über Dioxine – ausgelöst durch den Unglücksfall von Seveso – geriet auch PVC in den Verdacht, bei energetischem Recycling in Müllverbrennungsanlagen Dioxin freizusetzen. In zahlreichen seitdem durchgeführten Untersuchungen konnte jedoch kein eindeutig ursächlicher Zusammenhang zwischen der Entstehung von Dioxinen bei der Müllverbrennung und dem PVC-Gehalt des Mülls festgestellt werden. In umfangreichen Müllverbrennungsversuchen wurden Dioxine in nahezu unverändertem Umfang selbst dann nachgewiesen, wenn der verbrannte Müll vollständig PVC-frei war. Trotzdem blieb PVC in der Wahrnehmung der Öffentlichkeit der Makel anhaften, an der Entstehung von Dioxinen in der einen oder anderen Weise beteiligt zu sein.

In diesem Zusammenhang hat sich in der letzten Zeit verstärkt der Blick auf die in Müllverbrennungsanlagen anfallende Salzsäure gerichtet. Neuere Untersuchungsergebnisse kommen in diesem Zusammenhang zu dem Schluß, daß der Salzsäureanfall zu ca. 50 % auf PVC zurückzuführen ist.

Auch eine Deponierung von Alt-PVC wurde wegen der nicht gegebenen Verrottungsfähigkeit kritisch beurteilt. Gerade vor dem Hintergrund des sich ständig verschärfenden Müllberg-Problems wurde die Nicht-Verrottbarkeit von PVC-Produkten, in Verbindung mit deren häufig hohem Platzbedarf auf Deponien, zunehmend negativ beurteilt. Daneben wirft der durch die Verwendung von Stabilisatoren nicht unerhebliche Schwermetallgehalt von PVC-Produkten ein zusätzliches Deponieproblem auf.

PVC ist ein Beispiel dafür, daß durch Forschungsvorhaben, die erst durch eine öffentlich geführte Umweltdiskussion initiiert wurden, eine Vielzahl weiterer umweltschädigender Nebenwirkungen des kritisierten Produktes ans Tageslicht kommen, denen bislang keine Beachtung geschenkt wurde.

Die wahrgenommene ökologische Betroffenheit durch das Produkt PVC-Fenster war in der Vergangenheit lange Zeit relativ gering ausgeprägt. Dies ist zunächst auf die bis zu Beginn der 80er Jahre in jeder Hinsicht als unbedenklich geltenden Produkteigenschaften zurückzuführen, desweiteren aber auch auf die sehr lange Lebensdauer von PVC-Fenstern. Erst in den kommenden Jahren, mit einem dann wachsenden Anfall von Alt-Fenstern wird allmählich ein Entsorgungsproblem entstehen. PVC steht insoweit stellvertretend für zahlreiche andere Kunststoffe, die in der Vergangenheit ebenfalls mehrheitlich zu sehr langlebigen Endprodukten weiterverarbeitet wurden (vgl.Tab.5) und deren Entsorgungsschwierigkeiten erst mit starker zeitlicher Verzögerung für die Öffentlichkeit sichtbar werden dürften.

Die ökologische Betroffenheit von Helling, zunächst lediglich in seiner Eigenschaft als Hersteller von PVC-Fenstern, stellte sich in den einzelnen Nachfragersegmenten sehr unterschiedlich dar. Eine direkte Betroffenheit im Sinne eines unmittelbaren Absatzrückganges war zunächst nur im Geschäft mit Kommunen bzw. der öffentlichen Hand spürbar. Nach einem Stadtratsbeschluß vom November 1987 erklärte sich die Stadt Osnabrück zur »PVC-freien Zone«. In Reaktion auf diesen Beschluß gründete Helling zusammen mit 12 Konfektionären aus dem Osnabrücker Raum eine Interessengemeinschaft, um durch konzentrierte Aufklärungsarbeit diesem Beschluß entgegenzuwirken.

Unabhängig von den Erfolgsaussichten dieser Bemühungen bestand die Gefahr, daß sich der Osnabrücker Entscheidung nicht nur andere Städte kurzfristig anschließen könnten, sondern daß es darüber hinaus zu einer Sensibilisierung und Abwehrhaltung gegenüber PVC auch in anderen Nachfragersegmenten und Produktgruppen kommen würde (vgl.Abb.3).

Unter 1 Jahr	20 %
1 - 8 Jahre	15 %
Über 8 Jahre	65 %

Tab. 5: Lebensdauer der in Deutschland verkauften Kunststofferzeugnisse

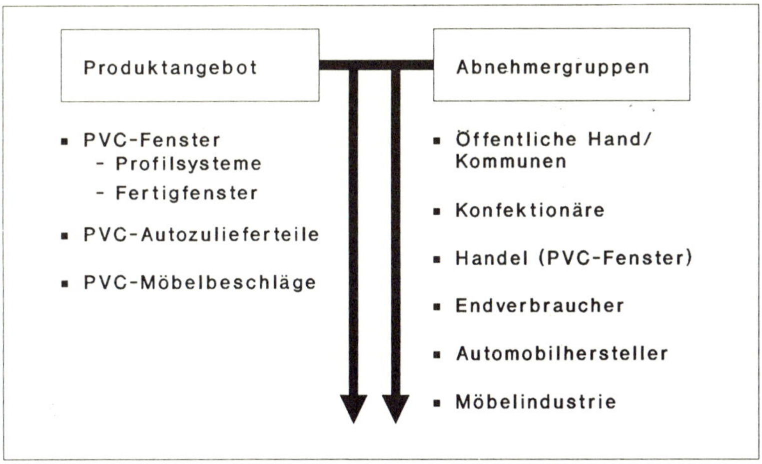

Abb. 3: Potentielle Ausweitung der ökologischen Betroffenheit über Produkt- und Abnehmergruppen

Insbesondere die Automobilindustrie war bezüglich der Verwendung von PVC-Teilen im Autoinnenraum bereits sensibilisiert. Die von immer mehr Neuwagenkäufern als Belästigung empfundenen intensiven Kunststoffgerüche ließen auch die Automobilindustrie verstärkt nach neuen, umweltgerechteren Kunststoffen suchen.

1.4.2 Ökologierelevante Chancen und Risiken des Unternehmens

Akute Risiken von seiten des Gesetzgebers drohen dem Unternehmen in Form eines generellen Anwendungsverbotes von PVC-Fenstern in öffentlichen Gebäuden. Nachdem es auf kommunaler Ebene, insbesondere durch zahlreiche Vorstöße der GRÜNEN, bereits zu solchen Verwendungsverzichten gekommen war, erschien eine bundesweite Regelung nur eine Frage der Zeit zu sein. Im Produktionsbereich mußte mit einer weiteren kontinuierlichen Reduktion der entsprechenden MAK-Werte bei der PVC-Verarbeitung gerechnet werden.

Im Bereich der Entsorgung sah sich Helling mit zwei Entwicklungen konfrontiert. Bei einer weiteren Zunahme des Kunststoffmülls auf den Hausmülldeponien könnte es im extremsten Fall zu gesetzlichen Auflagen bezüglich der Rücknahme von Alt-PVC Fenstern durch die Fensterhersteller kommen. Die teilweise umstrittenen Eigenschaften bei der PVC-Verbrennung könnten gegebenenfalls zu einer Umklassifikation aller PVC-Abfälle von der Kategorie Hausmüll in die Kategorie Sondermüll führen. Eine solche gesetzliche Maßnahme wäre nicht nur mit neuen negativen Imageeffekten für PVC-Produkte verbunden, sondern brächte das Risiko mit sich, daß die Kunden bereits beim Kauf mit konkreten Entsorgungswünschen und Forderungen an den Hersteller herantreten würden.

Gegenüber der Öffentlichkeit besteht vor dem Hintergrund eines auch zukünftig wachsenden Müllberges und des zumindest in ökologisch sensibilisierten Segmenten bereits vorhandenen umweltorientierten Negativimage des Werkstoffes PVC die Gefahr, daß es mittelfristig zu einer auch emotional negativ geprägten Haltung und schließlich zu einer völligen Ablehnung von Fenstern aus PVC kommen könnte. In diesem Zusammenhang wird die Glaubwürdigkeit einer differenzierten und sehr rationalen Argumentation der Hersteller hinsichtlich der Unbedenklichkeit von PVC immer mehr in Frage gestellt.

Ökologieorientierte Profilierungschancen bieten sich in dieser Situation demjenigen Unternehmen, welches sein gesellschaftliches Verantwortungsbewußtsein durch konkrete ökologieorientierte Maßnahmen glaubwürdig zu kommunizieren versteht. Denkbar wäre z.B. der freiwillige Aufbau eines Retrodistributionssystems (Rücknahme) für Altfenster – wie es vom Verband der Kunststoffhersteller (VKH) bereits angeregt wurde – oder auch die Verwendung von Recycling-Kunststoffen.

Die lange Lebensdauer von PVC-Fenstern und der dadurch hervorgerufene Aufschub der Entsorgungsprobleme bringt für das Unternehmen in diesem Zusammenhang einen vergrößerten zeitlichen Handlungsspielraum mit sich, der Chancen bezüglich einer aktiv zu gestaltenden ökologieorientierten Marketing-Konzeption eröffnet.

Auf der Abnehmerseite bestehen segmentspezifisch unterschiedliche Risiken. Ein umweltgerechtes neues Fensterprofilsystem würde bei den Konfektionären in dem Augenblick auf Akzeptanzbarrieren stoßen, wenn größere Investitionen zur Umstellung auf ein neues Profilsystem erforderlich wären. Ökologieorientierte Produktinnovationen sollten also in bestehende Profilsysteme integrierbar sein.

Eine vermehrt zu beobachtende Hinwendung der Verbraucher zu naturnahen Baumaterialien brächte für Helling als reinen Kunststoffhersteller vor allem dann eine Gefährdung mit sich, wenn auf Kunststoffbasis kein ökologisch einwandfreies Fenster herstellbar wäre. Nur unter dieser Voraussetzung erscheinen die klassischen Produktvorteile von PVC-Fenstern gegenüber Holzfenstern (Witterungsfestigkeit, keine Nachbehandlung, günstiger Preis) als Profilierungsmerkmale langfristig im Markt durchsetzbar.

Chancen böten sich dem Unternehmen dann, wenn dem Verbraucher die ökologischen Produktvorteile von PVC-Fenstern im Vergleich zu Holzfenstern kommuniziert werden könnten. Dies wäre z.B. auf der Basis von sog. »Öko-Bilanzen« möglich, welche die Umweltbelastungen und den Ressourceneinsatz des gesamten Herstellungs-, Verwendungs- und Entsorgungsprozesses erfassen. Die Substitution gesundheitlich bedenklicher PVC-Inhaltsstoffe (Schwermetalle, Weichmacher, etc.) ist ebenfalls eine Möglichkeit, Bedenken auf seiten der Abnehmer zu begegnen.

Da die Konkurrenten sich im Wettbewerb bislang ausschließlich auf die preisliche und qualitative Ebene konzentrierten, stellte die erstmalige Besetzung der Dimension Umweltqualität durch Helling einen erfolgversprechenden Profilierungsansatz dar. Im Sinne eines »first to market« bot sich dem Unternehmen dadurch die Gelegenheit, sich in der Wahrnehmung der Konsumenten als umweltpolitisch besonders engagiert und damit sozial verantwortungsbewußt zu positionieren. Unmittelbare Markterfolge wären vor allem in den besonders sensibilisierten Nachfragesegmenten der öffentlichen Hand zu erwarten.

Im Falle einer offensiven ökologieorientierten Marktbearbeitung sieht sich Helling der Gefahr ausgesetzt, von weitaus größeren Wettbewerbern, mit entsprechender Einkaufsmacht gegenüber den Vorproduktlieferanten, von Rohstofflieferungen abgeschnitten zu werden. Dies ist insbesondere dann zu befürchten, wenn Helling ökologieorientierte Innovationen mittels Patenten absichern würde und darüber hinaus die Umstellung auf umweltgerechtere Profile für die Wettbewerber mit erheblichen Investitionen verbunden wäre. Insbesondere eine Einflußnahme auf Verbandsebene war in diesem Zusammenhang zu erwarten.

In der Abbildung 4 sind die ökologierelevanten Chancen und Risiken der Helling GmbH noch einmal im Überblick dargestellt.

1.4.3 Ökologierelevante Stärken und Schwächen des Unternehmens

Die überschaubare Unternehmensgröße mit kurzen Entscheidungswegen ermöglicht es dem Unternehmen, flexibel auf Kundenwünsche einzugehen. Die schnelle Umsetzung von individuellen Kundenproblemen in marktfähige Produkte, unterstützt durch den Einsatz von CAD-Systemen, stellt sich auch bei der Lösung ökologieorientierter Probleme als eine der wesentlichen Stärken des Unternehmens heraus.

Auf der Grundlage seines umfassenden Know-hows in der Kunststoffverarbeitung orientiert sich Helling stark an individuellen Kundenproblemen und hat die Fertigungsstrukturen dementsprechend auf kleine Serien ausgelegt.

Obwohl das Unternehmen über ein langjährig ertragreiches Produktprogramm verfügt, sind die finanziellen Möglichkeiten zur Durchführung größerer umweltorientierter Investitionen aufgrund der Unternehmensgröße eingeschränkt. Insbesondere die bundesweite Marktbearbeitung in Verbindung mit den dann notwendig werdenden Investitionen zum Ausbau der Kapazitäten bereiten im Rahmen der finanziellen Ressourcen des mittelstän-

Externe Faktoren	Chancen	Risiken
Gesetzgeber	▪ Beschaffungsrichtlinien für öffentliche Bauten schreiben cadmium- und bleifreie PVC-Fenster vor	▪ Generelles Verwendungsverbot für PVC-Fenster bei nicht nachgewiesener Umweltfreundlichkeit ▪ Verschärfung der MAK-Grenzwerte im Produktionsbereich für PVC verarbeitende Unternehmen ▪ Gesetzliche Rücknahmeverpflichtung für alte PVC-Fenster ▪ PVC-Abfälle werden der Kategorie "Sondermüll" zugeordnet (Notwendigkeit umfassender, sachgerechter Entsorgungssysteme)
Öffentlichkeit	▪ PVC-Ökobilanzen und neue umweltfreundliche Stabilisatoren bieten Ansatzpunkte für eine ökologieorientierte Neupositionierung des Werkstoffs PVC ▪ Demonstration der Umweltverantwortung durch freiwilligen Aufbau eines Retrodistributionssystems für Alt-Fenster (Verbandsebene) ▪ Aufschub der PVC-Entsorgungsprobleme durch lange Lebensdauer der PVC-Produkte bringt zeitlichen Handlungsspielraum mit sich	▪ Müllbergproblem wird zunehmend mit Kunststoffen (PVC) in Verbindung gebracht und führt zu negativen Imagewirkungen ▪ Glaubwürdigkeit des umweltorientierten Handelns wird durch eine undifferenzierte, emotional geprägte Abwehrhaltung gegenüber PVC in Frage gestellt
Absatzmittler/ Abnehmer	▪ Nachweisbar umweltgerechte PVC-Fenster lassen traditionelle Produktvorteile (geringer Pflege-Bedarf, Dauerhaftigkeit, Preis) wieder stärker zur Geltung kommen ▪ Umweltargument ermöglicht die Teilnahme an bislang verschlossenen Ausschreibungen für öffentliche Bauvorhaben	▪ Verstärkter Trend zu naturnahen/naturbelassenen Baustoffen kommt konkurrierenden Baustoffen zugute
Konkurrenz	▪ Chance zur ökologieorientierten Profilierung in einem fast ausschließlich auf der preislichen Ebene stattfindenden Wettbewerb ▪ Schaffung einer neuen Positionierungsdimension "Umweltqualität"	▪ Ökologieorientiertes Vorpreschen von Helling kann durch den Einfluß großer Wettbewerber zum Abschneiden von der Rohstoffversorgung führen
Wissenschaft/ Forschung	▪ Intensivierte Forschungsbemühungen führen zu einer erweiterten Palette von Produkten aus Recycling-PVC	

Abb. 4: Ökologierelevante Chancen und Risiken der Helling GmbH & Co.

dischen Unternehmens nicht unerhebliche Schwierigkeiten. Hinsichtlich einer Kooperation, die zur Überbrückung dieses finanziellen Engpasses geeignet wäre, bestehen von seiten des Unternehmens Vorbehalte. Zudem hat man diesbezüglich noch keinerlei Erfahrung sammeln können.

Die Verankerung des bisherigen Angebotsprogrammes in völlig unterschiedlichen Branchen ermöglicht es, sowohl kurzfristige Nachfrageschwankungen auszugleichen, als auch eine besondere ökologische Betroffenheit in einem bestimmten Produktbereich durch Angebotsumschichtungen zu begegnen. Als Folge der bei allen Produkten gleichen Werkstofftechnologie können Synergien bei ökologieorientierten Produktinnovationen genutzt werden, indem z.B. ein neues umweltgerechtes Verarbeitungsverfahren für PVC-Fenster auf alle anderen Unternehmensbereiche übertragen werden kann.

Die einseitige Ausrichtung auf den Werkstoff PVC bedeutet andererseits aber auch eine strategische Schwäche des Unternehmens. Sollten sich die negativen Assoziationen in der Öffentlichkeit gegenüber PVC nicht verringern und sich zudem der Trend zu naturnahen Baustoffen fortsetzen, ist mit einer erheblichen Abschwächung der PVC-Fenster-Nachfrage zu rechnen.

Auf dem fertigungstechnischen Sektor verfügt Helling über eine der weltweit modernsten Profil-Produktionen. Die technologische Innovation, statt der von allen Wettbewerbern verwendeten materialhomogenen Fensterprofile erstmals beschichtete Fensterprofile (Sandwich-Bauweise) herzustellen, brachte für Helling einerseits ökologieorientierte Vorteile, andererseits eröffneten sich durch die Beschichtungstechnologie zahlreiche neue Anwendungs- und Gestaltungsmöglichkeiten. Die sofort bei der Extrudierung erfolgende Beschichtung der Profile ermöglichte Helling mehrere Jahre vor der Konkurrenz die Umstellung von cadmium- und bleihaltigen Stabilisatoren auf umweltfreundliche Calcium-Zink-Stabilisatoren.

Die durch die Beschichtung sichergestellte Witterungsbeständigkeit der Fensterprofile bot neben der Substitution der schwermetallhaltigen Stabilisatoren auch die Chance, Recycling-PVC für den Profilkern zu verwenden. Das Unternehmen verfügte als Folge einer fertigungstechnischen Innovation also in zweifacher Weise über erfolgversprechende produktpolitische Ansätze zu einer ökologieorientierten Profilierung.

Dieser technologischen Stärke des Unternehmens stehen allerdings Defizite im Marketing gegenüber. Eine systematische Kommunikationspolitik findet nur in Ansätzen statt und eine planmäßige, strategische Marktbearbeitung wird nicht angewandt. Eine sich zukünftig gegebenenfalls als notwendig herausstellende Gesamtmarktabdeckung ist für Helling nur im Wege der Lizenzvergabe oder im Rahmen von Kooperationen realisierbar.

Die hohe Fertigungstiefe von Helling, einschließlich eines eigenen Werkzeugbaus, sicherte eine hohe Flexibilität bei notwendigen ökologieinduzierten Produktinnovationen. Gleichzeitig ist es dadurch möglich, die Produktionsbedingungen und Umwelteigenschaften der eigenen Produkte besser zu kontrollieren als es bei weitgehendem Fremdbezug einzelner Komponenten möglich wäre.

Die ökologierelevanten Stärken und Schwächen zeigt Abbildung 5 noch einmal im Überblick.

Interne Faktoren	Stärken	Schwächen
Unter-nehmens-struktur	▪ Hohe Flexibilität durch überschaubare Unternehmensgröße ▪ Ausgeprägte und vorgelebte Umweltverantwortung des Unternehmens überträgt sich auf die Mitarbeiter	
Finanzielle Situation	▪ Langjährig gute Ertrags- und Absatzsituation	▪ Finanzielle Ressourcen des mittelständischen Unternehmens ermöglichen keine Gesamtmarktabdeckung bei ökologieorientierten Produktinnovationen
Techno-logisches Know-How	▪ Weitgehend automatisierte, computergestützte Fertigung ▪ Wettbewerbsüberlegene (patentierte) Beschichtungstechnologie ermöglicht frühzeitigen Einsatz cadmium- und bleifreier Stabilisatoren sowie Herstellung von Fenstern/Profilen aus Recycling-PVC ▪ Gleiche Werkstoffbasis des gesamten Leistungsprogramms ermöglicht Nutzung ökologieorientierter Synergien ▪ Schnelle Umsetzung von (ökologieorientierten) Produktwünschen und Anforderungen der Nachfrager ▪ Ausgeprägtes Verarbeitungs-Know-How bei umweltfreundlichen Calcium-Zink-Stabilisatoren ▪ Hohe Fertigungstiefe incl. eigenem Werkzeugbau ermöglicht durchgängige Überwachung der ökologischen Qualität der Produktionsprozesse, Zwischen- und Endprodukte	
Leistungs-programm	▪ Breites Leistungsprogramm und umfassender Branchenmix der Abnehmer bietet Ausgleichsmöglichkeiten bei kurzfristig eintretender ökologischer Betroffenheit in einem Produktbereich /Abnehmergruppe	▪ Einseitige Konzentration auf den Werkstoff PVC ▪ Abhängigkeit des Unternehmens- und Produktimage vom PVC-Image ▪ Know-how Defizite im Marketingbereich, insbesondere bei der Kommunikationspolitik

Abb. 5: Ökologierelevante Stärken und Schwächen der Helling GmbH & Co.

2. Die ökologieorientierte Marketing-Konzeption der Helling GmbH

2.1 Ökologieorientierte Marketingziele und Strategien

Das Ziel des Unternehmens war es, sich mit einem neuen umweltgerechten Fensterprofil im Markt zu profilieren und nicht zuletzt seine Marktposition deutlich auszubauen. Auf der Basis der innovativen Fertigungstechnologie war man in der Lage, ein blei- und cadmiumfreies Kunststoffenster aus recycliertem PVC herzustellen. Die Beschichtungstechnologie ermöglichte darüber hinaus die Produktion einer breiten Farbpalette und stellte sicher, daß die traditionellen Produktvorteile von PVC-Fenstern erhalten blieben.

Im Rahmen einer offensiven ökologieorientierten Strategie wollte Helling als »Pionieranbieter« erstmals ein umweltfreundliches Kunststoffenster in den Markt einführen. Primäre Zielgruppe innerhalb der verschiedenen Abnehmersegmente waren diejenigen Kommunen, welche bereits PVC-Anwendungsverbote ausgesprochen hatten. Dieses zuerst zu bearbeitende Segment der öffentlichen Hand galt aus der Sicht des Unternehmens als lukratives Einstiegspotential. Dies insbesondere aus folgenden Gründen:

- Ausgeprägte ökologische Sensibilisierung war bereits vorhanden
- Kaufverhalten der öffentlichen Hand hat Vorreiterfunktion für die übrigen Segmente
- Beschaffungsrichtlinien fordern ökologieorientierte Auftragsvergabe der öffentlichen Hand.

Vor dem Hintergrund der Mehrstufigkeit des PVC-Fenster Marktes hatte die ökologieorientierte Marketingkonzeption von Helling zu berücksichtigen, daß das Unternehmen sowohl als Profillieferant für Fensterkonfektionäre als auch als Fensterproduzent tätig war. Um intensiven Konkurrenzbeziehungen aus dem Wege zu gehen war man daher bestrebt, Kooperationen mit größeren Konfektionären einzugehen. Diese sollten vorzugsweise über eine im Markt gut eingeführte Marke verfügen und die Marktbearbeitung insbesondere in denjenigen Regionen übernehmen, die von Helling als Folge begrenzter eigener Ressourcen nicht selbst bearbeitet werden konnten.

Die bislang im Markt vertretenen Hochbauprodukte aus recyclierten Kunststoffen wurden zumeist von Abfallverwertungsbetrieben angeboten und wiesen eine nur geringen Ansprüchen genügende Anwendungsbreite und Produktqualität auf. Gegenüber dieser Anbietergruppe rechnete sich Helling aufgrund seiner überlegenen Produktqualität, die aus der geschützten Beschichtungstechnologie resultierte, gute Profilierungschancen aus.

Im Rahmen der umweltorientierten Marketingkonzeption sollte außerdem der Vorfertigungsgrad der Fenster und Profile erhöht werden. Dies sollte einerseits einer Erhöhung der Wertschöpfung dienen, andererseits war damit auch eine bessere ökologieorientierte Überwachung der Produktqualität möglich, da in verringertem Maße auf Zukaufteile von gegebenenfalls unbestimmter ökologischer Qualität zurückgegriffen werden mußte.

Bei der Entwicklung der Marketingkonzeption hatte das Unternehmen zu berücksichtigen, daß marktstarke Wettbewerber über ihren Einfluß auf die Vorproduktlieferanten versuchen würden, den offensiven ökologieorientierten Vorstoß Hellings zu unterbinden. Dementsprechend war die Sicherung einer jederzeit ausreichenden Rohstoffversorgung eine entscheidende Voraussetzung für die Realisation einer ökologieorientierten Marketingkonzeption.

Vor diesem Hintergrund versuchte Helling zunächst, mit einem der größten europäischen PVC-Produzenten und Recyclat-Verarbeiter zu kooperieren. Der Abschluß eines entsprechenden Liefervertrages über jährlich 2.000 t PVC-Recyclat kam jedoch kurzfristig nicht zustande, weil der genannte Vorprodukt-Lieferant und andere ihm nahestehende PVC-Produzenten einen Absatzrückgang bei Neu-PVC befürchteten. Erst nach mehrjährigen Bemühungen gelang es Helling, mit einem französischen Unternehmen, welches im Bereich der Retrodistribution (Sammlung) von Getränkeflaschen aus PVC tätig war, einen Liefervertrag über jährlich 3.000 t PVC-Recyclat abzuschließen.

2.2 Ökologieorientierte Maßnahmen

2.2.1 Produktpolitik

Das vom Unternehmen entwickelte und patentierte Herstellungsverfahren für Kunststofffenster machte es möglich, in einem Arbeitsgang das Fensterprofil zu extrudieren und zu beschichten. Das neue Fensterprofil wies im Vergleich zu herkömmlichen Profilen eine Reihe gestalterischer und umweltorientierter Produktvorteile auf:

- Breite Farbpalette
- Profilkern aus Recycling-PVC herstellbar
- Verzicht auf cadmium- und bleifreie Stabilisatoren
- Durch Beschichtung keinerlei »Ausgasungen«.

Die klassischen Vorteile des Werkstoffes PVC (vgl. Abb. 6), die zu der außerordentlich hohen Verbreitung dieses Massenkunststoffes geführt haben, blieben dabei unverändert erhalten. Neben diesen anwendungsorientierten Vorteilen weist PVC grundsätzlich eine Reihe von ökologischen Vorzügen auf (vgl. Abb. 7). Diese Vorteile trugen letztlich zu dem Entschluß des Unternehmens bei, sich gerade für diesen Werkstoff zu entscheiden und im Rahmen der ökologieorientierten Marketing-Konzeption nicht auf andere Kunststoffe überzuwechseln.

Als Absicherungsstrategie gegenüber der Öffentlichkeit wie auch gegenüber den Abnehmern wurde das RAL-Gütezeichen beantragt. Durch die damit verbundene laufende neutrale Überwachung der Produktion durch das »Süddeutsche-Kunststoff-Zentrum Würzburg« und das »Institut für Fenstertechnik Rosenheim e.V.« konnte eine gleichbleibende ökologische und fertigungstechnische Qualität sichergestellt und vor allem glaubhaft kommuniziert werden.

- Mechanische Festigkeit und Formstabilität
- Einfache und vielfältige Gestaltungsmöglichkeiten
- Sehr geringe Durchlässigkeit gegenüber Luft, Aromaten, Wasserdampf, Chemikalien etc.

Abb. 6: Produktvorteile des Werkstoffs PVC

- Geringerer Energieaufwand zur Herstellung im Vergleich zu anderen Werkstoffen
- PVC besteht zu über 50 % aus heimischem Steinsalz, daher Einsparung petrochemischer Rohstoffe
- Keine Freisetzung toxischer Inhaltsstoffe bei der Deponierung
- Hoher Heizwert bei energetischem Recycling (vergleichbar dem Heizwert von Erdöl)

Abb. 7: Umweltorientierte Vorteile von PVC

Um sich im Rahmen der Produktpolitik als kompetenter Partner bei allen Problemen rund ums Fenster profilieren zu können, wurden neben den Profilen und den fertig montierten Komplettfenstern auch architektonische Dienstleistungen und weitere ergänzende Beratungs- und Montageleistungen angeboten.

Aufgrund der überlegenen Produkteigenschaften sollte zur Markteinführung keine duale Strategie (Parallelangebot der alten und neuen Profile/Fenster) gewählt werden, sondern konsequent das gesamte Angebotsprogramm im Hochbaubereich auf die neue Fertigungs- und Werkstofftechnologie umgestellt werden.

Im Bereich der Produkt- und Fertigungstechnologie liegt für Helling der zentrale Wettbewerbsvorteil. Durch die seit mehreren Jahren patentierte unternehmensspezifische Beschichtungstechnologie hatte das Unternehmen bereits 1987 seine Profilproduktion auf cadmium- und bleifrei Stabilisatoren umgestellt. Dies war möglich, weil durch die Beschichtung die nicht ausreichende Witterungsbeständigkeit der neuen Stabilisatoren kompensiert werden konnte. Das Verarbeitungs- und Produkt-Know-how bezüglich PVC-Profilen mit Calcium-Zink-Stabilisatoren sicherte Helling gegenüber den wichtigsten Wettbewerbern einen mehrjährigen Zeitvorsprung. Dies auch deshalb, weil eine Umrüstung der Produktionsanlagen von cadmium- und bleihaltigen Stabilisatoren auf Calcium-Zink-Stabilisatoren mit einem hohen Investitions- und Zeitaufwand verbunden war.

2.2.2 Kommunikationspolitik

Zentrales Ziel der Kommunikationsstrategie von Helling ist die Erzeugung eines »Nachfragesogs« für umweltgerechte PVC-Fenster durch direkte Ansprache der Endverbraucher. Nur durch die Erreichung dieses Zieles ist es nach Auffassung des Unternehmens möglich, die bisherigen und neu zu akquirierende Konfektionäre zur Umrüstung ihres vorhandenen Werkzeug- und Maschinenparks zu bewegen.

Die wichtigste Zielgruppe im Rahmen der Kommunikationsstrategie sind die staatlichen Hochbauämter. Diese übernehmen für die übrigen Abnehmergruppen die Funktion eines Meinungsführers und sind darüber hinaus auch wegen ihrer Abnahmemengen für Helling von besonderer Bedeutung. Ferner stehen gerade die Entscheidungsträger in den Hochbauämtern umweltpolitisch im Blickfeld der Öffentlichkeit und sind aus diesem Grunde bemüht, sich durch eine ökologisch vorbildhafte Beschaffungspolitik für öffentliche Bauvorhaben zu profilieren. Neben den Hochbauämtern stellen potentielle Konfektionäre die zweite wichtige Zielgruppe der kommunikativen Bemühungen des Unternehmens dar.

Das Schwergewicht der Kommunikationsstrategie bildet der Versuch, im Rahmen der öffentlichen Ausschreibungsverfahren eine Änderung der Produktspezifikationen für Kunststoffenster herbeizuführen. In der Vergangenheit hatte es das Unternehmen nicht geschafft, im überregionalen Bereich bei der Auftragsvergabe für öffentliche Bauvorhaben berücksichtigt zu werden, weil die einzelnen Hochbauämter bereits über eine ausreichende Anzahl langjährig vertrauter Lieferanten verfügten.

Im Rahmen des persönlichen Verkaufs bietet sich für Helling nun erstmals die Chance, durch Hinweis auf die umweltfreundlichen Produkteigenschaften der eigenen PVC-Fenster (»cadmium- und bleifrei; auch aus Recycling-PVC herstellbar«) in etablierte Lieferantenstrukturen im überregionalen Bereich einzubrechen und auf diese Weise die Entscheidungsträger in den Hochbauämtern von einer ökologieorientierten Änderung ihrer Beschaffungsrichtlinien zu überzeugen. Im Erfolgsfalle würde dies unmittelbar zu einer Auftragsvergabe zugunsten des Unternehmens führen, da Helling bisher der einzige Anbieter cadmium- und bleifreier PVC-Fenster ist.

Argumentationsschwerpunkt gegenüber potentiellen Konfektionären als zweiter Zielgruppe bildet der Versuch, die Verunsicherung der Konfektionäre bezüglich der langfristigen Bewitterungsfestigkeit der neuen PVC-Fenster mit Calcium-Zink-Stabilisatoren überzeugend abzubauen, zumal diese Stabilisatoren bisher als nicht ausreichend dauerhaft galten. Da Helling nicht auf eigene, über mehrere Jahre laufende Langzeitversuche zurückgreifen kann, wurde die Verunsicherung der Konfektionäre erst durch die Übernahme einer Qualitätsgarantie der BASF als Hauptlieferant der neuen Stabilisatoren abgebaut.

Schwerpunkt im Rahmen des Kommunikations-Mix bildet neben Messebeteiligungen zur Präsentation der neuen umweltgerechten PVC-Profile vor allem die Öffentlichkeitsarbeit. Der klassischen Werbung kommt nur eine untergeordnete Bedeutung zu. Dies ist einerseits auf die Unternehmensgröße zurückzuführen als auch auf den Umstand, daß seitens des Verbandes (GKV) ein nicht unerheblicher Druck auf Helling ausgeübt wurde, nicht mit dem Umweltargument »Calcium- und bleifrei« in der Werbung aufzutreten. Dies wurde mit dem Argument begründet, die auf dem Markt verfügbaren Mengen an Calcium-Zink-Stabilisatoren würden nicht zur Versorgung aller Profilhersteller ausreichen und ein ökologieorientiertes Vorpreschen einzelner Verbandsunternehmen sei nicht wünschenswert. Seit der Kunststoffmesse »K 89« stehen durch die Produktionserweiterung bzw. -aufnahme mehrerer Lieferanten jedoch größere Mengen an Calcium-Zink-Stabilisatoren zur Verfügung, sodaß Helling nun auch in der klassischen Werbung eine bewußte Herausstellung der ökologischen Produktvorteile seiner Produkte plant.

2.2.3 Preispolitik

Bei der zunächst wichtigsten Zielgruppe der Hochbauämter kann von einer relativ hohen Preisbereitschaft für umweltgerechte PVC-Fenster ausgegangen werden. Die sich den entsprechenden öffentlichen Entscheidungsträgern bietende Chance, durch eine Auftragsvergabe, die auch ökologische Kriterien berücksichtigt, der umweltpolitischen Sensibilisierung der Bevölkerung Rechnung zu tragen, ließ den höheren Preis für die Helling-Fenster in den Hintergrund treten.

Mit Ausnahme des Bereiches Öffentlicher Bau liegt ein wesentliches Risiko der Preispolitik für die umweltgerechten PVC-Profile/Fenster in der Unsicherheit über die Chancen einer Überwälzung der erheblich höheren Produktionskosten (vgl. Abb.8). Obwohl bei einigen Abnehmern bereits ein Preisaufschlag von 3 % für cadmium- und bleifreie PVC-Fenster vereinbart werden konnte, bestanden andere Abnehmergruppen auf einem unveränderten Preis, da für diese ökologieorientierte Produkteigenschaften nur eine außerordentlich geringe Bedeutung besitzen.

Ein weiterer die Preispolitik von Helling erschwerender Faktor war der für eine optimale Produktionsplanung notwendige Auftragsvorlauf. Die Aufträge für die Produktion der Monate Februar/März werden im Regelfall bereits im Oktober/November des vorausgehenden Jahres hereingenommen. Zum Zeitpunkt der Markteinführung der umweltgerechten PVC-Profile/Fenster im Februar 1990 hätten dementsprechend schon Aufträge vom Oktober 1989 vorliegen müssen. Da zur Markteinführung noch keine festen Aufträge vorlagen, war Helling kurzfristig gezwungen, daß notwendige Auftragsvolumen durch Preiszugeständnisse zu akquirieren. Diese zur Auslastung der Produktionskapazitäten notwendigen preispolitischen Schritte erschwerten andererseits die mittelfristige angestrebte und zur Überwälzung der gestiegenen Produktionskosten notwendige preisliche Höherpositionierung der cadmium- und bleifreien PVC-Profile/Fenster.

2.2.4 Distributionspolitik

Das Ziel der distributionspolitischen Bemühungen der ökologieorientierten Marketing-Konzeption von Helling ist die Nutzung des umweltorientierten Innovationsvorsprungs,

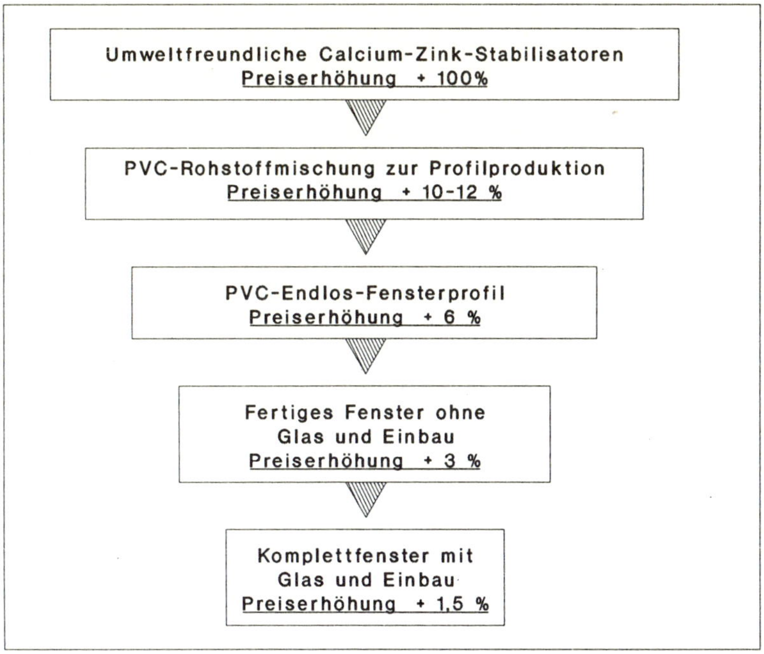

Abb. 8: Kostenwirkungen der Preiserhöhung für umweltfreundliche Stabilisatoren in den einzelnen Produktionsstufen

den das Unternehmen durch seine Produktions- und Produkttechnologie besitzt. Bei grundsätzlich unveränderten Absatzkanalstrukturen soll vor allem der Distributionsgrad durch Akquisition neuer Absatzmittler, insbesondere zusätzlicher Konfektionäre, erhöht werden.

In Kooperation mit den Absatzmittlern soll zukünftig verstärkt an öffentlichen Ausschreibungen teilgenommen werden. Die ökologieorientierten Produktvorteile der PVC-Fenster und Profile von Helling eröffnen hier neue Marktchancen.

3. Erfolg der ökologieorientierten Marketing-Konzeption

Als Folge der noch laufenden Markteinführung der umweltgerechten PVC-Profile und Fenster lassen sich über den Erfolg der ökologieorientierten Marketing-Konzeption bislang nur sehr eingeschränkte Aussagen machen.

Obwohl über den Markt- und Absatzerfolg noch kein abschließendes Urteil abgegeben werden kann, so ist zumindest bei der Zielgruppe der öffentlichen Auftraggeber bereits eine deutlich erhöhte Preisbereitschaft festzustellen. Bei dieser ökologisch überdurchschnittlich sensibilisierten Abnehmergruppe deutet einiges darauf hin, daß sich mittelfristig neue Ertragspotentiale, über die reine Weitergabe der höheren Produktionskosten hinaus, erschließen lassen. Die auch in Zukunft zunehmende Sensibilisierung der Öffentlichkeit für Umweltprobleme wird sich in einem immer stärker von ökologieorientierten Entscheidungskriterien geprägten Kaufverhalten der öffentlichen Hand niederschlagen und damit Helling als einem mittlerweile ökologisch profilierten Anbieter neue Absatzpotentiale eröffnen.

Als Umweltschutzerfolg des ökologieorientierten Marketinghandelns von Helling ist die völlige Einstellung des Cadmium- und Bleiverbrauchs zu nennen.

Fallstudie BASF Lacke + Farben AG

1. Marketing-Problemstellung

1.1 Situation des Marktes für Fahrzeugserienlacke

Der Markt für Fahrzeuglacke kann in zwei Segmente unterteilt werden. Auf der einen Seite das Segment der Fahrzeugserienlacke mit einem Marktvolumen von ca. 80.000 bis 100.000 Tonnen in der Bundesrepublik, auf der anderen Seite das Segment der Autoreparaturlacke. Letzteres weist ein Marktvolumen von etwa 150.000 bis 200.000 Tonnen p.a. auf. Die vorliegende Fallstudie befaßt sich ausschließlich mit dem Fahrzeugserienlacksegment, für welches die Entwicklung und Markteinführung eines umweltgerechten Neuproduktes dokumentiert wird.

Entsprechend dem kontinuierlichen Wachstum des Automobilabsatzes seit den 50er Jahren, stiegen auch Nachfrage und Produktion der die Fahrzeugindustrie beliefernden Lackhersteller. Diese Entwicklung gilt in Deutschland und auf dem Weltmarkt. Bei genauerer Betrachtung stellt sich dieses Marktwachstum jedoch als Ergebnis zweier gegenläufiger Entwicklungen dar. Als Resultat einer ständig verbesserten Lackiertechnologie, z.B. verbesserter Wirkungsgrad beim Lackauftrag (geringerer »Overspray«) und einer Reduktion der Lackschichten von vier auf drei verringerte sich die notwendige Lackmenge pro Fahrzeug in den vergangenen Jahren kontinuierlich. Diese Entwicklung wurde jedoch bisher durch die steigende Zahl produzierter Fahrzeuge überkompensiert.

Ausgehend von der Zielsetzung, das Explosions- und Brandrisiko in Lackierereien zu reduzieren, wurden bereits Mitte der 60er Jahre Wassertauchlacke (Anionische Elektrotauchlackierungen) in der Automobilindustrie eingeführt. Mit diesen weitgehend unbrennbaren Lacken sollte eine deutliche Einsparung bei den von Lackierereien zu zahlenden Versicherungsprämien erzielt und das allgemeine Unfallrisiko herabgesetzt werden. Umweltpolitische Aspekte spielten zu jener Zeit lediglich eine untergeordnete Rolle.

Die Verabschiedung der sog. »Rule 66« in Kalifornien brachte gegen Ende der 60er Jahre erstmals größere ökologieinduzierte Marktumwälzungen mit sich. Aufgeschreckt durch sich häufende »Smog-Probleme« in amerikanischen Großstädten widmete sich der Gesetzgeber in den USA auch den Lösungsmittelemissionen von Lackierereien. In Kalifornien kam es daraufhin zu einem Verbot bestimmter Lösungsmittel sowie zu strengen Auflagen bezüglich der zukünftig zulässigen Lösungsmittelemissionen bei Lackierprozessen. Diese Auflagen konnten von den Lackherstellern zum damaligen Zeitpunkt nur durch eine deutliche Anhebung des Festkörpergehaltes der Lacke erfüllt werden. Die Nachfrage verschob sich in der Folgezeit dementsprechend zugunsten dieser sog. »High-Solid«-Lacke.

Neben diesem umweltinduzierten Technologieumbruch, der weitestgehend auf den amerikanischen Markt beschränkt blieb, kam es Anfang der 70er Jahre zu einer nachfrageinduzierten Technologieveränderung, als die BASF L+F als erster Anbieter das 2-Schicht-Metallic-System zunächst in Europa und Anfang der 80er Jahre auf dem nordamerikanischen Markt einführte. Abgesehen von diesen beiden technologischen Innovationen war der Markt für Fahrzeugserienlacke seit Ende der 60er Jahre durch eine stetig wachsende Absatzentwicklung ohne größere Produktveränderungen gekennzeichnet.

1.2 Konkurrenzsituation

Der Weltmarkt für Automobilserienlacke läßt sich analog zu den Produktionsstandorten der Abnehmer geographisch in drei Segmente unterteilen: USA, Westeuropa und Japan.

Die weltweit zunehmenden wirtschaftlichen Verflechtungen, im Kraftfahrzeugbereich vor allem an den weltweit steigenden Automobilexporten zu erkennen, haben zu einer hohen Bedeutung der internationalen Dimension des Wettbewerbs geführt. Dabei sind die großen internationalen Lackhersteller auf fast allen wesentlichen Märkten mit eigenen Fertigungsstätten vertreten. Im Zuge dieser Entwicklung erwarb die BASF L+F AG 1985 den amerikanischen Lackhersteller INMONT und baute damit ihre internationale Marktposition erheblich aus. Der zu diesem Zeitpunkt im amerikanischen Markt tätigen Tochtergesellschaft der BASF L+F war es aufgrund ihrer anerkannt hohen Produktqualität (Übertragung des in Europa bewährten Technologie-Know-hows) zwar gelungen, sich als ein zusätzlicher Lieferant der drei großen amerikanischen Automobilproduzenten zu etablieren, eine umfassende Marktdurchdringung wurde aber erst durch die Akquisition von INMONT möglich.

Der von einer hohen Wettbewerbsintensität geprägte US-Markt wird dominiert von drei Anbietern mit jeweils ca. 30% Marktanteil: DUPONT, PPG und BASF Corporation C+I/INMONT. Der europäische Markt dagegen weist durch die Vielzahl relativ kleiner nationaler Märkte noch eine größere Zahl von Wettbewerbern auf. Von den insgesamt ca. 25 Anbietern in Europa sind jedoch die meisten nur von regionaler Bedeutung.

Bis Mitte der 80er Jahre wurde der deutsche Markt für Autoserienlacke zu etwa 75% von der BASF L+F und der HOECHST-Tochter HERBERTS bedient. Die lange Zeit relativ unveränderten Wettbewerbsstrukturen gerieten etwa ab 1985 in Bewegung, als mehrere große ausländische Wettbewerber mit preisaggressiven Marketingstrategien in den deutschen Markt drängten. Die aus kartellrechtlichen Gründen bei der INMONT-Akquisition von der BASF L+F nicht miterworbene deutsche INMONT-Tochtergesellschaft wurde von der englischen ICI übernommen. Im Anschluß daran fusionierte die Fahrzeuglacksparte der ICI, inklusive der ehemaligen deutschen INMONT-Tochter, mit der europäischen Tochtergesellschaft der amerikanischen DUPONT zur IDAC. Diese beiden bislang auf dem deutschen Markt relativ unbedeutenden Anbieter wurden so zu einem neuen, mit erheblichen personellen und finanziellen Ressourcen ausgestatteten Wettbewerbsfaktor. Der vierte bedeutende Weltmarktanbieter PPG, der in der Vergangenheit hauptsächlich im Rahmen der Lizenzvergabe für kathodische Tauchlacke auf dem deutschen Markt aktiv war, erwarb einen kleineren deutschen Lackhersteller und investierte massiv in den Ausbau der Fertigungskapazitäten für Spritzlacke.

Die geringe Zahl der Abnehmer bei Automobilserienlacken hat zur Folge, daß alle Lackanbieter mit Direktvertriebssystemen arbeiten. Im Wettbewerb mit Lacklieferanten mit einem vergleichbaren Technologiepotential bilden ständige Innovationen eine notwendige Voraussetzung zur Teilnahme am Wettbewerb. Dauerhafte Wettbewerbsvorteile lassen sich durch eine kontinuierliche Verbesserung der traditionellen technischen Leistungsdimensionen jedoch nicht erzielen. Diese Situation hat den Preis zu einem wesentlichen Wettbewerbsparameter werden lassen. Einem einzelnen Anbieter ist es vor diesem Hintergrund kaum möglich, ein vom Wettbewerb nach oben abweichendes Preisniveau für seine Produkte auf Dauer durchzusetzen. Zum Aufbau einer langfristigen Kundenbindung engagierten sich insbesondere die qualitätsorientierten Anbieter in den letzten Jahren immer stärker im Bereich der sog. »value-added-services«. Über das Grundprodukt hinaus werden dem Kunden dabei immer mehr Dienstleistungen im Bereich der Prozeß- und Anwendungstechnologie angeboten. Die Umweltqualität des Grundproduktes bzw. die Ökologieorientierung von Serviceleistungen wurden erst ab Mitte der 80er Jahre als neue Profilierungsebene im Wettbewerb entdeckt.

1.3 Abnehmersituation

Als Folge von seit Anfang der 80er Jahre gehäuft auftretenden »Umwelt-Störfällen« in der Industrie kam es in der Öffentlichkeit zu einer immer mehr um sich greifenden Diskussion über die von der Industrie ausgehenden potentiellen Umweltverschmutzungsrisiken. Diese Entwicklung führte schließlich auch zu einer ökologischen Sensibilisierung hinsichtlich der bei Lackiertätigkeiten entstehenden Lösungsmittelemissionen. Dementsprechend kam es auf seiten des Gesetzgebers 1982 zu Überlegungen bezüglich einer Neufassung der Technischen Anleitung Luft (TA-Luft). Der von der im März 1986 in Kraft tretenden TA-Luft-Novellierung ausgehende Handlungsdruck zwang die Automobilindustrie, kurzfristig Maßnahmen zur Lösungsmittelreduktion zu ergreifen. Naheliegend erschien in diesem Zusammenhang die Umstellung auf lösungsmittelreduzierte Lacke. Bei diesen Lacken wurde der Lösungsmittelgehalt zugunsten eines höheren Festkörperanteil substituiert.

Die Abnehmer insbesondere in der amerikanischen Automobilindustrie waren in dieser Situation dazu bereit, aufgrund verschärfter umweltpolitischer Auflagen gegebenenfalls Zugeständnisse bei der Lackqualität zu machen, da Lacke mit hohem Festkörpergehalt zwar zu einer umweltpolitisch gewünschten Reduktion der Lösungsmittelemissionen führten, aber auch eine verschlechterte Oberflächenqualität der Lackierung (Appearance) zur Folge hatten. In der europäischen Automobilindustrie war die Bereitschaft zu derartigen Qualitätszugeständnissen dagegen nicht vorhanden.

Vor diesem Hintergrund bot der von der BASF L+F entwickelte Wasserbasislack durch seine im Vergleich zu herkömmlichen Metallic-Lacken ca. 90%ige Lösungsmittelreduktion die Chance, die gesetzlichen Umweltschutzforderungen bei weitem überzuerfüllen und dabei eine den konventionellen Lacken zumindest ebenbürtige Appearance-Qualität zu bieten. Der vom Gesetzgeber ausgehende umweltpolitische Handlungsdruck auf die Automobilhersteller sollte aus Sicht der BASF L+F zu einer tendenziell höheren Preisbereitschaft der Abnehmer beitragen. Dies nicht zuletzt deshalb, weil mit Wasserbasislacken eine umweltgerechte Problemlösung angeboten werden konnte.

Das Kauf- und Entscheidungsverhalten im Markt für Fahrzeugserienlacke ist durch eine Reihe für Investitionsgüter charakteristische Merkmale geprägt. In diesem Zusammenhang sind insbesondere die sog. »Buying-Center«-Strukturen auf der Einkaufsseite des Kunden zu nennen. Die Kaufentscheidung für Fahrzeugserienlacke wird dabei von einem internen Beratungsgremium getroffen. Eine den Spezifikationen des Automobilherstellers entsprechende Lackqualität vorausgesetzt (technische Freigabe), müssen im weiteren Verlauf eines solchen kollektiven Kaufentscheidungsprozesses sehr unterschiedliche Ansprüche der im Einkaufsgremium vertretenen Unternehmensbereiche erfüllt werden (vgl. Abb. 1).

Bei den Kaufentscheidungskriterien läßt sich seit Anfang der 80er Jahre eine steigende Bedeutung umweltorientierter Produktmerkmale feststellen. Hierbei wird vor allem dem Emissionsverhalten der Fahrzeuglacke verstärkt Aufmerksamkeit geschenkt. Dieser Bedeutungszuwachs ging jedoch nicht zu Lasten der nach wie vor außerordentlich wichtigen Schutz- und »Appearance« Funktion von Fahrzeuglacken. Eine langjährig hohe Lackqualität mußte in diesem Zusammenhang auch unter ständig schwierigeren Einsatzbedingungen (verstärkter Spliteinsatz im Winter, saurer Regen, etc.) sichergestellt werden.

Im US-Markt beeinflußten Forderungen der Automobilindustrie nach emissionsreduzierten Lacken seit 1966 die Kaufentscheidung bei Lacken. Die von der amerikanischen Environmental Protection Agency (EPA) drastisch herabgesetzten Emissionsgrenzwerte

Am Entscheidungsprozeß beteiligter Unternehmensbereich	Anforderungen an den Fahrzeuglack
Marketing	▪ Dauerhaft gute Lackqualität ▪ Geringe Umweltbelastung bei der Lackierung ▪ Vorreiterrolle bei der Einführung umweltfreundlicher Lacke aus Imagegründen erwünscht
Produktion	▪ Ausgereifte Verfahrenstechnologie verfügbar ▪ Möglichst geringer fertigungstechnischer Umrüstungs- und Investitionsaufwand
Finanzen	▪ Kostenminimale Erfüllung der Umweltschutzmindeststandards

Abb. 1: Beispielhafte Kaufentscheidungskriterien verschiedener Unternehmensbereiche bei Fahrzeugserienlacken

für Lackierereien hatten die kurzfristige Markteinführung von Lacken mit sehr hohem Festkörpergehalt zur Folge. Obwohl diese »High-Solid«-Lacke gegenüber konventionellen Lacken eine deutlich geringere Verarbeitungssicherheit aufwiesen und darüber hinaus zu wesentlich dickeren Lackschichten führten, setzten sie sich schnell im Markt durch, da lediglich mit diesen Lacken die neuen Emissionsgrenzwerte erreicht werden konnten.

Ein weiterer erheblicher Qualitätsnachteil der »High-Solids« war die rauhere Oberflächenstruktur des Lackes (sog. »Orangenhauteffekt«). Dieser Qualitätsverlust sowie der insgesamt nur geringe Umweltentlastungseffekt (Lösungsmittelreduktion kontra höherer Lackverbrauch durch dickere Lackschichten) ließen eine Übernahme der »High-Solids« für Deutschland sowohl aus Abnehmersicht als auch vom Standpunkt des Gesetzgebers nicht wünschenswert erscheinen.

1.4 Unternehmenssituation

Die BASF Lacke+Farben AG ist eine 100 %ige Tochtergesellschaft der BASF AG. Sie erzielte 1988 einen Umsatz von ca. 1,5 Mrd.DM und beschäftigt ca. 6.000 Mitarbeiter. Ein erheblicher Teil der zur Lackherstellung benötigten Rohstoffe werden von Unternehmen der BASF-Gruppe bezogen.

1.4.1 Die ökologische Betroffenheit der BASF L+F AG

Ein vom Verband der Automobilindustrie (VDA) und dem Verband der Lackhersteller (VDL) im Jahre 1983 initiiertes Technologieforum über den aktuellen Stand der Lackiertechnik führte zu einem deutlich erhöhten Problembewußtsein auf seiten der Abnehmer. Die zum Zeitpunkt des Technologieforums bevorstehende Novellierung der Technischen Anleitung Luft (TA-Luft) mit den zu erwartenden deutlich verschärften Grenzwerten für Lösungsmittelemissionen förderte in diesem Zusammenhang das ökologieorientierte Problembewußtsein sowohl in der Automobilindustrie als auch bei den Lackherstellern erheblich. Auf der Endverbraucherebene, d.h. bei den Autokäufern war eine derartige ökologische Sensibilisierung jedoch nicht festzustellen.

Das hauptsächlich durch bevorstehende gesetzliche Auflagen entstandene umweltbezogene Problembewußtsein der Abnehmer führte zu einem kurzfristig deutlich veränderten Anspruchsverhalten der Automobilindustrie gegenüber den Lackherstellern. Es entwikkelte sich ein erheblicher Nachfragedruck bezüglich umweltgerechterer Lacke und Lakkierverfahren. Die 1986 im Rahmen der TA-Luft-Novellierung verschärften Umweltschutzvorschriften waren die Folge kritischer Medienberichte über die von Lösungsmitteldämpfen ausgehenden Gefahren für Umwelt und Gesundheit.

Die geschilderte direkte Betroffenheit der Automobilhersteller (vgl. Abb. 2) als wesentlichster Abnehmerbranche der Lackindustrie bezog sich dabei ausschließlich auf den Produktionsbereich (Lackiererei). Nach der Fertigstellung der Lackierung bzw. des gesamten Autos, d. h. während der Nutzung des Fahrzeugs, kam es bezüglich des Lackes weder objektiv noch subjektiv zu irgendwelchen Umweltbelastungen. Die Umweltfreundlichkeit des verwendeten Lackes spielte aus diesem Grunde bei der Kaufentscheidung für Automobile zum damaligen Zeitpunkt keine Rolle.

Die BASF L+F war in dieser Situation also nicht direkt von Umweltproblemen im eigenen Unternehmen betroffen. Vielmehr kann von einer indirekten Betroffenheit gesprochen werden. Der umweltpolitische Druck auf die Abnehmer wirkte hier im Sinne eines ökologieorientierten Rückkopplungseffektes auf den (Lack-) Lieferanten zurück.

Obwohl die direkte ökologische Betroffenheit der Automobilindustrie zu diesem Zeitpunkt hauptsächlich die in der Lackiererei freigesetzten Lösungsmittel betraf, wurde die Erfassung aller Umweltbelastungen (z.B. Energieaufwand, Lösungsmittelemission, Koagulatanfall, Wasserbelastung, etc.) im Rahmen einer Gesamtprozeßanalyse für die Automobilindustrie zunehmend wichtiger. Vor dem Hintergrund dieser intensivierten Auseinandersetzung der Abnehmer mit der Umweltverträglichkeit ihrer Lackiererei erwartete die BASF L+F eine zukünftig steigende Bedeutung einer ökologieorientiert offensiven Vorgehensweise.

1.4.2 Die ökologierelevanten Chancen und Risiken der BASF L+F AG

Das bei weitem größte Risiko bestand für die BASF L+F 1983 in einer drastischen Verschärfung der gesetzlichen Umweltschutzauflagen für Lackierereien. Das Unternehmen mußte damit rechnen, daß die Automobilindustrie kurzfristig in großen Mengen umweltfreundliche Lacke nachfragt, welche von der BASF L+F weder in der gewünschten umweltpolitisch optimalen Spezifikation noch in der benötigten Menge lieferbar waren.

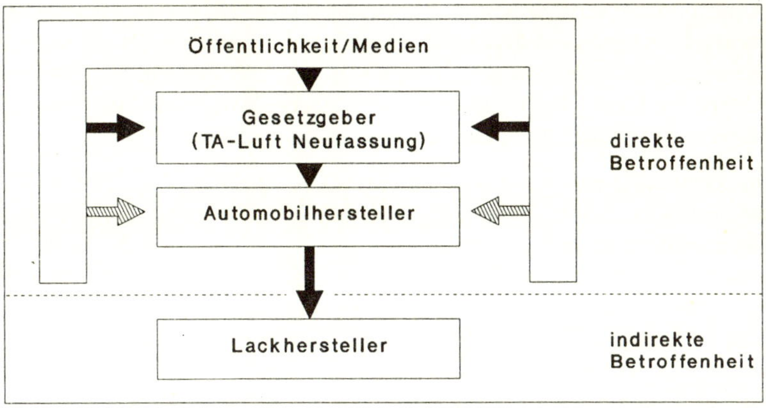

Abb. 2: Ablaufschema der ökologischen Betroffenheit der Fahrzeuglackhersteller

Trotz dieser nicht unerheblichen Absatzrisiken unterstützte das Unternehmen in Übereinstimmung mit dem Verband der Lackhersteller die umweltpolitische Initiative des Gesetzgebers. Durch die Zusammenarbeit mit dem Gesetzgeber (Bereitstellung von umweltorientiertem Lack- und Verfahrens-Know-how) sollte eine sich an den technologischen Realitäten orientierende TA-Luft-Novellierung sichergestellt werden.

Die strengere Umweltgesetzgebung in Deutschland und anderen europäischen Ländern folgte dabei der öffentlichen Meinung. Selbst in Ländern wie Frankreich, Spanien oder Italien setzte sich eine restriktivere Haltung der Legislative bezüglich dem Emissionsverhalten von Lackierereien durch. Sollte es insbesondere vor dem Hintergrund des gemeinsamen europäischen Binnenmarktes 1992 in der EG zu schärferen Umweltschutzauflagen für Lackierbetriebe kommen, würden sich beträchtliche Absatzchancen durch einen ökologieinduzierten »Nachfragesprung« bei Wasserbasislacken bzw. anderen umweltgerechten Lackiertechnologien für die BASF L+F ergeben. Ein vorsorglicher Aufbau entsprechender Produktionskapazitäten könnte in diesem Zusammenhang in Deutschland die Marktführerposition des Unternehmens sichern helfen und in wichtigen europäischen Märkten unter Ausnutzung des ökologieorientierten Produkt- und Verfahrens-Know-hows zu einem Ausbau der Marktstellung beitragen.

Gegenüber der sensibilisierten Öffentlichkeit boten sich zwei Argumentationsmuster als Chance zur ökologieorientierten Aktualisierung und Erweiterung des Unternehmensimage und damit als Chancen zur Festigung der erreichten Marktposition an:

(1) Die zentrale ökologieorientierte Legitimationschance ergab sich durch die eigentliche Grundfunktion von Fahrzeuglacken, den Korrosionsschutz. Die dauerhafte Sicherstellung des Wertes und Gebrauchsnutzens eines Autos und damit die Gewährleistung einer möglichst langen Betriebsdauer trägt einerseits zur Ressourcenschonung bei (allein in der Bundesrepublik entstehen jährlich Korrosionsschäden an Wirtschaftsgütern in zweistelliger Milliardenhöhe) und fördert darüber hinaus die Zufriedenheit des Besitzers mit seinem Fahrzeug (Ästhetik, schönes Aussehen). Diese positiven umweltorientierten Eigenschaften sichern in hohem Maße die für eine ökologieorientierte Marketing-Konzeption notwendige konsumentengerichtete Glaubwürdigkeit des Unternehmens.

(2) Eine weitere ökologieorientierte Legitimations- und Profilierungschance basierte auf dem neuen Lösungsmedium Wasser. Wasser war als Ersatzstoff für die bislang verwendeten organischen Lösungsmittel ein sehr guter Wahrnehmungsanker zur Kommunikation der Umweltqualität des neuen Lackes. Wasser wurde vom Verbraucher unmittelbar mit »Natur« und »Umweltfreundlichkeit« assoziiert.

Die auf der einen Seite eher emotional orientierte, andererseits deutlich rational gehaltenen Argumentationsmuster sollten die grundsätzliche Legitimität des Produktes und des Unternehmens sicherstellen.

Neben den technologischen Herausforderungen – insbesondere bei Wasserbasislacken – sind preisliche Aspekte als Wettbewerbsparameter bei Fahrzeugserienlacken von hoher und zunehmender Bedeutung. Die BASF L+F hat sich aus diesem Grunde schon frühzeitig zu einem Systemanbieter bei allen Arten von Lackierproblemen entwickelt. Vor diesem Hintergrund bot sich die Chance, durch die Entwicklung von ökologieorientierten Packetangeboten im Sinne eines ökologisch optimierten Gesamtprozesses bestehend aus Verfahrenstechnik, Wasserlacken und Betriebs-Know-how, Markteintrittsbarrieren aufzubauen bzw. eine dauerhafte Kundenbindung erreichen zu können. Auf diese Weise sollte eine Profilierung gegenüber dem Wettbewerb als ökologieorientiert kompetenter Systemanbieter möglich sein.

Ein erhebliches konkurrenzorientiertes Risiko bei allen Ansätzen zu einer umweltorientierten Profilierung besteht darin, daß die Abnehmer bei neuen Lacken und Verfahrenstechnologien besonderen Wert darauf legen, jederzeit, ohne Umrüstungen vornehmen zu müssen, auch die Lacke der Konkurrenz verarbeiten zu können. Aufgrund der nicht unerheblichen Nachfragemacht der Automobilhersteller muß sich jeder Lacklieferant dieser Forderung anpassen. Die Profilierungsmöglichkeiten gegenüber konkurrierenden Lackanbietern sind, insbesondere bezüglich des Kernproduktes, dementsprechend beschränkt. Auf dem Umweltschutzsektor bestehen Profilierungschancen nur unter der Voraussetzung, daß wettbewerbsüberlegenes Verfahrens-, Anwendungs- und gegebenenfalls auch Entsorgungs-Know-how angeboten wird und durch frühzeitige und umfangreiche F&E-Investitionen ein gewisser Zeitvorteil sichergestellt werden kann.

Allerdings besteht auch in diesem Fall die Gefahr, daß nachdem die BASF L+F als Pionier einmal die Markterschließung im Sinne einer Überzeugungsarbeit zur Einführung von Wasserbasislacken geleistet hat, Wettbewerber durch preisaggressive Angebote in den Markt eindringen und sich dadurch die von der BASF L+F geleistete Markterschließung zunutze machen.

Eine zusätzliche abnehmerorientierte Chance bot sich mit Wasserbasislacken im amerikanischen Markt. Gegenüber den aus Gründen der gesetzlich verordneten Lösungsmittelreduktion in den USA sehr weit verbreiteten High-Solid Lacken konnte die US-Automobilindustrie durch die Verwendung von Wasserbasislacken eine deutliche Appearance-Verbesserung erzielen und darüber hinaus die Lösungsmittelemission nochmals erheblich absenken.

Die ökologierelevanten Chancen und Risiken zeigt die Abbildung 3 noch einmal im Überblick.

1.4.3 Die ökologierelevanten Stärken und Schwächen der BASF L+F AG

Als Folge des 1983 von der Gesellschaft für Technologieforschung e.V. veranstalteten Lack-Technologieforums kam es beim Verband der Lackhersteller (VdL) auf Anregung der BASF L+F zu einer umfassenden umweltpolitischen Selbstverpflichtung, welche in der Zielsetzung zum Ausdruck kam, die Lösungsmittelemissionen innerhalb von 5 Jahren um mindestens 25 % zu senken. Die in Analogie zu den umweltpolitischen Ziele des VdL auch unternehmensintern formulierten Ziele im Bereich der Lackentwicklung und Lackherstellung wurden als Handlungsempfehlungen nicht nur explizit für die BASF L+F formuliert sondern wurden darüber hinaus auch entsprechend in den Umweltschutzleitlinien der Muttergesellschaft berücksichtigt. Das offene Bekenntnis des Unternehmens zu einer pro-aktiven Umweltschutzstrategie stellte die Basis der ökologieorientierten Stärken der BASF L+F dar. Als ein Ergebnis dieses Umweltschutzverständnisses wurde ein interner Lenkungsausschuß aus Mitgliedern aller Unternehmensbereiche gebildet, der sich mit Umweltschutzfragen und dabei vor allem mit zukünftig von der BASF L+F anzubietenden ökologieorientierten Dienstleistungen befaßte. Dieser marktorientierte Lenkungsausschuß konnte insbesondere auf das ökologierelevante Know-how einer mittlerweile 100 Mitarbeiter umfassenden Hauptabteilung zurückgreifen, die sich bereits seit mehreren Jahren mit Umweltschutzfragen, ursprünglich einmal nur eigene Betriebsabläufe betreffend, beschäftigte.

In diesem Zusammenhang ist erwähnenswert, daß die Unternehmensleitung schon vor dem Technologieforum 1983 der Überzeugung war, daß die im Bereich der konventionellen Lacke bestehende Marktführerposition nur gehalten werden kann, wenn den Abnehmern zukünftig umweltgerechte Lackierkonzepte angeboten werden können. Als Folge dieser Überlegungen wurde seit Beginn der 80er Jahre die Forschung auf diesem Gebiet intensiviert und ein 35 Mitarbeiter umfassendes Forscherteam eingerichtet, welches sich ausschließlich mit der Entwicklung von Wasserbasislacken befaßte. Die 1985 getätigte Akquisition der amerikanischen INMONT diente nicht zuletzt auch dem Ausbau des Umweltschutz Know-hows und führte zu einer Verdoppelung der Forschungskapazitäten in diesem Bereich.

Die INMONT arbeitete bereits seit mehreren Jahren an Wasserbasislackkonzepten und verfügte hier über ein erhebliches Produkt-Know-how. Sowohl die hohen finanziellen Forschungsvorleistungen für umweltgerechtere Lacke als auch die diesbezüglichen Akquisitionsaufwendungen waren nur auf der Basis der guten finanziellen Situation der Unternehmung als auch durch die Einbindung in die BASF-Gruppe möglich.

Als eine wesentliche technologische Stärke erwies sich ferner der Umstand, daß die BASF L+F als einziger Anbieter über eine komplette Lackierstraße für Wasserbasislacke mit angegliedertem Forschungszentrum verfügte. Auf dieser in den USA angesiedelten Anlage konnten die neuen Lacke und Lackierverfahren unter kundengerechten Großserienbedingungen erprobt und optimiert werden. Darüber hinaus stellte diese Einrichtung das wesentliche Element einer Absicherungsstrategie gegenüber den Abnehmern dar. Durch die Umsetzung einer neuen Produkt- und Verfahrensinnovation in den alltäglichen Lackierbetrieb konnte potentiellen Abnehmern überzeugend die Qualität des Wasserbasislackes am Fahrzeug des Kunden demonstriert werden. Glaubwürdigkeits- und Akzeptanzprobleme hinsichtlich der Umwelt- und Appearancequalität der Wasserbasislacke kamen auf diese Weise erst gar nicht auf.

Die praktische und für jeden Interessenten verifizierbare Demonstration der Verarbeitungseigenschaften in einer Lackierstraße führte zur Überwindung der häufig bei ökologieorientierten Produktinnovationen zu beobachtenden Verunsicherung der Abnehmer hinsichtlich der Qualität der Produkte im Vergleich zu konventionellen Produkten.

Externe Faktoren	Chancen	Risiken
Gesetzgeber	▪ Kooperation zwischen Lackverband und Gesetzgeber führt zu praxisorientierten Umweltschutzauflagen ▪ Schärfere Umweltschutzvorschriften in Europa führen zu ökologieorientierter Sensibilisierung bislang kaum betroffener Länder (Frankreich, Italien)	▪ Drastische Verschärfung der Emissionsgrenzwerte von Lackierereien führt kurzfristig zu Absatzrückgängen bei konventionellen Lacken
Öffentlichkeit	▪ Wasser als Lösungsmittelsubstitut guter Wahrnehmungsanker zur ökologieorientierten Profilierung ▪ Grundfunktion von Lacken (Witterungsschutz) ermöglicht langlebige Produkte und führt damit zur Ressourcenschonung	▪ Weiter zunehmende Sensibilisierung der Öffentlichkeit hinsichtlich der Umweltbelastung durch Lackierereien verringert die ökologische Glaubwürdigkeit des Unternehmens
Absatzmittler/ Abnehmer	▪ Kurzfristig stark steigende Nachfage nach umweltgerechten Lacken als Folge gesetzlicher Auflagen ▪ Ökologisch vorteilhafte Lacke führen gleichzeitig zu verbesserter "Appearance"-Qualität ▪ Lackierungen erhöhen die Produktzufriedenheit (Ästhetik) und schaffen damit eine Legitimationsbasis für das Unternehmen ▪ Branchenüblicher Direktvertrieb erleichtert Durchsetzung von ökologieorientierten Produktinnovationen	▪ Nachfragemacht der Abnehmer führt zu Forderungen nach unentgeltlicher "Umweltschutzberatung" durch die Lacklieferanten ▪ Kapazitätsaufbau für Wasserbasislacke kann umweltpolitisch induziertem Nachfragesprung nach diesen Lacken nicht folgen
Konkurrenz	▪ Zunehmende ökologische Sensibilisierung fördert die Bedeutung umweltorientierten Verfahrens-Know-hows (Systemlösung) ▪ Wettbewerbsparameter Preis könnte bei steigender Umweltorientierung an Bedeutung verlieren ▪ Stark ansteigende umweltorientierte F&E-Aufwendungen drängen kleine Anbieter aus dem Markt	▪ Preisaggressive Wettbewerber drängen BASF L+F immer stärker in die Rolle des reinen Know-how Lieferanten ▪ Konkurrenz profitiert von der Markterschließung für Wasserbasislacke
Wissenschaft/ Forschung	▪ Intensivierte Forschung ermöglicht weitere Verbesserung des Lackierprozesses (Chance für Beratungsdienstleistungen)	

Abb. 3: Ökologierelevante Chancen und Risiken der BASF L+F AG

Vor dem Hintergrund der spezifischen Kaufentscheidungsstruktur des Buying-Centers bei Fahrzeugserienlacken erwies es sich als Stärke des Unternehmens, daß man aufgrund der langjährigen Marktführerschaft über zahlreiche persönliche Kontakte in der Automobilindustrie verfügte. Diese guten Beziehungen dienten nicht zuletzt als informelle Informationsquelle und gewährleisteten dadurch eine genaue Kenntnis der technischen Anforderungen und Wünsche der Abnehmer.

Eine weitere Stärke des Unternehmens stellte der Bezug zahlreicher wesentlicher Lackrohstoffe von anderen Gesellschaften der BASF-Gruppe dar. Neben der Gewährleistung einer gesicherten Rohstoffbasis schaffte diese Konzernintegration die Möglichkeit, alle verwendeten Vorprodukte und Einsatzstoffe hinsichtlich ihrer ökologischen Qualität laufend überprüfen und gegebenenfalls kurzfristig verbessern zu können.

Eine produktbezogene Stärke hatte das Unternehmen auch im Bereich der konventionellen Lacke vorzuweisen. Sobald neue wissenschaftliche Erkenntnisse über die Toxizität bestimmter bislang verwendeter Lackinhaltsstoffe vorlagen, wurde der betroffene Rohstoff aus dem Produktionsprozeß herausgenommen und durch umweltgerechtere Stoffe substituiert. Auch aus Gründen der Arbeitssicherheit wurden auf diese Weise u.a. Benzol, Glykolether, Schwermetallpigmente, Methanol und halogenierte Kohlenwasserstoffe schon frühzeitig aus dem konventionellen Lacksortiment der BASF L+F eliminiert.

Als eine ökologierelevante Schwäche insbesondere im Vergleich zu amerikanischen Wettbewerbern kann die ausgeprägte Technikorientierung im Marketing der BASF L+F genannt werden. Im Rahmen der Neuproduktentwicklung führte die starke Verkaufsorientierung der ausländischen Wettbewerber, hier sind vor allem die Anbieter aus den USA zu nennen, zu verstärkten kommunikativen Anstrengungen bereits im Entwicklungsstadium eines neuen Lackes.

Im Gegensatz dazu begann die BASF L+F erst dann mit der Vermarktung eines neuen Lackes, wenn sowohl die gegenüber dem bisher verwendeten Lack verbesserte Appearance-Qualität, als auch die problemlose Verarbeitung vor Ort beim Abnehmer unter realen Einsatzbedingungen nachgewiesen werden konnte. In der Wahrnehmung der Abnehmer wurde der technologische Vorsprung des Unternehmens somit nicht immer in dem Maße deutlich, wie es tatsächlich gerechtfertigt gewesen wäre. Vor allem die Profilierung als ökologieorientiert kompetenter Systemanbieter, unter Herausstellung der breiten Palette an Zusatzdienstleistungen, war bislang erst in Ansätzen gelungen.

Die ökologierelevanten Stärken und Schwächen des Unternehmens sind in der Abbildung 4 noch einmal im Überblick dargestellt.

2. Die ökologieorientierte Marketing-Konzeption der BASF L+F AG

2.1 Ökologieorientierte Marketingziele und -strategien

Entsprechend der auferlegten umweltorientierten Selbstverpflichtung war es das primäre Ziel der BASF L+F die Lösungsmittelemissionen bei der Lackierung von Fahrzeugen deutlich zu reduzieren. Dieses Ziel wurde auch deshalb verfolgt, weil nur durch eine Be-

Interne Faktoren	Stärken	Schwächen
Unternehmensleitung/ -struktur	▪ Umfassende ökologieorientierte Selbstverpflichtung des Unternehmens (Umweltschutzleitlinien) ▪ Hauptabteilung (100 Mitarbeiter) für Umweltschutzfragen ▪ Gründung eines internen Lenkungsausschusses zur bereichsübergreifenden Koordination ökologieorientierter Problemstellungen	
Finanzielle Situation	▪ Ausreichende Mittel zur Finanzierung auch langfristiger Forschungsvorhaben	
Technisches Know-how	▪ 70 Mitarbeiter der Forschung seit 1985 ausschließlich mit Wasserbasislacken beschäftigt ▪ Vielfältige umwelttechnologische Synergien durch Akquisition von INMONT ▪ Komplette Lackierstraße (Forschungszentrum) zur Produkt- und Verfahrenserprobung vorhanden ▪ Lackierstraße ermöglicht Überwindung von Akzeptanzbarrieren bei den Abnehmern ▪ Ökologieorientiertes Verfahrens-Know-how könnte eigenständig vermarktet werden	▪ Starke Technologiedominanz im Marketing geht zu Lasten der Verkaufsorientierung
Leistungsprogramm	▪ Frühzeitiger Ersatz umweltbelastender Inhaltsstoffe bei konventionellen Lacken ▪ Langjährige Marktführerposition schafft enges Beziehungsgeflecht in der Automobilindustrie ▪ Wichtige Lackrohstoffe werden von Gruppengesellschaften bezogen (Überprüfbarkeit der Umweltqualität)	▪ Amerikanische Wettbewerber verfügen über besondere verkaufsorientierte Kompetenz im Marketingbereich ▪ Konventionelle und Wasserbasislacke weisen Schwachstellen im Entsorgungsbereich auf (Koagulat) ▪ Hohe Nachfragemacht der Abnehmer führt zu einer generell geringen Preisbereitschaft

Abb. 4: Ökologierelevante Stärken und Schwächen der BASF L+F AG

rücksichtigung der kontinuierlich zunehmenden umweltpolitischen Forderungen der Abnehmer im Rahmen der Produktentwicklung eine Sicherung der bestehenden Marktführerposition möglich erschien. Der den Umweltschutzzielen eingeräumte hohe Stellenwert geht u.a. daraus hervor, daß in der Vergangenheit aufgrund von Umweltbelastungen durch bestimmte Produktionsanlagen diese auf freiwilliger Basis geschlossen wurden. Selbst ein damit gegebenenfalls verbundener Imageschaden als Folge mangelnder Lieferfähigkeit der betreffenden Produkte wurde in diesem Zusammenhang in Kauf genommen.

Die Entwicklung eines lösungsmittelarmen Lackes mußte unter der Prämisse eines im Vergleich zu konventionellen Lacken zumindest gleichbleibenden Qualitätsniveaus erfolgen, denn genau in diesem Punkt wiesen alle bis zum damaligen Zeitpunkt auf dem Markt erhältlichen stark lösungsmittelreduzierten Lacke (High Solid Lacke) Nachteile auf.

Eine weitere Zielsetzung bei der Einführung umweltgerechterer Fahrzeuglacke war es, tendenziell eine preisliche Höherpositionierung durch Ausnutzung des Innovationspotentials des neuen Lackes, mit Wasser als Ersatz für organische Lösungsmittel, zu erreichen. Die preisliche Höherpositionierung mußte auch deshalb ein Ziel der zu entwickelnden Marketing-Konzeption sein, weil nur auf diese Weise die enormen F&E-Investitionen zur Entwicklung umweltgerechter Lackierkonzepte erwirtschaftet werden konnten.

Unter Zugrundelegung des Emissionsverhaltens der einzelnen zur Fahrzeuglackierung notwendigen Lackschichten (Abb. 5) konzentrierte man sich im Unternehmen im Rahmen der Forschung und Entwicklung zunächst auf Basislacke, die für den weitaus größten Teil der Lösungsmittelemissionen verantwortlich sind.

Da ein kurzfristiges Angebot von Wasserbasislacken 1983/84 aber aus technischen Gründen nicht möglich war, wurden die in Abbildung 6 genannten Ziele dem weiteren

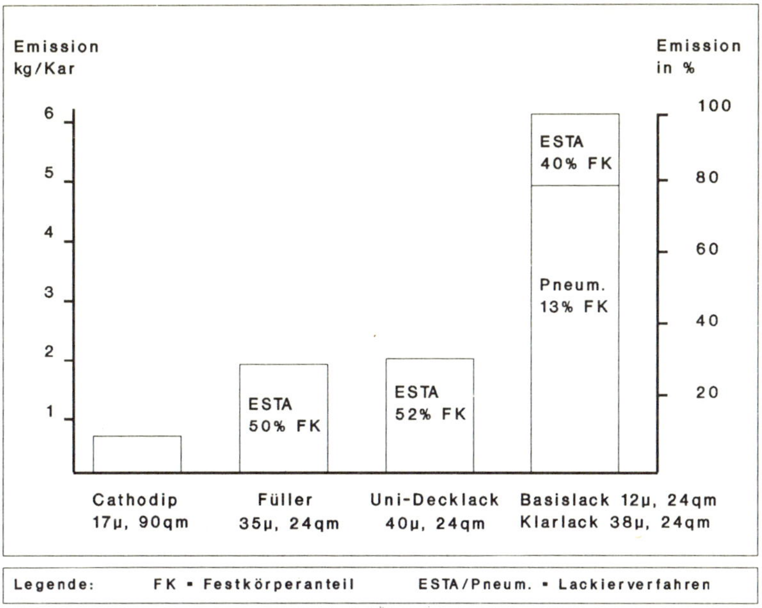

Abb. 5: Emissionsverhalten verschiedener Lackschichten
(Quelle: BASF L+F AG)

1. Kurz- bis mittelfristiges Ziel

→ Einsatz von Medium Solid Basislacken mit einem Festkörpergehalt von 20% statt 13% Emissionsreduzierung: ca. 30 - 35%

2. Langfristiges Ziel (bis 1990)

→ Einsatz von Wasserbasislacken Emissionsreduzierung: ca. 80%

→ Abluftreinigung Emissionsreduzierung: ca. 50 - 90%

Abb. 6: Zielsystem zur Einführung von Wasserbasislacken

Vorgehen zugrunde gelegt. Diese zeitlich gestaffelten Ziele wurden der Automobilindustrie als Vorschlag zur stufenweisen Reduktion der Lösungsmittelemissionen vorgelegt.

Vor dem Hintergrund der hohen Bedeutung des Zeitfaktors, daß heißt der Notwendigkeit zum schnellstmöglichen Angebot umweltfreundlicher Lacke, wurde eine in zwei Stufen ablaufende Marktbearbeitungsstrategie gewählt. Um den umweltpolitischen Forderungen der Abnehmer kurzfristig entsprechen zu können, wurden zunächst emissionsreduzierte konventionelle Lacke in Verbindung mit optimierten Lackierverfahren als Übergangslösung angeboten.

Die Markteinführung der Wasserbasislacke erfolgte dann durch die differenzierte Ansprache und Bearbeitung der Automobilhersteller auf den verschiedenen funktionalen und hierarchischen Ebenen. Die langjährigen guten persönlichen Kontakte zu den Abnehmern versetzten das Unternehmen dabei in die Lage, alle Anforderungen und eventuell vorhandene Akzeptanzbarrieren der Kunden frühzeitig sowohl in die Produkt- und Verfahrensentwicklung, als auch in die Konzeption der Markteinführungsstrategie einfließen zu lassen.

Die ökologieorientierte Marketing-Konzeption durfte sich jedoch nicht auf das Angebot des Wasserbasislackes beschränken, weil dieser innovative Lack auf den beim Kunden vorhandenen Lackierstraßen nicht verarbeitet werden konnte. Parallel zur Produktentwicklung mußte sich das Unternehmen also auch das entsprechende Verfahrens-Knowhow erarbeiten und in Kooperation mit Anlagenherstellern in geeignete Lackieranlagen und Prozeßleitsysteme umsetzen.

Ein weiteres Strategieelement bestand in der Übernahme von Vorleistungen für den Kunden, z.B. für die Planung umweltgerechter Lackierereien im Sinne einer Vorwärtsintegration.

Die zunehmende Konzentration der Automobilhersteller auf ihre originären Kompetenzbereiche (Devertikalisierung) fiel hier zusammen mit den Bestrebungen des Lacklieferanten, durch die Übernahme von zusätzlichen Dienstleistungen die Zusammenarbeit mit den Abnehmern zu intensivieren, die Kundenbindung damit zu erhöhen und somit die eigene Marktposition zu festigen. Dieses strategische Ziel erschien der BASF L+F umso wichtiger, weil sich im angestammten Produktbereich durch eine ständig steigende Wettbewerbsintensität und immer ähnlichere Lackprodukte die Kundenbindung zusehens verringerte. Ziel der ökologieorientierten Strategie sollte also nicht die Einzelbepreisung der zusätzlichen Dienstleistungen sein. Vielmehr sollte die Lösung von lackbezogenen Umweltproblemen der Abnehmer durch spezielle Dienstleistungs- und Lackpakete zu einer gefestigten Kundenbindung führen.

Die vollständige Substitution der konventionellen Basislacke durch die Wasserbasislacke ist im Rahmen der ökologieorientierten Marketingstrategie für einen Zeitraum bis etwa 1995/96 vorgesehen. Ausschlaggebend für diesen relativ langen Zeithorizont ist einerseits der Zeitbedarf, welcher sich durch die zu leistende Überzeugungsarbeit bei den Abnehmern bis zur Umstellung auf Wasserbasislacke ergibt. Andererseits aber auch derjenige Zeitraum, der zur Entwicklung der Lackierprozeßtechnologie sowie zur Umrüstung der Lackierstraßen beim Kunden notwendig ist. Für letztere Aufgabe ist deshalb ein mehrjähriger Planungszeitraum erforderlich, weil jede einzelne Lackierstraße individuell in Abhängigkeit vom Fahrzeugtyp, den klimatischen Verhältnissen und den spezifischen verfahrenstechnischen Wünschen des Kunden entworfen werden muß.

Die insgesamt vermutlich gleichbleibende Absatzmenge muß bis 1995/96 demzufolge auf mehrere Lacksorten aufgeteilt werden. Die sich als Folge daraus reduzierenden Mengendegressionseffekte und die sich somit tendenziell verschlechternde Kostensituation (Chargenvielfalt) des Unternehmens, mußte als wesentlicher Einflußfaktor bei der Strategieentwicklung berücksichtigt werden.

2.2 Ökologieorientierte Maßnahmen

2.2.1 Produktpolitik

Die Entwicklung der Wasserbasislacktechnologie erfolgte bei der BASF L+F in enger Kooperation sowohl mit Anlagenherstellern, als auch mit den Abnehmern aus der Automobilindustrie. Die zugrundeliegende Produktinnovation, bei Fahrzeuglacken statt mit leicht brennbaren organischen Lösungsmitteln Wasser als Lösungsmedium zu verwenden läßt sich auf das Ende der 60er Jahre zurückdatieren. Seit dieser Zeit wurden wäßrige Lacksysteme als Füller und Tauchlacke hauptsächlich zur Verminderung des Brand- und Unfallrisikos eingesetzt.

Im Decklackbereich fanden wäßrige Lacksystem, insbesondere in der Automobilindustrie, jedoch lange Zeit keine breite Akzeptanz. Dies war eine unmittelbare Folge der langjährig ungelösten verfahrenstechnischen Probleme. Schwierigkeiten ergaben sich vor allem in den folgenden Bereichen:

- Korrosion der vorhandenen Lackiereinrichtungen
- Ungleichmäßiges Abtrocknungsverhalten
- Technisch aufwendigere Abtrocknungszone als Folge einer deutlich erhöhten Verdampfungsenergie
- Verschlechterte Dauerqualität und Appearance.

Bevor die BASF L+F für diese technisch komplexen Probleme eine unter ökologischen Aspekten optimale oder zumindest gute Lösung gefunden hatte, die dann auch für den großserientechnischen Einsatz geeignet war, mußten kurzfristig produktpolitische Zwischenschritte zur Lösungsmittelreduktion durchgeführt werden. Der erste Schritt bestand in der stufenweisen Erhöhung des Festkörperanteils der bislang produzierten Lacke. Dabei widmete man sich zunächst dem Klarlack und nachfolgend dann auch dem Basislack. Die Steigerung des Festkörpergehaltes bei Klarlack von z.B. 40% auf 58% bringt in diesem Zusammenhang eine etwa 10 – 15% Reduktion der Emissionen mit sich (vgl. Abb. 7) und hat darüber hinaus auch eine verbesserte Appearance-Qualität zur Folge.

Als zweite produktpolitische Maßnahme wurde der Festkörperanteil beim Basislack von konventionell 13% auf ca. 20% erhöht. Die Lösungsmittelemission verringerte sich dadurch um weitere 30–35% (vgl. Abb. 8). Diesen Umweltentlastungseffekten standen bei einer deutlich über 20 % hinausgehenden Festkörpererhöhung allerdings Nachteile bezüglich eines verschlechterten Metallic-Effektes sowie eine geringere Spritzsicherheit bei der Lackapplikation entgegen. Ein zusätzlicher, insbesondere für die deutschen Automobilkäufer erheblicher Nachteil lag in diesem Falle in der deutlich schlechteren Appearance- und Oberflächenqualität als Folge einer im Vergleich zu konventionellen Lacksystemen relativ unebenen Lackoberfläche (Abb. 9) bei diesen »High-Solid« Lacken.

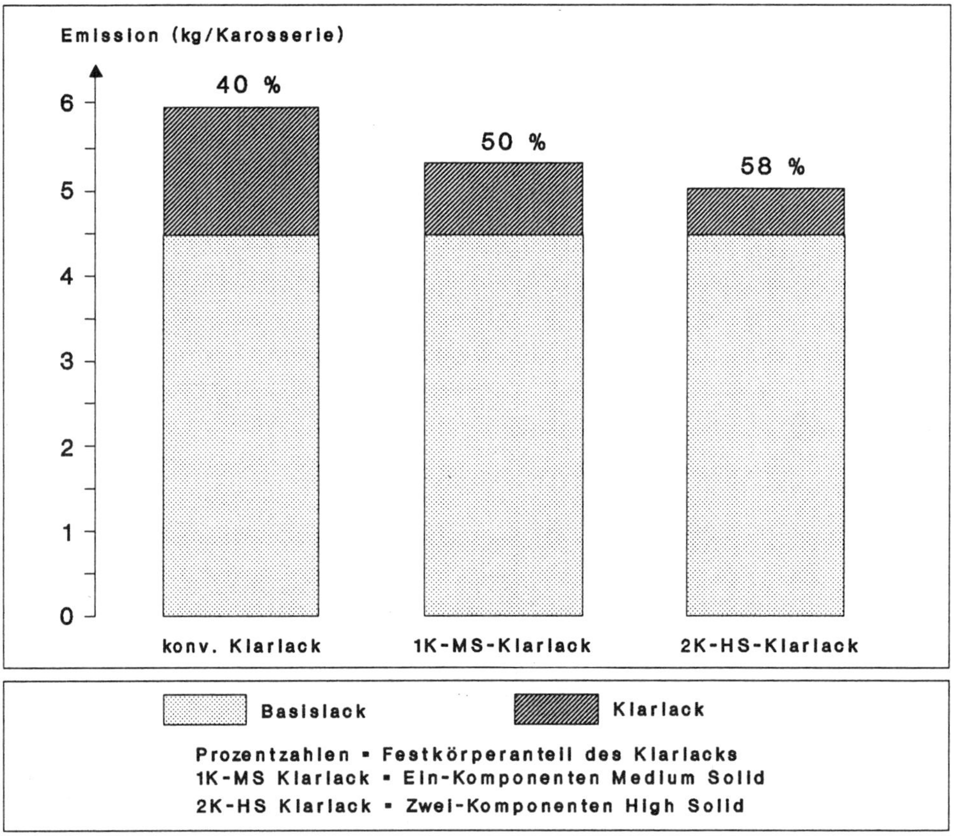

Abb. 7: Reduktion der Lösungsmittelemission bei höherem Klarlackfestkörperanteil (Quelle: BASF L+F AG)

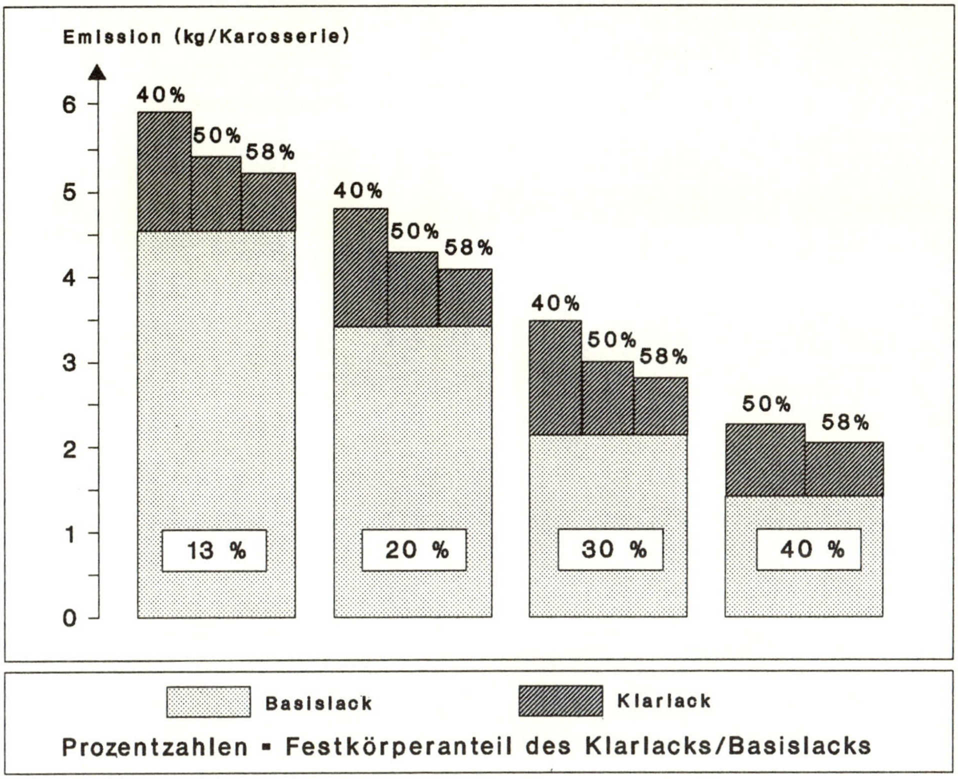

Abb. 8: Reduktion der Lösungsmittelemission durch stufenweise Verringerung des Festkörperanteils im Klar- und Basislack
(Quelle: BASF L+F AG)

Nicht zuletzt die enge Kooperation der BASF L+F mit Anlagenherstellern hat auf diesem Gebiet die Entwicklung der sog. ESTA-Hochrotationslackierverfahren ermöglicht. Diese Verfahrensinnovation führte zu einem besseren Auftragswirkungsgrad und damit sowohl zu einem geringeren Lackverbrauch, als auch zu reduzierten Lösungsmittelemissionen.

Mit weiter erhöhtem Festkörperanteil (z.B. 40%) führen die aufgezeigten Probleme schließlich zu nicht mehr akzeptablen Qualitätseinbußen bzw. verfahrenstechnischen Schwierigkeiten.

Als dritte produktpolitische Maßnahme wurde schließlich der Wasserbasislack eingeführt, welcher eine Verringerung der Lösungsmittelemissionen um ca. 90% ermöglichte. Die Anwendungsreife des neuartigen Lacksystems wurde zunächst auf einer hausinternen Lackierstraße in Deutschland getestet. Nachdem das Unternehmen in den USA ein umfassendes Forschungszentrum für Wasserbasislacke aufgebaut hatte, wurde dort zur weiteren Absicherung die Anwendungsreife auch unter großserientechnischen Verhältnissen erprobt. Erst durch die Demonstration der Wasserbasislacke auf dieser Testanlage konnten die potentiellen Abnehmer von der hohen Lackqualität und der Funktionssicherheit der

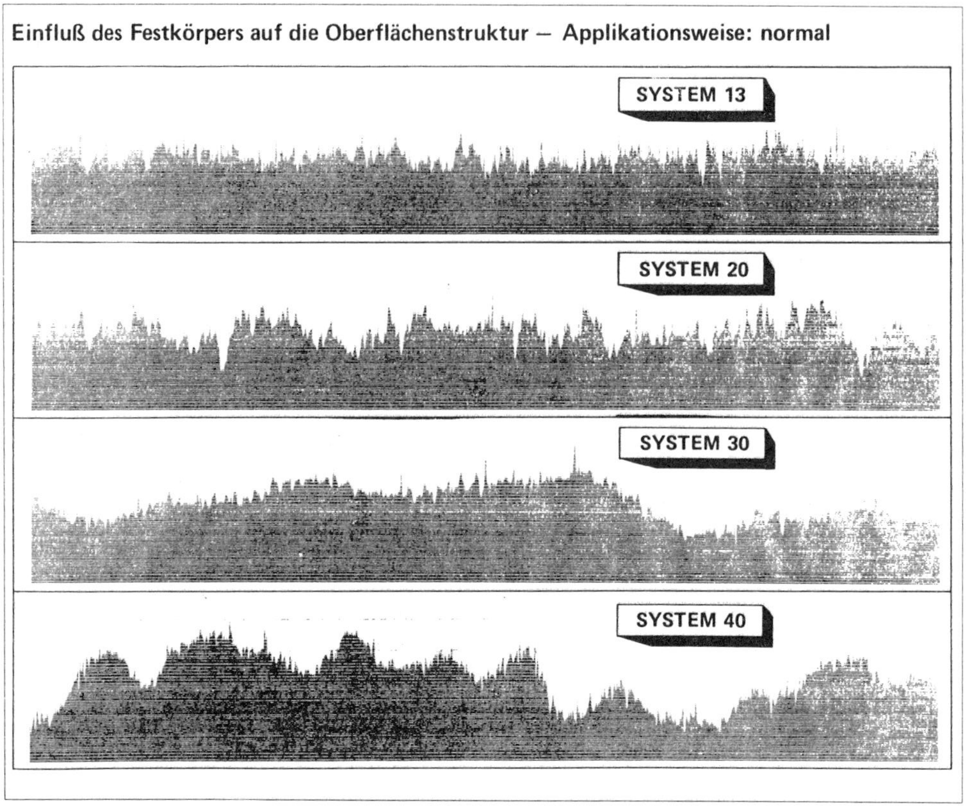

Abb. 9: Oberflächenstruktur von Lacksystemen mit 13/20/30/40 % Festkörperanteil im Basislack
(Quelle: BASF L+F AG)

neuen ökologiegerechten Lack- und Verfahrenstechnologie überzeugt werden. Die durch die produktpolitischen Einzelschritte aufgezeigten Einsparungen bei der Lösungsmittelemission sind in Abbildung 10 im Überblick dargestellt.

Die wesentlichen wettbewerbsorientierten Vorteile der BASF L+F bei der Markteinführung der Wasserbasislacke lagen einerseits in einem Zeitvorteil, als erster Anbieter mit Wasserbasislacken und einer kompletten, erprobten Verfahrenstechnologie am Markt zu sein. Ferner wurden die Wasserbasislacke von Beginn der Serienproduktion an in einer breiten Farbpalette unter Bereitstellung einer zur Marktversorgung ausreichenden Produktionskapazität hergestellt.

2.2.2 Kommunikationspolitik

Argumentationsschwerpunkt im Rahmen der Kommunikationspolitik bildete einerseits die Herausstellung der drastischen Lösungsmittelreduktion einer Lackierung mit Wasserbasislacken, mit der alle gesetzlichen Auflagen nicht nur erfüllt, sonder bei weitem überer-

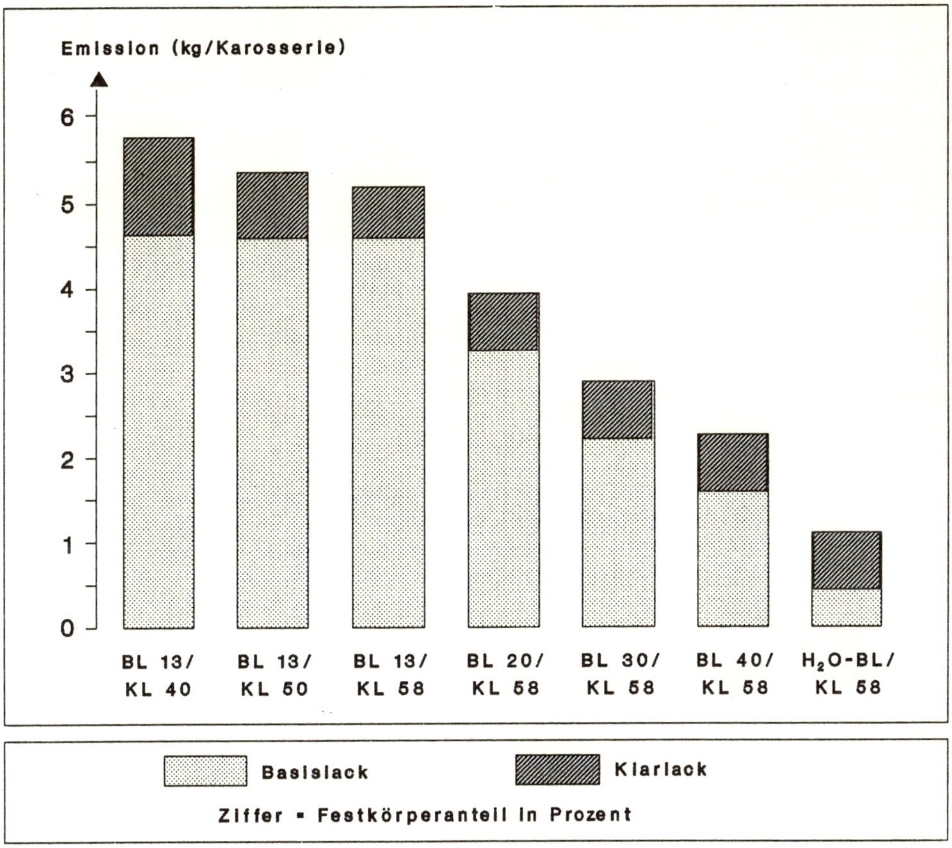

Abb. 10: Reduktion der Lösungsmittelemission durch Anwendung unterschiedlicher Lacksysteme

füllt werden konnten. Andererseits wurde den Abnehmern verdeutlicht, daß sie die Umweltfreundlichkeit ihrer eigenen Produkte durch Wasserbasislacke erheblich verbessern können und diesen ökologischen Produktvorteil ihrerseits in der Kommunikationspolitik nutzen können. Die für den Abnehmer mit seinem Endprodukt erzielbaren positiven Imageeffekte wurden also in den Vordergrund der kommunikativen Anstrengungen der BASF L+F gestellt.

Ein weiteres Element der Kommunikationspolitik war die Betonung des akuten Handlungsbedarfs der potentiellen Abnehmer durch Bezugnahme auf die in Kürze bevorstehende Verschärfung gesetzlicher Grenzwerte u.a. im Rahmen der neue TA-Luft.

Durch die geringe Zahl der potentiellen Abnehmer im Fahrzeugserienlackgeschäft lag der Schwerpunkt der Kommunikationspolitik beim persönlichen Verkauf. Maßnahmen der klassischen Werbung hätten vor dem Hintergrund der spezifischen Branchensituation sehr hohe Streuverluste zur Folge und wurden dementsprechend nicht eingesetzt. Bei der Umsetzung von Maßnahmen im Rahmen des persönlichen Verkaufs stellte sich als wesentliche Akzeptanzbarriere der Umstand heraus, daß die Abnehmer ihr in mehreren Jahrzehnten erworbenes Lackier-Know-how nicht länger verwenden konnten. Stattdessen waren sie gezwungen, sich ihr produktspezifisches Lackier-Know-how erneut zu erarbeiten.

Die Vielzahl der vorhandenen persönlichen Kontakte bei den unterschiedlichen funktionalen und hierarchischen Entscheidungsträgern bei den Automobilherstellern, wurden für eine auf die jeweilige Interessenlage der Gesprächspartner ausgerichtete Argumentationsstrategie genutzt. Zur Unterstützung des persönlichen Verkaufs standen Verkaufsbroschüren und technische Forschungsberichte über das Applikations- und Langzeitverhalten von Wasserbasislacken zur Verfügung. Darüber hinaus wurden zahlreiche Produktpräsentationen sowohl im Hause des Kunden als auch bei der BASF L+F veranstaltet.

Maßnahmen der Öffentlichkeitsarbeit wurden in Zusammenarbeit mit der Adam Opel AG als »Launching-Customer« durchgeführt. Hierbei handelte es sich sowohl um Fernsehreportagen, die sich ausschließlich mit der innovativen und umweltfreundlichen Lakkiererei dieses Erstkunden befaßten, als auch um zahlreiche redaktionelle Beiträge in Fachzeitschriften sowie einzelnen Artikeln in Publikumszeitschriften. Ferner wurden der interessierten Öffentlichkeit Video- und SUPER-8 Filme über Wasserbasislack zur Verfügung gestellt.

Eine wichtige Komponente der Kommunikationsstrategie stellte die bei der amerikanischen Tochtergesellschaft errichtete Lackierstraße für Automobile dar. Dieses Forschungszentrum für Wasserbasislacke wurde für Produktpräsentationen und für Schulungen des technischen Kundenpersonals genutzt. Diese Anlage bildete einen zentralen kommunikationspolitischen Wettbewerbsvorteil, da zum Zeitpunkt der Markteinführung keiner der Wettbewerber über eine vergleichbare Einrichtung und damit eine vergleichbare kommunikative Glaubwürdigkeit verfügte.

Im Rahmen des persönlichen Verkaufs wurde den Kunden auch die Möglichkeit eingeräumt, einzelne Fahrzeugkomponenten oder komplette Rohkarosserien versuchsweise mit Wasserbasislacken lackieren zu lassen. Auf diese Weise konnte potentiellen Abnehmern verdeutlicht werden, daß es trotz ökologischer Produktvorteile nicht zu Qualitätseinbußen kommt.

2.2.3 Preispolitik

Ein wesentliches Element der ökologieorientierten Marketing-Konzeption bildete die ursprünglich angestrebte preisliche Höherpositionierung von Wasserbasislacken. Das Innovationspotential dieser Lacke und die Tatsache, daß BASF L+F der erste Anbieter eines ökologieorientierten Gesamtpaketes bestehend aus lacktechnischen Vorleistungen, dem Wasserbasislack und dem Verfahrens-Know-how war, führte bei der Markteinführung zu einem Preis, der oberhalb desjenigen für konventionelle Lacke lag.

Gegenüber den Abnehmern wurde der Preisaufschlag damit begründet, daß Wasserbasislacke die Umweltfreundlichkeit der Kundenprodukte deutlich verbessern und durch diesen zusätzlichen umweltorientierten Produktvorteil gegebenenfalls neue Absatzpotentiale erschlossen werden können. Ergänzend wurde auf die hohen F&E-Aufwendungen zur Entwicklung der Wasserbasislacke und Lackierverfahren hingewiesen.

Nachdem die BASF L+F in der Rolle eines Pioniers den Markt erschlossen hatte und die aktuellen und potentiellen Abnehmer dementsprechend ausreichend über das Produkt und die Anwendungstechnik informiert waren, traten Wettbewerber mit preislich sehr attraktiven Angeboten in den Markt ein. Diese Wettbewerber machten sich dabei die von der BASF L+F durchgeführte Markterschließung zunutze. Dies betraf vor allem die zu diesem Zeitpunkt bereits ausgereifte Verfahrenstechnologie.

Die von der BASF L+F erbrachten Vorleistungen zur Entwicklung geeigneter Lackieranlagen fielen bei den Konkurrenten nicht an. Zusammen mit anderen nicht anfallenden Markterschließungskosten hatte dies preisaggressive Angebote der später in den Markt eintretenden Anbieter zur Folge. Das Preisniveau für Wasserbasislacke geriet demzufolge unter Druck. Die Zielsetzung, die eigene Marktposition bei Wasserbasislacken auch gegenüber neu in dieses Marktsegment eintretenden Wettbewerbern (u.a. IDAC) zu verteidigen, führte zu einer wettbewerbsorientierten Preissetzung und damit zu sich tendenziell zurückbildenden Preisen. Ein abschließendes Urteil über das sich für Wasserbasislacke letztlich etablierende Preisniveau ist noch nicht möglich. Der BASF L+F ist es jedoch bislang nicht gelungen, durch ein entsprechendes Preisniveau eine vollständige Überwälzung der hohen F&E- und Markterschließungskosten auf die Abnehmer durchzusetzen. Hierfür sind wesentlich die hohe Wettbewerbsintensität und die kurzfristig erfolgenden Konkurrenzreaktionen verantwortlich.

2.2.4 Distributionspolitik

Aufgrund des in diesem Markt vorherrschenden Direktvertriebs waren im Absatzkanal keine Akzeptanzbarrieren gegenüber der ökologieorientierten Produktinnovation vorhanden.

Die Handhabung eines zusätzlichen Produktes im logistischen System brachte für das Unternehmen insgesamt höhere Kosten bei der Distribution der Wasserbasislacke mit sich. Dieser gestiegene Kostenaufwand war vor allem das Resultat zusätzlicher Sicherheitsvorkehrungen beim Transport. Einmalig anfallende Zusatzkosten entstanden bei der Distribution von Wasserbasislacken durch das Erfordernis, völlig neue Transportbehälter mit besonderer Korrosionsbeständigkeit verwenden zu müssen.

Weitere grundlegende Änderungen im Distributionsbereich ergaben sich durch die deutlich verkürzte Lager- und Verarbeitungsfähigkeit bei Wasserbasislacken von nur noch 3 Monaten. Diese reduzierte Haltbarkeit machte eine aufwendigere Lagerhaltung und vor allem kleinere Chargen beim Transport zum Kunden erforderlich. Die folglich gestiegene Frequenz der Kundenlieferungen führte wiederum zu höheren Distributionskosten.

3. Marketing-Erfolg der ökologieorientierten Marketing-Konzeption

3.1 Markt- und Absatzerfolg

Als Folge der direkten Abhängigkeit des Marktes für Fahrzeugserienlacke von der Entwicklung der Automobilproduktion, läßt sich ein Marktvolumenseffekt durch die Einführung der Wasserbasislacke – die mittlerweile auch von den Wettbewerbern angeboten werden – nicht feststellen. Stattdessen ist im Markt ein Substitutionsprozeß zu beobachten, der zu einer schrittweisen Ablösung konventioneller Lacksysteme führt.

Bei der Betrachtung der Absatzsituation der BASF L+F läßt sich ein ähnliches Fazit ziehen. Auch hier hat die Einführung der Wasserbasislacke lediglich zu Verschiebungen in der Absatzstruktur zu Lasten stark lösungsmittelhaltiger Lacksysteme, nicht jedoch zu einem signifikanten Absatzwachstum beigetragen.

Die frühzeitige Einführung des Wasserbasislackes in der Rolle eines Marktpioniers und der auf diese Weise bis heute gesicherte Zeitvorsprung sowohl hinsichtlich Produktverbesserungen, als auch in der Entwicklung von anwendungs- und entsorgungstechnischen Dienstleistungen ermöglichte es dem Unternehmen, seine Marktführerposition abzusichern, indem in erster Linie die bereits vorhandene enge Kundenbindung weiter gefestigt wurde.

Die Zufriedenheit der Wasserbasislackverwender ist insgesamt hoch und hat, in Verbindung mit der positiven Berichterstattung der Medien über die ökologieorientierte Produktinnovation, zum innovativen und umweltpolitisch vorteilhaften Image des Unternehmens ganz wesentlich beigetragen. Der BASF L+F AG gelang durch ihre offensive ökologieorientierte Strategie eine Profilierung als kompetenter Gesprächspartner der Automobilindustrie bei der Lösung von Umweltschutzproblemen im Bereich der Fahrzeuglackierung.

Der positive Imageeffekt hat mittlerweile zur Folge, daß sich die Abnehmer verstärkt mit lackbezogenen Umweltschutzproblemen an die BASF L+F wenden. In enger Zusammenarbeit mit den Kunden versucht das Unternehmen zur Zeit, daß insbesondere durch die intensive Wasserbasislackforschung aufgebaute ökologieorientierte Know-how in konkrete Dienstleistungsangebote bzw. kundenorientierte Problemlösungen umzusetzen. Primäres Ziel ist dabei weniger die Entwicklung zukünftig eigenständig zu vermarktender ökologieorientierter Dienstleistungen, als vielmehr das Angebot nicht entgeltlicher Zusatzleistungen zur Absicherung der Absatzbeziehungen zu den aktuellen Kunden. Neben der Absicherung des vorhandenen Absatzvolumens war ein weiteres Ziel die Ausweitung der Liefermengen im Rahmen bestehender Lieferverträge.

In diesem Zusammenhang ist das Unternehmen vor allem auf den folgenden Gebieten tätig:

- Optimierung der Stoffkreisläufe im Lackierprozeß durch Rückgewinnung und Wiederverwertung
  - Abwasserkreislauf
  - Lösemittelkreislauf
  - Lackierkabinenumlauf
- Stoffliche Verwertung von getrocknetem Lackkoagulat
- Verwertung gebrauchter Blechgebinde (sog.»Embalagen«)
- Thermische Verwretung von Lackkoagulat.

Der positive Imageeffekt und die damit aufgebaute ökologieorientierte Glaubwürdigkeit des Unternehmens – im Zusammenspiel mit dem umfangreichen umweltbezogenen Produkt- und Verfahrens-Know-how – erleichtert nicht zuletzt die Einführung weiterer umweltfreundlicher Produkte.

3.2 Umweltschutzerfolg

Innerhalb von 5 Jahren konnte die Lösungsmittelemission pro Fahrzeug industrieweit im Durchschnitt um ca. 25 % reduziert werden. Mit einer weitergehenden Verringerung der Lösungsmittelemissionen ist, zeitlich parallel zu den Umrüstungen von Lackierereien in der Automobilindustrie, für die kommenden Jahre zu rechnen.

Bei denjenigen Automobilherstellern, die bereits heute für einige Modelltypen bzw. ihr gesamtes Fahrzeugprogramm Wasserbasislacke verwenden, konnte eine Verringerung der Lösungsmittelemissionen von ca. 90 % erzielt werden. Hier zeigt sich das in den nächsten Jahren mit der schrittweisen Substitution konventioneller Lacksysteme durch Wasserlacksysteme zu realisierende Einsparpotential bei Lösungsmitteln.

Literaturverzeichnis

A

Abendt, R. (1972): Anwendungen der linearen Optimierung im Gewässerschutz, in: Operations Research und seine Anwendung in der Siedlungswasserwirtschaft, Hrsg. Hahn, H., Berlin 1972, S. 97 ff.

Achleitner, P. M., Ansoff, I. (1983): Die Bedeutung soziopolitischer Strategien, in: Harvard Manager, 1983, Nr. 4, S. 74–82.

Achleitner, P. M. (1985): Sozio-politische Strategien multinationaler Unternehmungen, Schriftenreihe Betriebswirtschaft der Hochschule St. Gallen, Bd. 13, Bern, Stuttgart 1985.

Adam, D. (1980): Kurzlehrbuch Planung, Wiesbaden 1980.

Adam, D. (1988): Produktionspolitik, 5. Aufl., Wiesbaden 1988.

Adam, D., Backhaus, K., Meffert, H., Wagner, H. (1989): Integration und Flexibilität – Eine Herausforderung für die Allgemeine Betriebswirtschaftslehre, Wiesbaden 1989.

Adams, W., Brock, J. W. (1988): Warum Großfirmen träge werden, Landsberg 1988.

Adelt, P., Sanke, C. (1988): Zur Eignung des Markenartikel-Konzepts bei der Vermarktung ökologisch relevanter Produkte, in: Markenartikel, 50. Jg. (1988), Nr. 7, S. 362–364.

Adelt, P., Müller, Zitzmann, A. (1990): Umweltbewußtsein und Konsumverhalten – Befunde und Zukunftsperspektiven, in: Wertewandel und Konsum, Hrsg.: Szallies, R., Wiswede, G., Landsberg/Lech 1990, S.155–184.

Adler, A., Mackwitz, H. (1990): Öko-Tricks und Bio-Schwindel, 3. Aufl., Wien 1990

Adlwarth, W., Wimmer, F. (1986): Umweltbewußtsein und Kaufverhalten – Ergebnisse einer Verbraucherpanel-Studie, in: Jahrbuch der Absatz- und Verbrauchsforschung, 32. Jg. (1986), S. 166–192.

Ahlert, D. (Hrsg.) (1981): Vertragliche Vertriebssysteme zwischen Industrie und Handel, Wiesbaden 1981.

Ahlert, D. (1985): Distributionspolitik, Stuttgart, New York 1985.

Ahrens, W. (1974): Optimierungsverfahren zur Lösung nicht-linearer Investitionsprobleme – angewandt auf das Problem der Planung regionaler Abwasserentsorgungssysteme, Karlsruhe 1974.

Albach, H. (Hrsg.) (1990): Betriebliches Umwelt Management, Wiesbaden 1990.

Albach, H., Bock, K., Warnke, T. (1985): Kritische Wachstumsschwellen in der Unternehmensentwicklung, Schriften zur Mittelstandsforschung, Nr. 7, Hrsg.: Albach, H., Hax, H., Stuttgart 1985.

Angehrn, D. (1969): Handelsmarken und Herstellermarken im Wettbewerb, Stuttgart 1969.

Annasohn, W. (1976): Möglichkeiten zur Reduktion der negativen Auswirkungen der ausgedienten Verpackungen auf die Umwelt und die wichtigsten betriebswirtschaftlichen Voraussetzungen ihrer Realisierung, Winterthur 1976.

Annighöfer, F. (1991): Wettbewerbsvorteile durch Strategisches Umweltmanagement, in: Umweltmanagement, Hrsg.: Organisationsforum Wirtschaftskongreß e. V., Wiesbaden 1991, S. 149–190.

Ansoff, I. (1976): Managing Surprise and Discontinuity – Strategic Response to Weak Signals, in: ZfbF, 38. Jg., 1976, S. 129 ff.

Antes, R. (1988): Umweltschutzinnovationen als Chancen des aktiven Umweltschutzes für Unternehmen im sozialen Wandel, Arbeitspapier Nr. 16 der Schriftenreihe des Instituts für ökologische Wirtschaftsforschung GmbH, Berlin 1988.

Apitz, K. (1987): Konflikte, Krisen, Katastrophen – Präventivmaßnahmen gegen Imageverlust, Wiesbaden 1987.

Assmann, H. D. (1990): Privatrechtliche Tatbestände der Umwelthaftung in ökonomischer Analyse, in: Unternehmung und ökologische Umwelt, Hrsg.: Wagner, G. R., München 1990, S. 201–219.

B

Backhaus, K. (1989): Investitionsgütermarketing, 2. Aufl., München 1989.
Backhaus, K., Plinke, W. (1986): Rechtseinflüsse auf betriebswirtschaftliche Entscheidungen, Lehrbuchreihe Betriebswirtschaft, Hrsg.: Dietrich, H., Stuttgart u. a. 1986.
Bänsch, A. (1990): Marketingfolgerungen aus Gründen für den Nichtkauf umweltfreundlicher Konsumgüter, in: Jahrbuch der Absatz- und Verbrauchsforschung, 36. Jg. (1990), S. 360–371.
Baetge, P. (1988): Bestimmung der sozialen Kosten des Einsatzes moderner Produktionstechnologien, in: ZfbF, 40. Jg. (1988), S. 517–541.
Balderjahn, I. (1985): Strukturen sozialen Konsumbewußtseins, in: Marketing ZfP, 1985, Nr. 4, S. 253–262.
Balderjahn, I. (1986): Das umweltbewußte Konsumentenverhalten, Berlin 1986.
Barkowski, D., Günther, P., Hinz, E., Röckert, R. (1990): Altlasten, 2. Aufl., Karlsruhe 1990.
Baumgartner, Th., Rubik, F., Teichert, V. (1989): Die gegenwärtige Produktpolitik und ihre Umgestaltung mit Hilfe der Produktlinienanalyse, Werkstattreihe Nr. 54, Hrsg.: Öko-Institut e. V., Belfort, Heidelberg, Neckargemünd 1989.
Becker, J. (1988): Grundlagen der Marketing-Konzeption, 2. Aufl., München 1988.
Berekoven, L. (1990): Erfolgreiches Einzelhandelsmarketing, München 1990.
Berg, C. C. (1979): Recycling, in betriebswirtschaftlicher Sicht, in: WiSt, 8. Jg. (1979), S. 201–205.
Bick, H. (1985): Veränderungen von Ökosystemen durch Umweltbelastungen, in: Wissen für die Umwelt, Hrsg.: Jänike, M., Simonis, U. E., Weigmann, G., Berlin, New York 1985, S. 37–54.
Bidlingmaier, H. (1973): Unternehmensziel und Unternehmensstrategien, 2. Aufl., Wiesbaden 1973.
Bievert, B. (1981): Grundzüge der Verbraucherpolitik in der Bundesrepublik Deutschland, in: Marketing und Verbraucherpolitik, Hrsg.: Hansen, U., Stauss, B., Riemer, M., Stuttgart 1981, S. 43–55.
Bilitewski, B., Härdle, G., Marek, K. (1991): Abfallwirtschaft, Berlin 1991.
Binswanger, H. Chr., Bonus, H., Timmermann, H. (1981): Wirtschaft und Umwelt, Stuttgart u. a. 1981.
Blaha, N. (1988): Altlasten, in: Umwelt und Energie, (1988), Nr. 5, Gruppe 3/5a, S. 1–2.
Bleicher, K. (1991): Das Konzept Integriertes Management, Frankfurt, New York 1991.
Bodenstein, G., Lener, H. (1982): Obsoleszenz und Warenproduktion, in: Marketing und Verbraucherpolitik, Hrsg.: Hansen, U., Stauss, B., Riemer, M., Stuttgart 1982, S. 216–239.
Boesch, M. (1989): Gesamtsystem Verpackung – Grundlagen für optimale integrierte Verpackungsentscheidungen, St.Gallen 1989.
Bonus, H. (1979): Möglichkeiten der Internalisierung externer Effekte, Berlin 1979.
Bonus, H. (1981): Theoretisch-empirische Aspekte umweltpolitischer Instrumente und ihre wettbewerbspolitische Implikation, in: Umweltpolitik und Wettbewerb, Hrsg.: Gutzler, H., Baden-Baden 1981.
Bonus, H., (1984): Marktwirtschaftliche Instrumente des Umweltschutzes, Stuttgart 1984.
Bonus, H., (1985): Umweltbewußtes Verhalten – ein komplexes Lernziel, in: Siemens-Zeitschrift, Bd. 59, 1985, S. 7–11.
Bonus, H. (1988): Die Ent-Bürokratisierung der Umweltpolitik, in: Innovatio, 1988, Nr. 5/6, S. 18–20.
Bojkow, E. (1989): Getränkeverpackung und Umwelt, Berlin 1989.
Brandt, A., Hansen, U., Schoenheit, I., Werner, H. (Hrsg.) (1988): Ökologisches Marketing – Unternehmen und Verbraucher im Dialog, in: Ökologisches Marketing, Frankfurt a. M. 1988, S. 10–15.
Brunowsky, R. D., Wicke, L. (1984): Der Öko-Plan, 2. Aufl., München 1984.
Brauchlin, E. (1988): Ökogerechte Unternehmungs-Strategien, in: Thexis, 5. Jg. (1988), Nr. 3, S. 11–14.
Brenken, D. (1988): Strategische Unternehmensführung und Ökologie, Schriftenreihe Planung, Information und Unternehmensführung, Bd. 21, Hrsg.: Szyperski, N. u. a., Bergisch Gladbach, Köln 1988.
Brockhoff, K. (1981): Produktpolitik, Stuttgart, New York 1981.
Brockhoff, K. (1982): Soziale Kosten und negative externe Effekte, in: ZfB, 52. Jg. (1982), Nr. 2, S. 282–286.
Brokatzky, W. (1991): Umweltmanagement in der Migros: Von konkreten Vorgaben und Zielen zu Resultaten, in: Ökologische Lernprozesse in Unternehmungen, Hrsg.: Dyllick, Th., Bern, Stuttgart 1991, S. 71–94.

Brugger, E. A., Clémencon, R. G. (1991): Sustainable Development: A Challenge for the Business World, in: WICEM II Background papers, Ed. Willems, J. O., Golüke, U., Rotterdam 1991, S. 33–57.
Bruhn, M. (1978): Das soziale Bewußtsein von Konsumenten. Erklärungsansätze und Ergebnisse einer empirischen Untersuchung in der Bundesrepublik Deutschland, Wiesbaden 1978.
Bruhn, M. (1982): Kundenzufriedenheit und Beschwerden – Erklärungsansätze und Ergebnisse einer empirischen Untersuchung in ausgewählten Konsumgüterbereichen, Frankfurt a. M., Bern 1982.
Bruhn, M. (1987): Produkt 2000 – Produktpolitik im Spannungsfeld zwischen Technologie und Ökologie, in: Marketing 2000: Perspektiven zwischen Theorie und Praxis, Hrsg.: Schwarz, Chr., Wiesbaden 1987, S. 15–33.
Bruhn, M. (1990): Sozio- und Umweltsponsoring, München 1990.
Buchholz, R. A. (1986): Business, Environment and Public Policy, 2nd ed., Englewood Cliffs 1986.
Budäus, D. (1977): Sozialbilanzen – Ansätze gesellschaftsbezogener Rechnungslegung als Ausdruck einer erweiterten Umweltorientierung, in: ZfB, 47. Jg. (1977), Nr. 3, S. 183–202.
Bühl, W. L. (1981): Ökologische Knappheit, Göttingen 1981.
Bund Junger Unternehmer (1984): Unternehmen und Umweltschutz, Ergebnisdokumentation, Sommer 1984.
Bundesminister für Umwelt, Naturschutz und Reaktorsicherheit (1990): Umweltbericht, Drucksache 11/7168 vom 3. 5. 1990.
Bundesratsdrucksache (1991): Verordnung über die Vermeidung von Verpackungssabfällen, Bundesratsdrucksache Nr. 236/91, Bonn 1991.
Bundesverband Junger Unternehmer (Hrsg.): BJU-Umweltschutz-Berater-Handbuch für wirtschaftliches Umweltmanagement im Unternehmen, Köln o. J.
Burghold, J. A. (1988): Ökologisch orientiertes Marketing, Schriftenreihe Schwerpunkt Marketing der Universität Augsburg, Bd. 25, Hrsg.: Meyer, P. W., Augsburg 1988.
Burkhardt, R. (1991): Marken für den Markt von morgen, in: Industriemagazin, 1991, Nr. 6, S. 22–30.

C

Club of Rome (1991): Die globale Revolution – Bericht 1991, in: Spiegel Spezial, 1991, Nr. 2.
Cox, D. (Hrsg.) (1967): Risk Taking and Information Handling in Consumer Behavior, Boston 1967.
Cracco, E., Rostenne, L. (1982): Das sozioökologische Produkt, in: Marketing und Verbraucherpolitik, Hrsg.: Hansen, U. u. a., Stuttgart 1982, S. 229–239.
Cremer, F. J. (1989): Haftungsrisiken, in: Schriften zur Unternehmensführung, Bd. 41, Hrsg.: Jacobs, H., Wiesbaden 1989.
Cyert, R. M., March, J. G. (1963): A Behavioral Theory of the Firm, Englewood Cliffs 1963.

D

Davis, S. M. (1984): Managing Corporate Culture, Cambridge 1984.
Dawson, L. M. (1969): The Human Concept: New Philosophy for Business, in: Business Horizons, Vol. 12, (1969), Nr. 6, S. 29–38.
Demutter, A. (1987): Die richtige Kommunikationsstrategie kann verhindern, daß Unternehmen am Pranger landen, in: Handelsblatt vom 21. 4. 1987.
Deutsche Unilever (Hrsg.) (1990): Der Lebensmittelhandel in der Bundesrepublik 1988/1989, Hamburg 1990.
Dichtl, E. (1971): Marketing und Wohlfahrtsökonomik, in: ASW, (1971), Nr. 2, S. 29–42.
Dichtl, E. (1991): Ökorationalität: Gebot der Vernunft oder Geschäft der Stunde, in: WiSt, 20. Jg. (1991), S. 269.
Dierkes, M. (1974): Die Sozialbilanz, ein gesellschaftsbezogenes Informations- und Rechnungssystem, Frankfurt, New York 1974.
Dierkes, M. (1984): Gesellschaftsbezogene Berichterstattung, in: ZfB, 54. Jg. (1984), S. 1210–1235.
Dill, P., Hügler, G. (1987): Unternehmenskultur und Führung betriebswirtschaftlicher Organisationen – Ansatzpunkte für ein kulturbewußtes Management, in: Unternehmenskultur, Hrsg.: Heinen, E., München 1987, S. 11–210.
Diller, H. (1990): Marketing und Umweltschutz, in: Handbuch des Umweltschutzes, Hrsg.: Heigl, A., Teil M (6), München 1977 und 1990.
Diller, H. (1991): Preispolitik, 2. Aufl., Stuttgart 1991.

Domizlaff, H. (1951): Die Gewinnung des öffentlichen Vertrauens, Hamburg 1951.
Drucker, P. (1968): The Age of Discontinuity, New York 1968.
Dwyer, F. R., Welch, M. A. (1985): Environmental Relationships of the Internal Political Economy of Marketing Channels, in: Journal of Marketing Research, Vol. 22 (1985), November, S. 397–414.
Dyllick, Th. (1982): Gesellschaftliche Instabilität und Unternehmensführung, Schriftenreihe Betriebswirtschaft der Hochschule St. Gallen für Wirtschafts- und Sozialwissenschaften, Bd. 11, Bern 1982.
Dyllick, Th. (1989): Ökologisch bewußte Unternehmensführung: Der Beitrag der Managementlehre, Schriftenreihe der Schweizerischen Vereinigung für ökologisch bewußte Unternehmensführung, Nr. 1, 1989, St. Gallen 1989.
Dyllick, Th. (1989): Management der Umweltbeziehungen, Wiesbaden 1989.
Dyllick, Th. (1990): Ökologisch bewußtes Management. Die Orientierung. Nr. 96, Schweizerische Volksbank, Bern 1990.
Dyllick, Th. (Hrsg.) (1991): Öko-Brevier. Ein praktisches Handbuch für kleinere und mittlere Unternehmen, Bülach 1991.
Dyllick, Th. (Hrsg.) (1991): Ökologische Lernprozesse in Unternehmungen, Bern, Stuttgart 1991.

E

Ehmer, H. (1986): Die Inanspruchnahme von Ressourcen im Verkehr und die Entwicklung ihrer Bewertung, in: Verkehrs- und unternehmenspolitische Ressourcenstrategien an veränderte Ressourcenbewertungen, Beiträge aus dem Institut für Verkehrswissenschaft an der Universität Münster, Hrsg.: Seidenfus, H. St., Heft 109, Göttingen 1986, S. 7–84.
Eichhorn, P. (1972): Umweltschutz aus der Sicht der Unternehmenspolitik, in: ZfbF, 24. Jg. (1972), S. 633–649.
Endres, A. (1988): Der »Stand der Technik« in der Umweltpolitik, in: WiSt, 17. Jg. (1988), Nr. 2, S. 83–84.
Endres, A. (1989): Wirtschaftspolitische Instrumente, in: Umweltschutz zwischen Staat und Markt, Hrsg.: Donner, H., Magoulas, G., Simon, J., Wolf, R., Baden-Baden 1989, S. 269–287.
Ewers, H.-J. et al. (1986): Zur monetären Bewertung von Umweltschäden, Berichte 4/86 des Umweltbundesamtes, Hrsg.: Umweltbundesamt, Berlin 1986.

F

Fässler, E. (1989): Gesellschaftsorientiertes Marketing, Bern, Stuttgart 1989.
Fees-Dörr, E., Prätorius, G., Steger, U. (1990): Umwelthaftungsrecht, Wiesbaden 1990.
Feldmann, P. L. (1971): Societal Adaption: A New Challenge for Marketing, Vol. 35 (1971), July, S. 57–64.
Fellenberg, G. (1985): Ökologische Probleme und Umweltbelastung, Berlin u. a. 1985.
Fietkau, H.-J. (1984): Bedingungen ökologischen Handelns, Weinheim, Basel 1984.
Fietkau, H.-J., Ullmann, A. (1984): Sind Manager Umweltmuffel, in: Manager Magazin, o. Jg. (1984), Nr. 10, S. 194–201.
Fietkau, H.-J., Kessel, H., Tischler, W. (1982): Umwelt im Spiegel der öffentlichen Meinung, Arbeitsberichte des Wissenschaftszentrums Berlin, Hrsg.: Simonis, U. E., Frankfurt, New York 1982.
Fietkau, H.-J. (1985): Zum Beispiel Umweltschutz: Die Industrie im Netzwerk gesellschaftlicher Werturteile, Diskussionspapier II UG 85–19 des Wissenschaftszentrums Berlin für Sozialforschung, Berlin 1985.
Fisk, G. (1974): Marketing and the Ecological Crisis, New York u. a. 1974.
Fornallaz, P. (1989): Die ökologische Wirtschaft, Karlsruhe 1989.
Fortak, H. (1985): Globale klimatische Auswirkungen und Risiken der Energieerzeugung, in: Wissen für die Umwelt, Hrsg.: Jänike, M., Simonis, U. E., Weigmann G., Berlin, New York 1985, S. 79–94.
Frank, Münch, Seifert, (1990): Verkehr 2000 – Europa vor dem Verkehrsinfarkt, Hrsg.: Deutsche Bank AG, Eppelheim 1990.
Frank, H., Plaschka, G., Rößl, D. (1987): Umweltschutzeinstellungen und Wertewandel von Führungskräften, in: Umweltdynamik, Hrsg.: Frank, H., Plaschka, G., Rößl, D., Wien, New York 1987.

Frank, W. (1990): Die Abfallwirtschaft als Teil der Rohstoffwirtschaft, Stuttgart 1990.
Frankenberg, P. (1990): Risiko-Kommunikation: Anthropogen induzierte Klimaveränderungen, in: Risiko-Konzepte, Risiko-Konflikte, Risikokommunikation, Hrsg.: Jungermann, H., Rohrmann, B., Wiedemann, P. M., Jülich 1990, S. 259–308.
Freemann, R. E. (1983): Strategic Management: A Stakeholder Approach, in: Adoanas in Strategic Management, Ed.: Lamb, R., Greenwich 1983, S. 31–60.
Freese, E., Kloock, J. (1989): Internes Rechnungswesen und Organisation aus der Sicht des Umweltschutzes, in: BFuP, 41. Jg. (1989), Nr. 1, S. 1–29.
Freimann, J. (1989): Instrumente sozial-ökologischer Folgenabschätzung im Betrieb, Wiesbaden 1989.
Freimann, J. (Hrsg.) (1990): Ökologische Herausforderungen der Betriebswirtschaftslehre, Wiesbaden 1990.
Freter, H. (1983): Marktsegmentierung, Stuttgart 1983.
Frey, B. S. (1985): Umweltökonomie, 2. Aufl., Göttingen 1985.
Frey, D. (1979): Einstellungsforschung: Neue Ergebnisse der Forschung über Einstellungsänderungen, in: Marketing ZFP, 1. Jg. (1979), Nr. 1, S. 31–45.
Frey, R. L. (1972): Umweltschutz als wirtschaftspolitische Aufgabe, in: Schweizerische Zeitschrift für Volkswirtschaft und Statistik, Bd. 108, 1972.
Friedmann, M. (1971): Die soziale Verantwortung der Geschäftswelt, in: Der Unternehmer im Ansehen der Welt, Hrsg.: Schmölders, G., Bergisch-Gladbach 1971, S. 198–206.
Fritz, W., Förster, F., Wiedmann K. P. (1987): Neuere Resultate der empirischen Zielforschung und ihre Bedeutung für strategisches Management und Managementlehre, Arbeitspapier Nr. 57 des Instituts für Marketing der Universität Mannheim, Mannheim 1987.
Fritz, W., Förster, F., Raffée, H., Silberer, G. (1985): Unternehmensziele in Industrie und Handel, in: DBW, 45. Jg. (1985), S. 375–394.
Fritz, W. (1984): Warentest und Konsumgüter-Marketing, Wiesbaden 1984.
Fronek, R., Uecker, P. (1987): Umweltrechnungslegung – Jahresabschluß – Social Accounting, in: Handbuch des Umweltschutzes, 1987, Nr. 7.

G

Gabele, E. (1981): Unternehmensgrundsätze, in: Zeitschrift für Organisation, 1981, S. 245–252.
Gabele, E., Kretschmer, H. (1986): Unternehmensgrundsätze, Zürich 1986.
Gallenkemper, B. (1988): Getrennte Sammlung von Wertstoffen des Hausmülls, Berlin 1988.
Gasser, V. (1990): Risk Management, in: Umweltschutzberater, Hrsg.: Bundesverband Junger Unternehmer, Köln 1990, Kapitel 6.51.
Gege, M. (1985): Umweltbewußte Wirtschaft durch umweltbewußte Unternehmen, in: Ökologie und Unternehmensführung, Dokumentation des 9. Münsteraner Führungsgesprächs, Arbeitspapier Nr. 26 der Wissenschaftlichen Gesellschaft für Marketing und Unternehmensführung e. V., Hrsg.: Meffert, H., Wagner, H., Münster 1985, S. 79–82.
Gierl, H. (1987): Ökologische Einstellungen und Kaufverhalten im Widerspruch, in: Markenartikel, 49. Jg. (1987), Nr. 1, S. 2–8.
Ginter, P. M., et al. (1978): Reverse Distribution Channels for Recycling, in: California Management Review, Vol. 20 (1978), No.3, S.72–81.
Gläßer, E. (1991): Branchenreport Abfallwirtschaft und Recycling, BBE Unternehmensberatung (Hrsg.), Köln 1991.
Global 2000 (1981): Der Bericht an den Präsidenten, 24. Aufl., Hrsg.: Council on Environmental Quality und US-Außenministerium, dt. Übersetzung, Frankfurt 1981.
Gomez, P., Probst, G. J. B. (1987): Vernetztes Denken im Management, in: Die Orientierung, Nr. 89, Hrsg.: Schweizerische Volksbank, Bern 1987.
Gugelmann, E. (1988): Das Marketing der Migros im Spannungsfeld landwirtschaftlicher Produktionstechnologien, in: Thexis, 1988, Nr. 1, S.15–18.
Günther, W. (1970): Optimierungsmodelle zur Planung und Betreibung von Anlagensystemen zur Abwasserbehandlung in Flußgebieten, in: Wasser-Wirtschaftstechnik, 1970, S. 81–123.
Gümbel, R. (1963): Die Sortimentspolitik in den Betrieben des Wareneinzelhandels, Köln 1963.

Gutenberg, E. (1968): Grundlagen der Betriebswirtschaftslehre, 1. Bd., Die Produktion, 14. Aufl., Berlin, Heidelberg, New York 1968.
Gutzler, H. (Hrsg.) (1981): Umweltpolitik und Wettbewerb, Baden-Baden 1981.

H

Haas, J., Lucas, R., Pfriem, R. (1982): Überlegungen zu einer auf Mensch und Natur bezogenen Betriebswirtschaftslehre, Arbeitspapier Nr. 71 des Fachbereiches Wirtschaftswissenschaft der Gesamthochschule Wuppertal, Wuppertal 1982.
Haas, J.-P. de (1989): Management-Philosophie im Spannungsfeld zwischen Ökologie und Ökonomie, Diss., Köln 1989.
Hahn, A. (1990): Mit Methode gegen den Müll, in: Industriemagazin, Mai 1990, S. 159–163.
Hahn, D. (1978): Hat sich das Konzept des Controllers in Unternehmungen der deutschen Industrie bewährt? in: BFuP, 1978, S. 101 ff.
Hahn, H. H. (Hrsg.)(1972) Operations Research und seine Anwendung in der Siedlungswasserwirtschaft, Berlin 1972.
Hallay, H. (1989): Die Öko-Bilanz. Ein betriebliches Informationssystem, Schriftenreihe des IÖW, Nr. 27, Berlin 1989.
Haller, M. (1991): Risikomanagement – zwischen Risikobeherrschung und Risiko-Dialog, in: Umweltmanagement, Hrsg.: Organisationsforum Wirtschaftskongreß e.V OFW, Wiesbaden 1991, S. 167–189.
Hampicke, U. (1987): Ethik, Natur und neoklassische Ökonomie, in: Ökonomische Theorie und Ethik, Hrsg.: Bievert, B., Held, M., Frankfurt, New York 1987, S. 78–96.
Hansen, U. (1986): Verpackung und Konsumentenverhalten, in: Marketing ZFP, 8. Jg. (1986), Nr. 1, S. 5–12.
Hansen, U. (1987): Die Qualität der Verpackung als aktuelles Problem des Konsumentenverhaltens, in: Qualität – Die Herausforderung, Hrsg.: Lisson, H., Berlin u.a. 1987, S. 263–278.
Hansen, U. (1988): Ökologisches Marketing im Handel, in: Ökologisches Marketing, Hrsg.: Brandt, A. u.a., Frankfurt, New York 1988, S. 331–362.
Hansen, U. (1990a): Absatz- und Beschaffungsmarketing des Einzelhandels, Göttingen 1990.
Hansen, U. (1990b): Die Rolle des Handels als Gate-Keeper, in: Ökologie im vertikalen Marketing, Hrsg.: Gottlieb Duttweiler Institut, Zürich 1990, S. 145–174.
Hansen, U., et al. (1984): Produktpolitik, Stuttgart 1984.
Hasitschka, W. (1984): Ökologisches Marketing, in: Marketing ZFP, 8. Jg. (1984), Nr. 4, S. 245–254.
Hauff, V. (Hrsg.) (1987): Unsere gemeinsame Zukunft. Der Brundtland-Bericht der Weltkommission für Umwelt und Entwicklung, 1987.
Heck, H. (1987): Umweltschutz belastet die Wettbewerbsfähigkeit, in: Europäisches Umweltjahr – Verpflichtungen, Chancen, Lösungen, Dokumentation, Leimer 1987, S. 84–86.
Heigl, A. (1989): Ertragssteuerliche Anreize für Investitionen in den Umweltschutz, in: BFuP, 41. Jg. (1989), Nr. 1, S. 66–81.
Heigl, A. (Hrsg.) (1983): Betriebswirtschaftliches Umweltschutzmanagement – Einleitung, in: Handbuch des Umweltschutzes, München 1983.
Heinemann, G. (1989): Betriebstypenprofilierung und Erlebnishandel, Wiesbaden 1989.
Heinen, E. (1971): Der entscheidungsorientierte Ansatz in der Betriebswirtschaftslehre, in: Zeitschrift für Betriebswirtschaft, 41. Jg. (1971), S. 429–444.
Heinen, E. (1976): Grundlagen betriebswirtschaftlicher Entscheidungen – Das Zielsystem der Unternehmung, 3. Aufl., Wiesbaden 1976.
Heinen, E. (1983): Betriebswirtschaftliche Kostenlehre, 6. Aufl., Wiesbaden 1983.
Heinen, E. (1985): Einführung in die Betriebswirtschaftslehre, 6. Aufl., Wiesbaden 1985.
Heinen, E., et al. (1987): Unternehmenskultur, München 1987.
Hennen, L. (1990): Risiko-Kommunikation: Informations- und Kommunikationstechnologien, in: Risiko-Konzepte, Risiko-Konflikte, Risiko-Kommunikation, Hrsg.: Jungermann, H., u.a., Monographien des Forschungszentrums Jülich, Bd. 3, Jülich 1990, S. 209–258.
Henzler, H. (1974): Der Januskopf muß weg, in: Wirtschaftswoche, 1974, Nr. 34, S. 60 ff.
Heller, E. D. (1980): Demonstrative Vernunft – eine neue Konsumentenorientierung, in: Absatzwirtschaft, 23. Jg. (1980), Nr.10, S. 108–114.

Hermann, Th. (1990): Umweltschutzaktivitäten der Kammerorganisation für die gewerkliche Wirtschaft, in: Betriebliches Umweltmanagement, Hrsg.: Albach, H., Wiesbaden 1990, S. 95–108.

Hillmann, K. H. (1975): Das Obsoleszenzproblem in einer Zeit der Wachstums- und Umweltkrise, in: Jahrbuch der Absatz- und Verbrauchsforschung, 21. Jg. (1975), Nr. 1, S. 21–45.

Hinterhuber, H. H. (1982): Wettbewerbsstrategie, Berlin, New York 1982.

Holzmüller, H. H., Schuh, A. (1988): Skandal-Marketing, in: Umweltdynamik, Hrsg.: Frank, H., Plaschka, G., Rößl, D., Wien 1988, S. 17–48.

Hopfenbeck, W. (1990): Umweltorientiertes Management und Marketing, Landsberg am Lech 1990.

Horlitz, T. (1989): Monetäre Bewertung von Umweltschäden – Ein geeignetes Instrument zur Erfassung ökologischer Folgekosten?, in: Umweltschutz zwischen Staat und Markt, Hrsg.: Donner, H., Magoalas, G., Simon, J., Wolf, R., Baden-Baden 1989, S. 125–159.

Horntrich, G. (1990): Design und Ökologie – Widerspruch oder Perspektive, in: Materialien: Design und Ökologie, Hrsg.: Landesgewerbeamt Baden-Württemberg, Design Center Stuttgart, Stuttgart 1990.

Horst, P. M. (1990): Der Trend zu ganzheitlich umweltorientierten Produkten und Auswirkungen für das Design, in: Materialien: Design und Ökologie, Hrsg.: Landesgewerbeamt Baden-Württemberg, Design Center Stuttgart, Stuttgart 1990.

Horvath, P. (1990): Controlling, 3. Aufl., München 1986.

Howe, U. (1991): Profit mit grünen Produkten, in: Lebensmittelzeitung v. 10. 5. 1991, S. J 22–24.

Humphrey, C. R., et al. (1977): Attitudes and Conditions for Cooperation in a Recycling Programm, in: Environment and Behavior, Vol.9 (1977), S. 107–124.

I

Immler, H. (1975): Die Notwendigkeit von Stoff- und Energiebilanzen im Betrieb, in: Das Argument, 1975, Nr. 83, S. 822–834.

Irrgang, W. (1989): Strategien im vertikalen Marketing, München 1989.

Isfort, G (1977): Umweltpolitik und betriebliche Zielerreichung, Frankfurt, Zürich 1977.

J

Jahnke, B. (1986): Betriebliches Recycling, Wiesbaden 1986.

Jänike, M. (1988): Ökologische Modernisierung – Optionen und Restriktionen präventiver Umweltpolitik, in: Präventive Umweltpolitik, Hrsg.: Simonis, U. E., Frankfurt, New York 1988, S. 13–26.

Jehle, E. (1980): Unternehmung und gesellschaftliche Umwelt, Stuttgart 1980.

Jucker, H. K. (1990): Ökologische Grundsätze der Verpackung, in: Ökologie im vertikalen Marketing, Hrsg.: Gottlieb Duttweiler Institut für wirtschaftliche und soziale Studien, Zürich 1990, S. 227–253.

Jungermann, H., Rohrmann, B., Wiedemann, P. M. (Hrsg.) (1990): Risiko-Konzepte, Risiko-Konflikt, Risiko-Kommunikation, Monographien des Forschungszentrums Jülich, Bd. 3, Jülich 1990.

K

Kessel, H., Tischler, W. (1984): Umweltbewußtsein, Berlin 1984.

Kießler, O. (1990): Die ökologische Frage im handlungstheoretischen Konzept der Unternehmung, in: Ökologische Herausforderungen der Betriebswirtschaftslehre, Hrsg.: Freimann, J., Wiesbaden 1990, S. 133–144.

Kinnear, T. C., Taylor, J.-R., Ahmed, S. A. (1974): Ecologically Concerned Consumers: Who are they?, in: Journal of Marketing, Vol. 38, 1974, S.20–24.

Kirchgeorg, M. (1990): Ökologieorientiertes Unternehmensverhalten. Typologien und Erklärungsansätze auf empirischer Grundlage, Band 24 der Schriftenreihe Unternehmensführung und Marketing, Hrsg.: Meffert, H., Steffenhagen, H., Freter, H., Wiesbaden 1990.

Kirsch, W., Esser, W. M., Gabele, E. (1979): Das Management des geplanten Wandels von Organisationen, Stuttgart 1979.

Kirsch, W. (1972): Die entscheidungs- und systemorientierte Betriebswirtschaftslehre, in: Wissenschaftstheorie und Betriebswirtschaft, Hrsg.: Dlugos, G., Eberlein, G., Steinmann, H., Düsseldorf 1972, S. 154–184.

Kirsch, W., Maaßen, H. (1989): Managementsysteme, München 1989.

Kistner, K.-P. (1989): Umweltschutz in der betrieblichen Produktionsplanung, in: BFuP, 41. Jg. (1989), Nr. 1, S. 30–50.
Kistner, K.-P., Steven, M. (1991): Management ökologischer Risiken in der Produktionsplanung, Diskussionspapier Nr. 230 der Fakultät für Wirtschaftswissenschaften Bielefeld, Bielefeld 1991.
Kleinaltenkamp, M. (1985): Recycling-Strategien, Berlin 1985.
Knüppel, H. (1989): Umweltpolitische Instrumente. Analyse der Bewertungskriterien und Aspekte einer Bewertung, Baden-Baden 1989.
Kobi, J. M., Wüthrich, H. A. (1985): So beurteilen und gestalten wir die Unternehmenskultur, in: Management-Zeitschrift IO, 1985, Nr. 1, S. 9 ff.
Koch, H. (1982): Integrierte Unternehmensplanung, Wiesbaden 1982.
Konert, F.-J. (1986): Vermittlung emotionaler Erlebniswerte. Eine Marketingstrategie für gesättigte Märkte, Heidelberg, Wien 1986.
Kotler, Ph. (1988): Marketing-Management, 6. Aufl., New Jersey 1988.
Krämer, A. (1986): Ökologie und politische Öffentlichkeit, München 1986.
Kreiblich, R. (1991): Zukunft der Unternehmen durch ökologische Produktions- und Entsorgungsstrategien, in: Umweltmanagement, Hrsg.: Organisationsforum Wirtschaftskongreß e.V. OFW, Wiesbaden 1991.
Kreikebaum, H. (1991): Strategische Unternehmensplanung, 4. Aufl., Stuttgart u.a. 1991.
Kreikebaum, H. (Hrsg.) (1990): Integrierter Umweltschutz, Wiesbaden 1990.
Kreiner, H. J. (1990): Meßnetze der Umweltüberwachung, in: Betriebliches Umwelt-Management, Hrsg.: Albach, H., Wiesbaden 1990, S. 63–77.
Kroeber-Riel, W. (1990): Konsumentenverhalten, 4. Aufl., München 1990.
Kroeber-Riel, W. (1991): Strategie und Technik der Werbung, 2. Aufl., Stuttgart 1991.
Kroppenstedt, F. (1986): Verpackung im Spannungsfeld zwischen Ökonomie und Ökologie, in: Marketing ZFP, 8. Jg. (1986), Nr. 1, S. 65–68.
Krüger, W. (1974): Umweltwandel und Unternehmensverhalten, in: ZfO, 43. Jg. (1974), Nr. 2, S. 62–70.
Kubicek, H., Thom, N. (1984): Umsystem, betriebliches, in: Handwirtschaftsbuch der Betriebswirtschaft, Hrsg.: Grochla, E., Wildmann, W., 4. Aufl., Stuttgart 1984, S. 3977–4017.
Kudert, S. (1990): Der Stellenwert des Umweltschutzes im Zielsystem der Betriebswirtschaftslehre, in: WISU, 1990, S. 569–575.
Kühn, I. (1991): Handelskonzerne auf dem Öko-Trip, in: Lebensmittelzeitung v. 19. 4. 1991, S. J4–7.
Kupsch, P. (1979): Unternehmensziele, Stuttgart, New York 1979.
Krüger, W. (1974): Umweltwandel und Unternehmensverhalten, in: Zeitschrift für Organisation, 43. Jg. (1974), Nr. 1, S. 65–68.

L

Lange, Chr. (1978): Umweltschutz und Unternehmensplanung, Wiesbaden 1978.
Langer, H. (1988): Umweltstatistik – Ein Baustein für Umweltpolitik und Umweltberichterstattung, in: Umwelt und Energie, 1988, Nr. 3, Gruppe 13, S. 167–180.
Langer, H., Pohl, M., Winzer, M. (1989): Stand und Entwicklungstendenzen der Umweltberichterstattung, in: Umwelt und Energie, 1989, Nr. 5, Gruppe 13, S. 197–240.
Lehmann, S. (1991): Ökobilanz und Öko-Controlling, in: Informationsdienst IÖW und VÖW, 1991, Nr. 2, S. 14–15.
Leipert, Ch. (1989): Defensive Ausgaben und Sozialproduktrechnung zur Identifikation von versteckten Kosten der Wirtschaftsentwicklung, in: Perspektiven der Wirtschafts- und Umweltberichterstattung, Hrsg.: Leipert, Ch., Zieschank, R., Berlin 1989, S. 177–203.
Lenz, H. (1991): Moralische Normen und Opportunismus in der neueren Theorie der Unternehmung, in: Wirtschaftsethik, Hrsg.: Schauenberg, B., Wiesbaden 1991, S. 13–35.
Lichtwer, L. (1981): Differenzierte Wirkung des Umweltschutzes auf die Wettbewerbsstellung kleiner und mittlerer Unternehmen und auf Konzentrationstendenzen, in: Umwelt und Wettbewerb, Hrsg.: Gutzler, H., Baden-Baden 1981, S. 213–225.
Linke, H., Spönnemann, G. H. (Hrsg.) (1986): Ökologie + Wachstum = Wohlstand, 2. Aufl., Herford, Bonn 1986.
Linn, N. (1989): Die Implementierung vertikaler Kooperationen, Frankfurt 1989.
Luhmann, N. (1990): Ökologische Kommunikation, 3. Aufl., Opladen 1990

M

Malik, F. (1984): Strategie des Managements komplexer Systeme. Ein Beitrag zur Management-Kybernetik evolutionärer Systeme, Bern, Stuttgart 1984.

Maloney, M. P., Ward, M. O., Braucht, G. N. (1975): A Revised Scale for Measurements of Ecological Attitudes and Knowledge, in: American Psychologist, Vol.30, 1975, S. 787–790.

Marty, J. (1990): Die umweltbewußten EURO-TYPEN, in: IHA-News, 1990, Nr. 2, S. 10–11.

Meffert, H. (1971): Unternehmensziele, in: Jahrbuch des Marketing, Hrsg.: Schöttle, K. M., Essen 1971, S. 22–34.

Meffert, H. (1975): Marketing und Konsumerismus, in: ZfB, 45. Jg. (1975), S. 69–90.

Meffert, H. (1986): Marketing, 7. Aufl., Wiesbaden 1986.

Meffert, H. (1986a): Planung und Durchsetzung ökologiegerechter Marketingkonzeptionen – Ein entscheidungsorientierter Ansatz, in: Realisation des Marketing, Hrsg. Belz, C., Bd. 1, Savosa, St. Gallen 1986, S. 39–60.

Meffert, H. (1988): Strategische Unternehmensführung und Marketing, Wiesbaden 1988.

Meffert, H. (1989): Meinungsspiegel zu betriebswirtschaftlichen Aspekten des Umweltschutzes, in: BFuP, 41. Jg. (1989), Nr. 1, S. 82–102.

Meffert, H. (1990): Ökologieorientierte Marketing- und Werbestrategie der Marke Opel, Hamburg 1990.

Meffert, H. (1991a): Der weite Weg zum Öko-Profil, in: Lebensmittelzeitung v. 25. 1. 1991, S.58–60.

Meffert, H. (1991b): Strategisches Ökologiemanagement, in: Ökologie-Management als strategischer Wettbewerbsfaktor, Hrsg. Coenenberg, A. G. u. a., Stuttgart 1991.

Meffert, H. (1991c): Umwelt als Markt – 12 Thesen, in: ASW, 34. Jg. (1991), Nr. 7, S. 93–96.

Meffert, H., Bruhn, M. (1982): Die Beurteilung von Konsum- und Umweltproblemen durch Konsumenten, in: Verbraucherpolitik und Marketing, Hrsg.: Hansen, U., Stauss, B., Riemer, M., Stuttgart 1982, S. 196–213.

Meffert, H., Bruhn, M., Schubert, F., Walther, Th. (1985): Marketing und Ökologie – eine Bestandsaufnahme, Arbeitspapier Nr. 25 der Wissenschaftlichen Gesellschaft für Marketing und Unternehmensführung e. V., Münster 1985.

Meffert, H., Benkenstein, M., Schubert, F., Walther, Th. (1986): Unternehmensverhalten und Umweltschutz – Ergebnisse einer empirischen Untersuchung in der Bundesrepublik Deutschland, Arbeitspapier Nr. 31 der Wissenschaftlichen Gesellschaft für Marketing und Unternehmensführung e. V., Münster 1986.

Meffert, H., Bruhn, M., Schubert, F., Walther, Th. (1986): Marketing und Ökologie, in: DBW, 46. Jg. (1986), S. 140–159.

Meffert, H., Benkenstein, M., Schubert, F. (1987): Umweltschutz und Unternehmensverhalten, in: Harvard Manager, (1987), Nr. 2, S. 32–39.

Meffert, H., Kirchgeorg, M., Ostmeier, H. (1988): Analysekonzepte und strategische Optionen des ökologieorientierten Marketing, in: THEXIS, 5. Jg. (1988), Nr. 3, S. 22–27.

Meffert, H., Ostmeier, H. (1990): Umweltschutz und Marketing – Möglichkeiten der Verbesserung der betriebswirtschaftlichen Situation von Unternehmen durch umweltorientierte Absatzmaßnahmen, Bericht 9/90 des Umweltbundesamtes, Berlin 1990.

Meffert, H., Kirchgeorg, M. (1989): Umweltschutz als Unternehmensziel, in: Marketing-Schnittstellen, Hrsg.: Specht, G., Silberer, G., Engelhardt, W. H., Stuttgart 1989, S. 179–200.

Meffert, H., Wagner, H. (Hrsg.) (1991): Ökologie im Spannungsfeld zwischen Hersteller und Handel, Arbeitspapier Nr. 63 der Wissenschaftlichen Gesellschaft für Marketing und Unternehmensführung e. V., Münster 1991.

Meyer, P. W. (Hrsg.) (1985): Ökologie und Marketing, Arbeitspapiere zur Schriftenreihe Schwerpunkt Marketing der Universität Augsburg, Bd. 9, Augsburg 1985.

Michael, B. M. (1990): Wenn der Rückschritt plötzlich zum Fortschritt wird, in: Horizont, 1990, Nr. 46, S. 38.

Miles, R. (1987): Managing the corporate social environment, Englewood Cliffs, N.J. 1987.

Miles, R. E., Snow, C. C. (1978): Organizational strategy, structure and process, New York u. a. 1978.

Monhemius, K. Ch. (1990): Divergenzen zwischen Umweltbewußtsein und Kaufverhalten – Ansätze zur Operationalisierung und empirische Ergebnisse, Arbeitspapier Nr. 38 des Instituts für Marketing, Münster 1990.

Müllendorff, R. (1981): Umweltbezogene Unternehmungsentscheidungen unter besonderer Berücksichtigung der Energiewirtschaft, Frankfurt a. M. 1981.

Müller-Wenk, R. (1978): Die ökologische Buchhaltung, Frankfurt a. M., New York 1978.

Müller-Witt, H. (1985): Produktfolgenabschätzung als kollektiver Lernprozeß, in: Arbeiten im Einklang mit der Natur, Hrsg.: Öko-Institut, Projektgruppe Ökologische Wirtschaft, Freiburg 1985.

N

Nicklisch, F. (Hrsg.) (1988): Prävention im Umweltrecht, Heidelberg 1988.

Nieschlag, R., Dichtl, E., Hörschgen, H. (1991): Marketing, 16. Aufl., Berlin 1991.

Nüßgens, K. H. (1974): Umweltschutz als eine Führungsaufgabe im Unternehmen, in: Fortschrittliche Betriebsführung, 23. Jg. (1974), Nr. 2, S. 111–125.

O

Oberholz, R. (1989): Umweltorientierte Unternehmensführung, Notwendigkeit, Einführung, Erfolge, Frankfurt 1989.

OECD (Hrsg.) (1984): Environment and economics, international conference 18–21 June 1984, background paper, Vol. 1, Paris 1984, S. 224 ff.

Öko-Institut (Hrsg.) (1987): Produktlinienanalyse, Köln 1987.

Ostmeier, H. (1990): Ökologieorientierte Produktinnovationen, Schriften zum Marketing, Bd. 16, Hrsg.: Meffert, H., Frankfurt u. a. 1990.

Ospelt, F. (1977): Unternehmenspolitik und Umweltschutz, Wien 1977.

o. V. (1990): in: Wertpapier, 1990, S. 1398.

o. V. (1991a): Die Kuh zum Nachfüllen, SBfähige Umwelttankstelle für Putzmittel im Einsatz, in: Lebensmittelzeitung v. 10. 5. 1991, S. 94.

o. V. (1991b): Obi ohne Verpackung, in: Lebensmittelzeitung v. 8. 3. 1991, S.8.

o. V. (1991c): Mehrweg-Pool wird aktiv, in: Lebensmittelzeitung v. 5. 7. 1991, S.30.

o. V. (1991d): Profit mit grünen Produkten, in: Lebensmittelzeitung v. 10. 5. 1991, S. J22–24.

P

Pearce, D., Tuner, R. K. (1990): Economics of natural Resources and Environment, New York u. a. 1990.

Pearce, D., Barbier, E., Markandyar, A. (1990): Sustainable Development. Economics and Environment in the third world, Aldershoit, Bookfield 1990.

Peters, H. P. (1990): Risikokommunikation: Kernenergie, in: Risiko-Konzepte, Risiko-Konflikte, Risiko-Kommunikation, Hrsg.: Jungermann, H. et al., Jülich 1990, S. 59–148.

Pfriem, R. (Hrsg.) (1986): Ökologische Unternehmenspolitik, Frankfurt, New York 1986.

Pfriem, R. (1991): Öko-Controlling und Organisationsentwicklung von Unternehmen, in: Informationsdienst IÖW und VÖW, 1991, Nr. 1, S. 1 und 13.

Pichler, C. (1989): Das Umweltbewußtsein von Konsumenten – Implikationen für das Marketing, in: Der Markt, 1989, Nr. 2, S.61–67.

Picot, A. (1977): Betriebswirtschaftliche Umweltbeziehungen und Umweltinformationen, Berlin 1977.

Pieroth, W., Wicke, L.(1988) (Hrsg.): Chancen der Betriebe durch Umweltschutz, Freiburg 1988.

Pinter, J. (1984): Umweltpolitische Probleme und Lösungsmöglichkeiten bei Klein- und Mittelbetrieben der Industrie und des Handwerks, Forschungsbericht 1/84 des Umweltbundesamtes, Berlin 1984.

Porter, M. (1982): Competitive Strategy, New York 1982.

Porter, M. (1984): Wettbewerbsstrategie, Frankfurt 1984.

Post, J. E. (1978): Corporate Behavior and Social Change, Reston 1978.

Pümpin, C. (1984): Unternehmenskultur, Unternehmensstrategie und Unternehmenserfolg, in: Unternehmenskultur, Hrsg.: Allgemeine Treuhand AG, Zürich 1984.

Pümpin, C., Kobi, J.-M. Wüthrich, H. A. (1985): Unternehmenskultur, in: Die Orientierung, Nr. 85, Hrsg.: Schweizerische Volksbank, Bern 1985.

R

Raffée, H. (1979a): Marketing und Umwelt, Stuttgart 1979.

Raffée, H. (1979b): Bedarfslenkendes Marketing öffentlicher Unternehmen, in: Zeitschrift für öffentliche Unternehmen, 2. Jg. (1979), Heft 2, S. 127–148.

Raffée, H. (1987): Marketing in sozialer Verantwortung, in: Unternehmensführung in sozialer Verantwortung, Dokumentation einer Vortragsveranstaltung am 11. Mai 1987 in Münster, Hrsg.: Meffert, H., Wagner, H., Münster 1987, S. 11–23.

Raffée, H., Wiedmann, K.-P. (1985): Die Selbstzerstörung unserer Welt durch unternehmerische Marktpolitik?, in: Marketing ZFP, 7. Jg. (1985), Nr. 4, S. 229–239.

Raffée, H., Förster, F., Krupp, W. (1988): Marketing und Ökologieorientierung – Eine empirische Studie unter besonderer Berücksichtigung der Lärmminderung, Mannheim 1988.

Raffée, H., Wiedmann, K.-P. (1987): Marketingumwelt 2000. Gesellschaftliche Mega-Trends als Basis einer Neuorientierung von Marketing-Praxis und Marketing-Wissenschaft, in: Marketing 2000: Perspektiven zwischen Theorie und Praxis, Hrsg.: Schwarz, Chr., Wiesbaden 1987, S. 185–209.

Rehbinder, E. (1989): Fortentwicklung des Umwelthaftungsrechts in der Bundesrepublik Deutschland, in: Zeitschrift für angewandte Umweltforschung, 2. Jg. (1989), Nr. 1, S. 5–9.

Renn, O. (1984): Risikowahrnehmung der Kernenergie, Frankfurt, New York 1984.

Repenning, K. (1988): Der Umweltschutzbeauftragte – Umweltgewissen des Unternehmens, in: Umweltmagazin, 1988, Nr. 11, S. 68–71.

Rieger, B. (1984): Die Kunst, sich zwischen zwei Stühle zu setzen, in: Absatzwirtschaft, 1984, Nr. 10, S. 156–166.

Ries, A., Trout, J. (1986): Positionierung, Hamburg, New York 1986.

Rohe, E. H. (1990): Unternehmensziel Umweltschutz vor dem Hintergrund internationaler Umweltpolitik, in: Betriebliches Umweltmanagement, Hrsg.: Albach, H., Wiesbaden 1990, S. 23–40.

Rückle, D. (1989): Investitionskalküle für Umweltschutzinvestitionen, in: BFuP, 41. Jg. (1989), Nr. 1, S. 51–65.

Rühli, E. (1973/1978): Unternehmensführung und Unternehmenspolitik, 2 Bde, Bern 1973 und 1978.

Runge, M. (1990): Müllvermeidung, Frankfurt 1990.

Ruppen, L. (1978): Marketing und Umweltschutz, Diss., Fribourg 1978.

S

Sachverständigenrat für Umweltfragen (1987): Umweltgutachten 1987, Drucksache 11/1568 vom 21. 12. 1987, o. O.

Saur, D. (1990): Müllproblem Wegwerfwindel, in: Frankfurter Allgemeine Zeitung, 1990.

Schauenberg, B. (Hrsg.) (1991): Wirtschaftsethik, Wiesbaden 1991.

Schein, E. H. (1985): Organizational Culture and Leadership, San Francisco 1985.

Schmalen, H. (1982): Preispolitik, Stuttgart, New York 1982.

Schmalenbach, E. (1962): Dynamische Bilanz, 13. Aufl., Köln, Opladen 1962.

Schmidt, B. (1974): Unternehmensphilosophie und Umweltschutz, in: Unternehmensführung, Festschrift zum 75. Geburtstag von E. Kosiol, Hrsg.: Wild, J., Berlin 1974, S. 128–138.

Schmidt, H. (1988): Thesen zum Öko-Marketing der Zukunft – Bericht über ein neues Zielgruppen-Modell, in: Berufsverband der deutschen Markt- und Sozialforscher e. V.(Hrsg.), Marktforschung im magischen Viereck, Bad Homburg 1988, S.565–590.

Schneider, G., Sprenger, R. U. (1990): Mehr Umweltschutz in der EG – aber wie ?, in: IFO-Schnelldienst, 1990, Nr. 16/17, S. 15–32.

Schoenheit, J. (1990): Öko-Marketing aus Verbrauchersicht, in: Ökologie im vertikalen Marketing, Hrsg.: Gottlieb Duttweiler Institut für wirtschaftliche und soziale Studien, Zürich 1990, S. 195–210.

Scholz, Ch., Hofbauer, W. (1990): Organisationskultur. Die vier Erfolgsprinzipien, Wiesbaden 1990.

Schreiber, R. L. (1986): Schon bei der Produkt-Entwicklung müssen wir die ökologischen Auswirkungen einkalkulieren, die Lösung von Folgeproblemen einbeziehen, in: Marketing Journal, 1986, Nr. 4, S. 314–315.

Schreiner, M. (1988): Umweltmanagement, Wiesbaden 1988.

Schreyögg, G. (1978): Umwelt, Technologie und Organisationsstruktur, Bern, Stuttgart 1978.

Schultheiss, B. (1978): Umweltschutz- und Rohstoffprobleme in der Unternehmensplanung, Berlin 1978.

Schulz, W. (1988): Ökologische Problemlagen oder »Was kostet uns die Umweltzerstörung«, in: Ökologisches Marketing, Hrsg.: Brandt, A. u. a., Frankfurt 1988, S. 16–41.
Schulz, W. (1990): Zur Organisation des betrieblichen Umweltschutzes, in: Umwelt und Energie, 1990, Nr. 4, Gruppe 12, S. 457–492.
Schulz, W. (1991): Öko-Controlling, in: Umwelt-Management, Hrsg.: Organisationsforum Wirtschaftskongreß e. V. OFW, Wiesbaden 1991, S. 221–242.
Scimemi, G. (1988): Environmental Policies and anticipatory Strategies, in: Präventive Umweltpolitik, Hrsg.: Simonis, U. F., Frankfurt, New York 1988, S. 27–48.
Seidel, E., Menn, H. (1988): Ökologisch orientierte Betriebswirtschaft, Stuttgart u. a. 1988.
Seidel, E., Strebel, H. (Hrsg.) (1991): Umwelt und Ökonomie, Wiesbaden 1991.
Seifert, E. K. (1986): Zum Problem einer »Naturvergessenheit ökonomischer Theorien«. Thesen eines Forschungsprogrammes zur Zukunft der Erinnerung, in: Ökologische Unternehmenspolitik, Hrsg.: Pfriem, R., Frankfurt, New York 1986, S. 15–51.
Senn, J. F. (1986): Ökologie-orientierte Unternehmensführung, Frankfurt a. M., Bern, New York 1986.
Siez, M., Sondermann, W. D. (1990): Umwelt-Audit und Umwelthaftung, Taunusstein 1990.
Sihler, H. (1987): Die Bewältigung ökologischer Herausforderungen im Rahmen der Unternehmensziele, in: Jahrbuch des Marketing, Hrsg.: Schöttle, K. M., Essen 1987, S. 11–17.
Silberer, G. (1991): Werteforschung und Wertorientierungen im Unternehmen, Stuttgart 1991.
Simon, H. (1985): Goodwill und Markenstrategie, Wiesbaden 1985.
Simon, H. (1982): Preismanagement, Wiesbaden 1982.
Simonis, U. E. (Hrsg.) (1988): Präventive Umweltpolitik, Frankfurt, New York 1988.
Simonis, U. E. (Hrsg.) (1988): Ökonomie und Ökologie – Auswege aus einem Konflikt, 5. Aufl., Karlsruhe 1988.
Spremann, K. (1988): Reputation, Garantie, Information, in: ZfB, 58. Jg. (1988), S. 613–629.
Sprenger, R.-U. (1986): Umweltschutz und unternehmerisches Wettbewerbsverhalten, in: Umwelt und Energie, 1986, Nr. 1, Gruppe 12, S. 1–39.
Sprenger, R.-U. (1991): Markt für Umwelttechnik, in: Umweltmarkt von A–Z, 1991/1992, Sonderband des Umweltmagazins, S. 10–13.
Sprüngli, R. K. (1981): Evolution und Management. Bern, Stuttgart 1981.
Stähle, W. H. (1980): Management, München 1980.
Stähler, Chr. (1991): Strategisches Ökologiemanagement, München 1991.
Stahlmann, V. (1988): Umweltorientierte Materialwirtschaft, Wiesbaden 1988.
Steffenhagen, H. (1975): Konflikt und Kooperation in Absatzkanälen, Wiesbaden 1975.
Steffenhagen, H. (1991): Marketing, 2. Aufl., Stuttgart, Berlin, Köln 1991.
Steger, U. (o. J.): Ökologie und Betriebswirtschaft – eine Zwischenbilanz der Diskussion zukünftiger Forschungsaufgaben, Arbeitspapier Nr. 1 des Instituts für Ökologie und Unternehmensführung, Hrsg.: Steger, U., Oestrich-Winkel, o. J.
Steger, U. (1988): Umweltmanagement, Wiesbaden 1988.
Steger, U. (1991): Strategische Unternehmensführung und Umweltschutz, in: Umweltmanagement, Hrsg.: Organisationsforum Wirtschaftskongress e. V. OFW, Wiesbaden 1991, S. 115–131.
Steger, U. (Hrsg.) (1991): Umwelt-Auditing – Ein neues Instrument zur Risikovorsorge, Frankfurt a. Main 1991.
Steinmann, H. (1978): Die Betriebswirtschaftslehre als normative Handlungswissenschaft, Wiesbaden 1978, S. 73–102.
Steinmann, H. (1991): Grundlagen und Problembestände einer Unternehmensethik, in: Unternehmensethik, Hrsg.: Steinmann, H., Stuttgart 1991, S. 3–32.
Steinmann, H., Löhr, A. (1991): Unternehmensethik, 2. Aufl., Stuttgart 1991.
Stern, L. W., et al. (1989): Management in Marketing Channels, Englewood Cliffs 1989.
Steven, M. (1990): Umwelt als Produktionsfaktor, Diskussionspapier Nr. 217 der Fakultät für Wirtschaftswissenschaften der Universität Bielefeld, Bielefeld 1990.
Stitzel, M. (1976): Das Verhalten der Unternehmer gegenüber gesellschaftspolitischem Wandel, Diss., München 1976.
Stitzel, M. (1987): Ökologisch orientierte Unternehmensführung – Hemmung oder Förderung der Wettbewerbsfähigkeit der Unternehmung, in: Innovation und Wettbewerbsfähigkeit, Hrsg.: Dichtl, E., Gerke, W., Kieser, A., Wiesbaden 1987, S. 377–397.

Stitzel, M. (1991): Ökologische Ethik und wirtschaftliches Handeln, in: Wirtschaftsethik, Hrsg.: Schauenberg, B., Wiesbaden 1991, S. 101–116.

Stitzel, M., Wank, L., (1990): Was kann die Lehre vom strategischen Management zur Entwicklung einer ökologischen Unternehmensführung beitragen ?, in: Ökologische Herausforderungen der Betriebswirtschaftslehre, Hrsg.: Freimann, J., Wiesbaden 1990, S. 105–131.

Stober, R. (1988): Einführung in das Umweltrecht, in: Unternehmung & Umwelt, (1988), Nr. 2, S. 15–16.

Stober, R. (1989): Wichtige Umweltgesetze für die Wirtschaft, Herne, Berlin 1989.

Strebel, H. (1978): Produktgestaltung als umweltpolitisches Instrument der Unternehmung, in: DBW, 38. Jg. (1978), S. 73–82.

Strebel, H. (1980): Umwelt und Betriebswirtschaft, Berlin 1980.

Strebel, H. (1981): Zielsysteme und Zielforschung, in: DBW, 41. Jg. (1981), S. 457–475.

Strebel, H. (1988): Rückstandsverwertung durch Kooperation – Ein neuer Ansatz zur ressourcenschonenden Produktion, in: Umwelt und Energie, 1988, Nr. 3, Gruppe 4, S. 119–158.

Strebel, H. (1990): Integrierter Umweltschutz – Merkmale, Voraussetzungen, Chancen, in: Integrierter Umweltschutz, Hrsg.: Kreikebaum, H., Wiesbaden 1990, S. 3–16.

Strebel, H., Nosko, H. (1984): Energetische Produktplanung, in: Umwelt und Energie, 1984, Heft 6, Gruppe 12, S.271–290.

Streit, B. (1980): Ökologie, Stuttgart 1980.

Szallies, R., Wiswede, G. (Hrsg.) (1990): Wertewandel und Konsum, Landsberg/Lech 1990.

T

Terhart, K. (1986): Die Befolgung von Umweltschutzauflagen als betriebswirtschaftliches Entscheidungsproblem, Schriftenreihe zur wirtschaftswissenschaftlichen Analyse des Rechts, Hrsg.: Grossekettler, H., u. a., Bd. 1, Berlin 1986.

Thomé, G. (1981): Produktgestaltung und Ökologie, München 1981.

Thielemann, U. (1990): Die Unternehmung als ökologischer Akteur?, in: Ökologische Herausforderungen der Betriebswirtschaftslehre, Hrsg.: Freimann, J., Wiesbaden 1990, S. 43–72.

Thorbrietz, P. (1980): Vernetztes Denken im Journalismus, Tübingen 1980.

Tietz, B. (1985): Der Handelsbetrieb, München 1985.

Töpfer, A. (1985): Umwelt- und Benutzerfreundlichkeit von Produkten als strategische Unternehmensziele, in: Marketing ZFP, 7. Jg. (1985), Nr. 4, S. 241–251.

Töpfer, K. (1989): Reform des Umwelthaftungsrechts, in: Zeitschrift für angewandte Umweltforschung , 2. Jg. (1989), Nr. 1, S. 1–4.

Troge, A. (1988): Integrierter Umweltschutz als Kernbereich des offensiven Umweltschutzmanagements, in: Chancen der Betriebe durch Umweltschutz, Hrsg.: Pieroth, E., Wicke, L. Freiburg 1988, S. 95–120.

Türck, R. (1990a): Das ökologische Produkt, Diss. Frankfurt a. M. 1990.

Türck, R. (1990b): Das ökologische Produkt – Ansatzpunkte seiner Beschreibung und Erfassung, in: Integrierter Umweltschutz, Hrsg.: Kreikebaum, H., Wiesbaden 1990, S. 58–72.

U

Ulrich, H. (1984): Management, Bern, Stuttgart 1984.

Ulrich, H. (1986): Management-Philosophie in einer sich wandelnden Gesellschaft, in: Strategische Unternehmensplanung, 4. Aufl., Hrsg.: Hahn, D., Taylor, B., Heidelberg, Wien 1986, S. 798–810.

Ulrich, H., Krieg, W. (1974): St. Gallener Management-Modelle, Bern 1974.

Ulrich, H. (1978): Unternehmenspolitik, Bern, Stuttgart 1978.

Ulrich, P. (1986): Transformation der ökonomischen Vernunft, Bern, Stuttgart 1986.

Ulrich, P. (1991): Unternehmensethik – Führungsinstrument oder Grundlagenreflexion, in: Unternehmensethik, 2. Aufl., Hrsg.: Steinmann, H., Löhr, A., Stuttgart 1991, S. 189–210.

Urban, D. C. (1986): Was ist Umweltbewußtsein ?, in: Zeitschrift für Soziologie, 1986, Nr. 5, S. 363–377.

Uth, H. J. (1990): Risikokommunikation: Chemie, in: Risiko-Konzepte, Risiko-Konflikte, Risiko-Kommunikation, Hrsg.: Jungermann, H. et al., a. a. O., S. 149–207.

Utz, H. W. (1978): Umweltwandel und Unternehmenspolitik, Diss., München 1978.

V

Vester, F. (1990a): Leitmotiv vernetztes Denken, München 1990.

Vester, F. (1990b): Ausfahrt Zukunft, 4. Aufl., München 1990.

Vieregge, R. (1990): Zur Relevanz der Fortentwicklung ökonomischer Instrumente im Umweltschutz, in: Unternehmung und ökologische Umwelt, Hrsg.: Wagner, G. R., München 1990, S. 229–240.

W

Wagner, G. R. (1990a): Unternehmung und ökologischer Umwelt-Konflikt oder Konsens, in: Unternehmung und ökologische Umwelt, Hrsg.: Wagner, G. R., München 1990, S. 1–28.

Wagner, G. R. (1990b): »Unternehmensethik« im Lichte der ökologischen Herausforderungen, in: Unternehmensstrategien im sozio-ökonomischen Wandel, Hrsg.: Czap, H., Berlin 1990, S. 295–316.

Wagner, G. R. (Hrsg.) (1990c): Unternehmung und ökologische Umwelt, München 1990.

Wagner, G. R. (1991): Entrepreneurship and Innovation from an Environmental Risk Perspektive, in: Innovation and Environmental Risk, Ed. Roberts, L., Weale, A., London, New York 1991.

Wagner, G. R., Janzen, H., (1991): Ökologisches Controlling – Mehr als ein Schlagwort, in: Controlling, Nr. 3, 1991, S. 120–129.

Weber, J. (1988): Controlling – Möglichkeiten und Grenzen der Übertragbarkeit eines erwerbswirtschaftlichen Führungsinstruments auf öffentliche Institutionen, in: DBW, 48. Jg. (1988), S. 171–194.

Weege, R. D. (1981): Recyclinggerechtes Konstruieren, Düsseldorf 1981.

Weimann, J. (1990): Umweltökonomik. Eine theoretische Einführung, Berlin u. a. 1990.

Weitzig, J. K. (1979): Gesellschaftsorientierte Unternehmenspolitik und Unternehmensverfassung, Berlin, New York 1979.

Weizsäcker, E. U. von (1990): Erdpolitik – Ökologische Realpolitik an der Schwelle zum Jahrhundert der Umwelt, 2. Aufl., Darmstadt 1990.

Westermann, H. P. (1991): Umwelthaftung im Konzern, in: Zeitschrift für das gesamte Handelsrecht, 155. Jg. (1991), S. 223–246.

Wicke, L. (1986): Die ökologischen Milliarden, München 1986.

Wicke, L. (1987): Offensiver betrieblicher Umweltschutz, in: Harvard Manager, 20. Jg. (1987), Nr. 3, S. 74–82.

Wicke, L. (1988): Europa '92 – Umweltbedeutsame Konsequenzen für Umwelt und Wirtschaft, in: Umwelt und Energie, 1988, Nr. 6 und 7, Gruppe 12, S. 307–400.

Wicke, L. (1991): Umweltökonomie, 3. Aufl., München 1991.

Wicke, L., de Maiziere, L., de Maiziere, T., (1990): Öko-Soziale Marktwirtschaft für Ost und West, München 1990.

Wiedmann, K.-P. (1984a): Herausforderungen an eine marktorientierte Unternehmensführung im Zeichen des Wertewandels, Arbeitspapier Nr. 31 des Instituts für Marketing der Universität Mannheim, Mannheim 1984.

Wiedmann, K.-P. (1984b): Ökologisches Bewußtsein und unternehmerisches Marketing, Arbeitspapier Nr. 28 des Instituts für Marketing der Universität Mannheim, Mannheim 1984.

Wiedmann, K.-P. (1989): Gesellschaft und Marketing – Neuorientierung der Marketingkonzeption im Zeichen des gesellschaftlichen Wandels, in: Marketing-Schnittstellen, Hrsg.: Specht, G., Silberer, G., Engelhardt, H., Stuttgart 1989, S. 227–246.

Wiesner, J. (1983): Ein »Öko-soziales Interdependenz-Modell«, in: ZfU, 1983, S. 315–348.

Winter, G. (1987): Das umweltbewußte Unternehmen, München 1987.

Z

Zikmund, W., Stanton, W. (1971): Recycling of Solid Wastes: A Channels of Distribution Problem, in: Journal of Marketing, Vol. 35, July 1971, S.34–39.

Zwehl, W. von (1973): Staatliche Umweltschutzmaßnahmen in betriebswirtschaftlicher Sicht, in: Der Betrieb, 26. Jg. (1973), S. 730–736.

Abbildungsverzeichnis

Kapitel I

Kapitel II

Kapitel III

Kapitel IV

Kapitel V

Kapitel VI

Insertverzeichnis

Stichwortverzeichnis